衢江年鉴（2020）

《衢江年鉴》编纂委员会　编

方志出版社
Publishing House of Local Records

图书在版编目（CIP）数据

衢江年鉴. 2020 /《衢江年鉴》编纂委员会编. --
北京 : 方志出版社, 2020.9
ISBN 978-7-5144-4479-7

Ⅰ. ①衢… Ⅱ. ①衢… Ⅲ. ①衢江区－2020－年鉴
Ⅳ. ①Z525.54

中国国家版本馆CIP数据核字(2023)第123462号

责任编辑：梅中英
责任校对：刘玉霞
责任印刷：梅中英
出 版 者：方志出版社
地　　址：北京市朝阳区潘家园东里 9 号（国家方志馆 4 层）
邮　　编：100021
网　　址：http://www.zgfzcb.cn
发　　行：方志出版社图书营销中心（010）67110500
印　　刷：南京凯德印刷有限公司
开　　本：889 毫米 ×1194 毫米　1/16
印　　张：24.5
字　　数：687 千字
版　　次：2020 年 9 月第 1 版
印　　次：2020 年 9 月第 1 次印刷
定　　价：280.00 元

《衢江年鉴（2020）》
编纂委员会成员名单

主　　任　朱素芳

副 主 任　徐惠文　　王继明

委　　员　梁　斌　　徐洪富　　程佳华　　姜海泉　　慎　欣
章志良　　姜志岳　　郑益红　　蓝允勤　　傅雪山
方少华　　祝拥斌　　叶利明　　傅红庆　　余水林
章李华　　徐建安　　鄢凌峰　　李志刚　　刘　俊
刘　峰　　杜卫荣　　吴水标　　刘　斌　　徐迎红
徐强才　　金仕建　　屠忠清　　杜莹莹　　郑泉明
刘华新　　楼　珉　　方凌明

编纂委员会办公室主任　方凌明

编辑部成员名单

主　　编　李胜平

副 主 编　李云源　　黄晓春

责任编辑　舒雪贵　　王晓萍

衢州市衢江区行政区划图

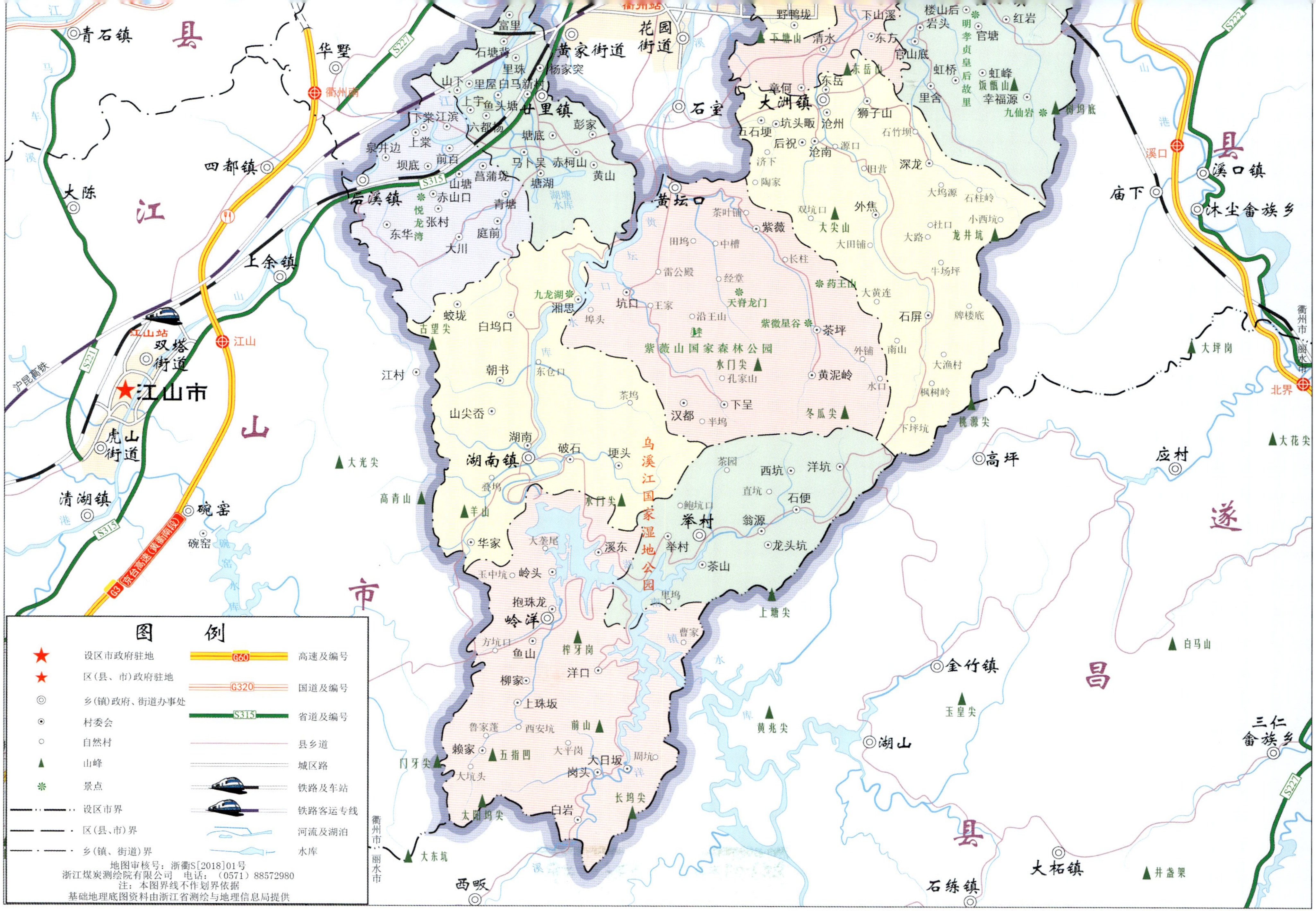

江山市
双塔街道
虎山街道
清湖镇
上余镇
贺村镇
四都镇
大陈
碗窑
峡口镇
凤林镇
新塘边镇
坛石镇
大桥镇
江山站
江山
衢州南
沪昆高铁
石门镇
长台镇
廿八都镇
塘源口乡
张村乡
保安乡
大陈乡
碗窑乡
黄家街道
花园街道
衢州站
石室
廿里镇
大洲镇
黄坛口
湖南镇
举村
岭洋
溪口镇
沐尘畲族乡
庙下
溪口
北界
高坪
应村
金竹镇
湖山
三仁畲族乡
大柘镇
石练镇
西畈
青石镇
华墅
紫薇山国家森林公园
乌溪江国家湿地公园
县
江
山
市
遂
昌
县
图 例
设区市政府驻地
区(县、市)政府驻地
乡(镇)政府、街道办事处
村委会
自然村
山峰
景点
设区市界
区(县、市)界
乡(镇、街道)界
G60 高速及编号
G320 国道及编号
S315 省道及编号
县乡道
城区路
铁路及车站
铁路客运专线
河流及湖泊
水库
地图审核号：浙衢S[2018]01号
浙江煤炭测绘院有限公司 电话：（0571）88572980
注：本图界线不作划界依据
基础地理底图资料由浙江省测绘与地理信息局提供

衢州市美丽沿江公路衢江段全线贯通　　（区交通运输局 提供）

杜泽镇获评浙江省AAAA级景区镇　（杜泽镇 提供）

峡川镇获评浙江省AAAA级景区镇　（峡川镇 提供）

12月17日，黄坛口乡茶坪村入选“全国生态文化村”名单　　（黄坛口乡 提供）

2019年，浮石、周家获评省级美丽乡村示范乡镇，蛟垄、洞峰、贺邵溪获评省级美丽乡村示范精品村，灰坪、太真、双桥、岭洋、黄坛口、莲花获评省级森林城镇。图为浮石街道景观

（区农业农村局 提供）

1月19日，衢江区召开全区机构改革动员大会　（衢江传媒集团 提供）

3月3日，衢江区教育大会召开　（衢江传媒集团 提供）

3月17日，衢江区工业大会召开 （衢江传媒集团 提供）

7月29—30日，全省深化“三位一体”农合联改革现场会在衢江区召开。省委副书记郑栅洁出席会议并讲话，副省长彭佳学主持会议 （衢江传媒集团 提供）

8月，改革担当精神传承馆（一期工程）竣工鸟瞰图　　（区委组织部 提供）

9月4日、11月11日，衢江区两次召开创建全国文明城市誓师大会。图为9月4日大会会场
（衢江传媒集团 提供）

10月11日，衢江区召开全区“不忘初心、牢记使命”主题教育推进会　　（衢江传媒集团 提供）

10月23日，"中国县域营商环境研究"课题组授予衢江区"中国营商环境百佳试点县" （衢江传媒集团 提供）

11月1日，2019衢江金融对接会召开 （区金融服务中心 提供）

12月27日，"推动城市治理现代化共建美丽大花园"衢江专场新闻发布会召开 （衢江传媒集团 提供）

5月19—24日，举行2019年中国旅游日衢江区田园康养嘉年华活动 （衢江传媒集团 提供）

6月9日，2019“美丽东城 好听衢江”唱响美丽乡村在杨继洲广场举行 （衢江传媒集团 提供）

6月12日，2019“美丽东城 好听衢江”中国新丝韵葫芦丝艺术团专场音乐会在市民公园举行 （区文广旅体局 提供）

7月12日，“美丽东城 好听衢江”新民乐专场音乐会在樟潭街道沈家村文化礼堂上演 （衢江传媒集团 提供）

7月26—28日，“70华诞普天庆 丝情乐韵汇衢江”2019第三届“丝韵浙江”葫芦丝巴乌全国展演活动 （衢江传媒集团 提供）

10月4日，2019衢江区首届民俗文化艺术节在杜泽镇举行 （衢江传媒集团 提供）

6月19日，市委副书记、政法委书记周伟江到衢江区调研指导政法智能化建设工作 （区公安局 提供）

6月，区卫健局获国家医疗健康信息互联互通标准化成熟度四级甲等授牌 （区卫健局 提供）

6月，衢江区在全省率先实现健康证数据共享卫生许可证“一证通办” （区卫健局 提供）

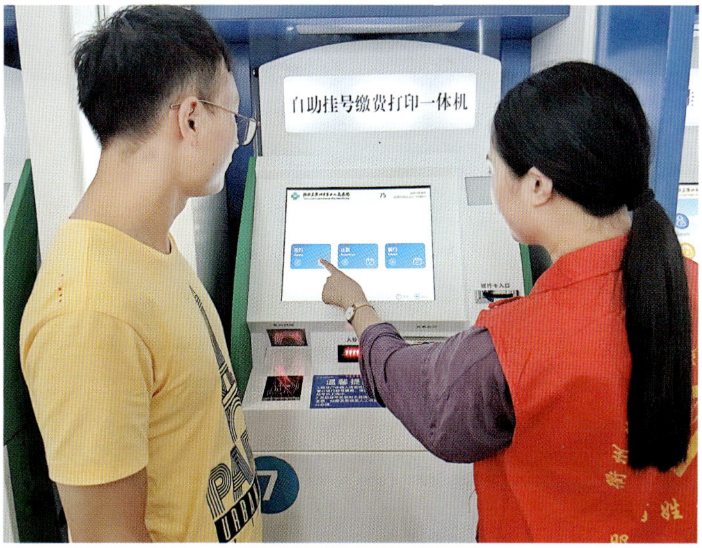

6月，衢州二院推出“智慧服务”，方便群众就医 （区卫健局 提供）

12月，衢江区推出“上门问诊”实时医保结算，打通服务群众“最后一公里”。图为灰坪乡老年人在家门口享受便捷就医服务 （区卫健局 提供）

5月28日，衢州市"南孔法堂"进乡村现场观摩活动在全旺镇红岩村举行 （区司法局 提供）

7月9日，樟潭派出所召开退赃大会，退还受害人现金100余万元 （区公安局 提供）

7月6日，在衢州机场迎接经侦专案境外缉捕组凯旋 （区公安局 提供）

8月28日，衢江区召开府院联席会议 （区法院 提供）

9月5日，衢江区召开全区公安工作会议暨"平安护航新中国成立70周年大会战"攻坚决胜阶段维稳安保工作部署会
（区公安局 提供）

12月1日，衢江区青少年宫组织学生在衢江区法院开展宪法宣传教育活动。图为法官向学生介绍法庭有关知识
（区法院 提供）

12月4日，省应急管理厅一级巡视员吴更安（前排右四）在廿里镇考察禁毒工作开展情况 （区公安局 提供）

1月8日，召开河北、吉林、浙江、山东、新疆五省区抽水蓄能电站工程开工动员大会。图为国网浙江电力分会场
（衢江传媒集团 提供）

1月28日，衢江区举行千里岗旅游景区合作开发项目签约仪式 （区文广旅体局 提供）

4月18日，衢江区2019上半年重点项目集中开工仪式举行　　（衢江传媒集团 提供）

5月19日，衢江区召开2019衢江农旅招商推介会　　（区文广旅体局 提供）

5月8日，衢江区召开全区营商环境建设暨"最多跑一次"改革推进会 （衢江传媒集团 提供）

9月11日，2019年世界名校赛艇挑战赛在衢江举行，9个国家16所高校参赛
（衢江传媒集团 提供）

10月4日，杜泽老街开街
（衢江传媒集团 提供）

10月8日，衢江区2019年四季度重点项目集中开工仪式举行，本次集中开工项目42个，总投资188亿元，年度计划投资18.18亿元
（衢江传媒集团 提供）

10月22日，投资12亿元的浙江（衢州）万洋众创城开工建设 （衢江传媒集团 提供）

10月30日，衢江区举行创建莲花乡村国际未来社区启动仪式　（衢江传媒集团 提供）

10月31日，衢州港衢江港区大路章作业区开港仪式举行　　（衢江传媒集团 提供）

11月20日，铜山源休闲度假旅游区开工建设　　（衢江传媒集团 提供）

2019年，周家、高家、全旺公办幼儿园相继开工建设。图为新建成的周家乡中心幼儿园
（区教育局 提供）

总投资1.75亿元的衢江区第三小学（育才小学）开工建设
（区教育局 提供）

2019年，衢江区初中学校布局调整，撤销8所小规模初中，优化资源配置。图为撤并后杜泽初中校园新貌　（区教育局 提供）

总投资2600余万元，实施全旺镇中心小学搬迁提升工程　　（区教育局 提供）

12月25日，衢江区举行衢州市乐成寄宿中学项目开工仪式　　（衢江传媒集团 提供）

1月19日，2019衢江仙人谷开灯节活动现场
（黄坛口乡 提供）

2月20日，东港街道旺村元宵晚会现场 （东港街道 提供）

4月7日，衢江区第十届“三月三”畲族文化节在举村乡举行　（举村乡 提供）

杜泽老街改造焕发光彩。图为10月4日杜泽老街热闹场面　（衢江传媒集团 提供）

市场供应充足、价格平稳。图为10月4日杜泽老街农贸市场场景　（衢江传媒集团 提供）

“幼有所学、学有所教”。图为全旺幼儿园的小朋友们在快乐玩游戏　（区教育局 提供）

2019年，衢江区乡村公园、农家书屋、文化礼堂相继建成。图为双桥乡文明实践所图书阅览室　　（双桥乡 提供）

编辑说明

一、《衢江年鉴》是由中共衢江区委员会、衢江区人民政府主办,《衢江年鉴》编纂委员会承编的综合性年鉴。本年鉴坚持以马克思列宁主义、毛泽东思想、邓小平理论、"三个代表"重要思想、科学发展观、习近平新时代中国特色社会主义思想为指导,坚持辩证唯物主义和历史唯物主义的立场、观点和方法。

二、《衢江年鉴(2020)》编纂执行《地方志工作条例》《地方综合年鉴编纂出版规定》《关于地方综合年鉴编纂出版若干问题的补充规定》《浙江省年鉴编纂规范细则》,收录区级机关、团体、企事业单位和乡镇(街道、办事处)、驻衢江省市属单位等年度信息资料,力求全面、系统、客观地记载2019年1月1日至12月31日衢江区各项事业发展的基本情况和重大事件,为各级党政机关、研究部门、社会各界人士等了解、研究、建设衢江提供丰富翔实的地情资料,是推介衢江的权威性工具书。

三、《衢江年鉴(2020)》以文字记述为主,辅以表格和图片,采用分类编辑法编纂。基本结构参照相关分类标准,分类目、分目、条目三个层次。条目分为综合性条目和单一性条目。综合性条目反映年度内各个领域发展变化的总体情况和主要特点;单一性条目一事一条,基本要素齐全;三种标题分别以不同的字号和字体表示。条目名以黑体字加【 】引出,以便查阅。大事记中"△"代表同日。

四、《衢江年鉴(2020)》设特载,专记,大事记,十大民生实事项目,区情概览,中共衢江区委员会,衢江区人民代表大会,衢江区人民政府,政协衢江区委员会,衢江区纪委·区监委,民主党派·工商联,群众团体,法治,军事,公共管理,工业,农业农村,林业,水利,城乡建设,交通运输·邮政,信息服务业,自然资源和规划,生态环境,经济管理,商贸,财政·税务,金融,科学技术,教育,卫生健康,文化·旅游·体育,传媒,乡镇·街道·办事处,省、市驻衢江单位,人物,统计资料,附录等。

五、数字用法、标点符号用法分别采用国家标准《出版物上数字用法》(GB/T 15835—2011)、《标点符号用法》(GB/T 15834—2011)。计量单位采用国家技术监督局1993年12月发布的《量和单位》系列国家标准。

六、《衢江年鉴(2020)》文字资料由全区各承编单位落实人员撰写或提供,并经单位领导审核,署作者名,由编辑部编辑编定,经区委办、区府办审核定稿。

要　目

目 录

特 载

专 记

大事记

十大民生实事项目

区情概览

中共衢江区委员会

衢江区人民代表大会

衢江区人民政府

政协衢江区委员会

衢江区纪委·区监委

民主党派·工商联

群众团体

法 治

军 事

公共管理

工　业

农业农村

林　业

水　利

城乡建设

交通运输·邮政

信息服务业

自然资源和规划

生态环境

经济管理

商　贸

财政·税务

金　融

科学技术

教　育

卫生健康

文化·旅游·体育

传　媒

乡镇·街道·办事处

省、市驻衢江单位

人　物

统计资料

附　录

索　引

提振精气神　全力争上游 为打造“活力新衢江、康养大花园”不懈奋斗

——在中国共产党衢州市衢江区第十三次代表大会第三次会议上的报告

中共衢州市衢江区委书记　周向军

（2019年6月13日）

一、把握发展大势、发展态势、发展趋势，点燃衢江新一轮发展的干事激情

大盘谋局，首在度势。观大势、谋大局，才能决胜未来。推动衢江新一轮发展，必须识势观势用势，在把握大势中抢抓新机遇；必须谋势蓄势造势，在感知态势中明确新方向；必须借势顺势成势，在顺应趋势中展示新作为。

（一）从发展态势看，衢江正处于黄金发展的机遇期

区第十三次党代会以来，在省、市委的坚强领导下，区委团结带领全区人民，紧扣“深化‘四个一’、打造康养城”的目标要求，上下同欲对标干，突出重点精准干，遵循规律科学干，扑下身子务实干，干出了衢江发展的好势头！一路奋斗，我们的实力不断壮大。2018年，全区生产总值达174.6亿元，较2016年增长17.8%；财政总收入、地方财政收入分别达26亿元、16.4亿元，较2016年增长43.6%、32.3%，增速居全市前列。特种纸、机械装备制造两大主导产业快速发展，夏王、仙鹤产值双双突破20亿元，仙鹤股份成功在A股主板上市，五洲纸业完成股改，志高机械入选“中国工程机械制造商30强”。一路奋斗，我们的信心不断增强。两年多来，衢江经验、衢江样板多次亮相全市、全省、全国舞台，放心农业、针灸康养等特色品牌走出浙江、享誉全国、走向世界，成功举办两届世界针灸康养大会，联合国第八任秘书长潘基文亲临指导、点赞衢江；获得省级以上荣誉、试点56项，连续两年夺得大禹鼎、荣获全省“平安区”。2018年，获评全省小城镇综合整治优秀县，荣获全市综合考核、乡镇乡村振兴考核双料第一，10项中心工作获全市单项考核第一名。一路奋斗，我们的动能不断积蓄。出台工业新政30条及补充意见12条、人才新政27条等一揽子政策，环嘉集团、中洁惠能在我区设立区域总部，纤纳新能源、环嘉通恒、铜山源旅游度假区、华凯科技等一批投资超10亿元的重大项目扎实推进。一路奋斗，我们的难题不断破解。城中村改造十年谋划、一朝破题，四期改造顺利完成；动态投资73亿元的抽水蓄能电站，十五年磨一剑，今年1月正式开工；投资50亿元的新田铺田园康养综合体项目，从“人见不了、门也进不了”，到市区一体、顺利推进；开展“树正气打歪风”专项行动，全面破解利益错综复杂的浮石违建问题，彻底解决反复近15年的违规砂场问题。

（二）从内生动力看，衢江正处于综合优势的转化期

衢江在区位交通、生态环境、土地资源、市区一体等方面的优势，已经具备了转化基础、拥有了转化条件、迎来了转化时机！化区位交通优势为产业集聚优势。随着浙西航空物流枢纽、衢江港区、铁路衢州东站布局衢江，杭衢高铁在衢江预留莲花站，甬金衢高铁、衢丽铁路、甬金衢上高速贯穿衢江，将构建起公、铁、空、水一体的交通网络。只要我们充分利用区位交通优势，以资本促动项目导入、以项目带动产业集聚、以产业推动区域发展，就能使衢江成为资本洼地、投资高地、产业集聚地。化生态环境优势为绿色发展优势。近年来，我们在康养产业、全域旅游上求突破，迈出了生态经济化的坚实步伐。只要我们保持战略定力，做深康养文章，谋实水资源文章，办好中国户外极限运动公开赛总决赛、世界名校赛艇挑战赛等高端赛事，就能实现“两山”转化、产业转型、动能转换的华丽转身。化土地资源优势为资产资本优势。我们紧抓厅区合作机遇，大力度推进全域土地综合整治，整出了富里、新田铺、上方三大万亩平台，导入了总投资100亿元的世界食品安全创新示范基地、50亿元的新田铺田园康养综合体、25亿元的上方硒钙特色产业园等重大项目，整出了空间、整出了财力、整出了民心。只要我们充分利用土地资源优势，就能为衢江乡村集聚更多人气、导入更多项目、催生更多动能！化市区一体优势为体制机制优势。正是有了市级的统筹布局，才有了浙西航空物流枢纽、世界食品安全创新示范基地等重大项目落户衢江；正是有了市级的协调对接，才有了抽水蓄能电站、新田铺田园康养综合体等项目的顺利推进；正是有了市级的鼎力支持，才有了浮石问题的有效破解。在市区一体的大格局下，只要我们主动融入、主动对接、主动作为，就必定能实现市区统筹发展、融合发展、共同发展！

（三）从风险挑战看，衢江正处于爬坡过坎的发力期

经济社会发展的良好态势，并未改变衢江经济盘子小、基础差、底子薄的基本区情。我们要清醒地认识到，赶超跨越仍是衢江当前最迫切的任务。从全省89个县市区排名看，经济总量仅排名第76；地方财政收入虽已跻身全市第一方阵，但仅位列全省第68，核心总量指标与发达地区的差距还很大。从经济的后劲支撑看，作为工业的支柱型产业，特种纸的能耗制约问题，有待进一步破解；健康水产品等其他产业，还未形成有效支撑。作为工业发展的主平台，衢江经济开发区还存在平台空间受限、熟地储备不足、布局不够科学、配套不够完善、“低散乱”企业较多等问题。提升能力仍是衢江发展最重要的前提。从整体看，不同程度存在干部断层的问题，特别是缺少城市运营、项目运作、金融证券等专业人才。从个体看，不同程度存在因循守旧的问题，面对新形势、新问题，管用的办法不多；面对新经济、新模式，钻研的精神不够，难以适应高质量发展的新要求。这些问题，必须更加积极地应对、妥善地化解、坚定地破题！

（四）从发展趋势看，衢江正处于提档增速的窗口期

当前，衢江发展的势已经起来了，只要我们应势而谋、因势而动、顺势而为，就必定能扬帆出海、乘风破浪、踏浪前行！乘重大格局突破的东风。新一轮国土空间规划调整，给衢江带来了优化发展空间的新契机；综合物流园区、多式联运中心港、南北大通道等项目布局衢江，赋予了衢江“东部新城—衢江新区；空港新城—莲花新区”的新内涵。其中，南北大通道，可以有效链接杭州湾和衢丽花园两大城市群；多式联运中心港，一旦成为宁波舟山港的喂给港，有望成为浙江对内开放的桥头堡、沿海纵深内陆大通道的强支撑。乘区域溢出效应的东风。伴随着全省“四大”建设[①]、杭衢一体化发展、衢州迈入杭州1小时经济圈，全省东西部时空格局被打破，区域间的协同效应、溢出效应将更加凸显，衢江更有机会、更有条件成为发达地区先进制造业的生产基地、转化高地。乘优质营商环境的东风。通过“最多跑一次”改革、“树正气打歪风”等一系列组合拳，衢江的营商环境持续向好，仙鹤、五洲、志高、中财、宝红等一批企业不断在衢江追加投资、新上项目，宋都、中环等一批优质企业落户衢江，越来越多的企业看好衢江前景、投资衢江未来。这些，都将为衢江跨越发展提供不竭动力。

同志们！当前的衢江，已经积蓄了强劲的动力、站上了发展的风口、迎来了全新的机遇！这些，得益于历届区委区政府的接续拼搏、接续努力、接续奋斗；得益于我们党群一心、政企一心、上下一心；得益于每一位衢江人的点滴努力、点滴付出、点滴奉献。在此，我谨代表衢江区委，向所有为全区经济社会发展作出积极贡献的同志们、朋友们，表示衷心的感谢和崇高的敬意！

同志们！新阶段赋予新使命，新使命呼唤新担当。面对新阶段、新机遇、新使命，我们必须认识到：站位决定地位，只要起点高，就不怕起步晚。进入新时代，面对高质量发展的新要求，各地的机遇是一样的、困难也是普遍的，能不能抓住机遇、克服困难，关键看我们站在一个什么样的高度、一个什么样的角度去认识和看待高质量发展。对衢江而言，就是要跳出衢江看衢江、放眼省市看衢江、胸怀全国看衢江、接轨国际看衢江，以多式联运中心港、南北大通道等重大项目为平台，主动融入长三角一体化、全省“四大”建设、市委“1433”发展战略体系，通过与全国、全球的行业领军企业合作，推动特种纸、机械装备制造等主导产业加速发展。我们必须认识到：思路决定出路，只要有思路，就不怕没出路。思路正确打胜仗，思路错误打败仗，没有思路打乱仗。面对瓶颈，我们要勇于创新、善于创新，找到破除能耗限制、产业瓶颈、要素制约的新思路、新办法；面对困难，我们要坚持“无条件、有办法”，对症下药、补齐短板，切实提升推动产业、推动项目、推动发展的能力。我们必须认识到：态度决定高度，只要肯干事，就不怕不成事。我们衢江人敢闯敢拼、勤劳善良，只要我们力出一孔、力能扛鼎、力争上游；只要我们不当“旁观者”、争当“奋斗者”，不当“说唱团”、争当“冲锋团”，不当“吹鼓手”、争当“夺标手”；只要我们不贪一时之功、不图一时之名，一张蓝图绘到底，一以贯之抓落实，以实干续写辉煌，用实干托起梦想，就一定能谱写出衢江新一轮发展的辉煌篇章！

二、明确发展方向、发展目标、发展体系，踏上衢江新一轮发展的奋斗征程

战略引领未来，格局决定布局。站在衢江发展的新风口，我们迫切需要找准“方位+方向+方法”，融合“谋划+规划+计划”，贯通“战略+战役+战术”，以一套科学的战略体系，来明确衢江新一轮发展的蓝图。经过前期多方调研、群策群力、集思广益，区委确立了“1136”发展战略体系，第一个“1”是战略引领，第二个“1”是战略目标，“3”是三大战略任务，“6”是六大战略保障。

第一个“1”，就是“一个战略引领”，即提振精气神、全力争上游。成就事业，最核心的要素是人，是人的精神、人的态度、人的能力。全区党员干部必须坚持“党建统领活的灵魂、一根红线贯穿始终”，把党的政治优势、组织优势转化为发展优势、治理优势；必须进一步解放思想、转变作风、提升能力，推动各项工作全面创新、全面创强、全面创优，做到核心指标在全市确保第一方阵，经济总量在全省不断争先进位。

第二个“1”，就是“一个战略目标”，即“活力新衢江、康养大花园”。这一战略目标，既贯彻了省市的重大决策部署，又体现了衢江发展的实际和人民群众的向往；既是“活力新衢州、美丽大花园”在衢江的重重落地，又是“东区大花园、针灸康养城”的深化拓展。具体来讲，就是要围绕活力新衢江，聚力产业转型，增强产业活力，打造衢州东部的工业新区、花园之城；聚力“两山”转化，增强生态活力，打造浙江西部的生态福地、康养之城；聚力动能转换，增强发展活力，打造四省边际的物流中心、枢纽之城。就是要把大花园愿景和康养城特色结合起来，发展健康养生、放心农业等特色产业，推动三产融合、三生融合、三治融合，打造产业大花园、美丽大花园、人文大花园。

在战略布局上，重点打造“一核、两区、三带、四圈”。“一核”是“东部新城、衢江新区”；“两区”是衢江经济开发区和“空港新城、莲花新区”；“三带”是衢江诗画风光示范带、衢北农旅体融合发展示范带、衢南骑游运动示范带；“四圈”是环乌溪江库区生态旅游风光圈、环新田铺康养旅游风光圈、环铜山源水库休闲旅游风光圈、环千里岗运动旅游风光圈。

所谓“3”，就是三大战略任务，即重大改革突破、重大项目引领、重大专项攻坚。

1.重大改革突破。从群众最不满意的地方改起，从群众最需要的地方做起，以改革破解发展瓶颈。聚焦“最多跑一次”改革。大力推进政府数字化转型，打破部门数据孤岛，实现“部门集合、数据集中、管理集成、服务集效”；推动更多事项“无差别全科受理”，全力打造“无证明办事之城”；推进企业投资项目审批制度改革3.0版，深化个人全生命周期事项“一站式”办理，努力实现群众、企业政务办事“少跑腿、零跑腿”、共享社会服务“低门槛、零门槛”、解决难事要事干群关系“近距离、零距离”。聚焦国资改革。建好用好工投、建投、交投、农投、康投五大国资平台，推进资源、资产、资金、资本“四资”主体化、企业化，整合打通资产池、资金池、项目池，做好国资的控制管控、集中集聚、盘活整活，提升国资运作的归集率和转化率。聚焦农村综合改革。以承包地、宅基地、农村集体经营性建设用地、农房“三地一房”为核心，聚焦农村土地制度改革、农业经营体制改革、集体产权制度改革、三农服务支撑体系建设等四大领域，探索推进农村改革“十大专项”[②]，争取改革试点、争创衢江样板，推动乡村振兴。聚焦教育改革。实施教育“四个一工程”[③]，把好教育队伍的选拔关、培养关、激励关、管理关、评价关，实施领雁、回归、青蓝、创优、暖心五大工程，进一步优化教育布局、建强教育队伍、完善改革机制、提升教育质量，确保2019年实现基础教育重点县摘帽，并创成教育基本现代化区。聚焦医卫体制改革。围绕岗位统配、资源统调、绩效统分的要求，加快推进市第二人民医院、杨继洲针灸医院牵头的医共体建设，真正让医共体内“医务人员动起来、医疗水平高起来、基层就诊多起来、群众满意提起来”，到2021年基本实现“小病不出镇、大病不出区”。

2.重大项目引领。今天的项目布局，就是明天的发展格局，必须举全区之力，抓紧抓实事关衢江发展的重大引领性项目。一要聚合资源强对接。整合乡镇部门资源、土地空间资源、财政资金资源，提前谋划、提前对接、提前运作重大项目，全力支持、全力配合、全力保障重大项目，拿出争的意识、抢的劲头、拼的勇气，力争有更多的项目列入省级、国家级项目盘子，为项目争取更多的专项政策、专项资金、专项试点。二要聚焦重点强攻坚。突出问题导向、责任倒逼，倒排时间表，设定目标值，画好施工图，做到“一名区级领导+一个专班团队+一套会商机制”，确保每个重大项目都善作善成、落地见效。三要聚力转变强招商。变全民招商为专业招商，聚焦平台型、引领性、高精尖项目，推行“全员提供信息、专业团队对接、分工推进落实”的协作机制，深化“强链招商”“补链招商”“新兴产业招商”，不断壮大现有产业集群，加快培育新兴产业集群。

3.重大专项攻坚。集中火力、集中精力、集中战力，全力破解制约衢江发展的重点、难点、堵点问题。

①工业强区专项行动。聚焦服务企业、引领企业，突出抓好“5+5”十件大事[④]。存量与增量并举。研究、盘活、激活存量，做大、做强、做优增量，大力实施企业登高计划，持续推进“雏鹰行动”“雄鹰行动”“凤凰行动”，引导鼓励企业股改上市和兼并重组。聚焦“2+2”产业，不断推动特种纸、机械装备制造两大现有主导产业高端化、智能化，加快培育新材料、水产

业两大潜力产业，打造高端水和乳制品的区域性生产基地，谋划推进航空产业园项目，加快建设省级军民融合产业创新示范区。平台与主体齐抓。整合优化工业平台，建强衢江经济开发区主平台，推进工业园区体制改革，建设企业“4S服务中心”；深入推进“亩均论英雄”改革，有序推进“低散乱”企业整治及僵尸企业处置，全面出清“四无”企业及低效企业；谋划实施园中村改造，推行差别化弹性地价，高标准建设、市场化运营小微企业创业园，加快优质资源、优质要素、优质产业向开发区集聚。激发企业主体活力，举办“产业大讲堂”“企业家沙龙”等系列活动，组织企业家赴发达地区学习考察，不断提升企业家素质。科技与金融共促。坚持“政企校会”四位一体、“产学研用”高度融合，深化与鄞州、滨江、桐庐等地的山海协作，加快创建省级高新区、产业创新服务综合体，持续推进产业数字化和数字化产业，推动“制造”向“智造”转变；用活政府产业引导基金，为企业嫁接资本，促进“金融+科技”融合发展，培育一批具有核心竞争力的企业。

②城市赋能专项行动。以全国文明城市创建为契机，深入实施城市安全、畅通、景区、康居、品牌、治理六大工程，不断完善城市空间规划体系、公共服务体系、建设运营体系，打造有特色、有品牌、有活力的衢江新城。让城市“活”起来。坚持紧凑型、组团式、统筹化，把建城的过程变成建景的过程，做到总体规划滚动化、专项规划综合化、区块规划规模化、设计工作特色化；畅通城市血脉，全面打通城区“断头路”，新建霞飞路跨江通道，推进东迹大道改造提升，谋划信安大道过江通道、信安路西连东延工程建设，构筑“主干畅通、节点贯通、城区环通”的城市路网。让城市“靓”起来。坚持“城文景游”一体化，实施塔底电站和安仁铺枢纽亮化精品工程，谋划“引水入城”工程，打造全省示范的十里运动休闲长廊、城市休闲景观大道，适时开展老旧街区、老旧小区的综合改造，探索推进未来社区、康居示范小区和康养特色街区建设，让城区更加宜居、更具风情、更有魅力。让城市“热”起来。完善城市商贸、金融、教育、医疗、文化、休闲等配套设施，持续办好世界针灸康养大会，谋划导入一批国家级赛事、会议，筹划一系列重大节庆文化活动，不断提升“衢州有礼、针灸圣地”的知名度和美誉度，让衢江新城的氛围浓起来、人气聚起来、品牌响起来。

③交通先导专项行动。充分发挥交通先导性、基础性、战略性作用，加快构建现代化交通网络，形成外联、内畅、高效的综合交通体系。构建综合性枢纽。以浙西航空物流枢纽、杭衢高铁（衢江段）、衢江港区等为依托，谋划推进多式联运中心港，充分利用莲花高家片区的交通区位优势，培育高端物流业态，导入物流金融及电商创新研发中心，集聚人流、商流、资金流，推进水港、陆港、空港、信息港“四港合一”，打造衢江对外开放的交通大枢纽、物流大枢纽、产业大枢纽。打通战略性通道。谋划建设南北大通道，在纵向上贯通杭衢丽三地，构建浙西交通新格局，将衢江南北两端车程从3小时缩短到1小时，建成民生大通道、致富大通道、花园大通道、战备大通道、山海协作大通道、幸福大通道。完善区域性路网。做好杭金衢拓宽、351国道、衢宁铁路、甬金衢上高速等项目建设，增强向外链接能力。推进沿江公路建设，优化通景公路网络，发展城乡公共交通，构筑城乡之间、乡镇之间、景点之间互联互通的交通环线。

④乡村振兴专项行动。聚焦乡村振兴战略，灵活运用“3752”工作法⑤，全力创建首批部省共建乡村振兴示范区，打造乡村振兴的创新地、样板地、示范地。增强产业振兴源动力。进一步做深衢江特色康养产业、放心农业、全域旅游文章，推动农业规模化、品牌化、金融化、证券化，接二连三、融会贯通、全产业链发展；围绕“三带四圈”打造精品村落、精品线路、精品景区，打响“中国户外极限运动公开赛”的衢江品牌，为衢江乡村导入更多高端赛事、高端民宿、高端要素，统筹发展针灸康养、田园康养、运动康养、森林康养等康养业

态，以抽水蓄能电站项目为牵引，同步推进衢南AAAAA景区建设，不断增强乡村活力。牵好农房管控牛鼻子。系统构建农民建房服务管理体系，力求规划体系化、审批标准化、监管全程化、建设规范化、服务精准化；坚持拆改用结合，以改村提升为重要抓手，统筹推进村庄改造、“一户多宅”整治、乡村风貌提升、基础设施配套、项目招商布局，因地制宜、因村施策，改出乡村新风貌、新空间、新动力。开动土地整治发动机。坚持“土地整治+产业振兴+风貌提升+农村改革”，用活全域土地综合整治，建成富里、新田铺、上方三大万亩平台，谋划启动云溪富西等新片区整治，引入大资本、推动大发展，加快推进新田铺田园康养综合体、世界食品安全创新示范基地、上方硒钙特色产业园等项目，不断实现荒山变良田、村庄换新颜、农村变景区。绘制美丽乡村新图景。加强小城镇环境综合整治的后续管理，常态化开展“五四三”整治，深入推进农村环境“三大革命”，健全长效管控机制，全域提升农村人居环境，打造以涧峰村为代表的一批乡村版未来社区；深挖衢江乡愁文化，做好衢江传统文化的挖掘、梳理、总结、弘扬，打造一批衢江特色的乡愁博物馆，构建远可望、近可游、居可养的魅力乡村。

⑤基层治理专项行动。突出党建“三个用来”，抓实抓好“三个三”基层党建工程，上下打通、条块打通，资源整合、联动协同，形成“平时为掌，战时为拳”的治理合力，全力打造基层治理最优区。建强基层战斗堡垒。实施“1235”基层党建衢江工程[⑥]，选优配强“领头雁”，全面落实村（社）党组织书记、村委会主任“一肩挑”，定期开展村主职干部集中轮训，着力打造一支党性强、能力强、自律强的领头雁队伍；深化“乡镇点兵点将，部门跑步进村”机制，用好服务指数、堡垒指数、先锋指数，抓实抓好网格基本，有效推动组团联村标准化、规范化、制度化、体系化，定期评选“金牛”村、“蜗牛”村，切实推动基层党建“全领域建强、全区域提升”。坚决亮剑歪风邪气。纵深推进扫黑除恶专项斗争，深入开展线索摸排，强化精准深度打击，做到有黑扫黑、有恶除恶、有乱治乱，形成扫黑除恶压倒性态势；深化“树正气、打歪风”专项行动，持续推进“1+5+15”全面整治[⑦]，公检法司联动，纪组宣统联合，做到“哪里有问题，就进驻到哪里；哪里有困难，就推进到哪里；哪里有歪风，就打击到哪里”。夯实基层平安根基。坚持和发展新时代“枫桥经验”，推动全科网格向全民网格转变，深化矛盾纠纷排查化解；高度重视初信初访，积极化解信访积案，依法规范信访秩序，严厉打击违法上访行为，持续扭转信访生态；强化底线思维，坚决做好重大风险的防范化解，狠抓社会治安安全、经济金融安全、生产安全、生态环境安全，确保社会和谐稳定。

所谓“6”，就是“六大战略保障”，包括思想建设、干部队伍、营商环境、统筹平台、工作体系、政治生态6个方面。从主观层面的思想建设、队伍建设，到环境层面的营商环境、政治生态，再到机制层面的要素管控、流程管控，形成全要素、全流程、全体系的系统保障。

三、聚焦发展队伍、发展环境、发展保障，激活衢江新一轮发展的核心要素

新一轮发展的蓝图已经绘就，关键在实干，关键在执行，关键在落实。我们必须提升发展力、战斗力、服务力、整合力、执行力、公信力，全力保障区委“1136”发展战略体系重重落地。

（一）思想引领，提升发展力

讲政治要坚定信仰。坚决维护以习近平同志为核心的党中央权威和集中统一领导，加强思想理论武装，强化“四个意识”，坚定“四个自信”，确保中央和省、市委决策部署在衢江落地见效。压紧压实管党治党的主体责任，严肃党内政治生活，深入推进“两学一做”学习教育常态化制度化，高标准开展“不忘初心、牢记使命”主题教育，牢牢把握意识形态主动权，建好用好“谢高华精神”传承基地，切实提升全区党员干部的政治意识。谋发展要突破格局。落后是观念落后，贫穷是脑袋贫穷。身处变革时代，面对衢江发展的重大机遇，迫

切要求我们以思想解放促进理念转变。谋发展，要善于跳出衢江看衢江，在全局的视野下和历史的方位中找坐标、定方向；解难题，要敢于不破法规破常规，做到担当不怕事、遇事敢担当。抓落实要只争朝夕。思考问题拔高两级，落实工作下沉两级。一把手要敢担当、善作为，光喊口号、不行动不行，单单开会、发文件不够，要有真抓的实劲、敢抓的狠劲、善抓的巧劲、常抓的韧劲，抓铁有痕、踏石留印，真正把工作抓紧抓实、抓出成效。当前的衢江，条件那么好、机遇那么多、舞台那么大，此时不干，更待何时！只有现在多吃苦、多受累，将来才不挨骂、不后悔。全区各级党员干部要始终保持只争朝夕的紧迫感，把精力聚焦到工作上，把心思用在抓落实上，对区委交办的任务要立说立行、雷厉风行，对既定的工作要一干到底、一抓到底。

（二）严管厚爱，提升战斗力

锤炼战斗本领。针对干部的“知识危机”“本领恐慌”，坚持一线培训、师徒结对、战训合一，对症下药采取培训学习、挂职锻炼、一线练兵等形式，分领域、分类别实施“四色”培训[⑧]，实施百名干部一线历练行动、年轻干部“青苗计划”、中层干部跨部门交流，着力提升各级干部的综合能力和过硬素质。锻造过硬作风。坚信“办法总比困难多”，主动对标先进，树立一流理念，开展比谋划、比服务、比干劲、比技能、比实绩“五比竞赛”，坚决反对“报喜不报忧”的不良态度、“大事化小小事化了”的侥幸心理、“能拖一天是一天”的懒散作风。坚持“只为成功找方法，不为失败找借口”，实行急事畅通、难事疏通、特事融通，做到说了就算、定了就干、干就干成、干就干好。坚持正确导向。坚持识人察人看担当、选人用人重作为，在改革发展中甄别干部、在攻坚一线中考察干部、在群众口碑中检验干部，让“战狼精神”成为衢江干部的鲜明特征，推动一批政治强、业务精、敢作为、作风正的优秀干部脱颖而出。完善容错纠错“1+N+X”体系[⑨]，坚决为担当者担当、让担当者实惠，真正支持改革者、鼓励创新者、保护干事者，绝不让一线干部感到孤独！

（三）亲而又清，提升服务力

帮企帮到点。坚持企业利益无小事，只要有利于衢江经济发展的，只要有利于衢江产业升级的，只要有利于衢江企业壮大的，只要需要区委区政府支持配合的，我们一定全力支持、全力保障、全力以赴。暖企暖到心。建立常态化联企协调解难机制，企业有什么困难，我们就帮着解决什么困难，决不为不办找理由，决不让我们的民营企业、民营企业家感到孤独。坚持“新官要理旧账”，带头守信用、讲诚信、兑承诺，解决好历史遗留问题，让企业轻装上阵、加快发展。始终把企业家作为全区发展最宝贵的资源，积极构建亲清新型政商关系，让企业家有尊严、有荣耀、有地位。惠企惠到位。不折不扣落实中央和省市减负降本政策措施，在审批、建设、运营、管理各个环节精准施策，以政府强服务助推企业强实力，做到惠企政策梳理及时、出台及时，宣传到位、执行到位，惠得有力、惠得有效，让所有企业都吃下“定心丸”、安心谋发展。

（四）统筹协调，提升整合力

坚持党委统领。充分发挥区委总揽全局、协调各方的领导核心作用，支持人大及其常委会依法履职，支持政府依法行政，支持人民政协发挥政治协商、民主监督、参政议政作用，扎实做好新形势下统战、人武、双拥、老干部等工作，鼓励群团组织继续深化改革、当好联系群众的桥梁纽带。深入开展“我为衢江添光彩、衢江因我更精彩”主题活动，不断弘扬衢江主旋律、发出衢江好声音、传递衢江正能量、展示衢江新形象，形成携手奋进的发展氛围。注重战略统筹。各级各部门要自觉站在衢江科学发展战略全局的高度，站在区委区政府统一意志的高度，在大局下思考、大局下行动。要把任务分工落实、工作分头推进、项目分步实施、绩效分级考核结合起来，统一战略部署、统一规划编制、统一资源使用、统一力量调配，形成统分结合、有分有合、协调配合、合力推进的工作机制。强化要素整合。理顺管理机制、破除部门壁垒、打通要素环节，做到大口子、大盘子、大专项，大联动、大协同、大合唱。把项目、资金、土地“三本账”变成“一本账”，确保每一个重大项目都在资金盘子上、在土地指标内、在规划空间里，实现项目能批、土地能供、资金能保。

（五）闭环推进，提升执行力

说都是问题，做才有答案，必须依靠制度管人管事，推动全员、全局、全系统提速提效提质提能。责任具体化。建立工作任务分解落实机制，健全目标体系、支撑体系、政策体系、保障体系、督查体系，覆盖重点任务、重点项目、重点工作、重大活动，做到责任分工到点、到人、到位，任务解码到年度、到季度、到月度。工作链条化。坚持战略引领规划布局“一张图”、资源要素优化配置“一本账”、督查考核奖惩问责“一条龙”，健全“项目化、责任制、路线图、时间表”的工作机制，做到步步跟进、环环紧扣，工作不脱节、不缺位。落实闭环化。念好“叮、盯、钉”三字诀，充分发挥督查考评“下单子、钉钉子、抽鞭子”作用。对区委的决策部署，由大督考专班分解、转化、交办，督查、催办、督办，构建任务制定—分解—交办—督查的完整链条，形成“督查协调再督查、协调督查再协调”的闭环，做到事事有回音、件件有反馈、人人抓落实。

（六）从严治党，提升公信力

坚定不移反腐败。坚持无禁区、全覆盖、零容忍，坚持重遏制、强高压、长震慑，坚持受贿行贿一起查，深化纪检监察体制改革，全面推行小微权力清单制度，坚决向群众身边的不正之风和腐败问题亮剑，把惩治腐败同扫黑除恶、扶贫领域整治结合起来，始终保持惩治腐败的高压态势。认真做好案件查办后半篇文章，推动公职人员廉政教育全覆盖。动真碰硬严纪律。坚持纪严于法、纪在法前，常“体检”、多预防，真正用纪律管住大多数。发挥区委巡察的利剑作用，深化政治巡察，加大对巡察发现问题的移交处置力度，强化整改落实和成果运用。坚持“一案双查”“责任倒查”，严肃查处问题背后存在的违规违纪、失职失责情形，以精准问责倒逼“两个责任”落实。驰而不息纠“四风”。严格执行中央八项规定精神，紧盯“四风”老问题、剑指“四风”新动向，继续下大力气整治形式主义、官僚主义，坚决防止反弹变异，切实减轻基层负担。大兴艰苦奋斗、勤俭节约之风，以良好的党风政风带动社风民风，努力打造干部清正、政府清廉、政治清明、社会清朗的清廉衢江。

同志们，衢江的发展史，就是一部奋斗史！奋斗的征程，只有进行时，没有完成时。站在新的起点上，让我们更加紧密地团结在以习近平同志为核心的党中央周围，高举习近平新时代中国特色社会主义思想伟大旗帜，在省、市委的坚强领导下，风雨同舟、风雨兼程、风雨无阻，凝心聚力、齐心协力、尽心竭力，以敢为人先的胆气、敢谋新篇的勇气、敢于担当的锐气，先人一步谋发展、快人一拍抢机遇、胜人一筹抓落实，奋力打造“活力新衢江、康养大花园”，为开创衢江更加美好的明天不懈奋斗！

名词解释：

①**“四大”建设：**指大湾区、大花园、大通道、大都市区建设。

②**农村改革“十大专项”：**指农村经营性建设用地专项、农村土地集中流转专项、农村宅基地和农房活权专项、农业龙头企业和工商资本引入专项、小农户和现代农业发展有机衔接专项、深化农合联“三位一体”改革专项、农村集体产权制度改革专项、组建农业发展投资平台专项、健全农村产权交易平台专项、农村绿色金改试点专项。

③**“四个一工程”：**指实施教育一号工程、召开一次高规格的教育大会、出台一系列政策、办好一个讲坛。

④**“5+5”十件大事：**指推进“最多跑一次”改革、推进工业园区体制改革、建设企业“4S服务中心”、建设企业用工平台、开展企业家素质提升工程等服务企业5件大事，实施企业登高计划、推进企业股改上市、抓好数字经济“一号工程”、推进“低散乱”企业整治及僵尸企业处置、建好小微企业创业园等引领企业5件大事。

⑤“3752”工作法：指加强“三个统筹”，即统筹规划布局、政策资源、工作保障；做好“七篇文章”，即党建篇、农房篇、集聚篇、资源篇、改革篇、产业篇、治理篇；推动乡村振兴“五大振兴”全面振兴同步振兴；实现基层党建全领域建强、全区域提升。

⑥“1235”基层党建衢江工程：指打造一个“放心衢江”党建品牌，带出让组织放心、让群众放心的党员、干部两支队伍，明确“三高三地”三大任务（高质量落实“三个三”基层党建工程标准地，高水平创建“两全”示范新高地，高标准完成“消薄”先行地），建立目标、组织、工作、评估和保障等五大体系，不断建强基层基础。

⑦“1+5+15”全面整治：指全区21个乡镇（街道、办事处）全覆盖“树正气、打歪风”，浮石街道专题整治，上方、杜泽、云溪、后溪、黄坛口等5个乡镇重点整治，其余15个乡镇同步整治。

⑧“四色”培训：指党务主题“红色”培训、经济发展主题“金色”培训、基层治理主题“蓝色”培训、民生事业主题“绿色”培训。

⑨容错纠错“1+N+X”体系：指在容错纠错实施细则总体框架意见（“1”）的基础上，针对乡村振兴、招商引资、重大项目攻坚克难等分领域推出个性化容错纠错制度（“N”），坚持以案释规（“X”）。

政府工作报告

——在衢州市衢江区第十五届人民代表大会第四次会议上

衢州市衢江区区长　朱素芳

（2020年4月21日）

2019年工作回顾

2019年是新中国成立70周年。一年来，面对各种困难风险挑战，区政府在市委市政府和区委的正确领导下，在区人大、区政协的监督支持下，认真学习领会习近平新时代中国特色社会主义思想，深入贯彻落实市委“1433”、区委“1136”发展战略体系，紧扣“强区战略”，聚焦“‘三年’活动、八大任务”，团结依靠全区人民，事不避难、勇于担当，推动“活力新衢江、康养大花园”建设稳步向前，经济社会保持良好发展态势。实现地区生产总值198.47亿元、增长8.3%；财政总收入28.94亿元、增长11.3%，一般公共预算收入17.52亿元、增长7%；投资、消费分别增长12%、8.3%，圆满完成区十五届人大三次会议确定的各项目标任务。

一年来，我们主要取得了以下工作成效：

一、高质量发展步子越踩越实

工业转型步伐坚定有力。出台工业新政12条，新增规上企业8家、10亿元以上企业1家。实现规上工业总产值180.5亿元、增长11.1%，利润总额16.6亿元、增长39.2%。铁拳出击完成第一批265家“低散乱”企业整治，收储盘活土地1000余亩，建设小微企业园2个、面积7.1万平方米，为工业高质量发展腾出了空间。凤凰行动又有实质性突破，仙鹤股份成功发行12.5亿元可转债；五洲特种纸报会审核，上市在即；中环控股香港上市并注册落地衢江。创新步伐加快，成功创建省级高性能纸及纤维复合新材料产业创新服务综合体，规上工业新产品产值增长28.1%，新增国家高新技术企业14家、“浙江制造”标准5个，省“万人计划”实现零的突破，获评省知识产权示范区、“浙江制造”品牌培育区。产业数字化加速发力，出台全市最大力度的产业数字化改造政策，有力促进企业数字化改造。志高机械、海力股份获评省级制造业与互联网融合发展试点示范企业，仙鹤股份特种纸智能制造平台入选省级工业互联网平台创建名单。服务业蓬勃发展。东方广场、振兴中路商圈日趋成熟，衢江美食城即将投入使用，衢州新农都年市场交易额超过120亿元，远远超过原来100亿元的预期目标，服务业增加值增长8.9%。电子商务高速发展，网络零售额增长31.9%。旅游收入65.7亿元、增长15.1%。赛事品牌加快打造，成功举办世界名校赛艇挑战赛、中国户外极限运动公开赛总决赛等重大赛事活动，获评中国户外极限运动之都，“活力新衢江、康养大花园”知名度和美誉度不断提升。现代农业提质增效。家庭农场蓬勃发展，达2142家。积极推进柑橘、畜牧业等传统产业转型升级，新增省级农业龙头企业1家、“五园创建”省级示范基地6个，成为省级乡村振兴产业发展示范建设县、省级农业绿色发展先行示范区，浮石现代农业园区成功入围省级创建名单。标准化品牌化建设稳步推进，农投公司牵头，联合家庭农场开展农业标准化、品牌化创建，“衢江山农”品牌旗舰店建成开业，放心农产品品牌进一步打响。

二、城乡面貌越干越靓

乡村面貌一年一个大变样。热火朝天开展乡村建设，不仅彻底扭转和改变了衢江农村脏乱差的局面，还成功列入部省共建乡村振兴示范省先行创建单位、省级美丽乡村示范区，乡村面貌打了一个漂亮的翻身仗。以全域土地综合整治为发动机，撬动了乡村振兴，新增耕地入库指标数量占全市一半。衢州有礼诗画风光带打造在全市率先见效，省市领导充分肯定，沿线群众和游客纷纷点赞。衢北运动休闲度假旅游区雏形初显，杜泽老街一炮走红，铜山源休闲度假旅游区快速推进，灰坪攀岩运动基地加快建设，莲花乡村国际未来社区正式启动，一个富有活力、蕴含潜力、充满希望的衢北运动休闲度假旅游区即将展现在人们眼前。“改村提升”亮点纷呈，开展“金牛”“蜗牛”评选，充分调动积极性，改出一批特色亮点村，创建精品村23个，AAA级景区村5个，浮石、周家被评为省级美丽乡村示范乡镇，蛟垄村、涧峰村、贺邵溪村被评为省级美丽乡村特色精品村，杜泽、峡川创成AAAA级景区镇，灰坪、太真、双桥、岭洋、黄坛口、莲花获评省级森林城镇，涧峰村上榜中国美丽乡村百佳范例，茶坪村入选全国生态文化村，西坑村荣膺全国少数民族特色村寨。农村环境“三大革命”走在全国前列，作为全国仅有的4个代表县（市、区）之一，在全国农村生活垃圾治理工作推进现场会上作典型发言；获评全省农村公厕改造工作考核优秀区；荣获全省“五水共治”工作优秀区，再夺“大禹鼎”。城区能级实现大提升。创文迎检再次实现“五个区块失分最少”。十里运动休闲长廊正式开园，所有断头路全部打通，“上改下”“荒改绿”、停车场等一批项目不断建成，城市基础设施日新月异，城区人气商气越来越旺。城市化率由三年前的40.5%提升到47.1%，城区人口达12万人。如今，到衢江回流居住的人越来越多，到衢江城区买房的人越来越多，到衢江经商办企业的人越来越多，大家对衢江越来越看好、越来越有信心。

三、发展后劲和活力越拼越足

大干项目。以“三年”活动为契机，主动谋项目、大力引项目、全力推项目，768个谋划项目列入国家项目库。新引进大晨显示、志高智造等10亿元以上项目7个、亿元以上项目35个，项目个数均创新高。4个省市县长工程、52个市级以上重点项目全部开工，高新技术、民间、交通、生态环境和公共设施投资分别增长10.3%、10.1%、25.5%和59.2%。大挖资源。抢抓存量建设用地资源转化利用政策窗口机遇，盘活存量建设用地4099亩。加大土地开发力度，完成垦造耕地17140亩，为发展提供了充足要素保障；做深做实第三次国土调查，通过用心用脑，有望调出15万亩的园地开发潜力，为衢江今后十年发展提供了巨大的聚宝盆，积聚了强大的发展后劲。大力改革。“最多跑一次”跑出加速度，民生事项全部“一证通办”，55项涉企奖补实现“即享即兑”。开展政府特定资产问题调查整改，四大国有公司逐步做大做强，国资“资金池”净收益增长169.5%，改革改出了强大活力。

四、群众获得感越来越强

教育改革成效显著。全面打响教育翻身仗，平稳顺利完成初中教育布局调整，东港小学、区实验幼儿园等一大批学校建成投用，区第三小学、区职业中专新校区加快建设，教育质量稳步提升。省基础教育重点县成功摘帽，省教育基本现代化区通过预评估。医卫改革亮点频出。组建以市二医院和区中医院为龙头的两大医共体，衢州市眼科医院挂牌成立，全旺、杜泽、灰坪分院完成改造提升。建立区域“五大”共享中心，创新推出刷脸支付、云胶片、医后付等便民举措，群众就医获得感大大提升。推进医卫人员薪酬制度改革，出台卫健人才新政，分院院长“全体起立、重新找位”，医务人员活力有效激发。民生工作扎实推进。坚持领导领办、“红黑榜”通报机制，落实任务、计划、督办“三大清单”，村庄点亮、养老服务等十方面民生实事圆满完成。文体事业繁荣发展，建成区文明实践中心，新建农村文化礼堂35家、南孔书屋6家，仙岩洞摩崖题记列入第八批全国重点文物保护单位，通过省基本公共文化服务标准化验收。民生保障持续加强，“利奇马”灾后重建有序推进，牛头湾安置小区建成交付，龙溪安置小区主体结顶，治理地质灾害隐患点33处。认真做好东西部扶贫协作和对口支援工作，深化村企结对、消费扶贫，成功助力四川平武县脱贫摘帽。创新科创飞地、消薄飞地模式，全省率先启动山海协作乡村振兴示范点建设，所有行政村集体收入达10万元以上，城镇居民人均收入40018元、增长8.7%，农民人均收入21888元、增长10%，低收入农户人均收入11667元、增长13.6%。加大清理拖欠民营企业、中小企业账款力度，清偿账款2100万元。妇女、儿童、老龄、慈善、残疾人、红十字、水库移民、社会救助、社会福利等事业全面发展。社会治理不断加强。落实“周二无会日”部署，开展“组团联村”，完成社区布局调整，建成区社会矛盾纠纷调处中心，霓虹社区获评全国民族团结进步模范集体，六都杨村、蛟垄村入选全省社区治理工作突出集体。开展“树正气打歪风”“铁拳一号”行动，全力化解信访积案，打赢新中国成立70周年安保维稳攻坚战，平安创建实现十五连冠、捧得一星平安金鼎。严格按照中央和省环保督察反馈意见要求，完成鑫业晶典小区违建问题整改。国家安全、国防动员、人民防空、民族、宗教、外事、侨务、对台等工作得到加强。

五、政府自身建设越抓越实

始终注重政治建设。高质量高标准推进“不忘初心、牢记使命”主题教育，树牢“四个意识”、坚定“四个自信”、做到“两个维护”，更加自觉地在思想上政治上行动上同以习近平同志为核心的党中央保持高度一致。始终注重市区一体。坚持在大局下思考和行动，在项目布点、产业布局、交通布网等方面，主动融入全市战略规划，对涉及全市发展的产业、项目，全力做好征迁、指标、资金等保障，全力争取各项工作做得又快又好。始终注重法治政府建设。严格遵守宪法和法律，善于运用法治思维和法治方式开展工作，加强重大行政决策合法性审查，充分发挥咨询委、法律顾问作用，有效管控和化解政府债务，行政应诉案件败诉率从三年前的18.6%下降至8%，法治政府考核首次跻身全省前30名。主动认真办理区人大代表建议和政协委员提案357件。始终注重作风建设。真心真情为百姓办实事办好事，开展电视问政等媒体监督12次，查摆问题881个，解决问题855个。贯彻落实“基层减负年”要求，尽量开短会、讲短话、讲新话、讲实话，各类会议、文件同比分别下降36.6%、35.1%。持续激励干部担当作为，全年记功嘉奖单位22家，通报十条军规正面典型24个、反面典型17个。始终注重廉政建设。认真落实中央八项规定精神，全面落实廉政建设责任制，扎实开展警示教育月活动，切实做到“受警醒、明底线、知敬畏”。

疫情防控和复工复产工作情况

2020年春节前夕，面对突如其来的新冠肺炎疫情，全区上下认真贯彻落实习近平总书记系列重要讲话和指示精神，见事早、行动快，敢担当、举措实，牢牢掌握了工作主动权，实现疫情防控和经济社会发展“两手抓、两手硬，两战赢、两领先”。

一、众志成城，坚决打赢疫情防控阻击战

党员干部冲锋在前、表率在前；医务工作者和援鄂医疗队员白衣执甲、逆行出征；公安干警、社区工作者和网格员坚守岗位、日夜值守；志愿者不辞辛劳、无私奉献；企业家加紧生产、保障供应；爱心人士出钱出物、出力出智；广大群众顾全大局、全力配合，筑起了联防联控、群防群控的坚实防线，自1月27日确诊1例后，至今没有新增病例。我们积极主动、倾力支持，监地携手共抗疫情，将不可能变成可能，省委书记车俊、省长袁家军高度赞扬衢江区委区政府讲政治、顾大局、敢担当。

我们拿出最快行动。全市最早部署召开区、乡、村三级疫情防控视频会，做细做实“三联工程”，充分发挥基层网格员作用，确保第一时间发现、第一时间阻截、第一时间隔离救治。全市最早实行“包区清楼”，全区33个网格、89个小区、4131户出租房实现应管尽管。全市最早张贴“温馨提示封条”，让隔离既有力度又有温度。全市最早设置“温暖岗亭”，为所有卡口配备防寒用品，确保一线执勤人员天寒心暖，被全市推广。我们落实最

严举措。集中隔离一个不落，筹建区级集中医学观察隔离点4处，在各乡镇预设集中隔离点，累计隔离重点人员760人。居家管控一户不漏，发挥红色物业联盟作用，1700余名机关党员干部走上防疫前线，夜以继日守牢“小门”，确保6603名重点人员管控无死角。涉外排查一丝不苟，通过“线上+线下”手段，排查涉外人员1261人，集中隔离84人。督查跟进一刻不松，利用“大数据+网格”，随机抽查重点人员隔离情况，实现管控无盲区。我们啃下最硬“骨头”。全面盯牢重点地区人员，发挥“党建统领基层治理”作用，开展拉网式、地毯式摸排，对1600余名返衢人员进行精准研判、分类处置，680名存量人员全面清零。全力守牢高速出入口，累计排查车辆9万辆次、人员13万人次，做到不落一车、不漏一人。有效控牢城区外来人口，压实房东责任，租住在衢江城区和廿里镇的1.5万余名外来务工人员实现可控流动。有序管牢衢州新农都，利用“健康码+大数据核查”，全力保安全保供应保民生。

二、全力以赴，坚决打好复工复产主动战

在打好疫情防控阻击战的同时，我们提前谋划发展主动战，以最优政策、最强服务助推企业（项目）复工复产。因复工复产工作抓得早、复产率高，我区在省政府新冠肺炎疫情防控工作第31场新闻发布会上作视频连线经验交流，一天内视频点击量10万+。

我们做深做透前期工作。全市最早召开企业复工复产筹备工作会议，设立企业和重点项目复工复产工作组，企业开复工备案申请实现即报即审。率先在全市排出并启动第一批复工复产企业（项目），200余名驻企联络员一对一指导，确保“健康码+白名单”机制落到实处。我们落地落实暖心政策。制定出台“暖企十条”，成立集政策咨询、申报审核、兑现为一体的受理平台，兑现各类资金1.09亿元，助力企业渡过难关。我们尽心尽力包企帮办。由1名区领导+1名驻企干部+1名金融服务员组成36支包企帮办服务小组，深入企业提供“一企一策”精准服务，安排转贷资金4520万元、协助招工1293人、通过员工专列接收外地员工359人，协调解决企业防疫物资、上下游供应等实际问题700多个，分区域、分行业、分时段有序逐步恢复企业正常生产，保障生产不断档。我们用心用情推动发展。开展线上线下同步招商，完成5个10亿元以上项目网上签约，为衢江制造业发展注入强大动力。3月3日，全省扩大有效投资重大项目集中开工仪式（衢州分会场）在我区举行。

“泰山压顶不弯腰，越是艰险越向前”。虽然疫情惊天动地，但是奈何不了全区干部群众战天斗地。实践证明，万众一心，就没有办不成、办不好的事情！众志成城，就没有战胜不了的困难！

奋斗的历程充满艰辛，发展的成就令人振奋。过去一年，我们抢抓机遇、乘势而上，干成了一批大事、难事、实事，也摘得了一系列荣誉。全区上下在奋进中坚定了信心、在攻坚中经受了考验、在实干中创造了辉煌。我们越来越深刻地感受到：“党建统领”是破难攻坚的制胜法宝。第一批265家“低散乱”企业整治全面有序完成，且无一例信访；两个月顺利快速完成1293户出租房消防隐患整治；浮石违建大整治成效明显、“一线十村”旧貌换新颜；“利奇马”期间安全转移78名群众，无一人伤亡，受到省委省政府主要领导肯定，等等。所有这些看似不可能完成的事，我们直面问题、勇于担当、较真碰硬，干一件成一件像一件。事实证明，正是因为我们充分用好了“党建统领”这个强大武器，充分发挥了“三联工程”的作用，党员上岗、干部带头，各项工作才能势如破竹、捷报频传。

状态沸腾是工作沸腾的力量源泉。区委提出“提振精气神、全力争上游”，四套班子带头同心同德同向，干部群众合心合力合拍，全区上下始终保持着激情满满、干劲十足的沸腾状态。没有什么能改变我们努力的方向，因为我们始终心系群众忠于信仰；没有什么能阻挡我们奋进的步伐，因为我们时刻握指成拳充满力量。四

省边际多式联运枢纽港项目正在积极开展规划设计；杭衢丽山海协作大通道从提出到列入省道规划调整仅用7个月时间，先行段霞飞路跨江大通道即将开工；育才中学6个月落地开学，乐成中学今年9月即将开学，等等。正是因为大家始终保持一种沸腾的状态，才带来了我们工作的沸腾，全年获得省级以上荣誉试点67项，区政府史无前例连续3年共4次获得市集体三等功，衢江区连续两年综合争先考核全市第一。

善于经营是加速发展的有力之举。用经营的理念来谋划和推进政府重大项目，是保障大投入大发展的有效之举。“财政保吃饭、国企保投资”，我们高度重视发挥国有公司的作用，四大投虽然成立时间短，但发展快，全区国有企业资产规模由刚成立时的46亿元增长到178亿元，有力保障了项目大投入大建设。我们高度重视财政投入的闭环管理，政府花钱是一门学问，我们学会算账、算大账、算长远账，不该花的钱一分都不能花，该花的钱砸锅卖铁也要花，而且要花出精气神，花出赚钱的门道。财政支出盘子从2016年的72亿元做到了2019年的138亿元，三年时间翻了近一番，就是因为我们善用经营的理念，踩准市场经济规律，充分发挥了财政资金“四两拨千斤”的作用，充分发挥了国有公司在经济发展中的市场化带动作用。

人民立场是谋事干事的强大底气。群众的需求就是我们工作的追求，我们当干部的只有把这句话时刻体现和落实到每一个项目、每一件具体的工作中去，老百姓才会有真正的获得感。杜泽老街之所以让老百姓和乡贤拍手叫好，就是因为我们真心实意站在老百姓的立场，充分听取当地群众的意见，知道他们有什么、想什么、要什么。开街之后，我们不把原住民迁走，而是让他们赚钱增收，让乡贤回来能感受到满满的乡愁，才有了他们发自内心的感慨和称赞。十里运动休闲长廊、教育改革、医共体建设，等等，也都是源于我们真正想群众所想、干群众所需。

各位代表，这些成绩的取得，是上级和区委科学决策、坚强领导的结果，是人大、政协有效监督、大力支持的结果，更是全区上下共同奋斗、顽强拼搏的结果。在此，我代表区人民政府，向全区广大干部群众，向人大代表、政协委员、各民主党派、工商联、人民团体和离退休老同志，向所有关心支持衢江发展的社会各界人士，表示衷心的感谢和崇高的敬意！

我们也清醒地认识到，衢江经济总量小、基础差、底子薄的基本区情没有改变。支撑长远发展的大项目、好项目不多，能耗、资金等要素制约亟待破解；新经济、新业态、新模式发展还不够快，实体经济发展依然面临诸多困难；城乡基础设施建设欠账较多，公共服务供给离群众期望和高水平全面小康要求还有差距，特别是交通、教育、医疗等短板还需加快补齐；少数干部担当不够、作风不实、能力不强，等等。对这些问题，我们一定高度重视，不回避、不遮掩，采取强有力措施切实加以解决。

2020年目标任务和重点工作

2020年既是“十三五”收官之年，又是“十四五”谋篇布局之年，更是高水平全面建成小康社会决胜之年。当前我国疫情防控阶段性成效进一步巩固，但全球疫情扩散蔓延，世界经济下行风险加剧，不确定因素增多。但我们要看到，每一次危机，都是一次进化，不在进化中升华，就在进化中消退。我们既要全力化解“危”，更要善于发现和牢牢把握住“机”。这次疫情给社会治理体系、产业发展模式和生产生活方式带来深刻长远影响，以5G、人工智能、物联网为代表的“新基建”加速启动，国家将会更大力度出台各类政策并增加地方专项债券规模，新一轮大政策、大投资、大发展、大转型序幕即将拉开。在这样的形势下，我们更要铆足干劲、备足弹药、拼尽全力，确保实现“两手硬、两战赢、两领先”目标。

今年政府工作的总体要求是：高举习近平新时代中国特色社会主义思想伟大旗帜，全面贯彻落实习近平总书记在浙江考察时的重要讲话精神，为浙江“成为新时代全面展示中国特色社会主义制度优越性的重要窗口”扛起衢江担当，坚定不移落实市委“1433”、区委“1136”发展战略体系，聚焦工业突破、城市提能、治理提效“三年”活动，全力打好“八大会战”，确保与全省同步高水平全面建成小康社会，为建设“重要窗口”助力添彩，奋力书写“活力新衢江、康养大花园”新篇章。主要预期目标为：地区生产总值增长7%以上，固定资产投资增长10%以上；社会消费品零售总额增长8%左右；一般公共预算收入增长8%左右；城镇和农村居民人均可支配收入分别增长8.5%左右和10%左右。

2020年，要聚焦重点、攻坚突破，全力以赴打好“八大会战”。

一、打好疫情防控大会战

做实精密智控。坚持“外防输入、内防反弹”，用好“一码一库一平台一指数”，守牢返乡摸排、入境管控、通道管控、社区管控、隔离管控“五大关口”，做好无症状感染者监测工作，坚决堵住风险敞口。加快复工复产。充分发挥驻企服务员和健康指导员作用，千方百计打通物流链、供应链、产业链、生态链，尽快把企业“产能条”拉到最高，把疫情影响降至最低。落实惠企政策。研究吃透“五减”等各类惠企暖企政策，向上加强对接争取，向下加强宣传指导，确保各类惠企暖企政策“一次能看懂、一次能办好、一次能兑现”。弘扬文明风尚。深入开展爱国卫生运动，积极倡导文明健康生活方式，全力打造一座“车让人”“烟头不落地”“自觉排队”“使用公筷公勺”“不随地吐痰”“行作揖礼”“没有牛皮癣”“拆墙透绿”等“八个一”的城市。

二、打好决胜小康大会战

坚决打赢精准扶贫攻坚战。用好“两山（一类）”资金，加大山区库区产业发展扶持力度，打好产业扶贫、异地搬迁等组合拳，加强低保对象动态精准管理，确保低收入农户收入增长10%以上、最低收入水平达到年人均9000元以上。深化东西部扶贫协作和山海协作，巩固“消薄”成果，推广“飞地经济”、村企结对等措施，不断提高全面小康成色。坚决打赢污染防治攻坚战。铁腕治水治气治土清废，深化“污水零直排区”“美丽河湖”创建，全区出境水水质保持在Ⅱ类以上，$PM_{2.5}$平均浓度控制在33微克/立方米以下，空气质量优良率达90%以上。认真抓好第二轮中央和省环保督察问题整改，统筹推进省级山水林田湖草生态保护修复试点，争创省级生态文明建设示范区。坚决打赢重大风险防控攻坚战。坚持底线思维，建立健全预警机制，对重大风险问题实行一事一督办、点对点交办，牢牢守住不发生系统性风险底线。坚决打赢民生改善攻坚战。推进城乡公交一体化，年底前由国有公司接手城乡线路运营，更新运营车辆，60岁以上全部免费乘坐，实行“城乡一个价、两元坐到家”。启动区文化艺术中心、社区创新服务综合体建设，新建农村文化礼堂40个、百姓健身房6个，打造一批“15分钟幸福生活圈”。落实“米袋子”“菜篮子”行政首长负责制，高度关注生猪等重要民生商品保供稳价工作，打造放心消费示范单位1000家。积极帮扶高校毕业生、退役士兵等重点群体创业创新，推进高质量就业村建设，实现劳动力职业技能培训全覆盖。完善医保基金监管方式，严厉打击欺诈骗保行为。探索“公建民营”养老服务模式，新建示范型居家养老服务中心6家。健全和完善退役军人服务保障体系，全面加强老龄、妇女、儿童、残疾人、慈善、红十字、民族宗教等工作。

三、打好工业突破大会战

工业化是世界上任何一个国家实现现代化必须要经历的阶段，所以衢江要强，工业必须要强。今年具体要做到三个抓：抓平台。筑得一个好巢，才能真正引来金凤凰。做大做强开发区平台，做精做优廿里工业平台，整合规范上方、峡川、后溪、大洲工业平台。①年底之前全面完成第二批“低散乱”企业整治，乡镇工业平台联动同步开展整治。②全面完成涉及462户1418人的园中村有机更新，为开发区腾出2700亩发展空间。③大力提升园区基础设施，力争建成全市一流、全省领先的开发区平台。④谋划启动数字园区建设，探索开展工业互联网改造提升，新增上云企业200家，数字经济核心产业增加值增长15%以上。⑤完善园区生活服务配套。抓招商。今年要确保新引进20亿元项目1个、10亿元项目5个以上。一方面火眼金睛、眼光向外大招商招大商，另一方面抓好存量企业扩张和产业链补链招商。存量扩张更快更靠谱更有黏性，要牢固树立"做活存量企业也是招商引资"理念，掌握存量、研究存量、激活存量，存量企业新扩产能同等享受招商引资优惠政策，让存量企业扩张如雨后春笋，在衢江大地焕发出勃勃生机。企业并购重组是激活市场的重要力量，也是企业迅速发展壮大的重要方式。要立足存量，开展补链式招商和以商招商，出台支持企业并购重组政策，鼓励本地企业"傍大腿"，帮助企业做大做强。抓服务。深化区政府领导组团挂联重点项目（企业）机制，及时了解企业所思所想所困，千方百计为企业排忧解难。持续办好企业家沙龙，为企业树信心、强创新，全力营造"像尊重老师一样尊重企业家"的浓厚氛围。

四、打好城市提能大会战

当前，我区城市化率是47.1%，这个阶段正是城市化加速发展的阶段。一方面我们要合理控制城区房价，另一方面要做精做美城区，把衢江城区打造成为进城农民和产业工人的"低洼地"，成为人才和白领的"心动地"。要按照"提升老片区、丰满核心区、开发新东区"的思路，以绣花功夫把衢江城区打造成一个"小而美"的精致新城。强化空间利用。积极对接市区国土空间总体规划编制，在市区一体大局下，深化研究市综合物流园区功能定位调整，为城市未来发展留足空间。继续开展城区工业用地收储，为城区发展腾出更大空间。强化精品意识。建筑是城市形态中的重要内容，必须要让每个建筑都为城市增光添彩，而不是污染城市，更不应该是败笔。注重山水风貌，对每个建筑物都要看图读图和看地读地，对每个设计方案的主色调、形态、容积率、天际线、轮廓线和后退间距要严格审核把关。无论是一个广告牌，还是一草一木一路一节点，都要精心设计、精心打造，让城区的每个细节都能简洁、大气、精美。强化基础设施提升。启动衢江体育馆、图书馆、青少年活动中心等功能性基础设施建设，继续开展并完成樟潭路、振兴西路等"上改下""白改黑"、雨污分离改造。实施城市增绿添彩行动，推进府前路、江滨路沿线景观提升工程，建设口袋公园8个。启动信安大道东延伸、霞飞路跨江大通道、东迹大道商业街建设，将东迹大道打造成一条最有品质的商业街区。加快14-2地块高品质小区建设，适时启动5号、28-1地块开发，开工建设城东安置小区，进一步提升市民获得感、归属感，真正实现产城人的大融合。强化城市经济。召开服务业发展大会，加大政策扶持力度，着力发展现代物流、仓储、电子商务等产业，大力支持衢州新农都、衢江东方等向供应链服务企业转型。大力发展"网上餐厅""网上超市"等新业态，鼓励实体商业发展电商直播，满足群众消费升级需求。衢江美食城投入使用，进一步吸引人气，繁荣城市夜经济。启动衢江区总部经济大楼、交通总部大楼建设，为城市发展奠定强大动力支撑。强化城市管理。以打赢全国文明城市创建收官战为抓手，全民动员、全力以赴，充分发挥"数字城管"、红色物业联盟作用，不断提高社区管理和服务能力。

五、打好乡村振兴大会战

聚焦"一体两翼"建设。"一体"是指衢州有礼诗画风光带。按照市里提出的"五个率先"要求，在保持原生态基础上，今年重点要加快一条樱花大道、一批特色村庄、一个高端农文旅综合体、一批风情驿站"四个一"建设，打造"烂漫樱花·风情衢江"，力争把衢江段打造成为衢州有礼诗画风光带中最耀眼、最靓丽的黄金带。"两翼"，一是指以杜泽老街为中心的衢北运动休闲度假旅游区。加快衢北商贸综合体建设，联动推进莲花乡村国际未来社区、铜山源休闲度假旅游区、东坪景区、灰坪攀岩运动基地、塔太线风光带等项目，串点成线、连线成片。一锤接着一锤敲，再干三年，干出一个富有活力、充满希望和未来的衢北运动休闲度假旅游区，成为长三角一体化旅游发展新标杆。二是指以衢江抽水蓄能电站为中心的衢南康养旅游基地。启动抽蓄景区开发前期工作，联动推进六春湖景区、黄坛口旅游风情小镇建设，打造一个令人神往的康养旅游胜地。聚焦乡村产业发展。充分发挥衢州新农都、衢江东方龙头带动作用，积极创建“从田间到超市、从地头到餐桌”的标准化、规模化、品牌化种植基地，大力支持大型冷链物流基地建设，将我区打造成集种植、农产品加工、冷链物流配送于一体的全链条农产品集散基地。大力支持荷鹭牧场、全旺循环农业、新田铺田园康养综合体等农业休闲旅游发展。聚焦全域土地综合整治。土地活则财政活，土地活则全盘活。出台最大力度的全域土地综合整治政策，最大程度激发乡村干部的积极性，再掀全域土地综合整治新高潮，完成土地整治2万亩，盘活“十类地”1500亩以上。聚焦乡村基础设施提升。对照“五美”标准，加快补齐基础设施和公共服务短板，打造美丽城镇样板。以争创省“四好农村路”示范区为抓手，坚持铁拳出击，持续保持治超高压态势，进一步加快石呈线、举村至汉都公路、杜泽至灰坪公路、通景公路等项目建设，让每条乡村道路不仅成为方便群众出行的实力担当，更要成为乡村振兴的颜值担当。

六、打好项目攻坚大会战

把重大项目攻坚作为统筹推进疫情防控和经济社会发展、应对不确定性因素的关键之举。强谋划。“十四五”规划是开启社会主义现代化新征程、主动应对百年未有之大变局的第一个五年规划，要成立专班，深入研究，谋划一批牵一发而动全身的重大项目，构筑支撑我区“十四五”发展的“四梁八柱”。强推进。“擂响战鼓催征程，不待扬鞭自奋蹄”。要以攻城拔寨的气概、排山倒海的气势，强势推进志高智造、大晨显示、华统牧业、铜山源休闲度假旅游区等一批产业项目；杭衢丽山海协作大通道、上下山溪流域综合治理、区妇保院迁建、乐成中学等一批民生项目，确保4个结构性投资指标增长10%以上。强对接。今年将是一个政策大年，要脑勤腿勤，加大跑部进厅力度，抢抓国家关于发行特别国债、地方专项债券、土地审批权下放试点、新开工项目用能等政策机遇，抓紧梳理、抓紧储备、抓紧申报、抓紧落地。

七、打好改革落地大会战

深化“最多跑一次”改革。深入开展“三城联创”，发挥“政企通”平台作用，为企业提供“点单式”服务。持续开展“六减”工作，抓好民生事项全市通办试点，推动更多便民服务事项向乡镇政务服务中心归集，“零跑腿”事项占比95%以上。落实市场准入负面清单制度，深化“证照分离”改革，全面应用企业投资项目在线审批监管3.0平台，实现一般企业投资项目全流程审批“最多80天”。深化教育卫生改革。创新城乡教育共同体运行模式，加大校长考核力度，持续优化教师队伍结构。加快推进公办幼儿园建设，启动农村小学“改薄提升”工程。深化高中教育管理改革，区职业中专新校区今年9月投入使用，助力实现“产城融合”。全力打造四省边际教育示范高地，争创国家义务教育优质均衡发展区、省教育基本现代化区。持续深化市二医院、区中医院医共体建设，加大基层人才培养和招录力度，让资源真正“活”起来，大小医院成为“一家人”。加强区中医院与浙江中医药大学合作，新建全民智慧健康平台二期，争创医共体建设示范区。深化农业农村改革。探索开展农村土地“三权”分置改革，加快放活农村土地经营权，促进土地资源向资产、资本、资金转化。推进村集体“三资”管理制度改革，依托市农村产权信息交易平台，促进农村产权交易有序化、规范化。

八、打好治理提效大会战

提高智慧治理能力。坚持“互联网+治理”，加强市大数据中心区级数据归集共享，持续推进“智慧城市”建设，探索更多智慧应用落地，建设智慧安防小区12个、“雪亮村居”13000个。夯实基层治理基础。坚持和发展新时代“枫桥经验”，加强网格员管理培训，用好用活“四个平台”，促进自治法治德治有机融合，着力打造“有礼乡村”，积极创建“信用示范区”，全力争创国家社区治理和服务创新试验区、省法治政府示范区。健全公共安全体系。加强安全生产网格化监管，突出抓好小微企业和消防安全综合整治，真正把问题解决在萌芽之时、成灾之前。全力推进应急救援体系和能力建设，全面提升突发事件应急处置能力。高度关注食品药品安全、重大传染病防控，严厉打击破坏野生动物资源和涉疫违法犯罪行为。加强全民安全教育，筑牢防灾减灾救灾人民防线。维护社会和谐稳定。持续推进“扫黑除恶”专项斗争、行业乱象专项整治、“树正气打歪风”专项行动，坚决打赢交通安全大会战。发挥社会矛盾纠纷调处中心作用，健全防范非访长效机制，深化“无欠薪”创建，争创省无信访积案区、省“无欠薪”示范区和省二星级平安区。

各位代表，今年我们继续按照“群众提、大家定、政府办”的理念，认真办好十方面民生实事。

不忘初心、牢记使命 全面推进政府治理现代化

区十三届四次党代会提出了“聚力大赶超、实现新跨越”的目标要求，我们要始终保持一张蓝图绘到底、一以贯之抓落实的战略定力，以更加振奋的精神、更加有力的举措和更高水平的治理，确保上级和区委各项决策部署在衢江落地生根、开花结果。

打造整体政府。十个手指头，只有紧紧地捏在一起，打出去的拳头才最有力。政府就像一台庞大的机器，每个单位、每位干部都是这台机器上一颗重要的螺丝钉，哪颗螺丝钉出问题，就会造成机器的故障，就会影响机器的正常运转。为了保证政府这台庞大机器的高效运转，所有的螺丝钉必须要开足马力、拼尽全力、齐心发力，决不允许有一颗螺丝钉掉链子，决不允许有一颗螺丝钉出一点问题。

打造智治政府。用政府数字化转型来切实提升政府治理体系和治理能力现代化，尤其要用好“政企通”，所有的乡镇部门，只要不涉及保密的数据必须全部公开共享，只要线上能办的事就不允许线下办，努力用政府的数字化，实现审批更简、监管更强、服务更优。

打造唯实政府。实干是最嘹亮的号角，实干是最大的担当，高效实干应该成为政府最鲜明的底色。全区干部要耐得住寂寞、顶得住压力、经得起打击、担得起责任、提得起精神、干得出实绩，干就要干得最好，干就要干得出彩！用实干争先来践行最好的忠诚和担当，用实干争先来回应老百姓最大的期望。

打造亲民政府。为人民服务是政府最根本的宗旨，让人民满意是政府最坚定的追求。要充分理解支持乡镇基层工作，乡镇处在矛盾和困难的最前沿，乡镇干部受苦受累受气最多。要充分理解信任关爱乡镇基层干部，要多站在他们的角度想问题、听意见、谋办法，难题在一线破解，思路在一线迸发。政府干每一件事、做每一个决策，都要深入基层，充分聆听基层干群的意见和心声。

打造廉洁政府。高效实干要成为政府最坚定的追求，廉洁正气要成为政府最基本的形象。要全面推进惩治和预防腐败体系建设，强化对权力集中、资金密集、资源富集等单位和行业的监管，严控“三公经费”支出，把更多的财力用在惠民生、建项目、促发展上，全力打造干部清正、政府清廉、政治清明的良好环境。

各位代表，不忘初心，鞭策我们永不懈怠；牢记使命，激励我们勇往直前。让我们在区委坚强有力的领导下，在全区干部群众的共同努力下，只争朝夕、不负韶华，在攻坚破难中砥砺前行，在接续奋斗中贡献力量，为全力实现“两战赢、两领先”而努力奋斗！

《政府工作报告》名词解释

“1433”发展战略体系：“1”指一个战略目标：活力新衢州、美丽大花园；“4”指四大战略定位：大湾区的战略节点、大花园的核心景区、大通道的浙西门户、大都市区的绿色卫城；第一个“3”指三大战略任务：队伍建设、基层治理、城市文明；第二个“3”指三大战略路径：坚持“四个两手抓”、打造“四个升级版”、强化“四个大统筹”。

“1136”发展战略体系：第一个“1”指一个战略引领：提振精气神、全力争上游；第二个“1”指一个战略目标：活力新衢江、康养大花园；“3”指三大战略任务：重大改革突破、重大项目引领、重大专项攻坚；“6”指六大战略保障：思想建设、干部队伍、营商环境、统筹平台、工作体系、政治生态。

“三年”活动、八大任务：“三年”活动指能力提升年、项目攻坚年、产业招商年；八大任务指高质量发展、文明城市创建、乡村振兴、有效投资、深化改革、尊医重教、社会治理、民生改善。

三联工程：指组团联村、两委联格、党员联户。

飞地经济：指两个相互独立、经济发展存在落差的行政地区打破原有行政区划限制，通过跨空间的行政管理和经济开发，实现两地资源互补、经济协调发展的一种区域经济合作模式。

五个率先：指空间规划率先明确、资源要素率先集中、土地流转率先完成、改革创新率先试点、书记县长率先负责。

十类地：指处置批而未供和闲置低效土地的十种分类，分别为加快项目落地类、完善供地条件类、边角零星利用类、补办供地手续类、指标盘活置换类、低效用地开发类、新增存量盘活类、供而未用处置类、建设用地复垦类、历史问题清理类。

三城联创：指联动创建掌上办事之城、无证明办事之城、信用示范之城。

“六减”工作：指减流程、减时限、减材料、减审批、减成本、减跑腿。

辉煌70年　衢江新跨越

——新中国成立70周年衢江经济社会发展巡礼

2019年是中华人民共和国成立70年，也是衢江沧桑巨变的70年。70年来，在党和政府的领导下，衢江区人民发愤图强，创造了令人瞩目的发展成就。

【经济总量快速攀升】 新中国初期，衢（县）江区经济总量较小，GDP仅有0.11亿元，1979年突破亿元大关，1994年超过10亿元，2007年超过50亿元，2011年超过100亿元，2019年达到198.47亿元。

【产业结构持续优化】 新中国初期，衢（县）江区农业占主要份额，工业基础薄弱，服务业发展有限。1949年，衢（县）江区第一产业增加值占比达91.9%；1992年，第二产业、第三产业占比之和首次超过第一产业；2000年，第二产业占比超越第一产业；2016年，第三产业占比首次超越第二产业；2019年产业结构优化调整为10.3：37.6：52.1。

【工业经济发展迅猛】 新中国成立以来，衢（县）江区工业经历从无到有、从小到大，尤其是在1978年改革开放以后，更是发展迅速。1949年，衢（县）江区工业总产值仅为64万元，工业生产基础设施极为薄弱。改革开放后20年，1998年衢（县）江区工业总产值达到20.44亿元，涉及化工、机械、造纸、纺织、电子、医药等行业。到2010年，衢江区工业总产值超百亿元，达到123.41亿元，规模以上工业总产值81.68亿元；2012年，规上工业总产值超百亿元，达104.54亿元。2019年，全区规模以上工业企业数123家，规上工业总产值180.54亿元。

【财政实力不断壮大】 新中国成立以来，衢（县）江的财政实力逐渐由弱变强。1990年，衢（县）江区财政总收入0.23亿元，一般公共预算收入0.15亿元，2001年突破1亿元，2010年突破5亿元，2013年超过10亿元，2019年达到17.52亿元。

【人均GDP不断提升】 1949年至2019年，衢江区户籍人口人均GDP由47元跃升至48122元。

【农业经济稳步增长】 1949年，衢江区农业总产值0.16亿元；1982年农业总产值1.85亿元，增长近10倍；2005年17.11亿元，增长超过100倍；2019年达到30.85亿元。

【“三驾马车”齐头并进】 1982年以前，衢（县）江区固定资产投资均在100万元以内，直到1982年首次超过100万元，达到862万元；1991年超过1亿元，达到1.39亿元；2002年超过10亿元，达到10.45亿元；2014年超过100亿元，达到101.95亿元；2019年比2018年增长

12%；1949年，衢（县）江区社会消费品零售总额仅有258万元，改革开放之后，1978年达2699万元，1988年超过亿元达到1.22亿元，2001年10.1亿元，2019年达到78.27亿元；1997年，衢（县）江区进出口总额仅0.03亿美元。中国加入WTO后，衢江出口能力逐年加大，2006年进出口总额超1亿美元，达到1.15亿美元，2010年出口额超1亿美元，达到1.41亿美元，2019年，衢江进出口总额达到9.82亿美元，出口总额5.96亿美元。

【生活水平不断提高】 新中国成立以来，随着经济的快速增长，衢江区城乡居民收入快速增加，生活水平不断提高。农村居民人均可支配收入由1956年的50元，增长到2019年的21888元；城镇居民人均可支配收入由2013年的23854元，增长到2019年的40018元。

注：2001年12月，经国务院批准，撤销衢县，设立衢江区。2001年之前，除GDP等相关数据已修正为衢江数据，其余指标均为衢县数据。

（舒　芸）

大事记

1月

4日　衢江区第四次全国经济普查启动仪式暨工作推进会召开。

8日　衢州市建市以来最大的单体投资工业项目——动态投资达73亿元的浙江衢江抽水蓄能电站项目正式开工建设。

△　市委副书记、市长汤飞帆到黄坛口乡，进村入户开展“服务企业、服务群众、服务基层”活动，与搬迁群众面对面交流，帮助解决实际问题。

19日　衢江区机构改革动员大会召开。

△　2019“仙人谷”开灯节在黄坛口乡茶坪村举行。

22日　衢江区举行区机构改革部门成立大会暨挂牌仪式。

23日　“携手共画同心圆·挥墨同书新时代”——衢江区统一战线庆祝新中国成立70周年书画展在区文化馆举办。

25日　浙江省担保集团金融支持乡村振兴专项服务启动仪式在杜泽镇明果村举行。

2月

19—22日　中国人民政治协商会议第十三届衢州市衢江区委员会第三次会议在区会议中心召开。

20—23日　衢江区第十五届人民代表大会第三次会议在区会议中心召开。

21—22日　以省林业局巡视员吴鸿带队的省政府第三考核组一行到衢江区开展森林浙江建设目标责任制现场考核。

22日　省新时代“枫桥经验”的衢州实践课题调研组到衢江区调研“枫桥经验”的衢州实践。

26日　衢江区卫生健康大会暨医共体建设动员大会召开。省中医药管理局局长徐伟伟作“挖掘中医中药宝库　推动社会经济发展”专题讲座。

3月

3日　衢江区教育大会在衢江区政府会议中心召开。

4日　衢江区“志愿创城·同心同行”学雷锋志愿服务我先行暨“银耀新时代·共建有礼城”活动在衢江东方广场启动。

11日　在英国伯明翰国家室内体育馆举行的全英羽毛球公开赛上，衢江姑娘黄雅琼搭档郑思维摘得混双项目桂冠。凭借这个冠军，“雅思组合”世界羽联积分达到111400分，成为世界上第一个突破11万分大关的羽毛球运动员。

17日　衢江区工业大会召开。浙江省智能制造专家委员会主任，浙江省原副省长、省人大常委会原党组副书记、副主任毛光烈，浙江赛伯乐投资管理有限公司总裁陈斌应邀参加并作专题讲座。

20日　衢江区成为全市首个村级视联网系统全覆盖的县（市、区）。

20—21日，省建设厅厅长项永丹到衢江考察。

22日　杭州市副市长王宏带领政府代表团到衢江考察，重点对接山海协作和结对帮扶工作，深入研究杭衢山海协作项目工程。市、区领导陈锦标、郑志成等参加。

26日　衢州市第二人民医院医共体和区中医院医共体举行揭牌授牌仪式。仪式上，相关部门负责人分别为“衢州市第二人民医院医共体”“衢江区中医院医共体”揭牌，为两家医共体的21家分院分别进行授牌。

29日　在全省建设平安浙江工作会议上，衢江区被授予2018年度浙江省平安区称号，这是衢江区连续第14年获此殊荣。

30日　第二届中国美丽乡村百佳范例在北京揭晓，全国103个村庄榜上有名，浙江省共13个村庄入选，衢州市有2个村庄入选。莲花镇涧峰村是衢江区唯一上榜村。

31日　“稻田里的飨宴·花田春宴”第二届森林康养稻田美食节在黄坛口乡黄坛口村的一亩耘心花田举办。

4月

2日　岭洋乡首届开茶节开幕，标志着岭洋乡新茶正式投放市场。

7日　衢江区举行打造民族乡村振兴示范带暨第十届“三月三”畲族文化节。

10日　省政府副秘书长蔡晓春率省级相关部门负责人到衢江调研医共体及教育基本现代化建设工作。

12日　举行衢江区营商环境建设办公室成立大会和揭牌仪式。

15—16日　由海西州委常委、德令哈市委书记孙立明率领的青海省海西州德令哈市党政代表团到衢江考察。

19日　衢江香港两地文化交流活动举行，48名衢江籍香港青少年回到家乡，寻根逐梦，零距离感受故乡的风土人情和文化。

22日　国家功能食品研究院（筹）国家种子创新研究院功能食品项目总经理卢洪一行到衢江区考察。

27日　《小康》杂志社采访组到衢江采访，了解放心农业、美丽乡村建设、文明城市创建、针灸康养、“最多跑一次”改革等情况。

30日　衢江区退役军人服务中心正式挂牌成立。

5月

8日　衢江区营商环境建设暨“最多跑一次”改革推进会召开。

11日　衢江区被中共浙江省委、浙江省人民政府授予2018年度浙江省“五水共治”（河长制）工作优秀市县“大禹鼎”，这是衢江区第二次夺得“大禹鼎”。

13日　省“三改一拆”办督察组组长、省国土资源厅执法监察局调研员杨柳峰率队，到衢江区就“基本无违建区”创建整改工作进行验收复查。

15日　全市乡村振兴“党建篇·改革篇”互看互学活动举行，并在衢江区现场调研乡村振兴“党建篇”。

16日　省总工会党组书记、常务副主席张才方到衢江调研基层工会组建和群团改革工作。

△　2019年浙江省第五届青少年学生阳光运动会跆拳道比赛在区第二小学举行，来自全省各地共39支代表队445名运动员同场竞技。

17日　由省委改革办副主任董继鸿率队的省委改革办调研组到衢江区调研“最多跑一次”改革工作。

18日　中央电视台10频道《探索·发现》播出《2019考古进行时第二季》之《衢州土墩墓瑰宝探奇》节目，用38分钟的时间关注位于衢江区云溪乡的庙山尖土墩墓。

19—24日　举行2019年中国旅游日衢江区田园康养嘉年华活动。

22日　全省学校防灾减灾应急演练暨防溺水安全教育公益活动启动仪式在衢江区樟潭街道方杨村举行。

△　全市残联组宣工作会议暨助残服务“最多跑一次”改革现场推进会在衢江区召开。

23日　市人大常委会主任居亚平率队到衢江区调研“党建治理花园”工作。

26日　由台湾大叶大学教授带队、15位学生组成的参访团到衢江开展研学活动。

27日　区十五届政府第三次全体（扩大）会议暨廉政工作会议召开。

28日　衢州城市形象大使聘任仪式暨“文明有礼、冠军同行”志愿服务活动在水亭门历史文化街区广场举行，衢江籍羽毛球混双世界冠军黄雅琼被聘为衢州城市形象大使。

△ 衢州市“南孔法堂”进乡村现场会在全旺镇召开。

29日 浙江省杭州宋都公益基金会在衢江区第一小学开展“宋”爱千人助学计划，举行了衢江站的爱心捐赠仪式。

30日 水利部党组成员、副部长蒋旭光率全国中小河流系统治理培训班参训学员到衢江区调研中小河流整治工作。

△ 2019年度浙江省森林公安局警营开放日暨衢江区少年森林警察学校成立20周年纪念活动在衢江区举行。

6月

1日 衢州市衢江区妇幼保健院被中国健康基金会、中华医学会定为全国首批两癌筛查项目课题定点中心之一。

△ 衢江区举行2019年“新时代好少年”颁奖典礼暨助力平武爱心义卖六一公益活动。

5日 浙江日报报业集团党委书记、社长唐中祥一行到衢江区调研基层党建工作。

6日 2019年衢江区防汛应急综合演练在峡川镇李泽村举行。

9日 2019“美丽东城好听衢江”中国新丝韵葫芦丝艺术团专场音乐会在衢江区杨继洲广场举行。

11日 中央新闻单位驻浙联合会长、经济日报浙江记者站站长黄平组织人民日报、新华社、光明日报、中央广播电视总台、中国日报、中国青年报、中新社等央媒大咖，到衢江采风。

△ 衢江被浙江省防治动物疫病指挥部评为2018年度重大动物疫病防控和畜产品安全监管目标管理考核优秀县区。

14日 衢江区被浙江省农业农村厅认定为浙江省农业绿色发展先行县。

14—15日 衢江籍残疾人运动员杨杰在全国第十届残疾人运动会暨第七届特殊奥林匹克运动会赛艇赛上斩获2金。

19日 新田铺农业综合体被国家发展改革委、农业农村部、工业和信息化部、财政部、自然资源部、商务部、文化和旅游部列入第二批国家农村产业融合发展示范园创建名单（衢州市唯一，全省仅4个项目入列）。

20日 “2019中国户外极限运动公开赛”总决赛启动仪式在衢江举行。

21日 衢江区举行全国医保智能监控示范点启动仪式暨定点医药机构现场集中签约活动。

27日 衢江区衢州汽车客运东站项目获2019年度浙江省建设工程钱江杯奖（优质工程）。

28日 衢江区入选全国秸秆县域全量化选用试点县。

△ 衢江区被浙江省防控农林植物重大疫情指挥部、重大农业疫情防控办公室评为2018年度省级重大农业植物疫情防控优秀县。

7月

5日 国家发改委、农业农村部等7部委联合印发通知，公布第二批国家农村产业融合发展示范园创建名单，衢江区新田铺农村产业融合示范园成功入选，为衢州市唯一入选的项目，浙江省也仅有4个项目入围。

15日 2019年全国青少年五子棋锦标赛、五子棋公开赛暨第四届全国智力运动会测试赛在衢江举行。

20日 新华社新视频播发视频新闻——《“姜家污”的美丽蜕变》，向全国网民介绍“脱胎换骨”后的衢江姜家坞村。

28日 2019第三届“丝韵浙江”葫芦丝巴乌全国展演暨颁奖典礼在衢江举行。

29—30日 全省深化“三位一体”改革现场会在衢江区召开。省委书记车俊和省委副书记、省长袁家军分别做出批示，省委副书记郑栅洁出席并讲话，副省长彭佳学主持会议。参会对象包括省、市、县三级领导共计280人。

31日 副省长高兴夫率省级相关部门负责人，到衢江区开展企业“三服务”。

△ 2019衢江区森林康养嘉年华系列活动之第三届亲水节，在黄坛口乡药王山景区拉开序幕。

8月

1日 省粮食物资局局长

周维亮一行到衢江调研。

12—14日　由省司法厅副厅长率永利率领的省“三改一拆”“五水共治”、小城镇环境综合整治和生活垃圾分类督导组，到衢江区督导相关工作开展情况，并召开督导反馈会。

15日　国务院发展研究中心中农研究会与衢江区战略合作签约仪式举行。

31日　衢江区“同心·商会助学”活动举行。参加捐助仪式的杭州市衢江商会、衢江区宁波商会、衢江区工商联（总商会）分别是在衢江区以及在外组建的基层商会和异地商会。

9月

1日　衢宁铁路首铺仪式在衢江区举行。

4日　衢江区创建全国文明城市誓师大会召开。区委书记周向军讲话，区长朱素芳部署创文攻坚工作。

5日　衢州港衢江港区大路章作业区项目投资协议签约仪式举行。

6日　衢江区获评浙江省第四批“基本无违建县（市、区）”称号。

10日　庆祝2019年教师节暨全国教育系统先进集体和先进个人表彰大会在北京举行，衢江区第一初级中学教师童淑芳获“全国模范教师”称号。

11日　2019年世界名校赛艇挑战赛在衢江举行。

△　以“共商、共建、共享”为主题的衢江区首届“天南地北衢江人”活动举行，开展“同心·商会助学”——阳光牵手行动，北京、上海等各地商会为孤儿代表捐资助学，举办非公经济服务联盟成立仪式。

17日　投资12亿元的衢州万洋众创城项目签约仪式举行。

△　衢江区举办工业企业登高转型与科技新政宣讲培训班。来自全区工业企业200余名负责人参加培训。

25日　衢江区入选全国农田重金属中轻度污染植物生态治理模式示范县。

△　“衢韵争芳”衢江区喜迎新中国成立70周年第六届民营文艺表演团体会演在高家镇安仁村文化礼堂举行。

27日　衢江区举行浙西重大交通产业配套设施生产基地的项目签约仪式。

28日　世界针灸学会联合会第三届国际传承班出师毕业仪式在衢江区举行。

10月

4日　衢江区举行首届民俗文化艺术节暨杜泽老街开街。

8日　衢江区举行2019年四季度重点项目集中开工仪式。

12—13日　“活力新衢江康养大花园”网络名博衢江行活动启动。

13日　2019全民健身·骑遍衢州（衢江站）暨护水衢江千里行活动在衢江举行。

16日　国务院核定并公布第八批全国重点文物保护单位，衢江区仙岩洞摩崖题记以“石窟寺及石刻”的名义入列全国重点文物保护单位。

19日　“美好隐于柿”2019衢江东坪柿子文化节暨秋日乡村旅游季活动在峡川镇东坪村开幕。

20日　2019衢州绿春湖登山挑战赛在大洲镇畲族旅游文化村举行。

21日　区长朱素芳作为全国4个代表县（市、区）之一，在全国农村生活垃圾治理工作推进现场会上作典型交流发言。

22日　衢江区举行浙江（衢州）万洋众创城项目开工仪式，副市长王良春宣布项目开工，区长朱素芳主持开工仪式。

23日　“中国县域营商环境研究”课题组到衢江进行专项调研，并向衢江区授予“2019中国营商环境百佳试点县（市、区）”牌匾。

24日　衢江区第三届全民创业创新大赛举行。

25日　中央扫黑除恶专项斗争第11督导组副组长石生龙一行到衢江督导调研扫黑除恶专项斗争工作。

29日　《衢江年鉴（2018）》被中国地方志指导小组评为第六届全国地方志优秀成果一等年鉴。

29—30日　四川省绵阳市平武县委副书记、县长黄骏率平武代表团到衢江考察。

30日　衢江区创建莲花乡村国际未来社区启动仪式举行。副市长吕跃龙宣布莲花乡村国际未来社区建设启动。

△　衢江区农业农村大会

暨党建治理大花园建设推进会召开。

31日　衢州港衢江港区大路章作业区开港，规划建设500吨级泊位24个，总投资5.55亿元。

11月

1日　衢江区柑橘产业农合联成立大会召开。

2日　举行衢江区干部职工运动会，共有91家单位、102支代表队、1224名运动员参加，是衢江体育史上首个千人运动会。

△　衢江区首届姜文化节在湖南镇蛟垄村举行。

3日　2019第二届盛世莲花红薯文化节在莲花镇外黄村启动。

4日　衢江区被农业农村部畜牧兽医局列为浙江省畜牧绿色发展示范省创建唯一现场考评点。

7日　“侨连衢江·侨商论剑”暨海外侨胞衢州行——衢江区推介会举行。

8日　全省深化“千万工程”、建设新时代美丽乡村现场会召开，省委书记车俊在会上充分肯定衢江区垃圾分类工作，并提出衢江做法值得推广。

△　衢江区融媒体平台和“e览衢江”App正式上线启用。

9—18日　由国家体育总局棋牌运动管理中心主办，省体育局、市政府承办，区政府协办的第四届全国智力运动会——“国金集团杯”象棋比赛在衢江东方大酒店举办。

11日　衢江区创建全国文明城市誓师大会召开。

15日　2019年11家省级现代农业园区创建名单公布，衢江区浮石现代农业园区榜上有名。

△　市镇街污水零直排区建设现场会在衢江区召开。

20日　衢江区举行铜山源休闲度假旅游区开工仪式暨衢江区全域旅游创建推进会。

22日　在2019“一带一路”国际商协会大会上，衢江区的针灸圣地·康养衢江和新田铺田园康养综合体喜获“2019‘一带一路’国际商协会大会大健康产业影响力领军品牌”称号。全国仅6家单位获此殊荣。

△　由中国计量大学人文与外语学院副院长带队的省专家组到衢江开展基本公共文化服务标准化认定工作。

24日 以“衢州有礼，知书达礼”为主题的衢江区全民读书周系列活动在区图书馆举行。

27日　省考核验收组到衢江考核验收国家农村综合改革农业社会化服务标准化试点项目。

28日　衢州市美丽城镇建设工作现场会在衢江区召开。

△　全市人社系统“最多跑一次”改革向乡镇（街道）基层便民服务平台延伸现场会在廿里镇召开。

29日　由区委宣传部、区创建办、区文广旅体局、衢江传媒集团共同举办的“好听衢江唱响美丽乡村”草坪音乐会在区市民公园东草坪举行。

30日　2019中国户外极限运动公开赛总决赛在衢江区举行。

12月

1日　2019中国户外极限运动公开赛总决赛闭幕，举行颁奖仪式。

3日　衢江区举行2019年“12·4”国家宪法日暨宪法宣传周系列活动。

4日　“活力新衢江康养大花园”项目谋划擂台赛举行。

6日　衢江区被中央农村工作领导小组办公室、农业农村部、中央组织部、中央宣传部、民政部、司法部6个部门列为乡村治理体系建设首批试点单位。

7日　衢江区上海商会二届一次会员大会暨“衢州有礼·康养衢江”项目推介会在上海举行。

9日　2019年世界羽联年度最佳揭晓，衢江籍羽毛球国手黄雅琼再度获得最佳女运动员称号，成为世界羽联历史上首位蝉联年度最佳女运动员的选手。

△　衢江区4家新馆（上方镇自助图书馆、龙潭嘉苑自助图书馆、航民望江园自助图书馆、衢州花园自助图书馆）正式运营。

10日　省“三改一拆”“五水共治”、小城镇环境综合整治和生活垃圾分类督导组到衢江督查指导四大专项工作。

13日　衢江区举行2019年森林防灭火实战演练暨灭火技能比赛。

14日　衢江区获农业农村部2016—2018年度全国农牧渔业丰收奖。

16日　由省农科院、省农产品质量安全学会联合市农业农村局、市科协等单位共同举办的绿色食品柑橘标准化生产技术现场会在衢江举行。

19日　在全国农村综合改革标准化试点会议上，衢江经验得到国家标准委领导的多次点名表扬，区委书记周向军代表衢江区作典型发言。

20日　衢江港区为大宗商品运输开辟"黄金通道"，550吨北方煤炭首次通过水运到达衢州。

23日　全省林地经营权证管理培训班在衢江区举行。

24日　省长袁家军到衢江区廿里镇人大代表联络站，以省人大代表的身份开展联系群众主题活动。

25日　衢江区新时代文明实践中心举行揭牌仪式。

27日　"推动市域治理现代化共建美丽大花园"衢江专场新闻发布会在衢州市政府新闻发布厅举行。

（区政府办公室）

十大民生实事项目

2019年2月23日，经衢州市衢江区十五届人民代表大会第三次会议投票表决，确定十个项目为2019年区政府民生实事项目。截至2019年年末，十大项目29个子项目全面完成。

一、基础教育发展项目

开工建设衢江区第三小学；开工建设全旺镇小学综合楼及辅助用房，完成主体工程三层楼面施工；开工建设全旺、高家、周家3所公办幼儿园，基本完成主体工程建设。完成情况：

①衢江区第三小学（育才小学）。2019年12月开工建设，总投资约17533万元。总建筑面积32355.17平方米（地下建筑面积4314.45平方米）。新建教学楼3幢、食堂1幢、综合行政楼1幢、报告厅1幢、体育馆1幢及地下车库，建设配电房、门卫、体育运动设施、室外场地景观绿化改造等。学校可开设48个班级，提供1920个学位。将于2021年完工投入使用。

②全旺镇小学综合楼及辅助用房及主体工程三层楼面施工。全旺镇中心小学搬迁至原全旺初中（马蹊村），使用原初中校园26.75亩，总投资约2615万元。拆除原有建筑面积5308平方米；新建校舍5785平方米，其中新建教学楼1幢5层，建筑面积3078平方米，新建食堂（风雨操场）1幢3层，建筑面积2609平方米，配电房39平方米及门卫59平方米；新建地下消防水池153平方米。改建原教学楼、原综合楼外立面改造及装修，总建筑面积5062平方米。改建校门、围墙、校园内道路、绿化、室外综合管线等公用工程。

③全旺公办幼儿园。选址原全旺镇中心小学校，2019年12月开工建设，总投资约1941万元，总建筑面积5656.59平方米，地上建筑面积5162.92平方米（地下建筑面积493.67平方米）。新建幼儿园主体建筑一幢，幼儿园最多可开设12个班级，提供360个学位。

④高家公办幼儿园。选址高家镇（敦煌路以南、安西路以东），2019年9月开工建设，总建筑面积约6100平方米（地下建筑面积400平方米），总投资约2839万元，新建三层主体教学楼1幢，同时建设道路给排水和电力通信管网、绿化、亮化、景观及相关市政配套。幼儿园最多可开设12个班级，提供360个学位。

⑤周家公办幼儿园。选址上岗头村（塔太线南侧），2019年8月开工建设，建筑面积约4680平方米。总投资约1941万元。新建1幢三层高教学楼，同时建设道路给排水和电力通信管网、绿化、亮化、景观及相关市政配套。幼儿园最多可开设9个班级，提供270个学位。

二、饮水安全提升项目

解决全区2.83万人饮水安全问题，涉及后溪、廿里等14个乡镇22个村，完成市区至后溪供水主干管15千米。完成情况：

①年内，计划达标提标34个村4.52万人，实际完成38个村4.94万人。下溪、后祝、王家山、银坑、东坪、黄坛口、五石埂等7个供水站被评为省级美丽农村供水水站；

②至年末，完成自2017年以来的提质提效的项目50个，铺设截污管网341千米，建成污水处理设施128处，安装检查清扫井1.7万个，接入农户数1.08

万户，完成投资6000余万元。

三、医疗健康服务项目

完成衢州市第二人民医院二期主体工程建设；完成3岁以下婴幼儿疾病免费筛查1万人；完成妇女专项疾病（宫颈癌、乳腺癌）免费筛查1.5万人。完成情况：

①市二院二期工程建设。2019年投资8780万元，完成主体部分工程及医技楼石材幕墙、铝板幕墙安装和住院楼、医技楼、发热门诊楼、空调排烟风管、消防管道等的安装，以及发热门诊楼内墙粉刷、外墙粉刷及真石漆施工等，预计2020年末投入使用。

②0～3岁婴幼儿疾病免费筛查。年内，完成筛查10046人次，筛出先天性心脏病26人，肾脏疾病11人，DDST（儿童神经心理发育筛查试验）筛查可疑人数43人，体格发育异常（消瘦、肥胖等）86人。

③城乡妇女专项疾病（宫颈癌、乳腺癌）免费筛查16180人（确诊宫颈癌7人、乳腺癌2人），超额完成。

④0～3岁婴幼儿疾病免费筛查1.5万人，超额完成。

四、文化惠民服务项目

完成新建农村文化礼堂30家。完成情况：

年内，新建农村文化礼堂40家、提升13家，行政村实际建成覆盖率70%。2个乡镇被评为省示范乡镇，新增四星级文化礼堂15家、五星级5家。

五、乡村万盏灯光项目

建设农村路灯15000盏以上，实现全区行政村全覆盖。完成情况：

年内，投入4500余万元，在乡村安装LED路灯1.69万盏，实现全区行政村路灯全覆盖。

六、美丽经济走廊项目

完成行车道、慢车道建设，基本完成景观及配套设施施工。完成情况：

①衢州市沿江公路衢江区段长27.1千米（沿衢江18.8千米、沿江山港8.3千米），按公路、慢行道、景观及服务配套设施等三大系统建设。公路按四级公路标准建设，路基宽6.5米、沥青路面宽6米。衢州市沿江公路衢江区段，是浙江省首条生态休闲沿江道路示范工程，被纳入浙江省万里美丽交通经济走廊精品示范项目。2019年9月5日，沿江公路高家段18.8千米公路主线全线贯通。12月31日，塔底至洪家段（11千米）工程行车道交工验收，慢行道完成9千米路基及彩色沥青面层施工，黄甲山栈桥、铜山源栈桥钢箱梁桥面铺装全部完成；洪家至盈川段（7.8千米）、富里至坝下段（行车道8.3千米、慢行道13.1千米）路基路面基本建成，文塘桥、芝溪大桥、黄甲山桥主体工程完工。

②X301石安线县道工程（年内完工）。

③云徐线县道8.1千米（年内完工）。

④峡川至东坪公路改建工程乡道8.8千米（年内完工）。

⑤余苏线县道0.7千米（年内完工）。

⑥Y216莲斋线乡道4.2千米（年内完工）。

⑦峡泽线县道5千米（年内完工）。

⑧S305上方葱口至峡川段省道，美丽精品项目（年内完工）。

⑨黄坛口客运码头至湖南镇客运码头6航道18航道（年内完工）。

⑩乌溪江客运码头至洋口6航道25航道（年内完工）。

七、居家养老服务项目

完成新建10个示范型居家养老服务中心。完成情况：

投资800多万元，建成省、市、区居家养老服务中心项目12个，养老机构新增床位420张。浮石街道居家养老服务中心建成后，市委书记徐文光等领导到场指导，且作为唯一代表在省老博会上签约委托运营。

八、城乡便捷交通项目

开工建设杜泽至灰坪、举村至汉都公路。完成情况：

①杜泽至灰坪公路全长33.545千米，总投资4.45亿元，2019年4月15日开工建设。年末，完成后叶隧道进洞220米，占后叶隧道工程量15%；完成路基土石方、排水沟、圆管涵等分部工程占总工程量的30%；完成投资5581万元。

②举村至汉都公路全长15.781千米，总投资18523.1万元。2019年5月20日开工建设，年内投资3186万元，完成挡墙、土石方挖方等分部工程占总工程量的22%。累计完成总投资3593万元。

九、住房保障安居项目

开工建设沈家苑安置小区。完成情况：

2019年2月完成沈家苑安置小区施工图设计审查及项目预算编制。3月完成预算评审，进场施工。8月完成基础施工。12月完成地下室主体施工。沈家苑小区建成，但因沈家苑安置小区不符合保障性住房条件，省里注销该项目。

十、人居环境提升项目

新建2座城区公共停车场，建成公共停车泊位300个；新建4座城区生态公厕。完成情况：

①2019年，新建樟潭路与信安大道交叉口西北角、求真路与东迹大道交叉口东北角公共停车场各一座，建成公共停车泊位300个。3月末完成项目招标和合同签订，6月末完成停车场排水管铺设和主体砼场地施工，8月底完成场地路灯及场地周边侧石铺设，10月停车场投入使用。

②新建6座城区生态公厕。其中沿江景观带2座，绿江南小区后、求实路通策兰堡附近、文苑路公厕、沈家菜场公厕各1座。6月底前开工建设，10月完成主体结构，11月完成内部装修，11月底前完工。同时，额外完成文苑路公厕和沈家菜场公厕2座。

区情概览

建置沿革

衢江区境内商周时属扬州、春秋为越国姑篾地。约秦王政二十五年（前222），于姑蔑地置大末县，后称太末县。东汉初平三年（192），分太末县置新安县。建安二十三年（218），分新安县立定阳县。西晋太康元年（280）改新安县为信安县。南朝陈永定三年（559）置信安郡，领信安、定阳两县。天嘉三年（562），撤信安郡。隋开皇九年（589），废太末县。大业三年（607），废定阳县入信安县，隶东阳郡。唐武德四年（621）于信安县置衢州，信安县属衢州。同年，复置太末县，分置白石县。武德八年（625），废衢州，须江、定阳、太末、白石4县入信安县。贞观八年（634），析金华、信安两县置龙丘县。咸亨五年（674），分信安县置常山县。垂拱二年（686），复置衢州，州治信安。唐如意元年（692），从龙丘（今龙游县）西桐山、信安（今衢江区）玉泉等乡析出，置盈川县，与龙丘、信安并存，至元和七年（812）撤销，盈川县并入信安。咸通间，改信安县为西安县。北宋仍置衢州。元至元十三年（1276），改州为路，元至正十九（1359），废衢州路设龙游府。明洪武九年（1376），衢州府隶浙江等处承宣布政使司金衢道。清沿明制，西安县隶衢州府。宣统三年（1911）七月，裁西安县并入衢州府。民国元年（1912）二月，改西安县为衢县。1949年5月6日，衢州解放。于衢县城区设衢州市（县级）。7月1日，建浙江省第三专区，衢县隶省第三专区。1950年5月，撤销衢州市（县级）并入衢县。1955年3月，衢州专区撤销，改属金华地区。1958年11月，常山县并入衢县。1960年1月1日，龙游县并入。1961年，复置常山县。1981年4月，衢县改衢州市（县级）。1983年9月，龙游析出，另立县治。1985年5月，衢州市（县级）升级地级市，原县级市辖区分设衢江区和柯城区。12月，在衢江区基础上恢复衢县建制，县人民政府驻市区。2001年12月，撤销衢县，设立衢江区。

自然环境

【地理位置和面积】 衢江区为衢州市辖区，位于浙江省西部，钱塘江上游，介于北纬28°31′00″～29°20′07″，东经118°41′51″～119°06′39″。东毗龙游，西邻常山、江山，北枕淳安、建德，南界遂昌。南北长87.9千米，东西宽41千米。承东启西，连南贯北，素有“通衢四省”之称。全区地域总面积1748平方千米，城区与省城杭州直线距离200千米，铁路里程266千米。

【地势地貌】 境域为金衢盆地西段，地势为南北高中间低，其特征以衢江为轴心向南北对称展布，海拔高度逐级提升。衢江两侧为河谷平原，外延为丘陵低山，再扩展上升为低山与中山。境内山脉分南、北两系，南系为仙霞岭山系，北系为千里岗山系，两系各由若干支脉和余脉组成。南系仙霞岭山脉由遂昌进入区境，经长柱、石屏一带出龙游南部山区。有黄毛山、方坑坞尖、十八岗、将军岩、石屏山、峰洞岩等18个主要山体。北系千里岗山脉向西南跨越常山、柯城，入境后经灰坪乡、上方镇，呈西南—东北走向延伸，与淳安县自然成界，东达建德市，盘桓千里，故名“千里岗”。境内奇峰竞秀，重峦叠嶂，流泉飞瀑，景色壮观。北部有千里岗山脉之岩溶地貌，以太真洞为主的数千大小深浅不一、形态各异的溶洞景观。境内有华东地区最大的灰坪天坑和最好的全天候攀岩基地，有堪称中国水力发电发祥地、中国水电建设摇篮的中华第一坝——黄坛口大坝，有国家AAAA级旅游景区——天脊龙门，有药王孙思邈曾经采药的地方——药王山。节理石柱群占地面积30平方千米，5000余万根，是英国北爱尔兰“巨人之路”“巨人之路海岸”的1000余倍。境内水系为钱塘江上游支流，属山区性河流，源短流急，河床比降大，水位、流量、流速的变化，受降雨的控制，洪沽水位明显，具有山地型河流暴涨暴落的特点。干流衢江，由西向东横贯全境，出盈川经龙游，在兰溪横山下与婺江汇合。南北两侧流入衢江的一级支流10条，二级支流8条。水资源丰富，总储量23亿立方米，北有铜山源水库，南有乌溪江大型水库。乌溪江水质常年保持华东地区最好的Ⅰ级地表水标准。

【自然资源】 衢江区境内天然资源优势显著。矿产蓄有煤、石煤、石灰石、大理石等40多个矿种。其中，石灰石储量居全省前列。衢北是矿产资源主要产地，矿产品种主要有石灰石、石煤、方解石、大理石、铅锌等；中部（金衢盆地内）砂石、砖瓦黏土丰富；衢南矿产种类少，主要有铀矿、萤石、建筑石料等。土地资源人均占有量居全省前位，耕地面积人均略高于全省水平。森林资源丰富，森林覆盖率达72.9%，有原始次森林76.67公顷。南部山区主要建群树种为甜槠、木荷、青冈等。北部山区主要建群树种有青冈、苦槠、栲树、甜槠、木荷等。种子植物1000余种，其中有国家一级保护树木、癌症克星——红豆杉。竹林面积3.09万公顷。野生中药材103科、1000余种，其中国家级一、二类药材8种。空气负氧离子每立方厘米含量最高可达1.5万个。衢江区是全国9个生态良好的地区之一，首个国家休闲区、国家级生态示范区。2018年9月26日被中国气象服务协会命名为“中国天然氧吧”称号，是衢州市首个获评“中国天然氧吧”的县（市、区）。野生动物有4个大类、140余种，其中，两栖类10余种、爬行类30种、哺乳类50种、鸟类80余种。经济价值较高的野生动物有35种，其中，兽类31种、禽类4种。列入国家一类保护动物有3种：虎、豹、黑鹿。列入国家二级保护动物的有9种：金猫、黑熊、穿山甲、大灵猫、小灵猫、猕猴、豺、水獭、鬣羚。列入国家一类保护动物的鸟类有3种：中华秋沙鸭、白颈长尾雉、黄腹角雉。列入国家二级保护动物的鸟类有4种：白鹇、鸳鸯、雕鸮、鸢；观赏价值较高的鸟类有画眉、相思鸟、喜鹊、八哥、白颈鸦等，均有分布。水产鱼类5目、10科、50余种，其中有国家一类保护鱼类、珍稀品种娃娃鱼。南部有乌溪江国家湿地公园，栖息着有“鸟类中的大熊猫”之称的中华秋沙鸭等珍稀物种。

气候特征

【概况】 衢江区属亚热带季风气候，四季分明，光照充足，气温适中，无霜期长，地貌类型复杂，小气候资源丰富，丘陵山地垂直气候明显，具有春早、秋短、夏冬长、温适、光足、旱涝明显的特征。

2019年衢江区气象要素统计表

表1

项目			数值
温度（℃）	年平均气温		18.5
	年极端最高气温		39.7
	出现日期		8月28日
	年极端最低气温		–0.7
	出现日期		12月8日
降水（毫米）	年降水总量		1990.4
	年降水天数		157
	一日最大降水量		108.4
	出现日期		7月4日
日照（小时）	年日照时数（小时）		1690.3
	年日照百分率（%）		38
年平均相对湿度（%）			76
年平均气压（百帕）			1005.8
年平均风速（米/秒）			2.6
主要气象灾害	暴雨天数		≥25的27天 ≥50的8天
	霾天数		12
	高温天数		41
	雾天数		20
	冰冻天数		5
	霜	终霜出现日期	1月27日
		初霜出现日期	12月3日
	雪	终雪出现日期	2月23日
		初雪出现日期	未出现

【2019年气候特征】 年内，全区平均气温18.5℃，比常年异常偏高1.2℃；高温日数42天，较常年明显偏多；日极端最高气温为39.7℃，出现在8月28日。日极端最低气温为–0.7℃，出现在12月8日。总雨量为1990.4毫米，比常年偏多15.1%，雨日为157天，最大日降水量108.4毫米，出现在7月4日。总日照时数为1690.3小时，年日照百分率为38%，比常年偏少2.5%。

【主要气候事件】 年内，全区气候起伏较大，气象灾害较往年相比偏重，遭遇年初历史罕见的连阴雨、梅汛期暴雨洪涝、高温干旱等气象灾害。

遭遇持续阴雨寡照天气　2018年12月2日至2019年1月15日，全区遭遇历史罕见的持续阴雨天气，平均降水日数、日照时数和平均相对湿度均破历史同期最多、最少和最大纪录。2月19日夜里到20日白天全区普降大到暴雨，至20日20时，全区平均降雨量52.4毫米，其中有16

个乡镇站点雨量超过50毫米。

暴雨大风结伴来袭　3月20日夜间到21日，全区普降中到大雨，北部大到暴雨，局部大暴雨，并伴有短时强降水、8级以上大风、强雷电、局地小冰雹等强对流天气。4月9日，衢州站单点出现12级大风（35.6米/秒），破历史纪录。4月23日下午，全区出现雷阵雨天气，并出现局地短时强降水，最大为黄坛口村39.4毫米/小时。4月29日中午到30日早晨，全区普降大雨，南部大部分地区出现暴雨。5月14日夜里至15日，全区出现雷阵雨天气，北部地区大部暴雨，局部大暴雨。

梅雨期遭遇强降水　6月6日下午至8日，全区迎来入汛以来首次强降水集中期，出现明显降水过程，6日14时到8日20时，全区面雨量达54.6毫米。6月17日入梅，7月17日出梅。6月18—19日，出现一轮大范围强降水，中部及北部普遍出现暴雨，周家乡和下西坑村出现大暴雨。6月19—20日，受雷雨云团影响，全区出现短时强降水，局地伴有强雷电和雷雨大风等强对流天气。

7月雷暴天气多发　7月7日、12日、21日凌晨和夜里，全区部分地区受雷雨云团影响，出现强雷电、短时强降水和局地雷雨大风等强对流天气；共出现3轮（3—5日、7—10日、12—16日）强降水，洪涝灾害严重。

台风暴雨缓解高温　8月，全区平均高温日数（≥35℃）24天，较常年偏多9天，平均高温日数（≥38℃）2天。高温时段主要出现在上旬和下旬。8月10日凌晨，第9号台风“利奇马”在台州温岭城南镇登陆，登陆时强度为超强台风，为中华人民共和国成立以来登陆浙江省第三强台风（仅次于0608号“桑美”和5612号台风）。受“利奇马”边缘影响，全区风力加大并出现明显降水。8日8时到11日8时，全区面雨量108.2毫米，25个乡镇站点超过50毫米，8个乡镇站点超过100毫米，4个乡镇站点超过250毫米，主要集中在东南部地区，前3位分别为大洲镇石屏村366毫米、大洲镇外焦村271毫米、黄坛口乡龙门峡谷263毫米；全区大部分地区出现6—7级阵风，2个乡镇站点出现8级以上大风。全区15个乡镇3780人受灾，地质灾害1处，房屋倒塌49间，堤防、桥梁分别被冲毁18处和27处，道路塌方218处，直接经济损失2亿元。

初秋有高温　9月，全区连晴日28天，破历史（24天）最多纪录，9月3—30日，平均气温26.2℃，比常年同期异常偏高2.0℃，35℃以上的高温日数为4天，比常年同期偏多2天，长时间的晴热无雨天气，全区旱情较为严重。

持续连阴雨　12月19—26日，全区出现连阴雨天气，显著缓解了旱情，但阴雨寡照对设施大棚作物生长有不利影响。

（罗志伟）

水文特征

2019年，全区平均降雨量2472.9毫米，比多年平均偏多37.5%。主要降水集中在6月19日5时至7月16日20时，部

2019年衢江区水文资料统计表

表2

项目	数值
平均年降水总量（毫米）	2472.9
年降水天数	162
一日最大降水量（毫米）	301
出现日期及站名	8月10日衢江区洋坑站

续表 2

项目	数值
衢州站洪峰水位（米）	62.12
衢州站洪峰流量（m^3/ 秒）	4720
出现日期	7 月 14 日
警戒水位	超警戒 0.92 米
衢州站径流量（亿立方米）	80.18
衢州站输沙量（万吨）	124
衢州站侵蚀模数（吨 / 平方千米）	229

分地区出现大暴雨，全年衢江流域内最大的一次洪水发生在7月14日，衢州站于7月14日出现全年最高洪峰水位62.12米（85米高程，下同），实测最大洪峰流4720m^3/s。受“利奇马”台风影响，8月9日12时至11日5时，洋坑站最大24小时雨量、12小时雨量都破衢州市历史纪录。

（徐小明）

行政区划

【概况】 衢江区前身为衢县。1985年5月，衢州市升级地级市，原县级市辖区分设衢江区和柯城区。12月在衢江区基础上恢复衢县建制，辖8个区、45个乡镇、640个行政村。1986年1月，姜家山乡划入柯城区。1992年5月，撤区扩镇并乡，撤上方、杜泽、石梁、樟潭、航埠、廿里、大洲、乌溪江8个区。原9个镇、36个乡扩并为13个镇、15个乡。仙洞、玳堰乡并入上方镇，白水乡并入杜泽镇，下村乡并入石梁镇，河东乡、沟溪乡并入航埠镇，上宇乡并入廿里镇，大川乡并入后溪镇，石屏乡并入大洲镇，白坞口乡并入湖南镇。峡川乡和李泽乡合并为峡川镇，莲花乡和外黄乡合并为莲花镇，全旺乡和岩头乡合并为全旺镇。下郑乡并入九华乡，车塘乡并入云溪乡，清水乡并入横路乡，洞口乡与双桥乡合并为太真乡。灰坪、庙前、周家、七里、华墅、长柱、坑口、岭头、举村、洋口、安仁11个乡和樟潭、高家2个镇，保留原建制。1994年，安仁改乡为镇。1996年，恢复沟溪、双桥乡。至此，全县辖14个镇、16个乡。1997年10月，设沈家街道，辖沈家、茶园、上埠头3个村。2001年12月，撤销衢县，设立衢江区。华墅、沟溪、七里、九华4个乡和航埠、石梁2个镇划归柯城区。柯城区浮石、下张2个乡及石室乡黄坛口村划入衢江区。衢江区辖12个镇、14个乡。2003年2月，沈家街道并入樟潭镇。2005年2月，设东港街道，横路乡划出野鸭垅、旺村、横路后3个村，樟潭划出闹桥、后垅张、姜庄、诸家、潘家垅5个村合并成立东港街道办事处。东港街道办事处为衢江区政府派出机构，委托衢州市经济开发区管理委员会管理（2012年变更为衢州市绿色产业集聚区管理）。2005年12月，樟潭镇与下张乡合并设樟潭街道；撤销浮石乡，设立浮石街道。安仁镇并入高家镇。坑口乡与长柱乡合并设黄坛口乡。岭头乡与洋口乡合并设岭洋乡。庙前乡并入杜泽镇。衢江区辖10个镇、9个乡、2个街道、3个社区、510个村。2010年，衢江区开展乡镇行政区划调整和村规模调整，撤销横路乡建制，设立横路办事处。506个村调整为271个（不含东港8个）。至此，衢江区辖10个镇、8个乡、2个街道、1个办事处。2011年末调整为10个镇、8个乡、2个街道、1个办事处。2017年2月，六一、六二村合并，设六都杨村，隶属廿里镇。2019年，衢江区辖10个镇、8个乡、3个街道、1个办事处、279个行政村。10个建制镇分别为：上方、峡川、杜泽、莲花、高家、全旺、大洲、廿里、后溪、湖南；8个乡分别：灰坪、太真、双桥、周家、云溪、黄坛口、岭洋、举村；3个街道分别为：浮石、樟潭、东港；1个办事处为横路办事处。

【区域界线】 年内，完成与交界的7个县市区的第四轮平安边界协议签订，联检1条市级界线（衢丽线遂昌—衢江段）、1条县级界线（龙游—衢江段），形成联检报告。柯常线，起点为柯城区、衢江区、常山县三交点，终点为柯城、常山县、江山市三交点，全线长56.26千米，设界桩3个，实地埋设界桩3个。衢龙线起点为330108010号界桩，终点为龙游县、衢江区、遂昌县三交点，全长148.58千米，设界桩5个，实地埋界桩2个，其中，3308212501号界桩位于衢江区十里丰监狱三大队至龙游县小南海镇前桥村公路北侧；3308212502号界桩位于衢江区高家镇湖仁村与龙游县詹家镇新安村交界的水沟西岸线与小路的交叉点上。实地不埋界桩3个，其中，330108010号界桩为简易型，位于峡川镇岭下村与龙游县石佛乡大力山村交界的高程864米山顶上；3308212503号界桩由军控点代替；330825007号界桩以国家大地点代替。

历史人文

【历史文化】 衢江区前身为衢县，始建于东汉初平三年（192），是南孔文化、围棋文化的发祥地和“最美系列人物”的发源地。历史上儒风浩荡、人才辈出，北宋有与包公齐名的“铁面御史”赵抃，南宋有抗金名将徐徽言，明代有“中华第一神针”杨继洲和“东方灰姑娘”明孝贞皇后王钟英，杨继洲针灸入选第四批国家非遗代表性扩展项目名录。文物古迹众多，有迄今浙江省已发现的西周早期规模最大的土墩墓庙山尖土墩墓、唐代古寺明果寺、宋代古窑址“两弓塘窑址群”、金仙岩摩崖石刻、黄甲山塔、天后宫等历史遗存。

【文物古迹】 衢江区素有“文物之邦”之称。2007—2012年，衢江区开展第三次全国文物普查，共调查登录各类不可移动文物1313处，其中，古遗址55处、古墓葬115处、古建筑847处、石窟寺及石刻8处、近现代建筑285处、其他3处。2019年末，全区有各级文保单位46处。其中，全国重点文物保护单位2处（云溪乡吴氏宗祠2013年3月公布；樟樘街道仙岩洞摩崖题记2019年10月公布），省级文物保护单位14处，市县级文物保护单位30处，区级文物保护点99处。区文物库房藏品600余件。

【古村镇】 年末，全区列入中国传统村落名录7个、浙江省历史文化村落40个，其中，重点村7个、一般村33个；列入全省历史文化名村2个；列入全省传统村落26个，其中，国家级4个、省级22个。举村乡翁源村古建筑群历史悠久，据《翁氏家谱》记载：南宋淳熙甲午年(1174)，翁氏家族从福建莆田县迁至此，村系一坑之源，故名翁源。村中现有翁氏宗祠、翁氏小宗祠等全国第三次文物普查点5处，以及至今保存完好的一批以明清建筑为主的古民居建筑群，2013年被列入省级历史文化保护利用村落（古建筑村落），2016年被列入第四批中国传统村落名录。

【非物质文化遗产】 2019年，全区有省级非遗项目11项，市级32项，区级120项。其中，民间文学10项，传统音乐7项，传统舞蹈6项，传统戏剧6项，曲艺1项，传统美术9项，传统技艺51项，传统医药4项，民俗24项，传统体育、游艺与竞技2项。

【风俗民情】 衢江区地处闽、浙、皖、赣四省交界之处，从雕刻建筑、饮食习惯到地方曲艺、民情风俗均受周边地域文化的影响，吴越、徽派等文化因素兼容并蓄，并形成地方特色文化。重要的传统节日有春节、元宵、清明、端午、七夕、中元、中秋、重阳等。此外还过立夏、冬至、六月年等节日。杨炯出巡、喝山节、衢北重阳节、东岳山庙会、六月过小年、贺房习俗、破石“关枣”、八月中秋老佛节、白云庵庙会、胜桥杨氏祭典、西山寺庙会、丧葬习俗、八月廿五老爹会、畲族祭祖、立冬祭、麻糍节、立春牛节、立夏祭等传统民俗入选衢江区非物质文化遗产名录。古为百越之地，域内以汉民为主，至今还有畲族留居于此，汉族、畲族风俗习惯已融为一体。

【民间文学】 2019年末，全区有浮石潭的传说、明果寺的传说、癞痢娘娘的传说、太真洞的传说、吉哥吉妹的故事、金牛的传说、天脊龙门的传说、抗金名将徐徽言的传说、南宋状元毛自知的传说9种民间文学入选衢江区非物质文化遗产名录。11月，由杜毛百合、杜洪莲、杜一岳编辑的《杜泽民间故事精选》，汇集散落于杜泽区域街头巷尾的42则民间故事，包括红白塔的由来、项王借牛和疯癫和尚龙井运木、草鞋仙和草鞋堰、凤凰姑娘斗黑龙、桂花饼的传说、姜孟村的传说、聪明梅花鹿等，反映杜泽历史风貌、地域特色，推进了衢江区地方民间文学的保护和传承工作。

【民间工艺】 衢江人民在长期劳作实践中，形成具有衢江特色民间工艺文化，品种多样。桂花饼、桂花酥糖、双桥粉干、灰煎糕、薯脯、咸酥花生、上方酒药、不老神鸡、古砖瓦、泥塑、泥烧狮子、蓑衣、牛角席、二胡、铸铁锅、东方魔镜等30种制作技艺已入选衢江区非遗名录。2008年，桂花饼制作技艺被列入衢州市第二批非物质文化遗产名录。衢州不老神鸡是中国第三、浙江省第一个鸡类绿色食品。

【衢江美食】 衢江菜肴风味独特，烹调讲究，深受群众喜爱的主要有双桥粉干、杜泽灌肠、灰煎糕、全旺芋饺、高家葱花馒头、小湖南芋荷粿、项家酥饼等。

（李燕芬）

人　口

【概　况】 2019年年末，全区总户数164340户，总人口数为412212人，平均每户人口数2.51人。总人口数比2018年412662人减少450人，增长率-1.09‰。其中，男性为210780人，女性为201432人。性别结构：男性为51.13%，女性为48.87%，性别比为104.64（女100），比2018年的性别比低0.01。总人口中乡村人口为321430人，占总人口数的77.98%；城镇人口90782人，占总人口数的22.02%。全年出生人口3607人，死亡人口2725人，人口自然增长率为2.14‰。

衢江区组织机构及负责人名录

（2019年1月1日至12月31日）

区级领导机构

中共衢州市衢江区委员会

书　记

周向军

副书记

朱素芳（女）

夏盛民（至2019.1）

徐惠文（2019.1始）

常务委员

周向军

朱素芳（女）

夏盛民（至2019.1）

徐惠文（2019.1始）

余水陆（至2019.1）

郑志成

徐爱平（女）

王光辉（至2019.11）

吴德生

朱永平（至2019.1）

杨圆华（挂职，至2019.8）

刘新辉（至2019.11）

钱范杰（挂职）

林　巧（女，挂职）

陈水清（2019.1始）

郑勇钦（2019.1—2019.8）

王继明（2019.1始）

周水忠（2019.8始）

姜利霞（女，2019.11始）

杜　洲（2019.11始）

衢州市衢江区人大常委会

主　任

耿建新

副主任

费里夫

谢土你

严　曦

袁亚平

童土善

邓荣海

党组书记

耿建新

副书记

费里夫

衢州市衢江区人民政府

区　长

朱素芳（女）

副区长

郑志成（2019.2 始）

曾有仙（女，至2019.2）

巫建民

陈水清（至2019.2）

郑勇钦（至2019.2）

章青华

文碧玲（女，挂职）

杨圆华（挂职，至2019.8）

侯小龙（挂职）

钱范杰（挂职）

林　巧（女，挂职）

嘎拉茶（女，挂职，至2019.8）

曾三山（2019.2 始）

王　典（2019.2 始）

周松祥（2019.2 始）

方勇胜（2019.5 始）

党组书记

朱素芳（女）

副书记

郑志成（2019.1 始）

政协衢州市衢江区委员会

主　席

赵建新

副主席

夏海涛

赵瑞慈（女，兼职）

姜文军（女）

徐桂明

秘书长

汪泉水（至2019.1）

黄良诚（2019.1 始）

党组书记

赵建新

副书记

夏海涛

衢州市衢江区人民政府咨询委员会

主　任

吾东明

副主任

宋志毅

中共衢州市衢江区纪律检查委员会、衢州市衢江区监察委员会机关

书记、主任

王光辉（至2019.11）

书　记

姜利霞（女，2019.11 始）

副书记、副主任

姜志岳

傅红庆（至2019.5）

徐小仙（女，2019.5 始）

衢州市衢江区人民武装部

部　长

杜　洲

政　委

刘新辉（至2019.8）

李庚金（2019.8 始）

衢州市衢江区人民法院

院长、党组书记

程品方（至2019.10）

副院长

袁小荣（2019.7 始）

孙天根（至2019.7）

胡志宏（至2019.7）

赵慧萍（女）

符群芳（女，2019.7 始）

衢州市衢江区人民检察院

检察长、党组书记

吴　刚

副检察长

詹金峰（2019.7 始）

李素明（女，至2019.7）

吴海清（至2019.7）

廖小丰

余立炜（2019.7 始）

区委工作部门

中共衢州市衢江区委员会办公室

主　任

方勇胜（至2019.8）

梁　斌（2019.8 始）

中共衢州市衢江区委组织部

部　长

郑志成（至2019.1）

徐爱平（女，2019.1 始）

常务副部长

刘　峰（2019.1–2019.8）

郑益红（2019.8 始）

中共衢州市衢江区委宣传部

部　长

吴德生

常务副部长

甘小华（女，2019.1 始）

中共衢州市衢江区委统一战线工作部

部　长

徐爱平（女，至2019.1）

陈水清（2019.1 始）

常务副部长

徐建安（2019.1–2019.3）

傅雪山（2019.3 始）

衢州市衢江区民族宗教事务局

局　长

徐建安（至 2019.1）

傅雪山（2019.5 始）

衢州市衢江区归国华侨联合会

主　席

袁国兵

中共衢州市衢江区委政法委员会

书　记

夏盛民（至 2019.1）

徐惠文（2019.1 始）

常务副书记

张建忠（2019.1 始）

中共衢州市衢江区委区政府农业和农村工作领导小组办公室

主任、党组书记

金仕建（至 2019.1）

中共衢州市衢江区机构编制委员会办公室

主　任

郭志强（至 2019.1）

中共衢州市衢江区委机构编制委员会办公室

主　任

祝拥斌（2019.1 始）

中共衢州市衢江区直属机关工作委员会

书　记

吴韶光（至 2019.1）

中共衢州市衢江区委直属机关工作委员会

书　记

吴韶光（2019.1 始）

中共衢州市衢江区委巡察工作领导小组办公室

主　任

徐小仙（女）

中共衢州市衢江区委区政府信访局

局长、党组书记

祝拥斌（至 2019.1）

吕信七（2019.1 始）

中共衢州市衢江区委老干部局

局　长

宋彩虹（女，至 2019.1）

中共衢州市衢江区委党校（社会主义学院）

校　长

郑志成（兼职，至 2019.1）

徐爱平（女，兼职，2019.1 始）

社会主义学院院长

徐爱平（女，兼职，至 2019.1）

陈水清（兼职，2019.1 始）

常务副校长

章建明

衢州市衢江区档案局

局　长

方凌明（至 2019.1）

衢州市衢江区档案馆

馆　长

方凌明（2019.1 始）

群众团体

衢州市衢江区总工会

主席、党组书记

李诗海

共青团衢州市衢江区委员会

书记、党组书记

占石川

衢州市衢江区妇女联合会

主席、党组书记

邵晓霞（女）

衢州市衢江区科学技术协会

主　席

赵瑞慈（女）

衢州市衢江区文学艺术界联合会

主　席

刘华新

衢州市衢江区社会科学界联合会

主　席

蓝允勤（兼职）（2019.1 始）

衢州市衢江区残疾人联合会

理事长、党组书记

胡放远（至 2019.1）

刘卸全（2019.8 始）

衢州市衢江区工商业联合会

主　席

王敏良（兼职）

党组书记

朱丽芳（女）

民主党派

民革衢江区总支部

主任委员

章青华

民盟衢江区支部

主任委员

马建红（女）

民建衢江区总支部

主任委员

胡娟霞（女）

民进衢江区总支部

主任委员

蓝建芳（女）

农工党衢江区总支部

主任委员

赵瑞慈（女）

九三学社衢江支社

主任委员

王美琴（女）

人大工作部门

办公室

主　任

朱国明（至2019.1）

徐洪富（2019.1始）

研究室

主　任

徐洪富（至2019.1）

谢　锋（2019.1始）

法制与内务司法工作委员会

主　任

方世才（至2019.1）

监察和司法工作委员会

主　任

谢根兴（2019.1始）

财政经济工作委员会

主　任

王耀林（至2019.1）

周志阳（2019.1始）

农业与农村工作委员会

主　任

黄　浩（至2019.1）

梁忠进（2019.1始）

城乡建设与环境资源保护工作委员会

主　任

饶根良（至2019.1）

谢文荣（2019.1始）

教科文卫民族华侨工作委员会

主　任

刘银生（至2019.1）

苏雪伟（2019.1始）

代表与选举任免工作委员会

主　任

张明坤（至2019.1）

郑静滢（女，2019.1始）

政协工作部门

办公室

主　任

孙柳青（至2019.1）

姜海泉（2019.1始）

研究室

主　任

戴春峰

提案委员会

主　任

陆晓明（至2019.1）

刘荣富（2019.1始）

经济科技委员会

主　任

蔡祥云（至2019.1）

经济委员会

主　任

蔡祥云（2019.1始）

农业农村和人口资源环境委员会

主　任

姜海泉（至2019.1）

王土林（2019.1始）

社会法制和民族宗教委员会

主　任

朱林华（至2019.1）

社会和法制委员会

主　任

胡娟霞（女，2019.1始）

文史资料委员会

主　任

卢和邦（至2019.1）

文化文史和学习委员会

主　任

陶海富（2019.1始）

教育文化卫生体育委员会

主　任

郑耀富（至2019.1）

教育科技卫生体育委员会

主　任

郑耀富（2019.1始）

委员工作委员会

主　任

陆洪林

政府工作部门

衢州市衢江区人民政府办公室

主任、党组书记

程佳华

衢州市衢江区人民政府金融工作办公室（国资办）

主任、党组书记

马文革

衢州市衢江区发展和改革局

局长、党组书记

余水林

衢州市衢江区铁路建设办公室

主　任

陈剑贞

衢州市衢江区粮食局
局长、党委书记
郑章忠（至2019.1）
衢州市衢江区人民政府经济技术协作办公室（招商局）
主　任
楼　珉（女）
党组书记　俞耘天
衢州市衢江区统计局
局长、党组书记
章李华（至2019.8）
徐迎红（女，2019.8始）
衢州市衢江区经济和信息化局
局长、党组书记
郑静滢（女，至2019.1）
叶利明（2019.1–2019.8）
章李华（2019.8始）
衢州市衢江区教育局
局长、党委书记
谢根兴（至2019.1）
刘　俊（2019.1始）
衢州市衢江区科学技术局
局长、党组书记
童康祥（至2019.1）
郑泉明（2019.1始）
衢州市衢江区民政局
局长、党组书记
陶海富（至2019.1）
刘　斌（2019.1始）
衢州市衢江区水库移民管理办公室
主任、党组书记
梁忠进（至2019.1）
衢州市衢江区司法局
局长、党组书记
方建华（至2019.1）
赖光娟（女，2019.1始）
衢州市衢江区财政局
局长、党组书记
王　典（至2019.1）
傅红庆（2019.1始）
衢州市衢江区人力资源和社会保障局
局长、党组书记
吴水标
衢州市衢江区住房和城乡建设局
局长、党组书记
鄢凌峰
衢州市衢江区人民防空办公室
主　任
鄢凌峰（至2019.1）
衢州市衢江区交通运输局
局长、党委书记
傅雪山（至2019.3）
徐建安（2019.3始）
衢州市衢江区水利局
局长、党组书记
金祖耀（至2019.1）
杜卫荣（2019.1始）
衢州市衢江区砂石资源管理办公室
主任、党组书记
王土林（至2019.1）
刘卸全（2019.1始）
衢州市衢江区农业局
局长、党委书记
王立宏（至2019.1）
衢州市衢江区农业农村局
局长、党委书记
金仕建（2019.1始）
衢州市衢江区林业局
局长、党组书记
方连山（至2019.1）
屠忠清（2019.1始）
衢州市衢江区旅游委员会
主任、党组书记
杜莹莹（女，至2019.1）
衢州市衢江区体育局
局长、党组书记
陈建武（至2019.1）
衢州市衢江区文化广电新闻出版局
局长、党组书记
赖光娟（女，至2019.1）
衢州市衢江区文化和广电旅游体育局
局长、党组书记
杜莹莹（女，2019.1始）
衢州市衢江区卫生和计划生育局
局长、党委书记
黄良诚（至2019.1）
衢州市衢江区卫生健康局
局长、党委书记
刘　峰（2019.1始）
衢州市衢江区退役军人事务局
局长、党组书记
陈建武（2019.1始）
衢州市衢江区审计局
局长、党组书记
袁金培（至2019.2）
徐强才（2019.2始）
衢州市衢江区安全生产监督管理局
局长、党组书记
李樟花（女，至2019.1）
衢州市衢江区应急管理局
局长、党组书记
李樟花（女，2019.1始）
衢州市衢江区市场监督管理局
局长、党委书记

汪寅炬（至2019.1）
王立宏（2019.1始）
衢州市衢江区医疗保障局
局长、党组书记
郑瑞荣（2019.1始）
衢州市衢江区机关事务管理局
局长、党组书记
庄雪梅（女，至2019.1）
衢州市衢江区机关事务保障中心
主任、党组书记
王利民（2019.3始）
衢州市衢江区广播电视台
台　长
刘华新
党组书记
刘华新（至2019.8）
衢江传媒集团
总裁、党委书记
刘华新（2019.8始）
衢州市乌溪江饮用水源保护管理局（衢州乌溪江国家湿地公园管理局）
局长、党组书记
陈根锡（至2019.5）
衢州市乌溪江饮用水源保护管理中心
主　任
胡水木（2019.5始）
党组书记
胡水木（2019.8始）
浙江衢江经济开发区
主任、党委书记
胡水木（至2019.8）
叶利明（2019.8始）
衢江—鄞州山海协作产业园
党工委书记
朱素芳　（女）
管委会主任
钱范杰（挂职）
衢州市衢江区行政服务中心管理办公室
主　任
刘　俊（至2019.1）
党组书记
郑志成（兼职，2019.1—2019.2）
衢州市衢江区营商环境建设办公室
主　任
李燕琴（女，2019.3始）
党组书记
郑志成（兼职，2019.2始）
衢州市衢江区供销合作社联合社
主　任
毛　霞（女）
党委书记
郑亚清（至2019.1）
蓝小明（2019.1始）
衢州农业对外综合开发区（衢江台湾农民创业园）
党工委书记
杨圆华（兼职，至2019.9）
主　任
杨圆华（兼职，至2019.9）
衢州市衢江区公共资源市场化配置监督管理办公室
主　任
徐强才（至2019.1）
党组书记
徐强才（至2019.1）
吕　强（2019.1—2019.2）
衢州市衢江区公共资源交易监督管理办公室
主任、党组书记
吕　强（2019.2始）
衢州市衢江区土地整理中心
主任、党支部书记
李志刚（至2019.3）
郑章忠（2019.3始）
衢州市衢江区“五四三”办公室
主　任
徐永忠

国有企业

衢州市衢江区健康产业投资发展有限公司
总经理
周　迅
衢州市衢江区建设投资集团有限公司
总经理
黄　利
衢州市衢江区交通投资发展有限公司
总经理
郑　辉（至2019.11）
衢州市衢江区交通投资集团有限公司
总经理
郑　辉（2019.11始）
衢州市衢江区农业投资发展有限公司
总经理
林　骏

省、市属单位

衢州市综合行政执法局衢江分局
局长、党组书记
陶海良
政　委
蔡俊磊（至2019.6）
舒绍鸿（2019.6始）

衢州市公安局衢江分局
局长、党委书记
余水陆（至2019.1）
周松祥（2019.1始）
政　委
魏云祥（至2019.7）
叶　坚（2019.7始）
衢州市国土资源局衢江分局
局长、党组书记
何亚明（至2019.2）
衢州市自然资源和资规局衢江分局
党委书记
何亚明（2019.2—2019.9）
李志刚（2019.9始）
局　长
李志刚（2019.3始）
衢州市环境保护局衢江分局
局长、党组书记
雷红彬（至2019.6）
衢州市生态环境局衢江分局
局　长
雷红彬（2019.6始）
党组书记
雷红彬（2019.8始）
衢州市规划局衢江分局
局长、党组书记
刘文国（至2019.2）
衢州市质量技术监督局衢江分局
局长、党委书记
刘　斌（至2019.1）
国家税务总局衢州市衢江区税务局
局长、党委书记
俞　豪
衢州市气象局衢江分局
局　长
叶海龙（至2019.7）
衢州市住房公积金管理中心衢江管理部
主　任
李荣才

乡镇（街道　办事处）

上方镇
党委书记
郑益红（至2019.8）
陈建春（2019.8始）
镇　长
黄永华（至2019.1）
余　炜（2019.1始）
峡川镇
党委书记
傅利红
镇　长
宁　春（女）
灰坪乡
党委书记
杜青青（女）
乡　长
朱生龙（至2019.1）
翁　炜（2019.1始）
杜泽镇
党委书记
杨子文（至2019.1）
高建兵（2019.1始）
镇　长
高建兵（至2019.1）
柴锡根（2019.1始）
莲花镇
党委书记
杜卫荣
镇　长
方俊峰（至2019.1）
王　中（2019.1始）
太真乡
党委书记
慎　欣
乡　长
李剑峰（挂职，至2019.1）
徐　芳（女，2019.1始）
双桥乡
党委书记
梁　斌（至2019.8）
徐志虎（2019.8始）
乡　长
廖红华（至2019.1）
饶雪飞（2019.1始）
周家乡
党委书记
屠忠清（至2019.1）
黄永华（2019.1始）
乡　长
叶尔军
云溪乡
党委书记
郑瑞荣（至2019.1）
方俊峰（2019.1始）
乡　长
周正明
樟潭街道
党工委书记
杨超鹏
主　任
揭小燕（女，2019.1始）
浮石街道
党工委书记
周建明
主　任
李雁翔（至2019.1）
池建峰（2019.1始）
高家镇
党委书记
叶利明（至2019.8）

刘建绪（2019.8始）

镇　长

刘建绪

全旺镇

党委书记

甘小华（女，至2019.1）

杜　猛（2019.1始）

镇　长

徐志虎（至2019.5）

余豪骥（2019.5始）

大洲镇

党委书记

张建忠（至2019.1）

王志林（2019.1始）

镇　长

吕信七（至2019.1）

叶　琼（女，2019.1始）

横路办事处

党工委书记

余建刚

主　任

邱建斌（至2019.1）

丰春江（2019.1始）

黄坛口乡

党委书记

袁伟华

乡　长

汤立群

廿里镇

党委书记

朱永平（至2019.1）

郑勇钦（2019.1—2019.9）

周水忠（2019.9始）

镇　长

张文雄

后溪镇

副书记（正科长级）（主持工作）

吴利旗（至2019.1）

书　记

徐铃军（2019.1始）

镇　长

徐铃军（至2019.1）

林　华（2019.1始）

湖南镇

党委书记

杨伟华

镇　长

杜　猛（至2019.1）

朱生龙（2019.1始）

岭洋乡

党委书记

刘卸全（至2019.1）

叶国祥（2019.1始）

乡　长

邱雪祥

举村乡

副书记（正科长级）（主持工作）

龚诗龙（至2019.1）

书　记

李剑峰（挂职，2019.1始）

乡　长

马卫东（至2019.1）

陈卫华（2019.1始）

（区委组织部）

中共衢江区委员会

综　述

【概况】 2019年，衢江区委始终坚持以习近平新时代中国特色社会主义思想为指导，围绕省委推进“八八战略”再深化、改革开放再出发决策部署，全面对标衢州市委“1433”发展战略体系和“党建治理大花园”建设要求，研究提出“1136”发展战略体系，紧扣“强区战略”，聚焦“‘三年’活动、八大任务”，团结依靠全区人民，事不避难、勇于担当，推动“活力新衢江、康养大花园”建设稳步向前，经济社会保持良好发展态势。实现地区生产总值增长8.3%、财政总收入增长11.3%，一般公共预算收入增长7%；投资、消费分别增长12%、8.3%。衢江区入围全国乡村治理体系建设首批试点单位、省小微企业园建设提升重点区，获评全省全域土地综合整治先进县，区智慧健康服务平台获评国家医疗健康信息化四级甲等，受邀在全国农村综合改革标准化试点工作会议、全国农村生活垃圾治理现场会、全省“三位一体”农合联改革现场会、全省医共体建设推进会、全市乡镇机构模块化运行现场会上，介绍衢江做法、衢江模式、衢江方案。

【全面深化体制改革】 深入推进“最多跑一次”改革，全面实施全生命周期“一件事”便利化改革，民生事项全部“一证通办”，部门间办事“最多跑一次”实现率达85%。大力推进教育改革，实现省基础教育重点区当年摘帽，省教育基本现代化区当年通过预评估。杭州育才、温州知临等名校纷纷入驻，教育资源不断优化、教育质量持续提升。大力推进医共体建设，组建市二院、区中医院两大医共体，分院院长全省公开招聘，设立分院院长激励资金池，建立区域“五大”共享中心，老百姓看病更方便、更省钱、更优质。做出招商方式转变、教育布局优化和廿里镇、涉工部门单列考核等重大调整，统筹运用区委常委会、党政双月度交流会等工作机制，推进全区各项工作任务落细落小落实。

【全力推进重点项目】 始终坚持项目第一抓手不动摇，狠抓项目推进、投资入库，建立产业“3+3”招商机制，新签约志高智造、大晨显示等10亿元以上项目6个，亿元以上项目17个；4个省市县长工程项目、52个市级以上重点项目全部开工，12个项目列入省重点建设项目计划，新增数量全市第一。谋划建设多式联运枢纽港，得到省、市领导高度肯定、大力支持，衢江港区一期正式开港，通江达海的衢江梦扬帆起航；总投资63亿元的杭衢丽山海协作大通道，仅7个月就被列入省道网规划；动态投资73亿元的抽水蓄能电站，被列入《长三角一体化发展规划纲要》，成为近两年全省唯一开工的抽蓄项目，在全国集中开工的五个项目中推进速度最快、力度最大、效率最高。

【全面优化营商环境】 实施工业新政12条、企业用工补贴等政策措施，新增规上企业11家，新培育10亿元以上企业1家、亿元以上企业6家，规上工业总产值增长11.2%。通过定期召开企业家沙龙、电费月结等有效措施，一批企业关心关切的问题得到解决。总投资12亿元的万洋众创城项目，从签约到落地，35天跑完所有流程；55项涉企奖补"即享即兑"，企业参展补助从跨年兑现缩短到当天兑现。创新能力持续增强，全社会研发支出占GDP比重达1.92%，增幅全市第一、全省第四，成功创建省级产业创新服务综合体；新增PCT国际专利1件，实现国际专利布局零的突破，新增国家知识产权贯标企业16家，数量全市第一，获评浙江省知识产权示范区。

【全面强化民生保障】 始终坚持城乡统筹基本方略不动摇，持续强化配套、提升风貌、壮大产业。十里运动休闲长廊建成开园，沿江美丽公路衢江段全线通车；信安西路、通江路等8条断头路全部打通，城区路网"主干畅通、节点贯通、内部环通"。全国文明城市创建，国测、省测成绩优异。牵好农房管控牛鼻子，持续推进风貌提升、改村提升，"一米菜园"种出乡村美景，浮石街道、周家乡获评省美丽乡村示范乡镇，杜泽镇、峡川镇获评省AAAA级景区镇，洄峰村获评第二届中国美丽乡村百佳范例，茶坪村获评全国生态文化村，西坑村获评全国少数民族特色村寨，五坦村、湖南村、湖仁村、贺邵溪村、姜家坞村创成省AAA级景区村。"衢州有礼"诗画风光带衢江段加快推进，总投资52亿元的铜山源休闲度假旅游区开工建设；中环控股香港主板上市，新田铺农村产业融合示范园列入国家级示范园创建名单。

【全面抓实基层治理】 做细做优"三个三"基层党建，深入开展"周二无会日"、组团联村等"三服务"活动，"放心衢江""云上组团"平台正式上线，乡村振兴讲堂实现规范化、常态化、全覆盖，党建示范带建设扎实推进，61个后进村完成整转，涌现姜家坞"三千万"精神、湖仁"治村六法"、荷鹭牧场"四联一体"等一批先进典型。社会治理更加有效，坚持大党建统领、大联动治理，扫黑除恶纵深推进，树正气打歪风全域铺开、行业治乱成效明显、铁拳行动精准突破，社会风气焕然一新。落实大调解大稳控机制，用好乡镇四个平台，做实全科网格，建成区社会矛盾纠纷调处中心，区级走访量占比由65%提升至84%，积案化解率位居全市前列，连续十四年被评为全省"平安区"。

【农村综合改革标准化工作走在全国前列】 自2016年启动全国农村综合改革标准化试点工作以来，衢江区以实施农业社会化服务，打造放心农业衢江样本为目标，充分发挥标准化支撑改革的基础性、战略性、引领性作用，构建了农业社会化服务生产、监管、信息、经营、金融五大服务标准体系。2019年底，该试点项目成功通过验收，衢江区在全国农村综合改革标准化试点工作总结会上作典型发言。

【以党建统领基层治理推动"垃圾革命"领跑全国】 衢江区以大党建统领、大联动治理助推创新"垃圾革命"新模式，在全区732个全科网格推行保洁员到格、责任到户、任务到人"三到管理"，实现垃圾管理到边到角。积极探索智慧监管模式，引入第三方运维公司，推行"三次四分""四分四定"收运体系，实现了全程可控。2019年1—9月，农户源头分类正确率已由30%提升至85%。2019年10月，衢江区作为浙江省唯一代表在全国垃圾分类现场会上作典型发言。

【在全国率先启动乡村未来社区建设】 衢江区积极探索"未来版"美丽乡村，在全国率先启动乡村未来社区试点，坚持国内国际"双标准、双试点"指导创建，对照省级"三化九场景"33项指标体系、联合国可持续社区标准体系，以"人口净流入量+三产融合增加值"为综合指标，创新谋划未来邻里、教育、健康、创业、建筑、交通、低碳、服务和治理等九大场景，建设有获得感、幸福感、归属感的新型城乡功能单元。

【获评中国营商环境百佳试点县市】 衢江区围绕打造"营商环境最优区"，以"最多跑一次"改革为牵引，坚持问题导向，瞄准企业和群众反映强烈的“痛点”“堵点”“难点”，精准发力、持续用力，“无差别受理”从城区向乡村延伸，变村民跑为干部跑、网络跑，行政效能大大提升，干部作风明显转变，“最多跑一次”改革的实现率、群众满意率分别达98.6%、97.2%，被授牌“2019中国营商环境百佳试点县市”。

【全省深化“三位一体”农合联改革现场会在衢江召开】 衢江区作为全省构建“三位一体”农民合作经济组织体系首批推进县，近三年来，全区以资产经营公司、农民合作基金为引领，以生产、供销、信用三大功能为支撑的农业服务体系，初步形成了一个低投入、广覆盖、可复制的“三位一体”农合联改革“衢江样本”。7月29日至30日，全省深化“三位一体”农合联改革现场会在衢江区召开。省委书记车俊和省委副书记、省长袁家军分别做出批示。省委副书记郑栅洁出席会议并讲话。副省长彭佳学主持会议。市委书记徐文光在会上致辞，市领导周伟江、吕跃龙等参加。各市、县（市、区）党政分管领导和省级有关部门负责人，各市农业农村局、农信联社、供销社主要负责人等280人参加会议。

【被评为全省乡村振兴产业发展示范建设县】 衢江区以创建部省共建乡村振兴示范区为契机，以农业供给侧改革为主抓手，依托数字科技，着力将柑橘产业打造成该区农业高质量发展的重要支撑点和促进农民持续增收的经济增长点。年内，柑橘种植面积7.54万余亩，年产量8万余吨，实现年产值1.4亿元，培育出“湖仁红”“耀飞柑橘”“蜜之源柑橘”等省级柑橘知名品牌。衢江区被评为全省乡村振兴产业发展示范建设县。

重要决策与部署

【推进工业绿色发展加快工业强区建设的补充意见】 2月2日，区委印发《关于推进工业绿色发展加快工业强区建设的补充意见》，在区委《关于推进工业绿色发展加快工业强区建设的若干意见》（区委发〔2017〕26号）基础上，提出十一条补充意见，提出要加强政策宣传落实，推动企业数字化转型，支持企业进出口贸易，支持出口信用保险，推动实体企业入园发展，探索用地用房供应新机制，降低企业要素成本，拓宽融资渠道，努力解决企业用工难问题，引导高校毕业生到民营企业就业，大力扶持地方实体企业发展，大力弘扬优秀企业家精神。

【推进教育质量提升工作的实施意见】 2月28日，区委印发《关于大力推进教育质量提升工作的实施意见》，提出要充分认识教育质量提升的重要意义；要突出改革创新，激发发展活力，深化体制改革、深化管理改革、深化课程改革；突出龙头引领，打造教育品牌，做强三中品牌、做强职业教育、做强学校特色；突出潜力激活，锤炼教育战队，激发专家潜力、激发管理动力、激发教学活力；突出资源整合，保持均衡发展，优化布局调整、优化高端引领、优化办学条件；突出机制保障，夯实发展基础，强化生源保障、强化师资保障、强化经费保障；要加强组织领导，加强氛围营造，加强工作合力，加强督查考核。实现高中升学、全市义务教育质量检测和特色办学成绩新突破，确保衢江教育质量进位争先，2019年通过省基础教育重点县督查验收并成功创建省教育基本现代化区，提升人民群众对教育的满意度和获得感。

【推进文化衢江建设的实施意见】 6月17日，区委印发《关于加快推进文化衢江建设的实施意见》，提出要加快推进文化衢江建设，重点实施八大工程，八大工程包括当代中国马克思主义大众化工程，社会主义核心价值观引领工程，优秀传统文化传承工程，基本公共文化服务提升工程，媒体融合发展工程，文艺繁荣发展工程，文化产业促进工程，文化人才培育工程。要求加强组织领导，强化考核管理，完善政策保障，健全工作机制，通过实施文化衢江八大工程，着力提升衢江文化的引领力、创造力、传播力、服务力、竞争力。到2020年，形成全方位、多层次的公共文化服务设施网络，基本建成城区10分钟、乡村20分钟公共文化服务圈；文化产业整体实力显著提升，年均增幅达12%，到2020年，文化产业发展主要指标位居全市前列，全区文化产业增加值占地区生产总值的比重达8%以上。

【促进低收入农户全面小康的实施意见】 7月24日，区委印发《关于高水平促进低收入农户全面小康的实施意见》，提出要以坚持党政领导、坚持农民主体、坚持社会共建、坚持精准帮扶为基本原则，增强低收入农户发展能力、提高低收入农户保障水平、形成帮扶合力、加快重点帮扶村发展，加强组织领导，加强宣传引导，完善工作机制，强化监督考核。提高社会保障水平，改善低收入农户生活质量，力争低收入农户收入年增幅保持在10%以上，并高于全区农村居民收入增长水平，到2022年，低收入农户最低收入达到年人均9000元以上，有劳动力的低收入农户年人均收入达到18000元；重点帮扶村集体经济年收入达到15万元以上。

【扶持推进衢江传媒集团改革发展的意见】 8月26日，区委印发《关于扶持推进衢江传媒集团改革发展的意见》，提出要建设融媒体中心，打造移动客户端；整合区域资源，构建“媒体+”平台；创新运营载体，推进产业改革；加强政策保障，扶持集团发展；实施目标考核，激发集团活力；深化人事改革，吸引优秀人才。加强组织领导、宣传发动，全力抓好落实，到2020年年底，全面整合资源，推进媒体融合，切实提高衢江传媒集团新闻宣传能力和服务水平，打造舆论宣传的主阵地、综合服务的新平台、文明实践的新窗口。

【关于开展“不忘初心、牢记使命”主题教育的实施意见】 9月21日，区委印发《关于开展“不忘初心、牢记使命”主题教育的实施意见》，提出要全面把握主题教育的总体要求，突出抓好领导班子和领导干部主题教育，把学习教育、调查研究、检视问题、整改落实贯穿始终；抓实基层党支部学习教育和检视整改，抓好学习教育、从严检视整改、用活本地资源、结合当前工作；强化分级分类指导，分层级突出教育重点、分领域解决突出问题、分对象强化学习效果；切实加强组织领导，压实领导责任、强化督导指导、力戒形式主义和官僚主义注重宣传引导。

【建立区人民政府向区人大常委会报告国有资产管理情况制度的意见】 11月4日，区委印发《关于建立区人民政府向区人大常委会报告国有资产管理情况制度的意见》，旨在通过建立区人民政府向区人大常委会报告国有资产管理情况制度，加强国有资产管理和治理，加强人大国有资产监督职能的重大举措，推动国有资产管理体制改革和国有资产治理现代化，管好人民共同财富造福人民，进一步发挥人大制度优势。《意见》明确了报告方式和内容，审议程序和重点，要求坚持党的领导、坚持依法依规、坚持问题导向、坚持稳步推进、坚持统筹协调，明确责任分工，健全工作机制，及时总结完善。

【加强和改进人民政协工作的实施意见】 12月26日，区委印发《关于新时代加强和改进人民政协工作的实施意见》，提出要准确把握新时代人民政协工作的新方位新使命，发挥人民政协专门协商机构作用，把加强思想政治引领、广泛凝聚共识作为履职工作的中心环节，健全人民政协工作制度体系，发挥政协专门委员会基础性作用，强化政协委员责任担当，加强党对人民政协工作的全面领导。

【推进新时代人大工作和建设的实施意见】 12月31日，区委印发《关于高水平推进新时代人大工作和建设的实施意见》，提出要加强党对新时代人大工作的全面领导，完善和优化新时代人大依法履职的体制机制，推动新时代人大工作与时俱进创新发展，发挥人大代表主体作用，强化和提升人大及其常委会履职能力。

【全面推进预算绩效管理的实施意见】 12月31日，区委印发《关于全面推进预算绩效管理的实施意见》，提出要构建全方位预算绩效管理格局，优化全过程预算绩效管理链条，完善全覆盖预算绩效管理体系，探索以绩效为核心的预算管理新机制；要求加强组织领导，强化监督问责，推进信息公开，加强工作考核；全面推行财政资金预算绩效管理工作，进一步完善预算编制有目标、预算执行有监控、预算完成有评价、评价结果有应用、结果应用有问责的全过程预算绩效管理运行机制。力争在2019年年底前建立以绩效为核心的集中财力办大事财政政策体系和资金管理机制，到2022年年底基本建成全方位、全过程、全覆盖的预算绩效管理体系。

重要会议

【区委十三届三次全体会议】 1月7日，区委召开十三届三次全体会议，通报了《衢州市衢江区机构改革方案》，研究部署贯彻落实意见。区委书记周向军主持会议并讲话。区委副书记、区长朱素芳，区委副书记、政法委书记夏盛民参加。会议认为，地方机构改革是深化党和国家机构改革的重要组成部分，也是推进国家治理体系和治理能力现代化的重要环节。会议指出，在《方案》研究起草过程中，区委始终坚持以习近平新时代中国特色社会主义思想为指导，认真贯彻习近平总书记关于深化党和国家机构改革的重要论述，全面准确落实党中央和省委关于深化地方机构改革的部署要求。

【全区干部大会】 2月13日，全区干部大会高规格召开，区委副书记、区长朱素芳主持会议，耿建新、赵建新、徐惠文等区四套班子领导参加。会议以视频形式召开，主会场设在区会议中心，各乡镇（街道、办事处）设分会场，参加人员3300多人。会上，区委书记周向军作《提振精气神 全力争上游》讲话，周向军强调，全区上下要放大格局、严实作风、提高本领，更加坚定、鲜明导向；更加主动、打主动战；更加积极、勇争一流；更加务实，追求实效。会议宣读2018年度综合考核先进单位、衢江区乡村振兴战略实绩工作考核结果、健康衢江工作考核结果、区级机关满意不满意单位评选结果、招商引资工作考核结果、项目工作考核结果和关于给予区发展和改革局等单位和聂天宏等个人行政奖励的决定。

1月7日，中共衢州市衢江区第十三届委员会第三次全体会议召开

（衢江传媒集团　供图）

【衢江区工业大会】 3月17日，衢江区工业大会以视频形式召开，主会场设在区会议中心3107会议室；分会场设在区会议中心3103会议室和廿里镇、上方镇视频会议室。浙江省智能制造专家委员会主任，浙江省原副省长、省人大常委会原党组副书记、副主任毛光烈，浙江赛伯乐投资管理有限公司总裁陈斌应邀参加并作专题讲座。会议指出，打造工业强区，就必须做到善识势、善借势、善乘势；必须找准切入点、着力点、关键点；必须聚焦新理念、新模式、新业态；必须提升组织力、保障力、执行力。区委副书记、区长朱素芳对“低散乱”企业整治提升工作作出部署。会上，举行2018年衢江区区长特别奖表彰仪式。

【中共衢江区第十三届代表大会第三次会议】 6月13日，中国共产党衢州市衢江区第十三届代表大会第三次会议通过视联网形式召开，主会场设在区会议中心，区级各机关单位、各乡镇（街道、办事处）设分会场。区委书记周向军代表中共衢州市衢江区第十三届委员会向大会作《提振精气神全力争上游为打造“活力新衢江、康养大花园”不懈奋斗》报告。会议以习近平新时代中国特色社会主义思想为指导，回顾总结区第十三次党代会以来的工作，确定了区委“1136”发展战略体系，部署了今后三年的重点工作任务。会议审议通过了区委工作报告决议、通过区纪委工作报告决议。大会向全区各级党组织、全体共产党员和广大干部群众发出了“提振精气神、全力争上游，为打造‘活力新衢江、康养大花园’不懈奋斗”的动员令。会议还开展党代表询问质询，并通报代表提案审查情况报告。

【区委常委会会议】 2019年，召开区委常委会会议20次。区委常委出席会议，根据会议内容，相关部门（单位）、乡镇（街道、办事处）负责人参加会议。

2019年中共衢江区委常委会重要会议情况表

表3

会议时间	会议内容
1月7日	研究讨论《中共衢州市衢江区委关于加强新时代人民政协党的建设工作的实施意见（讨论稿）》、区行政中心食堂提升改造项目等议题
1月13日	研究讨论省委巡视组交办鑫业晶典小区问题有关情况、《衢江区浮石街道专项整治提升工作方案》、《衢江区浮石街道专项整治提升工作机制方案》、《区领导牵头联系浮石街道专项整治安排（讨论稿）》、《衢江区纪委区监委派驻（出）机构改革方案》，以及有关人事问题等议题
2月2日	研究讨论区委、区政府年终各项单项考核及个人行政奖励的事项、《衢江区人民政府工作报告（讨论稿）》、2018年区政府为民办实事项目完成情况和2019年区政府为民办实事候选项目（草案）、《区纪委十三届四次全会工作报告（讨论稿）》、衢江区“两会”有关名单、有关人事事项等议题
2月3日	研究讨论衢江区2018年政府预算执行情况及2019年区政府预算草案的情况汇报、2018年度区综合争先考核结果、2018年度正职联评优秀公务员建议名单、春节期间安全生产和党风廉政工作部署等议题
2月25日	研究讨论全区卫生健康大会暨医共体建设动员大会筹备情况及相关配套政策制定情况、教育大会筹备情况及相关配套政策制定情况、全区工业大会筹备情况、《衢江区工业转型提升三年行动方案》及《“衢江产业大讲堂”系列活动实施方案》、乡镇专题会议筹备情况、省委第二巡视组交办鑫业晶典小区问题有关情况、《衢江区村级小微权力清单三十条》等议题
3月25日	研究讨论衢江区全国“两会”信访维稳工作情况和全区信访积案治理专项行动部署会议筹备情况、扫黑除恶专项斗争工作情况、区委政法平安信访工作会议暨“树正气、打歪风”专项行动动员大会筹备情况、全区项目攻坚暨产业招商大会筹备及相关实施方案、干部能力提升年大会筹备情况及相关实施方案、市级劳动模范及劳模集体推荐名单、“浙江省担当作为好干部”衢江区拟推荐人选、有关人事事项等议题
5月10日	研究讨论《衢江区教育中长期布点规划》编制情况、新时代文明实践中心建设情况、《关于进一步加强和改进离退休干部工作的实施意见（送审稿）》、“树正气、打歪风”十大专项行动开展情况等议题
5月28日	研究讨论《衢江区初中学校布局调整工作实施方案（送审稿）》、《衢江区竞争性选拔优秀年轻干部工作方案（送审稿）》等议题
6月19日	研究讨论《关于深化衢州市衢江区纪委区监委派驻机构改革的意见》、《衢江区创建浙江省美丽乡村示范县实施方案（2019—2022年）》、《衢江区高水平促进低收入农户全面小康实施意见》等议题
7月23日	研究讨论《衢州市衢江区公务员职务与职级并行制度实施方案》、《2019年衢江经济开发区“低散乱”企业整治提升实施方案》及《衢江经济开发区第一批“低散乱”企业整治任务分配方案》等议题
8月5日	研究讨论《关于全面深化乡镇（街道、办事处）模块化运行工作的实施方案》衢江经济开发区单列考核、廿里镇综合考核办法（含工业园区）等议题
8月27日	研究讨论《2019年衢江区与平武县扶贫协作工作任务分解及考核细则》、《2019年衢江区山海协作工程主要工作任务分解及考核细则》、后进村党组织摸排及下一步整转工作等议题

续表3

会议时间	会议内容
10月8日	研究讨论《衢江区2019年度招商引资工作考核办法》、《衢州市衢江区网格工作考核管理办法(试行)》、关于衢江区2019年创建全国文明城市省测情况、存在问题和下一步工作计划等议题
11月12日	讨论研究关于衢江区员额法官、检察官实行单独职务序列实施后有关待遇问题
11月15日	研究讨论全区机关事业单位编外用工清理规范工作有关事项
12月13日	研究讨论《衢州市衢江区公务员职级晋升实施细则(试行)》、政府资产特定问题调查整改和深化国资改革的情况等议题
12月15日	研究讨论《中共衢江区委关于新时代加强和改进人民政协工作的实施意见(讨论稿)》、公务员职级晋升事项等议题

(汪晓蕾)

区委办公室工作

【概况】 2019年,区委办公室以习近平新时代中国特色社会主义思想为指导,认真贯彻落实中央、省委和衢州市委的各项决策部署,围绕区委"能力提升年、项目攻坚年、产业招商年""三个年"活动,增强"四个意识"、坚定"四个自信"、做到"两个维护",有效发挥参谋助手、监督检查、综合协调、保障服务等作用,全面提升服务水平,全力保障区委及全区各项工作规范高效运转。综合协调、监督检查、保障服务等方面工作得到区委领导的肯定。

【机构改革】 中共衢州市衢江区委办公室是区委的综合部门,为区委工作机关,正科级,挂区委政策研究室、区委党史研究室、区委保密委员会办公室(区国家保密局)、区委机要局(区密码管理局)、区档案局、区政府外事办公室牌子。中共衢州市衢江区委台湾工作办公室是区委主管台湾工作的职能部门,挂区政府台湾事务办公室牌子,与区委办公室合署办公。区委全面深化改革委员会办公室、区委国家安全委员会办公室、区委财经委员会办公室、区委外事工作委员会办公室设在区委办公室。

【参谋辅政】 紧贴区委工作思路,准确领会区委意图,吃透上情、把握下情、了解外情,注重谋划研究,积极以文辅政,高质量完成全区干部大会、全区教育大会、全区工业大会、衢江金融大会以及推进文化衢江建设、促进低收入农户全面小康、扶持推进衢江传媒集团改革发展等事关全局重大会议报告及材料的起草工作。完成区委领导各类讲话稿的撰写。全面落实中央和省委、市委关于深化机构改革的部署要求,做好衢江区机构改革组织实施工作。组织全区开展重点课题调研,为领导决策提供参考依据。

【督查考核】 坚持督查考核互力共推,把重点放在区委重大决策、重要工作部署的贯彻落实上,确保各项重点工作稳步快速推进。全年撰写编发督查通报26期,专报46期,其中会风督查9期、经济指标完成情况及工作进展情况5期、农房整治3期、党建统领基层督导2期以及行政执法、便民服务等,分解落实省26县发展实绩、衢州市综合考核等上级考核任务。根据区委的决策部署,每季度编发执行市委、市政府"十条军规"工作较好典型通报及工作不力典型通报各一期。中央环保巡察组反馈意见、衢州《电视问政》涉及的问题,加强查督,确保整改落实到位。年内,市对区考核名列榜首,连续两年摘得桂冠。

【综合协调】 统筹协调全区性重点工作、重要会议活动安排。牵头修订区委工作规则,健全完善办公室工作流程机制,实行"4+5"周碰头,统筹做好区领导日常工作安排。坚持会议审批制度,严格把好会议关,落实落细会务工作。全年共编排区领导周安排53期，日安排282期，组织协调各类会议活动683次，其中：省级现场会5次，市级现场会8次（省市现场会是历年来次数最多的一年），用心、用力、用情做好现场会统筹协调工作，展现办公室良好的“头雁”形象，得到省、市领导的一致肯定。

【保障服务】 把日常保障同重点保障结合起来，求全求细、用心服务，严格执行值班值守、文电传输、批示传达、后勤服务等工作，当好区委的“保障员”。认真贯彻《党政机关公文处理条例》和省、市有关规定，完善区委、区委政府公文办理流程，制定规范性文件申报和备案制度，严格按照省委关于规范性文件精简35%的规定，进一步规范办理程序，提高办理效率。全年共办理收文274件，办理编发公文366件。围绕区委工作重点，编发《衢江信息（工作动态）》30余期，内容涉及推进项目建设、乡村振兴、人才引进、农房整治拆迁后利用，“最多跑一次”改革、绿色金融，以及乡镇机构改革等，推进重点工作提质增效。撰写的理论文章、信息决策和相关PPT得到肯定，省市正面录用信息37条。关于举村乡运用“三联”机制抗台救灾报告获省委书记、省长批示，抽水蓄能、树正气打歪风两篇信息获市委书记徐文光批示。

【队伍建设】 根据机构改革、人员变动的实际情况，调整办公室领导班子成员分工，理顺工作关系，夯实职责任务，班子成员各负其责、各司其职，形成抓工作、干事业的合力。以区委开展“干部能力提升年”活动为契机，加强思想建设、制度建设、组织建设。扎实开展“不忘初心、牢记使命”主题教育，深入学习习近平新时代中国特色社会主义思想和党的十九大精神，开展“学三老、守初心、担当”等活动，进一步激发党员干部爱岗敬业、服务发展的热情。完善各项管理制度、“4+5”例会制度，实现办事流程化，效能化。加强干部培养和选拔作用，发展党员两名。做好干部岗位调整、向组织部门推荐及招考录用等工作。调整交流和提拔使用21人次，其中乡镇任职4人，晋升副科级3人。有9人充实办公室队伍，其中首次面向全市范围公开招考选调公务员2名，省委选调生1名，新录用公务员2名，调入事业干部4名。组织党员干部学习《中国共产党廉洁自律准则》《中国共产党纪律处分条例》《中国共产党党内监督条例》等党纪条规，筑牢廉洁从政底线。严格执行组织、人事、财经等制度，认真落实公务接待有关规定，厉行节俭，全办人员严以修身，清正廉洁作表率，展现区委办公室积极向上的精神风貌。

（区委办公室）

组织工作

【概况】 2019年，区委组织部坚持以习近平新时代中国特色社会主义思想为指引，认真践行新时代党的组织路线，以党的政治建设为统领，深入贯彻落实市委“1433”发展战略体系和区委“1136”发展战略体系，聚焦主责主业，深入抓好干部队伍、基层组织、人才队伍及组织部门自身建设，以高质量的组织工作为“活力新衢江、康养大花园”提供坚强的组织保障。年末，衢江区党的基层组织共736个，其中党委26个，党总支15个，党支部695个。全区共有党员21257名，其中，农村党员14280人、女性党员4798人、少数民族党员121人；35岁及以下4620人，35岁及以上16637人；研究生学历193人、本科学历4380人、专科学历3032人、中专学历894人、高中（中技）学历3414人、初中及以下学历9344人。全年举办素质提升班、区管干部读书班、素质拓展训练班，第十六期中青年干部培训班等主题班次29期，培训2139人次。举办项目谋划、乡村振兴、针灸康养、旅游管理等专业培训15期，培训1933次。

【机构改革】 1月，区委组织部完成机构改革，原区委老干部局职责划入，加挂区委老干部局牌子。区人社局公务员录用调配、考核奖惩、培训、工资福利等职责划入，对外加挂区公务员局牌子。区关心下一代工作委员会机关与区委组织部合署办公。

【深化"三联工程"强化基层治理】 坚持以实施"四化十二制"为抓手，将"三联工程"抓实、抓深、抓细，实现干部归位、百姓归心、党员率先、群众争先，推动治理有效，发展有为。2019年5月15日，衢州市乡村振兴"党建篇"互看互学现场会在衢江区成功举办，姜家坞村"三千万精神"、上岗头村"党员上岗、干部带头"、湖仁村"治村六法"、荷鹭牧场"四联一体"等经验做法得到肯定。2019年8月10日抗击超强台风"利奇马"中，举村乡充分发挥"三联工程"作用，以最快速度完成78名群众转移，成功避免一起重大人员伤亡事故，事迹获省委书记车俊、省长袁家军、常务副省长冯飞批示肯定，乡党委书记李剑锋走上第三届浙江省基层党建论坛分享经验，市委召开专题会议予以通报表彰。12月，衢江区成为全市唯一的由中组部、中农办等联合发文确定的全国百个乡村治理体系建设首批试点单位。

【"5G"行动为干部赋能】 按照区委"提振精气神、全力争上游"要求，以"干部能力提升年"活动为载体，大力实施干部能力提升"5G"行动（效率革命、培训革新、从严管理、实战攻坚、关心关爱），激励干部新时代新担当新作为，推动干部提速、提质、提效、提能。通过"5G"行动，一批干部在一线锤炼，一线提拔74名干部，35岁以下区管干部达到109名，"80后"正科级干部27名，居全市前列。能力提升助力中心工作，展现了衢江速度、衢江温度。抽水蓄能电站抢跑争先、提前开工，衢江港区提前半年开港，万洋众创城35天走完项目前期流程，经济指标一路飘红、走在前列。浮石违建、违规砂场、"低散乱"企业等一批老大难问题平稳解决，奋斗、实干、团结成为衢江干部最鲜明的辨识度。

分领域分类别实施"四色"培训，开展区管干部军事素质训练和中青年干部培训等班次，导入"周末课堂""自主点单"等新模式，到重点项目一线"现场观摩+头脑风暴"，打造忠诚担当高素质专业化的干部队伍。

实施实战墩苗"双百工程"，开展"百名干部一线历练""百名干部上挂外派"行动，抽调135名干部到重点工作专班历练。开展"五百行动"，开设产业大讲堂，助力民营企业高质量发展，选派106名干部分组到规上企业排忧解难。

开展"青蓝"工程"双百双联"行动，创新"师带徒""老带新""一帮一"等多种模式；常态化开展"部长谈心日"活动，拓宽沟通渠道、解决实际困难、激发干事热情；开展村（社）"双牛"评选，奖励先进、鞭策后进。健全干部容错纠错"1+N+X"制度体系，完善干部澄清保护机制，累计为24名干部澄清不实举报，为干部撑腰正名。

在改革先锋谢高华的老家横路办事处贺邵溪村谋划建设"改革担当精神"传承基地项目，以红色精神传承基地+绿色乡村版未来社区为定位，项目涉及6000多亩。一期围绕"五个一"（一溪、一宅、一街、一带、一馆）展开，2个月完成规划设计，1周完成27幢房屋拆迁，3个月开工建设，各子项目齐头并进，年底项目一期基本建成。年内，贺邵溪村获评浙江省AAA级景区村庄。

【乡镇模块化运行改革全市领跑】 年内，根据衢州市乡镇机构改革"四个+"指导意见和基层治理"主"字型运行架构要求，构建上下打通、权责清晰、条块结合、扁平一体、运行高效、执行有力的乡镇（街道）模块化运行管理体制和机制。按照大乡镇、中等乡镇、小乡镇、街道（办事处）四种类型设置模块，分类推进；实施全面厘清区乡职责边界，在全省率先公布第一批涉及10个部门的146个事项清单，全面打通上下联动机制，全面完善运行机制，全面提升履职能力五大行动，推动模块化改革实战运行；21个乡镇（街道、办事处）按照模块定置、分工定责、机构定职、岗位定人、运行定制、布局定位"六定清单"完成模块搭建并转入实战运行，切实做好乡镇机构改革"后半篇文章"。《人民日报》、《浙江日报》、浙江卫视纷纷点赞，省委全会期间，浙江卫视头条专题报道并配评论。

【乡村振兴讲堂建在产业链上】 年内，围绕“主题教育主阵地、乡村振兴主平台、基层治理主载体”定位，立足“放心农业”产业优势，将乡村振兴讲堂建在项目上，建在产业链上，打造以新田铺田园康养项目为核心，包含农业生产、经营的“放心农业教学带”和农业产业电商、金融保障的“三农服务教学带”的“一核两带”产业讲堂群。通过以大众化“讲”、专业化“培”、市场化“推”，实现教学资源互通、产业链条互促，为农村产业发展提供从项目到技术、人力、金融的一系列支撑保障。2019年10月，省委常委、组织部部长黄建发调研新田铺田园康养综合体项目，对衢江区将乡村振兴讲堂建在产业链上的做法给予高度肯定。

【引育重释放人才红利】 年内，设立卫健人才“专项资金池”，连续5年每年注入不少于500万元资金；设立医共体分院院长奖励资金池，连续4年、每年投入150万元。仙鹤股份有限公司董事长王敏良进军浙江省“万人计划”科技创业领军人才，取得历史性突破。搭建衢江区智慧人才服务平台，“线上”实现人才政策兑现升级，人才政策“即享即兑”11个批次，推动人才服务“最多跑一次”。

（黄　圣）

宣传工作

【概况】 2019年，全区宣传思想文化战线以习近平新时代中国特色社会主义思想为指导，以庆祝中华人民共和国成立70周年为主线，贯彻实施全市宣传文化系统“13610”工作体系，扎实开展“不忘初心、牢记使命”主题教育，紧扣“强区战略”，聚焦“三年”活动，不断提升全区宣传思想工作水平，为实施区委“1136”发展战略体系，推动“活力新衢江、康养大花园”建设提供强大的精神文化动力。年内，“谢高华先进事迹报告会”走进省人民大会堂，《把人民放在心中最高位置》被省委宣传部评为优秀理论宣讲报告。

【理论工作】 年内，把宣传贯彻习近平新时代中国特色社会主义思想列入区委常委会“第一议题”，完善区委理论学习中心组学习制度，开设衢江大讲坛。全年召开区委理论学习中心组专题学习会17次、衢江大讲坛6次，内容涵盖党的十九届四中全会精神、扫黑除恶、教育改革、医共体改革、5G技术等，其中结合“不忘初心、牢记使命”主题教育召开4次专题学习研讨会，引领各级党组织和党员干部系统学。以主题教育为契机做好典型宣讲，“谢高华先进事迹报告会”走进省人民大会堂，报告《把人民放在心中最高位置》被省委宣传部评为优秀理论宣讲报告。“百支宣讲团、千名宣讲员”、新时代乡村振兴讲师团、中小学校和农村“第一书记”宣讲员深入基层、深入学校、深入企业，让党的创新理论特别是十九届四中全会精神家喻户晓。开辟“空中阵地”，2127只农村应急广播、271个行政村视联网全覆盖，把党的“好声音”唱响基层每个角落，做法得到市委书记徐文光的肯定。杜泽“老街村播”新实践，为推动党的创新理论“飞入寻常百姓家”探索了新途径。“学习强国”学习平台扩面延伸，基本实现党组织和60岁以下党员激活全覆盖。

【宣传工作】 年内，紧扣新中国成立70周年主线，聚焦中心、服务大局，主题外宣提质提效，如：“衢江：问题导向、精准发力”在央视《新闻联播》播出，衢江干群抗战超强台风“利奇马”事迹，在央视多档新闻栏目播出。全年央视用稿25条、浙江卫视用稿150条、浙江之声用稿295条，在《浙江日报》等省级主流纸媒上用稿25篇、“学习强国”学习平台用稿94条（20条在全国总平台亮相）。全国户外极限运动公开赛总决赛精彩落幕，央视体育频道、英国《独立报》、美国广播公司等国内外媒体纷纷报道，新闻点击量达320万。杜泽老街开街“三刷”央视、“四上”学习强国，刷爆衢江“朋友圈”。成功举办“献礼祖国 逐梦衢江”衢江区喜迎新中国70华诞全民大欢唱等活动，全区广大群众广泛参与。聚焦文明城市创建、违章拆除等重点工作，推出电视问政栏目，交办督办热点难点问题近百件。

【宣传思想文化工作改革】 年内，加快推进媒体融合改革，组建衢江传媒集团，建成区融媒体中心，e览衢江App、衢江发布、衢江传媒抖音号等新媒体矩阵取得突破，加快实现了“一次采集、多种生成、多元分发、全媒体覆盖”。衢江传媒集团获评2019年度全省广播电视新闻协作县级广播一等奖、县级电视二等奖。有序推进新时代文明实践中心建设，印发《衢江区建设新时代文明实践中心工作的实施方案》，在全市率先建成区级新时代文明实践中心，乡镇、村新时代文明实践中心建设工作全面铺开，被省委宣传部列入第二批省级试点县（市、区），中国文明网刊发衢江做法，得到市委常委、宣传部部长钱伟刚充分肯定。教育“四个一”工程、五大行动深入推进，省基础教育重点区实现当年摘帽，省教育基本现代化区当年通过预评估，杭州育才、温州知临等名校入驻，省委书记车俊在全省教育大会点赞衢江教育。组建市二院、区中医院两大医共体，分院院长全省公开招聘，设立分院院长激励资金池，建立区域“五大”共享中心，老百姓看病更方便、更省钱、更优质。

【全国文明城市创建】 年内，区块文明城市创建再获新成绩，实现年度创文目标。做好“有礼衢江人”主题宣传，童淑芳获“全国模范教师”称号。举村乡抗台抢险救灾集体获年度“最美浙江人·浙江骄傲”荣誉，事迹获省委书记、省长点赞。3人被授予“浙江省担当作为好干部”、2人被授予“浙江省担当作为好支书”、1人获评“浙江省向上向善好青年”，3人入选“浙江好人”、2户入选省“最美家庭”，霓虹社区入选全省最美志愿服务社区，6人1集体获第八届“最美衢州人”十大年度人物奖，11人获“有礼之星”等荣誉。广泛开展文明村创建活动，区级以上文明村建成率达80%以上。做好“衢州有礼·康养衢江”城市品牌推介，“针灸圣地·康养衢江”“新田铺田园综合体”荣获“2019‘一带一路’国际商协会大会大健康产业影响力领军品牌”。

【文化工作】 年内，成功举办全国青少年五子棋锦标赛、世界名校体育系列赛（衢州衢江赛艇挑战赛）、第四届全国智力运动会象棋比赛等国字号赛事。铜山源休闲度假旅游区开工建设，新田铺农村产业融合示范园列入国家级示范园创建名单。杜泽老街成功开街，成为衢州网红打卡地。涧峰村获评第二届中国美丽乡村百佳范例，茶坪村获评全国生态文化村，西坑村获评全国少数民族特色村寨，峡川镇、杜泽镇获评省AAAA级景区镇。农村文化礼堂建设高质量推进，“百村文化礼堂引领”工程入选全省公共文化服务创新项目，全年新建40家、提升13家，行政村实际建成覆盖率70%。2个乡镇被评为省示范乡镇，新增四星级文化礼堂15家、五星级5家。成功承办第二届衢州市“我们的村晚”活动。新建6家南孔书屋、4个乡镇文化馆分馆。婺剧快板《方书记和他的女儿们》登上2020年省村晚舞台，亮相央视《新闻联播》。文学作品《下一站，地球》入选第四届衢州市文艺精品南孔奖，《梧桐殿里的一千零一个秘密》列入市文艺精品扶持工程。“美丽东城·好听衢江”音乐会、中国新丝韵葫芦丝艺术团专场音乐会等活动深受群众欢迎。仙岩洞摩崖题记列入第八批国保单位。第二期土墩墓考古发掘工作正式启动，以庙山尖土墩墓考古发现为内容的纪录片《衢州土墩墓瑰宝探奇》在央视《探索·发现》播出。

【阵地管理】 年内，根据《中国共产党宣传工作条例》，制定《衢江区2019年度落实意识形态工作责任制检查考核细则》，将意识形态工作纳入部门、乡镇常态化巡察内容，并对13家单位进行重点检查，及时向区委常委会汇报《关于当前我区意识形态领域形势的通报》。出台《中共衢州市衢江区委关于加快推进哲学社会科学发展的实施意见》等系列配套实施文件。全区党政机关、事业单位软件正版化工作实现全覆盖。

开展"扫黄打非"专项行动，查处违规企业（场所）13家次，刑事处理6人，行政处罚13人，关停涉黄场所5处，捣毁涉黄团伙1个等。乡镇、村"扫黄打非"基层站点实现全覆盖，湖南镇成功创建第三批省级"扫黄打非"示范点，区"扫黄打非"领导小组办公室被评为全省"扫黄打非"先进集体。推进宣传思想文化系统机构改革，区文广局、区体育局、区旅委合并为区文化与广电旅游体育局，区新闻中心、区广电台合并为衢江传媒集团。区委宣传部增设常务副部长职位，部务会议成员全部配齐，其中"80后"占50%。部机关新增科室新闻出版科，新增编制2人，新调入、招入"90后"干部5人，干部结构更加优化。乡镇宣传委员、文化员全部配齐。全面推进宣传思想战线干部队伍建设，深入开展"不忘初心、牢记使命"主题教育、增强"四力"教育实践活动和干部能力提升年、项目攻坚年、招商引资年"三年"行动，衢江区"以抓人促事为关键，推动宣传思想干部队伍强起来"的实践做法获中宣部、省委宣传部肯定。

（毛　建）

统战工作

【概况】 2019年，区委统战部贯彻中央和省委、市委、区委统一战线工作的决策部署，围绕区委"1136"发展战略体系，以统战工作项目化的理念紧贴中心，以"2+6"工作载体为抓手，"凝心聚力谱新篇，团结奋进争上游"，为建设"活力新衢江、康养大花园"做出新的贡献。年内，全市统战工作考核位列县（市、区）第一名，区综合考核获一等奖。省级荣誉有新农都新阶层联谊中心被确定为省级新阶层统战工作实践创新基地；区侨联被评为全省侨联系统"十佳"引资单位。区统战工作得到省、市、区有关领导的肯定，其中，区委统战部协办的千个侨团结千村工作得到省委书记车俊批示肯定；省委常委、统战部部长熊建平到衢江区调研统战工作，给予充分肯定；以项目化理念推进统战工作获市委常委、统战部部长傅根友和区委书记周向军批示肯定；搭建政企沟通平台开设"建言直通车"获区长朱素芳批示肯定。

【思想政治引领】 年内，支持各民主党派人士、无党派人士开展"不忘合作初心、继续携手前进"主题教育活动，组织引导广大统一战线成员深入学习贯彻党的十九大精神和习近平新时代中国特色社会主义思想，以及区委"1136"发展战略体系。紧扣庆祝新中国成立70周年暨多党合作和政治协商制度确立70周年这一重大主题，开展统一战线庆祝新中国成立70周年"重走红军路"大型活动和全区统一战线庆祝新中国成立70周年书画展。通过思想引领，使广大统一战线成员进一步增强"四个意识"、更加坚定"四个自信"、坚决做到"两个维护"，强化政治责任，保持政治定力，把准政治方向，提高政治能力。

【侨务工作】 年内，以习近平总书记提出的"大侨务"工作理念为核心，推动区委常委会专题

11月7日，"侨连衢州·侨商论剑"暨海外侨胞衢州行活动在衢江区成功举办
（朱骏露　供图）

研究通过“1+5+X”大侨务工作体系，并在全省率先实施；敢为人先、走在前列，在全市率先完成侨联2+2+2机构改革。全市首个乡镇基层侨联在高家镇成立，樟潭街道也成立侨联。11月7日，以“汇聚侨界力量助推乡村振兴”为主题的“侨连衢州·侨商论剑”暨海外侨胞衢州行活动在衢江区成功举办。通过六赴省侨联争取，衢江区成为浙商大会期间，浙籍侨商县级考察活动的唯一承办地。这次活动启动“千个侨团（企）结千村行动计划”，并签约一批意向投资项目，为全球侨务资源导入衢江助推大花园建设打下扎实基础，受到市委、市政府“十条军规”通报表扬。

【民族工作】 年内，贯彻全市民族乡村振兴工作现场推进会精神，全面部署推进民族乡村振兴工作，加快推进举村乡民族乡村振兴示范带规划设计建设以及灾后重建工作。全力帮扶受台风灾害的举村乡相关民族村，争取帮扶资金150万元。举办“三月三”畲族文化节，传承民族特色文化，打响“千年畲乡”特色品牌。组织少数民族学生与汉族学生开展“迎国庆”百米长卷亲子现场绘画活动。外来少数民族学生的就学率100%。大乘寺扩建项目通过省民宗委审批，规划设计基本完成。谋划“衢江人家”统战综合体项目、“民族乡村振兴非常6+1”项目、“乡贤田园康养”项目等，彰显统一战线的新作为新担当；霓虹社区获全国民族团结进步示范单位称号；举村乡西坑村被评为第三批中国少数民族特色村寨。

【新乡贤工作】 年内，贯彻市委《关于加强新时代乡贤工作同心聚力大花园建设的若干意见》，全方位构建乡贤工作平台，乡贤参事会实现21个乡镇全覆盖，村级覆盖实现80%；高家、杜泽、峡川、莲花等地乡贤馆投入运营；各级开展各类乡贤活动50余次。9月11日，成功举办首届“天南地北衢江人共建、共商、共享峰会”，500多位衢江在外杰出人士代表济济一堂，共商家乡发展大计。其间，举行“同心商会助学”，成立非公经济服务联盟。举办首次杰出乡贤父母座谈会，赋予乡贤们强烈的荣誉感和归属感，活动得到市委书记徐文光点赞。11月15日，全市新乡贤与基层统战工作交流推进会在衢江召开。与会人员到峡川镇、杜泽镇等地调研新乡贤与基层统战工作，并到新田铺田园康养综合体调研乡贤项目回归示范基地现场交流学习。年内，新成立昆山商会，先后完成宁波、南京、杭州、上海等异地商会换届工作，同时，成功在四地举办招商引资项目推介会。成功举办“商会一家亲、年味别样浓”春节联谊活动。

【民主党派工作】 年内，以同心争先评优办法为抓手，组织各民主党派班子成员外出学习民主党派标准化建设工作。圆满完成第七期党外人士培训班。支持民主党派、工商联和无党派代表人士参政议政、认真履职，开展专题调研100余次、民主监督30余次。区两会期间提交议案提案190余件，6篇被评为区两会优秀议提案，全年编

11月28日，衢江区统一战线向平武县捐资15万元　　（朱骏露　供图）

发《同心建言》专报12篇，其中2篇获区委主要领导批示肯定。完成区新生代企业家联谊会换届和区工商联执委会部分班子补选。开通“企业建言直通车”，为企业发展解困畅通渠道。发动14家非公企业，为四川平武县14个贫困村捐赠15万元物资。率各民主党派赴平武县开展东西部协作结对，捐款15万元。民盟衢江支部获评民盟中央思想政治建设和宣传工作先进集体；区工商联获得全国“五好商会”称号。九三学社衢江支社被评为省级先进基层组织。

【宗教工作】 年内，全面完成中央、省、市宗教工作督查整改任务。区委常委会专题听取宗教工作情况汇报。组织重点乡镇、寺庙负责人赴天台学习考察宗教工作。完成宗教（民间信仰）活动场所“1+3+N”全科网格管理“三人驻堂小组”工作。全面开展宗教活动场所“五进”活动及第二批“双五好”创建工作。台湾南投县佛教人士参访团到衢江区交流考察。与此同时，以统战工作项目化理念，谋划实施大乘寺提升工程为“发动机”的“盛世莲花文化休闲旅游区”项目。

【港澳台工作】 年内，完成台湾南投县佛教协会前来交流考察的相关工作。组织开展第三期衢江籍香港青少年“同根海联·心怀家国”故乡行活动。完成台湾大学生暑期跨境实践保障工作。谋划对台交流“一村、一镇、一基地”项目。

（朱骏露）

编制工作

【概况】 2019年，中共衢江区委机构编制委员会办公室（简称区委编办）围绕区委、区政府中心工作和省、市委编办重点工作，以机构改革为重点，统筹推进各项机构编制工作开展，为打造“活力新衢江、康养大花园”提供有力的体制机制保障。全区党政部门和乡镇（街道）“三定”规定制定工作，进度快、质量高，获得衢江区委、区政府“十条军规”工作较好典型通报表扬。

【党政机构改革】 1月19日，召开全区机构改革动员大会，区委书记周向军，区委副书记、区长朱素芳分别讲话，区委常委、组织部部长徐爱平通报机构改革和人事有关情况。会后，启动6家新组建机构的揭牌仪式，全区机构改革工作拉开序幕。1月23日，召开机构改革人员转隶和部门“三定”工作业务培训会，对涉改部门开展人员转隶业务辅导，提档提速完成全区20家党政部门259名工作人员转隶工作。建立“三定”审核工作小组，按照“起草、初审、复审、协调分歧、上报审批”5个步骤，层层审核、步步相接，严把“三定”规定质量。衢江区委、区政府原有工作机构41个，其中党委工作机构12个，政府工作部门25个（含6个市级部门派出机构），党委系统“明合暗分”机构2个，政府系统“明合暗分”机构2个。改革后，区委、区政府工作机构35个，其中党委工作机构10个，政府工作部门25个（含3个市级部门派出机构），规范党委、政府“明合暗分”机构4个，总体比改革前减少6个。党政机关和事业单位编制核减20名，核减率为4%；领导职数减少29名，其中正科13名，副科16名，核减率为18%；内设机构核减8个，核减率为4%；股级职数核减9名，核减率为4%。各乡镇（街道）原内设机构6～7个（其中共性6个），下属事业单位3～4个（其中共性3个）。改革后，按照市委基层治理“主”字型运行架构要求，实名“六大功能”模块化运行，按“共性+个性”综合设置内设机构和事业单位9～11个（人口规模较小的适当精简，经济较发达、人口规模大、基层治理任务重的适当增加）。全区高质量完成党政部门和乡镇（街道）“三定”规定制定工作，比市机构改革协调小组办公室要求完成时间提前5天，比中央、省要求完成时间提前26天，获得区委、区政府“十条军规”工作较好典型通报表扬。机构改革后开展“回头看”，重点对新组建、合并部门的“三定”规定执行情况进行检查，查看内设机构设置、挂牌、人员配备、职责调整及部门职能运行情况、领导班子履职情况等。

【乡镇(街道)模块化运行改革】 按照党建统领基层治理的战略任务和“主”字型运行架构的顶层设计，将乡镇(街道)工作划分为“大党建”“大协调”“大治理”“大执法”“大经济(大生态)”“大服务”六大功能模块，创新构建跨层级、跨部门、跨领域的“基层大部制”模块运行模式。根据乡镇(街道)功能定位、人员编制等差异，按大、中、小乡镇和街道四种类型，由乡镇因地制宜自主搭建模块框架，推动改革从“物理整合”向“化学融合”转变。将工作专班作为模块化运行的有力补充。全区21个乡镇(街道)按照重点乡镇、一般乡镇、小乡镇以及街道四类分步推进实施，通过资源整合、岗位重组、流程再造、人员融合，因地制宜设置模块3～6个，完成模块化框架搭建。各乡镇(街道)开展标准化建设，根据实际分类制定特色运行机制，推进全域模块化运行工作有统有分、各有特色。乡镇模块化运行改革，有效破解乡镇长期以来“看得见管不着”的无助、“层层甩锅”流汗流泪的无奈，多头指挥应接不暇的无序、岗责不明苦乐不均的无语的“四无”困境，为推进基层治理体系和治理能力现代化探索一条新路。

【综合行政执法改革】 年内，按照中央、省、市开展市场监管、生态环境保护、文化市场、交通运输、农业等五个大领域综合行政执法改革的要求。除生态环境保护领域执法改革由衢州市生态环境局负责外，稳步推进市场监管、文化市场、交通运输、农业领域综合行政执法改革工作。对执法队伍相关情况进行摸底调查和梳理汇总、对接论证，完成农业、文化市场、交通运输、市场监管等4支执法队伍的组建、划转编制锁定、执法队人员锁定等工作。

【部门与乡镇职责边界清单】 年内，按照“权力下放、便企利民，权责统一、放管结合”的工作思路，以依法疏理、关注重点、实用为本、侧重乡镇、规范准入为原则，全面启动区乡职责边界梳理工作。通过三上三下征求乡镇及部门意见、到乡镇部门实地走访调研、分批次分领域召开梳理工作会议等方式，9月20日，公布全省第一批区乡职责边界清单。截至年底，共梳理公布涉及49个区级部门共401项区乡职责边界事项。

【编外用工清理规范】 年内，制定编外用工规范管理工作方案，对全区机关事业单位编外用工进行清理规范。全区编外用工由2005人(含医院、学校、综合执法分局)减少至1558人，核减率22.3%；占机关事业总编制数由27.98%降至21.75%；编内与编外人员配备比由3.57∶1降至4.6∶1；按人均年费用6万元计算，年经费支出下降2682万元。

【“最多跑一次”改革】 年内，开展机关内部“最多跑一次”事项梳理，公布全区33个部门间办事事项256个。其中，233个事项实现“最多跑一次”，实现率91%；30个高频事项实现“最多跑一次”，实现率94%。非涉密事项52.3%实现网上可办，申请材料、办理时间压减率分别为40.2%、46.1%，实现率、压缩率等均高于全市平均水平。以顺畅高效为目标，深入推动“最多跑一次”改革向机关内部管理领域延伸解决机关内部多次跑、多头跑、时间长、环节多、签字烦等制约机关效能的突出问题。

(邵蓓蕾)

涉台事务

【概况】 2019年，中共衢州市衢江区委台湾工作办公室(简称区台办)认真贯彻习近平总书记关于对台工作的重要论述和中央对台工作决策部署，按照省、市工作要求，围绕区委、区政府中心工作，务实创新地开展工作，扩大两岸交流合作，积极推动两岸关系和平发展。

【接待台湾参访团】 年内，先后接待宜兰风筝民宿考察队、台湾金马台彭两岸交流协会、花莲县文化局、南投县宗教交流团、民宿文化交流团、国姓乡福龟村基层交流团、台湾大叶大学等台湾交流参访团15批次298人次。通过相互交流，真交朋友，促进两岸一家亲，民心相通，心灵契合，经济社会融合发展。

【对台招商引资】 以利用接待台湾参访团为有利时机，积极向台湾同胞介绍衢江投资环境，推荐投资项目，真诚邀请台胞到衢江考察投资，台商应邀投资考察的日益增多。年内，黄坛口乡原长柱初中地块投资建设康养项目，占地10亩(建设用地)，流转山地200亩左右，提供台商投资开发。

【对台交流】 台联会组织台湾大叶大学等高校生26人开展暑期实习交流。5月26—28日，台湾大叶大学一行16人（教授1人、学生15人）参观全旺镇三陶古名窑研创基地、楼山后村是明孝贞纯皇后故里、区职业中专徐瑞鸿陶艺大师工作室，开展相互交流。中秋节前夕，组织开展“两岸同心、共筑梦想”歌舞活动，并走访慰问在衢江区的徐瑞鸿、许天佑、彭添福、林敏祥、林淑琴等15位台胞及杜淑芬、岳珍、吴文岳、刘子琳等10位台属代表，加强与台胞台属的沟通，增进共识，联络感情。

【队伍建设】 年内，认真学习党的对台方针政策，提高自身的政治业务素质，增强为台胞台属服务的意识，依法维护台商合法利益，帮助台胞台属排忧解难，做台胞台属的贴心人。4月26日、8月2日、12月10日分别组织区台联会班子与平潭、缙云、江山等先进台联会开展互访交流，提高对台工作的水平。同时，加强乡镇（街道）网络建设，着力点向基层延伸，各项工作有序开展。

（占灵灵）

机关党建

【概况】 2019年1月，区直属机关工委完成机构改革，更名为中共衢州市衢江区委直属机关工作委员会，属区委派出机构，人员及职责不变。涉改单位机关党组织与机构改革同步调整。根据机构改革中的不同情况，对机关党组织进行相应调整，新建党组织有17个，撤销党组织有21个，同时，对基层党组织组成人员进行相应调整。区委机关工委共有编制3人，其中领导编制2人（书记、副书记各1人），中层编制1人，实际人数4人，书记、副书记各1人，中层干部1人，老兵安置1人（属国企编制）。内设办公室1个科室。年内，以习近平新时代中国特色社会主义思想为指导，围绕“服务中心、建设队伍”核心任务，坚持党要管党、全面从严治党，以党的政治建设为统领，以开展“不忘初心、牢记使命”主题教育为主线，以建设清廉机关、创建模范机关为目标，以“两全”示范创建、“双联系双服务”为抓手，推动机关党建工作高质量发展，为建设“东区大花园·针灸康养城”、加快实现“强区战略”目标提供强大动力和坚强保障。至年末，直属机关党组织共有60个（不含党总支、机关党委下设的党支部），其中党支部45个，党总支8个，机关党委7个，党员2186人，2019年度收缴党费77.14万元。

【主题教育】 9月起，开展“不忘初心、牢记使命”主题教育。根据区委统一部署，按照“守初心、担使命，找差距、抓落实”的总要求，践行习近平总书记对机关党建工作提出的“走在党的基层组织建设的前头”的要求，扎实开展主题教育并取得新成效。在加强党的建设、推动全面从严治党上实现新提升；在强化理论武装、做到“两个维护”上得到新提高；在践行宗旨意识、为民服务解难题上取得新成效；在激励担当作为、推动高质量发展上展现新作为。

【组织建设】 年内，明确机构改革涉改单位新建、调整机关党组织，党组织书记必须由主要领导或分管领导担任，督促31家涉改单位落实“书记抓”的责任，调整后，全区70%的机关党组织书记由主要领导或分管领导担任。组织机关党组织书记2次的集中培训，强化书记的主责主业意识，提升履职能力。认真学习贯彻新修订的《中国共产党党和国家机关基层组织工作条例》和中共浙江省委关于贯彻《中国共产党党和国家机关基层组织工作条例》的实施意见，加强基层党组织建设。严格落实《中国共产党发展党员工作细则》，规范党员发展程序，认真做好审核、考察、谈话和审批等工作，全年共吸收预备党员21名，转为正式党员27名，确定入党积极分子32名。

【阵地建设】 针对党建阵地不规范、支部引领作用不明显问题，推进"党建阵地标准化规范化提升行动"，打造区检察院、农业农村局、纪委监委、传媒集团、林业局示范点。推进"两全"示范创建工作，确定10个市级行业系统党建示范点和30个区级行业系统党建示范点创建单位，对照机关党建"九好"标准和59项工作规范，推动实现"五个一"目标（党建品牌、品牌标识、活动阵地、讲解队伍和总结材料）。建立机关党建工作"互看互学"观摩机制，实施重点工作"红皮书"制度，每季一次观摩会、编制一次"红皮书"。一年来共组织开展"互看互学"观摩活动4次。

【党日活动】 5月10日，组织区直各单位机关党支部（总支、党委）书记赴浦江县"江南第一家"（省廉政建设教育基地、省爱国主义教育基地、省直机关党员干部教育基地），开展"倡树廉美好家风、争做文明有礼人"主题党日活动，推进清廉机关建设，推动"传家训、立家规、扬家风"活动深入开展。7月1日，组织区直各单位机关党支部（总支、党委）书记、2018年优秀共产党员到浮石街道姜家坞村、周家乡上岗头村开展"提振精气神、聚力大花园"主题党日活动，引导机关党员干部投身"活力新衢江、康养大花园"建设。9月29日，组织区直各机关单位与共和国同龄党员（70周岁）及其他离退休党员代表、区直机关新党员开展"饮水思源话初心、增光添彩担使命"主题党日活动，祝福祖国70华诞，凝聚"我为衢江添光彩、衢江因我更精彩"的精神动力。深入推进"学三老、守初心、担使命"大学习大讨论活动，进一步激发广大党员干部加快建设"活力新衢江、康养大花园"的热情和干劲。

【清廉机关建设】 年内，加强机关党风廉政建设和反腐败宣传教育，营造崇尚廉洁的社会风尚，通过挖掘本单位本系统健康质朴、为民务实、厉行节约、清廉自守等事例，开展寓教于乐的清廉文化活动，推出喜闻乐见的清廉文化作品，增强机关党员干部清廉意识。开展"建廉展、知廉规、说廉事、觅廉影"清廉机关建设系列活动，共收到参评作品120件，最终获奖58件。

【党员志愿服务】 年内，深入开展"双联系双服务"，做实组团联村（社区），组织动员机关党员干部开展"助力乡村振兴""助力文明创建""助力低散乱企业整治"等先锋志愿行动，彰显先进性，传递正能量。组织社区相关单位赴龙游学习观摩，启动"红色物业联盟"升级版建设，建立工作专班，开展社区、小区情况全面摸底、分类和小区业主党员摸底工作，选派88名党建指导员，指导组建小区（网格）、业委会、物业企业党组织，建立红色物业联盟会商机制。及时调整部门单位联系小区方案，全区机关党员干部志愿注册人数达4937人。持续开展"组团联社"、"百千万"行动，利用"周二无会日"组织发动机关单位广大党员干部深入联系结对小区，宣传创文工作，参与乱象整治，加强组织建设，推进硬件改造，开展志愿服务等，突出省、国测关键节点，全面动员、全员行动。全年，连续组织机关党员干部2万余人次，开展五轮"进千楼、访万户"行动，发挥了主力军、先锋队作用，取得省测、国测群众满意率双100%的好成绩。

【喜迎新中国70华诞全民大欢唱比赛】 8月17日，区委组织部、区委宣传部、区机关工委、区文旅体局举办"献礼祖国 逐梦衢江"为主题的衢江区喜迎新中国70华诞全民大欢唱比赛活动，共有35支队伍参赛，经过角逐，区教育局、区卫健局、区财政局、红色千里岗、区资源规划局5个合唱团获金奖；区交通局、区农商银行等10个合唱团获银奖；区机关事务保障中心、区体协等14个合唱团获铜奖。

（宋凯华）

信访工作

【概况】 2019年，全区信访工作围绕中心，服务大局，压实责任，信访形势平稳向好。全区受理信访总量4205件人次，同比上升37.8%。群众来信2708件，同比上升2.2倍；来访692批1497人次，批次、人次分别同比下降26.1%、31.9%。到区访同比批次、人次分别下降22.3%、22.0%；到市访同比批次、人次分别下降53.4%、79.8%。全区累计受理群众来电9651件，同比下降22.8%，其中，意见建议类8345件，申诉类32件，求决类9个，揭发控告类57个，咨询类1013件，其他类195件，平均办理时长4.17天，即时响应率100%，按时办结率100%，满意率99.94%。

【信访督查工作】 年内，区委、区政府领导对信访工作空前重视，区委书记周向军先后20余次召开信访督查专题会议，亲自作动员、抓督查，分析研判形势，专题研究分析部署；周向军、区长朱素芳带头联系信访积案最多、矛盾最突出的后溪镇和上方镇，周向军多次在会议上抽查乡镇党委书记积案化解情况；重点时期，区级领导全部到联系乡镇亲自指导督查。

【信访积案专项攻坚行动】 年内，开展信访积案专项攻坚行动。通过对梳理出的信访积案进行分类处置、综合施策，强化证据固定收集和运用，集中化解一批“骨头案”“钉子案”。全年梳理排查出87件（第一批71件、第二批16件）信访积案进行集中交办、专项攻坚，实行领导挂联包案，一案一策、逐案化解。区级信访积案87件已化解50件，化解率57.47%，一批“老、大、难”信访问题得到解决。全区信访形势逐步好转，成功实现省级“无信访积案县（市、区）”创建目标。

【建立并完善领导首接负责制】 年内，按照“谁接访、谁牵头、谁督办”的原则，实行领导干部接待群众“首接负责制”。首次接访领导牵头协调，按照“谁主管、谁负责”和“分级负责、属地管理”的原则，将信访事项落实到事权单位，并全程参与督办落实，直至“案结事了”。必要时召集多个部门协调解决，提出结案意见；确实难以解决的提交“7+X”联席会议专题研究解决。通过实施领导首接负责制，区级走访占比明显上升，区级走访量占四级走访总量由原先65%提升至84%，绝大多数问题都能在区内得到有效化解，“区级接访多、重大活动安”的良好信访生态逐步形成。

【探索建立“信访超市”、信访事项代办制】 年初，制定《衢江区建设区级社会治理综合服务中心（信访超市）实施方案》，着手打造全科受理、访调一体、集成联办、一站化解的区级信访超市。7月20日，建成区级社会治理综合服务中心（信访超市）并正式投用，实现群众诉求“最多跑一地”。年内，中心（信访超市）共接待群众1603批2757人次，受理事项1475件，按期办结率100%，调处成功率88.34%。出台《衢江区信访代办工作机制实施意见》，明确代理代办人员和工作职责，规范四级代办流程，完善信访问题代理代办实效评价机制，构建信访问题代办“一条龙”服务体系，并在廿里镇、后溪镇做试点。8月8日，召开全区乡镇社会治理综合服务中心建设和村级信访代办制现场会，全面推广乡镇信访超市和村级信访代办制。9月末，实现21个乡镇信访超市和275个村（社）信访代办全覆盖，全区共代办群众信访事项705件，签订委托书223份。

（徐望升）

档案史志

【概况】 2019年1月，衢江区档案局（馆）完成机构改革，原区档案局行政职责划归区委办公室，挂区档案局牌子，内设档案党史管理科，负责档案行政职能和党史工作。区档案馆是负责档案保管利用、档案信息化和地方志工作的区委直属事业单位，为正科级，挂区地方志研究室牌子，内设办公室、保管利用科、档案信息科3个科室。年内,围绕区委、区政府中心工作,开展档案查阅、地方史料征集、编研等工作。积极提供档案业务和数字档案馆(室)建设相关工作指导服务,开展综合档案馆业务建设及国家数字档案馆测评工作、"最多跑一次"事项电子化文件归档、档案接收、馆藏系统平台建设、机构改革档案、衢江年鉴编纂等工作。《衢江年鉴(2018)》获全国地方志优秀成果一等奖。

【档案业务指导服务】 年内,先后为区人大、区农办、区检察院、区发改局、杜泽镇等十多家单位提供档案数字化和数字档案室创建工作业务指导。多次到农业农村局进行现场指导农村土地确权登记档案,查看档案数字化加工场地,以确保农村土地确权登记档案资料齐全、完整、真实、有效。贯彻区委办、区府办《关于做好全区机构改革中档案工作的意见》。督促指导涉及机构改革单位的档案收集、整理、清点、交接工作,确保新组建机构6个月内完成收集、整理等工作。组织相关人员到杜泽黄金岗等村进行档案检查,查看档案收集、整理,制度上墙、设备配置及安全保管等情况,帮助整理土地承包合同、上级文件、村民代表签名等档案30多盒,起草完成《衢江区行政村档案管理实施细则》初稿,为加强村级档案管理工作奠定基础。

【档案征集】《浙江军民营救美军飞行员档案保护与开发项目》是国家重点档案项目,由衢州市档案馆、江山市档案馆和衢江区档案馆联合开发。2016年、2017年国家档案局下达衢州军民营救美军飞行员项目经费115万元,用于相关资料的征集、修复和展陈。2016年省财政厅下拨国家重点档案专项资金5万元。指标要求衢江区档案馆征集档案200件,2019年,已在哈尔滨社科院七三一研究所征集到106件珍贵资料(含视频资料)。年内,还征集到杜泽《傅氏宗谱》3册、周家《黄氏宗谱》1册。

【档案接收进馆】 年内,按照"文书档案、业务档案、科技档案、特种载体档案、会计档案"五大类标准进行收集整理,满十年的档案通过档案数字化加工验收合格,按规定程序进馆。接收区府办文书档案5003件、数字化扫描64792页、数据容量72.28GB;区委宣传部文书档案144卷、2331件,数字化扫描48976页、数据容量66GB;区妇联文书档案71卷、951件、数字化扫描22962页、数据容量23GB;区民政局婚姻档案16566件、数字化扫描137841页、数据容量54GB;区卫生监督所数据容量180GB;区农办乌溪江库区异地安置工程档案扫描数据容量173GB接收进馆,共计接收215卷、24851件,扫描274571页,数据容量514.28GB,数字化成果备份硬盘5套。同时,完成区委办1985—2018年文书档案的数字化扫描。完成61—89号全宗馆藏婚姻档案2350卷数字化加工。

【"最多跑一次"改革】 年内,加快档案信息化建设工作,做好网站和平台的衔接,完成电子化文件归档、档案接收、馆藏系统平台建设。开展档案权力事项、公共服务事项、"双随机一公开"21个清单梳理工作;完成省档案局网上文件转办任务接收38件、异地跨馆查档服务50人次。完成双随机掌上执法18次。全年利用档案2360卷(件),接待1291人次。

【数字档案建设】 年内,区档案馆投入资金300余万元,安装数字档案馆基础硬件设备、电子文件归档软件、国家数字档案馆建设超融合服务器等保一体机、国家数字档案馆建设软件系统升级、馆藏档案数字化等硬件和软件设备。这些项目的实施,为衢江区综合档案馆业务建设及国家数字档案馆测评工作打下良好的基础条件。通过前期的资料台账收集整理,11月,市委办、市档案馆对衢江档案馆进行综合档案馆业务测评暨数字档案馆系统评估初检。衢江档案馆业务建设62项评价初步测评64.5分,列出问题清单45项。11月12日,档案馆召开全体工作人员会议,针对存在问题,确定完成时间表,明确职责,责任到人,馆内收集补充相关台账资料,馆外到市档案馆学习、复印测评资料作为参考，逐项整改落实。

【国家重点档案保护抢救】 馆藏民国档案保护抢救于2016年开始被列为国家重点档案保护与开发项目。馆藏民国档案4830卷，内容涵盖党团、军警、政府、政法、文教、卫生、金融、工交、邮电、税务等大类。2018年3月开始对民国档案进行抢救整理工作，2019年对583卷民国档案进行抢救工作。同时，启动“千村档案”项目，通过建档存史，全面盘清衢江区历史文化村落的家底，按照统一的标准规范，以“一村一档”的形式，对村落的历史文化信息资源进行挖掘、收集、整理和归档。投资102万元，建构包含文字、图片、声像在内的“千村档案”数据库，9月完工，10月通过省档案局验收。

【《中国共产党浙江省衢江历史》第二卷（1949—1978）出版】 6月，中共衢州市衢江区委党史研究室编撰的《中国共产党浙江省衢江历史》第二卷（1949—1978），由中共党史出版社出版发行，全书47万字。该书坚持以马列主义、毛泽东思想、邓小平理论、“三个代表”重要思想、科学发展观、习近平新时代中国特色社会主义思想为指导，实事求是地记述原衢县境内中国共产党的活动情况及其发展历程，从思想性、科学性和资料性相统一出发，真实地客观反映地域特色、党史特点和时代特征，是一部可信、可读、可借鉴的地方党史著作。

10月29日，《衢江年鉴（2018）》获第六届全国地方志优秀成果一等奖　（林继峰　供图）

【《衢江年鉴（2018）》获全国地方志优秀成果一等奖】 11月，《衢江年鉴》编纂委员会编纂的《衢江年鉴（2018）》，由中国文史出版社出版发行。该书设类目35个，分目184个，次分目75个，条目1415个，全书72.8万字。该书全面客观记载衢江区自然、政治、经济、文化、社会、生态建设等方面基本情况，为各级党政机关和社会各界人士及中外投资者了解、研究、建设衢江区，提供丰富翔实的资料。《衢江年鉴（2018）》系衢江区首部一年一鉴，具有地方特色和时代特色。制作衢州市首个“掌上年鉴”微信小程序，“衢江年鉴”扫一扫书签，并配备光盘。10月29日，中国地方志指导小组下发《关于对第六届全国地方志优秀成果（年鉴类）的通报表扬》，《衢江年鉴（2018）》获全国地方志优秀成果（年鉴类）一等奖，也是衢州市唯一获该奖的县（市、区）。

【《衢江区地名志》出版】 12月，《衢江区地名志》由上海文化出版社出版。《衢江区地名志》编纂委员会编纂，主编林建斌、杨雪芳。该志以第二次地名普查成果为基础，增补更新21世纪以来的内容，修订2002年版本，并加入地名诗等内容，是撤销衢县设衢江区以来的第一部地名典籍。

（林继峰）

老干部工作

【概况】 2019年1月，区委老干部局完成机构改革，原区委老干部局职责划入区委组织部，加挂区委老干部局牌子。归属区委组织部管理和服务的老干部56人，其中离休干部33人，副处以上退休干部23人。33

位离休干部中，抗日战争时期4人，解放战争时期29人；机关17人，事业7人，企业9人。年内，组织老干部集中学习6次；召开衢江区老干部情况通报会1次；举办老干部学习贯彻党的十九届四中全会精神读书班1次、离退休干部党支书培训班1期；组织县（处）级离退休干部参加全区重要会议和征求意见座谈会12次。国庆前夕，陪同区四套班子领导走访慰问离休干部，为他们颁发新中国成立70周年纪念章和慰问金；春节前夕，陪同区委领导分头走访慰问处级离退休干部；重阳节，区委组织部为7名老干部祝寿；全年走访慰问生病住院老干部60人次。

【“银耀衢江”品牌成为全省典型】 年内，打造“一站（老党员驿站）、两地（初心教育基地和改革担当精神传承基地）两带（衢南和衢北两条乡村振兴银色风景带）三校（云溪、大洲、霓虹三个家门口老年大学）”，成立区、乡、村三级11支志愿服务团队，按照“党支部+团队”“党支部+志愿服务”“党支部+项目”的模式，引导老干部在乡村振兴、全国文明城市创建、重点项目攻坚、民营经济发展、教育改革等方面发挥余热、贡献力量，扎实有序推进“银耀衢江·五大助力”活动开展。衢江区作为全省两个全市唯一县级代表在全省老干部局长会议上作典型发言，“映山红”老干部工作室荣获全省离退休干部先进集体称号。

（郑豆豆）

4月18日，举行“银耀衢江·五大助力”活动启动仪式，区委常委、组织部部长徐爱平（后排左四）参加活动　（区委组织部　供图）

关工委工作

【概况】 2019年，全区共有关工委组织381个，参与人员1988人，“五老”工作者1215人。全区21个乡镇（街道、办事处）关工委领导班子人员调整到位，充实102个行政村、2个社区、5所中小学、6个部门关工委人员。年内，区关工委以习近平新时代中国特色社会主义思想为指导，继续开展“红船精神，争当时代新人”主题教育，进一步深化青少年社会主义核心价值观教育，服务中心大局。发挥“五老”（老干部、老专家、老教师、老战士、老模范）作用，全力为青少年办实事，创建青少年健康成长环境。

【青少年法制教育】 年内，区关工委各成员单位以“法在心中”“送法进校园”等主题活动为载体，抓好青少年法制教育。建立特殊群体青少年教育、帮助和保护机制。以“关爱明天，普法先行”“法律进校园”等主题教育活动为抓手，聘请中小学法制教育副校长，动员“五老”参与普法宣传教育活动，开展法制教育专题报告41场次，法制专题讲座43场次，受教育2万余人次。全区198名“五老”帮教失足青少年201人。

【“红船精神，争当时代新人”主题教育】 6月，以灰坪乡红色革命纪念馆教育基地为主阵地，组织学生开展好“红船精神”现场教育活动，向青少年

9月18日，区关工委组织“五老”到实验中学开展红船精神宣讲教育
（区关工委 供图）

讲好党的成长史和发展史，引导青少年树立共产主义远大理想和中国特色社会主义共同理想，教育青少年立足现在，从自己做起，践行好社会主义核心价值观。开展“红船精神”宣讲教育，邀请崔经琦、曲绵丰等离休干部到衢江实验中学为1500余名师生作“红船精神”教育报告。

【残困儿童助学和贫困大学新生资助活动】 年内，区关工委开展“爱心圆梦”残困儿童助学和“福彩牵手·助园大学梦”贫困大学新生专项资助活动，区关工委各成员单位上下联动开展帮困助学。团区委以“圆梦行动”“彩虹计划”“希望工程大学生助学圆梦行动”“爱心助学公益”等活动为抓手，多渠道筹集资金，争取省市社会基金会、商会资助。妇联以关爱留守儿童为重点，多渠道筹资资助贫困学生；工商联、团委、教育局等单位联合开展“同心商会助学”活动。区教育局以“雨露计划”为主项，区总工会以“金秋助学”活动为主项。区民政局加大对儿童的救助工作，乡镇关工委发动本地爱心企业家建立助学基金会，开展帮困助学活动，为遭遇急灾急难家庭青少年排忧解难。全年，共接收社会捐赠助学金388万余元，资助贫困生1155人。

【青少年健康成长环境创建】 年内，区关工委各成员单位充分发挥职能作用，合力开展青少年健康成长环境创建工作。区妇联以深化家庭教育，举办家庭教育讲座，发放家庭教育书籍为重点，通过邀请老教师参与“五老”家庭教育志愿者队伍，发挥“五老”志愿者做好留守儿童日常生活中的临时监护人作用，关心关爱留守儿童的成长。区文旅体局依托文化“百千万”工程，为青少年进行健康教育，聘请老干部、老教师、老人大代表和老政协委员为文化市场义务监督员，配合有关部门监督管理未成年人进网吧和青少年文化活动场所管理。团区委、教育局等部门通过设立“心理辅导站”“心理咨询热线”，开展心灵导航公益行动进校园活动，对中小学生开展心理健康教育。乡镇关工委将禁毒宣传教育作为关心青少年的重点工作，以知识竞赛、签名、展板展览、现场说教等方式，做好预防教育工作。

【青少年教育阵地建设】 年内，完善9个教育特色的乡村春泥基地1个、留守儿童俱乐部2个、乡村青少年宫2个、文化礼堂1个、四点半学校1个、假日学校2个，促进了青少年社会主义核心价值观教育。到基地参观学习教育的青少年15万人次。继续深化创建青少年环保学校、湖南镇青少年水源与湿地环境保护学校，开展生态文化进校园活动，完善教育活动机制。

【党史国史教育基地建设】 区关工委继续深化创建黄坛口电厂青少年党史国史教育基地。利用好乌溪江水力发电厂建设发展史，与所在单位和黄坛口乡关工委深化创建两史教育基地，结合青少年的实际特点，落实完善好教育基地的讲解、图片的展览、影视资料的播放、实物参观，按照中央加强爱国主义教育示范基地的要求，建设好、管理好青少年两史教育阵地，切实把红色资源利用好，向青少年讲好社会主义革命，建设和改革开放史。年内，共接待党史国史教育基地参观学习15批、1900多人次。

【五老工作阵地建设】 创建区银色助教工作室和大洲镇映山红五老工作室。五老工作室重点参与乡村治理建设，青少年健康成长的环境建设。探索"关工委+工作室"五老工作模式，由五老担任法治宣传员、纠纷调解员、心理指导员，配合开展网吧义务监督、游泳安全巡逻、校园周边治理，让儿童在课余假日远离危险。年内，巡查6次，检查网吧12多家、书店8家，提出整改意见9条。为农村留守儿童、困境儿童开展多形式的思想引导、文化辅导、心理疏导、行为指导等关爱活动，共计帮扶青少年1100余名。

（汪小燕）

党校工作

【概况】 2019年，区委党校（区社会主义学院、行政学校）实行校务委员会领导下的校长负责制，设常务副校长1人，副校长2人。内设办公室、教务科、行政科、培训科4个科室，共有在职员工11人，临时工2人；本科学历9人，研究生2人，其中结业1人，专职教师5人。年内，以习近平新时代中国特色社会主义思想为指导，围绕中心、服务大局，凝心聚力，真抓实干，较好地完成各项任务。全年共举办培训班32期，培训3600余人次，充分发挥党校干部教育培训主阵地主渠道作用。投资近30万元，完成干部教育培训展示厅建设，丰富校园文化。有序推进食堂餐饮和学员宿舍楼等后勤服务改革，为党校办学提供有力后勤保障。

【干部教育培训工作】 按照理论和党性教育不低于总课时70%的要求，突出主业主课，在主体班次中把党的十九大精神、习近平新时代中国特色社会主义思想和省、市、区重大部署作为干部培训的必学内容。坚持按需施教，围绕区委"1136"战略，挖掘好本地教学资源，分领域分类别实施"四色"培训，即党务主题"红色"、经济发展主题"金色"、基层治理主题"蓝色"和民生事业主题"绿色"，通过打造"四色"课堂，引导和帮助党员干部坚定理想信念、坚守精神家园。建立专题库，规范班次和课程设置，精心组织实施中青年干部培训班、区管干部素质拓展训练、高质量服务民营企业发展专题、智慧城市建设专题等培训班。创新培训方式。深化教学改革，全面推进研讨式教学，改进讲授式教学，加快推进互联网教学。打造姜家坞、上岗头等一批教学基地，形成"两点三线"现场教学线路，建立教学基地管理办法，完善专题课和师资库，导入"周末课堂""自主点单"等新模式。建立党群服务有声加油站，丰富培训形式。严格培训管理。坚持班主任跟班管理，常态化做好主体班次教学管理评估工作，在区管干部素质拓展训练班和中青年干部培训班等主体班次上发放评估表，教学满意度评测高达99%。

【科研咨政工作】 年内，申报省、市党校课题各4个，立项省委党校课题1个、市委党校课题3个、市社科联课题2个；参与党校系统征文5篇，党建治理大花园征文5篇，以及主题教育与教学案例各1个，在《衢州论坛》上发表2篇。《突出全面从严治党提升"四自能力"问题研究——以衢江区为例》立项浙江省党校（行政学院）系统中国特色社会主义理论体系研究中心第二十一批规划课题；《加快锻造堪当"两个高水平"建设重任的干部队伍的衢州实践——以谢高华同志先进事迹为例》《从要素渗透到产业融合：新型康养产业发展的支撑体系与路径研究——以衢江区"针灸故里"中医康养产业为例》分别立项市级社科规划课题和市委党校市情研究中心第十二批规划课题；《党建引领乡村治理现代化的路径研究——基于衢江区"三联工程"的调研》立项市委党校市情研究中心第十二批规划课题；《融合与联动：乡村网格化治理的优化路径——以衢江区"三联工程"为例》荣获衢州市党校系统"党建治理大花园"主题征文二等奖；《新形势下加强基层党校后勤管理的思考》《发挥现场教学优势增强干部教育培训有效性——以衢江区委党校“两点三线”现场教学体系建设为例》分别在《衢州论坛》第2期和第4期刊出。

【组建红色讲坛志愿服务队】 3月，组建成立红色讲坛志愿服务队，确定9个专题，深入乡村一线宣讲党的十九大精神、习近平新时代中国特色社会主义思想等内容。年内，先后赴金坑村、龙山村等地宣讲8场次，受听600余人。9月28日，在龙山村红色讲坛宣讲，被《中国蓝·新闻》以《衢江党员干部追寻红色足迹“红色讲坛”点亮主题教育》为题刊用。

【队伍自身建设】 坚持党建统领。以学习型、服务型、政治型党组织建设为目标，认真落实“三会一课”、主题党日等制度，组织教职工参与组工课堂学习，开展“提振精气神、全力争上游”和“效率革命、思想革新”大讨论，以及创文、创卫和五水共治等志愿服务活动。扎实开展“不忘初心、牢记使命”主题教育，积极开展“两学一做”活动。修订完善制度13项，加强资产、财务、政府采购等管理。严格落实党风廉政建设责任制，开展“警示教育月”、排查风险、廉政谈话等活动，增强全体教职工反腐倡廉意识。通过举办教职工素质能力培训班、外出培训进修，以及组织教师参加全市党校系统习近平新时代中国特色社会主义思想精品课程评选等方式，进一步提高教职工思想政治素质和业务能力。

（廖志军）

衢江区人民代表大会

综　述

2019年，衢江区十五届人大及其常委会在任期内切实履行宪法法律赋予的职权，充分发挥地方国家权力机关作用，为落实区委“1136”发展战略、建设“活力新衢江、康养大花园”做出积极贡献。全年共召开常委会会议10次、主任会议11次，审议议题43项，作出决议决定16个，依法任免国家机关工作人员193人次，组织宪法宣誓4批次，圆满完成区第十五届人民代表大会第三次会议确定的各项任务。其中，衢江人大代表联络站建设工作受到省长袁家军充分肯定；在全省人大常委会主任学习会上，作为七个县（市、区）人大常委会代表之一作经验交流，在市委人大工作会议上，作为唯一县（市、区）人大常委会代表作工作汇报；区人大常委会领导在“利奇马”抗台救灾中发挥积极作用，受到市委表彰，联系的举村乡抗台集体入选“浙江骄傲”，包乡走村助力灾后重建工作在省委“不忘初心、牢记使命”主题教育深化“三服务”专栏上刊出；区人大常委会领导和区委领导共同牵头的创文工作，在省测、国测中失分率最低，面貌改变最大，受到省文明办的肯定；区人大常委会领导牵头的营商环境服务工作，以第四名的好成绩获“中国营商环境百佳示范县市”称号；首次以特定问题调查监督方式撬动国资改革，走在全市前列；区人大常委会信息宣传工作被评为2019年度省人大信息宣传工作先进集体；区人大常委会老干部党支部荣获省“最美离退休干部党支部”；区人大常委会“代表对话答卷人”活动获评2019年度全市人大工作创新奖。

区人大会议

【区十五届人大三次会议】 2月19—23日，区十五届人大三次会议在区会议中心召开。出席大会代表207名、列席和特邀216名。出席政协第十三届衢江区委员会第三次会议的全体委员列席会议。大会听取、审议并通过政府工作报告、衢江区2018年国民经济和社会发展计划执行情况与2019年国民经济和社会发展计划的决议、衢江区2018年政府预算执行情况和2019年政府预算的决议、衢江区人大常委会工作报告的决议、衢江区人民法院工作报告的决议、衢江区人民检察院工作报告的决议。大会票决产生2019年区政府十件民生实事项目。会议依法选举郑志成、曾三山、王典、周松祥为衢江区人民政府副区长；庄雪梅（女）、苏雪伟、杜洲、周志阳、郑静滢（女）、梁忠进、蒋伟、谢锋、谢根

2月19—23日，衢江区第十五届人民代表大会第三次会议召开　（方　雷　供图）

兴为衢江区第十五届人大常委会委员。会议期间收到议案、建议、批评和意见161件。

区人大常委会会议

2019年，区十五届人大常委会召开常委会会议10次，审议通过专题报告22个。

【第十五届人大常委会第十四次会议】 1月19日，召开区十五届人大常委会第十四次会议。会议听取和审议区政府工作机构调整情况的报告；审议并表决通过关于召开衢江区第十五届人民代表大会第三次会议的决定；审议并通过有关人事任免事项；作出《关于接受方世才等同志请求辞去衢江区第十五届人大常委会委员职务的决定》《关于接受方世才等同志请求辞去衢江区第十五届人民代表大会代表职务的决定》；表决并通过《关于提请任免区十五届人大常委会相关工作委员会委员的议案》。

【第十五届人大常委会第十五次会议】 2月15日，召开区十五届人大常委会第十五次会议。会议审议提交区十五届人大三次会议审议的各项工作报告草案；审议衢江区2018年国民经济和社会发展计划执行情况与2019年国民经济和社会发展计划（草案），衢江区2018年政府预算执行情况和2019年政府预算计划（草案）；审议并通过2018年政府民生实事项目完成情况和2019年政府民生实事候选项目（草案），政府民生实事项目票决办法（草案），政府民生实事项目满意度测评办法（草案）；审议并通过区十五届人大三次会议日程，代表议案截止日期的决定，代表议案、建议、批评和意见的暂行办法（草案），各项人员名单和大会选举办法等（草案）；审议并通过衢江区第十五届人民代表大会监察和司法委员会组成人员人选通过办法（草案）、衢江区第十五届人民代表大会监察和司法委员会组成人员建议人选名单（草案）。

【第十五届人大常委会第十六次会议】 4月8日，召开区十五届人大常委会第十六次会议。会议听取和审议政府投资项目2018年计划执行情况和2019年计划编制情况的报告，表决通过《关于批准2019年政府投资项目计划的决议》；听取关于2019年政府投资项目计划中重大政府投资项目情况介绍和说明，并票决通过重大政府投资项目；听取和审议区政府关于2018年区环境状况和环境保护目标完成情况的报告；听取和审议2018年区政府关于《中华人民共和国城乡规划法》《浙江省城乡规划条例》和《中华人民共和国土地管理法》《浙江省土地利用总体规划条例》实施情况的报告；听取和审议区人民检察院关于开展公益诉讼情况的报告，表决通过关于支持检察机关依法开展公益诉讼工作的决定；审议并表决通过《衢江区人大常委会特定问题调查暂行办法（草案）》；审议《关于开展政府资产特定问题调查的议案》，作出《关于开展政府资产特定问题调查的决定》；审议《关于设立政府资产特定问题调查委员会的议案》，做出《关于设立政府资产特定问题调查委员会的决定》；对有关工作开展询问；审议并通过有关人事任免事项。

【第十五届人大常委会第十七次会议】 5月9日，召开区十五届人大常委会第十七次会议。会议审议并通过《关于提请同意诸葛慧艳辞去人大代表职务的议案》，做出《关于同意诸葛慧艳辞去市第七届人民代表大会代表职务的决议》。

【第十五届人大常委会第十八次会议】 5月31日，召开区十五届人大常委会第十八次会议。会议审议并通过有关人事任免事项。

【第十五届人大常委会第十九次会议】 7月25—26日，召开区十五届人大常委会第十九次会议。会议听取和审议区长朱素芳作的关于2019年上半年全区经济社会发展情况和下半年政府工作的报告；听取区监委主任王光辉作的区监察委专项工作情况的报告；审议关于2019年上半年国民经济和社会发展计划执行情况的报告；听取和审议区政府关于2019年上半年政府投资重大项目计划执行情况的报告、2019年上半年政府民生实事项目计划实施情况的报告；听取和审议区政府关于2018年政府决算（草案）的报告、2019年上半年政府预算执行情况的报告，表决通过《衢江区人大常委会关于批准衢江区2018年政府决算的决议》；听取和审议2018年度政府预算执行情况和其他财政资金审计工作的报告；听取和审议区政府关于我区高水平推进低收入农户全面小康工作情况的报告；听取和审议区政府关于《浙江省学前教育条例》贯彻落实情况的报告；听取和审议区政府关于2018年度审计查明问题整改情况的报告；听取和审议区政府关于“最多跑一次”改革、教育改革、卫生健康改革工作情况的报告；审议并通过《衢江区生态文明建设规划》，做出关于批准《衢江区生态文明建设规划》的决议；对有关工作开展询问；审议并通过有关人事事项。

【第十五届人大常委会第二十次会议】 8月20日，召开区十五届人大常委会第二十次会议。会议审议并通过有关人事事项，做出关于接受金炎坤请求辞去衢州市衢江区第十五届人民代表大会代表职务的决定。

【第十五届人大常委会第二十一次会议】 9月2日，召开区十五届人大常委会第二十一次会议。会议传达学习习近平总书记对地方人大及其常委会工作的重要指示精神、省委人大工作会议精神以及全省各级人大常委会主任学习会精神；审议并通过有关人事任免事项。

【第十五届人大常委会第二十二次会议】 11月27日，召开区十五届人大常委会第二十二次会议。会议传达学习党的十九届四中全会精神；听取和审议区政府工作部门主要负责人和区法院、区检察院工作人员关于依法履职情况的报告，并进行满意度测评；听取和审议区人大常委会特定问题调查委员会关于政府资产特定问题调查情况的报告；听取和审议区政府关于2019年度政府预算调整情况的报告，并通过关于批准2019年政府预算调整方案的决议；听取和审议区政府关于2019年地方政府债务限额及新增债务预算调整方案的报告，并通过关于批准2019年地方政府债务限额及新增债券预算调整方案的决议；听取和审议区政府关于政府投资重大项目调整计划的报告，通过关于批准政府投资重大项目调整计划的决议，并票决通过2019年政府投资重大项目计划新增项目；听取和审议区政府关于衢江区促进民营经济高质量发展情况的报告；审议并通过有关人事事项。

【第十五届人大常委会第二十三次会议】 12月30日，召开区十五届人大常委会第二十三次会议。会议听取和审议区政府关于区十五届人大三次会议代表议案建议办理工作情况的报告；审议区政府关于2018年度国有资产管理情况的报告，听取区政府关于2018年度行政事业单位国有资产管理情况的报告；对有关工作开展询问；审议并通过关于区十五届人大常委会相关工委委员任免的议案；审议并通过有关人事事项。

服务大局工作

【推动工业强区】 5月，区人大常委会围绕区委工业强区战略，启动人大系统助推工业强区主题活动。积极开展促进民营经济高质量发展专项监督，常委会领导带队深入64家企业走访调研，认真开展专项审议和专题询问。要求区审计局对政府扶持实体经济政策执行情况进行专题审计调查，查出问题24个。7月，区十五届人大常委会第34次主任会议听取科技成果转化工作情况汇报，提出意见建议。全面完成区委布置的开发区“低散乱”企业整治提升任务。

【促进改革深化】 5月，区人大常委会围绕区委深化改革专项行动，启动人大系统保障深化改革主题活动。围绕“最多跑一次”改革，对三个全生命周期“一件事”便利化改革和“三城”创建推进情况开展监督。围绕机构改革，强化对机构改革后政府组成部门主要负责人任后监督。围绕农村综合改革，开展农村土地综合整治情况专项调研。围绕教育改革，7月，区十五届人大常委会第十九次会议听取和审议教育改革工作情况报告，大力支持教育布局调整和品牌学校建设；专题听取区监察委员会关于贯彻落实监察法情况的专项工作报告。围绕医卫体制改革，12月，组织代表视察医共体建设情况，提出意见建议。

【推动乡村振兴战略】 6月，区人大常委会组织代表视察“四好农村路”建设情况。7月，区十五届人大常委会第十九次会议听取和审议高水平推进低收入农户全面小康工作报告，提出整合配置扶贫资源、激发农户脱贫致富主体意识、完善长效管理机制等意见建议。11月，组织代表视察乡村风貌提升项目情况。持续开展农民建房长效管理机制实施情况和少数民族村发展情况专项调研。

【推进文明城市创建】 2019年，区人大常委会紧盯“保八晋位”目标，常委会领导深入一线查进度、攻难点、破难题、补短板。10月，组织人大代表对全国文明城市创建工作进行视察。开展“代表监督在路上”主题活动，不定期对乡镇、小区和道路开展明察暗访。开展“污水零直排区”建设和老旧小区改造工作调研，提出意见建议。

人大监督

【财经监督】 年内，区人大常委会深化经济运行和计划执行情况监督。2月，区十五届人大常委会第十五次会议听取和审议全区国民经济和社会发展计划执行情况报告，对主要经济指标完成情况及时进行督查。对国有资产管理工作开展监督。4月，区十五届人大常委会第十六次会议做出关于开展全区政府资产特定问题调查的决定，对176个单位、42家国有企业资产进行调查。健全预决算审查监督体系，基本形成涵盖政府预算、部门预算、政府投资项目预算三个层次和预算编制、执行、调整、决算全过程的预算审查监督体系。7月，区十五届人大常委会第十九次会议听取和审议审计查明问题整改情况报告。加强政府债务监督，开展政府隐性债务化解情况专题调研。11月，区十五届人大常委会第二十二次会议审查和批准政府2019年度债务限额计划。进一步完善区政府向区人大常委会报告国有资产管理情况制度。12月，区十五届人大常委会第二十三次会议听取和审议区行政事业单位资产管理情况报告，审查区国有资产管理情况报告。

【项目建设监督】 年内，区人大常委会紧盯发展大局，全面审查2019年政府投资重大项目计划。综合运用常委会审议、询问、代表视察、调研等方式，对抽水蓄能电站、新田铺田园康养综合体、十里运动休闲长廊、铜山源休闲度假旅游区等重大项目开展监督。11月，区十五届人大常委会第二十二次会议听取和审议政府投资重大项目调整计划的报告，做出批准政府投资重大项目调整计划的决议。持续督促办好民生实事项目，完善人大跟踪监督民生实事项目制度，成立6个监督小组对10件民生实事项目进行跟踪监督，全年组织代表视察、专项督查24次，提出意见建议17条，主任会议听取跟踪监督情况汇报4次，向区政府交办意见建议9条，10件民生实事项目均完成年内目标。

【环境保护监督】 年内，区人大常委会持续聚焦生态环境保护。围绕打好污染防治攻坚战，深化落实环境报告制度；开展水污染防治情况督查，建立“一场一塘一代表”监督机制，对全区265个小微水体实行人大代表挂联监督。4月，区十五届人大常委会第十六次会议听取和审议环境状况和环保目标完成情况报告。7月，区十五届人大常委会第十九次会议听取和审议生态文明建设规划编制情况报告，并作出决议。

民主法治建设

【概况】 2019年，区人大常委会继续坚持宪法和法律至上，认真贯彻落实党的十九大精神，特别是十九届四中全会关于推进国家治理体系和治理能力现代化的任务要求，在推动法律实施、增进民生福祉、强化司法监督、维护公平正义等方面依法履职。认真做好新修订《中华人民共和国宪法》的宣传贯彻实施；继续开展《浙江省学前教育条例》执法检查；组织区政府工作部门负责人和法院、检察院工作人员向区人大常委会报告依法履职情况；开展扫黑除恶专项斗争工作监督；组织代表视察民主法治村创建工作情况；专项调研区法院执行工作情况等。

【司法工作监督】 年内，区人大常委会切实加强司法工作监督，维护公平正义。关注支持检察公益诉讼，4月，区十五届人大常委会第十六次会议做出关于加强检察机关依法开展公益诉讼工作的决定，推动形成全社会支持公益诉讼工作良好氛围。聚焦法院"执行难"，将监督推进破解"执行难"作为强化司法监督的重要抓手，10月，开展法院执行工作情况专项调研，提出意见建议，推动破解"执行不能"。深化"一府两院"依法履职情况监督，11月，区十五届人大常委会第二十二次会议听取和审议政府工作部门主要负责人和法官、检察官共15人的依法履职情况报告，并进行满意度测评，推动"一府两院"依法行政、公正司法。加强规范性文件备案审查，落实全面报备与重点审查工作机制，做到有件必备、有备必审、有错必纠，全年共审查规范性文件11件。

【推进法律法规执行】 年内，区人大常委会注重监督宪法实施，继续做好新修订《中华人民共和国宪法》的宣传学习贯彻工作，推进"12·4"国家宪法日宣传活动，对2018年以来衢江区"一府一委两院"及各乡镇（街道、办事处）组织宪法宣誓情况以及是否出台具体实施办法或细则情况开展专门监督。3—4月，连续第二年开展《浙江省学前教育条例》贯彻实施情况执法检查。跟踪监督国土规划"两法两条例"实施情况，4月，区十五届人大常委会第十六次会议听取和审议2018年区政府关于"两法两条例"实施情况的报告。

【推动基层治理】 年内，区人大常委会高度关注"树正气打歪风"，全力支持推动扫黑除恶专项斗争。先后走访调研公检法司等机关，了解扫黑除恶工作中存在的问题和困难；9月，区十五届人大常委会第35次主任会议专题听取区政府关于扫黑除恶专项斗争工作开展情况的汇报。11月，组织代表视察民主法治村创建工作情况，助推"三治融合"乡村治理体系建设。积极开展"组团联村"工作，主动融入基层党建治理大花园，常委会领导领衔化解信访积案8件，受理、转办群众来信19件，接待群众来访157人次。

人大代表工作

【代表履职和培训】 年内，区人大常委会按照区委能力提升年活动的要求，组织开展代表履职能力提升主题活动。认真实施代表履职学习培训计划，全年举办学习培训5期，培训代表140余人次。组织代表参加调研视察、执法检查等活动230余人次，列席常委会会议24人次。深化代表联系网格制度，用好代表智慧监督系统，全年共开展治水监督4912人次，创文监督6453人次，生成交办单326件。

【代表联络站建设】 年内，区人大常委会认真落实"六有"要求，不断完善代表密切联系群众制度，精心组织各级人大代表有序进站接待群众，完善领导干部代表进站长效机制，区委书记、区长带头走进联络站，协调解决群众反映的突出问题。全年开展进站接待活动346次，接待选民群众2000余人次，收集意见建议756条，交办解决问题96件。

【议案建议办理工作】 区人大常委会继续完善议案建议督办工作机制，实行重点建议政府领导领办、人大常委会领导督办、各委室对口联系制度。年内，区政府领导领衔办理10件重点建议，常委会领导带队督办18件建议，并将代表议案建议督办工作分解到常委会组成人员和各委室，切实提高督办工作的实效。区十五届人大三次会议提出的161件议案建议均按期办理并答复代表，代表满意率和基本满意率达100%，问题解决率同比提高7个百分点。对本届以来代表多次反映却未有效解决的议案建议加大督办力度，推动解决城乡供水一体化、开发区拆迁安置房产权证办理等一批热点难点问题。

【乡镇街道人大工作】 年内，区人大常委会关心支持乡镇（街道、办事处）人大开展工作，在乡镇人代会、主席团（工委）日常工作等方面给予业务指导，在人大代表活动、代表联络站提升等方面建立经费保障制度。尊重乡镇（街道、办事处）人大首创精神，及时总结推广创新经验，乡镇人大民生实事票决、环境状况和环保目标完成情况报告、财政预决算监督等工作卓有成效，人民代表大会制度在乡镇街道得到生动实践。

常委会自身建设

【概况】 2019年，区人大常委会以开展“不忘初心、牢记使命”主题教育为契机，持续推进常委会自身建设。深刻学习领会党的十九届五中全会精神和习近平对地方人大及其常委会工作的重要指示，切实抓好区委人大工作会议精神和下发的《关于高水平推进新时代人大工作和建设的意见》的贯彻落实，健全依法履职制度体系，完善重大事项决定、特定问题调查、提高常委会会议审议质量等制度，人大工作规范化、程序化、制度化建设取得新进展。

【开展“不忘初心、牢记使命”主题教育】 区人大常委会按照市委、区委统一部署，把学习教育、调查研究、检视问题、整改落实贯穿主题教育全过程，突出衢江味、人大味。通过集中学习研讨、上党课、调研走访，推动学习教育往心里走、往深里走、往实里走。坚持把主题教育与投身“三服务”活动结合起来，深入开展蹲点调研，形成调研报告16份，推动解决企业、群众和基层反映的突出问题39个，领衔办实事23件。深入剖析问题，提出21条整改措施，完成整改18个，全面完成“9+1”专项整治。

【落实从严治党责任】 年内，区人大常委会党组压紧压实全面从严治党主体责任，常委会领导认真执行“一岗双责”要求，带头落实廉洁自律各项规定，支持派驻人大机关纪检监察组开展工作。3月，常委会领导与分管委室负责人签订党风廉政建设、意识形态工作责任书，将责任和要求分解落实到人。4月，修订完善人大机关公务接待、财务报销、采购等制度6项，进一步规范机关财务管理。深入推进清廉人大机关建设，常态化开展党风廉政教育，要求干部筑牢拒腐防变思想防线，严格执行中央八项规定精神，管住工作圈和生活圈。

【干部队伍建设】 区人大常委会坚持把思想政治建设摆在首位，将机关干部学习培训纳入重要议事日程，制定《区人大常委会机关2019年学习计划》，全年组织干部学习26次、培训6次。制订《2019年度区人大机关干部职工综合目标考核办法》，对机关干部履职情况进行考评，促进机关干部争优创先，提升机关工作绩效。加强人大机关党的建设，贯彻落实《中国共产党党组工作条例》，规范党内政治生活，落实主题党日、“三会一课”等制度，提升机关干部思想政治素质和综合业务水平。

人事任免

【概况】 2019年，衢江区人大常委会依照宪法和法律赋予的人事任免权，共任免国家机关工作人员193人次。

【依法行使人事任免权】 2月15日，区十五届人大常委会第十五次会议免去曾有仙、陈水清、郑勇钦的区人民政府副区长职务。5月31日，区十五届人大常委会第十八次会议任命方勇胜为区人民政府副区长。9月2日，区十五届人大常委会第二十一次会议免去杨圆华、嘎拉茶的区人民政府副区长职务。11月25日，区十五届人大常委会第二十二次会议同意程品方辞去衢江区人民法院院长职务。

（方　雷）

衢江区人民政府

综 述

【概况】 2019年，衢江区人民政府深入学习贯彻习近平新时代中国特色社会主义思想，开展“不忘初心、牢记使命”主题教育，落实区委“1136”战略体系，坚持稳中求进工作总基调，以改革开放为动力，积极应对宏观环境变化和各种困难挑战，较好完成区十五届人大三次会议确定的目标任务。全区实现地区生产总值198.47亿元、增长8.3%；财政总收入28.94亿元、增长11.3%，一般公共预算收入17.52亿元、增长7%；投资、消费分别增长12%、8.3%。实现规模以上工业总产值180.5亿元、增长11.1%，利润总额16.6亿元、增长39.2%。新增规模以上企业8家、10亿元以上企业1家。完成第一批265家“低散乱”企业整治，收储盘活土地66.68公顷，建设小微企业园2个、面积7.1万平方米，为工业高质量发展腾出了空间。凤凰行动又有实质性突破，仙鹤股份成功发行12.5亿元可转债；五洲特种纸报会审核，上市在即；中环控股香港上市并注册落地衢江。成功创建省级高性能纸及纤维复合新材料产业创新服务综合体，规模以上工业新产品产值增长28.1%，新增国家高新技术企业14家、“浙江制造”标准5个，省“万人计划”实现零的突破，获评省知识产权示范区、“浙江制造”品牌培育区。志高机械、海力股份获评省级制造业与互联网融合发展试点示范企业，仙鹤股份特种纸智能制造平台入选省级工业互联网平台创建名单。

【扎实推进“改村提升”工程】 开展“金牛奖”“蜗牛奖”评选，充分调动改村提升工作积极性，改出一批特色亮点村，创建精品村23个，AAA级景区村5个，浮石、周家被评为省级美丽乡村示范乡镇，蛟垄村、涧峰村、贺邵溪村被评为省级美丽乡村特色精品村，杜泽、峡川创建成AAAA级景区镇，灰坪、太真、双桥、岭洋、黄坛口、莲花获评省级森林城镇，涧峰村上榜中国美丽乡村百佳范例，茶坪村入选全国生态文化村，西坑村荣膺全国少数民族特色村寨。

【扎实推进农村环境“三大革命”】 扎实推进农村环境“三大革命”（农村污水整治、农村垃圾治理、农村厕所改造）工作。衢江区作为全国仅有的4个代表县（市、区）之一，在全国农村生活垃圾治理工作推进现场会上作典型发言；获评全省农村公厕改造工作考核优秀区、全省“五水共治”工作优秀区，再夺“大禹鼎”。

【城区能级实现大提升】 创文迎检再次实现衢州市“五个区块失分最少”。十里运动休闲长廊正式开园，城区所有断头路全部打通，东方广场、振兴中路商圈日趋成熟，衢江美食城即将投入使用，“上改下”、“荒改绿”、停车场等项目不断建成。城市化率达47.1%，城区人口达12万人。

【大干项目、干大项目】 主动谋项目、大力引项目、全力推项目，768个谋划项目列入国家项目库。新引进大晨显示、志高智造等10亿元以上项目7个、亿元以上项目35个，项目个数均创新高。4个省市县长工程、52个市级以上重点项目全部开工，高新技术、民间、交通、生态环境和公共设施投资分别增长10.3%、10.1%、25.5%和59.2%。

【持续推进全域土地综合整治】 加大土地开发力度，完成垦造耕地1142.67公顷，为发展提供了充足要素保障；抓住存量建设用地资源转化利用政策窗口机遇，盘活存量建设用地273.27公顷。扎实推进第三次国土调查工作，挖掘园地开发潜力，为衢江今后十年发展提供用地保障。

【持续做强农业品牌】 积极推进柑橘、畜牧业等传统产业转型升级，新增省级农业龙头企业1家、“五园创建”省级示范基地6个，成为省级乡村振兴产业发展示范建设县、省级农业绿色发展先行示范区，浮石现代农业园区成功入围省级创建名单。标准化品牌化建设稳步推进，农投公司牵头，联合家庭农场开展农业标准化、品牌化创建，“衢江山农”品牌旗舰店建成开业，放心农产品品牌进一步打响。

【持续深化改革】 “最多跑一次”改革跑出加速度，民生事项全部实现“一证通办”，55项涉企奖补实现“即享即兑”。开展政府特定资产问题调查整改，四大国有公司逐步做大做强，国资“资金池”净收益增长169.5%。

【民生工作扎实推进】 坚持领导领办、“红黑榜”通报机制，落实任务、计划、督办“三大清单”，村庄点亮、养老服务等十方面民生实事圆满完成。文教卫事业繁荣发展，建成区文明实践中心，新建农村文化礼堂35家、南孔书屋6家，仙岩洞摩崖题记列入第八批全国重点文物保护单位，通过省基本公共文化服务标准化验收。东港小学、区实验幼儿园建成投入使用，省基础教育重点县成功摘帽，省教育基本现代化区通过预评估。组建以市二医院和区中医院为龙头的两大医共体全旺、杜泽、灰坪分院完成改造提升，衢州市眼科医院挂牌成立。民生保障持续加强，“利奇马”灾后重建有序推进，牛头湾安置小区建成交付，龙溪安置小区主体结顶，治理地质灾害隐患点33处。认真做好东西部扶贫协作和对口支援工作，深化村企结对、消费扶贫，成功助力四川平武县脱贫摘帽。创新科创飞地、消薄飞地模式，全省率先启动山海协作乡村振兴示范点建设，所有行政村集体收入达10万元以上，城镇居民人均收入40018元、增长8.7%，农民人均收入21888元、增长10%，低收入农户人均收入11667元、增长13.6%。加大清理拖欠民营企业、中小企业账款力度，清偿账款2100万元。

【社会治理不断加强】 落实“周二无会日”部署，开展“组团联村”，完成社区布局调整，建成区社会矛盾纠纷调处中心，霓虹社区获评全国民族团结进步模范集体，六都杨村、蛟垄村入选全省社区治理工作突出集体。开展“树正气打歪风”“铁拳一号”行动，全力化解信访积案，打赢新中国成立70周年安保维稳攻坚战，平安创建实现十五连冠、捧得一星平安金鼎。严格按照中央和省环保督察反馈意见要求，完成鑫业晶典小区违建问题整改。

【持续推进政府自身建设】 善于运用法治思维和法治方式开展工作，加强重大行政决策合法性审查，充分发挥咨询委、法律顾问作用，有效管控和化解政府债务，行政应诉案件败诉率从三年前的18.6%下降至8%，法治政府考核首次跻身全省前30名。开展电视问政等媒体监督12次，查摆问题881个，解决问题855个。贯彻落实“基层减负年”要求，开短会、讲短话、讲新话、讲实话，各类会议、文件同比分别下降36.6%、35.1%。

重要会议

【区政府全体会议】 5月27日，召开区十五届政府第三次全体（扩大）会议暨廉政工作会议。会议学习贯彻中央和省、市、区委有关会议精神，全面落实区委“1136”战略，对下步工作任务进行再部署再推进，全力以赴打赢防范化解重大风险攻坚战，为推动衢江高质量发展、加快实现“强区战略”目标提供坚强保障。

【区政府常务会议】 年内，区人民政府召开22次常务会议，通过多项地方规范性文件和政策意见。

2019 年区政府常务会议一览表

表 4

会议名称	召开时间	主要内容
区十五届政府第 32 次常务会议	1 月 16 日	集中观看《一抓到底正风纪——秦岭违建整治始末》专题片，讨论研究了省委巡视组交办鑫业晶典小区问题有关情况；听取《关于推进工业绿色发展加快工业强区建设的补充意见》、《衢江区区长特别奖评选办法》、《衢江区农产品电子商务园区扶持政策》、《关于推进衢江区医疗卫生服务共同体建设的实施方案》、衢江区浮石街道专项整治提升工作方案等情况的汇报
区十五届政府第 33 次常务会议	2 月 2 日	听取关于给予对衢江抽水蓄能电站项目做出突出贡献的集体及个人行政奖励事项、给予区信访疑难积案工作专班成员单位及个人行政奖励事项的情况汇报
区十五届政府第 34 次常务会议	2 月 14 日	听取关于 2018 年国民经济和社会发展计划完成情况及 2019 年计划安排建议、2019 年区重点建设项目及政府投资项目计划编排、衢江区 2018 年政府预算执行及 2019 年政府预算草案的情况汇报，研究讨论《2019 年政府工作报告》；听取关于 2018 年区政府民生实事项目实施情况和 2019 年民生实事候选项目形成情况的报告
区十五届政府第 35 次常务会议	3 月 4 日	听取区经信局关于《衢江区工业企业月结电费帮扶周转金管理办法（试行）》的汇报
区十五届政府第 36 次常务会议	3 月 26 日	听取关于全区地质灾害隐患搬迁避让工作、《关于鼓励现有企业做大做强意见（讨论稿）》、扫黑除恶专项斗争等情况汇报；传达学习上级领导关于江苏响水“3·21”特别重大爆炸事故的指示批示及省市会议精神，讨论《衢江区农村饮用水达标提标行动计划（2018—2020 年）（讨论稿）》《衢江区人民政府工作规则（讨论稿）》
区十五届政府第 37 次常务会议	4 月 16 日	听取区教育局关于《衢江区教育中长期布点规划》编制的情况汇报
区十五届政府第 38 次常务会议	4 月 22 日	传达学习市七届政府第三次全体（扩大）会议暨廉政工作会议精神，通报全区一季度经济工作形势，讨论 2019 年衢江经济开发区“清零”行动、衢江经济开发区工业低效用地处置实施方案、衢江经济开发区工业用地收储暂行办法
区十五届政府第 39 次常务会议	5 月 14 日	传达学习全省防范化解重大风险专题培训班和市委理论学习中心组专题学习会精神，听取关于《衢江区初中学校布局调整工作实施方案（送审稿）》、加强城市社区建设等情况汇报，讨论《衢江区生态文明建设规划（送审稿）》
区十五届政府第 40 次常务会议	6 月 17 日	传达学习《防范化解地方政府隐性债务风险专项行动有关政策措施分工方案》，听取中央督导组浙江反馈会主要精神和近期扫黑除恶专项斗争工作进展情况的汇报，讨论衢江区农村集体土地“一户多宅”分类处置涉及生产设施用房处置的补充规定（试行）
区十五届政府第 41 次常务会议	6 月 26 日	听取区建投公司关于霞飞路下穿铁路箱涵项目的情况汇报
区十五届政府第 42 次常务会议	7 月 22 日	讨论《2019 年衢江区乡村振兴“十大专项行动”》工作方案；听取衢江辖区道路交通事故防控工作，衢江区 14-2 地块控制性详细规划和规划条件（方案），全区违建别墅清查整治专项行动，城区工业用地整体搬迁改造工作，区城改办、黄坛口乡、上方镇申请暂付性款项，《关于衢州市衢江区 2018 年政府决算（草案）的报告》及《关于衢州市衢江区 2019 年上半年政府预算执行情况的报告》等情况汇报
区十五届政府第 43 次常务会议	8 月 6 日	讨论《2019 年衢江区与平武县扶贫协作工作要点及任务分解、考核细则（送审稿）》《2019 年衢江区山海协作工程主要工作任务分解、考核细则（送审稿）》《关于加快小微园高质量发展的实施意见》《关于鼓励现有小微企业入园的指导意见》；听取全区数字经济发展情况及《衢江区数字经济五年倍增计划》、2019 年衢江区民生实事项目半年度实施情况的汇报

续表 4

会议名称	召开时间	主要内容
区十五届政府第 44 次常务会议	8 月 26 日	学习《规范重大行政决策》相关知识，听取全区禁毒工作情况汇报；讨论《乌溪江库区水库移民避险解困试点和库区群众异地搬迁工作实施细则》
区十五届政府第 45 次常务会议	9 月 2 日	讨论《衢江区农村饮用水工程运行管理办法（试行）》，听取关于衢江交投公司与海港集团内河公司成立港区联营公司、给予区应急管理局等单位和陈卫华等个人行政奖励事项的情况汇报
区十五届政府第 46 次常务会议	9 月 11 日	听取区教育局关于我区与温州知临教育集团合作办学协议商定基本情况的汇报
区十五届政府第 47 次常务会议	9 月 16 日	听取关于衢江区员额法官、检察官实行单独职务序列后有关待遇问题，全区扫黑除恶专项斗争和万洋众创城项目政策等情况汇报；讨论《衢州市衢江区网格工作考核管理办法（试行）》《关于衢江区坚持农业农村优先发展 深化乡村振兴战略实施的若干意见（试行）》《关于鼓励规模农业企业发展的扶持意见（试行）》《衢江区农民增收产业发展扶持意见（试行）》
区十五届政府第 48 次常务会议	9 月 24 日	讨论《2019 年衢江区政府投资项目计划中期调整》方案，听取樟潭街道消防安全隐患排查整治工作、《衢江区出租房八项严管措施》等情况汇报
区十五届政府第 49 次常务会议	9 月 29 日	听取新田铺田园康养综合体项目若干框架意见和太真乡下槽坞村上槽第二采石场不得延续采矿许可证事项的情况汇报
区十五届政府第 50 次常务会议	10 月 14 日	听取衢江区 2019 年政府预算调整方案（草案）、给予区公安局等单位（工作集体）行政奖励的情况汇报；讨论《衢州市衢江区集中财力办大事财政政策体系方案》
区十五届政府第 51 次常务会议	10 月 28 日	听取关于衢江区 2019 年安全生产责任制及市安委会巡查反馈问题整改情况、《衢江区 2019 年度“大干项目、干大项目”赋分考核办法（征求意见稿）》等情况汇报
区十五届政府第 52 次常务会议	11 月 25 日	传达学习全省传统制造业改造提升现场会和全省深化千万工程建设新时代美丽乡村现场会精神，听取关于 2019 年度衢江区法治政府建设、《加快工业数字经济发展的若干政策措施》、《衢州市乌溪江饮用水水源地突发环境事件应急预案》、浙江腾信实业有限公司智教产业园建设项目一事一议事项、2019 年省市区民生实事项目进展等情况汇报
区十五届政府第 53 次常务会议	12 月 16 日	传达学习中央经济工作会议精神，听取关于政府资产特定问题调查整改和深化国资改革、横路办事处申请暂付性款项等情况汇报；讨论《关于加强专职社区工作者队伍建设的意见（送审稿）》

重要政事

【浮石“大整治”攻坚行动】 1月10日，衢州市第7期电视问政节目《2018年问政整改回头看》栏目曝光云徐线沿线浮石街道塔石塘村，存在大片临时搭建生产性用房，特别是党员干部等“四类人员”应拆未拆。问政后，立即召开街道专题会议，由区委书记周向军动员，部署推进浮石综合大整治工作。14天时间，1109户100%签约，拆除房屋574户，拆除面积9.79万平方米，日均拆除近7000平方米。1月22日，云徐线沿线70宗3.5万平方米全线拆除清零，涉及“四类人员”178户全部拆除。

【住房公积金商业组合贷款“一证通办”】 年内，试点开展住房公积金商业组合贷款“一证通办”。打通政务大数据平台、公积金中心、衢江农商银行三方资源，实现居民婚姻、不动产、公安、民政、税务等10个部门35类信息接口联网和612条字段数据跨部门、跨行业互认共享，解决组合贷款流程多、程序烦琐等“堵点”。全省率先实现只需提供一张身份证就能完成住房公积金商业组合贷款的“一证通办”。

【试行电费“一月一结”】 1月，为有效降低企业用电成本，针对上年度亩均税收在2万元以上或综合评价为A类（亩均效益排名全区前20%，且亩均税收高于区工业企业平均水平）、B类（亩均效益排名全区在20%~65%，且亩均税收不低于2万元），且无失信行为的工业企业，试行电费“一月一结”。

【实现村级视联网全覆盖】 2月末，建立三个“1”工作机制启动村村通视联网项目。即区府办1个单位总牵头，召开专题部署会议，协调各方建立项目推进任务清单，明确分工、压实责任；移动公司为技术顾问，对所有行政村进行路线和安装紧迫性评估后，确定三个层级同步分批推进；每个乡镇、行政村确定1名干部专门负责，区、镇、村三级协同，实行项目进度日通报制度，做到问题发现早、快协调，20天内全区实现村级视联网全覆盖。

【建立教育发展专项基金】 年初，区四套班子、区级各部门以“三服务”（服务企业、服务群众、服务基层）活动为契机，宣传“在衢江、为衢江、改变衢江”的理念，激发各类主体的社会责任感，凝聚合力支持教育发展。社会各界自发建立衢江区教育发展专项基金，筹得捐资助学款3032万元。该基金将实行专项管理、专项运转、专项监督，重点用于品学兼优学生奖励、困难学生帮扶、教育质量改进等方面。

【“金牛奖”“蜗牛奖”评选】 4月，针对2018年在推进省市区重大项目中，表现突出、快速高效完成攻坚任务和攻坚不力、导致重点项目施工受阻、无法开工的村集体，开展“金牛奖”和“蜗牛奖”的评选。通过乡镇上报、区级部门把关、区领导审核、区委常委会审定，评出黄坛口乡黄坛口村等4个“金牛奖”和杜泽镇荷花塘沿村等3个“蜗牛奖”，并在全区干部能力提升年、项目攻坚年、产业招商年活动推进会上予以表彰、通报，给予“金牛奖”每个村100万元奖励，有效营造出全区项目攻坚的浓厚氛围。

【乡镇便民服务中心公安窗口】 年内，以公安业务进乡镇为切入点，根据辖区“七山二水一分田”和乡镇数多于派出所数的实情，以省时、方便、安全为原则，在乡镇便民服务中心打造“不派人、不拉线、不设槛”的“极速版”乡镇便民服务中心公安“窗口”，为公安部门节约警力21名，实现74项公安业务可当场办理，34项业务可当场取件。

【山海协作乡村振兴示范点建设】 4月，衢江区和宁波市鄞州区在推进山海协作产业园提升发展基础上，以湖南镇蛟垄村为依托，在全省率先启动山海协作乡村振兴示范点建设。整个示范点项目预投资1000余万元，将于2020年底建成，除完成39户农房拆除重建外，预计每年村集体经营性收入可提高10万~15万元，可带动当地150余人就业，年人均可增收约6000元。

【盒马合作基地落户衢江】 5月20日，衢州山顶农业开发有限公司以农产品的安全性和供应链的稳定性得到盒马总部的认可，并被上海盒马网络科技有限公司正式授牌，成为全省首个盒马合作基地。有衢州野笋、衢江茭白、龙游发糕、茶树菇、丝瓜等品种被列入盒马鲜生的供货名单。衢州野笋作为供应的第一个品种。

【乡镇模块化改革探索】 年内，按照中央办发《关于推进基层整合审批服务执法力量的实施意见》和省委关于乡镇（街道、办事处）体制改革部署，深化做好乡镇（街道、办事处）机构改革后半篇文章，打破条线分割的传统模式，统筹区乡条块力量，优化行政资源配置。精准下放237名区级派驻干部，统筹执法线上的42个编制供乡镇使用，推动231项审批服务事项延伸至乡镇，80%以上涉企审批事项可在乡镇一窗办理，构建大党建、大协调、大治理、大执法、大经济（大生态）、大服务等“六大功能”模块，将21个乡镇分为重点乡镇、一般乡镇、小乡镇、街道四类，因地制宜设置3~6个模块，实现全域推进、分类统筹、实战运行，形成以大协调为中枢，大治理+大执法为保障，大服务+大经济促民生的运行架构，实现乡镇有权办事、有人办事，模块运行科学合理、便捷高效。

【制定床品团体标准】 11月15日，国内首个覆盖所有生态指标的床品团体标准——《T/ZZB 1344—2019全棉生态床品套件》“浙江制造”团体标准正式发布，并于11月30日正式开始实施。该标准在省纺织研究院、衢州市标准化研究院等单位的支持下，由好梦来家纺有限公司牵头起草，涉及的40余项指标的制定，覆盖配套床上用品、生态纺织品的所有指标。

（高建林）

决策咨询

【概况】 2019年，衢江区咨询委根据区委、区政府工作部署，围绕重点、难点、热点问题进行调查研究，提出意见建议。全年完成调研课题9个，委员建议11篇，编辑印刷《咨询工作成果展示》1册，刊发《咨询研究》9期、《委员建议》10期、委员建议专报1期、《咨询简讯》14期，得到市区领导批示9条次。牵头开展衢江区2019年项目谋划评审工作，评审入库项目305个，优秀项目40个。

【推进制造业高质量发展的研究】 年内，区咨询委和市咨询委合作研究，完成“衢江区加快推进制造业高质量发展的思考和研究”课题。制造业是国民经济的主导产业，是实体经济的主体，是技术创新的主战场，经济要实现高质量发展，必须有高质量的制造业作为支撑。该课题深入集聚区、衢江区、龙游县等地走访调研，就如何在市区一体的形势下，推动衢江制造业高质量发展，形成衢州“制造强市”的重要组团建言献策，得到区委、区政府主要领导的高度肯定。

【发展综合性枢纽物流经济研究】 年内，区咨询委围绕区委、区政府提出的“空港新城”建设目标，就衢江如何利用交通区位优势发展综合性枢纽物流经济开展研究，完成“聚焦多式联运 强化市区一体——谋划推进衢州铁路货运场站东迁项目”和“衢州无水港建设的调研与思考”两个课题。

【创新项目谋划评审机制】 年内，项目评审从3轮评审增加为4轮评审，先后通过区政府分管领导分线初审、咨询委员区内复审、省级专家专业会审、擂台赛一把手PK的4轮评选，从上报的325个项目中评选出40个优秀项目。2019年的项目擂台赛形式新颖，成果显著，区委、区政府领导到现场观摩，全体参赛和观赛部门热情高涨，不但谋划和储备一批好项目，更极大地提升了大家对项目谋划工作的认识和参与的积极性，取得圆满的成功。

（王启凡）

区政府办公室

【概况】 2019年，衢江区政府办公室围绕全区中心工作，做好办文、办会、办事“三项服务”，履行好参谋服务、综合协调、后勤保障等职能，提高参与政务、处理公务、管理事务、搞好服务的能力和水平，为领导服务、为基层服务、为群众服务，发挥办公室的窗口、桥梁和中枢作用，完成了各项工作任务。全年开展季度督查与专项督查60余次，督办落实各类事项80项，编发各类信息73期，起草各类全区性材料170余篇。

【公文处理】 年内，以政府名义印发文件234件，以政府办公室名义印发文件168件。严把公文拟稿、审核、会签、签发程序关，提高公文撰写质量。按照规定和上级要求，对以政府和政府办名义制定的规范性文件进行全面清理，在区政府网上进行公布。新发布的规范性文件，按照“统一登记、统一编号、统一公布”的要求，依程序进行立项、审签和公开。

【政务信息】 全年上报信息260余条，150余篇信息被省、市采用，政务信息工作排名位列全市前三。《我省企业办理商标和专利权质押贷款尚存两大“堵点”有待破解》《衢江区创新四“+”模式实现农村垃圾分类全流程智慧化管理》《衢州市依托“互联网+监管”推动农民建房智慧管控》《激活动能破解难题 提升质量——衢江区全力打响教育“脱贫”攻坚战》等信息得到省领导的批示肯定，发挥了信息辅政功能。

【综合协调】 围绕全区重点工作，加强与相关部门、乡镇沟通协调，积极稳妥地处理各种关系，推动各项工作顺利开展。加强与区委、区人大、区政协班子的沟通协调，促进政府机关有序运转，支持人大开展执法检查和专项评议、参与人大主任会议以及配合代表视察等各类会议和活动。年内，由区政府领导组织召开各类专题协调会19次。

【议案提案办理】 全年办理人大代表议案（建议）161件，政协委员提案197件，涉及25个部门单位。在所办理的议案、提案中，已解决或部分解决的（A类件）160件，占办理总数的44.7%；已列入部门工作计划解决的（B类件）146件，占办理总数的40.8%；因政策或其他原因暂时难以解决（C类件）的52件，占办理总数的14.5%。区政府及各承办单位上下齐心，较为圆满地完成了办理任务，代表、委员反馈满意和基本满意的358件，占比100%，承办质量得到代表及委员肯定。

（高建林）

电子政务工作

【概况】 2019年，衢江区电子政务中心托管全区各级党政机关的各类应用项目2个，各种应用服务器2台，各级各部门政府信息公开子网站56个，主动公开政府信息7819条。做好钉钉移动智慧办公系统管理工作，在提高政府财政性资金的使用效率和为各级财政节约运维经费上发挥作用。在加强监管的同时，搞好技术配套服务，发挥"四统一"平台（网络、网站、应用、安全）的功能作用，实现有技术的管理与有管理的技术紧密结合、优势互补。初步实现全区电子政务基础设施共享。

【保障视联网视频会议系统运行】 年内，进行125次视联网视频会前全省联调、55次视联网视频会前全市联调，有效保障省政府常务（扩大）会议等各类全省（市）性视联网视频会议的召开，为全区视联网视频指挥中心的建设做好保障。

【实现电子政务网络衢江区全覆盖】 根据全区电子政务应用推进的需要，做好电子政务网络向下级部门和基层单位的延伸接入工作。年末，全区电子政务网络接入单位100家，3000台工作计算机，区级财政统一支付的网络接入费用77万元，实现电子政务网络衢江区全覆盖。

（黄　睿）

应急管理

【概况】 2019年1月，衢江区机构改革整合原区安监局、区应急办、区林业局森林防火及森林消防指挥部、区水利局水旱灾害防治及防汛抗旱指挥部、区民政局救灾减灾及减灾委员会、区科技局震灾应急救援、区资源规划局地质灾害防治等职责，组建成立衢江区应急管理局（简称区应急管理局）。1月21日，区应急管理局正式揭牌成立。全年坚持边组建、边改革、边应急，以"科学发展、安全发展"为理念，以防控安全风险为主线，加强监管，落实责任重点，采取有效措施，遏制各类重大生产事故的发生。年内，获区集体三等功、省防台救灾先进集体、省平安维稳突出贡献集体等多项荣誉。局长李樟花获得省级安全生产先进个人荣誉，个人作为先进典型获市委市政府嘉奖表彰一次。

【落实安全生产责任制】 根据机构改革实际，完善安全生产责任制，理顺与乡镇、部门间的职责关系，明确职能定位。9月起，实行"一日一要情、一日一汇报、两月一专刊"，为区委、区政府决策提供依据。11月启动安全生产巡查，推动安全生产各项规定措施落实。年内，全区发生伤亡事故13起、死亡10人，未发生较大生产安全事故，事故起数下降38.1%、死亡人数下降41.2%。发生火灾事故49起，未发生较大以上火灾事故，直接财产损失80.0853万元，死亡1人，无人员受伤，火灾起数和财产损失数分别下降12.5%、58.60%。森林防火方面，全年共接到火警电话129个，其中一般森林火情1起，涉林火警7起，发生在农田、园地、荒地等上面的非森林火情

1月21日，衢江区应急管理局揭牌成立　（方　瑜　供图）

121起。防汛防旱方面，2019年梅汛期，全区共遭遇6轮持续性强降水过程，21个乡镇（街道）8813人次受灾，山体、道路滑坡塌方300余处，渠道、防洪堤损毁444处，桥梁损毁7座，农田受灾876公顷，房屋受损307处，车辆受损10台，直接经济损失6804.5万元。8月10日，第9号超强台风“利奇马”登陆浙江，全区14个乡镇（街道）不同程度受灾，受灾人口3780人，房屋受损98户243间，农作物受灾996.9亩，堤防冲毁18处13500米、损坏2处200米，桥梁冲毁27座，道路塌方218处，路面损坏33000平方米，直接经济损失20648.9万元。进入9月，全区雨水严重偏少，全境均出现重度干旱。人畜饮用水方面，用水紧张最高值时，全区36个行政村12521人出现饮用水紧张。农业方面，全区农作物因旱受灾面积为：柑橘6.5万亩、茶叶3万亩、其他水果1.8万亩、蔬菜2万亩、中药材6000亩、晚稻1000亩。农作物因旱绝收面积：草莓160亩。直接经济损失914.5万元。气象灾害方面，7月27日傍晚，2名学生在廿里镇塘底村遭到雷击，1人重伤昏迷不醒，8月2日凌晨5时抢救无效死亡。

【低散乱企业清零行动】 年内，通过地毯式走访排查工作，确定265家低散乱企业为第一批整治对象，通过部门挂联、政策宣传和政治动员，关停搬离签约企业44家（含第一批名单外3家），完成关停搬离企业85家；整改提升签约企业19家，完成整改提升企业28家；整合入园签约企业42家（含第一批名单外15家），完成整合入园11家；土地收储签约企业48家（含第一批名单外18家），完成土地收储企业3家（含第一批名单外4家）。对原下张丝绸厂内“低散乱”进行集中整治。根据区委区政府统一部署，加强部门协调配合，召开专题推进会6次、出动专项执法6次、实施行政处罚1起，直至强制断电等措施，实现搬离企业6家的预定目标，扭转衢江工贸行业领域安全生产低散乱局面。

【非煤矿山、危险化学品领域专项整治】 聘请省级矿山专家、危化专家对矿山及危化企业进行体检式隐患排查，面对面约谈8家企业主要负责人，全年共检查矿山、危化企业210家次，责令3家企业停产整顿，立案查处3家企业，处罚人民币14.18万元。查处送气工违规存储燃气瓶的行为，处以行政拘留12天，并对责任燃气公司罚款8万元。查处一起民用房储存危险化学品的违法行为，查扣非法储存的各类危化品135件（桶）。

【安全生产“四百”行动】 年内，利用安全生产宣传大篷车，组织“安全生产志愿服务宣讲团”，深入企事业单位、校园、机关、社区、农村、家庭和公共场所巡回宣讲185场，实现千人以上行政村、重点监管企业、中小学校3类重点场所全覆盖。开展安全生产监管执法“四百”行动，实现规范化、标准化企业108家；完成省、市、区、乡四级安全隐患督办158个；纠正及处罚违法违规行为103起。

【完善“两部一会”工作机制】 年初，调整森林消防指挥部、防汛抗旱指挥部、防灾减灾委员会“两部一会”的成员单位及其职责。构建一支队伍、三块牌子“三合一”机制，确保履职不偏差不缺位。在运行的第一年，面对特殊气候年，提请区委、区政府将防汛期由往年的4月提前至2月，森林防火期由往年11月提前至9月，早部署早谋划，基本实现无灾损。

【推进“三个”规范化建设】 落实省政府十大民生实事要求，投入148万元专项资金，加强避灾安置场所规范化建设。按照“标准化建设、规范化管理、长效化运作、全覆盖保障”的要求对全区37个避灾安置点的规范化建设，实现从“有形覆盖”到“有效覆盖”的全面转变。制定基层单兵应急救援装备配置标准，完成总价值330.45万元的安全生产及应急救援相关装备采购，初步实现应急救援装备标准化、现代化。以“森林消防专业队伍半小时作业圈、1千米灭火水源取水圈、2千米扑火队员徒步作业圈”为标准，增配森林消防蓄水桶至2300只，实现蓄水量9100立方米，保障重点森林消防区域供水814处，初步实现林区消防蓄水设施规范化，“引水灭火”工程走在全省前列。

【应急救援队伍建设】 按照“1+N+8+13+X”的总体布局，分三个层面统筹建设应急救援队伍：“1+N”为区级层面应急力量，即1支区消防救援大队，区住建、交通、卫健、水利、电力等行业N支专业救援队伍；“8+13”为乡镇层面应急力量，即上方、杜泽、双桥、莲花、高家、廿里、横路、大洲等8支区域化综合救援队伍，其余13个乡镇综合救援小分队；“X”为社会层面应急力量，包括蓝天、民安、红十字会及尚明电力等应急救援队伍，“1+N+8+13+X”全部纳入区应急指挥平台。全区应急救援队伍开展应急预案演练122场次，参演7156人次。其中，大型演练有防汛应急综合演练、危险化学品事故应急演练、职工技能竞赛消防团体赛、森林防灭火实战演练等四场。同步开展业务知识培训77次，参训1851人次。区森林消防机降队获2019年衢州市森林防灭火技能比武第一名。

【抗击“利奇马”台风】 8月10日，超强台风“利奇马”袭击衢州，第一时间召开防汛抗台工作部署会，启动防台风I级响应，重点区域重点人员全部实行“应转尽转”，杜绝人员“回流”。组织对防汛八个重点领域隐患点进行排查整治，查出的隐患点17个，及时整改落实。全体干部24小时在岗，时刻关注台风动向，第一时间编报抗台信息简报。抗台期间，编写专报信息4期、动态信息6期、灾情数据信息6期，为全区抗灾决策提供参考。在全区路网、电网、水网、通讯网被台风毁坏时，全区各支专业救援队伍积极行动，奋战抗台第一线，多名干部徒步30千米，耗费6小时进入重灾区举村乡大坑村指挥抢险救援及灾后救助工作，台风过后3天，村民生产生活基本恢复正常。抗台期间向上争取政策支持，取得救援重建补助资金876万元。

【安全主题宣传活动】 年内，以“五个一批”为抓手，在大安全、大应急、大减灾宣传教育层面上下足功夫，通过线上竞答、线下互动等多种形式，开展“安全生产月”“防灾减灾日”“森林防灭火宣传周”等主题宣传活动，营造“防风险、除隐患、遏事故”的浓厚氛围。全区参与危化品安全知识网络有奖答题78085人次，参与安全知识技能竞赛3561人次，共有23家危化品企业开展“安全生产公众开放日”活动，发放宣传资料67420份，“安全生产月”活动有声势、有亮点、有创新。

（方丽文）

消　防

【概况】 2019年，区消防救援大队共接警出动621起，出动车辆877辆次，出动指战员5557人次，抢救被困人员43人，疏散被困人员468人，抢救财产价值1939.7万元。全区共发生火灾60起，无人员伤亡，直接经济损失80.2633万元，与2018年相比，火灾起数下降49.57%，亡人数和受伤人数持平，直接经济损失下降71.75%；同比消防安全三年翻身仗防控指标

（2014年至2016年均值），火灾起数、亡人数分别下降59.18%和100%。火灾形势总体保持平稳。荣获省总队安全工作先进单位、衢州市安全生产工作先进集体、2019年度衢江区“先进工作团队——基层治理战队”、衢州市消防救援支队基层建设先进站队等荣誉称号。中队党支部被省总队评为先进基层党组织。

【新中国成立70周年消防安保】 开展“防风险保平安迎大庆”消防安全执法检查专项行动，围绕商场市场、“多合一”场所、劳动密集型企业等15类重点场所和9类消防安全突出风险，通过单位自查、执法检查和重点排查，有效防范消防安全风险。专项行动期间，共检查单位325家，发现火灾隐患183处，督促整改隐患182处。

【隐患排查整治】 年内，实施双随机检查单位769家，发现隐患624处，督改隐患626处，下发《责令改正通知书》367份，行政处罚32起，临时查封8家，行政拘留2人。牵头对省政府挂牌的重大火灾隐患单位——春江花园住宅小区进行督办整改，重大火灾隐患如期整改销案。9月30日至11月30日，根据区委、区政府统一部署，牵头开展出租房消防安全“铁拳行动”，排查出租房1644户，合用场所81家，另有出租商铺1175家。列入整治对象1095幢（其中“四类人员”211幢），下发《责令改正通知书》1095份，整改1095幢，行政拘留2人。在推进点上整改的同时，同步推进电动车充电桩建设，在城区规划20个闲置区块和200处机动车道非机动车位用于公共充电桩建设。出台《衢江区出租房八项严管措施》，建立《樟潭街道出租房安全联合巡查机制》。运用“互联网+”思维，积极探索居住出租房“二维码”、“微信公众号”等模式，实现出租房长效管理。

【志愿消防队灭火技能竞赛】 6月29日，衢江区志愿消防队灭火技能竞赛在衢江区职业中专举行，来自各乡镇、企业的25支志愿消防队，共139名队员参加了竞赛。竞赛设置了手抬泵出水操、油盆灭火、安全知识理论考试等项目。经过一天的激烈角逐，全旺镇志愿消防队摘得团体总分桂冠，黄坛口乡志愿消防队、大洲镇志愿消防队分列团体总分二、三名。

【“4·8”钓鱼老人落水救援】 4月8日上午，云溪乡黄甲山村江边一名年近七旬老人钓鱼时不慎落入江中，情况十分危急。衢江消防救援中队接警后立即出动1车7人到现场处置，岸边树木较多，老人几乎整个人泡在水里，幸好抓住一根树枝，才没被江水冲走。消防员韩祥胜用安全绳捆在粗壮树上，顺着堤坝下到江中，将老人的下半身从淤泥里刨出来，系上消防腰带系，与岸上消防队员通力合作，成功将老人救出，所幸救援及时，老人身体并无大碍。

【“10·21”天然气管道破裂救援】 10月21日14时32分，衢江区信安大道295号附近由于挖机作业不慎将地下的天然气管道挖破发生泄漏。衢江消防中队接到报警后立即出动2车12人赶往现场处置，途中与公安、交警、燃气公司等单位联系，并随即启动应急预案。衢江消防中队到场后先确认具体位置，同时疏散周边居民和车辆，做好警戒，将相邻的住宅商铺里的人员疏散出来后进行断电断火，防止发生危险。利用消防车喷雾水枪，对泄漏点附近进行稀释，待燃气公司抢修人员将阀门关闭后，将现场移交给公安和燃气公司，有效防止事态进一步扩大。

（宋红辉）

营商环境

【概况】 2019年，衢江区机构改革，整合原行政服务中心管理办公室的职责及“最多跑一次”改革、营商环境建设、信用体系建设等职能，成立衢江区营商环境建设办公室（简称区营商办）。4月12日，区营商办正式挂牌成立。区营商办深入贯彻区委“1136”战略体系，充分发挥改革工作和营商环境建设牵头抓总作用，聚焦高质量发展、竞争力提升和数字化建设，对标国际化、便利化营商环境标准，推进“最多跑一次”改革，打造“营商环境最优区”。区行政服务中心全年办理事项20余万件，群众满意率99.9%。年内，“中国营商环境百强区县”排名第四名，被列入“中国营商环境百佳试点县市”。

【“全生命周期”便利化改革】 围绕个人、企业、项目三个生命周期，从群众和企业办事的角度，以“一件事”梳理归依，推动事项联办。以跨部门事项联办为重点，全面梳理个人从出生到死亡、企业从开办到注销、项目从立项到竣工验收三个全生命周期各环节关联性“一件事”，重塑“一件事”办理流程，精减纸质提交材料，形成41个“一件事”规范性事项清单并有序组织实施。同时在浙江政务服务网上线开通“群众企业一件事”“惠企政策”两个服务模块，实现群众企业“一件事”网上办。年内，除农民建房等个别“一件事”外，有41个“一件事”实现常态化运行。“全生命周期”便利化改革引起上级部门和有关方面的关注，衢江区被省残联列为全省助残服务“一件事”改革县（区）级试点单位。

【“最多跑一次”改革延伸扩面】 推进“最多跑一次”改革工作向医疗、教育、社保、民政、助残服务、退役军人服务等公共服务领域和医院、机关食堂、景区、社区、广场、商场等公共场所延伸。将部门间办事事项最多、最频繁的区财政局、区人力社保局等部门确定列为改革先行先试单位，按照省“八统一”标准全面梳理事项清单，规范办事指南，优化办事流程，深化网上办事系统运用，推进部门间办事减材料、减环节、减时间、减次数。全区已公布第一批部门间“最多跑一次”事项清单99项。全区33个部门共梳理报送部门间办事事项203项，其中173项实现“最多跑一次”，部门间办事“最多跑一次”实现率达85%。全面实施教育“十个一”改革，推广电子社保卡应用；探索医疗卫生“医后付”试点。以打造“五心场馆”为理念，将市第二人民医院列为衢江区改革向公共场所延伸试点单位，让群众看病更舒心、更暖心。此项改革得到省委改革办等上级部门的充分肯定。推进改革向乡镇基层延伸，结合乡镇大服务模块化改革，推进乡镇综合受理窗口专职化队伍建设，完成8名乡镇事业编综合受理员招录，基本实现乡镇受理专职化人员全覆盖。按照简政放权原则，积极协调推进区级部门事项向乡镇下放延伸，乡镇受理事项由138项增至231项。创新推行“不派专员、不设专窗、不拉专线”公安事项进乡镇新模式，相关做法得到省公安厅、省委改革办领导表扬肯定。依托视联网，试行村级视联远程办，在5个乡镇6个行政村进行试点运用，平台可办群众办事高频事项52项。

4月12日，衢江区营商环境建设办公室正式挂牌成立
（区营商办　供图）

【政府数字化转型建设】 打造“无证明办事之城”“掌上办事之城”，推进政务服务信息化建设。全面梳理各类办事事项所

需证明材料清单112项，以取消、共享或替代等形式压减办事证明材料79项，精减率达70.54%。事项办理由线下向线上转移，掌上办和网上办分别为97.72%和99.03%。推行基层“代办服务+自助服务终端”便民服务模式，实现乡镇综合性自助终端全覆盖。依托浙政钉搭建运用“钉格通”平台助力群众办事零跑腿的做法得到省委改革办最多跑一次微信公众号推广。健康证数据共享、卫生许可一证通办的做法，被省卫健委列为全省卫生监督试点。

【改革创新做法登上《浙里改（领跑者）》专刊】 9月，围绕民营小微企业融资难融资贵与金融机构不想贷不愿贷矛盾，在司法金融服务领域探索创新金融纠纷化解机制助力稳金融、稳企业做法得到副省长朱从玖批示并在《浙里改（领跑者）》专刊刊发进行全省推广学习。深化推进农合联“三位一体”改革，承办全省农合联改革现场会，衢江改革经验做法得到省级领导点赞表扬。

【完善营商环境建设体系】 年内，以衢州荣膺中国十佳营商环境示范城市为契机，依托市区一体化体制优势，参照国家发改委制定的“23项一级指标、106项二级指标”，研究制定13项一级指标优化任务分解责任表，建立一项指标优化一个部门牵头、多部门协同推进的工作机制。从市场监管、资规等相关部门抽调人员组建营商环境调查评价工作专班，全力配合做好全国、全省营商环境调查评价工作。4月，国家统计局省调查总队通报的全国营商环境企业开办、办理建筑许可、用电报装、用水报装和用气报装等五项指标调查结果，衢江区五项指标中办理环节二项排名第一，三项排名第二，办理时间排名五项均为第一。政务服务事项便利度、满意度排名得分均为最高，得到满分9.0分。7月全省营商环境“10+N”指标互查互评中，衢江区各项指标基本名列前茅。由国家信息中心、小康杂志社牵头的“中国百佳营商环境试点县（区）”评选活动，衢江区位列第四。

【推动社会信用体系建设】 依托信用信息共享平台和“互联网+监管”系统，推行信用承诺制度，将企业信用承诺履行纳入信用记录，依据企业信用情况在监管方式、抽查比例和频次等方面采取差异化措施，推进信用分级分类监管。完成24家失信黑名单企业走访核查，评选出首批守信企业，全面启动守信企业“最多来一次”信用监管。开展失信专项治理和信用修复，集中开展20个重点领域失信问题专项治理，全区“黑名单”信用修复完成率30%以上。推出“信易医”“信易贷”“信易借”“安全生产‘信易批’”“土地使用税‘信易免’”等多项“信易+”系列信用惠企便民举措。衢江农商银行创新推出“信易贷”“活体仓储抵押贷款”融资模式，对信用良好企业的活体畜禽进行评估监管，将其抵押获得信贷。衢州佳苑牧业有限公司以实际存栏的546头奶牛作抵押，获得活体仓储贷款400万元，成为全市首家“活体仓储抵押贷款”受惠企业，解决融资担保难题。

（徐绍燕）

公共资源监管

【概况】 2019年3月，衢江区公共资源交易监督管理办公室（以下简称区监管办）完成机构改革，衢江区公共资源交易中心成建制划入区监管办，划入事业编制数5人，编外用工名额2人。年内，深入贯彻区委“1136”战略体系，坚持“监管+服务”理念，健全工作机制，规范招投标监管，优化服务，各项工作取得新成效。完成公共资源交易项目1580宗，成交额25.71亿元，节约资金2.78亿元，节约率9.75%，其中工程建设1170宗，预算21.52亿元，成交额19.77亿元，节约资金1.75亿元，节约率8.13%；政府采购410宗，成交额5.94亿元，节约资金1.03亿元，节约率14.78%。

【深化“最多跑一次”改革】 年内，推行“网上不见面开标”，共有117个房建、市政项目以“网上不见面开标”，交易额1.57亿元，实现投标企业“零跑腿”。6

月，启用评标区人脸识别系统。在全市招投标领域率先进入“刷脸评标”的智能化时代，确保评标专家与相关项目一一对应，杜绝无关人员进入评标区。开创远程异地评标。按照“市域—省内—省外”的实施步骤，推进跨地区远程异地评标工作，实现跨区域专家资源共享，将招标人、投标人与评标专家从地域上最大限度地隔离，使人为因素对项目评标结果不公正影响进一步降低。区交易中心和杭州江干区、温州龙湾区、永嘉县的交易平台达成合作关系，全年共顺利实施6个项目的远程异地评标。11月1日，升级保证金退息系统。对全区投标保证金线上支付系统再升级，在原有的网上支付保证金、基本账户核定、在线退款等功能的基础上增加自动计息功能，更好的执行相关法律法规对投标保证金退付的要求，强化政府的公信力。

【提升公共资源交易服务能力】在一些项目较多的部门或乡镇推广并规范小额建设工程项目承包商入围招标。建设单位通过公开招标入围一批施工或监理代理咨询企业，适用时间1~2年，在此期间实施的限额以下项目可以直接从入围企业中随机抽取确定实施单位。通过加强对入围企业和建设项目的管理，有效解决项目时间紧、招标不规范等问题。至12月底，共有13家部门、乡镇实施24个入围招标，196个项目直接在入围承包商中随机选取实施单位，保障了项目快速推进。主动介入服务项目。坚持“大监管服务办”机制，围绕医疗、教育、民生等区委、区政府重点工作，重大项目做到“提前介入、主动服务”，在衢江区城中村（棚户区）改造安置项目——沈家苑安置小区项目、浮石街道“一线十村”风貌提升项目、衢江区村庄“点亮工程”等十余个项目推进过程中提出60余条服务意见，保障项目规范推进。强化标后履约督查。8月、12月先后两次组织区发改局、区审计局、区财政局、区住建局、区交通运输局、区农业农村局等行业主管部门进行标后履约检查，通过现场检查、台账核查等方式对房建、交通、EPC总承包和综合整治等有代表性的9个项目的标后履约情况进行全面督查，提出11大类80余条整改意见，并对检查结果进行全区通报，保障项目有序推进。

【开展“扫黑除恶”专项斗争】4月，制定扫黑除恶专项斗争攻坚年活动方案，召开行业主管部门、代理公司参加的衢江区公共资源交易领域扫黑除恶专项斗争攻坚活动专题部署会，明确公共资源交易领域扫黑除恶工作任务，在招标文件中写明举报方式，畅通涉黑涉恶线索收集渠道。由区监管办牵头，成立公安、财政、住建、水利、交通、市场监管为成员的招投标领域乱象整治七人小组，分析研判招标投标领域违法违规线索，形成合力，结合乡镇公共资源交易专项检查、干部违规承揽或插手村级工程项目专项整治等行动，强化线索的“深排细核”，积极调查扫黑办交办的廿里镇黄山村、灰坪乡、上方镇、杜泽镇下溪村有关村干部插手工程相关线索，并及时向扫黑办做了反馈。年内，查处串标案4起、违法分包案1起，涉案10家企业被列入失信黑名单，全区通报，清出衢江市场。

【完善公共资源交易管理制度】5月20日，与区农业农村局联合出台《衢江区村级工程建设项目管理办法》，对规范村级项目交易、管理，保障资金安全和工程质量起到积极作用。8月28日，印发《衢江区无信息价材料和设备询价暂行办法（试行）》，规范无价材料、设备的询价、定价程序，提高询价、定价效率。9月10日，出台《衢江区公共资源交易代理机构进场考核管理办法（试行）》，细化考核管理办法、评分细则，进一步规范招标代理机构的代理行为。

【加强公共资源交易队伍建设】8月30日，举行全区公共资源交易管理培训会，共有21个乡镇和相关部门单位的分管领导和业务人员100余人参加培训。培训会分别就政府采购、政府投资、村级工程建设项目管理、政府投资工程建设项目招标投标等方面的政策法规进行详细解读，剖析典型案例，进一步提高乡镇和区直各单位相关人员的依法交易意识和实操水平。

（郑　朕）

机关事务

【概况】 2019年1月22日，衢江区机关事务管理局完成机构改革，更名为衢江区机关事务保障中心（简称区机关事务保障中心），仍为区政府直属事业单位。年内，围绕区委、区政府中心工作，深入开展“不忘初心、牢记使命”主题教育，不断增强服务意识，改进服务方式，提升服务水平，为区机关高效有序运转提供有力后勤保障。连续2次获区委、区政府“十条军规”正面典型通报表扬。

【基础设施建设】 年内，投资近2600万元，实施区行政中心基础设施改造提升项目10个。其中400万元用于食堂一楼智能化改造，更新空调、桌椅等；投资近460万元，实施区行政中心路面改造和车棚新建项目，更换花岗岩侧石2542米，铺设沥青路面约16000平方米，新建遮阳车棚244个；投资65万余元，将原有的活动室改建成器械区、乒乓球区和瑜伽舞蹈室，供机关干部职工工作之余锻炼身体；投资近545万元，对会议中心的会议室和主楼二楼大厅进行电子屏安装改造，新增后台系统化集成化控制；投资950万元，对区行政中心主楼中央空调系统进行更换，改善办公环境并实现智能化集中控制。

【服务工作“零差错”】 年内，共有各类会议758场次（晚上紧急会议80余场次），其中区“两会”、党代会、教育大会、工业大会、卫生大会、全市乡村振兴“党建篇·改革篇”互学互看活动现场会、全市乡镇模块化运行改革现场会、全省“三位一体”农合联改革现场会等重要会议30余次，还有省市、领导到区考察等重大活动。高质量完成后勤保障工作，实现服务工作“零差错”，充分展示机关事务人的良好形象，赢得领导的肯定与好评，连续2次获区委、区政府“十条军规”正面典型通报表扬。

【安保事件“零发生”】 严格管控风险，建设平安后勤。对停车场部分监控设备、食堂消防主机、95个中心消防主机隔离进行隔离维修更换，并在原来的基础上增加一键报警系统及反恐安保设备，区行政中心消防和安保系统实现24小时实时监控管理，出入区行政中心门禁系统实现车辆自动识别和步行通道人脸自动识别。按照区“平安衢江”工作要求，对进入中心的人员车辆进行登记、检查，严格落实查证登记制度，做好安全反恐工作。年内，登记外来出入大楼2.8万人次；开展重要安防部位巡查，坚持每日三查；组织反恐、消防演练1次，消防培训2次，召开平安、消防会议11次，提升了业务素质和安防水平。

【公车出行“零事故”】 年内，严格按照市、区党政机关公务用车专项治理工作要求，实现网上预约派车和全球定位系统（GPS）跟踪定位监管，建立和健全《公务用车管理制度》，落实车辆使用有关规定，高度重视做好“车轮子”上的安全工作。构建管理体系，规范车辆使用行为；强化业务知识培训，组织参加省、市举办的培训5次；时刻守住安全底线，定期组织驾驶员安全培训，开展车辆安全检查。全年平台共提供正常公务用车服务保障共计8755台次（其中向社会租车50台次），安全行驶里程85万千米，实现公车出行“零事故”。

（周淑慧）

政协衢江区委员会

综　述

【**概况**】 2019年是中华人民共和国成立70周年，也是人民政协成立70周年。衢江区政协坚持以习近平新时代中国特色社会主义思想为指引，深入学习贯彻习近平总书记关于加强和改进人民政协工作的重要思想，在中共衢江区委的领导下，紧紧围绕助推市委“1433”战略体系和区委“1136”战略重重落地，充分发挥好专门协商机构作用，为建设“活力新衢江、康养大花园”贡献智慧和力量。全年召开政协主席会议13次、党组理论学习中心组学习会17次、委员党小组专题学习56次。围绕教育改革发展、“医共体”建设、优化营商环境、“低散乱”企业整治、农业品牌化等事关改革发展的重大问题，利用常委会会议和“请你来协商”平台开展专题协商。围绕教育改革发展提出的“制定中长期教育发展规划、持续加大教育投入、完善管理机制、浓厚尊师重教氛围”等相关建议被区委、区政府采纳，促进省基础教育重点区“摘帽”和省教育基本现代化区创建。围绕打造“营商环境最优区”，紧盯问题短板精准建言，推动营商环境持续优化提升。基层卫生医疗服务、文化礼堂建设、“两千”生态走廊、大花园建设、营商环境建设等问题，先后在省政协民生论坛和市政协全体会议、常委会会议上发言6次。组织课题调研组42个，参与人数180余人次；组织赴外地考察学习9次。组织撰写的《新时代县级政协发挥好专门协商机构作用的思考》等3篇理论文章，在全市庆祝人民政协成立70周年理论研讨会上作交流。

【**创建“请你来协商”平台**】 出台《关于政协“请你来协商”平台建设实施意见》，将专题协商、对口协商、界别协商、提案办理协商等以“请你来协商”平台进行有机整合，按照“6+X”模式规范协商的频次。明确协商意见办理答复落实情况纳入区综合争先考核和大督考工作内容。落实协商场所，安装视联网等必要的设备。采用面对面沟通协商、线上线下互动协商、场内场外联动协商相结合方式，提高协商平台的开放性，区委、区政府主要领导分别参加融媒体直播的教育改革发展、优化营商环境“请你来协商”活动，点击量分别达15万、12万。“请你来协商”平台建设，扩大了协商民主的参与范围，在建言资政中为党政中心工作广泛凝聚共识。

【**开展“树立新样子”专题活动**】 年内，组织委员和机关干部开展“新时代人民政协的新样子”专题讨论，撰写个人笔谈72篇、征集金点子32个，衢江政协微信公众号开辟专栏进行宣传，引导委员和机关干部看重政协事业，激发新时代责任担当。在衢州电视台政协视线栏目播出衢江政协“勠力同心、善谋实干”专题片。组织3名选手参加市政协“树立新时代人民政协新样子”演讲比赛获佳绩，1名选手入选省政协参赛。积极参加省政协史料征集活动，报送的《“一不留神”成了“最美老师”》入选省政协《70年70人——庆祝中华人民共和国、人民政协70华诞史料专辑》。

【强化委员服务管理】 加强委员履职量化考核，按照“五个一”的要求布置“委员作业”，建立委员履职登记制度，并以此为依据开展优秀委员评选和委员调整工作，对2名履职考核不合格的委员分别予以撤销委员职务和责令辞职。加强委员教育培训，把委员培训纳入党校干部培训计划，在高校举办委员培训班，培训委员53名。加强反映社情民意信息工作培训，发动委员和特邀信息员反映社情民意，全年向省、市政协报送社情民意信息45篇，名列全市前茅。深入走访约谈委员，加强与政协委员的日常联系与沟通。完善委员履职手机App服务功能，提升微信公众号发布质量和传播影响力。

【拓展委员履职平台】 推进委员工作室创建，9家委员工作室结合自身专长和工作性质，开展送医送教、法律咨询、矛盾化解、扶贫帮困等各类社会活动18次。开展“暖阳委员会客厅”创建，凝聚全区有教育情怀的优秀人士，服务衢江高质量实现教育现代化。推进乡镇委员联络室建设，健全活动机制，围绕“乡村产业振兴”“乡村教育发展”“农房整治和风貌提升”等组织委员开展民主议事活动32次。

全体会议

【政协第十三届衢州市衢江区委员会第三次会议】 2月19日至22日，召开区政协第十三届衢州市衢江区委员会第三次会议。会议听取和审议政协第十三届衢州市衢江区委员会常务委员会工作报告和政协第十三届衢州市衢江区委员会常务委员会关于十三届二次会议以来提案工作情况的报告。全体委员列席衢州市衢江区第十五届人民代表大会第三次会议，听取并讨论《政府工作报告》及其他有关报告，提出意见建议。审议通过政协第十三届衢州市衢江区委员会第三次会议决议、政协第十三届衢州市衢江区委员会第三次会议提案审查情况的报告和人事事项。

2月19日至22日，政协十三届衢江区委员会三次会议召开　（刘怡雯　供图）

常务委员会会议

【政协十三届九次常委会会议】 1月23日，召开区政协十三届九次常委会会议，审议决定召开政协第十三届三次会议有关事项和有关人事事项。

【政协十三届十次常委会会议】 2月21日，召开区政协十三届十次常委会会议，各小组汇报讨论情况，通过大会选举办法、候选人名单、监计票人名单，审议通过会议决议（草案）和提案审查情况的报告（草案）。

【政协十三届十一次常委会会议】 5月17日，召开区政协十三届十一次常委会会议。“请你来协商”——“教育改革与发展”专题协商，采取线上线下相结合的形式，同时在衢江政协微信平台上邀请广大政协委员现场互动，实现开门协商、开放协商。会上，区政协教科卫体委汇报调研情况，列席的委员、群众及家长代表现场举手发言，乡贤代表、企业界代表、乡镇领导代表、校长代表等通过视频连线远程发言提建议，参会区委、区政府领导及相关部门负责人现场及时做出回应。

【政协十三届十二次常委会会议】

8月23日，召开区政协十三届十二次常委会会议。“请你来协商”——围绕“打造营商环境最优区”专题协商。会上，区政协调研组汇报“打造营商环境最优区”课题调研情况。部分区政协委员围绕政府部门组团服务企业、帮助企业解决招工困境、工业园区配套建设等方面开展建言献策，区营商办、经信局、发改局、开发区等相关部门负责人针对政协委员、界别群众代表提出的问题与建议现场做回应。现场还与场外企业、职工代表，衢江在外商会进行连线，为打造营商环境最优区建言献策。

2019年区政协主席会议一览表

表5

时间	会议	内容
1月14日	区政协十三届二十七次主席会议	审议委员、常委和机关人事调整、两会召开事宜
1月18日	区政协十三届二十八次主席会议	审议政协内设专委会改革事宜
1月21日	区政协十三届二十九次主席会议	审议通过十三届九次常委会会议事项，委员调整事项，召开十三届三次会议的决定，十三届三次会议的议程（草案）和日程（草案）
2月11日	区政协十三届三十次主席会议	审议通过十三届三次会议到席人员名单
3月11日	区政协十三届三十一次主席会议	讨论2019年度重点工作分工抓落实安排
4月17日	区政协十三届三十二次主席会议	汇报2018年政协机关综合考核情况，文明城市创建随手拍活动，布置扫黑除恶工作
5月16日	区政协十三届三十三次主席会议	委员调整，审议通过人事事项
6月10日	区政协十三届三十四次主席会议	讨论政协系统的党建，审议开展“请你来协商”、委员会客厅创建和“新时代人民政协新样子”讨论
8月5日	区政协十三届三十五次主席会议	各专委月度工作交流
8月22日	区政协十三届三十六次主席会议	审议十三届十二次常委会议程，听取政协十三届十二次常委会准备情况和人事事项情况
9月9日	区政协十三届三十七次主席会议	各专委月度工作交流
10月24日	区政协十三届三十八次主席会议	讨论办公室提请的近期费用开支问题
12月20日	区政协十三届三十九次主席会议	谋划工作思路，各专委（室）交流明年工作思路

提案与建议

区政协十三届三次会议以来，政协委员、政协各参加单位积极建言献策，提出意见建议221件，经审查立案215件。其中集体提案13件，委员个人提案202件。提案办理工作涉及53个部门单位，已全部办复。A类提案（问题得到解决或基本解决的）140件，占提案总数的65.12%；B类提案（正在解决或列入计划逐步解决的）61件，占提案总数的28.37%；C类提案（因政策和客观条件限制或其他原因一时难以解决的）14件，占提案总数的

6.51%，承办单位也认真做了说明。从对提案办理满意度测评情况来看，其中提案者对办理态度表示满意的215件，占100%；对办理结果表示满意的211件，占98.14%，基本满意的3件，占1.39%，不满意的1件，占0.47%。这些提案内容丰富、重点突出、操作性强，办理后取得较好成效，为推进区委“1136”发展战略体系重重落地，促进全区经济社会高质量发展，增进民生福祉，助推党政决策科学化、民主化，发挥了积极作用。

2019年区政协十三届三次会议优秀提案一览表

表6

序号	案由	提案者
1	关于实施精准施策 分类帮扶 合力推进西片区平台能级提升的建议	朱　宏
2	关于推进小微企业园建设的建议	陈致颖
3	关于推进区域医共体建设的建议	余慧斌
4	关于建设衢州千里岗—杭州千岛湖“两千”生态走廊的建议	彭小丽
5	关于进一步加强物业管理服务的建议	陈建春
6	关于推动“最多跑一次”改革的建议	柳忠林
7	关于提高教育质量的建议	李晓雯
8	关于加强莲花现代农业园区企业培育的建议	郑亚清
9	关于强化衢江农合联职能作用的提案	程明太
10	关于聚焦项目，扩大有效投资推动衢江经济高质量发展的建议	项亚利

监督与调研

【概况】 年内，深入开展“城乡生活垃圾分类处理”省市县三级政协联动专项集体民主监督，组织在衢江的市、区政协委员就近就便开展民主监督。全年共开展监督活动80余次，委员共提出监督意见300余条，特别是在垃圾分类标准指导、源头分类减量、终端处理设施建设等方面提出了具有操作性的意见建议。组织全体委员开展创建文明城市“随手拍”监督活动，累计报送问题照片400多张，并及时会同创建办交办整改，以实干监督助推工作落实。

【“农民建房管控和风貌提升”专题视察】 4月26日，组织部分市、区政协委员对“农民建房管控和风貌提升”开展专题调研视察，委员们实地查看廿里镇里珠村、浮石街道塔石塘村、云溪乡清源村，详细了解农民建房管控和农村风貌提升相关工作。在随后召开的座谈会上，区农业农村局通报了农民建房管控和风貌提升工作推进情况，委员们围绕农民建房管控和风貌提升工作协商建言。

【“低散乱”企业整治工作专题视察】 9月23日，组织部分市、区政协委员对衢江区“低散乱”企业整治工作开展专题视察，委员赴廿里镇里珠村、浮石街道塔石塘村、云溪乡清源村开展实地调研，会上，听取衢江经济开发关于全区“低散乱”企业整治工作情况汇报，委员协商建言。

【“创建全国文明城市”工作专题视察】 10月18日，组织部分政协委员对“创建全国文明城市”工作开展专题视察，委员们实地查看龙潭嘉园小区、丹桂路84号自建房、铭豪庄园小区、峡川镇集镇、峡口村等现场。会上，委员们听取区创建办关于全区创建全国文明城市工作的通报，并就衢江区创建全国文明城市工作进行座谈讨论。

专门委员会

【提案委员会】 年内，共收到提案195件。经提案委员会认真审查，立案176件，并案处理后为172件，其中集体提案30件，委员个人提案142件。未立案的19件提案，将作为意见建议转送相关部门参阅。着力提升提案质量，通过举办培训，面向委员征集提案线索、印发选题参考指引，引导委员围绕党政重点、社会热点、民生难点撰写提案。将《关于深化“最多跑一次改革”的建议》《关于推进小微企业园建设的建议》《关于推进区域医共体建设的建议》等8件提案列为重点提案，由区政府领导领办，政协领导督办，通过提案协商办理，解决了一批群众期盼的民生难题。继续深化提案“双评双推”工作，增强“提、办”双方的质量意识。十三届三次会议以来立案的215件提案，按要求全部办复，办理结果满意率98.14%。通过提案“回头看”和重点提案持续跟踪督办，提高提案办理转化率，A类提案占比达65.12%。

【委员工委】 10月，市政协委员衢江小组在衢江区政协主席赵建新带领下，围绕“地方高校服务地方发展”等工作推进赴衢州学院视察。参与市政协委员巨化小组到衢江区的工作视察。区政协主席会议成员及相关专委会根据分工，参与8次不同界别的委员约谈会，与委员密切沟通交流，听取委员的意见建议和愿望呼声。根据界别及人数不同进行分组，开展4次界别活动，主席会议成员指导活动开展，各联系专委会参与活动。完善委员履职量化考核办法，从参加会议、“五个一”履职要求、参与有关活动等方面进行量化考核，年终考核结果由主席会议审定，并根据考核结果评选优秀政协委员。严格执行委员退出机制，为把真正优秀的人才吸收到政协组织中来，及时地把那些不履职、不尽责的委员解聘出去。年内，根据委员履职考核结果，责令辞去委员1名，撤销委员资格2名。6月，开展乡镇（街道、办事处）政协联络组织及组织委员履职培训；组织50名区政协委员赴重庆大学履职培训。对9个委员工作室工作进行业务指导，开展更加丰富多彩的履职服务活动。同时，积极申报省级委员会客厅工作。做好委员微调的摸底工作，对调离工作岗位、履职不到位等委员进行微调建议工作。

【政协文化文史和学习委】 年内，做好市政协“乡村振兴——发挥文化引领作用”调研视察活动的组织安排和资料准备工作，市政协副主席陈建良带队到杜泽镇专题视察。组织界别委员开展视察调研，撰写大会发言，提交提案建议。从9月开始，围绕“殡葬改革”和“民宿经济发展”两项全区重点工作进行专题调研，由副主席姜文军带队赴天台等地考察取经。为庆祝中华人民共和国、人民政协70华诞，省政协文史资料编辑部组织编纂史料专辑《70年70人》，并向全省政协系统征集资料信息。区政协委员姜文的《“一不留神”成了“最美老师”》从众多稿件中脱颖而出，成功入选。根据浙江文化印记（浙江文化金名片）征集评选活动要求，主动对接省政协文化文史和学习委，会同区宣传、文化等部门对衢江区的文化名片进行筛选推荐，棠陵邵古墓遗址和金仙岩摩崖石刻两处文化遗址入选全省文化金名片的备选项目。根据市政协“三圣”文化调研方案，围绕衢江区发挥针灸文化在弘扬优秀民族传统文化，引领大健康产业的发展等方面的做法作用进行调研，并由区政府向市政协常委会上做汇报发言。5月7日，省政协召开民生协商论坛，围绕“充分发挥农村文化礼堂作用”建言资政，周家乡上岗头村文化礼堂作为省政协三个现场连线点之一，进行现场连线，赵建新主席在会上作经验交流。

【农资环委】 年内，围绕城乡生活垃圾分类处理开展专项民主监督。按照生活垃圾分类处理民主监督省、市、县政协“三级联动”工作要求，区政协于年初做出总体部署，建立领导小组，组建7个民主监督调研组，由主席会议成员联系、各专委主任任组长、各民主党派主要负责人任副组长，各委员界别组、乡镇(街道)分管领导全程参与，形成大联动、大监督、大调研的工作格局。全年开展监督调研22轮次，参与人数290人次，发现问题60余个，建议有关部门整改42个，已整改40个，整改到位率95%。围绕农房构建和风貌管控开展专题视察。由主席会议牵头，组织部分政协委员、有关部门和乡镇(街道)主要负责人、区政协各委室主任开展视察，分别前往浮石街道、云溪乡、莲花镇等地实地查看，召开座谈会听取有关部门汇报和政协委员意见建议，会后梳理视察情况和各方意见形成建议书报区委、区政府作为决策参考。围绕农村产权制度改革、农业品牌化建设开展专题调研。组成调研组，深入乡镇(街道)、村、农户以及农业主体、农业企业走访了解、掌握情况、听取意见，召开各类座谈会征求意见建议。在形成调研报告的基础上，召开“请你来协商”专题协商会，邀请区政府分管副区长、部分政协委员、农业主体、涉农部门主要负责人参加，在听取汇报和意见建议后进行面对面协商，大家畅所欲言、意犹未尽，会场气氛热烈，效果特佳。会后，梳理各方意见建议，以协商纪要的形式书面报区委、区政府参考。按照市政协的要求，还就“农村宅基地资格权和使用权分离及交易的探索”、“林下经济发展现状、问题及对策”和“依托乡村大花园建设，加快发展康养产业”等课题开展调研，并向市政协报送，其中“关于农村宅基地资格权和使用权分离及交易的探索”的调研报告还在市政协2019年第四季度常委会会议上作交流发言。

【教科卫体委】 年内，完成两次高质量的“请你来协商”专题协商会。分别是“教育改革与发展”和“医共体建设”。为确保协商效果，事前，深入教育、卫健等部门及学校、医院等单位进行认真调研，并外出考察取经。事中充分准备。协商方式灵活多样，协商效果明显，受到区委主要领导高度肯定。做好文明城市创建工作，年初仙岩路三巷移交政协时“脏、乱、差”，经过协调、督促有关部门落实解决，协商组织人员值班，确保迎检不出任何差错。创文关键时期，组织部分委员和相关部门开展文明城市创建视察，副主席姜文军带队，助力创文工作，还经常带队督查北片乡镇的创文工作。积极做好课题调研、资政建言工作，完成衢江区乡村未来社区建设这一全新课题的调研。《关于建设衢州千里岗—杭州“两千”生态走廊的建议》《关于推进区域医共体建设的建议》《务本求实抓教育追赶超越提质量》等大会发言，取得很好效果。

【社法委】 围绕年中区委全会主题——“活力新衢江、康养大花园”战略课题开展调研，完成《对我区发展康养产业的建议》《关于发展我区绿色户外旅游的几点建议》《关于发展我区中药材产业的建议》等调研课题。围绕省、市、区一户多宅整治等决策部署，组织“一户多宅整治”专题视察，形成《关于对我区“一户多宅整治”工作的建议》等专题调研报告，为“一户多宅整治”等长效机制建设贡献智慧和力量。围绕“乡村振兴”战略实施，形成《乡村振兴法治先行》《关于对衢江区大数据产业发展的建议》《企业研发费用加计扣除新政实施存在三大问题需关注》等调研材料，在维护全区社会和谐稳定等方面发挥了较大作用。围绕“扫黑除恶专项斗争”，完成对衢江区“打歪风树正气扫黑除恶”专项斗争专题视察工作，就扫黑除恶维稳工作提出意见建议并被采纳。组织开展区政协“民族宗教工作”对口协商专题视察，协商探索新形势下如何进一步做好民族宗教工作。开展“殡葬改革”专项集体民主监督，综合运用协商监督、专业监督、定点监督、视察监督等形式开展监督，开展监督活动10余次、到70多个点，提出意见建议10余条，并形成督查建议书上报相关乡镇部门，督查的6个乡镇（街道）较好完成各项任务，形成《对我区殡葬改革工作的建议》调研材料报区委、区政府，取得明显的成效。

【经济委】 坚持紧扣中心与紧贴民心相统一，找准履职的结合点、切入点，创新协商机制和形式，提高协商议政的质量和实效。选择“打造营商环境最优区”议题作为常委会年度协商课题并开展调研，走访企业10余家，召开企业家座谈会3次、共50余人参会，形成发言材料，采用“请你来协商”形式开展协商，会上课题组汇报调研情况，与会政协委员、企业代表、在外衢江商会代表积极建言献策，区营商办等9个单位的主要领导做了很好的回应。区长参加会议并给予较高的评价。会后形成协商意见16条报区委、区政府在相关决策中参考。发动界别委员深入基层、社区，广泛听取意见建议，撰写提案，及时反映一批社情民意。年内，界别委员共撰写提案30余件、社情民意20余条。开展“多式联营港建设”“数字经济”“未来社区建设”等专题调研，并形成调研报告。完成市政协经济委布置的“民营经济高质量发展”课题调研，按时上报调研材料。围绕区委区政府重大决策部署的落实及重点任务、重大项目推进组织开展民主监督。牵头好一个“城乡生活垃圾分类处理”监督小组工作，定期不定期组织委员开展明察暗访并将暗访中发现的问题及时进行反馈。开展“请你来协商：‘低散乱’企业整治”专项民主监督。组织委员实地深入开发区“低散乱”企业、开发区小微企业园走访，听取开发区管委会关于“低散乱”企业整治推进情况的汇报，委员围绕加快推进“低散乱”企业整治、发挥小微企业园的作用积极建言献策。

（刘怡雯）

衢江区纪委·区监委

【**概况**】 2019年，衢江区各级纪检监察组织在上级纪委监委和区委的坚强领导下，坚持稳中求进总基调，贯彻落实中央和省委、市委关于全面从严治党工作的各项决策部署，聚焦主责主业，加强政治监督，深化体制改革，推进作风建设，着力反腐惩恶，清廉衢江建设更加有力，基层治理更加有效。全年运用“四种形态”处置党员干部645人次，立案200件次，采取留置措施9人次，给予党纪政务处分175人次，其中乡科级干部13人，向有关单位发出监察建议18份。

【**开展“监督护航攻坚年”行动**】 年内，贯通运用“五项监督法”，开展“监督护航攻坚年”行动。全年监督检查18轮，查纠问题407个，问责415人，保障工业经济、乡村振兴、教育改革、城市赋能等中心工作的顺利推进。督促有关单位解决华统牧业项目、江滨景观带工程、天衢幼儿园搬迁、“低散乱”企业整治等难题17个。督促推动“治砂”乱象专项治理，追责问责8人。开展扫黑除恶“打伞破网”行动，核查问题线索201条。

【**建立“四通四互”工作机制**】 6月，根据十九届中央纪委三次全会明确提出“要推进纪律监督、监察监督、派驻监督、巡视监督协调衔接，健全和完善监督体系”的要求，制定《关于实施纪律监察巡察派驻“四位一体”监督的暂行办法》，完善“四通四互”工作机制。建立力量统筹使用机制，实行“综合室牵头，干部室统筹，纪检监察室+纪检监察组+乡镇纪委组织实施”的监督力量统筹模式；落实“一对一”挂联、片区协作、联组监督、室组联动等机制，实现纪检监察、巡察干部充分融通；建立干部互督机制，区纪委、区监委干部室牵头。“四通四互”工作机制，保障纪律监察巡察派驻“四大监督”合力推进、高效覆盖。《浙江日报》《反腐败导刊》等媒体先后予以报道，吸引省内外多地学习借鉴。

【**开展派驻机构“统派统管深化年”活动**】 2月，率先在全市完成纪检监察派驻机构改革。3月，编发《派驻机构业务一本通》。年内，派驻机构立项监督95项、立案8件，参与区委巡察32人次，“一对一”挂联乡镇纪委办信46件。

【**实施“铁案工程”**】 年内，开展“审查调查质效提升年”活动，坚持政治、纪法和社会效果“三统一”，实现查办案件“零差错”“零申诉”。全年处置问题线索645件，立案200件，留置9人，移送司法机关16人，给予党纪政务处分175人次，其中乡科级干部13人。坚持受贿行贿一起查，办理行贿人移送司法案5起。严查跑风漏气、干扰办案的行为，查处全省首例留置期间辅警陪护人员帮助犯罪分子逃避处罚案1起。在上级纪委监委的组织协调和指导下，追回全省首例涉嫌职务犯罪出逃的新增非国家工作人员监察对象，是国家监委首次赴境外集中缉捕的涉嫌职务犯罪人员之一，得到中央纪委国家监委和省纪委省监委有关领导的充分肯定。区纪委区监委也因此荣获市政府集体嘉奖1次。

【**开展“大抓基层巡察年”行动**】 聚焦重大决策部署落实、基层党建“三个三”工程、涉黑涉恶、扶贫领域和民生领域等八大重点，压茬开展常规巡察，推进“巡乡带村”、重点村专项巡察和人防系统机动式巡察，灵活运用交叉巡察、回访巡察。全年共巡察区直部门、乡镇（街道、办事处）党组织19家，延伸巡察行政村（居）党组织185家，提级巡察基层站所党组织2家，共发现问题1640个，立案19起、问责109人、移交问题线索55条、留置3人、移送司法机关4人。将巡察成果综合运用到执纪审查、干部选拔任用、年度综合考评等工作中，做实巡察整改“后半篇文章”，推动被巡察党组织建立完善各类制度213项。

【全市纪检监察信访举报“最多访一次”工作现场研讨活动在衢江区举行】 5月17日，全市纪检监察信访举报“最多访一次”工作现场研讨活动在上方镇金坑村举行，总结提升、完善优化全市纪检监察信访举报“最多访一次”工作模式，提出要以更高站位、更深层次认识“最多访一次”，真正使这项工作落到实处、取得实效。年内，根据市纪委市监委的部署，全区纪检监察信访工作聚焦“基层治理最优区”“平安区”打造，开展纪检监察信访举报“最多访一次推进年”活动，全区受理信访举报335件，转立案58件，重复举报件同比下降30.2%，实名举报一次性办结率96.4%。

【扶贫、民生领域不正之风专项整治】 年内，根据省、市纪委的部署要求，开展扶贫、民生领域不正之风和侵害群众利益问题专项整治。细化整治任务24项，发现问题204个，追责问责199人，分三批发布整治工作成果，公开通报曝光典型案例3期18人。聚焦侵占农村集体“三资”乱象开展专项监督，共查纠问题593个，督促收回资金611.74万元、资产17宗、资源210处，查处问责党员干部40人。在此基础上，制定《衢江区村级小微权力清单三十条》，构建长效监管机制。

【出台基层减负三十条】 年内，根据中办发《关于解决形式主义突出问题为基层减负的通知》精神以及省、市“基层减负年”的决策部署，出台《整治形式主义官僚主义为基层减负三十条》，在全区深入开展核查，发现并查纠形式主义、官僚主义问题43个，问责31人，其中党纪政务处分9人，通报典型案例5起。

【推进清廉衢江建设】 健全“1+7”清廉衢江建设责任分工机制，压实各单位主体责任。深化“医者廉心”工程，区卫健局在全省推进“清廉医院”建设培训班上作经验交流，全省卫健系统纪检监察工作座谈会在衢江召开。“清廉衢江”电视专栏播出节目20期，建成清廉衢江示范点19个，推送“清廉衢江”微信128期，“清廉衢江”微信公众号在全省纪检监察新媒体联盟中影响力名列第8。开设“清廉衢江”讲坛，开展常态化、点题式宣讲。组织大型廉政婺剧《铁面御史赵抃》巡演两场，全区领导干部、村两委主职干部1000余人观看。坚持“一月一主题”，开展“清廉衢江 一起践行”系列活动。巩固深化“警示教育月”活动成果，拍摄《以案警省　初心不忘》专题警示教育片3个，用身边事教育身边人。警示教育期间，有9人主动向区廉政账户上缴违纪款2.8万元。

【实施“铸剑工程”】 年内，深化创新创优“十大项目”，开设“清风夜学汇”学习平台，落实“师带徒”传帮带机制，强化全员培训，提升业务能力，在全市现场比武中获得第一名。成立区纪委区监委机关党委、纪委，加强各支部党员融合，严格落实“三会一课”制度，全员参加“组团联村”和“红色物业联盟”等党建活动，打造“清廉卫士”示范品牌。坚持严管厚爱，加强内控管理，制定纪检监察干部行为规范，开展“暖心家访”活动，加强“八小时外”监管，规范权力运行，严防“灯下黑”。

（吴　晨）

民主党派·工商联

民革衢江区总支

【概况】 2019年，民革衢江区总支有党员25人，其中拥有高级职称以上6人。年内，民革衢江区总支围绕中共衢江区委、衢江区政府中心工作，聚焦“教育强区”、“工业强区”、工业经济转型升级、智慧医疗改革试点等重点工作，调查研究、参政议政、民主监督，各项工作取得新成效。党员毛汇颖被提拔任用全旺镇人民政府副镇长；党员毛方婷、陈致颖获评2019年度民革衢州市优秀党员；党员胡晨、楼珉获评2018年度区优秀政协委员。

【参政议政】 年内，围绕工业强区、智慧医疗、教师待遇等课题，撰写调研文章5篇，提交提案和社情民意信息15篇，报送信息20余条。楼珉提交的《积极推进衢江区大健康产业项目招商落地》获评区政协2018年度优秀大会发言。围绕智慧医疗、教师待遇等课题，向民革衢州市委会报送的《智慧医疗建设现状调研与对策分析》《关于切实提高和保障一线教师的工资待遇》等调研文章，获市委会领导的充分肯定。在市、区“两会”上，衢江民革代表、委员作大会口头发言1次、书面发言3次。围绕衢江经济高质量发展、农村医疗卫生、基层治理等领域，提交集体提案1件、个人提案10件，立案率100%。其中，党员陈致颖提交的《关于推进小微企业园建设的建议》得到区政府领导的高度重视，由区长朱素芳领办；党员楼珉提交的《关于新形势下做好我区招商引资工作的建议》在区政协会议上作口头发言。

【社会服务】 年内，深入基层开展社会服务工作，持续关注抗战老兵，联系帮扶困难群体，关心关爱青少年成长，打造民革社会服务金品牌等社会服务活动8次。农历春节前夕，由副主委胡晨带队慰问衢州三中家庭困难学生宁艾菲、柴正宇，赠送助学金和学习用品鼓励两位学生积极乐观、努力学习，用优异成绩回馈来自社会各界的关心关爱；支委洪清华带队到浮石街道姜家坞村、杜泽镇一村探望因病失孤致贫的邵土土、徐小英等4位贫困老人，帮助他们解决生活所需。重阳节，支部党员到后溪镇敬老院探望居住的老人和全体工作人员，送上节日礼物，与老人们聊天了解生活情况，帮助打扫卫生、整理房间等。10月7日，章青华主委带领党员到后溪镇泉井边村探望97岁高龄抗战老兵陈修根，并送上节日问候和祝福，这也是总支连续第四年开展“关爱抗战老兵”活动。

【结对帮扶】 年内，响应区委统战部的号召，筹措2万元，支持四川平武县扶贫工作。安排民革衢江区第二支部企业家党员罗泽云，代表总支到平武县全程参与对口支援活动，为平武发展工业经济、实施乡镇振兴战略出谋划策。

【组织建设】 年内，发展新党员1人、入党积极分子1人，两人为中高级人才。年轻党员比例提高，支部活力增强。党员陈致颖参加2019年民革全省基层骨干春季培训班、衢江区第十六期中青年干部培训班；企业家党员罗泽云受邀参加“践行两山理念 助推绿色发展”主题的浙江省民革企业家交流会；党员刘春仙到湖南大学参加衢江区第七届党外人士培训班。

（陈致颖）

民盟衢江区支部

【概况】 2019年，民盟衢江区支部共有盟员15人。其中，市、区级人大代表、政协委员8人。年内，围绕区委、区政府中心工作，开展调查研究、参政议政、民主监督，充分发挥职能作用，各项工作迈上新台阶。总支获民盟中央思想宣传工作先进单位、民盟衢州市委会年度先进盟组织、民盟衢州市委会反映社情民意信息工作先进集体等荣誉称号。盟员饶胜男入围2019年中国农民丰收节“十大致富榜样”、市劳动模范；郑琼霞获省民盟榜样人物入围奖、民盟市委会年度先进人物等荣誉称号，还被聘请为民盟省第十二届委员会社会服务委员会委员；郑群英被评为民盟市委会年度先进人物；马建红、李晓雯被评为区优秀政协委员。

【参政议政】 年内，撰写调研报告2篇，提交市、区人大建议、政协提案、社情民意15篇。饶胜男、李晓雯、马建红分别在市人大七届四次会议、区政协十三届三次会议和“同心大讲堂”上作履职经验交流。郑琼霞的《中小学心理健康教育困境亟待破局》被省政协采用、《加强乡村教师队伍建设，推进农村教育均衡发展》被评为民盟省委会第五届“盟声议政”教育论坛优秀论文、《进一步推进我市家庭教育的建议》吸引广电“跑两会”专栏记者的目光并接受专门采访，此提案在FM1053衢州之声微信公众号中作专题报道。马建红的《关于尽快建立健全校园安全事故处理机制护航亚运会的建议》被市政协信息平台采用并上报。8月8日，市委统战部主办“同心大讲堂”，马建红为全市统战系统机关干部和民主党派人士作题为《创新新时代社会服务方式，助力最优基层治理衢州样板打造》讲座，得到与会人员的好评。

12月6日，民盟衢州市委主委汪辉（中）一行在衢江调研主题教育活动

（马建红　供图）

【社会服务】 年内，“民盟·同心暖阳社会服务中心”、“暖阳委员工作室”以“凝聚共识，发挥优势，履行职责，打造品牌”为宗旨，围绕“1433发展战略体系”“助力打赢教育翻身仗”“助力打赢文明城市创建攻坚战”“助力打赢家事调解持久仗”三大服务板块，开展社会服务。1月19日，盟员郑琼霞、吴素珍走进衢州市养老院进行心理健康疏导活动；2月4日，郑琼霞在区法院进行家事调解；3月7—8日，盟员徐慧芳走进仙鹤纸业、新新街道上妙村开展《遇见未知的自己》《更年期如何保养》科普大讲坛活动；4月8日，徐慧芳为云溪乡全体干部开展心理健康讲座，4月12日，又为杜泽白水小学四至六年级女生开展《相逢在花季》青春期健康知识讲座；6月1日国际儿童节，支部主委马建红带领盟员走进衢江区实验小学开展“暖阳妈妈陪伴我们过六一——暖阳社会服务中心关爱留守儿童行动”，为留守儿童送上课外书，一起分享六一蛋糕并完成“暖阳妈妈”与留守儿童的结对工作。6月25日，省政协委员

6月1日，支部主委马建红（后排右一）与留守儿童欢度国际儿童节

（马建红　供图）

工委专职副主任程鸿娟一行到“暖阳委员工作室”，对工作室开展的社会服务赞不绝口，并对委员会客厅创建申报的指导思想、组织架构等方面作细致指导。7月5—12日，开展民盟衢江区支部第六期暑期公益夏令营活动。9月30日，主委马建红带领省特级教师李晓雯、区教坛新秀郑群英开展“名师再出发——安仁小学送教”活动等。这一系列公益服务行动，得到衢州市体育局局长、民盟衢州市委会主委汪晖批示、点赞。

【饶胜男入围2019年中国农民丰收节“十大致富榜样”】 民盟衢江区支部盟员、衢州淘谷居生态农业发展有限公司总经理饶胜男，创新“互联网+农业+旅游”的新型发展模式，道路，打响家乡放心农产品品牌，带领上百户农民脱贫致富。她通过自身奋斗努力展现新时代盟员优秀形象的事迹被《中国妇女报》点赞，得到衢州市体育局局长、民盟衢州市委会主委汪晖批示表扬。由中国农民丰收节组织指导委员会办公室指导开展的庆祝2019年中国农民丰收节系列“十大”征集重点活动，饶胜男成功入围“十大致富榜样”。

【郑琼霞获省民盟榜样人物入围奖】 9月11日，“民盟浙江省委会庆祝中华人民共和国成立70周年、中国共产党领导的多党合作和政治协商制度确立70周年大会暨2019年浙江民盟榜样人物颁奖典礼”在浙江音乐学院举行。盟员郑琼霞获“浙江省民盟榜样人物入围奖”，是衢州市唯一获此殊荣的盟员。

（马建红）

民建衢江区总支部

【概况】 2019年，中国民主建国会衢州市委衢江区总支部共有会员39人（在职36人、退休3人），任市政协委员1名（胡娟霞，政协衢州市第七届委员会委员）；区政协委员6名（胡娟霞、李斌，政协衢江区十三届常务委员会委员；余延金、姜渭龙、詹奇、徐姿文，政协衢江区十三届委员会委员）。年内，深入开展“不忘合作初心、继续携手前进”主题教育活动，积极参加中国共产党领导的政治协商，加强自身建设，为推动区委“1136”战略实施、建设“活力新衢江、健康大花园”做出应有的贡献。总支部及会员和所在企业获多项殊荣：一支部获市级先进支部称号、在“不忘合作初心 继续携手前进”暨衢江区统一战线庆祝新中国成立70周年活动上获知识竞赛三等奖。被授予统战系统“同心”先进团队称号。会员企业衢州力扬润滑油公司总经理陈燕军被中石化浙江省公司评为省级优秀经销商；会员王琼英获华泰浙江省公司优秀员工称号。会员吴盛华、詹峰、詹奇被评为市级先进个人；会员徐芳浩获评衢州市税务系统优秀公务员；会员余延金、徐芳浩、郑鹏被评为衢江区同心实践先进个人；会员胡娟霞、何纯被评为市级优秀信息员，会员胡娟霞被评为市社情民意先进个人、市统战系统先进信息员；会员姜渭龙、余延金、李斌被评为优秀政协委员。

【思想建设】 年内，坚持把思想建设放在主导地位，组织会员学习习近平新时代中国特色社会主义思想，通过学习找准目标、凝聚共识、精准发力、团结协作，把勤奋自学和接受教育相结合，把思想建设与工作实际相结合。7月，与宁波鄞州一支部20余位企业家开展走进衢江活动，相互学习交流，拓宽了眼界。9月21日，区总支部召开“不忘合作初心，继续携手前进”主题教育学习动员会。会上，突破传统你讲我听的学习模式，让各会员之间直接交流学习体会，并以知识竞赛的方式，让大家巩固知识要点，提升思想认识水平。在此基础上，多途径开展主题教育活动，通过组织会员参加新生培训班、支部例会、主题教育宣讲会、各类调研活动等，提高会员的自主学习能力、思想认识和思想政治品位。支部5人参加省、市、区党外干部培训，充分体现民建会员的优良素质，有效宣传和提升民建会员的形象。同时，开展跨纬度交流学习。9月，参加由中共衢江区委统战部组织开展的“不忘合作初心 继续携手前进”暨衢江区统一战线庆祝新中国成立70周年活动。此次活动通过主题宣讲、知识竞赛、参观灰坪红色革命爱国教育基地以及与各个民主党派代表深度交流。

【参政议政】 民建衢江区总支部的市、区政协委员，认真履行职能，参政议政、民主监督。年内，参加区政协组织的委员监督视察以及全国“信守衢城清欠风暴”集中执行监督等活动。先后完成市、区政协提案11篇、社情民意6篇、会议发言材料6篇、建议意见10篇。三支部主委徐姿文提交的《对我区美丽乡村建设的建议》获评区政协优秀提案；“李斌委员工作室”围绕群众反映的焦点难点问题，开展调查研究，参与现场调解等，提出意见建议10余条，为维护一方稳定做出了积极贡献，得到区政协机关和各级单位的充分肯定和赞扬。

【建言献策】 年内，各会员围绕区委、区政府的中心任务，聚焦区委“1136”战略体系、“活力新衢江、康养大花园”“三改一拆”等重点工作及经济发展领域的热点难点问题，积极开展“中小企业转型升级”“发展衢江康养产业”等重点课题的调研，发挥民建组织联系经济界的优势，聆听基层呼声，找准切入点，讲真情话，出高效策，为衢江区高质量发展建言献策。总支部撰写的《打造健康衢州发展康养产业的建议》、胡娟霞撰写的《民建基层组织工作的思考》分别获得时任副市长马梅芝批示；会员詹峰撰写的《设计螺旋传输机装置中的一级圆柱齿轮减速器》《斜导柱抽芯塑料模具设计及注塑工艺分析》分别在国家级工业期刊《百科论坛》及《自然科学》发表。其中《设计螺旋传输机装置中的一级圆柱齿轮减速器》获《百科论坛》优秀论文奖。一支部在“浙江民建网”、《浙江民建杂志》投递并录用信息稿件30篇，在市民建网站基及刊物投递并录用稿件28篇，调研文章5篇。

【公益活动】 广大会员秉承民建组织的初衷和社会使命，坚持不懈地开展捐资助学、修桥铺路、扶贫帮困等各类社会公益活动，取得良好的社会效应。一支部会员开展捐资助学活动，与东西部扶贫对接3次，捐助区对口援助四川平武县资金4万余元（总共捐助28万余元）；开展捐资助学活动，捐助助学金额2万元，捐助4名贫困大学生，帮助他们完成学业，捐助横路乡贫困户资金1万余元等。会员包立根、江海林持续结对贫困学子捐资助学和捐资敬老院，包立根捐助慈善20余万元（总共捐助约百万元）；江海林捐助明果村基础设施建设40万元；会员张秀峰常年资助四川绵阳一个三年级小学生，每月定期汇款600元；姜渭龙、周国文、陈燕军、张秀峰等常年捐资助学。会员徐芳浩牵头组织支部会员企业家在税务月积极宣讲税务知识进企业活动，较好地服务企业，会员郑鹏牵头组织在东方广场开展“6·5”环境日科普环保知识宣传活动，答疑解惑。还有会员胡娟霞、吴盛华、朱康良、江雪平、王琼英定期到所在地社区做爱心义工，用实际行动回报社会。

（方秀琴）

民进衢江区总支部

【概况】 2019年，民进衢江总支共有会员33人，担任市政协常委2人、区政协委员7人（其中区政协常委2人)、区十五届人大代表1人。年内，多人被评为优秀政协委员、优秀会员。获省、市、区级荣誉19人次，总支被民进衢州市委会评为先进基层组织。

【组织建设】 3月8日，民进衢江总支协助衢江区妇幼保健院成功举办“提振精气神 全力争上游 勇做妇幼追梦人暨三八妇女节文艺晚会”。蓝建芳、姚慧萍、熊月婷、胡赟等会员献上精彩节目。5月9日，民进省委会副主委陈忠一行，由市委会主委金召卫、副主委徐根法等人陪同到衢江调研组织建设情况，对衢江总支所做工作给予充分肯定。主委蓝建芳作为衢州代表性活动场所所在基层组织负责人，在全省基层组织活动场所建设推进会交流经验。5月，会员江伟琴、胡赟、周建霞、章志强、吴红梅参加由区委统战部组织的第七届党外人士培训班。6月20日，中共衢江区委常委、统战部部长陈水清，常务副部长傅雪山一行到民进衢江总支调研，参观开明妇幼健康之家，听取主委蓝建芳对衢江总支基本情况及特色亮点工作的汇报，并走访会员企业——浙江通衢管理有限公司和泽康果蔬专业合作社。8月26日，民进衢江区总支部第三次会员大会召开，市政协副主席、民进衢州市委会主委金召卫，中共衢江区委副书记徐惠文应邀出席会议。主委蓝建芳作题为《同心合力、共创佳绩、凝心聚力、再绘蓝图，为打造活力新衢江 康养大花园增添助力》的工作报告，并受第二届总支部委员会的委托，对第三届总支部委员会提出建议。大会选举产生第三届总支部委员会。在随后召开的三届一次会议上，选举产生主任委员、副主任委员和委员。主委蓝建芳代表新一届班子做表态发言。区纪委、监委驻政协纪检组，区委统战部，衢江区各民主党派、工商联、知联会出席会议。9月18日，民进衢江区总支部第三届委员会第二次会议在区妇幼保健院召开，讨论并通过第三届委员会成员分工。10月，会员吴婷参加由市委统战部组织的第七届党外人士培训班。

【参政议政】 年内，总支的政协委员参加市、区政协会议，围绕党委、政府的中心工作，以及“最多跑一次”改革、乡村振兴、休闲旅游、保障和改善民生、文明城市创建等重要工作，积极建言献策，做到“参在点子上，议在关键处”，被录用的参政议政成果有4篇大会发言、4篇社情民意、12篇提案。

【民主监督】 年内，民进衢江会员履行职责，开展民主监督。会员毛真祯会同区市场监管局高家所对辖区内5家医药销售企业实施医疗器械专项民主监督检查，重点包括监督检查索票索证、进货查验制度是否落实；是否定期检定计量器具并保存记录；是否定期盘点并做到账、货相符；监督检查相关工作人员是否定期健康检查。经监督检查，有4家医药销售企业未建立完善的进货查验制，3家医药销售企业未定期检定、校准温湿度计。对于监督检查中发现的问题，监督检查人员要求负责人限期整改到位并提交书面报告，认真履行各项规章制度，加强对员工的教育培训，提高业务水平。

【新中国成立70周年相关活动】 9月，参加由区委统战部举办的衢江区统一战线庆祝新中国成立70周年活动，会员吴衢燕、吴婷、胡赟、吴红梅等在知识竞答环节获一等奖。随后会员们重走红军路，为革命英雄纪念碑敬献花圈并参观红色千里岗革命纪念馆。会员蓝建芳、熊月婷等参加市委会组织的“不忘合作初心、继续携手前进”主题教育活动，参观浙西革命斗争纪念馆。9月27日，总支在主委蓝建芳带领下赴区“克难攻坚”教育基地上岗头村，开展“不忘合作初心，继续携手前进”主题教育活动，学习上岗头村干部“克难攻坚”精神，领会主题教育内涵，为建设“活力新衢江，康养大花园”添砖加瓦。市政协教科卫体主任、民进衢州市委会副主委黄伟青参加此次活动。

【社会服务】 1月30日，民总支委员邹斌宏、总支第一支部主委姜文一行到“7+7+7”结对帮扶的少数民族村——破石村，慰问3名贫困留守儿童，送上新年红包(共计4000元)及新春祝福。3月2日,市委会专职副主委徐根法、总支主委蓝建芳一行在爱心人士徐日林的带领下,到云溪乡竹蓬头村贫困户姜荣财家,看望慰问贫困儿童并送上慰问品。会员熊月婷发挥自身特长,为十里丰监狱、省一监服刑人员编排、策划节目,多次邀请参战老兵为青少年、服刑人员讲述“当兵的历史”“我的战争故事”。先后参加4月“好听衢州”礼乐草原音乐节、10月23日“好听衢江 红歌嘹亮”广场音乐会及11月7日统战部青联晚会的演出。10月1日参加樟潭街道霓虹社区“我和我的祖国”快闪活动,10月19日赴杭州参加“活力新衢江,康养大花园”,衢江文旅走进滨江推介会的表演。

【民进医卫专家工作基地】 年内,区妇幼保健院成立“浙江省民进医卫专家工作基地”,每周六均有省级妇儿保专家下沉开展技术帮扶、业务提带、学术讲座、示范性手术等。全年省专家到基地100余人次,义诊2400余人次,业务培训讲座40余次,手术60余例。基地作为浙江省先心病筛查定点单位,增设新生儿心脏彩照诊断项目,填补了衢江区先心筛查和救助工作的空白。共开展“单一指标法”新生儿先心筛查1020余例,筛查阳性30例,阳性率2.9%。促使2名患儿获得爱佑慈善基金会救助。5月14日,民进浙大医学院附属儿童医院支部到民进医卫专家工作基地开展调研、义诊活动。浙大医学院附属儿童医院党委常务副书记李强,省民进医卫专家服务团副团长、心脏外科主任李建华,浙江大学衢州妇幼医联体执行院长、主任医师戴宇文等专家到院,开展义诊、指导查房等活动,当天心脏外科主任李建华、心脏监护中心主任吴秀静开展先天性心脏病诊疗20余人次,内分泌科专家李筠诊疗10余人次,受到群众的欢迎和好评。随后,民进浙大医学院附属儿童医院支部一行人和到院参加先心筛查义诊的患儿家属进行交流、了解情况。7月下旬,医委会主委、民进衢江总支主委、区妇联副主席、区妇幼保健院院长蓝建芳受世卫组织公共卫生教育和培训合作中心、瑞士儿科学会邀请,赴英国、瑞士参加妇幼保健管理海外学习项目,开展学术交流。向世界传播民进浙江省委会医卫专家工作基地服务基层的好声音,分享开展先心筛查工作的好经验,得到国外妇幼保健专家高度评价。11月13日、11月21日,民进浙江省委会医卫专家工作基地先后受到中共衢州市委常委、统战部部长傅根友和市政协副主席金召卫的批示表扬。

【民进医卫专家工作站】 年内,上方镇中心卫生院民进衢州市医卫专家工作站,医委会在每月最后一个周五,选派胸外科、疼痛科、儿科、口腔科、妇产科、院感科等专家前往坐诊,并开展技术指导。上方民进医卫专家工作站2018年成立,已诊疗患者百余人,提供健康咨询百余次。专家还为科室扩建、设备采购、医院感染管理等提供专业化指导,促进上方中心卫生院整体面貌的改善,诊疗技术、管理水平的提高。

(蓝建芳)

农工党衢江区总支部

【概况】 2019年,农工党衢江区总支共有党员42人,其中政协委员10人。区总支深入学习贯彻中共十九大和十九届四次全会精神、习近平总书记重要讲话精神,以及各级两会、统战工作等会议精神,贯彻执行市委“1433”战略、区委“1136”战略,将市委、区委的战略决策与党派工作融会贯通,为衢江区经济社会发展贡献力量。总支荣获省委会2018年度社会服务工作先进集体、2018—2019年度省委会先进基层组织称号,吴琳荣获省委会2018—2019年度优秀党员称号,丁少仙荣获省委会2019年度宣传工作先进个人称号;综合一支部、综合二支部荣获2018年度农工党市级先进集体称号;党员林建斌、方柳青、雷建峰获2018年度农工党衢州市委会优秀党员称号,吴琳、丁少仙、徐水龙获参政议政先进个人称号,祝益民、蓝宏锦、姜华鸣获社会服务先进个人称号;吴琳、丁少仙、方柳青获

2018年度区政协优秀政协委员称号;吴琳、徐水龙获2018年度衢州市统战信息工作先进个人称号。

【参政议政】 年内,撰写调研报告6篇,在区委统战部《同心·建言》发表2篇。吴琳的《发挥多元化纠纷解决机制在基层社会治理中的优势》获2019年度农工党省委会立项,林建斌的《关于衢江区优质水资源产业发展的调研报告》获区委书记周向军批示。区政协十三届二次会议提案获评优秀2个、优秀发言1个。苏琳委员提交的《关于开通衢北乡镇至衢江新城客运线路的建议》和农工党衢江总支提交的《关于进一步规范设施农用地管理促进衢江放心农业发展的建议》被评为区政协十三届二次会议优秀提案。吴琳提交的《深化"无讼衢江"建设 推进共建共享的社会治理格局》被评为区政协十三届二次会议优秀发言;区政协十三届三次会议提案18个,其中农工党衢江总支提交的集体提案2个,委员个人提交16个;上报区政协十三届四次会议大会发言3个;市政协七届三次会议提案5个,其中由农工党衢江总支供稿的农工党市委会党派提案《关于发展林下中药材,助力衢州乡村振兴的建议》被列为市政协七届三次会议重点提案。年内,总支共反映社情民意9条,涉及不动产登记、道路交通、未成年人教育、经济发展、停车场建设等。据不完全统计,经市委办上报省委办1篇,省委统战采用2篇,市政协采用2篇,农工党市委会采用4篇。

【社会服务】 总支立足党派自身医卫、资源界别优势,整合巨化基层委员会、市人民医院支部、市中医院支部、市医卫支部等兄弟支部资源,坚持"重心下移、服务到边"的理念,以"一个中心、服务边远"的思路,即以衢江康仁护理院为中心服务点,带领同心社会服务团队深入边远山区,为老百姓送去医疗、健康、科技、法律、教育、国土等服务,积极打造"同心·健康惠民农工情"社会服务品牌,赢得老百姓的欢迎。全年先后在太真乡竹埂底村、双桥乡山峰村、莲花镇西山下村开展"同心·健康惠民农工情"社会服务3次,服务群众300多人。总支重点打造的衢江康仁护理院同心社会服务点,以康仁护理院、吴琳委员工作室等为依托,带领社会服务团队深入困难农户家中,实现精准对接帮扶。2月,同心社会服务团队连续上门走访帮扶交通事故当事人、困难群众、脑梗学生等4户。8—9月,同心社会服务团队又以关爱老兵为主题,在杜泽、全旺、樟谭、周家、后溪等5个乡镇街道走访老兵、困难群众5次共60户。总支还积极参加区统战系统衢江—平武东西部扶贫协作活动,为平武捐款2万元。党员祝益民、姜华鸣分别参加2018年度、2019年度东西部扶贫协作,被授予衢江—平武东西部扶贫协作优秀援川医生。

【自身建设】 年内,按照农工党中央的部署,深入开展"不忘合作初心、继续携手前进"主题教育活动,制定活动方案,明确主要任务和重点工作,多次召开主题教育学习会,确保主题教育活动取得实效。9月27日,总支组织全体党员到九华乡新宅村开展喜迎共和国70华诞同心聚力素质提升活动。其间,把迎接共和国70华诞与主题教育活动相结合,开展寓教于乐的"不忘合作初心、继续携手前进"知识竞赛活动,重温伟大祖国的辉煌发展史。总支专门开设"农工笃学堂"大讲堂,全体党员参与,轮流讲课,讲课内容包括政治理论、政策法规、业务知识、参政议政等。3月1日,大讲堂开讲安排党员观看农工党党史纪录片《中国农工民主党》,纪录片再现农工党建党的艰辛历程,展现邓演达等农工党领导人的光辉形象,感受到农工党与中国共产党风雨同舟、共创伟业的合作初心,更加坚定信念,衢江农工笃学堂已开展4期,得到全体党员的高度认同。开设大讲堂,以讲促学,提高了党员素质和参政议政履职能力。

（方柳青）

九三学社衢江支社

【概况】 2019年,九三学社衢江支社以习近平新时代中国特色社会主义思想为指导，不忘合作初心，继承九三学社“爱国、民主、科学”的优良传统，充分发挥社员主动性、积极性，干字当头、狠抓落实，始终围绕九三社市委、中共衢江区委、区政府中心工作、积极参政议政、开展社会服务工作，努力建设“活力新衢州美丽大花园”，更好地为全面建成小康社会、实现中华民族伟大复兴的中国梦贡献智慧和力量。年内，九三学社衢江支社获评九三浙江省社会服务先进单位，社员余鸿凌被评为九三浙江省先进社员。

【参政议政】 年内，围绕中心，建言献策。年初定主题，分阶段开展调研。8月，组织全体社员就美丽乡村与美丽经济赴柯城九华九宫格民宿开展实地学习和调研。建立健全参政议政目标责任、考核奖励等机制，立足“早部署、早调研、早撰写”，年初召开提案工作会议，研究确定提案方向和计划，落实主、副委牵头，邀请相关部门人员参与专题调研小组，年中汇报督查，确保按时间节点完成。全年提交社情民意15篇，议案提案30余篇，大会发言3篇（区“两会”口头发言1篇）。其中，《关于放心农业区域公用品牌“衢江山农”使用及管理的建议》获优秀大会发言。

【社会服务】 年内，举办放心农业、健康养生、统战理论、礼仪文化等专题讲座和研讨三次。省农科院九三专家到衢江培训菇农100多人次。6月，根据浙江省委、省政府关于开展“服务企业、服务群众、服务基层”活动的要求，支社组织开展“送太极进乡村”活动，在峡川镇古桥、姚氏宗祠开展太极表演，传播健康养生文化。9—10月，支社开展助民宿服务活动，先后赴峡川镇、杜泽镇、举村乡、莲花镇“网红”民宿，开展上门服务。11月，在衢盛集团公司及廿里镇开展“不忘合作初心、继续携手前进”主题教育暨名医下乡义诊活动，邀请著名管理专家三通导师首席教育官、杭州珠峰企业管理有限公司董事长王仁锋老师作专题讲座，参加活动人员60多人，前来义诊群众100余人，受到了公司领导及员工的一致好评，扩大九三学社在基层的知名度。11月，在区委统战部的组织下，赴四川平武县开展扶贫结对，并捐款2万元。

【自身建设】 加强学习交流，增强履职实效。结合学教内容开展活动，丰富学习形式，明确一个学习主题开展一项活动。6月，组织7名社员参加市区统战部组织的赴湖南大学培训；10月在九三市委会的组织下赴杭州华为国际培训中心开展为期三天的人工智能、大数据建设、5G运用等方面学习，提升履职能力。

（郑海峰）

九三学社衢江支社乡村义诊活动 （郑海峰 供图）

衢江区工商业联合会

【概况】 2019年，区工商业联合会学习贯彻习近平新时代中国特色社会主义思想，围绕区委、区政府中心工作，求真务实，开拓创新，积极为会员企业服务，组织开展学习交流、引导会员回报社会等活动。新组建衢江区昆山商会，组织开展上海换届大会及杭州、宁波、南京等商会年会、项目推介会等，各项工作取得新进展。年内，获评全国“五好”县级工商联。

【举办首届“天南地北衢江人”活动】 9月11日，举行衢江区首届“天南地北衢江人”活动。活动以“共商、共建、共享”为主题，聚天下衢江人，谋家乡大发展。来自海内外的衢江儿女汇聚故里，喜迎新中国成立70周年，共叙浓浓乡情、共商发展大计、共谋美好未来。省工商联副巡视员黄强，市工商联主席、衢商总会会长余震，衢江籍在外知名乡贤代表，曾在衢江区工作过的外地领导代表，在衢有重大投资或对重大项目有贡献的衢江籍杰出乡贤；在衢州市异地商会任名誉会长、会长的衢江籍乡贤；衢州市各商会会长；知名高校、科技、人才等领域代表；港澳台胞及侨胞等代表；拟新建商会区域代表和其他特邀嘉宾出席活动开幕式。区委副书记、区长朱素芳致欢迎辞。市委常委、统战部部长傅根友出席开幕式并讲话，希望广大乡贤多关心关注家乡的变化，积极投身家乡建设，进一步助力衢州、衢江发展。开幕式在衢江非公经济企业家代表演唱《我和我的祖国》中拉开帷幕。仙鹤股份有限公司董事长王敏良、南京市衢江商会会长杜卫华等嘉宾发言。一致表示，愿继续为家乡建设、为衢江高质量大发展贡献更多力量。随后举行“同心·商会助学”阳光牵手行动和非公经济服务联盟成立仪式，北京、上海等各地商会为孤儿代表捐资助学。在举行欢迎晚会上，区委书记周向军致辞答谢，代表区四套班子向广大乡贤表示亲切的问候和良好的祝愿，希望大家无论身在何处，都能心系故乡，常回家看看，衢江永远是大家的故乡、牵挂和港湾。耿建新、赵建新、徐惠文等四套班子领导参加。9月12日，参观考察新田铺田园康养综合体和浮石街道姜家坞村。看到家乡的可喜变化，表示一定要为家乡多做贡献。

9月11日，举行衢江区首届“天南地北衢江人”活动　（徐　杰　供图）

【举行“同心·商会助学”活动】 8月31日，衢江区“同心·商会助学”活动举行。杭州市衢江商会、衢江区宁波商会、区工商联（总商会）以及衢江区在外组建的基层商会和异地商会参加捐助仪式。此次活动共资助全区21个乡镇（街道、办事处）21名贫困准大学生，其中杭州市衢江商会资助10名、衢江区宁波商会资助6名、区工商联（总商会）资助5名，共资助资金12.6万元。“同心·商会助学”活动是区工商联联合区红十字会共同开展的一项招牌活动，目的是为当年考入高等院校、家庭特别困难的大学新生提供资助，帮助完成学业。2014年至今，共资助贫困学生180余名，资助金额108余万元。

【开启“建言直通车”】 年内，以“参政议政、献计献策、解决难题、共谋发展”为定位，推出“建言直通车”，已成为想企业所想、干企业所干、急企业所急的建言献策平台。对营商环境、园区设施配套、服务企业等有更好的意见建议，通过“建言直通车”热线电话、区工商联微信公众号、面对面交流，构筑起政府与企业之间的一座直通桥梁。建言直通车第一期《关于增加衢江经济开发区员工健身场所的建议》得到领导的批示，已联系相关部门落实。

【举行“商会一家亲·年味别样浓”活动】 2月1日,“商会一家亲·年味别样浓”活动在杜泽镇杜氏宗祠举行。衢江区域外乡贤、各异地商会代表200多人参加。来自天南地北的衢江人汇聚杜泽,共同为“杜泽老街”的打造集思广益,献计献策。

【异地商会年会】 春节期间,杭州市衢江商会、南京市衢江商会、衢江昆山商会、衢江上海商会等异地商会年会成功召开,年会期间,区工商联以此为平台,召开项目推介会。区委书记周向军宣传推介衢江。随后,区文广旅体局、区经信局等单位陆续上台推介衢江。推荐会后,还以乡贤所在乡镇划片,邀请挂钩商会联系领导、相关部门、乡贤所在乡镇领导等参加活动,面对面介绍衢江相关政策、推荐项目。

【走访慰问百岁老人】 1月,会同杭州市衢江商会联合爱心企业衢州市国丰油脂有限公司、衢州宗芝贸易有限公司、工商银行衢江支行开展“新春走访百岁老人”活动,走访全区23位百岁老人,送去党和政府的关怀和新春祝福。

【召开杰出乡贤父母座谈会】 年初,邀请在衢有重大投资或对重大项目有贡献的衢江籍杰出乡贤、各异地商会会长、秘书长等父母代表座谈,与区领导畅所欲言,共话衢江发展。

【组织企业家培训】 7月8—12日,组织企业家到清华大学公共管理学院学习培训,听取宏观经济形势与企业发展机遇、企业组织结构架构企业命脉等讲座,拓宽视野、增进学识、提升素质能力,更好地融入“活力新衢江、康养大花园”建设中,实现自身价值。

【主题教育】 年内,深入开展“不忘初心、牢记使命”主题教育活动,并将学习教育、调查研究、检视问题、整改落实贯穿始终。坚持每周一开展集中学习,党员通过自学,原原本本学,原汁原味学,领悟初心使命,坚定理想信念。按照组团联企、组团联村服务安排,班子成员深入联系企业、联系村调研,掌握了解企业状况,听取意见建议,帮助解决实际问题。同时,通过召开非公经济人士座谈会、实地走访、个别交流等形式,听取基层党员群众、非公经济人士的意见建议。

【东西部扶贫协作】 年内,发动14家非公企业为平武县14个村捐赠价值15万元物资;发动各商会“以购代捐”并组织会员企业家到平武考察,引导会员企业到平武投资兴业,促进产业植入,带动当地群众致富。

(徐　杰)

群众团体

衢江区总工会

【概况】 2019年，全区共有基层工会885家，会员5.44万人。新建基层工会25家，新增会员850人。新成立的衢江区房地产经纪机构联合工会，37家房地产经纪机构280余名中介从业人员加入工会组织。年内，坚持以习近平新时代中国特色社会主义思想为指导，认真学习党的十九大、十九届四中全会及中国工会十七大精神，围绕中心，心系职工，勇担使命任务，各项工作迈上新台阶。

【关爱职工】 2019年元旦、春节期间，慰问困难职工。与区四套班子领导和相关部门领导走访慰问24名困难职工，共发放价值7.12万元的物品。5月，组织一线职工疗休养活动，全区33名一线职工到宁波进行为期3天的疗休养。7月，开展“夏送清凉”活动，向2042名高温生产企业一线员工发放毛巾、肥皂、纯净水、清凉油等价值13.5793万元的清凉用品。7—11月，开展“困难职工解困脱困”工作，帮助42户困难职工实现解困脱困。10月，开展“秋送助学”活动，为8位困难职工发放救助金2.98万元。10—12月，开展“冬送温暖”活动，为14名困难职工建档，发放救助金8.6万元。

【职工医疗互助保障】 年内，全区职工参保17169人，同比增长4.35%。其中，机关事业单位参保为7444人，企业参保为9725人。至年末，全区职工总报销326人次，报销总金额27.59万元（不包括7月1日以后市总实行工会报销医院直接报销的数据）。

【职业技能竞赛】 6月29日，举办“圆梦新时代、同筑工匠心”——第八届衢江区职工职业技能大赛。9个工种，设一等奖9个、二等奖18个，三等奖27个，每个工种一、二、三等奖的奖金分别由6000元、4000元、2000元提高到8000元、6000元、4000元。来自衢江区355名选手参加比赛，进行角逐比拼。此次技能竞赛，目的是培育造就知识型、技能型、创新型的高素质职工队伍，为衢江持续、高质量发展储备更多的技能人才。10月21日，仙鹤股份有限公司2019年度技能大赛启动，共设化学检验工、磨浆工、纸机操作工、包装工、钳工、电工、仪表工、起重装卸机械操作工（叉车工）、起重装卸机械操作工（行车工）9个工种，192名职工参加。

【模范先进集体和个人表彰】 年内，仙鹤股份有限公司被授予浙江省模范集体称号；衢州第二人民医院、衢江区抽水蓄能站指挥部办公室被授予衢州市模范集体称号。衢州市第二人民医院王燕飞、衢江农商银行陈林峰被授予浙江省劳动模范称号。浙江中环农业董事长余竹云等11人被授予衢州市劳动模范称号。浙江鑫丰特种纸业股份有限公司程益民被授予2019年“浙江工匠”称号。

【“衢江工匠”推选】 11月，与区委组织部联合开展第三批“衢江工匠”推选活动。经过各单位推荐、广大职工投票和评审工作领导小组评审，授予仙鹤股份有限公司周小军等10人“衢江工匠”荣誉称号；授予衢州海燕雕塑艺术有限公司汪海丰等10人“衢江区优秀职工”荣誉称号。经过此次评选活动，进一步在全社会形成尊重技能人才、认同技能人才、争当技能人才的主流价值观念。

【工会干部培训】 1月23日，召开全区基层工会实名制工作推进会，对乡镇（街道、办事处）总工会、开发区总工会、系统工委实名制工作负责人进行统一培训，实现工会会员实名制全覆盖。4月12日，在衢江圣效大酒店召开创建衢江“无欠薪区”暨工会劳动法律培训会议，各乡镇（街道、办事处、开发区）总工会、产业工会、系统工委，各基层工会共106人参加会议。进一步打造衢江“无欠薪区”，稳定职工队伍，维护职工合法权益。6月18—21日，在省总工会干部培训学校杭州教学点举办工会干部培训班，42名企业工会干部参加培训。通过培训，学习工会业务知识，借鉴先进经验，创新工作思路，增强作为新时代工会工作者的素养和本领。8月5日，在衢江东方大酒店举行机关事业单位工会党风廉政建设会议暨财务工作培训班，各乡镇（街道、办事处、开发区）总工会、产业工会、系统工委，各基层工会300余人参加培训，加强党风廉政建设，规范基层工会经费收支管理。

12月18—19日，衢江区工会第十五次代表大会召开　　（程熙芳　供图）

【召开区工会第十五次代表大会】 12月18日，召开衢江区工会第十五次代表大会。会议总结五年来区工会的发展成就，科学谋划今后五年的工作目标和任务。会议选举产生区总工会第十五届常务委员会主席李诗海，副主席祝晓军、杜慧红，樊利军（兼职）、周龙清（挂职），杜慧红当选经费审查委员会主任，周渝当选经费审查委员会副主任。

【基层服务】 7月末，与区文明办在金融系统、电力部门重点建设10家劳动者港湾，以环卫工、快递员、市政养护工、出租车司机为主要服务对象，帮助户外劳动者解决喝水难、热饭难、如厕难等实际困难。9月，经过实地调查摸底，为举村乡、大洲镇因台风“利奇马”受灾的14户职工家庭发放救助金额10万元。积极推动“妈咪暖心小屋”建设，年内，新建“妈咪暖心小屋”15家，营造关心关爱特殊时期女职工的良好氛围。区职业中专“妈咪暖心小屋”被认定为2019年度衢州市“妈咪暖心小屋”示范点。10月14—16日，区总工会组织开展“当工人、做调研、践初心”活动，领导带队安排年轻干部到浙江罗伊实业有限公司生产一线岗位，跟当操作工。全体党员干部与工人同吃同劳动，了解他们所思所想所盼，提供精准服务，构建和谐劳动关系。

【安全生产】 4月，在全区各类企事业单位职工中开展安全隐患随手拍合理化建议征集活动，共收到合理化建议100余条。这次活动，对强化红线意识，树立底线思维，预防安全事故，减少职业危害、增强职工安全生产行为主体意识起到积极的作用。7月2日，“周二无会日”时间，由区总工会党组书记、主席李诗海，副主席祝晓军带队到仙鹤股份有限公司、衢州娃哈哈启力饮料有限公司、浙江中财管道衍生产品有限公司等企业，开展创建全国文明城市宣传及“万名职工安康行”活动，共张贴、发放电动车安全出行反光贴2000余条。

【山海协作和东西部扶贫】 年内，加强与四川平武县、杭州滨江区、桐庐县、宁波鄞州区等对口支援地区和山海协作县市职工疗休养的交流合作，互设基地，互为推介，吸引更多市外职工到衢江区旅游休养，滨江区总工会援助衢江区山海协作资金10万元。新增一家省级职工疗休养基地（悦龙湾度假山庄）。聚力乡村振兴，衢江区完成平武东西部消费扶贫逾2000万元，带动平武县600多名贫困人口增收，并被中新网等媒体报道。

【举办“浙工缘”青年交友联谊会】 10月20日，由省总工会、市总工会主办，区总工会、衢州电视公共频道承办，杜泽镇政府协办的“情动金秋、爱在衢州”——2019“浙工缘”青年职工交友联谊会在杜泽镇举行，市本级和衢江、柯城两区企事业单位的240余人参加动感健身舞、优美婚纱秀，团队游戏，红歌接唱等活动。省总工会、市总工会、衢州广电传媒集团相关领导，区领导徐惠文、曾三山等出席活动。现场气氛热烈，当天无线衢州图文直播阅读量超过4.3万次。

【仙鹤股份获省级“农民工文化家园”】 11月20日，浙江省总工会发布《关于命名2019年浙江省“农民工文化家园”的通知》。仙鹤股份有限公司等衢州市四家企业获省级“农民工文化家园”殊荣。始创于1997年的仙鹤股份有限公司，培养了一支由3000多人组成、以农民工为主体的员工队伍。通过开展农民工文化家园创建活动，强化农民工技能培养，组织技能比拼活动，提升农民工技能水平、业务能力，丰富农民工文化生活。

（徐晓庆）

2019 年衢江区总工会职工文化建设活动情况表

表 7

序号	时间	活动	参与对象或人数	活动目的或荣誉
1	3 月 8 日	女职工健康讲座	衢江区女职工	使女职工理解健康新理念，增强自我保健意识
2	5 月 11 日	女职工茶艺技能培训班	衢江区女职工	丰富广大女职工业余文化生活，提高女职工对茶文化的认识，提升女职工的气质与修养
3	5 月 24 日	“尊法守法·携手筑梦”服务职工普法宣传咨询活动	区劳动关系三方成员单位，区法院、区司法局、区治水办、廿里镇政府、廿里镇企业工会主席及工会劳动法律监督员，公益法律服务律师	帮助解决好、维护好职工合法权益，促进企业劳动关系和谐发展，助推美丽大花园建设
4	6 月 22 日	电焊工技能培训	全区 11 家企业 66 名焊工	进一步加快衢江区高素质技能型人才的培养步伐，引导广大技术工人立足岗位成才，提高技术业务素质
5	6 月 29 日	“圆梦新时代、同筑工匠心”——第八届全区职工职业技能大赛	报名参赛人数 355 人	培育造就知识型、技能型、创新型的高素质职工队伍，在全区上下形成积极进取、锐意创新、共谋发展的浓厚氛围
6	8 月 7 日	专项厨艺技能大赛	全区乡镇 52 名烹饪技能人员	为餐饮行业从业人员搭建了学习交流、切磋技艺的平台，提升烹饪职工技能，激发爱岗敬业、钻研技术的热情
7	8 月 25 日	“清凉一夏，很‘高新’遇见你”衢江区高层次新阶层青年人才联谊活动	全区各机关企事业单位 22 名青年	为青年们搭建展现个人风采、相互认识交流、增进情感沟通的平台

续表7

序号	时间	活动	参与对象或人数	活动目的或荣誉
8	9—10月	困难职工转岗再就业技能培训班	全区职工164人	提升困难职工转岗再就业技能
9	10月20日	“情动金秋、爱在衢州”。2019“浙工缘”青年职工交友联谊会	市本级和衢江、柯城两区企事业单位240人	为全省单身青年职工搭建的展现个人风采、增进情感交流和沟通的真实可靠的交友平台
10	11月3日	衢江区第四届干部职工篮球联赛	全区26支代表队424名队员	搭建以球会友的健身平台，激发广大职工群众团结向上、奋发有为的精神状态
11	12月4日	“尊法守法·携手筑梦”公益法律服务	全区职工群众	弘扬宪法精神，推动宪法走进基层、走进职工群众

共青团衢江区委员会

【概况】 2019年，全区共有直属团组织71个。其中，派出基层团工委2个、乡镇团委19个、区级单位团组织24个、学校团组织20个、其他团组织6个；全区14~35周岁青年11万人、共青团员1.8万人、专职团干部25人。年内，共青团衢江区委以习近平新时代中国特色社会主义思想为指导，贯彻团中央十八届二中、三中全会，团省委十四届六次全会精神，围绕区委中心工作，推进共青团青春建功行动，各项工作取得显著成效。

【青少年思想道德建设】 4月，以纪念五四运动100周年为契机，在全区开展“青春心向党·建功新时代”特别主题团日活动。根据不同年龄段的青少年特点，开展“与信仰对话”“红领巾相约中国梦”“面对面”等活动20余场，5000多名青少年参加，引导青少年敢于有梦、勇于追梦、善于圆梦。在全区开展“新时代好少年”评选活动，组织参加浙江省“向上向善好青年”推选活动、衢州市“两红两优”评选活动，通过评比、推报和选树等环节，进一步加强青少年思想道德建设，教育引导青少年见贤思齐、崇德向善，争做新时代衢江有礼好少年。

【基层团组织建设】 年内，根据《关于衢州市共青团组织力提升“潮头工程”的实施意见》，推动区级领航项目“加强团教协作”，以及乡级领航项目“‘网格+团青’联系青年机制”“基层团组织推优入党标准化操作”的试点落实，发挥好项目的领航效应，带动基层团组织建好建强。根据团省委关于基层团组织规范化建设工作的部署安排，大力推进非公企业、社会组织、城市社区等六大领域的团建工作，新建团组织100余个，有效扩大团组织工作覆盖面。落实“智慧团建”相关工作，完成2017年、2018年发展团员补录工作并部署推进2019年学社衔接工作。制订2019年全区发展团员700名计划，坚持团员标准，严格入团程序。各级团组织严格规范入团程序，并将新发展团员及时录入“智慧团建”系统。

【“三服务”活动】 年内，以强化服务企业服务群众服务基层的工作导向，组织开展青年座谈会、与团员青年和基层团干面对面交流活动6场，重点围绕共青团改革建议、团员管理、青年诉求、志愿者队伍打造等重难点问题深入开展交流，真正做到走近青年、倾听呼声、了解诉求。团区委班子带头调研部分青创农场及青创企业，先后走访菇旺家庭农场、淘果园家庭农场、柴春福雕刻工作室、衢北青创园、华顺钙业等企业，与青年企业家们座谈交流，详细了解他们的创业现状及创业需求并认真记录他们反馈的意见和建议。全年共服务企业13家，服务基层组织14个，服务青年600余人，收集各类问题77个，帮助协调解决问题61个。

【希望工程助学品牌】 年内，组成2个工作小组，本着为贫困学生负责、为捐资企业和组织负责的态度，对21个乡镇上报的60余名拟资助的大学生，开展走村入户调查。通过拍照取证、走访邻居等方式，了解家庭经济及存在困难。在充分掌握学生录取学校、学费、家庭情况等确切信息的基础上，最终确定拟资助名单。此外，积极挖掘助学资源，发动省青少年发展基金会、区工商联、区慈善总会、爱心联盟等组织扶贫帮困。全年共筹集助学金22万元，结对贫困中小学生75名，帮扶大学新生41名。

【推动校外教育事业】 年内，依托青少年活动中心，举办公益冬令营3期、夏令营7期、“流动少年宫”7场、其他公益活动28场，为10余所学校10000余名学生带去丰富多彩的游戏活动和别具一格的实践体验。组织开展“传承国学经典，争做儒雅少年”、衢江区第八届少儿声乐大赛、“助力平武”爱心义卖、衢江区第七届少年儿童现场书画大赛等大型活动、比赛10余场，为青少年锻炼自我、展示才华提供舞台。

【青年大学习】 年内，紧扣团中央“青年大学习”主题，以深入学习宣传贯彻党的十九大和团的十八大精神为主要内容，组织开展学习、宣传、培训活动。全年举办“青春大讲堂”活动4场，面向广大团干部、青年学生和社会各界青年，就党史、团史、青年意识形态工作等主题作专题宣讲，推动团员青年的思想政治教育和党的最新理论成果在基层的落地生根。开展“青年大学习”网上主题团课学习，覆盖团员青年2000余名。

【未成年人保护】 年内，调整衢江区未成年人保护委员会组成人员，出台《衢江区关于做好未成年人保护工作的意见》。联合区法院团支部、莲花初中团委举办“模拟法庭”进校园暨“亲青帮”法治宣传活动，利用身边的案例加强未成年人法制教育，增强学生法律意识，参与学生200余人。

【志愿服务活动】 年内，组织团员青年助力文明城市创建工作，开展消灭烟头、清除杂草专项行动。常态化组织开展“学雷锋”、垃圾分类“三进三做”、“关爱留守儿童”、“文明交通劝导”等志愿服务，参与人数5000余名。组织机关志愿者服务“海外侨胞衢州行”“天南地北衢江人活动”“全省深化‘三位一体’农合联改革现场会”等大型会议和活动，展现衢江青年志愿者青春激昂的精神风貌。

【服务青年品牌】 年内，以衢江青年的实际问题需求为导向，聚焦青年就业创业、婚恋交友、社会参与等方面，通过线上活动预告，线下发动，提升基层青年参与活动的积极性和主动性，普惠青少年超过2000人，显著增强了衢江青少年的获得感。举办“亲青恋”活动3场，会员人数增长88人，更是首次尝试举办“重返十八岁，很‘高新’遇见你”衢江区高层次新阶层青年人才联谊活动，进一步激发全区高层次人才热爱衢江、创业衢江、奉献衢江的热情。通过帮扶打造“青创农场”示范点、推荐参加农村青年致富带头人培训班、创业青年座谈会等方式服务青年创业就业。通过开展科普宣传、科学探索和科技创新活动，服务青少年创新思维培养。

（翁梦娇）

衢江区妇女联合会

【概况】 2019年，衢江区妇女联合会（简称区妇联）以深化妇联改革为目标，以“党政所急、妇女所需、妇联所能”为切入点，创新工作方法，夯实工作基础，打造工作品牌，引导广大妇女投身“一米菜园”创建、就业增收、女性创业创新、巾帼建功等行动中，团结带领全区广大妇女在建设“活力新衢江、康养大花园”中发挥半边天的积极作用。年内，创建市级巾帼文明岗2个，区级27个；高家镇汪水荣家庭、上方镇王艳芳家庭获评2018年度浙江省最美家庭；联合衢江二小打造衢州市首家学校家风馆，展示孟母择邻、岳母刺字等家风典故，以及杨炯、明孝贞纯皇后等一批先贤的故事以及全国“最美家庭”“五好文明家庭”等一批“国”字号最美典型；圆满完成区妇联换届工作。

【巾帼同心向党】 年内，深化“百千万巾帼大宣讲”活动，组织妇联干部、巾帼志愿者进村入户，把习近平新时代中国特色社会主义思想、中国妇女十二大等党的好声音传递到妇女群众之中，引导广大妇女群众听党话、跟党走。全年组织各类宣讲30期，参与人数2800余人次。组织开展“十佳”来料加工经纪人、“十佳”妇女干部、“十佳”巾帼带头人评选表彰活动，从农村一线、技术岗位、群众身边发现典型，激励广大妇女见贤思齐、奋发向上。组织知识妇女联谊会成员到新田铺、花园258等地考察美丽乡村建设和女性创业创新工作；组织开展“我的祖国我的家”作品征集等活动，以妇女群众喜闻乐见、寓教于乐的形式，动员广大妇女践行新思想，建功新时代，展现新作为。

【“一米菜园”创建】 年内，把“一米菜园”创建作为农房整治拆后利用、提升农村风貌的主要抓手，有机融合乡村产业发展、乡风文明创建、基层治理等工作，进一步提高农房整治拆后土地资源有效利用，聚焦“党建治理大花园”建设的最小单元；按照经济实用兼顾美观美化的要求，以“一带两线”和改村提升村为重点，充分发动群众广泛参与，推动环境美、产业美、生态美、乡风美的美丽乡村建设；开展“一米菜园”双月督查排名、互学互看PK赛等系列活动，全域推开“一米菜园”创建工作。全区共启动创建“一米菜园”示范村74个，建成“一米菜园”示范户1357户，已建“一米菜园”面积逾20万平方米。

【女性就业增收】 年内，进一步落实来料加工以奖代补扶持政策，加大对经纪人吸收低收入农户的激励，鼓励经纪人做大做强。横路办事处日用品经纪人胡青青购置工业用地，建设标准化生产车间，实现来料加工小作坊到小微企业的转型。组织举办来料加工经纪人安全生产培训班、业务提升培训班、业务对洽会，进一步提升经纪人整体素质；结合“安全生产月”等活动，全面排查来料加工集中点的隐患，消除不安全因素，推动来料加工业健康安全有序发展。全年发放加工费超6亿元。

【女性创业创新】 年内，发挥省妇女儿童发展专项资金的撬动作用，引导和鼓励更多的妇女从事和发展家庭农场、乡村休闲旅游、幼儿事业等，扶持和培育一批巾帼带头人，全年发放女性创业创新贴息贷款4万元；依托各类职业技术学校，整合资源，组织开展育婴员、面点、小吃、烤饼等技能培训班，不断提升妇女的就业创业能力，引导和鼓励困境妇女走上就业岗位。全年共举办各类培训班32期，1800余人次参加；深化巾帼文明岗创建，注重“妇字号”品牌打造，积极引导广大妇女向现代农业、民宿、乡村休闲旅游等生态产业、绿色经济进军。峡川镇隐柿东坪余夏仙、大桥七号杨静获评省最美民宿女主人，黄坛口乡清风居获评省巾帼示范民宿（农家乐）。

【巾帼志愿服务】 以区、乡、村三级妇女干部为骨干的巾帼志愿服务队，深入乡村、社区、学校、企业，投身到全国文明城市创建、五水共治、扫黑除恶、农房整治、普法宣传等乡村振兴工作一线，成为乡村振兴不可或缺的重要力量。全年组织开展志愿服务50余次，参与人数3000余人次。

【家庭文明创建】 年内，常态化开展“最美家庭”、书香家庭、绿色家庭、文明家庭等各类家庭评选创建活动，营造爱国爱家、相亲相爱、向上向善、共建共享的社会主义家庭文明新风尚。全年共向上推荐各级各类“最美家庭”80户，其中高家镇汪水荣家庭、上方镇王艳芳家庭获评2018年度浙江省最美家庭，汪水荣家庭作为衢州市唯一的家庭代表到现场参加发布会。上方镇谢春花家庭入选2019年度浙江“廉洁守法”家庭（第二季度浙江“最美家庭”）。

【家庭教育工作】 组织开展“给妈妈写一封信”“我家最美

一瞬间”“梦想启航——好家庭好家风巡讲”等主题活动，用文字、视频、宣讲等形式展现良好家风家训，普及科学家庭知识，讲好爱国爱家、向上向善的家庭故事，引导广大妇女和家庭在参与的过程中感受好家风、传承好家训，以家庭和美促进社会和谐。全年共举办家庭教育讲座、最美家庭宣讲等活动10场，参与人数1500余人次。

【妇女权益维护】 发挥妇女维权站、婚姻调解委员会、家事调解中心等维权阵地作用，构建多部门合作、多方面参与、多角度支持的妇女维权网络；把“家事调解中心”作为妇女维权的品牌，组织“最美家庭”、最美女性、妇联干部等群体进家事调解中心，参与家事纠纷调解，打造出“最美”家事调解品牌，以家庭和美促进社会和谐稳定。全年共接待来信来访14人（件），答复率100%。大洲镇建成以镇妇联执委陈丽苹命名的“苹评有理”工作室。

【妇女儿童关爱】 推动区政府将3岁以下婴幼儿疾病筛查和“两癌”筛查作为民生实事项目，当年10月份，完成3岁以下婴幼儿疾病免费筛查9688人，筛查出先天性心脏病26人，肾脏疾病9人，神经、体格异常135人；完成“两癌”筛查14186人，确诊乳腺癌2例，宫颈癌7例。多次组织女企业家、知识妇女联谊会等女性团体走访慰问困境学生、困境妇女、癌症母亲、慰问举村乡受灾群众；组织女企业家、知联会等开展“微书房”捐赠、同心助学等活动，捐赠书桌、跑鞋，结对贫困学生等，关注困境儿童的生活和生理健康；继续开展东西部扶贫协作，为平武学生捐赠校服等物资，全年累计筹集资金和物资20余万元。

（饶文理）

衢江区科学技术协会

【概　况】 2019年，区科学技术协会围绕区委“1136”发展战略体系布局，按照为科技工作者服务、为创新驱动发展服务、为提高全民科学素质服务、为党和政府科学决策服务的“四服务”职能定位，不断深化创新发展、全民科学素质提升工作，凝心聚力助推发展。开展区科协系统群团改革，深入实施创新驱动助力工程项目，新建首批区级创新服务驿站4家，新建衢江首家外籍院士专家工作站，增强企业创新发展能力。利用科普“三下乡”、“全国科普周”、“全国科普日”和农函大培训等活动平台，发动科技人员积极参加各类科普活动，推动社会化科普工作，获评中国科协2019年全国科普日活动优秀组织单位，全民科学素质工作考核全市第一。

【科技工作者服务】 聚焦团结服务科技工作者的首要职能，坚持优化联系服务机制，凝聚科技工作者的智慧和力量。3月，开展衢江区第二届优秀科技工作者评选表彰工作，共评出优秀科技工作者10名（工业6名、农业2名、医卫2名）。以“5·30”全国科技工作者日载体，举办“智慧经济驱动企业创新发展”科技讲座，提高企业科技人员数字经济理念，促进实体经济和数字经济融合发展；开展优秀科技人员慰问活动，邀请区委常委、组织部部长徐爱平深入浙江夏王纸业有限公司、浙江日新电气有限公司等科技型企业，看望慰问一线科技工作者和人才代表，开展座谈，进一步传递表明区委重视人才的态度，营造尊重科技人才的良好氛围。

【科技创新服务】 深化与衢州市产学研协同创新促进会的科技服务合作，按照“三服务”要求，组织人员走访企业，做好政策解读，了解精准需求，提供科技服务。抓好新农都、三易易、中医院、鼎盛建材和宁莲院士专家工作站的指导工作，做好人才奖补资金兑现。积极帮助浙江仙鹤纸业有限公司、浙江五一机械有限公司、浙江广胜药业有限公司、浙江吉祥厨具股份有限公司、衢州市益年堂农村科技有限公司等有院士站建站意向的企业牵线搭桥，成立衢江区首家外籍院士专家工作站。在全市创新开展创新服务驿站建设，新建首批区级创新服务驿站4家，发挥学（协）会专家智力资源优势，为企业提供创新发展服务。成功牵线浙江日新电气公司与上海交通大学电气工程系及国家电网研究院进行校企合作，为企业创新添动力。

【优秀论文评选奖励】 4月，举办衢江区2018年度自然科学优秀论文评选活动，共评选出自然科学优秀论文17篇，其中一等奖1篇、二等奖3篇、三等奖13篇；获第二十届衢州市自然科学优秀论文二等奖1篇、三等奖3篇。

【全民科学素质提升】 4月，针对机构改革，加强沟通汇报，及时对纲要领导小组成员和办公室成员进行调整。5月，制定下发《2019年衢江区全民科学素质建设工作要点》，做好目标责任分解、部门责任分解，促进四类重点人群科学素质的提升。年内，全民科学素质工作首次纳入区综合考核。11月，召开全区全民科学素质工作会议，制定下发《2019年衢江区全民科学素质工作考核办法》，通过各《纲要》成员单位的通力协作，全区全民科学素质工作考核全市第一。

【农函大教学培训】 年内，以农函大教学点为主阵地，将产业培训办到田间地头，举办果树栽培技术、茶树菇标准化技术、中药材实用技术培训等5期市农函大培训班，培训农户300多人次。加强对各个农函大培训项目的管理，在每期农函大培训班，特别是年内新增教学点开班时，派人到教学现场进行指导，积极引导教学点开展以理论、实训相结合的教学模式，提高农函大培训的实效性。

【“互联网+科普”信息化建设】 推进科普信息化工作，利用科协24小时、科普画廊，衢江电台、广播、今日衢江、衢江发布等“科普之窗”栏目，实现科普的信息汇聚和精准推送。大力推进“互联网+科普”信息化建设，加强科普e站和科普画廊规范化管理，继续推进科普中国App的落地应用，新增科普信息员450余人。在“中国科协组织信息管理系统”完成1个县级科协和21个乡镇科协组织、人员信息数据采集工作，继续深化群团组织改革，促进组织信息沟通与经验共享。

【“你点我来”科普服务】 年内，创新服务形式，把原来的集中式科技下乡变成“点菜下单”的精准化服务，在全区推出“你点我来”科协助力乡村振兴服务活动，做到市县乡三级科协联动“随叫随到”；成功开展3期“你点我来”精准服务，在28个重点乡村振兴讲堂悬挂“你点我来”服务栏，印制“你点我来”科普助力乡村振兴科普手册10000份，扩大科普服务覆盖面。

【“求是课堂”公益活动】 年内，与衢州求是科技联合会联合开展“求是课堂”，在莲花初中、廿里初中、大洲小学等乡镇中小学以“3D打印创新与发明”、“走进昆虫的世界”等为主题开展“求是课堂”公益活动20多场，“求是课堂”主要内容包括主题讲座、冬令营、夏令营、征文比赛等。4月，衢州市求是科技联合会获衢州市民政局2018年度志愿服务工作先进单位。6月，求是课堂公益科普项目获衢州市新时代文明实践中心志愿项目创意赛决赛铜奖。

【青少年科技教育活动】 8月，联合团区委、区教育局、区少工委以“体验·创新·成长”为主题举办第十六届衢江区青少年科技创新大赛，共收到科技创新作品130件，评选出77件获奖作品，并做好省市作品的报送和参赛工作，获第34届浙江省青少年科技创新大赛奖项8个。邀请中科院老科学家原魁到衢江一小作“点燃科技热情、探索数字世界——智能机器人”科普讲座。开展中科院老科学家科普演讲团衢州巡讲活动，在衢江区3所学校开展以“科学百年——20世纪：物理学的世纪、声音趣谈和揭开航天遥感的神秘面纱”为主题的科普演讲。联合市科协在横路中心小学、后溪中心小学开展科普大篷车进校园活动，为师生送上科普大餐。

【举办全国科普日主场活动】 9月17日，以“礼赞共和国·智慧新生活”为主题，举办“衢江区2019年全国科普日暨校园机器人嘉年华主场活动”，聚焦人工智能、5G技术、无人机、机器人等前沿科技热点，开展趣味科普活动，传播科学思想，弘扬科学精神。全国科普日期间，各科普示范单位也纷纷开展丰富多彩的科普活动，全区共申报全国科普日重点活动20项，区科协获评中国科协优秀组织单位。9月，举办以“礼赞共和国·智慧新生活·活力新衢江”为主题的“衢江区全国科普日生态文明科普知识微信有奖竞赛”活动，普及衢州有礼、文明城市创建、垃圾分类、五水共治等知识，参与群众3000余人次。

（何　静）

衢江区文学艺术界联合会

【概况】 2019年，区文学艺术联合会完成机构改革，为正科级全额拨款事业单位，归口宣传部管理，主席由宣传部领导兼任。核定事业编制1名，设专职副主席（副科）1名和秘书长（股级）1名。区文联下属有文学协会、书法协会、美术协会、摄影协会、音乐舞蹈协会、葫芦丝联谊会和民间文艺家协会、网络作协等8个群众文艺社团，会员362人（比上年减少32人，部分长期不参加协会活动的会员作退会处理）。其中，国家级会员6人、省级会员26人。年内，以习近平新时代中国特色社会主义思想为指导，深入贯彻党的十九大及十九届二中、三中、四中全会和习近平总书记“两会”期间看望参加政协会议的文艺界社科界委员时的重要讲话精神，坚持以人民为中心的工作导向，积极为繁荣群众文艺，推动衢江高水平全面建成小康社会做出贡献。

【加强理论学习】 深入学习贯彻习近平新时代中国特色社会主义思想，重温习近平总书记2014年10月15日在文艺工作座谈会上的重要讲话精神，增强“四个意识”，坚定“四个自信”，做到“两个维护”，做好意识形态相关工作。1月30日，《衢江文艺界》刊发《繁荣发展群众文艺丰富人民群众精神文化生活》、3月22日刊发《照亮和雕刻民族的灵魂》、7月16日刊发《团结带领广大文艺工作者记录新时代书写新时代讴歌新时代》等文章，为广大文艺工作者学习提供素材。

【庆祝新中国成立70周年系列文艺活动】 5月20日，由温岭市文化和广电旅游体育局、温岭市文学艺术界联合会、衢江区文化和广电旅游体育局、衢江区文学艺术界联合会主办，温岭市文化馆、温岭市书法家协会、衢江区书法家协会承办的“江海温情”——衢江温岭书法小品联展在温岭市文化馆展览厅举行，共展出两地作品81件，作品内容以毛主席诗词等红色诗歌为主，书风多样，吸引100多位书法爱好者前来参观学习。9月，衢江区音乐舞蹈协会组织20名成员在莲花镇举办庆祝新中国成立70周年快闪拍摄活动，与来自各村的共和国同龄人及数千群众一同唱响《我和我的祖国》，用歌声表达对美好生活的向往和对新中国70华诞的祝福。9—10月，区文联举办庆祝新中国成立70周年作品征集活动，面向衢江区机关单位、群众文艺协会征集主题作品并从中评选出70幅优秀作品，内容涵盖文学、书法、绘画、摄影等多种艺术门类，引领文艺工作者从多个角度讴歌国家发展、描绘美好生活。

【清廉文化建设】 8月21日，由衢江区纪委、区监察委、区委宣传部主办；区文联、区书法协会承办的“清廉墨香”廉政书法进文化礼堂活动在周家乡上岗头村文化礼堂启动。区书法协会文艺小分队进行现场创作，以书法艺术形式助力廉政文化建设。8—9月，开展“清廉墨香”廉政书法作品征集活动，共收到100多幅作品，评选出70幅入围作品，编印成廉政书法作品集，记录和弘扬衢江廉政文化。9月19日，在衢江区会议中心一楼举办“清廉墨香”廉政书法展，共展出35幅优秀主题作品，展后分送到部分文化礼堂进行巡展，让更多党员干部接受廉政文化教育，强化遵规守纪意识，营造风清气正的良好氛围。

【首届儿童文学讲习班】 11月24日，由浙江省作家协会儿童文学委员会、衢州市文联、衢州市作家协会主办，衢江区委宣传部、衢江区文联、衢江区文学协会、衢江区网络作协承办的衢州市首次儿童文学讲习班在衢州市文联大厅举办。著名儿童文学作家谢华做衢州儿童文学讲习班第一讲，著名评论家、作家，中国寓言文学研究会会长孙建江高度评价衢州儿童文学创作水准，希冀衢州儿童文学群体能打造得更好。衢江区文联下属协会会员、全市儿童文学爱好者70余人参加。

2019 年衢江区文艺协会活动情况表

表 8

协会名称	活动内容	活动时间	活动地点	活动情况
书法协会	1. 送春联活动下乡 2. 采风培训活动 3. 书法村及公益班活动 4. 庆祝新中国成立 70 周年系列活动 5. 作品点评加工会	春节前夕 3 月 6 日 3 月 21 日 3 月 22 日 4—6 月 10 月 7 月 8 月 8 月 5—10 月 8 月 5 月 8 日 5 月 20 日 6 月 24 日 10 月 14 日	东港开发区 樟潭街道高家镇 峡川镇 周家乡 衢州儒学馆 上海 杭州 区消防大队 区实验小学 廿里鱼塘头村 廿里镇文化礼堂 全旺镇 温岭文化馆衢江文化馆 区政府会议中心 衢江四小 市文联 市文联 市文联	1. 送春联活动共计举行了 21 场，送出春联 2920 多副，福字 3050 余个 2.（1）组织骨干会员上海博物馆参观董其昌书画展 （2）组织了近 50 人参加著名书法家刘正成授课 （3）3 月 22—24 日，省文联直属文艺家协会会员学习习近平新时代中国特色社会主义思想培训班开班，邱伟芬、徐月琴作为首批会员参加学习 （4）4 月 3 日，衢江区消防队书法培训班开班，参加成员 30 人，开课 12 次 （5）10 月 1 日，衢江区书协书法骨干培训班正式开班，全年授课 15 次 3.（1）“书法惠民”——区文艺小分队走进鱼塘头村文化礼堂暑期书法公益班首次开课，书协骨干会员洪炳福担任辅导教师，义务辅导村民 30 人，授课次数 15 次 （2）廿里镇文化礼堂第三期“春泥计划”开班，20 位中小学生参加了书法公益培训 （3）全旺镇“春泥计划”暑期书法培训班在全旺镇综合文化站开班，共分两期，共 50 名学生参加了培训，区书协骨干汪建刚担任辅导老师，授课 20 余次 4.（1）“江海温情”——衢江温岭庆祝新中国成立 70 周年书法小品联展活动 （2）8 月 21 日，区纪委、区宣传部联合主办的“清廉墨香”书法系列活动 5.（1）衢江区“沙孟海奖”第十届全浙展作品创作加工会，10 名会员参与 （2）区书协组织会员 30 余人参加市文联的备战国展省展重点作者作品加工会 （3）区书协组织会员 20 余人参加市里组织的中国美院教授讲座点评会 （4）“余绍宋奖”第二届衢州市书法大展作品点评加工会在衢州市文联举行，衢江区组织 30 多人近 40 幅作品参加点评交流活动
文学协会	1. 杜泽镇老街、明果村诗歌采风 2.“最美衢江·茶香岭洋”文学采风暨文学创作交流会 3.“探寻传统文化，感受乡村振兴”的区外采风活动 4. 衢北采风活动	1.3 月 9 日 2.4 月 26—27 日 3.8 月 15—16 日 4.11 月 10 日	1. 杜泽镇老街、明果村 2. 岭洋乡 3. 江山市洪福村、仙霞岭、廿八都等处 4. 东坪村、杜泽老街、铜山源水库	1.7 名会员参与。采风作品先后在《衢州日报》《今日衢江》及微信平台“诗人样本”刊出 2.18 位会员参加。邀请省文联《品位·浙江诗人》执行主编天界、著名诗人李郁葱等 7 位诗人参加。浙江新闻客户端、“浙江诗人”公众号、《衢州日报》等媒体纷纷报道此次活动 3.18 名会员参与。收到作品 25 篇（首）。部分作品在《衢州日报》《今日江山》及微信平台“浙江诗人”“衢州诗人”等发表、推送 4.16 位会员参加。收到采风作品诗文共 20 篇（首）。部分作品在《衢州日报》《钱塘江文化》等报刊发表

续表 8

协会名称	活动内容	活动时间	活动地点	活动情况
音乐舞蹈协会	1.2019 年迎新晚会 2. 与共和国同龄人一起唱响《我和我的祖国》快闪拍摄 3. 创文明城市 走进社区纳凉晚会活动 4.“美丽东城 好听衢江”民乐专场 5. 国际赛艇比赛衢江赛区	1.2 月 2.7 月 3.8—9 月 4.7 月 5.9 月 11 日	航民望江园 莲花 衢江区 沈家文化礼堂 衢江东方 宁波 衢江东方 衢江凤凰湖	1. 参与人数 20 人，为群众带来文化视觉大餐，现场观看群众 100 人左右，参与人数 10 人 2. 参与人数 20 人，献礼新中国成立 70 周年 3. 共演出 11 场，惠及群众 3000 余人，助力全国文明城市创建 4. 邀请竹笛演奏家、国家一级演奏员蒋国基，浙江省青年二胡演奏家石淼淼等大咖共同演绎华美乐章，为群众带来视听盛宴 5. 为 9 个国家 16 所高校 17 支队伍表演了衢江本土特色文艺项目
美术协会	1. 傅文伟 2. 程婵 3. 余颖 4. 王兵 5. 雷建斌 6. 王翔	2019 年全年	丽水美术馆（主办：浙江省委宣传部、浙江省文化旅游厅、浙江省文联）；浙江美术馆；绍兴柯桥美术馆；杭州高维艺术画廊；秦皇岛松石美术馆；北京 Kea1023 画廊	1. 视觉强度——浙江省第三届综合艺术双年展；浙江省第 14 届美术作品展；映物・味象——浙江省油画作品展；三尺之外——毛宗种 傅文伟 洪丹三人展；面向未来——秦皇岛当代国际艺术单年展；维度位移—— Kea 当代艺术实践展 2. 浙江省第三届综合艺术双年展 3.2019 年获映物・味象——浙江省油画作品展 4.2019 年获浙江省中小学美术作品一等奖 5.2019 年获浙江省中小学美术作品三等奖 6.2019 年获浙江省中小学美术作品三等奖
葫芦丝联谊会	1. 参加衢州市中老年春晚 2. 衢江区春季超七孔葫芦丝培训班 3. 承办“美丽东城 好听衢江”中国新丝韵葫芦丝艺术团专场音乐会 4. 举办衢江区葫芦丝文化周活动 5. 昆明晋宁一中参加“我爱你中国——葫芦丝系列音乐会暨 2019‘古滇之都’葫芦丝艺术展演”	1.2 月 7 日 2.3 月 2 日 3.6 月 9 日 4.7 月 26—28 日 5.8 月 7 日	衢江区范围内	1. 组织 22 名会员排练葫芦丝合奏《乌溪江畔我的家》 2. 为期三个月，报名人数 70 人 3. 由著名葫芦丝演奏家李春华先生及来自全国 12 名知名青年演奏家，现场来自各个省市区观众将近 1000 人 4. 由浙江省民族管弦乐学会指导，浙江省民族管弦乐学会葫芦丝巴乌专业委员会、衢州市衢江区葫芦丝联谊会、浙江省衢州第三中学承办的“70 华诞普天庆 丝情乐韵汇衢江”2019 年第三届“丝韵浙江”葫芦丝巴乌全国展演在衢州三中举行，衢江区葫芦丝联谊会精心组织策划，本次展演吸引了来自全国各地 21 个省市的葫芦丝爱好者近 600 人。衢江区 100 多名选手参与展演，其中：衢江区第一小学参加组合组获金奖，少儿 A 组夺冠金奖，老年组银奖等好成绩。衢州三中由浙江省民族管弦乐学会葫芦丝巴乌专业委员会授牌葫芦丝教学培训基地 5. 学员获少儿组金奖
民间文艺家协会	柴春福	1 月 4 月 4 月 9 月		作品《秋韵》参加“和合之美”首届中国民间工艺文创精品展 作品《捕》参展“第九届中国（浙江）工艺美术精品博览会”，获得“金奖” 《九龙》参加第 14 届中国义乌文博会工艺美术展获“金奖” “蟾蜍”参加浙江高校非遗研培实践作品展，在中国美院展出

续表8

协会名称	活动内容	活动时间	活动地点	活动情况
摄影协会	1. 山海协作摄影培训班 2. “美丽衢江我的家”微视频征集大赛 3. 企业三服务活动（拍摄劳动者身影） 4. 社区公益培训	1.8月26日 2.9月25日 3.9月—12月 4.12月4日	1. 面向全区 2. 面向全区 3. 衢江经济开发区部分企业 4. 霞飞社区	1. 由区协作办主办，区摄影协会承办的摄影班50余人，主要培训手机拍摄，及时记录山海协作、东西部扶贫工作成果 2. 助力全国文明城市创建，培育社会新风，传递正能量，充分展示衢江区在创建过程中取得的成果，展现城市与市民的文明形象，收获参赛视频40个，评选出8个等级奖、9个入围优秀作品 3. 助力企业文化建设，展示企业形象风采、传播企业文化品牌，与衢江区知联会（网联会）联合开展了送摄影服务到企业、到社区活动。为部分特色企业拍摄企业形象照片。通过对企业形象的真实记录和艺术加工，让外界通过图片更直观地感受到企业的实力和魅力 4. 为霞飞社区十多名干部培训手机拍照和单反摄影技术
网络作协	1. 毛晗涛创作活动 2. 读书会 3. 读书周活动 4. 网络文艺阵地建设	1. 全年 2.2019年新春 3.10月 4. 全年	南孔书屋（新屋里小区） 衢州市新华书店	1. 励志网络青年作家得到省网络作协的关注，在17K小说网完成80万字的作品最新更新，被网络文学刊物《橙瓜》专访 2. “这个年不一样”新春读书会，共16人参加，探寻传统文化在网络文学中的表述，书写网络正能量 3.5人参加读书周活动，分享好书 4.2019年2月申请网络作协的官方微信公众号“乌溪江”，每周一期，共发布50期，发布文章147篇

（闻　婷）

衢江区社会科学界联合会

【概况】 2019年，区社会科学界联合会以习近平新时代中国特色社会主义思想为指导，认真贯彻党的十九大和十九届二中、三中、四中全会精神以及上级宣传思想工作会议精神，以庆祝新中国成立70周年为主线，围绕区委、区政府中心工作任务，扎实工作，成效显著。衢江“四书”社科项目建设经验登上“浙江社科”被全省推广。

【完善社科管理制度】 年初，印发《社科联2019年工作要点》，列出项目清单，有目标有计划的推进社科工作。区委印发《关于加快推进哲学社会科学发展的实施意见》，加强对社科发展的重视，营造共同关注支持社科的氛围。印发《社会科学普及示范基地建设与管理办法》，报送《社科联深化改革实施方案》，进一步推动哲学社会科学繁荣发展。

【推动社科基地建设】 年内，围绕“八八战略”在衢江的实践，结合中华优秀传统文化“四书五经”中的《论语》《礼记》《中庸》《大学》等的弘扬，总结衢江区推进习近平新时代中国特色社会主义思想学习宣传、衢州有礼城市品牌打造、农村文化礼堂建设和新时代文明实践工作，在龙潭嘉苑小区利用800平方米集体用房打造衢江“四书”社科项目，植入形式多样的声光电与电子屏媒，突出互动性和参与性，打造特色社科基地。高家荷鹭牧场、后溪弘儒国学体验园被市社科联命名为第五批“衢州市社会科学普及示范基地”。全区共建省级社科基地2家、市级9家、区级13家。

【加强社科课题调研】 年内，经省社科联推荐，区社科联与浙江财经大学经济学院深化合作，邀请王正新等10余位专家实地走访富里农村综合改革试验区、新田铺田园康养综合体、上岗头村、湖仁村等地，从乡村空间形态的有机更新、产业的有机更新、村民收入结构的有机更新和乡村人文与生态效益显著提升等经验成效入手，形成《推进我省加快发展县（市、区）实现乡村有机更新的衢江样板》调研成果。推荐的2个课题入选2019年度市级社科规划课题，其中，“从要素渗透到产业融合：新型康养产业发展的支撑体系与路径研究”被列入一般课题，获得研究经费补助。

【挖掘本地社科资源】 年内，鼓励本地社科工作者围绕身边人、身边事创作社科作品，推荐《世纪之水：乌溪江绿色交响曲》《衢江老手艺》《衢江古村镇》等著作参评市哲学社会科学成果奖。其中《衢江老手艺》获评市第十五届哲学社会科学优秀成果著作类三等奖。推荐社科工作者李吉安参加省社科联主办的“我与中国特色哲学社会科学”学术自传撰写活动。

（洪朝胜）

衢江区残疾人联合会

【概况】 2019年，区残疾人联合会以习近平新时代中国特色社会主义思想为指导，贯彻党的十九大精神，围绕残疾人的基本需求，一心一意为残疾人排忧解难，各项工作取得成效。年内，衢江籍运动员杨杰在全国第十届残疾人运动会赛艇项目比赛中获得男子AS1000M单人和AS2000M单人双桨两个冠军。10月，杨杰被评为衢州市自强模范。

【走访慰问残疾人】 2019年元旦、春节期间，区残联陪同区委、区政府领导走访慰问公疗机构、福利企业及21个乡（镇）贫困残疾人家庭245户，发放慰问金，体现党和政府对残疾人关爱。

【推进残疾人就业和扶贫保障工作】 年内，以全区大保障体系为依托，按照“保基本、广覆盖、多层次、可持续”的要求，做好残疾人困难生活补贴和重度残疾人护理补贴两项补贴发放、两项补贴动态调整机制、系统录入、残疾人收入状况监测和动态更新，以及残疾人危房改造、扶贫、教育、就业等工作。全年为4695名困难残疾人发放生活补贴；为5351名重度残疾人发放护理补贴。同时做好两项补贴动态调整机制。5月初，经对全区21个乡镇残疾人住房情况前期摸底调查，按照“无房户、多残户、重残户”优先，以及公开、公平、公正的原则，完成10户残疾人危房改造（其中省级慈善危房4户）。做好残疾人扶贫、教育工作，全区困难残疾人低保人群覆盖率90%；困难残疾人生活补贴目标人群覆盖率102.45%；重度残疾人护理补贴目标人群覆盖率100%；低保、低保边缘户、重度残疾人免交社保，基本养老保险参保率100%；基本医疗保险重度残疾人覆盖率99.5%。完成残疾人就业实名制系统的录入，录入4名2019年毕业残疾大学生就业信息。完成新增按比例就业人数27人，新增电商就业24人，培训262人的任务数。同时，联合零零壹电器有限公司、浙江中电防盗紧固件有限公司、衢州市吕百味食品包装有限公司等企业举办就业招聘会，推荐有就业需求的残疾人，推动残疾人就业工作。

【无障碍设施建设】 年内，完成省级无障碍示范社区创建工作。根据省、市残工委有关开展无障碍社区示范社区创建的文件精神，区残工委申报第二批省级无障碍示范社区创建社区。2月18日，制定樟潭街道霞飞社区创建无障碍社区工作实施方案，投资80多万元，对霞飞社区内居民出入的坡道、楼梯扶手及标牌标识等进行提升改造，改造及修复盲道800多米、降低改造缘石坡50多个，对5个公共场所的厕所进行改造和第三卫生间建设以及安全报警器安装，对大型商场、医院、图书馆、汽车站等公共场所的坡道、扶手、无障碍停车位进行改造并配备了部分轮椅，在区政府服务中心大厅安装盲人服务导航系统，在城区主要路口红绿灯斑马线安装2套行人（盲人）通行语音播报系统，在图书馆安装5套盲人读书系统等。8月20日，市残工委组织验收组验收，对工作给予肯定。围绕省、市、区政府为民办实事事项，做好14家重点服务场所无障碍设施改造工作。区政府成立由分管副区长任组长，区政府办副主任、残联副理事长任副组长的领导小组，制定改造方案、明确责任分工、区残联负责统一招标实施。7月9日，市人大常委会副主任马梅芝、市人大社会（工）委负责人、市政府分管副秘书长，以及市残联、市财政等负责人，对市政府民生实事项目进行调研、现场指导和提出整改意见，通过整改落实，使项目得到推进和完善。9月初，14个点位改造项目全部完工。

【康复服务工作】 年内，加强残疾人辅助性就业（庇护照料）机构规范化建设，完成衢江瑞康医院残疾人之家、杜泽祥元残疾人之家、华博残疾人之家的建设，其余3家基本建设完成。帮助残疾人实现就业。与区就业局联办残疾人专场招聘会，26名残疾人实现就业。加快推进特殊教育两头延伸工作，提升三叶草幼儿园服务水平。“三叶草”特教幼儿园接纳25名儿童基本康复训练，其中孤独症儿童15名，智力发育迟缓残疾儿童10名。在师资有限的情况下，继续推出预约康复服务，让程度较轻的孤独症和智力发育迟缓儿童融合特教和普教，定时接受康复课程训练，下半年通过编外用工形式，招聘3名编外人员充实三叶草幼儿园的师资力量，增加师资和设备投入，扩大康复训练对象。融入健康衢江大局，提升430张重度残疾人家庭病床康复服务和签约医生服务规范化水平。积极争取全省残疾人服务能力提升工程财政专项激励资金。根据省财政厅、省残联关于开展《残疾人服务能力提升工程财政专项激励资金竞争性分配工作的通知》（浙财社〔2019〕16号），找准争取的方向和突破口，吃透政策、抓好规划、加强汇报、积极沟通、把握方向、重点争取，取得全省残疾人服务能力提升工程财政专项激励资金奖励，确认衢江区为全省22个残疾人服务能力提升工程项目省级支持县，两年共获补助资金1000万元。

【开展助残系列活动】 5月19日，第二十九次“全国助残日”。以“自强脱贫 助残共享”为主题，印发《关于开展第二十九次“全国助残日”活动的通知》，对“助残日”活动作统一部署。5月17日上午，在衢江区启智学校操场举行“残健共融服务基地”授牌、衢江区阳光助残帮扶基金捐赠、校企合作协议签订、“园校共建”签约等仪式，区委、区人大、区政府、区政协有关领导，以及乡镇残联和助残企业代表参加活动，区委副书记徐惠文讲话，衢江区启智学校学生们表演精彩的文艺节目。组建一支由区乡两级残疾人工作者和残疾人的合唱队，请专业声乐老师指导编排《我和我的祖国》参加衢州市残联举办的衢州市自强模范暨市残联系统庆祝新中国成立70周年大合唱，凝聚助残力量，弘扬自强精神。

【深化“最多跑一次”改革】 年内，推行“一站式”服务模式，评残办证立等可办。改革前至少需要跑3个部门、提供4项材料、20个工作日才能拿到残疾人证。改革后，依托市第二人民医院“一站式”服务平台，通过打通部门流转环节，精减提交材料，简化整合表单，取消公示流程，压缩办理时限，推行残疾人等级评定、残疾人证办理事项“一件事”联办，残疾人只需填报1张申请表单并提供身份有效证件，在医院完成等级评定后30分钟内即可领取残疾人证，实现残疾人评残办证“最多跑一次”。创新“帮你办”服务机制，涉残事项集成联办。全面梳理涉残惠残联办事项，统一制作《衢江区涉残事项“帮你办”联系单》，将辅助器具适配、两项补贴、助学补助、个体创业补贴、危旧房改造等22项普惠性助残事项集成联办，由残联工作人员根据办证残疾人的残疾类型、等级、年龄等情况填写《衢江区助残服务“帮你办”联系单》，对残疾人可享受的政策一次性告知，做好惠残政策宣传。延伸“掌上办”服务流程，线上线下一证通办。由残疾人所在村的网格员上门通过“浙里办App”帮助办理助残补贴申请，并由残疾人本人签字即可，实现残疾人申请补贴“零跑腿”。全年，衢江区开展残疾人“一站式”评残办证及办理各类助残事项1460件次。

【文明城市创建】 年内，配合区创建办工作，组织干部职工对责任路段进行文明劝导，自觉抵制不文明行为。组织机关干部到挂钩的举村乡帮助残疾人群众美化家园。推进美丽乡村“一村六美”建设行动，将“美庭院、美水系、美村口、美广场、美廊道、美产业”与残疾人无障碍设施改造进家庭进机构相结合，改善残疾人的居住环境和生活环境。

【残疾人服务工作】 10月底前调查持证残疾人数11310人，区残联认真研究、精心组织，在有关部门配合和残疾人专委的积极支持配合下，全面完成残疾人基本服务状况和需求信息数据动态更新的调查员培训、入户调查、数据审核录入等相关工作，各项指标达到省市残联的要求。开展残疾人机动轮椅车整治，全区登记残疾人机动轮椅车110辆，继续营运75辆，已统一喷漆编号。转换残疾人机动轮椅车23辆，已全部报废，补助资金已到位。开发公益性岗位10个。

【党风廉政建设】 出台《区残联2019年党风廉政建设和作风建设工作计划》《区残联2019年党风廉政建设和作风建设组织领导与责任分工》《区残联党组及其成员党风廉政建设主体责任清单》，签订《区残联干部党风廉政建设责任书》和《区残联干部党风廉政建设承诺书》，每位干部根据岗位风险点，提出应对措施。

（李国华）

衢江区红十字会

【概况】 2019年，区红十字会以习近平中国特色社会主义思想为指导，坚持“人道、博爱、奉献”的红十字会精神，围绕中心、服务群众、突出核心业务，加强组织建设，开展救灾备灾工作，圆满完成各项任务。区红十字会连续四年获全市红十字会系统综合考核第一名，连续三年获全省红十字工作考评综合优秀单位。区红十字会应急救援队抗击台风“利奇马”援救受灾群众获区政府集体嘉奖。

【成立区红十字会党组】 1月，根据《中共衢州市衢江区委关于建立和撤销区直部分单位党组织的通知》（区委发〔2019〕5号）文件，成立中共衢州市衢江区红十字会党组。区红十字会党组的成立，加强党的领导，为区红十字会事业发展提供政治保障作用。

【清廉红会建设】 年内，结合“不忘初心、牢记使命”主题教育，积极推进清廉红会建设，完善各项管理办法、规范工作制度，强化主动接受各方监督的意识，自觉接受派驻纪检组的监督。抓细落小，发现问题，及时反馈，跟踪督查，让制度规矩成为“带电的高压线”。加强诚信体系的建设，做好项目运行全过程廉政防控工作。

【应急救援队轻骑兵的作用】 年内，应急救援队完成搜救任务30余次。7月7日，搜救灰坪乡上坪田村大麦源自然村失联村民。8月10日抗击“利奇马”台风，救援队第一时间赴举村乡翁源村安置点，在断电村现场为村民点亮“第一盏灯”。随后跋涉至中断联络的洋坑村，到进水的房子和倒塌的房屋中摸排，确认村民们的安全。8月11日上午，组织22名志愿者协助村民展开灾后自救工作。同时，积极向上级红十字会争取项目资金支持，援建举村乡两座爱心桥，帮助灾民尽早恢复生产生活。11月1日晚，成功救援双桥乡高田村受伤村民。

【多领域救护培训】 “5·8”世界红十字日，围绕“‘救’在身边”主题，多领域开展应急救护“五进”活动。6月底前，分别在区行政大楼、区行政服务中心、区会议中心以及衢江东方商厦各安装1台体外除颤器（AED）。与市车管所建立应急救护培训长效机制，开展“平安驾驶·‘救’在这里”培训活动；在大洲、上方、双桥、东港等学校以及区职业中专等学校启动“健康衢江·‘救’在课堂——万名师生学急救活动”；与浙江省十里丰监狱签署救护培训协议，开展“安全监管·‘救’在监狱”培训活动。区红十字会应急救护师资志愿服务队队员们通过现场生动的操作演示，将理论有效贯穿至实际操作中，向多方群众普及应急救护知识，提高救护能力。全年共培训救护员2055人，知识普及17673人。

【人道筹资再上新台阶】 年内，区红十字会募集款物450多万元。春节前，衢江区工商联（商会）红十字博爱基金"新春走访百岁老人"活动，为全区22位百岁老人送去2.6万元的慰问金以及食用油、保温杯等；通过"博爱送万家"活动，市、区两级红十字会共救助全区乡镇困难家庭155户，共8万元；通过各项博爱基金，为42名贫困学生送去助学金20.1万元。永和红十字博爱基金（员工关爱）救助困难职工81人，共30.75万元。在东西部扶贫协作计划中，区红十字会争取多方资源，募集6万元资金开展"送山区孩子一本书"项目；在绵阳市平武县高村小学建立"永和博爱读书室"，助力贫困山区学校营建书香校园，优化育人环境；捐赠3万元资金用于建立平武县应急救护培训基地，并选派1名应急救护培训师支援平武县应急救护培训工作；捐赠11万元的物资用于平武县红十字会开展困难群众送温暖活动；向衢江区教育基金会筹资100万元，在平武县建立"衢江励志奖学金"项目，资助平武县初中升高中和高中升大学的120名成绩优异学生；从各部门、乡镇、企业募集270多万元款物，助力精准扶贫工作。

【生命关爱工程】 加强器官捐献宣传工作，引导群众移风易俗，全年成功实现人体器官捐献3例、造血干细胞捐献2人，累计无偿献血20000余毫升，完成造血干细胞志愿者入库46人。黄坛口卫生院护士罗佳琴、市场监督管理局干部孙骕南二人成功捐献造血干细胞，为两名血液病患者送去"生命的种子"。为7名器官捐献者子女申请省红十字会助学项目，并与区工商联对接，为捐献者子女寻求企业家长期结对。为器官捐献者失独家庭开展"你留下爱，我帮你行孝"志愿服务项目，为大爱家庭送去温暖和帮助，彰显人道温度。

【创新突破重点工作】 年内，联合区委宣传部开展"健康衢江·'救'在礼堂"红十字应急救护百村培训活动，提高群众应急救护知识普及率。活动共开展50次，累计普及应急救护知识近3000人，得到省、市红十字会的肯定和好评。5月7日，衢鄞两地山海协作"博爱之窗"项目举行启动仪式，标志着"博爱之窗"的正式成立。全年"博爱之窗"累计服务市民1万人次以上，宣传红十字运动知识10万人次以上，获省红十字会肯定与点赞。

【红十字精神宣传】 年内，区红十字会工作在各级主流媒体宣传报道100多篇次，其中学习强国平台连续两次宣传衢江区红十字志愿者的暖心公益活动。浙江新闻、中国蓝新闻、《衢州晚报》衢州广电传媒等媒体报道近20篇，《今日衢江》、衢江电视台等媒体报道20余篇。总会、省会、市会等红十字会系统内宣传报道50余篇。同时重视自媒体传播方面的创新，对微信公众平台底部菜单进行更新，增加救援队招募报名链接，完善"小按钮"建设，宣传红十字精神，提高自媒体新闻的推送速度和效率，微信公众号推送信息60篇。

（钱　芳）

法治

政法委及综治

【概况】 2019年,区委政法委贯彻落实中央、省委政法工作会议、平安建设会议和区委十三届三次全会精神,紧扣中心、服务大局,深入推进平安衢江、法治衢江建设,强化基层治理,维护社会和谐稳定,为推动衢江经济社会发展提供有力政法保障。年内,荣获平安区建设"十四连冠",入选全国乡村治理体系建设试点示范区;创新的金融纠纷快速处置机制,率先登上省委改革办《领跑者》专刊;打造的"最简版"公安业务进乡镇模式,成为全省公安机关12个改革优秀实践案例之一;廿里所成为全省首批"枫桥式"派出所;行政非诉执行监督成为全国指导性案例。

【平安衢江建设】 将平安建设指标纳入区委大督考体系,严格落实"过程性指标每月报告、每季排名通报、重点指标问题整改协调、领导小组专题听取汇报、常态化暗访检查、约谈问责"等五项制度。强化定期研判分析,充分运用"精密智控"等大数据手段,动态掌握相关指标情况,进一步提升平安考核排名。针对各乡镇及重点创建成员单位,个性化制定平安综治维稳反邪目标管理责任书,强化责任落实,实现精细化管理、精准化考核,压实责任。常态开展平安宣传,增加宣传广度和密度,提升平安"三率"。12月,推出主题微信宣传,参与人数10万余人。年内,全区"浙江省平安指数"有4个单月排名位列全市第一,两个单月排名位列第二,总体名列全市前茅。

【融合推进"扫黑除恶+树正打歪+行业治乱"】 年内,按照中央和省、市委的决策部署,强化政治担当、精心组织实施,全力履职尽责,融合推进"扫黑除恶+树正打歪+行业治乱"工作。全区21个乡镇开展"1+5+15"专项大整治行动,一乡镇一专题、一方案一清单。全域推进扫黑除恶专项斗争,收到群众反映线索近800条,推动破获9类案件74起,抓获犯罪嫌疑人310人,摧毁恶势力犯罪集团1个、恶势力犯罪团伙4个。在全区开展"双十大"专项攻坚。针对群众反映较多的执行难、村霸乡霸等十个方面堵点、难点、痛点问题,开展"树正气、打歪风"十大专项,拔钉清障专项解决24个项目53条问题;清理20世纪70年代以来侵占三资事项577起,收回资金379.8万元;治理执行难和逃废债专项共完成17件,治理村霸乡霸专项共刑事处置6件。同时,还推进农村赌博、交通运输行业乱象等十大行业乱象整治,查处145起农村赌博案件、1076起交通运输行业乱象案件。在全区推行"铁拳系列行动"重点突破。对久攻未破的歪风邪气,化掌为拳、重拳出击,全年办理20起阻碍执行公务、扰乱单位秩序、阻碍项目施工等案件,刑事打击11人,行政拘留15人,成功打通涉及遗留近10年18户的断头路、完成44家近20年的违规砂场整治等一批问题顽疾。10月25日,扫黑除恶中央督导"回头看"督导小组副组长石生龙到此专门督导,充分肯定衢江区"扫黑除恶+树正打歪+行业治乱"工作。

【防范化解邪教】 年内，区反邪教协会以社会帮扶教育为抓手并充分发挥协会民间反邪教优势，突出群众性，持续开展文艺反邪、法制反邪、科普反邪、校园反邪、宗教反邪、家庭反邪等活动，全年开展反邪教宣传活动27次、反邪教文艺演出3次、反邪教有奖知识竞赛1次，累计发放各类反邪教宣传册12.8万份、反邪教宣传读本2100多本、反邪教宣传玻璃杯500余个，受教育群众达14万人次。

【优化基层治理“主”字型】 年内，以模块化建设为契机，以深化全科网格建设为抓手，进一步加强区综合指挥和统筹协调工作，努力实现区级顶线，乡镇中线，网格底线，联动“竖线”四级扁平化联动治理，完善基层治理“主”字型运行架构，推动乡镇(街道、办事处)“基层治理四平台”和模块化融合运行。坚持定期对乡镇综合信息员进行布置、培训，已组织线上、线下业务培训15次，参加全区综合信息员“岗位大练兵业务大比武”活动400余人次。首创《衢江区全科网格线上线下“双积分”考核办法》，进一步压实网格“底线”，引导网格工作从追求数量向注重质量转变。强化雪亮工程建设，联合印发《衢江区“智慧安防”小区建设工作指导意见》，明确重点小区、重点区域高清点位建设的技术标准和建设要求。

（刘晓东）

公 安

【概况】 2019年，市公安局衢江分局（简称衢江分局）内设机构28个，其中派出所9个，机关业务部门19个。年内，以习近平新时代中国特色社会主义思想为指引，按照市委“1433”、区委“1136”发展战略体系及市局“1244”战略布局，以新中国成立70周年大庆安保维稳工作为主线，以扫黑除恶专项斗争和“枫桥式公安派出所”创建为主抓手，聚焦中心发展、做强打击主业、提升警务效能、催生队伍动能，保障全区政治大局稳定，社会治安平衡有序，人民群众安居乐业。全年接警16935起，有效警情16673起，其中刑事警情1186起，治安警情7228起，纠纷警情2121起，涉黄警情190起，涉赌警情894起，涉毒警情21起。发刑事案件1160起，同比上升15.4%。其中，侵财发案1014起，同比上升15.9 %，破侵财案件402起，同比下降20.2%。立治安案件2106起，同比上升13.2 %，查处治安案件1996起，同比上升11.6 %，处罚967人，同比上升80.1%；爆炸、投毒、放火、绑架、强奸五类案件破案率100%。获区委、区政府特别贡献奖，连续十四年被评为全区最满意单位。

【推进违规砂场专项整治】 1月2日，组织召开衢江区违规砂场专项整治行动部署会。1月14日，破获省公安厅督办汪某等人非法采矿案，抓获非法采砂犯罪嫌疑人26人、刑拘19人，扣押现场作业挖机1台，运输砂石自卸车4辆、作案车辆4辆。衢江分局助力区政府砂石场专项整治顺利完成，受到市、区领导的高度肯定。

【开展“树正气、打歪风”专项行动】 年内，坚定护航决心，以扫黑除恶专项斗争为载体，积极融入区“树正气、打歪风”专项行动。先后侦破阻碍执行职务、扰乱单位秩序、殴打镇（乡）村干部、阻碍项目施工等各类案件20起，刑事打击11人，行政拘留15人，有力护航浮石违建专项整治、新田铺康养等重点项目的推进。

【全国文明城市创建】 年内，积极投身创建全国文明城市攻坚战，累计投入警力2322人次，参与志愿服务、增援交警、护校安园等创文活动，先后查办创文案件13起。

【完成多项重大安保任务】 其间，先后投入安保力量4100余人次，圆满完成新中国成立70年大庆、全国两会、党的十九届四中全会等21项安保任务。

【扫黑除恶专项斗争】 全年共侦破涉恶案件77起，打击处理犯罪嫌疑人314人，其中恶势力犯罪集团3个，恶势力犯罪团伙3个，“套路贷”案件2起。统筹推进打财断血、打伞破网工作，

11月12日，副区长、公安局局长周松祥（右一）在创建全国文明城市高峰志愿岗执勤
（许为民　供图）

3月27日，衢江区公安分局召开党委会专题研究扫黑除恶专项斗争工作
（许为民　供图）

扣押涉案财物价值1500余万元。向区纪委监委移交有效线索2条，党纪政纪处理9人。

【打击黄赌毒违法犯罪】 年内，结合区“十大专项”整治行动，先后开展打击整治农村赌博等系列专项行动，查破黄赌毒案件365起，打击处理违法犯罪嫌疑人992人，捣毁涉赌涉黄窝点11个，缴获冰毒38.05克，收缴赌资134万余元。

【侦破侵财类案件】 年内，先后侦破王某某系列性入室盗窃案、郑某某系列性诈骗案等案件239起，打掉团伙8个，抓获犯罪嫌疑人145人，为群众挽回损失100余万元。

【开展“猎狐2019”专项行动】 年内，扎实开展“猎狐2019”专项行动，抓获境外在逃人员6名，其中中央追逃办、中纪委督办的在逃人员1人，实现全区的境外在逃人员“清零”。加大经济领域犯罪打击力度，侦破“1·01”跨国贩卖假烟案等经济类案件5起。

【推进执法规范化建设】 年内，持续推进执法规范化建设，加大执法培训、完善执法监督、推动“两个快办”机制落地，自查发现执法问题4000余个，行政快办案件处罚707人，刑事快办案件打击61人，同比增长161.8%和306.7%，全警执法能力明显提升。

【打造“最简版”公安业务进乡镇模式】 年内，把握省时、便捷、安全等要素，创造性地打造“不去人、不拉网、不设槛”的“最简版”公安业务进乡镇模式，公安业务进驻全区14个乡镇便民服务中心，74项公安业务当场办理，34项业务当场出件，获评全省公安机关改革优秀实践案例。

【推进“枫桥式公安派出所”创建】 年内，扎实推进“枫桥式公安派出所”创建，按照“重点培育、九所同创、整体提升”的思路，逐步形成“党委主抓、部门主推、派出所主建”的工作格局，廿里派出所被评为全省“枫桥式公安派出所”。

【深化“智慧警务”建设】 年内，持续深化“智慧警务”建设，在全市率先印发《衢江区“智慧安防”小区建设工作指导意见》，为全市“智慧安防”小区建设提

3月28日，公安部科技信息化委员会专家组组长、公安部科技信息化局原党委书记谭晓准（前排左三）一行到衢江分局调研指导智慧警务建设工作

（许为民　供图）

供了衢江样板。前端感知体系建设成效显著，进一步提升主城区智慧防控能力。深化智慧模型开发应用，探索研发重点人员管控“7+X”模式和“警智”平台，受到市局高度评价，两个现场会均在衢江分局召开，自主研发“重点人员全时空管控模型”等数据模型，服务实战309次，抓获上网在逃人员30名。

【严管危险物品】 年内，开展危爆物品、烟花爆竹禁燃专项整治，查破涉爆涉枪案件19起，采取强制措施7人，行政处罚16人；查处烟花爆竹禁燃案件5起，行政处罚5人，收缴枪支17支、子弹3200余发、烟花爆竹755件。加强涉爆企业及人员安全管理，举办爆破作业单位法制培训教育会10余场次，培训爆破作业人员400余人次；推进落实涉爆企业安全主体及公安机关监管“两个责任”，组织开展民爆物品使用、临时存放隐患“排雷”行动，整改各类安全隐患80余处，确保民爆物品绝对安全。

【严管行业场所】 年内，完成全区70%旅馆业前台人脸识别系统、娱乐场所无感知打卡系统试点及公章刻字业印章客户端系统升级改造，严格落实旅馆业实名登记和安全管理，查处不按规定登记住宿旅客信息案件32起，利用旅馆信息系统抓获网上在逃人员2名、临控对象7名。

【严管校园安全】 年内，深入开展护校安园专项行动，加大护校安园工作力度，先后会同相关部门开展常态检查6次，抽调机关警力开展“护学岗”行动，组织警力在衢江四小开展防暴力预案演练，提升师生自防能力。

【深化巡逻防控机制】 年内，通过独立视频分析锁定并成功抓获盗窃嫌疑人12人次；盘查11351人，盘查机动车1188辆，抓获公安部上网在逃人员16名，抓获法院临控人员71名，移送嫌疑人117名，其中采取刑事强制措施2名。

【提升禁毒打击精度】 年内，在传统打击的基础上，充分运用“大数据+”理念，依托情指联勤中心和信息合成作战中心，实施精准打击。通过数据分析，获取涉毒有效线索32条，破获案件10起，强制戒毒3人。

【开展“三非”案件查处】 年内，查处5起涉外行政案件。其中，逾期非法居留案3起，外国人违反住宿登记规定1起，容留、藏匿非法居留外国人1起，查处非法入境越南籍女性2人，已遣送出境。

【狠抓情报研判】 年内，以“大情报”体系、情综平台为依托，整合信息资源，加强日常研判工作，对相关信息分析汇总形成情报，及时掌握违法犯罪嫌疑人活动情况，提炼总结“人物、人车、人人”关联作战法，对在逃人员予以精确打击。全年抓获在逃人员55人。

【整顿网吧经营秩序】 年内，联合区文广旅局开展实时在线巡查，压实责任、严查严管、完善长效机制，整治网吧实名登记、禁烟等难题，对5家违反禁烟管理、1家未落实实名登记的网吧进行行政处罚，提升管理质效。

【推进户口清理整顿工作】 年内，持续推进户口清理整顿工作，开展存疑数据核实处理。处置完成部级人像核查任务，完成率100%，注销重复户口112人，其他注销8人。做好无户口人员登记工作，为18位无户口人员落实户口。

【抓执法办案能力】 年内，通过推动民警旁听庭审、出庭作证等方式，逐步让民警的执法理念从以侦查为中心转变为以审判为中心，从抓人破案转变为证据定案。全年组织民警参加行政诉讼案件旁听2次，刑事审判旁听8次，树立民警的证据意识、程序意识。强化考试培训，组织执法比武集训、高级执法资格考试集训以及执法信息化等业务技能培训5次，为民警购买各类业务书籍1000余册，开展法律知识考试、案件模拟审核考试14次。通过以训促学、以考促学的方式提升民警的执法办案能力。10月，在全市公安执法规范化建设业务技能大比武中，获得一个单项第一、一个单项第二，团体排名第一。

【抓好后勤保障】 年内，投资1200万余元的“1701”工程全部完工，并通过验收。9月25日，樟潭所迁建工程奠基开工。上方公安综合楼建设工程完成可研批复，进入初步设计批复阶段。完成10辆警务用车采购，其中9辆配备各个派出所使用。全年完成采购工作120余次，采购总额达500余万元。

【强责任压实层级管理】 3月21日，召开全区公安工作会议暨党风廉政建设会议。按照“层级管理、全面从严”整体思路，促进各项主体责任的落实。制定《全面从严治党责任清单》，将反腐倡廉各项责任任务分解到每名领导班子成员、每名中层领导及民警、协辅警，明确每一层级的责任范围、责任清单、责任要求，形成党风廉政建设齐抓共管局面。层层签订从严治党责任书，确保一级抓一级，压实党风廉政建设层级责任，把党风廉政建设和反腐败工作与公安业务工作同部署、同考核。

【强化督察力度】 年内，紧贴扫黑除恶专项斗争、70周年大庆安保等主线，以强化内部管理和规范执法为重点，合理运用现场督察和网上督察相结合的手段，确保分局各项工作任务圆满完成。全年开展各项专项督检56次，出动警力130余人次，明察暗访所队180余个次；发现并督促整改各类问题156个，发督察通知书、建议书11份，发督察通（专）报23期。受理群众投诉32起，发放正名通知书6份；查处民警执法权益受侵害案（事）件12起，处理侵权人员13人。

重特大案例

【成功破获省厅督办“12·28”非法采矿案】 1月14日晚，通过前期缜密侦查，集合80名警力分组进行集中收网抓捕，一举抓获非法采砂违法犯罪嫌疑人23名，扣押现场作业挖机1台、运输砂石自卸车4辆、作案车辆4辆。经侦查查明，自2017年4月份以来，汪某、方某、王某等人在无采砂许可证的情况下，以“事前共谋、采运一体、多地销赃”的形式，在樟潭街道方杨村、前松园村一带雇佣陈某、蔡某等人的机械，蔡某等人的大型运输车队，在夜间非法盗采、运输砂石料至林某某、黄某某、李某某等人的非法砂石厂进行售卖，涉案价值250余万元。该案共刑事拘留23人。

【成功破获一起非法持有枪支案件】 9月12日，接到市公安局移交的涉枪线索后，立即成立专案组，通过顺线追踪、缜密侦查，及时查清涉案人员架构及居住地址。9月24日经市局批准，对本案进行收网，当天下午，抽调70余名警力，在市局治安支队、技侦支队的大力协助下，当晚在樟潭、高家、全旺、东港、市区及龙游等地一举抓获涉案嫌疑人18人；缴获气枪5支、自制猎枪2支、仿真手枪1支、枪式弹弓1把、机械弩3把、铅弹736发、猎枪弹358发、铅弹模具3付及部分气枪配件和猎枪子弹配件等。9月25日，对涉嫌非法持有、私藏枪支、弹药罪的冯某云等4名犯罪嫌疑人执行刑事拘留。

【成功侦破衢州“1·01”特大跨国（老挝）制售假烟案】 1月，成立专案组，开展前期侦查。6

月28日，在公安部、省公安厅、衢州市公安局、衢州市烟草专卖局的有力指导和协调下，衢江分局二次派员参加公安部组团的境外工作组，赴老挝开展缉捕犯罪嫌疑人以及境外打假工作。先后抓获犯罪嫌疑人王某某等4人，并缴获大量的制售假烟的原辅材料、财务凭证、电脑等物证，成功打掉以钱某某、王某某、张某某等人为核心，在境内制假原料和设备，境外建立制假工厂大肆生产假烟，并将成品假烟流入中国市场的特大制售假烟团伙。经查，该案生产假烟超30881件，涉案金额超2.1亿元，涉案人员50余人，采取刑事强制措施23人，其中有在老挝参与制假的生产技术和业务管理人员11人。8月15日，副厅长金捷在总队上报的《关于侦破衢州“2019·1·01”特大跨国（老挝）制售假烟案的情况报告》上批示肯定。该案也成为全国最大规模的一起跨国制售假烟案，特别是从原料端，到生产端，再到运输端、销售端，所有犯罪节点全部查清并予彻底摧毁，这是全国首例，具有重要实战指导意义，案件的成功侦办受到公安部、国家烟草专卖局的充分肯定。

【成功侦破重特大涉众型的经侦案件】 年内，先后抓获华某某等犯罪嫌疑人13人，一举破获注册地、实际经营地在衢州的重特大非法吸收公众存款团伙案件。经查：2017年9月至2018年6月，犯罪嫌疑人华某某（衢州市某电子商务有限公司法人代表），以开展“萌积分”和“萌豆”业务为名，伙同犯罪嫌疑人邵某某（公司总经理）、叶某某（公司副总经理）、柴某某（公司市场部经理）、郑某（原公司市场部总监）、孙某某（公司行政部经理）、吕某某（公司出纳）、林某某（公司出纳）等人（以上人员均已移送至衢江区检察院移送起诉），以高额返利为手段，并宣称公司经营多家连锁超市等多个项目即将上市等不实内容，从而为衢州市某电子商务有限公司非法吸收公众资金2000余万元，受骗群众1500余人。

【成功缉捕中央追逃办督办的境外在逃犯罪嫌疑人】 2月25日，接区监察委员会线索移送：莲花镇涧峰村原村民主任詹某某利用职务之便，非法侵占村集体资金288968元出逃境外。接到案件移送后，省、市、区三级公安机关领导高度重视，迅速启动对詹某某境外追逃工作，将詹某某列为年内重点“猎狐”对象。衢江区专门成立由区副区长、公安局长周松祥任组长的缉捕工作专班，制定工作方案，明确任务，压实责任。经中央纪委国家监委领导批准，中央追逃办会同外交部、公安部以及辽宁省、浙江省、广东省追逃办等单位，组成联合工作组，衢江分局于7月11日赴柬埔寨协调开展集中缉捕行动，7月17日凌晨0：30分许在柬埔寨金边国际机场抓获犯罪嫌疑人詹某某，8月2日押解回国。该案是公安机关与纪检监察部门联合抓捕的成功案例。

（许为民）

检 察

【概况】 2019年，区人民检察院以习近平新时代中国特色社会主义思想为指导，全面贯彻党的十九大精神和习近平法治思想，围绕区委工作大局，强化法律监督，深化改革创新，加强队伍建设，各项工作取得新进展。全年共抓捕、起诉各类犯罪嫌疑人838人。践行“少捕慎诉”司法理念，不批捕80人，不起诉142人。检察工作综合考核位列全市第一；具体16项业务条线考核或专项考核，7项位列全市第一、4项位列全市第二、3项位列全市第三。

【智慧检务工作】 深化政法“一体化”办案改革，积极推进数字卷宗单轨制协同办案模式推广和先行应用，“一站式”单轨模式受理案件635件，各阶段协同比例均达100%，该项工作考核居全市第一。完成刑事智能辅助系统、案件质量评查系统等四项试点工作任务，得到省检察院充分肯定并在全省推广应用。建成远程提讯、远程庭审指挥、远程接访等视频可视化办案系统、公益诉讼快检实验室，办案模式智能化、专业化水平进一步提升，信息化建设工作在全省现场会上作经验交流。

【行政非诉执行监督打造全国指导性案例】 年内，在全省率先开展国土领域行政非诉执行专项监督，处理非法建筑面积超17万平方米，推动拆除违法建筑5300平方米，挽回国有资产流失近8万元，有效促进国土领域"执行难""执行乱"等问题解决，直接推动人民法院在全市、全省范围内就行政非诉执行案件开展专项评查，经验做法获省院、最高检刊发，先后得到市委书记徐文光、副书记周伟江和区委书记周向军的批示肯定。办理的杜甲与衢州市国土资源局行政非诉执行监督案入选最高检第一批行政检察指导性案例（总共入选3例，全省仅衢江1例）。

【"网格+检察"打造新模式】 联合区委政法委出台《关于加强检察工作与全科网格和综合指挥平台融合推进依法治理的实施意见》，实现检察12309举报中心与区信访局12345热线、区政法委社会综合治理平台信息共享、全区网格深度融合，监督成案107件，有效解决群众反映强烈的问题，化解群众纠纷于当地，促进诉源治理。

【公益诉讼不断深化】 推动建立保健品市场乱象专项整治长效机制，办理全市首例企业自备柴油储油加油领域行政公益诉讼诉前案件，促进行业问题整治的信息材料得到市委书记徐文光批示。

【检务公开取得新突破】 发挥新媒体的独特优势，加强检务公开，提升司法公信力，在"2019年度'两个一百'全国优秀检察新媒体评选活动"中，衢江检察官方微博被评为"全国检察微博二十强"，全省仅衢江一家基层检察院入选。5篇稿件获评"第十一届浙江省检察机关十佳新闻作品"或被中央电视台、浙江卫视新闻采用。

【检察"法律体检"志愿服务】 年内，打造省级法治教育基地，建成衢州首家刑事犯罪预防警示教育中心，升级《你好 法律》衢江检察未成年人法治宣讲品牌，制作衢州市法治宣讲精品课程，受益师生6300余名。

【党建统领持续加强】 年内，开展"五强检察 五星争先"党建特色品牌创建，建成"一体化党建阵地"。接待平武政法机关考察团、人大代表、政协委员等参观团队2600余人次。9月11日，省检察院检察长贾宇到院视察时给予充分肯定。

（刘艺丹）

法　院

【概况】 2019年3月，区人民法院完成机构改革，将原18个内设机构精简为8个。年内，坚持以习近平新时代中国特色社会主义思想为指导，牢牢把握司法为民、公正司法工作主线，忠诚履职、担当作为，努力让人民群众在每一个司法案件中感受到公平正义。全年新收案件9048件，办结8985件，同比分别下降0.04%和1.26%，一线法官年人均办案296件。在省高院通报的16项审判质效考核指标中，有11项位列全市前三，5项位列全市第一。

【扫黑除恶工作】 年内，紧扣三年目标，对标中央督导要求，聚焦重点案件，快立快审快结，形成扫黑除恶强大攻势。新收涉黑恶案件6件30人，审结5件28人，判处5年以上有期徒刑13人，妥善审结省扫黑办挂牌督办的涉黑案件。坚持标本兼治，突出源头治理，开展"深排细核""打伞破网""打财断血"等专项行动，发现并移送犯罪线索60余条，扣划犯罪分子银行存款270余万元、股票120余万元，查封房产12套、机动车8辆。

【优化法治化营商环境】 开展组团联企等"三服务"活动，审结涉企纠纷1569件，涉案金额6.6亿元，妥善化解涉新田铺田园康养综合体、铜山源全域旅游度假区、沿江公路等重点项目纠纷。依托府院联席会议平台，合力推进"低散乱"企业整治和"僵尸企业"出清，新收破产案件26件，审结21件，盘活土地303.4亩、厂房4.9万平方米，化解银行不良贷款3.5亿元，配合政府安置职工248人。衢州市天章纸业有限公司重整成功，衢州凯士力鞋业有限公司破产清算案入选全省法院破产审判十大典型案例。

【诉源治理不断深化】 年内，坚持“社会调解优先、法院诉讼断后”理念，组建审判团队入驻社会矛盾纠纷调处化解中心，推进矛盾纠纷多元化解，新收民商事案件3923件，同比下降17.6%，近五年来首次出现下降。诉前调解案件1954件，诉前化解率49.6%，位列全市第一。加强民间借贷协同治理，定期更新“职业放贷人”名录，与区税务局共建“职业放贷人”利息征税协作机制，审结民间借贷案件989件，同比下降34.4%。建立健全示范性判决机制，以个案审理带动群体性纠纷快速解决，做到审理一案、化解一批、教育一片。

【办案质量稳步提升】 深入开展“质量建设年”活动，抽取240余件案件交叉评查，将42起案件列为“四类案件”重点监督，落实院、庭长既要办案又要管理的要求。完善疑难复杂案件办理机制，做到难案精审，发挥专业法官会议、审判委员会审核把关作用，服判息诉率94.8%，位列全市第一。

【执行破难成效显著】 年内，根据省高院《关于进一步强化强制执行措施的若干意见》，构建“一处失信、处处受限”的信用惩戒模式，纳入失信名单2442人次，限制高消费2705人次，限制出入境624人次。组织开展“铁拳行动”“信守衢城、清欠风暴”等集中执行行动，精准打击拖延执行、逃避执行、抗拒执行等行为，拘留196人次，罚款2038人次。违法制裁率68.6%，位列全市第一。保持对拒执犯罪的高压态势，10名失信被执行人被依法追究刑事责任。

【金融快速解纷机制纵深推进】 年内，围绕服务实体经济、防控金融风险、深化金融改革三项任务，深入推进金融解纷创新，推动构建“行业调解+律师见证+司法确认”的金融纠纷快速处置机制，帮助金融机构回收风险贷款300余笔，贷款总额1.37亿元。4月25日，浙江省副省长朱从玖在“衢江区法院运用律师调解+司法确认金融纠纷快速处置机制”一文上做出批示。该文入选2019年度衢州市改革创新最佳和优秀实践案例，并在省委改革办《领跑者》刊登。省委常委、政法委书记王昌荣在衢州调研视察期间，专门视频连线衢江区法院，听取工作汇报，并给予高度肯定。

【智慧法院建设多点突破】 年内，深化司法领域“最多跑一次”改革，通过在线矛盾纠纷多元化解（ODR）平台、平台妥善化解3515起纠纷，移动微法院引入率、运用率分别达到84.5%和75.7%，当事人足不出户即可化解纠纷。完善司法办案信息共享机制，积极推广运用政法一体化办案系统，审判协同比例100%。按照“两个一站式”建设要求，打造“智慧诉讼服务”新模式，得到最高法院督导组的肯定。全面推进电子卷宗随案同步生成和深度应用，同步扫描率100%，为无纸化办案打下工作基础。

（徐宣文）

司法行政

【概况】 2019年，区司法局紧扣区委、区政府中心工作，深入推进司法行政机构改革，主动作为，扎实工作，大抓“法治衢江”和“平安衢江”建设，努力开创司法行政工作新局面，为区委“1136”发展战略和全区经济社会发展提供优质法律服务和坚实法治保障。年内，衢江区被评为2019年法治浙江（法治政府）建设先进单位、全省“七五普法”中期成绩突出县（市、区）、2019年度法治衢州考核优秀单位。区司法局获2019年度全市司法行政工作综合考核二等奖，获评区级机关最佳满意单位。

【机构改革】 2月28日，区司法局完成机构改革，将原区依法治区办、区法制办职能划入区司法局，组建衢江区司法局（衢江区行政复议局）、区委全面依法治区委员会办公室设在司法局，核定政法专编46人（机关编制29名），后勤服务人员2名，领导职数1名。内设机构9个：区委依法治区办秘书科、办公室（政工科）、政府法律事务科、复议应诉科、社区矫正管理科（社区矫正执法大队）、普法与依法治理科、人民参与和促进法治科、律师管理科、公共法律服务管理科（法律援助中心）。派出机构9个，分别为樟潭、廿里、湖南、莲花、大洲、高家、云溪、杜泽、上方司法所，主要负责法治衢江、法治政府、法治社会建设统筹协调，承担规范性文件审查、依法行政指导、行政复议、行政执法监督、政府涉法事务、社区矫正管理、普法与依法治理、人民调解、司法所建设、法律服务行业管理、法律援助和公共法律服务等职能职责。

【统筹依法治区工作】 年内，为发挥依法治区办统筹协调作用，建立健全依法治区组织机构、运行管理和督查考核的体制机制。6月13日，区委全面依法治区委员会第一次全体会议，成立以区委书记任主任的依法治区委员会，以区委副书记任主任的依法治区办公室以及政策法规、执法、司法、守法普法等协调小组，研究制定各组织机构"两规则一细则"，明确委员会及办公室、各协调组工作规则、职责分工。制定《2019年法治衢江建设工作要点》《2019年度法治衢江建设考核评价细则》，突出依法执政、营商环境、行政决策等7个法治领域建设重点，明确任务、明确标准、明确责任。

【打好专项行动攻坚战】 年内，积极履行扫黑除恶专项斗争、"树正气打歪风"专项行动排头兵的职能，分别在《今日衢江》法治之窗、"衢江司法"微信公众号、衢江广播电台等网络媒体开设专栏，编制专题宣传65期，滚动播放相关知识、信息动态。购置LED法制宣传车，开展专题巡回宣传。开展以案释法走进"百场文化进礼堂"活动，组织扫黑除恶法制宣传讲座260场，发放宣传资料3万余份。摸排涉黑涉恶疑似线索5件，排查高危人员45人，报告备案86件。

【护航项目攻坚】 年内，立足政府涉法事务的参谋手和风控官角色定位，主动参与重大项目推进、乡镇专项问题整治的法律服务活动。指派法制人员参与抽水蓄能电站项目、青砖瓦窑整治、铜山源水库全域旅游项目、区经济开发区"清零"行动、华统牧业项目建设等重点项目法律服务工作，参与政府投资项目招标文件评审29件，重大合同审查27件，涉及总金额160亿元。开展"低散乱"企业整治攻坚，完成5家"低散乱"企业整治提升和关停搬离任务。

【法治化营商环境】 年内，以"三服务"活动为抓手，积极开展法律进企业活动，帮助衢江企业审查合同协议100多件，解答涉企法律难题80多个，指导纠正不完善管理制度11条、不规范合同协议38条，开展企业管理人员法治培训900余人次，化解涉企、涉项目建设矛盾纠纷113件。

【推进依法行政】 贯彻实施《浙江省重大行政决策程序规定》，积极落实重大决策社会公众参与制度，召开相关的企业及行业协会意见征求会3次、部门征求意见座谈会16次，邀请专家论证3次，进行决策前风险评估2次，广泛听取各方意见，确保决策科学民主。落实政府常务会议"三不两到场"工作机制，抓好22件规范性文件合法性审查，出具书面意见共200余条，深化行政执法监督，对11家执法单位的执法主体资格进行重新确认，联合区检察院对10个重点部门的100个未执行行政处罚案件进行督查。加强行政争议化解，办理行政复议案件8件，纠错2件，全面落实行政机关负责人出庭制度，指导办理行政诉讼案件55件，调解撤诉23件。

【领导干部学法用法培训】 年内，组织参加全省防范重大风险专题培训，以及府院联席会议暨法律知识大讲堂、重大行政决策程序学习等区政府常务会议学法活动。举办全区公务员"学法用法"暨法治建设培训班，500余名领导干部和公务员参训，组织开展区管领导干部任前法律知识测试5批次145人次。举办行政执法人员专项业务培训、行政执法证考试综合培训。

【普法依法治理】 落实"谁主管谁负责""谁执法谁普法"普法

责任机制，7月24日，区委全面依法治区委员会守法普法协调小组第一次全体会议召开，研究制定《衢江区2019年度法治宣传教育责任清单》。会同公安、消防、应急管理等部门单位在春节、元宵等传统节日和“3·15”维权日、“6·26”禁毒日、“11·9”消防日、“12·4”宪法宣传周等重要节点开展专题法治宣讲。全年举办各类以案释法巡展、法治知识讲座356场，播放宪法、法制宣传视频400余场，发放法律法规宣传资料8万余份，接受法律咨询4000余人次，“衢江司法”及“衢江普法”推送260条法治信息，得到群众的广泛认可。5月28日，衢州市“南孔法堂”进乡村活动在全旺镇红岩村举办。落实民主法治村（社区）建设三年行动计划，创建6个省级民主法治村、25个市级民主法治村创建。

【特殊人员监管帮教】 年内，以全力护航新中国成立70周年大庆、“一带一路”国际合作高峰论坛、世界园艺博览会开幕式等重大活动平安稳定为目标，夯实社会综合治理基础性工作。全年接收社区矫正人员228人，解除矫正217人，年内在矫人员285人，收监执行10人，警告47人，实现社区矫正人员不脱管不失控、不发生违法犯罪。完成28名社区矫正人员特赦工作。

【深化矛盾纠纷化解】 年内，开展“大排查、早调解、护稳定、迎国庆”专项活动，发动区、乡、村三级调解组织开展矛盾纠纷集中排查化解，全区共排查调处各类民间纠纷2579件，调解成功2545件，调解成功率为98.7%。加强乡村两级调解员培训，邀请省级金牌调解员授课，提升基层调解员的调解知识技巧和调解文书规范化。

【困难群众法律援助】 深化“最多跑一次”改革，实现法律援助审核事项进驻区行政服务中心。7月，衢江区公共法律服务中心整体入驻区社会治理综合服务平台，在社会综合治理中心大厅设置法律援助、人民调解、律师调解、公证指引、司法鉴定指引等法律服务事项。全年办理各类法律援助案件940件，其中刑事案件277件，民事案件663件，为82名犯罪嫌疑人认罪认罚提供法律意见，接待来电来访法律咨询894人次，为困难群众挽回经济损失或取得应得利益1382万元。

【创建“文明规范公正”司法所】 年内，依照“文明规范公正”司法所建设的要求，改造升级司法所创软硬件，配齐配强社区矫正专职社工、人民调解员、法律顾问等，提升司法所社区矫正、人民调解、法制宣传等法律服务功能。全旺司法所被评为省级“文明规范公正”司法所。

【推进乡镇机构模块化改革】 年内，围绕乡镇机构模块化改革，根据“职权法定”“法无授权不可为”的原则，对部门上报的300多项需厘清的权利事项进行法律核对，明确法律依据、履行职责主体，确保各责任主体履行职责有法可依，实现清单之外无职责。梳理司法行政与乡镇职责边界，围绕法治衢江、法治政府、法治建设等3大职能，逐条拆解研究，科学厘清分工，共梳理13项司法行政职责清单，下沉乡镇事项29条，在全市率先实行派驻乡镇干部双向选择工作机制。

【队伍建设】 3月30日，召开党员大会，组建司法局党总支部，强化机关党员、退休党员、律师党员等管理。围绕“不忘初心、牢记使命”主题教育，积极开展学原著悟原理活动，学党章、学习近平系列重要讲话、学上级文件政策。组织党员到上海党的一大、二大会址和上饶市浙闽赣省委机关旧址参观，接受革命传统教育。组织动员党员参与文明城市创建志愿服务活动，发挥示范带动作用。鼓励干部参加司法考试，4名干部通过法考。坚持德才兼备、人岗相适、担当作为的选任用人导向，提拔业务素质高、群众认可度高的年轻中层干部到基层一线工作。年内，选拔任用中层干部1名，乡镇司法所长4名、副所长6名，司法助理员10名。

（郑向东）

军事

衢江区人武部

【概况】 2019年，衢江区人民武装部（以下简称区人武部）贯彻衢州军分区党委和衢江区委决策指示，围绕强军目标，聚焦练兵备战，突出作风建设，狠抓落实，机关和后备力量建设保持平衡发展，呈现出整体向上、全面提升的良好势头。年内，被省军区评为“安全管理工作先进单位”，被衢州军分区评“民兵应急连标兵单位”。

【思想政治建设】 2019年，区人武部根据省军区统一部署，举旗铸魂抓思想，抓理论武装，加强理论学习。3—8月，组织“传承红色基因、担当强军重任”主题教育，组织大学习、大赞颂、大讨论、大激励活动。组织全体党员观看《铁纪强军》《建军大业》《榜样4》等教育片。部领导授课辅导6次，组织学习讨论5次、理论测试3次、体会交流1次。开展党委学习、个人自查自纠、党小组集中剖析整改活动，人均梳理出和平积弊清单12条。开展“红色基因代代传”“四个十”活动（人人阅读十本以上红色书籍、讲诵十个以上红色故事、学唱十首以上红色歌曲、撰写10余篇红色影视剧评论心得），组织全体党员赴开化县长虹乡红色革命教育基地参观见学，现场感受革命先辈们的英雄气概，接受革命精神洗礼，筑牢初心信仰。历时10天集中学习和3个月个人自学，落实12本书籍的通读、6堂视频教育、1次讨论交流、8份讲话报告的传达。年内，协助完成创建文明城市建设（街道秩序维护和交通劝导工作），全年共出动现役干部、文职人员、职工和民兵800多人次。

【“不忘初心、牢记使命”主题教育】 9—11月，“不忘初心、牢记使命”主题教育第二阶段在师旅团级以下单位和基层党组织展开。区人武部官兵、职工坚持读原著、学原文、悟原理，加深对习近平新时代中国特色社会主义思想的理解。将“学习教育、调查研究、检视问题、整改落实”贯穿全过程，党团活动时间开展“如何更好传承和发扬优良传统，立牢初心本色”“差距在哪里，今后怎么办”“如何发挥党员先锋模范作用，在岗位建功立业”三个问题大讨论；每月汇报学习进度，人人分享心得体会，党员干部定期汇报思想。创新教育方式方法，请专家教授上精品课、领导干部上党课。开展张富清先进事迹学习活动，对照老一辈共产党人的标准和党章党规，找出每个党员与标准之间的差距。按照军委“五个围绕”要求，加强调查研究，梳理出基层需要解决的12项36条问题，逐一整改落实。设立主题教育意见箱、基层风气监督员，采取在营区张贴下发的“禁酒令”和“二个严禁”标牌，公示纪委电话等手段，强化监督检查。根据《准则》《关于聚力推进备战打仗的决定》“五个检视”和“四个讲清”提到的要求，制定整改问题清单，建立长效跟踪解决机制。根据军委明确的“师旅团级单位党委机关重点整治的4个方面”，结合对照54条问题专项整治，边学习边对照边整改落实。

【练兵备战】 2019年，区人武部贯彻军委军事工作会议精神，聚焦练兵备战，主要抓好“两次演训、三类规范、四个集训”。组织开展民兵连长军事训练、新入队基干民兵和新入队的普通民兵军事训练、区属民兵应急连训练、选派骨干民兵参加省第二届岗位练兵大比武（衢州分赛场）竞赛活动。依据省军区、军分区《关于升级改造作战值班视频会议系统的通知》精神，邀请省军区通信技术专家指导，改造视频系统，安装高清视频会议系统，确保作战值班、视频会议、演习训练、应急指挥通信畅通。

【国防动员体系建设】 2019年，落实党管武装制度，区委召开武装工作暨国动委会议，组织区管领导干部过“军事日”。常态落实区委武装工作会议、议军会和乡镇（街道）党工委书记述职等制度，把武装工作纳入经济社会发展工作目标综合考核范畴，分值占3%，与年终考核奖挂钩。贯彻《专职人民武装干部工作规定》，调整使用专武干部5人。依据政策规定，开辟拥军“绿色通道”和驻训部队生活、训练“绿色通道”。

【后勤保障】 2019年，根据省军区开展重大决策贯彻落实情况专项检查工作的通知精神，区人武部开展为期4天的县（市、区）人武部财务人员集中办公活动，学习《关于实行军队人员住房物业服务补贴制度有关问题的通知》及有关财务规定，对2015—2018年财务凭证进行清理并列出清单。对部机关现配有的一辆大卡车、两辆小型汽车进行年审。开展后勤重点行业领域整肃治理“回头看”，围绕清计划、清合同、清账本、清经费、清库存、清项目、清住房、清“两库”8个方面展开，经检查，2019年民兵训练预算经费在保障使用上没有发生重生活轻战备问题。所有工程采用地方公开投标，工程建设、物资采购招投标，委托地方有资质的代理公司全权处理。7月3日，投入经费修缮训练基地旧营房，建立战备物资装备器材库，将原来分散保管的各类战备物资、装备器材，集中统一保管，规范各类物资器材管理。8月29日，区政府批准采购车载式厢装化应急装备器材。应急装备器材的产权归区应急管理局，平时存放于区民兵训练基地，由区人武部负责日常维护保养。

【武装工作暨国动委会议】 4月1日，全区武装工作暨国动委会议召开。区委书记、区人武部党委第一书记、区国动委第一主任周向军，区委副书记、区长、区国动委主任朱素芳等领导出席会议。周向军强调强国必须强军，军强才能国安。要军地联心、军民合心，一张蓝图绘到底，提振精气神，全力争上游，为衢江的国防动员事业和经济社会发展加油鼓劲、添砖加瓦、贡献力量。区委常委、区人武部政治委员、区国动委副主任刘新辉传达习近平主席重要讲话精神以及全国民兵工作会议精神；区人武部部长、区国动委副主任杜洲总结部署武装工作和国动委工作。上方镇、樟潭街道、黄坛口乡党（工）委书记作党管武装工作述职。朱素芳就贯彻落实好会议精神提出要求。

【党管武装】 2019年，按照省、市党管武装工作意见，常态落实区委武装工作会议、议军会和乡镇（街道）党工委书记述职等制度，把武装工作纳入经济社会发展工作目标综合考核范畴，分值占3%，与年终考核奖挂钩。贯彻《专职人民武装干部工作规定》，区人武部与区委组织部门共同考核、共同酝酿提案程序落实，调整使用专武干部5人。依据军人军属优待政策规定，开辟拥军“绿色通道”；驻训部队生活、训练保障“绿色通道”；军人军属挂号、检查、取药、住院“绿色通道”；驻军部队官兵和衢江籍现役官兵子女入托入学“绿色通道”以及军人军属申请法律援助“绿色通道”。9月3日，结合区委年度综合考核实施细则评分排名办法，出台《党管武装工作检查考核考评细则》，作为国动委成员单位和乡镇党（工）等单位年度考核依据。开展精武强能“双十佳”（十佳民兵干部、十佳民兵）评选活动，激发了广大民兵的奉献意识、岗位责任和实干精神。

【新年度开训】 1月8日，区人武部党委召开专题议战议训动员会，传达习近平主席签发《2019年开训动员令》、军委国防动员部《关于坚决贯彻落实2019年开训动员令的通知》、军分区《关于做好2019年开训工作的通知》精神，牢固确立备战打仗统领地位，对表对标、落地落实。明确2019年聚焦练兵备战，主要抓好“两次演训、三类规范、四个集训”。2月21日至3月30日，开展条令条例学习月活动，组织学习条令条例、政策法规的理论考核。出台《衢江区人武部规范化管理暂行规定》。3月1日，依据省军区、军分区《关于升级改造作战值班视频会议系统的通知》，改造视频系统，安装高清视频会议系统，确保作战值班、视频会议、演习训练、应急指挥通信畅通。

【**民兵整组**】 1月30日，召开全区民兵整组工作暨潜力数据调查部署推进会。2月3日，依据军委国防动员部《深化民兵调整改革检查考评标准》，梳理重点难点，制定抓落实措施。3月，召开2次人武部党委会专门学习《全国民兵工作会议》精神和市民兵整组工作的意见，与区政府联合下发《衢江区关于2019年度民兵组织整顿工作的实施意见》。鉴于地方党政机构改革的实际，及时下发《调整衢江区后备力量“十三五”调整改革领导小组的通知》《衢江区民兵调整改革领导小组各成员单位职责》。3月13—14日，区国动办召开国防动员潜力数据调查培训会，区政府27个有关单位、基层武装部22名专干部参训，集中学习《民兵工作信息管理系统》《集中深化民兵调整改革检查考评标准》，掌握基本常识和操作。完成对接交通、网信、民政等11家单位基干民兵分队组建任务。投入经费，购买笔记本办公电脑。协调区政府有关部门组建任务和潜力数据调查进行对接。对基层武装部明确组建任务数、调整方案。4月1日，根据区级党政机构改革的实际，调整区国防动员委员会组成人员。国防动员委员会由36人组成，办事机构由8人组成。4月12日，由部领导带队，逐一对各乡镇整组情况进行拉动检查，现场责令2个单位进行整改，并批评追责，并联合区政府专题下发整组通报。依据《浙江省国防动员建设纲要》，调整国防动员平时办事机构和战时指挥机构设置。对全区国防动员潜力数据核实并录入信息系统，掌握第一手资料。10月10日，以《考评标准》为依据，推动民兵建设提质增效为抓手，组织全区基层专武干部和政府相关部门40人，参加省军区、军分区动员会、推进会、培训会、部署会、迎检会，解读《考评标准》，做好工作资料梳理、人员信息核对、硬件设施完善等工作。

【**民兵集训**】 2019年，区人武部组织开展民兵连长、民兵应急连等训练，依据《民兵军事训练与考核大纲》授课、考核。3月31日至4月4日，组织85名民兵连长进行为期5天的集训，开展军事共同基础课目，围绕分队战术行动进行训练；政治教育安排3节课，明确行政村民兵连长担负任务，提高履职尽责的能力。其间，集中组织48名专武干部，进行历时6天的军事技能集训，优胜劣汰，遴选出5名选手，参加省军区民兵岗位大比武。4月上旬，组织新入队基干民兵、新入队的普通民兵进行军事训练。5月20—24日，组织区属民兵应急连，进行为期5天的军事训练。根据区属应急连担负的维稳、防汛、灭火等任务，开展防汛抗洪理论与冲锋舟操作使用、森林灭火理论与灭火装备操作、卫生救护理论与战场救护训练等。

【**区管领导干部过“军事日”**】 4—5月，区人武部联合承办区管领导干部“提振精气神，全力争上游”训练暨过“军事日”活动，全区293名区管领导干部、分3期连续组训，采取连队建制、军事化组织、封闭式管理。其间，邀请省军区教导队讲师讲授国防教育课，既探索新时代国防教育的渠道，又拓展发展新形式，促进党管武装工作新发展，受到上级领导肯定。9月26日，《中国国防报》头版头条以《有“滋味”的军事日》为题报道这次活动。

【**岗位练兵大比武**】 7月3—14日，根据军分区关于组织衢州市岗位练兵比武集中强化训练暨民兵专业分队区域协作联训的指示，区人武部承担民兵工程专业的强化集训与比武考核。参加工程专业训练32人，分4个班（衢江、龙游、江山、开化4个单位组合）强化集训，参加省第二届岗位练兵大比武（衢州分赛场）竞赛活动；区人武部选派应急、通信、工程、防化、运输、医疗救护、网络7个专业20名民兵参加9个项目比武竞赛。衢江区运输专业民兵饶思阳获得轻武器实弹射击第一名，工程专业民兵留文江获得3000米跑第九名，专业课目比武考核获优胜班（组），民兵应急班获得应急专业第二名，民兵工程班获得工程专业第一名，民兵运输班获得运输专业第二名，民兵医疗救护班获得医疗救护专业第一名，区人武部获得第一名，受到上级军事机关首长肯定。

【军事演练】 2月1日，军分区组织师团两级应急指挥机构支援地方应急突发情况处置指挥演练。区人武部作战室开通高清视频会议系统和应急指挥箱设备，对7种突发情况实施指挥处置演练作业，制定防雨雪冰冻灾害抢险应急预案、雨雪冰冻抢险救灾指挥机构人员编成表及应急出动物资携带表3个预案，圆满完成参演作业任务。4月初，按照省军区、军分区部署演习，开设行动指挥所连接军分区指挥所演练，圆满完成演习任务，受到导调组好评，副区长杨圆华全程参加演练。6月28日，根据军分区指挥所开设演练部署会议精神，组织防汛抢险救灾应急指挥所开设演练，32人参演，其中区人武部机关14人、地方保障人员3人，民兵15人。

【对口保障分队训练】 11月4—8日，衢江区对口保障分队物资收发小队20人、对口保障分队安全警小队75人，集中东港战神训练基地开展为期5天的专业训练。由空军衢州机场教员具体授课。同时开展政治教育。

【百日安全活动】 4月，根据省军区新修订的《安全工作检查考评实施办法》，区人武部重点抓好安全文化建设、安全教育、安全训练、预防犯罪、人员管理、营院管理、保密管理、机要密码管理、车辆管理、武器装备管理、重要物资管理等方面安全工作制度落实及干部职工安全教育，6月中旬迎接省军区交叉互评。9月下旬至12月底，根据省军区、军分区统一部署和年度工作计划，依据《衢江区人武部开展“百日安全活动”实施方案》，着眼防范和解决7个方面29个突出问题为抓手，持续推动安全工作落地见效，确保国庆期间高度安全稳定，抓实军运会、党的十九届四中全会期间管控部队的特殊措施。加强年度工作验收总结期间安全管理、强网络行为管理，严密防范季节性安全问题，深化落实安全大检查问题整改，严格规范落实“四个秩序”。对照《省军区安全工作检查考评细则》，进行自查自纠和开展集中检查，共梳理发现组织领导、基本制度、安全教育等14个方面52个相关隐患问题，自查自评得分为885分。12月，衢州军分区综合考评，区人武部排名“第一方阵”。

【征兵工作】 从8月上旬开始，在军分区和区委、区政府领导下，全区上下周密部署、精心组织、通力合作、全力以赴，切实把好宣传、初审、体检、政审、役前训练、学历等六大关口，成功实现“双合格”人数超任务数的22.4%，兵员素质较往年大幅提升。坚持征集高学历青年，联合区教育局审核学历，挤掉虚假学历水分，大学毕业生超任务数40%，圆满完成年度兵员征集任务。9月21—30日，根据市征兵办统一部署，区征兵办组织3个回访小组奔赴各新兵训练部队进行新兵思想回访，配合部队做好新兵思想工作，安心服役。

【双拥工作】 1月14日，举行悬挂光荣牌启动仪式。区委书记周向军宣布“衢江区为烈属、军属和退役军人等家庭悬挂光荣牌”正式启动，营造“一人当兵、全家光荣”的拥军优属氛围。区人武部在春节、七一期间走访慰问岭洋挂钩乡2户困难党员和3名退役老兵，送去慰问金各1000元。春节、八一期间，开展现役军属大走访行动，走访衢江籍现役军官和困难职工及困难退役老兵2户。对接武警衢州支队与灰坪乡上坪田村结对帮扶3年计划，每年40万元专项帮扶经费预算，帮助发展红色旅游产业。落实双拥法规政策，帮助黄坛口乡、杜泽镇、上方镇3户军属维护合法权益。根据《衢江区推进军人荣誉体系建设实施细则》，八一建军节前夕，在《今日衢江》设光荣榜，整版公布2018年4月1日至2019年3月31日衢江籍现役军人立功受奖情况，包括姓名、照片、事迹等。在全区各乡镇（街道）、村（社区），中小学校醒目位置开设“军人荣誉墙”及“军中骄子”、“军人风采”、“八一光荣榜”、“情系老兵、真诚服务”等栏目，宣传本村、本学校入伍的部队英模人物和立功受奖官兵先进事迹。承担全区5所中学2722名新生军训。下派1名机关人员赴后溪镇泉井边村任生态指导员，参与“小城镇环境综合整治”“一户多宅专项整治”“治危拆违”等活动，全年共出动民兵1000余人次。开展“新时代文明传习”军地共建“双拥模范区”创建工作，以及协助区退役军人事务局做好2019年度退役军人信息采集工作。12月16日，区人武部与区退役军人事务局、区财政局召开协调会，筹划组织为全区现役军人父母亲参加“你为国尽忠、我为您尽孝”健康免费体检活动，后因受疫情影响，推迟进行。

【机关正规化管理】 2019年，区人武部以“条令学习月”“百日安全活动”为牵引，突出条令法规学习保密教育、安全事故案件分析；邀请区消防救援大队传授山林灭火、应急处突安全常识，强化防范能力。制定《衢江区人武部正规化管理规定》，规范各类重要场所安全设施，推动工作末端落实。围绕清计划、清合同、清账本、清经费、清库存、清项目、清住房、清“两库”8个方面，开展重点行业领域整肃治理“回头看”活动，实行财务人员集中办公，开展军车年审工作。投入资金修缮训练基地旧营房，建立战备物资装备器材库，将原来分散保管的各类战备物资装备器材集中统一保管。由区财政划拨经费采购车载式厢装化应急装备，平时存放于区民兵训练基地，由区人武部负责日常维护保养。

（徐爱俊）

人民防空

【概况】 2019年，全区人防工作在区委、区政府和上级人防部门的领导下，围绕建设“重要窗口”新目标新定位，真抓实干、开拓创新，聚力打造具有浙江人防辨识度的标志性成果，推动人防与城市建设协调发展。

【开展人防宣传教育“五进”活动】 2月28日（“3·1”国际民防日前夕），区人防办联合临江社区宣传战时防空、平时防灾等人防知识，展出人防知识展板、发放《区人民防空防灾手册》等，开展“3·1”国际民

5月10日，区人防办在区第一初中开展“5·12”全国防灾减灾日人口应急疏散暨人防救护技能演练
（朱元昊　供图）

防日宣传活动。5月10日，与区教育局、区应急局、区红十字会联合在衢江区第一初中举办“5·12”全国防灾减灾日人口应急疏散及民防技能训练活动，衢江区第一初中作为全国国防（人防）教育示范性初中，在全区范围内起到良好示范作用，增强了学校师生应急自救互救能力和意识，提高了人民防空应急与服务水平。

【**创建教育培训基地**】2019年，区人防办与樟潭街道新屋里社区成立未成年人活动中心联合基地，担负指导开展未成年人防空知识教育和技能培训职责，贯彻落实人防宣传教育进学校工作。

（朱元昊）

衢江区实验小学开展“9·18”人口应急疏散演练 （朱元昊 供图）

公共管理

人力资源和社会保障

【概况】 2019年，区人力资源和社会保障局贯彻实施区委"1136"发展战略体系，以"服务大局、保障发展、改善民生、维护稳定"为工作主线，履职尽责，强化责任担当，积极主动作为，着力保障和改善民生，稳步推进就业创业、社会保障和人事人才等各项工作，取得新成效，为推动"活力新衢江、康养大花园"建设稳步向前做出应有的努力。

【内外并举引人才】 年内，面对愈演愈烈的"抢人大战"，积极谋划，前移人才招聘和引进时间、优化人才服务、加大培养力度，多项指标取得历史性突破。在全市率先面向社会公开招聘教师活动，累计招录教师35名；会同教育、卫生、审计等部门赴金华、南昌、兰州、芜湖、武汉、天津等地高校招聘应届优秀毕业生。高校开展招聘教育、卫生事业人员工作13次，入编入职111人，其中研究生及211、985高校毕业生22人，招引人才总量、高学历人才数量为历年之最，位列全市前列。首次尝试将事业单位人才招聘纳入交流会，全区有34个事业编岗位纳入"8.8"人才交流会，面向社会公开招聘，吸引清华大学、复旦大学、香港大学等知名高校毕业生61人报名，经过专业比选、面试，最终确定录用8人。

【专业技术人才管理】 年内，组织开展首批市新115人才选拔推荐工作，向市选拔推荐42人，评选出23人；配合组织部摸底并上报省"万人计划"1人；完成2018年度人才津贴、奖励审核工作，累计审核通过199.8999万元。组织开展2019年度区级专家工作站评选工作，经宣传发动，收到申报材料15份；深入企业宣传专家工作站、博士后工作站等人才政策，鼓励企事业单位积极建站，新建省级博士后工作站1家（浙江圣效化学品有限公司）；坚持"评价+培养"人才培养机制，开展继续教育培训考核，累计开展培训考试5期，培养专业技术人员1500人。

【机关事业单位人事管理】 年内，根据教育现代化、医共体改革等重点工作需要，在充分调研的基础上，出台《医共体薪酬制度改革实施方案》《事业单位工作人员奖励规定》等；建立学校校长、医院院长公开招聘制度，提高教育、医疗从业人员薪酬待遇，形成更加导向鲜明、科学规范、有效管理的事业单位工作人员薪酬分配和奖励制度，进一步激发事业单位，特别是教育、卫生系统工作人员干事创业的积极性。落实事业单位人事制度，打破岗位聘任终身制，实行竞聘上岗制度，试点越级竞聘制度，打通人才晋升通道，让优秀的年轻事业干部有机会取得更高的职称、聘到更高的岗位、获得更好的待遇；实施事业单位岗位管理制度，完成事业单位人员转正定级、职称聘用、新入职岗位聘用（调动）、转岗等日常岗位聘用共计1272人次；完成机关事业单位人员工资变动、交流调动、统发工资变动、遗属生活困难补助等20多项日常工资福利的审核审批工作，涉及1560人次；完成2018年度机关事业单位工作人员正常晋升工资工作,涉及4976人次。

【"最多跑一次"改革】 年内,发挥"互联网+"优势,依托衢州市人事业务管理信息系统,打造集信息存储、数据共享、线上办理为一体的综合性智能平台;建立人事信息数据库,通过内部资源整合、外部信息录入、业务办理信息留存等途径,充实完善数据库信息,实现49项数据信息的免材料直接获取,在此基础上扩大"网上直办"范围,实现28项人事事项的线上直接办理。秉承"首接负责"的工作理念,推出一岗办理制度,明确业务首接岗位人员为全程负责人,负责告知、办理当事人提出的业务诉求,解答当事人提出的各类问题,并负责将办理结果回复当事人的"闭环式"办理模式,避免出现推诿扯皮、不作为现象。在全市率先开展事业单位人事业务办理"最多跑一次"改革。

【就业招聘平台】 年内,为适应现代劳动力市场的需求,打通"三服务"最后一千米,开发"衢江招聘"掌上招聘微信平台,打造线上智能招聘模式,让城乡劳动者足不出户即可实现"掌上"就业,最大限度地降低企业招工成本,缓解企业用工难问题。平台试运行后,已入驻企业103家,提供岗位1345个。全年通过送岗位下乡、劳务夜市、春季劳务交流会、开发"衢江招聘"掌上招聘微信平台等,共为劳动者提供就业岗位16220个,达成用工意向3450人次。

【就业创业培训】 年内,以"技能+创业"为导向,开展"送培训下乡"活动,累计举办特色小吃、电子商务、月嫂等培训班27期,培训1239人次,提升学员的就业创业技能。

【完善就业创业政策】 年内,会同区财政、区农商银行对原有的创业担保贷款文件进行修改完善,将区农商银行的贷款年利率从9.4%降到7.35%,发放创业担保贷款额度超过741万元。搭建创业孵化平台,为有意向创业的高校毕业生及各类重点群体提供创业孵化平台,做优衢江区大学生创业基地,扶持两个返乡农民创业基地,使之成为创业者获取服务的"便利店"。

【减负惠企政策】 年内,向区政府递交帮助企业有效降低人工成本对策建议,区政府出台全市补助力度最大、补助时间最长的招工补贴政策。实体(民营)企业自主招聘或人力资源机构帮助企业新引进未在衢江参保过的员工,按缴纳社保费满六个月的900元/人、满一年的1800元/人的标准给予企业或人力资源机构补助。第二年补助减半,补助期限为两年。此项政策,累计为27家企业414人发放补助671850元,深得企业广泛认可,对企业招工起到积极推动作用,省电视台为此专门进行采访报道。

【推动与平武县劳务协作】 年内,组织企事业单位赴平武县举办"就业脱贫—春风送岗"暨东西部(衢江—平武)劳务协作大型招聘会,为23家企业提供岗位888个,现场达成就业意向287人次,其中建档立卡人员142人次。至10月末,有50名平武县建档立卡贫困人员在衢江实现稳定就业。

【企业欠薪预防治理】 年内,采用社保卡发放农民工工资,利用社保卡一人一卡的特性,保证工资发放到本人手中。监控工资发放情况,杜绝恶意欠薪行为。全区受理各类举报投诉案件81起,为598名劳动者追缴工资及赔偿金900万元。对企业立案调查7起,行政处罚1件,移送公安机关1起。

【开展"线上庭审"服务】 年内,依托省劳动人事争议调解仲裁网络平台,利用QQ、微信等线上工具,在仲裁员与劳动争议双方当事人间建立起线上实时交流通道,整个仲裁过程包括立案、诉讼、答辩、庭审、结案等环节都在线进行,将常规仲裁所需的必备元素悉数融入线上庭审当中,并实现全程留痕、证据固定,既充分保障当事人的参与权,又确保庭审的效果,实现程序与实体的双正义。劳动争议线上庭审立案时间从原来至少3天缩减至1小时内,当事人走完整个仲裁程序从跑劳动争议仲裁院2次以上，到现在不出户即可维护自身权益。全年仲裁处理劳动争议案件365起，为402名劳动者挽回损失841.09万余元。劳动仲裁院线上仲裁庭、上门调解专班等特色服务，政绩突出，被省厅作为优质服务窗口单位向人社部推荐。

【参保扩面征缴】 年内，依托全民参保登记数据管理系统，摸清基本养老扩面资源，联合乡镇对低保、特困未享受待遇人员参保情况进行核查并动员参保，至12月末，全区基本养老保险参保率达99.02%。

【社保基金监管】 年内，加强对工伤保险医疗待遇核准支付、自谋职业参保登记、信息系统安全等方面的日常检查，社会保险基金管理风险、社保基金第三方审计等专项检查，化解基金风。至12月末，共查实重复领待遇、死亡冒领7人，追回6.5万元；清退失地违规参保5例，追回待遇12.5万元；查实服刑人员违规领取待遇8人，追回15.8万元。

【强化政策落地】 年内，严格按“人地对应”要求，落实被征地农民基本生活保障及转保政策，办理符合参保条件被征地农民参保人数1391人，其中衔接转入企业职工基本养老保险1338人，确保抽水蓄能电站、杭金衢高速公路改扩建工程等重点项目的顺利推进。严格落实社保减负降费政策，对符合条件的企业降低社保费率、减轻企业的负担，仅工伤保险费率下调20%一项，就惠及企业3125家，减轻企业负担约191.9万元。

【业务智能（办理）平台】 率先在乡镇试点“基层通办”，制定“无差别受理”事项清单及办事指南，实现基层平台全科“无差别受理”；利用钉钉软件搭建“钉格通”组织架构，实现信息共享和咨询信息服务，涉及人社高频事项8项；通过视联网“村级可视化远程申办”系统，创新推出乡镇业务远程办理服务模式。年内，近20项人社业务实现远程申报。利用信息化手段，已实现企业破产或注销、个人全生命周期中退休、就业、出生、殡葬、人事、优抚、失地参保等多项“一件事”联办落地。

【开发绿色公益性岗位】 年内，加强对就业困难人员的“兜底”帮扶，通过开发公益性岗位、推荐就业等方式，推进重点人群就业。完成重点人群就业帮扶397人，为目标任务数的124.06%。

（方勇成　何逸思）

医疗保障

【概　况】 2019年1月21日，衢江区医疗保障局（简称区医保局）正式挂牌成立，是机构改革后新成立的政府组成部门。主要职能包括：从区人力资源和社会保障局划转的城镇职工和城乡居民基本医疗保险、生育保险职责，从区卫生和计划生育局的药械集中采购和监督管理有关职责，从区民政局划转的医疗救助职责，从区发展和改革局（区物价局）划转的药品和医疗服务价格管理职责。机关下设办公室、改革发展和医药服务管理科、医药招标采购和基金监管科。下层设区医疗保险服务中心1个公益一类事业单位。新组建成立的区医疗保障局以控成本、降费用、保质量、强服务为目标，落实好医保与分级诊疗、价格、控费、签约服务等政策衔接，将医保队伍向乡镇基层延伸，明确乡镇（街道、办事处）分管领导和具体业务人员，区乡医保服务体系基本建成。年内，衢江区城乡居民基本医疗参保人数28.6426万人，城乡医保基金收入49286.29万元，其中基金保费收入22239.26万元。基金支出38793.97万元。城镇职工基本医疗保险参保缴费人数5.7751万人，职工医保基金（含生育保险）收入20414.96万元，其中基金保费收入19795.77万元。基金支出15278.93万元。

【助力医共体建设】 年内，建立风险保证机制，按年度预算总额内一定比例设立风险金，用于医保基金年度清算出现超支后进行风险承担，承担资金以风险金总额为限。风险金的设立，很大程度上化解了医共体单位做好自身病案管理、管好医疗服务质量等各项基础工作的基础上出现基金亏损的风险，促进医共体单位业务稳定有序开展。健全激励调控机制。建立“结余留用”“超支分担”激励机制。当医保基金年度清算出现结余时，结余全部给予医共体留用，用于医共体单位的建设发展，鼓励调动医共体单位形成自我控费管理的意识；当医保基金年度清算出现超支时，在数据分析的基础上，对于认定为非医疗机构责任的合理超支，按分段比例做一定的分担，鼓励医共体合理控费、规范管理、高质量发展。优化起付线重复机制。医共体作为完整的一个共同体，对医共体内实现双向转诊的患者，视同一个住院过程，设置一个起付线，以较高等级医院的起付线确定。患者在医共体内基层转上级进一步治疗及上级转基层进一步康复治疗，专家下沉，是医疗资源合理利用、患者合理治疗的重要举措。区医共体下属村卫生室开通医保定点资格，与卫健部门紧密联系，保持信息互通互享，指定专人对接联系，指导申请材料准备等工作。开展医共体支付方式改革调研工作，拟定《衢江区区域医共体基本医疗保险支付方式改革实施方案》。

【医疗救助政策宣传】 年内，完善信息系统，通过医疗救助政策宣传引导，提高群众对改革的知晓度，确保“应救尽救”。将医疗救助政策通过归纳、梳理，制成简明易懂的政策指南，让困难群众对医保政策一看就懂；依托乡镇基层力量，进村入户宣传医疗救助政策，形成医保工作有人抓、医保事情有人管的工作格局，确保医疗救助各项工作落到实处。10月14日，区医保局组织业务骨干到上方镇开展医疗救助政策宣传，发放宣传资料800余份，接待咨询30余人。

1月21日，衢江区医疗保障局正式挂牌成立 （钟 慧 供图）

【助推脱贫攻坚战】 逐条核查困难群众身份数据，与医保系统数据进行比对，剔除重复参保、享受职工医保待遇、判刑、死亡等多种情形，确保精准识别，实现政策范围内符合条件困难群众参加基本医保全覆盖。依托平台，实现一站式结算。推动“最多跑一次”改革向纵深发展，推进基本医保、大病保险、医疗救助“3+N”报销结算联办工作。依托医疗费用“一站式”结算平台，以“3+N”的模式，实现基本医保、大病保险、医疗救助在定点医疗机构直接刷卡结算，全面实现“一站式结算”服务，切实精准保障贫困人员医保待遇。

【医保信息系统建设】 年内，按照便民高效的要求，通过网站、电子屏幕、服务指南、公告栏、微信等公布医疗救助政策，加强宣传引导，提高群众对这项改革的知晓度，确保“应救尽救”。通过全省医保数据交换平台，汇聚全口径医疗数据，实现电子化操作，救助对象办事“不见面”“无跑腿”。

【“最多跑一次”改革】 年内，深化“高效审批+优化服务”相融合理念，纵深推进“最多跑一次”改革。区医保局经办事项涉及11个主项29个子项，其中有21个事项下沉乡镇，下沉率72%。全面精简办事申请材料，实现“三个不提交”，即法律法规无明确规定的不提交、由本部门出具或可通过本部信息系统数据交货获取的不提交、可通过公关数据平台查验获取的不提交。如基本医疗保险零星报销需要发票原件、费用汇总清单、出院记录等材料，按照以往办理程序，存在意外伤害的参保患者，均需要由参保群众填写外伤经过，再经乡镇劳动保障员核实盖章后，提交至区医疗保障局，现在只需参保群众填写意外伤害经过，经稽核调查无第三方责任后，直接进入报销审核程序。缩短报销时限，医保待遇经办时限在压缩到15个工作日的基础上压缩至12个工作日，进一步减轻患者的治疗负担，开启全区报销新速度。公民个人全生命周期“一件事”事项。转外就医实现刷卡结算。按照衢州市分级诊疗政策，经过定点医疗机构转诊至上级医疗机构，在分级诊疗系统做好点对点的线上审批后，通过接口连接至医保系统，当参保群众就医时，通过联网刷卡，实时识别有无转诊信息，即可直接刷卡结算。享受规定（特殊慢性）病种待遇备案。自2019年7月1日起正式实施慢性病门诊医疗保障政策，将高血压、糖尿病、肺结核等12种群众常见慢性病纳入基本医疗保险门诊规定病种范围，提高待遇水平，市内所有医保定点医疗机构和定点零售药店全部开放慢病配药刷卡报销。全区辖区内41家符合条件的定点药店已全部纳入慢性病门诊定点药店，并按要求导入省政府民生实事智慧督查系统完成信息备案。实现医保慢性病药品第三方配送服务，互联网医疗服务在线支付，方便慢性病人购药，打通医保在线支付最后一千米。多部门配合实现一件事联办。新生儿出生一件事。“出生一件事”就是全生命周期服务的重要项目。3月以来，区医保局配合开展新生儿出生“一件事”改革工作，与区卫健、公安、人力社保、农商银行等部门单位形成合力，精心设计业务流转流程。新生儿监护人在医院提出申请，用手机扫描“一件事”联办二维码，在线填写信息并上传证件后提交，各部门就会在后台进行处理，真正实现“码上办”。城乡居民基本医疗保险参保登记、缴费、签订代扣代缴协议一站式在线办结。退伍军人优抚一件事联办。开设服务窗口，为退役军人“一件事”“一站式”办理服务，开展基本医疗保障参保登记、缴费申报、医疗保险接续服务，现场登记、后台办理、政策咨询一站式服务，实现让数据多跑路、让退役军人少跑腿。据统计，共计100余人当场办结业务，医保基金转移接续手续办理时限由原先的15个工作日缩减至当场办结，办理时限提速100%以上。殡葬服务一件事。由民政部门共享信息，通过一窗平台推送死亡信息，工作人员在业务系统中终止参保关系，无须亲属重复提供死亡材料，医保待遇科通过系统流转，针对有个人医保账户余额的，直接拨付至退休金银行卡。

【定点医药机构专项检查】 全区有定点医药机构101家，其中医院6家，乡镇卫生院20家，社区卫生服务中心15家，诊所19家，药店41家；衢州市医保局按“一市两区”巡查分组分到23家，共有两定单位127家。年内开展专项检查5次，出动检查人员42人次，检查定点医疗机构21家、定点零售药店30家，共查处违规操作的定点医药机构21家，涉及违规基金56万元，按医保定点协议扣款212万元，暂停8家药店医保刷卡联网结算；意外伤害调查审核3926人次，核减444.99万元。

【打击欺诈骗保行为】 4月20日，市、区医保局联合开展“打击欺诈骗保 维护基金安全”现场宣传咨询活动，现场设背景屏，播放宣传动漫，发放宣传手册，开展政策咨询，受理投诉举报。同时，全区所有定点医药机构、社区张贴宣传海报500余份，滚动播放宣传片，发放宣传折页2000余份。按照《浙江省医疗保障基金监管三年行动计划（2019—2021年）》《衢州市医疗保险定点医疗机构重点抽查方案》，制订跨区互查互学计划，开展打击欺诈骗保“聚心团队”活动。实行“专项+日常”整治，深化高压态势。坚持“当下改”和“长久立”相结合，将基金支出过快、有异常数据或有过投诉举报的定点医药机构作为专项行动的重点检查对象。开展专项行动的同时成立日常巡查小组，通过掌上执法系统对本辖区内的定点医药机构开展即时检查，横向扩大检查范围，纵向加深检查深度，实现定点医药机构检查全覆盖。以"智"助"管"，打造智慧监管机制。延伸"监管触角"，实现全面摸底。在获取数据、分析数据、运用数据上下功夫，通过对比分析定点医疗机构上传的医保数据结合视频监控系统来找准问题所在。利用掌上执法系统，将定点医药机构纳入掌上执法监管体系，明确检查数量和频次，检查结果双向确认，提高检查的透明性和公正性，以实现智慧监管。局领导班子成员及有执法证的稽核检查人员均已开通掌上执法账号，并利用该系统开展检查10余次。用好"数据视角"，聚焦突出问题。针对异常数据"按图索骥"开展现场稽查，如费用居高的吸氧、理疗费用为重点防控风险点，现场检查时将此类问题作为重点检查项目。在专项行动中，查处多家医疗机构存在吸氧、理疗方面的违规行为，共涉及医保基金支出18万元。落实"罚款+刑罚"追责措施，严厉打击欺诈骗保行为，查处医疗保险欺诈骗案件两起，追回骗取的医保基金，移交检察机关追究法律责任。

（钟　慧）

民政事务

【概况】 2019年1月，区民政局完成机构改革，划出原区老龄工作委员会办公室职责、退役军人优抚安置职责、减灾救灾职责、医疗救助职责、组织实施重要物资和应急储备物资的收储、轮换和日常管理职责。原区水库移民办公室的职能并入区民政局。区民政局内设办公室（法制科）、社会救助和慈善事业促进科、社会福利和养老服务科、基层政权和社会事务科、移民综合科（社会组织管理科）。年内，全区民政工作围绕区委"1136"发展战略，坚持"民政为民、民政爱民"工作理念，聚焦脱贫攻坚、特殊群体、群众关切，切实履行基本民生保障、基层社会治理、基本社会服务等职责，全面推进民政事业又好又快发展。

【社会救助】 低保对象新增1182人，退出1903人。全区共有在册低保户8521户1.26万人，占全区人口总数的3.06%，低保标准调整为770元/月，发放低保金6128.71万元。全区共有在册低保边缘户2010户4349人，占全区人口总数的1.06%。儿童福利督导员实现村（社）全覆盖，建立困境儿童分类保障制度，186名孤儿和困境儿童纳入保障，机构孤儿、社会散居孤儿和困境儿童养育标准分别达到每月1460元、1168元。有效实施其他专项救助，发放6691人次临时救助金284.27万元，发放446名特困人员供养经费404.92万元，发放153名定补对象救助金297.81万元。举行"福彩暖万家"系列公益活动2期，资助困难群众125人。慈善捐赠规模持续快速增长，年内，区慈善总会接收捐赠款物413万元。

【社会组织管理】 全区共注册登记社会组织540个，其中新增社会组织319个，其中民办非企业单位314个，社会团体5个；注销社会组织5个，其中民办非企业单位3个，社会团体2个；共变更30个，其中民办非企业单位12个，社会团体18个。备案各类社会组织2743个。农村拥有社会组织2628（备案的）+293（注册的）个。加强社会组织年检力度，社会组织年检率为74%。其中民办非企业单位年检率为70%；社会团体年检率为81%。获评AAA以上社会组织5家。

【城乡社区建设】 年内，社会工作职业资格考试报名人数585人，通过考试和资格审查的考生158人。公开招聘专职社区工作者38人，报名人数379人，成立2家农村社区社会工作室。下发《关于加强城市社区建设工作的若干意见》，建立专职社区工作者的"三岗十八级薪酬体系"。开展全区专职社区工作者培训工作，培训60人次。开展2019年示范型农村社区评估工作，共评出区级示范型农村社区10家，获评市级示范型农村社区4家。

【婚姻登记】 全年共办理结婚登记2508对，离婚登记1240对，补领结婚证717件、离婚登记证115件，办理正确率100%；妥善处理婚姻登记行政诉讼案件，应诉案件13件，无一例败诉。根据《浙江省民政厅关于印发〈妥善处理因当事人以非真实身份进行结婚登记案件的指导意见〉的通知》的文件精神，撤销婚姻登记6例。

【"最多跑一次"改革】 年内，民政领域推行"码上办"，除收养类3个特殊事项，其他事项均实现"最多跑一次"，低保等11个民生事项实现政务服务网和浙里办App一证通办。乡镇（街道）模块化管理改革，建立社会救助"一门受理、协同办理"工作机制。推行助残惠残"一件事"集成联办，创新残疾人证"一站式"评残办证，率先在全省启用电子签章，实现残疾人申领两项补贴"零跑腿"。老年优待证办理从"即办即领"到"足不出户"在线办、"足不出村"乡镇办，再到网格员"主动办"，跑出"衢江新速度"，打造"衢江新模式"。婚育户联办后程发力，通过浙里办App和一窗云平台受理两种方式，完成婚育户联办638起。全力协助市殡仪馆完成"殡葬一件事"改革，及时停止发放低保、养老服务补贴等相关待遇。

【鄞衢慈善助医活动】 10月，启动"爱心康养"鄞衢慈善助医活动，为全区550名对象提供医保外补助60万元。为全区500名以上青少年视力矫正提供器具支持，每人补助500元；为15名困难髋、膝关节置换患者提供手术支持，每人补助8000元；为20名困难颈腰椎患者提供手术支持，每人补助5000元；为20名困难胆、肾结石患者提供手术支持，每人补助5000元。已纳入医疗保险报销范围的救助项目，先由医疗保险报销，不足部分由项目予以补助。衢州市第二人民医院建立公示制度，定期向社会公布项目救助情况。资金严格使用，专款专用。鄞州衢江两地的慈善总会将根据项目实施进度，制定检查评估办法，组织检查评估。定期检查了解项目实施情况，对发现的问题要指导及时整改。

【居家养老服务项目建设】 居家养老服务中心建设是区政府为十大民办实事的内容之一。年内，总投资800多万元，建成省、市、区居家养老服务中心项目12个，养老机构新增床位420张，受到群众好评。浮石街道居家养老服务中心建成后，市委书记徐文光等领导到场指导，并且作为唯一代表在省老博会上签约委托运营。

【殡葬改革】 年内，结合市政府为民办实事项目，借助项目建设、乡村公墓生态化改造、生态公益林等。把节地生态安葬设施建设，作为推进绿色殡葬的突破口，完成22个树葬点建设，各示范点均设置树葬、草坪葬、撒散等功能区块。

【水库移民工作】 年内，深入推进移民创业致富和精准扶持工作，全区实施类水库移民项目共计项目75个，安排移民扶持资金3627.5万元，加强基础设施、现代农业、乡村旅游、美丽家园等建设，进一步改善移民生产、生活条件，促进移民和移民村集体增收致富，全区水库移民人均可支配收入21232元。避险解困试点工作取得实质性进展，制定《衢州市衢江区乌溪江库区群众异地搬迁工作实施细则》，经过报名、审核，确定其中水库移民避险解困试点对象54户101人。廿里龙溪安置小区6栋主体结构完工验收，4栋主体框架结顶，其余几栋正在主体施工。

【地名管理】 年内，命名住宅小区2个，分别是上东府、牛头湾；命名道路3条，清平路、霞映路、莲欣路。完成与交界的7个县市区的第四轮平安边界协议签订，联检1条市级界线（衢丽线遂昌—衢江段）、1条县级界线（龙游—衢江段），形成联检报告。完成衢江区第二次全国地名普查相关文件、资料、成果等立卷归档工作，普查地名3331条，普查档案制作119盒，其中业务类112盒，成果类7盒。

（吴越越）

退役军人事务

【概况】 2019年1月，衢江区退役军人事务局（以下简称区退役军人事务局）成立，下属衢江区退役军人服务中心（事业单位）。年内，以退役军人为中心，围绕“让退役军人和其他优抚对象成为全社会尊重的人，让军人成为全社会尊崇的职业”的工作目标，采取加强政策宣传、加大督办力度、开展上门服务等方式，落实退役军人服务保障措施；推进双拥优抚工作、开展信息采集，引入社会化服务，圆满完成各项重点任务，实现全区退役军人事务工作的良好开局。

【服务保障体系建设】 2019年，全区按照“有机构、有编制、有人员、有经费、有保障”的要求，建成一个区退役军人服务中心、22个乡镇（街道）退役军人服务站、285个村（社区）退役军人服务站。区、乡、村三级退役军人服务站（中心）均挂牌运行，工作人员981人，“五上墙”和一人一档建档工作落实到位，初步构建全域覆盖的多维度网格化退役军人服务保障体系。

【安置就业】 2019年，全区完成接收安置军转干部工作。4月，启动移交安置，档案审核、身份确认工作有序开展。全区符合政府安排就业方式退出现役的转业士官也全部被安置到事业单位、国企工作，安置事业单位占70%。通过与区委组织部、编办、人社局沟通，在2019年区事业单位公开招聘中，争取到3个名额面向退役军人招考，学历放宽至大专文凭。在退役士兵就业上，与区就业局对接，先后联系160余家企业提供上千个工作岗位，连续举办廿里镇、大洲镇、上方镇三场专场招聘会，吸引退役士兵参加。

【优抚工作】 2019年，区退役军人事务局组织为优抚对象发放各类优抚金2680万余元，手工结算医疗补助12.5万余元，“一站式”结算重点优抚对象医疗补助80余万元，为全区1～6级城镇和农村伤残军人落实医疗保险。为烈属、军属和退役军人家庭颁发、悬挂“光荣之家”光荣牌，悬挂率100%。

【双拥工作】 2019年，区退役军人事务局先后组织开展“缅怀革命先烈 传承红色精神”“心系退伍老兵走访慰问温暖人心”“回忆峥嵘岁月 激发爱国热情”等系列活动。国庆前夕，会同乡镇为35名新中国成立前参军的老复员军人颁发庆祝中华人民共和国成立70周年纪念章，引导社会各界关心关爱退役军人。

【“最多跑一次”】 2019年，区退役军人事务局开展军人退役“一件事”“一站式”服务，提升服务效能。9月18—19日，联合区委组织部，区人武部、公安、团委、社保、医保、税务、就业等部门在区行政服务中心开设17个服务窗口，为退役军人退役报到、预备役登记、落户登记、社保和医保接续、党（团）组织关系转接、培训、就业推荐、创业减税和贷款、信息采集提供一条龙服务，实现各项业

4月30日，区退役军人服务中心挂牌成立。年内，全区实现区乡村三级退役军人服务机构全覆盖

（郑佳岚　供图）

务“一站式”办结。

【社会化拥军服务】 2019年，与区农商银行开展军银合作，签订拥军优抚战略合作协议，推出10项金融政策，向全区现役、退役军人及家属群体授信10亿元，专门设立“拥军贷”“爱军存”存贷优惠产品，信用贷款和存款利率较基准分别上浮60%、43%，降低退役军人创业融资成本。项目推出后，区农商银行共为军人军属总授信820万元，生成合同号32个、总额度320万元。与衢江康仁护理院签订退役军人大健康管理战略合作协议，为全区范围内的退役军人、现役军人及家属、残疾军人及家属提供健康管理、优先优待服务和“三免两减”优惠政策。10月起，康仁护理院老兵服务队走访35个村（社区），为60余名老兵提供上门免费体检服务；为13位住院治疗老兵进行个性化专项检查和治疗，减免医疗费共计50790元。

【社保接续工作】 年内，经广泛宣传、点对点通知于12月31日前，完成所有符合条件并断保退役士兵的社保接续材料受理和审核工作，取得阶段性成效。

（郑佳岚）

工 业

综 述

【概况】 2019年，全区工业经济围绕区委“1136”发展战略体系，贯彻全区工业大会精神，以工业强区、再造优势为要求，实施工业强区专项行动，推动工业加快发展，工业经济运行平稳，发展质量稳步提升。全区实现规上工业产值180.54亿元，同比增长11.07%，增幅排名全市第二；实现规上工业增加值43.89亿元，同比增长14.7%，增幅排名全市第二。高新技术产业增加值23.26亿元，增长5.3%，占规上工业增加值的61%；装备制造业增加值8.67亿元，增长10.6%，占规上工业增加值的22.7%；战略性新兴产业增加值9.42亿元，增长6.9%，占规上工业增加值的24.7%；规上工业企业实现主营业收入155.4亿元，增长9.4%，实现利税总额16.45亿元，下降9.4%。利润总额12.01亿元，下降12.8%。114家规上工业亩均税收12.9万元，同比增长109.49%，增速排名全市第一；规上工业亩均增加值73.7万元，同比增长73.8%，增速排名全市第一。完成工业投资19.10亿元，同比下降5.8%；完成工业技改投资5.40亿元，同比下降10.0%；完成制造业投资10.20亿元，同比增长3.3%。

【完善工业强区政策】 2月2日，区委印发《关于推进工业绿色发展加快工业强区建设的补充意见》，在区委《关于推进工业绿色发展加快工业强区建设的若干意见》（区委发〔2017〕26号）基础上，提出十一条补充意见。从企业用水、用电、用气、用地、用人、融资、出口等方面，破解全区实体经济发展面临的困难和问题。提出要加强政策宣传落实，推动企业数字化转型，支持企业进出口贸易，支持出口信用保险，推动实体企业入园发展，探索用地用房供应新机制，降低企业要素成本，拓宽融资渠道，解决企业用工难问题；引导高校毕业生到民营企业就业，大力扶持地方实体企业发展，大力弘扬优秀企业家精神。意见支持企业结算电费实行“一月一结”政策，并配合出台《衢江区工业企业月结电费帮扶周转金（试行）》，减轻企业流动资金压力；在企业用工难问题上，给予用人单位、劳动者、职校、人力资源机构等予以补贴，优惠力度为全市最大。出台《关于鼓励现有企业做大做强的意见》，对符合衢江区产业发展导向的现有工业企业在既有生产能力的基础上，继续扩大投资、新增产能达到一定规模的企业给予扶持奖励，鼓励企业做大做强，助推企业转型升级。

【政策“即享即兑”改革】 年内，区经信、财政、发改、人才办、科技等部门联合对工业、服务业、电子商务、外贸、人才、科技等六大类涉企政策进行全面梳理，尤其是把以往层层审批的流程改为由部门直接审批，并减少企业重复报送的材料，55项涉企补助政策中，41项申报材料精简到“零材料”申报。为方便企业申领奖补资金。区经信局在区行政务服务中心设立“企业政策奖补兑现”专窗，“一窗式”受理，“一站式”服务，结合社会信用体系建设兑现奖补。55项涉企奖补政策即享即兑“0124模式”。奖补资金兑现时间从原来最多

18个月缩短至24小时，着力解决政策落地的最后一千米。年内，通过政策“即享即兑”奖补资金785.37万元。首批55项涉企奖补“即享即兑”政策正式落地，引起各有关方面的关注和业内人士的肯定，《衢州日报》、衢江发布、《浙江日报》、浙江新闻网、衢州电视台等媒体对此进行报道，杭州市桐庐县、龙游县经信局等专门到此学习考察。

【开设产业大讲堂】 年内，与浙江赛伯乐公司开展深度合作，通过开设产业大讲堂、企业高端沙龙等形式，打造企业家高管精英队伍。成功举办“推进智能制造的形势与对策”“风险投资与管理”“应用型工业物联网”“润滑技术在节能降耗中的应用”“先进纤维材料及循环经济产业发展”“金融供给侧改革”“风险投资推动产业创新和数字经济”7场大讲堂。

【开展企业“三服务”】 制定《衢江区“组团联企”服务活动方案》，筛选145家重点企业作为服务对象，建立为企服务“1+1+4+N”工作机制。全年36个网格有序开展工作，共梳理问题97个，交办问题58个，提高服务工业企业质量和效率。对企业反映最多的“融资难、融资贵”共性问题，发挥各网格联系企业作用，梳理全区117家规上工业企业融资困难，形成《衢江区规上工业企业融资情况调研报告》，提出破解中小企业融资难题对策建议。

【实施小微企业成长计划】 年内，做好“小升规企业月报表”“小微企业月报表”“重点企业月报表”等报表填报工作；利用中小企业直报企业的监测平台，加强企业运行情况监测，深入分析，剖析问题背后的深层次原因，找准难题破解切入点，把握中小微企业发展态势。按照产业基础和规模以下企业数量、规模，细化分解工作任务和要求，建立层层抓落实的工作目标责任制，加强对乡镇（街道）、开发区工作的指导和督查，形成上下联动、部门齐抓共促的工作格局。年内，全区“新升规”企业8家，“小升规”入库企业8家。培育隐形冠军企业，推荐浙江志高机械股份有限公司为省隐形冠军企业，组织3家企业参加2019年中小微企业创业创新大赛，完成70家专精特新企业申报入库。

【推进小微企业园建设】 年内，市、区联合委托专业单位，高起点编制市区小微企业园发展规划。组织衢盛廿里小微企业园、农产品电商园申报省小微企业园认定。完成《衢江区小微企园建设提升工作实施方案（草案）》，组织相关材料申报2020年小微企业园建设提升重点县（市、区），获省政府500万元小微企业园奖励。

（朱昕逵）

【完善“四个一批”项目基础库】 按照“竣工一批、在建一批、谋划一批、储备一批”的工作思路，建立工业投资“四个一批”项目基础库，实施动态管理，每季度对项目的进展和实施情况进行更新滚动，以保持项目的可持续性和科学性。年内，共储备固定资产投资2000万元以上工业项目62个，计划总投资173.71亿元，其中储备类项目16个，计划固定资产投资26.90亿元；前期类项目7个，计划固定资产投资32.75亿元，当年计划投资3.35亿元；在建类项目29个，计划固定资产投资99.55亿元，当年计划投资14.58亿元，1—9月，完成投资8.59亿元；投产类项目11个，计划固定资产投资14.51亿元，2019年完成投资1.82亿元。

（李　明）

工业转型升级

【概况】 2019年初，根据区委《关于推进工业绿色发展加快工业强区建设的补充意见》和衢江区工业大会精神，区经信局牵头制定《衢江区工业转型三年行动方案（2019—2021）》，明确全区今后三年工业转型行动规划和目标，提出充分发挥工业在促进经济增长、结构优化和动力转换中的主力军作用，集中精力、集中力量、集中资源狠抓工业经济，以工业转型升级推动衢江经济转型升级。由此，全区工业转型升级及“低散乱”企业整治提升工作全面展开。

【“低散乱”企业整治】 年内，

全区“低散乱”企业整治，以实现“清零”为目标，加大整治力度。成立区委书记、区长为组长的领导小组，发动66个部门集成作战，局长亲自带队，任务包干、一抓到底。8月7日，以电视问政的形式直面“低散乱”企业整治，部门负责人以“全区上下心往一处想、智往一处谋、劲往一处使，凝聚强大工作合力”现场作答，回应企业关切。全年完成“低散乱”企业整治265家、收储土地1500亩。

10月27日，衢江区“低散乱”企业整治提升工作启动　（祝　翠　供图）

【淘汰落后产能】 年内，坚持“破立并举”，重点开展“(大于0.25吨)铝壳中频感应炉”的淘汰拆除工作，5家铸造企业、11只炉子全部通过验收。完成7家小铸造企业的设备拆除并现场通过省抽查及市、区两级验收，提前超额完成列入省、市淘汰6家的任务，使“小铸造”从此退出历史舞台。对5家、16座青砖瓦窑企业实施拆除，提前完成青砖瓦窑拆除任务。

【危险化学品生产企业搬迁改造】 年内，根据省政府《关于推进城镇人口密集区危险化学品生产企业搬迁改造实施方案》要求，摸底排查生产企业，对照安全标准，完成浙江东氟漆业有限公司搬迁改造任务。

【企业节能技改】 年内，浙江望湖蓝图纸业有限公司、浙江衢州市东大特种纸有限公司、浙江衢州市三童食品厂、浙江开山铸造有限公司、浙江开山钢套有限公司、浙江娃哈哈启力饮料有限公司、浙江都邦药业股份有限公司等7家企业通过省级节水型企业验收，推动企业对标达标，降低单位产品用水量，提高水资源的利用效率。衢州强宝纳米科技有限公司、衢州超群钙业有限公司、衢州市衢江区宏达钙业有限公司、浙江开山铸造有限公司、江开山缸套有限公司、浙江森拉特暖通设备有限公司等6家企业通过省级清洁生产企业审核。

【建设大平台】 年内，投资建设万洋众创城、西片区小微园、东片区小微园三大平台。万洋众创城，是全市唯一一家厂房可分割的万洋众创科技孵化园，建筑面积28万平方米，总投资15亿元，10月开工建设。完成厂房预售7万平方米，20多家企业签订入园协议。以智能装备、新材料、机械、电子信息、特种纸后加工等主导产业，打造集制造研发、电子商务、仓储物流、生产生活配套、金融服务和智慧园区管理于一体的制造业集聚平台。西片区小微园，占地面积21.46亩，建筑面积2.7万平方米，10月完工，已入驻20家企业。主导产业定位为智能装备、机械制造、金属新材等。东片区小微园，占地面积35.12亩，建筑面积4.4万平方米，主导产业定位为电子信息、创业创新、新材料等。

（邵前忠）

信息经济

【概况】 2019年，全区企业工业化和信息化应用程度提高，85%规模以上工业企业实现企业上云，800余家企业开展上云业务；2家上云企业通过国家级“两化”融合贯标；新增工业机器人45台，在役工业机器人数达170台；全年组织企业参加各类数字化转型对接、培训200人次。

【传统企业数字化改造】 3月28日，开展企业智能制造试点项目摸排，全区智能制造试点项目5个。11月15日，浙江志高机械股份有限公司通过国家“两化”融合贯标认证。12月23日，浙江日新电气有限公司通过国家“两化”融合贯标认证。

【开展企业数字化转型诊断活动】 5月10日，聘请专家团队对50家重点工业企业进行重点评估调研和诊断，完成《衢江区规上工业企业数字化发展情况报告》，并出具个性化的企业数字化发展评估报告。

【推动企业上云】 5月18日，中国移动、电信、联通三大运营商召开“企业上云”座谈会，部署落实衢江区273家新增企业上云任务。年内，全区新增上云企业292家，累计上云企业980家。

（祝　翠）

建材冶金工业

【概况】 2019年，全区坚持培育新型建材等区域特色产业、整治烧结砖瓦窑、全面淘汰烧结轮窑企业，推广新墙材料。根据国家发改委及省经信厅有关2020年底全面淘汰烧结轮窑企业的规定，10月14日，区长办公会通过区经信局关于要求开展烧结砖瓦窑企业整治的情况汇报，主要内容是：关停5家轮窑企业；将保留的6家隧道窑企业中的2家进行合并；对5家保留隧道窑企业进行全面改造提升，到2022年底前完成改造任务。出台《衢江区烧结砖瓦窑企业整治方案》。

【青砖瓦窑整治】 全区共有青砖瓦窑生产家数5家，16座窑，集中在云溪、莲花2个乡镇。青砖窑无序扩张造成的环境污染、土地破坏等一系列问题，在2017年中央环保督察时就接到过群众举报，相关部门检查后窑主停又烧。年内，把关停青砖瓦窑列入议事日程，3月16日，区府办下发《关于印发衢江区青砖瓦窑整治实施方案的通知》，随后所在乡镇在区经信局支持下，5月10日前同所有青砖瓦业主签订关停协议。9月30日前，全面完成青砖瓦窑拆除任务。

【批复新上三家预拌混凝土企业】 廿里镇“浙江顺通建筑工业化有限公司”是一家生产沥青混凝土和混凝土预制件的企业，2019年同意其预拌混凝土对外供应，年底清洁生产完成验收；峡川镇“衢州顺通建材科技有限公司”年产65万立方米预拌混凝土项目获批；衢江经济开发区内的“衢州市衢江区交通投资发展有限公司”预拌混凝土生产项目获批。至年末，全区批复预拌混凝土企业7家，投产5家。

【农村新墙材推广】 年内，农村建房使用新墙材比例达65%，装配式建筑在农村集中迁建、安置点建设中成功使用。10月，双桥乡“除险安居”工程，溪滩村安置点54户集中建房使用装配式建筑和页岩多孔砖项目完成结顶，高田村65户农村集中建房项目年底完成50%建设工程。农村建房使用多孔砖和装配式建筑的比例增加很快。

（余从恩）

特色产业园

【概况】 2019年，全区经三级审核认定的小微企业园一共三家：众创空间·衢盛科创园、衢江区农产品电子商务产业园、衢江区小微企业园（B），衢江区小微企业园（A）的认定工作正在进行，衢州万洋众创城项目在建设中。

【创空间·衢盛科创园】 园区位于廿里镇工业园区，是由衢盛建设有限公司自主开发建设，浙江衢盛投资管理有限公司重点打造的乡镇青年创业孵化园。园区自有办公楼面积17500平方米，仓库2500平方米，厂房5800平方米，电商及配套服务企业、科技型企业、工业企业、传统企业纷纷入驻，年内销售额近1亿元。

【衢江区农产品电子商务产业园】 园区位于新农都批发市场，是浙江首个也是唯一一个省级农产品电子商务示范区电商园区，也是衢州市首家以农产品电商运营为主的电子商务产业园。园区建筑面积15000平方米，拥有全市最为先进的农产品检验检疫中心，可容纳50余家电商企业和500多个初创个体。年内，电商企业、初创个体相继入驻，电商销售额近3亿元。

【衢江区小微企业园（A）】 园区位于开发区科创中心以东，用地面积35.12亩，建筑面积约4.4万平方米，产业定位为电子信息、创业创新、新材料，可入驻小微企业40家左右。

【衢江区小微企业园（B）】 园区位于开发区桔海二路以北，占地面积21.46亩，建筑面积约2.7万平方米，其中非生产性配套设施地上建筑面积为2016.71平方米，生产用房地上建筑面积为25204.03平方米，地下建筑面积311.85平方米，绿地率16.1%，建筑密度37.67%，容积率1.74。产业定位主要为智能装备、金属制品、新材料、轻工，可接纳相关产业小微企业15家以上，年内已有小微企业入驻。

【万洋众创城】 选址衢江经济开发区东片区玉龙路，由万洋集团投资建设，总投资12亿元，用地面积约241亩，工业标准厂房及配套职工宿舍约26万平方米，是衢州市第一个产权可分割销售的小微企业园，于10月开工建设。

（朱昕逵）

电力工业

【概况】 2019年，衢江区电网由国网衢州供电公司衢江供电分公司负责供电服务，主要承担衢江区行政区域内10个镇、8个乡、3个街道、1个办事处区域内20千伏及以下的电力营销、生产运行管理和故障抢修服务，供电面积1748平方千米。辖区内共有10千伏线路138回，其中10千伏线公用线路117回，20千伏线路21回，总长度为2050.9千米，电缆280.9千米。10（20）千伏公用配电变压器2134台，总容量871.71兆伏安，柱上断路器1221台，环网站246座。高压用户数1694户，容量1111.58兆伏安，低压台区2219个，容量1381.32兆伏安。直供供电量19.61亿千瓦时，同比增长10.39%；售电量18.65亿千瓦时，同比增长9.973%。城市用户供电可靠率为99.9679%，农村用户供电可靠率为99.9343%，为衢江经济社会发展做出贡献。

【抗击台风“利奇马”】 8月10日，超强台风“利奇马”正面袭击衢州，灾情严重。衢江供电分公司迅速投入抗灾救灾，连续奋战5天5夜，累计出动抢修人员650人次，修复受损高低压线路53.4千米。举村乡遭受泥石流重大灾害，分公司火速行动，迅速恢复灾区用电，受到省委书记车俊批示肯定。国网衢州供电公司被衢州市人民政府记集体三等功，1人获评省防台救灾优秀党员干部、衢州市记功嘉奖。

【服务用户】 年内，内部挖潜增效，快速响应客户多元化用电需求，提升客户“获得电力”感知度，居民平均接电时长从3.09天变为1.94天，低压非居民平均接电时长从13.69天变为3.61天。通过数据分析，提前发现客户增容需求，上门开展现场受理、现场安装、现场办结的“主动式”服务，为42户用户增容720千伏安。圆满完成世界针灸康养大会保电任务。

【推动“电能替代”绿色发展】 主动对接衢江区政府部门，完成美食城项目、大路章EPC总承包项目及鑫港家园等综合能源项目签订。实施电能替代，与政府部门联合组织开展电炊具等电器产品推介会。对接衢江抽水蓄能电站、港口岸电等项目，与交投集团等深入合作充电桩，多措并举推进绿色能源市场应用。

（黄秋子）

衢江经济开发区

【概况】 2019年，衢江经济开发区围绕区委“1136”发展战略体系，发挥经济发展主平台、主阵地、主战场作用，全面开展工业强区专项行动，牢牢抓住大平台、大产业、大项目、大企业，以“三年”活动为契机，以“大干项目，干大项目”为抓手，聚力高质量、竞争力、现代化，聚焦项目建设、突出招商主线、推进转型升级、强化企业服务，经济总量稳定增长，招商引资不断突破，项目建设持续推进，平台承载能力进一步提高，各项工作取得新的进展，经济社会保持持续稳定发展。全年实现工业总产值186.5亿元，同比增长8.4%；规上企业83家，实现规上工业产值148.5亿元，同比增长9.2%，全年贡献税收14.48亿元，一般公共预算收入贡献9.2亿元以上。新增规上企业11家（新升规5家、小升规6家）、新增产值亿元以上企业5家、新增产值10亿元以上企业1家。

【项目招商与建设】 坚持招大引强，抓住招商引资项目质量不放手，立足现有产业基础和发展优势，着力推进招大、引强、选优，突出平台招商、基金招商，强化产业链招商、以商招商，发挥各类招商方式的优势，做好力量整合与结合文章，成功引进一批投资力度大、带动能力强、科技含量高的好项目、大项目。年度招商引资落地固定资产投资5000万元以上工业项目13个，项目总投资约达60亿元，总用地面积1460亩。其中投资10亿元以上项目4个，分别为交通建筑工业化项目、衢州万洋众创城项目、志高智能装备产业园项目、大晨显示背光源模组项目；投资5000万元以上项目9个，主要为五洲特种纸、仙鹤股份、虹华印染、宝红建筑、三美五金、亚泰法兰、汽车拆解、盛康塑业、金合博成等项目。年度出让土地7宗，出让总面积622.29亩，其中出让标准厂房用地1宗，面积192.2亩；出让商业用地1宗，面积10.46亩；以标准地形式出让工业用地5宗，面积419.63亩，实现工业土地100%按照“标准地”出让的工作任务。坚持项目为王，牢牢扭住项目建设的牛鼻子，主动谋项目、大力引项目、全力推项目，进一步凝心聚力、创新举措、狠抓落实，推动落户项目快开工、快竣工、快达效，打造经济发展有力支撑。一年来开发区推进工业重点项目36个，项目总投资约77亿元。其中续建项目15个，总投资约49.52亿元，华凯科技、通恒环保、耐佳特科技、全能管业、爱吉仁科技等11个项目实现投产；纤纳科技、富相皮革、奥隆新材料3个项目厂房等建筑建成；美卓矿机技改项目实施完成；新开工项目21个，项目总投资27.53亿元，唐丰特种纸、仙鹤27–30号机项目年内投产；热电三期、明道科技、东晟日用品、日新电气、馨香食品、金浙工业设备、进强茶机等一批项目抓紧建设推进；尤尼威、国丰油脂、建沃精工、宏普轮毂等一批零地技改项目实施完成。

【平台升级】 全面开展基础设施建设、产城功能配套等要素保障，做优发展空间平台，提升园区能级。全年，完成政府投资1.66亿元，完成天湖南路二期改造提升工程；完成“污水零直排区”建设，配套完成临溪路北接城东污水处理厂主管道在线监测系统项目、西片区生态环境改造提升工程——支路部分、临湖北路道路及排水改造工程、天湖西路等道路污水管改造工程、南山路支路（明腾段）污水管网新（改）建工程、东片区雨污管网检测项目、污水管和井零星维护工程等项目；完成科创中心装修以及两个小微企业园建设工程；有序推进百灵北路等道路建设及其他市政配套工程；落实绿化、亮化、美化、洁化日常管理，全面提升开发区交通、承载、景观、环境治理等功能。推进衢州万洋众创城项目建设，建设集商业、休闲、娱乐、居住于一体的服务配套设施，项目于年内完成土地平整。

【产业布局】 完成第一批265家“低散乱”企业整治，以规范整治加速工业转型，经逐一走访摸排、分析研判，按照“四个一批”（“关停搬离一批、整改提升一批、整合入园一批、回购收储一批”）要求，至12月末，完成关停搬离企业85家，整改提升企业28家，整合入园企业11家，土地收储企业7家（含第一批名单外4家），收储盘活土地1000余亩，为工业高质量发展腾出宝贵空间。加强产业集群培育，以深化改革助推产业升级，建设小微企业园2个，面积7.1万平方米，推进衢州万洋众创城项目开工建设，为小微企业集聚发展提供优质平台；通过强链、补链、延链，聚焦高端特种纸、智能制造两大主导产业及新材料、集成电路等新兴产业，培育壮大产业集群，高端特种纸、智能制造产业持续保持稳定发展，夏王、仙鹤产值连续三年突破20亿元；中财产值突破10亿元；永创产值突破5亿元；凤凰行动又有实质突破，仙鹤股份成功发行12.5亿元可转债；五洲特种纸报会审核，上市在即。产业数字化加速发力，以科技创新加快产业优化，规上工业新产品产值增长25.5%，新认定国家高新技术企业16家，新增省级及以上创新研发机构3家，企业新增发明专利25项，浙江志高机械、浙江海力股份获评省级制造业与互联网融合发展试点示范企业，仙鹤股份特种纸智能制造平台入选省级工业互联网平台创建名单。

【综合治理】 开展园区安全、环保、创文综合整治行动。按照创文要求，开展创建全国文明城市工作。对园区道路、4个安置小区、在建工地、企业围墙等重点区域、场所，围绕“建、改、拆、治、管、优”，开展专项整治，实施城市精细化管理，使园区环境更加整洁、交通更加畅通、园区人员素质得到进一步提升，营造良好的园区环境。加大资金投入，完成道路改造提升、绿化、亮化、美化、牛皮癣整治、围墙粉刷、违章拆建、广告安装、垃圾清运、停车位增划等工作。开展安全生产监督检查，常态化开展安全检查、专项督查，聘请专家对园区企业安全隐患进行全面排查。建立月度安全隐患台账，定期销号，跟踪督办。加大职业健康、建设项目监督管理，推进“三同时”落实到位。加强应急救援建设，提升应急处置能力。实现园区企业、在建项目、市政工程等生产单位安全监管全覆盖。全年未发生一起较大安全生产事故。安全生产环境持续稳定向好，未发生较大信访事件，未发生较大环保事件，安全环境得到有效提升。

【营商环境】 全面推进落实“网格化”管理和“清单化”服务机制，每家企业服务责任到岗、到人，做到企业、人员全覆盖，对企业反映诉求，做到及时解决、及时上报、及时反馈；落实项目代办服务机制，以“最多跑一次”为核心，坚持工作“先一步”、审批“快一拍”，服务“优一等”，加快“跑办”速度，推进重点项目加快落地开工，总投资12亿元的衢州万洋众创城项目从签约到开工仅用时35天，创造了“衢江新速度”，展现了开发区风采，获得了项目方的高度赞赏。建立企业“4S服务中心”，由政府主导、第三方外包、市场化运作，为园区企业提供专业、精准的社会化服务，探索建立园区法律咨询服务体系，聘请浙江达正律师事务所等2家律师事务所为园区法律顾问，每周定时为企业提供常规法律咨询、处理各类纠纷、完善规章制度、合同合规审核、知识产权业务咨询等方面的法律服务，为企业发展保驾护航；创新建立电力服务机制，委托园区内尚明电力公司专职负责园区企业电力应急抢修，开发区负担人工费，做到发生电力故障，半小时内到达现场抢修，快速解除故障。

（朱　旭）

2019年度工业产值前十强企业

【浙江夏王纸业有限公司】 成立于2004年9月13日，位于衢江经济开发区内，是由德国夏特装饰纸股份公司和仙鹤股份有限公司共同投资成立的合资企业，注册资本为3260万美元，主要从事装饰原纸的制造和销售。公司主导产品是装饰板专用饰面纸，用于地板装饰、家具装饰、厨具装饰等。产品销往全国各省、市、自治区，远销东南亚、澳洲、美洲及欧洲等地。2011年6月、2015年1月及2018年底，公司2期、3期及4期生产线分别投产，形成年产量近27万吨装饰原纸的生产能力，夏王公司已成为全球高档装饰原纸最大的生产基地。2019年，公司实现产值27.78亿元，纳税10956.45万元。公司先后荣获“国家高新技术企业”、“国家级绿色工厂”、“浙江制造”品牌认证、“浙江名牌产品”、“浙江出口名牌产品”、“浙江省著名商标”、“浙江省第二批文化成长型企业”、“浙江省节水型企业”、“浙江省绿色低碳经济标兵企业”、“浙江省绿色企业”、“浙江省工业循环经济示范企业”、“衢州市国际合作示范企业”、“衢州市著名商标”、“衢州市政府质量奖”、“环境友好企业”及连续多年的“工业企业上台阶奖”、“衢州市制造业30强企业”、“衢州市制造业纳税30强”等诸多荣誉称号。

【仙鹤股份有限公司】 成立于2001年12月19日，位于衢江区天湖南路69号，占地面积3000亩，专注并致力于各类特种纸、纸浆、纸制品和相应化学助剂的开发和生产。公司在全国范围内有3个制造基地，43条现代化造纸生产线（包括子公司），3500多名员工。2018年4月20日在上交所主板上市。仙鹤致力于提供高品质的特种纸产品，包括九大系列产品（烟草行业用纸、家居装饰用纸、商务交流及防伪用纸、食品与医疗包装用纸、标签离型用纸、电气及工业用纸、转印原纸、低定量出版印刷用纸、特种浆等九大系列60多个品种），年产量超过75万吨（包括子公司）。公司积极推进ISO 9001（质量管理体系认证）、ISO 14001（环境管理体系认证）、职业健康安全管理体系认证三体系管理方针，产品通过FSC产销监管链认证、能源管理体系认证、“两化”融合管理体系认证、知识产权管理体系、QS生产许可证等十多个体系认证，先后获得首批“浙江省绿色企业”和“浙江省名牌产品”、浙江省转型引领示范企业、“浙江省著名商标”、“国家高新技术企业”、“省级技术中心”、“中国驰名商标”、国家级绿色工厂、浙江省信用管理示范企业等荣誉。公司2016年与中国造纸研究院衢州分院成立专家工作站，2017年与衢州学院建立博士工作站，2018年与衢州学院成立衢州学院仙鹤研究院。每年投入的研发费用占主营业额的3%以上，积极参与标准的制定，主导或参与制定已发布的标准有：国家标准2项，行业标准2项，浙江制造标准5项，集团公司已授权发明专利17项。2019年，公司实现产值24亿元，销售额21.37亿元，上缴利税总额4.58亿元，获2019年度衢州市杰出贡献奖三等奖、税收突出贡献奖一等奖、衢江区优信企业等荣誉称号。

【衢州五洲特种纸业有限公司】 成立于2008年1月，位于衢江区通波北路1号，注册资本1.77亿元，占地面积8.82公顷、厂房等建筑面积5.5万平方米，是一家专业生产描图原纸、Glassing原纸等中高档特种工业用纸、食品包装用纸的造纸企业。公司拥有固定资产4亿元。公司以高科技为先导，与中国纸浆造纸研究院等科研机构建立长期的合作关系，在技术开发领域依托研究院的科研力量，结合公司本身的技术力量，改进现有的设备和产品的工艺，稳定和提高产品质量。公司拥有3条纸机生产线，主要设备均引进国际造纸先进设备，整个生产过程实行计算机管理程序控制，是国内特种纸生产先进的生产线之一。公司产品的原材料与生产过程以及产品质量检测都严格按照ISO 9001：2008质量管理体系要求运作。2019年，公司实现产值9.50亿元，销售额15.47亿元，上缴税收0.73亿元。

【浙江中财管道衍生产品有限公司】 公司坐落于衢江经济开发区金凤路9号，是中财招商投资集团在衢州投资兴建的项目，是中财集团在全国范围内布点创建的第18个生产基地，也是在华东区域的重要战略布点。公司成立于2015年3月9日，注册资本1.01亿元，占地面积19.33公顷，建设总投资10亿元，员工700余人。2015年8月一期工程开工建设，2016年投产。“中财管道”整体规模与实力在国内同行业中名列三甲。中财管道衍生通过ISO 9001:2015质量管理体系认证、ISO 14001:2015环境管理体系认证，先后获批浙江省科技型中小企业、国家高新技术企业。“中财”品牌是中国名牌和驰名商标，中财产品入选政府绿色采购、水利部农村饮水材料采购、住建部保障房采购目录，也是浙江省“五水共治”选用产品，北京奥运会、上海“世博会”等国家级地标性项目指定产品。公司是中财化学建材业的大型核心企业之一，专业生产塑料管道及市政管道系列产品。产品涵盖PVC给排水穿线管材及配件、PE给水管道及配件、PPR冷热给水管材及配件、PB给水管材及配件、大口径市政管道及配件等产品。服务区域覆盖浙江、上海、江苏、江西、福建等区域。公司创建中财塑料管道市级工程技术研究开发中心，与衢州学院等院校和科研机构建立技术联盟及合作伙伴关系。2019年，公司实现产值10.7亿元，销售额10.64亿元，截至2019年累计上缴税款1.23亿元，企业连续两年获区长特别奖（工业企业上台阶奖），年度税收突出贡献奖。至2019年末，拥有发明专利4项、实用新型专利28项、外观专利4项；公司全部使用自动化及智能信息化系统的先进生产设备。

【浙江志高机械股份有限公司】是一家从事系列空气压缩机、凿岩设备的研究开发、生产销售和应用服务的国家高新技术企业，是浙江省先进制造业基地，中国工程机械专业化制造商50强，产品广泛应用于国内外工业气源、矿山开采和工程建设项目。公司注册资本1.2亿元，现有员工800多名，占地面积325亩，162000平方米标准厂房。公司建有省级企业技术中心、省级高新技术企业研究开发中心，是浙江省专利示范企业，拥有国家发明和实用新型专利73项。公司多个项目和产品列入省工业新产品、省重点高新技术产品和科技部国家火炬计划，是国家履带式露天钻车行业标准制定单位。公司“全液压露天凿岩钻车”被认定为国家装备制造业重点领域国内首台（套）产品。2017年公司节能螺杆空气压缩机和履带式露天潜孔钻机获得“浙江制造”认证证书。多款最新开发系列产品被中国中铁、中国建材等知名企业用于国家重大工程项目的建设。公司与中国红十字会共同设立“中国红基会志高掘进基金”，支持国家贫困地区扶贫和医疗卫生事业。2019年12月，公司成立控股子公司浙江志高动力科技有限公司，新增用地面积79亩。2019年，公司取得UJ23\UJ33\UP45\UJ18国家矿用产品安全标识证书、通过工信部认定的工业化和信息化融合管理体系认证、第三次通过国家高新技术企业认定；公司被浙江省经信厅列入浙江省“隐形冠军”培育企业、被浙江省经信厅列入2019年浙江省规模以上工业企业“亩均效益”综合评价A类企业；公司研发及制造一体化管控系统获2019年浙江省制造业和物联网融合发展试点示范项目、自主研发的UJ33锚钻一体化多功能三臂掘进钻机被浙江省经信厅入浙江制造精品、自主研发的ZGYX-425S多功能锚固钻机和132SFeT-8永磁二级压缩一级能效高效螺杆压缩机通过浙江省经信厅省级新产品鉴定。2019年，公司实现产值7.39亿元，销售额6.94亿元，利税总额10042万元。

【浙江豪龙建材有限公司】是一家以制造、销售高标号水泥为主，集矿山开采、资源综合利用、纯低温余热发电、通用建筑材料生产为一体的民营企业，2010年6月注册，注册资本1.06亿元，生产基地坐落在上方镇。是浙江豪龙控股集团下属全资子公司，持有“ZJHLSN”“龙化”商标。公司先后获评“AAA级信用企业”“绿色企业”“节能先进单位”“全国优秀建材产品”“质量管理先进企业”“中国水泥企业熟料产能50强”。并通过ISO 9001质量管理体系认证和产品质量认证，ISO 14001环境管理体系认证和职业健康安全体系认证。位于上方镇的综合利用固体工业废渣日产4000吨水泥熟料新型干法水泥生产线，全部采用代表国际先进水平的窑外预分解新型干法回转窑生产技术，工艺流程均采用集散自动控制DCS系统。项目投资9亿元，年产值6亿元，水泥产品各项指标均优于国家标准，被广泛用于高速公路、高速铁路、桥梁、机场、城市高层建筑等重点工程。浙江豪龙建材有限公司综合利用固体工业废渣日产4000吨水泥熟料新型干法水泥生产线由天津水泥工业设计院设计，生产期间，各项指标基本达到国家标准。公司先后投资1850余万元，对生产线实施环境治理提升工程，对原料立磨、各工序点收尘风机、提升机、水泥立磨等安装隔声罩、隔音屏、隔音门、安装管道消音器等措施，实施降噪提升环境治理工程。2019年，浙江豪龙建材有限公司实现产值8.58亿元，销售额8.96亿元，上缴税款1.26亿元，获衢州市制造业30强，诚信民营企业，教育爱心奖，"三衢消防"爱心基金捐赠单位称号。

【衢州东港环保热电有限公司】 位于衢江区天湖南路45号，是一家集发电和供热为一体的公用热电联产企业。公司成立于2004年5月，注册资本1亿元，占地面积192亩，现有员工225人。公司一期工程总投资3.4亿元，总装机容量为36MW，2005年8月10日投入试运行，2007年7月通过省发改委组织的竣工验收。项目建设规模为4台75吨/时循环流化床锅炉+2台15MW抽凝式汽轮发电机组（C15-4.9/0.98）+1台6MW背压式汽轮发电机组（B6-4.9/0.98），及一定规模的热网等配套设施。公司于2010年1月实施综合节能项目改造，同年10月将1台15MW抽凝式汽轮发电机组（C15-4.9/0.98）改造为背压式汽轮发电机组（B15-4.9/0.98）。2011年底，公司投资3.5亿元实施二期扩建工程，按照"一次审批、分步实施"的原则选用高温高压的150吨/时循环流化床锅炉3台，配套18MW高温高压背压机组2台，改造一台原有15MW次高温次高压抽凝机组为15MW高温高压背压机组。目前已建成6炉4机，总装机容量为54MW，最大供热量450蒸吨/小时。到2017年1月项目全部完成后最终形成7炉5机的规模，总装机容量72MW，平均供热能力450蒸吨/小时，最大供热量达550蒸吨/小时，供热半径15千米以上。2019年公司投资3.5亿元实施三期扩建工程，选用高温高压的180吨/时循环流化床锅炉2台，配套40MW发电机组一台，2019年6月施工，2020年6月试生产，总装机容量达112MW，平均供热能力650蒸吨/小时，最大供热量达800蒸吨/小时。公司先后获"浙江省清洁生产阶段性成果企业""安全生产工作先进企业""衢江区环境友好企业""衢江区诚信企业""衢江区工业产值20强工业企业""衢江区税收贡献20强工业企业"等称号，2019年，公司实现产值5.7亿元，销售额5.58亿元，上缴税款5048万元，获评2019年度衢州市工业企业龙头企业，获得衢江区政府特别奖税收突出贡献奖一等奖。

【衢州市民心食品有限公司】 位于沈家工业园区岑一路1号，筹建于2004年，是衢州市招商引资引进的民营企业；注册资本1000万元；占地面积1.6公顷，投资1000余万元，拥有生猪屠宰机械化生产线2条和专用肉品配送车21辆，设计班宰能力1000头，年可屠宰生猪30万头以上。公司在生产上，严格按照生猪定点屠宰有关操作规程进行操作，加强检疫、检验工作，从生猪进仓到屠宰环节，从白肉出厂到批发环节，实行全程检疫、检验，并全部建立台账管理档案，药物检测工作做到每天、每个批次都抽检，是衢州市本级规模最大的机械化生猪定点屠宰企业，也是衢州市级农业龙头企业。2017年4月30日，浙江华统肉制品股份有限公司收购民心公司51%股份，5月1日华统股份正式入驻并经营民心公司。2019年，公司实现产值4.9亿元，销售额4.9亿元，利税总额1900万元，获区政府现代农业新兴产业成长奖、销售收入上台阶奖。

【美卓矿机（衢州）有限公司】 位于衢江区南路49号，成立于2013年7月，是美卓在全球建立的第五家铸造厂，为中国及亚太区其他市场的矿山与建筑行业客户提供磨耗件。美卓矿机是一家世界领先的工业公司，总部位于芬兰，在赫尔辛基上市，业务涵盖矿山、骨料、回收、石油、天然气、制浆、造纸及加工行业。在全球50多个国家，拥有180多个销售和服务单位，30多家生产工厂，11个研发与技术中心，以及80多家服务与维修中心。在中国参与众多国有企业和国家建设项目，并凭借高效设备、领先技术和专业解决方案所产生的良好收益，成为最受中国用户信赖的合作伙伴。在矿山行业，武汉钢铁公司、鞍山钢铁公司、太原钢铁公司、中国黄金集团、紫金矿业公司、江西铜业集团、云南铜业集团等一批大型国有企业是美卓的忠实用户。卓衢州工厂自成立以来，严格遵循美卓全球质量标准，工艺上追求精益求精。美卓总部高端技术人才长期协助衢州美卓优化产品工艺、指导开发及生产。通过技术创新，有效延长锰钢铸造件的使用寿命，成功开发出合金衬板及优化定制型衬板，满足客户降低成本、节能降耗的需求。在环境方面，衢州工厂从废气排放、能源节省、环境除尘、噪声和废水处理等方面入手，致力于将生产对环境的影响降到最低。美卓持续向衢州工厂投资1.2亿元人民币，引进清洁能源的生产装置，并采用更为环保的工艺与材料。2015年，美卓衢州工厂就实现年节约能耗2300吨标煤以及循环水的100%利用的目标。公司产量逐年稳步提高，2019年产量与2013年相比提高120%。公司先后获衢江区财政贡献奖、十佳安全企业等荣誉。2016年至2019年连续被评为“浙江省外商投资企业履行社会责任示范企业”。2019年，公司产值35067.8万元，税收2559.5万元，亩产税收27.5万元，获得衢江区税收突出贡献奖。

【衢州永创铝业有限公司】 位于衢江区龙海路12号，成立于2005年1月，占地面积75亩，厂房面积4万平方米。是一家专业生产铸造用铝合金锭和汽车零部件的生产企业，具有5万吨铸造用铝合金锭和900万件汽车零部件的年产能。公司拥有行业最先进的大型蓄热式铝合金熔化炉6座，全自动连续式铝合金铸锭机4条，12万风量的低压脉冲袋式除尘器2套，全自动冷室压铸机4套，同时配备有行业最先进的机器人和机械手14套和2套光电光谱仪。公司现有员工80人，2019年实现产值5亿元。

（朱昕逵）

农业农村

综　述

【概况】2019年1月，衢江区农业农村局完成机构改革，将原衢江区农业局、衢江区人民政府农业农村办公室机构合并，同时与区财政局下属农业综合开发办公室及区水利局下属渔政管理站职能并入统称衢江区农业农村局（简称区农业农村局），正科级政府工作部门。全年区农业农村局实施乡村振兴战略，推进农业农村现代化建设，农、林、牧、渔业产值稳步增长，不少工作走在省、市前列。全区271个行政村实现生活垃圾集中收集有效处理，农村生活污水治理、垃圾分类基本实现全覆盖；培育国家、省、市、区级农业龙头企业74家；全区现有农家乐特色村58个，经营户305户，从业2208人。年内，全区农业农村工作获国家级荣誉表彰18个、省部级80个、地厅级31个。衢江区被列入第二批国家农村产业融合发展示范园创建区（衢州市唯一，浙江省仅4个）、被认定为浙江省农业绿色发展先行县。畜牧业绿色转型发展得到省农业农村厅肯定。成功入选“全国秸秆县域全量化试点县”“全国农田重金属中轻度污染植物生态治理示范县”“全国土壤酸化治理示范县”。10月28日，被列入SUC联合国可持续社区标准试点项目“莲花乡村国际未来社区”建设启动，创建工作正在有序推进。

农　业

种植业

【概况】2019年，全区粮食播种面积2.03万公顷，总产量12.75万吨。油料播种面积5308公顷，总产量1.17万吨。全区水稻主导品种推广面积1.28万公顷，主导品种覆盖率93.2%，超额完成市农业农村局1.23万公顷指标。农作物主导品种，含9种作物，共35个品种。提供多种促进农民增收的作物搭配种植模式，结合全国新增千亿斤粮食生产能力规划田间工程建设和粮食生产功能区提标改造等项目资金用于粮食生产功能区建设，共计投入资金2000余万元。对莲花镇、高家镇、全旺镇和云溪乡4个乡镇15个村的800余公顷粮食生产功能区进行提标改造，已完成813.33公顷。并在原有17家“五化”（育秧工厂化、生产机械化、管理标准化、服务全程化、运作市场化）服务中心的基础上，投资100余万元在云溪乡锦桥村、杜泽镇四村完成2个育秧、烘干中心建设。加强农资市场整治，组织“绿剑”春季、夏季、秋季集中执法行动，开展种子市场、肥料市场、农药市场、饲料生产企业专项检查；开展商品有机肥专项质量监督抽检，依法及时处理农业举报投诉。全年共出动执法人员205人次，检查各类农资生产经营单位（个人）346个次，抽检农业投入品66个批样，查处违规违法行为9起，立案查处7起。共受理农业生产事故投诉2起，为农民挽回经济损失7.85万元。

【植物检疫】年内，全区有省、市、区三级农业植物疫情监测点15个，对394公顷的水稻繁种和柑橘育苗基地进行产地检疫，签发产地检疫合格证橘苗20万株、水稻种子3919吨。为阻截和预防柑橘黄龙病，开展橘苗繁育基地网室育苗项目建设，全区橘苗网室育苗率达100%。对梨树病害、黄瓜绿斑驳花叶病毒病、红火蚁和柑橘黄龙病进行监测与普查，未发现上述4种检疫性病虫害。加拿大一枝黄花、柑橘溃疡病、甘薯小象甲继续有一定面积的发生。

11月7日，衢江区“柑橘产业转型”项目列入省级乡村振兴产业发展示范建设县 （马远旺 供图）

【植物保护】 年内，全区农作物病虫草鼠发生面积3.79万公顷，防治面积6.6万公顷次；福寿螺和水稻白叶枯病发生面积增大，分别为780公顷和500公顷。建立18个农作物病虫害绿色防控示范区，示范面积0.2万公顷，带动应用面积1.62万公顷，2个千亩水稻病虫害绿色防控示范区被认定为省级农作物病虫害绿色防控示范区，其中莲花镇东湖畈村的防控示范区被评为浙江省“十佳最美绿色防控示范区”；植保无人机防治服务组织5个，拥有植保无人机18台，主要开展水稻病虫害防治作业，防治面积1.3万公顷，防治效率提高52倍，农药减量15%，防治效果接近于人工防治，杜泽粮油专业合作社联合社被认定为省级示范性植保组织，并被中国农技推广协会评为全国统防统治星级服务组织；全年减少化学农药使用量19.5吨。

【规模化茶叶示范基地】 年内，全区茶园面积1556公顷，其中采摘面积1500公顷，产茶1372吨，总产值14763万元。全区茶树主栽品种龙井43、安吉白茶、乌牛早、鸠坑等，茶树良种化率61%。建成良种种植、名优茶加工、机采茶园、出口加工、安吉白茶种植等生态化示范基地8个，建立有机茶、绿色食品生产基地5个，面积2768亩。全区共有规模化茶厂24个，其中9个茶厂通过SC认证，茶产品规模化加工率65%。全区茶叶生产已经形成衢东名优茶、南北山区出口茶生产的格局。

【茶叶公用品牌建设】 年内，主推“衢州玉露”名优茶公共品牌。组织茶叶生产经营主体参加中国国际茶叶博览会和浙江省绿茶博览会，通过摊位展销、茶叶进出口洽谈会等推介衢江茶叶品牌。衢江区茶叶公用品牌“衢州玉露茶”，有“大山”“辉屏贡茶”“大雾源”“大坪埂”“仙霞湖”“凉茗”“帝如丁香”等7个主要子品牌，以家庭农场、专业合作社、茶企为主的主要生产主体37家，构建形成企业+农户的生产体系。

【柑橘质量评选多项获奖】 年内，加大资金投入，支持柑橘精品园建设项目和区级柑橘标准园建设，提升柑橘质量。12月，组织柑橘种植大户参加省、市柑橘质量评比，碧岭丹地家庭农场（鸡尾葡萄柚类）、雪康家庭农场（春见）获市级一等奖；余氏家庭农场（红美人类）获市级二等奖；耿山家庭农场（椪柑类）获市级三等奖。

【省级种植业“五园”创建】 年内，创建浙江省种植业“五园”示范基地6个，分别是衢江区三霞家庭农场的“放心菜园”、浙江仙霞湖健康科技有限公司的“道地药园”、衢州市菇乐农业开发有限公司“特色菌园”、衢州市大山茶叶有限公司的“生态茶园”、衢江区建珊家庭农场和衢江区余氏家庭农场的“精品果园”。

【举办首届姜文化节】 11月2日，衢江区首届姜文化节在蛟垄村举办，并开展祭姜、评姜王、挖姜、售姜、品姜、摄姜、论姜等活动。湖南镇各村30多位种姜高手参加姜王评选活动，最终评选出姜王1名，银奖1名，铜奖1名，入围奖3名，姜王重达3千克。活动当日出售小黄姜1400千克，销售额2.2万余元。生姜种植是湖南镇传统产业，全镇种植面积达4500余亩，种植农户1500多户。蛟垄村种姜，始于元末，距今已有近700年的历史，曾于明初进贡朝廷，被列为贡品。2016年入选杭州G20晚宴指定用姜，全村在家劳动力70%以上从事姜种植业，每年生姜种植稳定在400亩以上，单产量实现1750~2000千克，是村民重要的经济来源之一。通过姜文化节的举办，放大G20品牌优势，做足做活生姜产业文章，聚力推动生姜产业的标准化、链条化、品牌化发展。

【获评“浙江精品鲜菇”】 年内，全区选送3家猪肚菇和3家茶树菇企业参加浙江精品鲜菇评选活动。衢州市翔龙农业发展有限公司的“菇鲜生”猪肚菇和衢州市菇乐农业开发有限公司的“明姿”茶树菇获评“浙江精品鲜菇”。

【种植业主推品种】 年内，全区种植业主推品种，早稻：中早39、中嘉早17、甬籼15、中组143；单季稻：甬优9号、甬优1540、甬优15、中浙优8号、甬优17、浙优18、嘉丰优2号。连作晚稻：甬优8050、甬优1540、绍糯9714、秀水134；油菜：浙油51、浙大622、中双11、越优1203；春大豆：春丰早、辽鲜一号、引豆9701、春酥2号；秋大豆：六月半、八月拔、衢鲜5号；干籽玉米：济单7号、郑单958；鲜食玉米：美玉8号、浙凤糯3号、京科糯2005；甘薯种植以小甘薯为主，品种为心香，大甘薯品种为浙薯13；西瓜种植以大棚栽培为主，品种为早佳8424，露天栽培品种为浙蜜5号；柑橘：特早熟温州蜜柑、爱媛28、宫川、葡萄柚；小水果：猕猴桃为红阳猕猴桃、葡萄为夏黑和巨峰，枇杷为宁海白枇杷和大红袍。

畜 牧 业

【概况】 2019年，全区围绕乡村振兴战略实施，集中力量防控非洲猪瘟等重大动物疫病，持续推进畜牧业转型升级，不断健全安全防控体系、绿色发展体系、质量安全体系，深化推动畜牧业绿色发展、美丽发展。畜牧产业进一步向现代化、生态化、规范化迈进。至年底，全区生猪存栏9.31万头，其中能繁母猪存栏0.69万头，家禽存栏279.27万只，牛存栏2833头，羊存栏0.74万只。生猪年出栏22.12万头；家禽出栏220.25万只，牛出栏2069头，羊出栏1.17万只。11月14日，全省农业绿色发展暨“肥药两制”改革推进会，在台州市黄岩区召开，区农业农村局在大会上以《聚焦“五个一”，全力推进畜牧业绿色转型发展》为题，介绍衢江区畜牧业绿色转型发展的“衢江模式”。

【生猪产业链提升建设】 年内，全区实施生猪产业全链条严管“百场引领、千场提升”行动，改造提升40家规模场、1家屠宰场。全面完成建设规模养猪场消毒和生物安全隔离、散装饲料配送和自配料高温加工、智能化信息化管理等设备设施，以及废弃物无害化处理、资源化利用等设施与屠宰场消毒、非洲猪瘟检测设备，肉品冷链等设施。

【完成二级实验室改造】 年内，全区为切实加强非洲猪瘟检测工作，提高非洲猪瘟病原发现能力，投入59.3万元购置荧光定量PCR仪、生物样品均质仪、微型离心机、恒温金属浴、二级生物安全柜等检测设备，完成二级实验室改造，增加紫外线消毒灯和消毒车。对实验室检测能力做了提升，全年非洲猪瘟病原检测600余份。

【全程检疫监管】 年内，全区严格产地检疫，检疫人员对养殖场出售生猪时拍摄的装车、消毒视频进行严格核验把关，安排协检员到场实施产地检疫，查验耳牌、临床健康及消毒情况，报集中检疫点进行检疫出证，以杜绝外地猪偷换身份出售。健全区乡协调联动、乡镇部门条块联动、村社网格干群联动的长效工作机制，明确规模养殖场区、乡监管责任人，强化疫情排查、泔水禁喂和调运监管三个关键点。每日安排官方兽医和乡、村兽医对辖区内所有生猪养殖场、屠宰场、无害化处理厂等重点场所进行全面疫情监测排查。全年共排查3.4万余场次。

【畜牧执法】 年内，全区组织人员对各乡镇集贸市场、城乡接合部、高速公路出入口周边、生猪交易场所附近、行政区域交界毗邻地带等重点场所开展生猪违规调运和私屠滥宰巡查。全年出动执法人员772人次，执法车辆325车次，检查经营户数7167户，检查定点屠宰企业92家次，查获违规调运案件25起，罚没款18.77万元，捣毁私屠滥宰窝点8家，没收未经定点屠宰生猪产品2110.08千克，收缴罚款2.39万元。对14个重点乡镇进行生猪复养反弹督查，共督查21个村、212户，其中整治不彻底21户，复养反弹户4户，存栏生猪76头，均已整改到位。对102家规模猪场污水治理进行排查，查出37家存在污染隐患问题，通过现场指导整改、下发交办单，开展回头看等方式督促整改5家，关停转产2家。

【无害化处理全覆盖】 年内，全区病死动物收集处理工作实行“属地管理，分段负责，两级监管”的原则，区农业农村局派出6名工作人员驻厂监管，负责病死动物及病害动物产品的入场查验、无害化处理过程监督、产出物流向监管等工作。农业、财政等部门每月对无害化处理厂相关工作开展核查，全区共收集处理病死生猪14.32万头。

【生猪增产保供】 年内，全区在不影响环境的前提下，指导养殖场进一步扩大养殖规模，提高生猪产能。全年8家养殖场进行改造提升，改扩建养殖栏舍3.4万平方米。加强种猪引种支持力度，积极鼓励养殖场引进优质良种公、母猪，56家养殖场申报引种需求得到满足。大型养殖企业落地建设的有华统生猪养殖基地建设项目落实用地面积43.9公顷，后溪生猪养殖基地、莲花生猪养殖基地开工建设；浙江一海公司养殖基地建设项目落实用地面积45.13公顷，三易易农业科技有限公司扩建栏舍1.2万平方米。与此同时，加大猪肉储备量，衢州市民心食品有限公司承担全市600吨肉的储备任务，在衢州公司冷库储备390吨、义乌集团公司冷库储备210吨。

【畜禽定点屠宰执法】 年内，区畜禽定点屠宰监督检查大队出动执法人员892人次，执法车辆382车次，开展联合执法28次，检查经营户数8556户，检查定点屠宰企业114家次，查处生猪违法案件8起，罚没款3.09万元。同时，根据市、区统一部署，加强非洲猪瘟防控工作，实行责任、措施、保障、消毒四到位，强化巡查惩治力度，全年境内肉品安全，无事故发生，生猪屠宰率100%。

安全农产品

【概况】 2019年，全区围绕乡村振兴战略与放心农业高质量发展要求，推进质量兴农、绿色助农、品牌强农，提升全区农产品质量安全水平。10月，衢江区农业综合行政执法队成立，监管力量加强。年内，区级放心指数抽检678批次；省级例行监测55批次、监督抽检30批次、专项名牌农产品抽检5批次，风险抽检56批次；协同市级抽检60批次；总计定量抽检884批次，合格率98%以上。定性速测41912批次，全区规模以上生产主体检验检测实现全覆盖。全年对辖区内生产主体巡查指导78次，各乡镇农产品监管站监管巡查总计2687次，联合监督巡查39次，实现对辖区内规模主体监督检查全覆盖。全区有效期内“三品”认证总数91个，有效期内“三品”面积7733.33公顷，其中无公害农产品69个、绿色食品9个、有机农产品13个，主要食用农产品中三品认证比率达52%以上。出台《衢江区农业农村局法制政府工作报告》，并在政务公开网上公示并开展规范性文件的法制审核及公平竞争审核。全年共审核以农业农村局名义下发的规范性文件4个，以衢江区府办名义下发的文件1个，审核以局名义拟签订的各类合同11份，发现存在问题的，及时反馈提醒。行政复议案件1起，及时答复，并经衢江区政府复议，维持农业农村局做出的行政处罚决定。

【完善智慧监管体系】 年内，全区智慧监管体系全面建成，以建立农产品质量安全智慧监管省级试点县为契机，开发一个“衢江放心农业”智慧监管App展示页面，构建区、乡、村三级监管体系智慧化管理平台。各级监管人员通过手持终端，不受地域、时间、环境限制，即可对农业投入品、农业生产、农事档案进行查询，实时掌握农业生产动态，实现监管履职网格化、监管过程信息化，农产品质量安全智慧监管体系全面建成。推广以“一证一码”为主导的食用农产品合格证制度，更新录入浙江省农产品监管平台规模主体541户，新建家庭农场快检室10家，新增可追溯主体32家，共建规模主体家庭农场快检室150家，全区农产品质量安全追溯体系进一步完善。

【农产品“三品一标”建设】 年内，全区以“三品一标”为引领，加速推进农产品“三品一标”建设，全年有效期内“三品”认证总数为84个，有效期内三品面积7733.33公顷，其中无公害产品70个，绿色食品8个，有机农产品6个，主要食用农产品中三品认证比率达52%以上；积极参与“衢江山农”区域公共品牌准入机制建设，加强品牌塑造，营造有利于培育和发展农业区域公共品牌市场环境，实现放心农产品优质优价。

【生产主体检验检测】 年内，全区生产主体检验检测全覆盖区级放心指数抽检425批次；省级例行监测32批次、监督抽检23批次，风险抽检31批次，总计定量抽检511批次，合格率100%；定性速测6722批次，全区规模以上生产主体检验检测实现全覆盖。

【建立农业综合行政执法制度】 年内，建立行政执法三项制度，即行政执法公示制度执法全过程记录制度、重大执法决定法制审核，制定4张清单2张图，开展行政执法案卷评审，无判定不合格案卷与行政处罚案件法制审查，共审核案卷14个。加强执法人员管理，新培训执法人员3名，新增申请执法证人员4名，执法执证人员超过90%，执法证验审17人，因退休及调离等原因注销7本。

【农业农村普法教育】 年内，发放农产品质量安全法及相关宣传资料1000余份。结合全区农村实用人才培训、新型职业农民培训，开展“法律明白人”“我丰收、我学法”等活动。“12·4”法制宣传日，在东方广场开展法律咨询服务，宣传周期间每日利用农民信箱推送宣传标语，受众达10万人次。同时，在局机关学法用法活动，组织全局160名在编人员全部参加考试，参考率及合格率均100%。

产业推进

【概况】 2019年，全区农业产业以促进农业三产融合发展为工作主线，从创新产业扶持政策，推进现代农业园区建设，在农产品区域品牌建设、农业产业数字化转型等方面助力农业产业发展。10月30日，召开农业农村大会暨党建治理大花园建设推进会，创新出台“1+X”系列农业农村产业发展扶持政策。加大品牌扶持，完成“衢江山农”文字、图案注册及管理办法的制定。加强鄞衢“山海协作”及东西部扶贫协作。在鄞州区南部商务区山丘市集设立农产品展销中心，于10月17日开馆运营。全年组织20余家农业龙头企业和示范性家庭农场参加浙江省农业博览会、浙江（上海、南京）名特优新农产品展销会、全国农产品（北京）展销周等多个农展会，获省农博会优质金奖产品1个、优质奖3个；完成“产业特色村+新零售示范村”建设2个，培育省级农业龙头企业3家、市级36家，区级35家；农创客44名，美丽新农人60名。年内，被列为全省绿色农业发展先行示范县，浮石省级现代农业园被列入省级现代农业园区创建名单。

【农业现代园区建设】 年内，全区按照“园区规模化、基地精品化、生产标准化、主体新型化、设施装备化、产品优质化”的要求，建成省级现代农业园区3个、主导产业示范区7个、粮食生产功能区115个、省级农业标准化示范园区15个、绿色食品示范区1个，形成莲花循环农业、全旺科技农业、富里智慧农业三大农业产业集聚板块。新田铺农业综合体，成功入选国家农村产业融合发展示范园创建名单。9月，浮石省级现代农业园申报通过现场答辩，成功列入省级现代农业园区创建名单。10月，在鄞州区南部商务区山丘市集设立衢江区农产品展销中心。12月，成功列入全省绿色农业发展先行示范县。

【“1+X”农业农村产业扶持政策】 年内，全区围绕农业“产业招商年”和《衢江区现代农业产业发展战略研究报告》，以《关于衢江区坚持农业农村优先发展深化乡村振兴战略实施的若干意见（试行）》为纲领，结合《衢江区农民增收产业发展扶持意见（试行）》《关于鼓励规模农业企业发展扶持意见》《衢江区乡村振兴精品村创建实施方案（试行）》《衢江区关于盘活闲置玻璃温室发展高效农业的意见》及现有农业扶持政策3大类63项扶持意见，形成“1+X”体系，内容涉及种植养殖扶持、农业招商、规模农业主体扶持、人居环境“三项改革”等内容，其中涉农建设用地审批、规模以下农民增收和农业龙头企业扶持等政策为全市首创。

【美丽田园建设】 年内，根据衢州市美丽田园建设实施方案和2019年度美丽田园建设任务清单的精神与考核要求，全区完成整治失管田园面积620公顷，失管田园整治率101%，其中重点整治失管田园13处81.67公顷，整治率为100%；美丽田园重点项目7个，完成率为100%；建设完成美丽经济带1条。各类农业生产废弃物回收265吨，回收率95%，超过省级标准；秸秆等有机废弃物综合利用率100%。

【农村电子商务】 年内，由政府牵头，借助国内知名电商平台，加快推进电子商务村级服务站点建设，建设和改造提升天猫优品服务站点22个。成功申报樟潭街道平杨村、太真乡竹埂底村、莲花镇山外村自然村、高家镇湖仁村、高家镇埠头村等15个市级“精准助农”工程试点村。梦想家电子商务有限公司、淘谷居生态科技有限公司等14个市级电商精准助农试点村，农产品上行公共服务机构数量均居全市第一。根据农产品生产主体，分别与“云集网”“网易严选”“盒马鲜生”“京东商城”等国内大型网销平台建立合作关系，打造“特色产业+电子商务”零售示范村。通过与杭州安厨电子商务有限公司深度合作，打造电子商务网红村湖南镇蛟垄村和全旺镇楼山后村。推出“喜米”“小皇姜”系列产品10余种，培育乡村微商150余名，农产品增值20%以上。全年通过“盒马鲜生”平台销售小竹笋10余万千克，茭白3.5万千克，总销售额100余万元。

【益农信息社站点行政村全覆盖】 年内，全区建设益农信息社站点277个，其中示范站5个，专业站15个，标准站199个，简易站58个，行政村覆盖率达102%。信息员累计培训数量达502人次，依托益农信息社或平台“12316”语音咨询人数1.14万次，发布短信183.1万条；便民服务人数达59万人次，便民服务金额1568万元，电子商务成交额177.7万元。全区信息中心在信息进村入户工作推进中，通过标识牌挂牌上墙、信息员分批培训、宣传册发放等方式，加强对信息进村入户的宣传和农民信箱推广，使基层农民群众和农业生产经营者了解信息进村入户和农民信箱，打造农民信箱和“12316”信息进村入户服务品牌。

【万村联网建设】 年内，全区建设村级网站271个，规范建站率达100%；丰富行政村网站发布量，共更新村级网站信息7367条，村级网站平均更新条数达27条，益农社服务成效上报率达100%。

土肥与农村能源

【概况】 2019年，全区被列为全国农田重金属中轻度污染植物生态治理模式示范工程项目县（区），获中央资金2000万元；7月，完成全国土壤酸化治理示范县创建工作（全省5个县列入），获中央资金400万元，实施面积266.67公顷，采购商品有机肥1811.32吨，消石灰3490.25吨，共完成对项目区涉及2680.87公顷农田供应消石灰和有机肥，完成项目区域田块土样的采集和化验，并对商品有机肥和供应的消石灰进行质量抽检。8月，完成全国农作物秸秆全量化利用试点县（全省共3个），获中央资金700万元。列入全省存量农村沼气工程服务档案建设工作试点县（全省共5个县）。11月，全市污染土壤安全利用综合技术应用示范现场会在衢江召开，各县（市、区）农业农村局分管领导、土肥站长及业务人员、能源办负责人及业务人员参加，省耕肥总站、省能源办、浙江大学等领导、专家到会指导；浙江大学与衢江农业农村局主办召开农田边生产边修复与秸秆能源化利用一体化研讨与模式现场会，全国科研院校专家21人，省、市土壤修复试点与示范县市主管领导、合作社、农业公司等50余人参加。

【土壤污染治理】 年内，开展污染治理的单项技术或技术模式研究。根据筛选出的作物品种以及修复产品，建立三套技术模式来保障粮食产品的安全生产和示范区的土壤修复：油菜/中稻轮作与油菜/早稻/晚稻轮作的“边生产边修复”技术模式，完成23个土壤污染长期定位监测点工作。

【农业绿色发展】 年内，制定《衢江区农业投入化肥定额工作方案》，化肥定额示范面积866.67公顷，实施化肥定额制配套技术应用推广面积8800公顷；推进化肥减量增效工程，以“减量、清洁、循环”和提高农业资源利用率为主线，坚持“肥药双减增效”，组织实施精准施肥，进一步优化施肥结构，改进施肥方式，提高肥料利用率；全区测土配方施肥技术推广4.48万公顷，农业现代园区和粮食功能区实现全覆盖；推广多种模式绿肥种植技术，促肥田生态，种植绿肥面积2085公顷，主要品种为紫云英、黑麦草、蚕豌豆、肥用油菜、大荚箭舌豌豆等。推广水肥一体化技术，促节水节肥，在蔬菜、果树等作物上应用水肥一体化技术2316.6公顷，提高水肥利用效率。深入推进农业废弃物循环利用，推广有机肥使用，通过改良土壤理化性质，增施有机肥，减少化肥用量，减少化肥对农业面源的污染，减轻养殖业对农村的污染，改善农村生态环境，全区推广有机肥2.3万吨。

【标准农田质量】 年内，完成标准农田质量提升（含续建标农提升项目）2226.6公顷，其中2015年立项的693.3公顷通过市级验收，实现项目区100%的面积由二等标准农田提升为一等标准农田。

【土地确权“回头看”】 年内，全区土地确权村260个，259个村颁证率95%以上；全区应颁发承包经营权证户数102001户，完成颁证100982户，颁证率99%。

【氮磷生态拦截沟渠建设】 年内，全区开展氮磷生态拦截沟渠建设，以氮磷吸附设施改造、氮磷吸附植物改良和沟壁生态化改造为内容，在莲花镇东山边村和富里万亩水田建成2条长度1000米生态沟渠，促进农田氮磷污染减排。开展农产品产地环境监测，监测马铃薯—玉米轮作模式下，不同施肥方式对地表径流土壤养分流失的影响。

【沼气安全生产】 年内，全区开展沼气安全生产服务工作，以“黑膜沼气”和废弃沼气安全处置为重点，对全区34个“黑膜沼气”进行安全巡查、安全技术指导和安全处置，以存量农村沼气工程服务档案建设工作试点为契机，开展规模养殖场沼气工程建档服务工作，强化档案建设，完成制作沼气工程分布图、沼气工程详情表等一图一表，建立健全安全生产制度。

【农作物秸秆综合利用】年内，全区围绕农作物秸秆“肥料化、饲料化、基料化、能源化、原料化”利用和省级主管部门发布的“七大秸秆综合利用主推技术”，以创建秸秆全量化利用试点县为契机，全面推进农作物秸秆综合利用工作，全区实现农作物秸秆综合利用率96.03%。实施农作物秸秆综合利用项目7个和秸秆区域收集站2个，中央投资700万元。

农业机械化与设施

【概况】2019年，全区响应省政府农业“机器换人”的指示精神，开展耕作、运输、排灌、收获等机械的报废与更新工作，电动打稻机基本全线报废。至年末，全区拥有农业机械总动力23.76万千瓦，比上年下降1.45%。有大中型（兼用型）拖拉机278台，农用小型拖拉机766台。机引配套农具1891台。插秧机87台，联合收割机180台，谷物烘干机88台，稻谷批次烘干能力950吨。农用植保无人机16架。冷藏保鲜库1.26万立方米。农机作业机械化机耕率97.9%，机播率37.73%，机收率98.92%。农机从业人员2337人，农机专业合作社8家，农机作业服务队51家，农机维修网点12家，共计在高速插秧机上安装北斗定位系统农机管家设备46台，为质量核实、面积统计、作业监控、指挥调度打下良好基础。

【农机报废更新】年内，全区实施农机购置补贴机具345台（套），受益农户238户，总投入1603.21万元。发放各级补贴资金492.87万元，其中中央补贴资金441.11万元，省级补贴资金36.23万元，区级配套资金15.53万元。新建设施农业设备钢架大棚3.6万平方米，使用财政补贴资金82.95万元。农业机械受理报废农机51台使用报废补偿及更新补贴资金共计18.2万元，其中中央报废补贴资金7.2万元，省级报废补偿资金7.7万元，区级报废补偿资金3.3万元。

【农机牌证管理】年内，全区上道路拖拉机在册269台、驾驶员在册1872人。纯农田作业拖拉机在册504台、驾驶员在册86人，收割机在册326台，收割机驾驶员在册129人。全年新注册登记农田作业拖拉机35台，联合收割机20台，拖拉机转移登记1台，联合收割机转移登记7台；驾驶证初次申领91本，增驾44本，换证200本，补证5本。

【农机检验】年内，以政府向社会力量购买服务的形式，委托社会中介团体开展上道路拖拉机检测和农业机械免费实地检验。至年底，检测上道路拖拉机233台，免费实地检验各类主要大中型农业机械343台，其中农田作业拖拉机131台，联合收割机82台，谷物烘干机79台，插秧机35台，碾米机13台，植保机械3台。

【农机保险】年内，开展政策性农业机械综合保险。全区共保险农业机械288台，其中拖拉机117台，收割机68台，插秧机27台，烘干机73台，自走式喷杆喷雾机3台。全区农业机械综合保险保费共30.03万元，其中政府补贴21.58万元，占比全市财政补贴35.96%（全市财政补贴总额60万元），政府保险补贴列全市第一。

【农机安检】年内，联合公安交警开展路检路查，发放“八个一律”严管措施、“创文明交通、治秩序乱象”倡议书、典型交通违法处罚依据等宣传资料1950份，与拖拉机驾驶员签订2019年度农机安全生产工作目标管理责任书2144份，上道路运输型拖拉机报废淘汰并限期退出营运市场告知承诺书964份。开展联合执法48次，参加人员334人次，共检查拖拉机360台次，查扣拖拉机45台，查处驾驶人违法166人次。执法人员对违法车主进行批评教育，并按道路交通法规给予处罚。结合农时与重要节假日，深入乡村、田间、场院等重点场所，开展农机安全生产检查，共开展安全检查36次，检修各类大中型农业机械346台，签订农机安全生产工作目标管理责任书22份，生产经营单位安全生产承诺书16份。

【省级农业“机器换人”示范创建】年内，全区完成创建省级农业“机器换人”示范乡镇1个（杜泽镇）和省级农业“机器换人”示范基地1个（宁莲畜牧业有限公司）。创建省级“平安农机”示范乡镇2个（樟潭街道和高家镇），省级示范性农机专业合作社1个（衢江区兴农农机专业合作社）。12月5日，在横路办事处清水柑橘基地承办衢州市农业机械事故应急处置演练。

渔政管理

【概况】 2019年，全区组织实施渔技推广体系、渔业洁水、渔业洁水基地建设。开展钱塘江流域禁渔期禁渔行动。惩治非法捕捞、整治渔船安全隐患、排查水产品质量安全，推动渔业规范有序发展。

【渔业技术】 年内，全区渔业养殖主推6个品种、6项技术，主推品种6个：中华鳖、中科三号、太阳鱼、倒刺鲃、彭泽鲫、禾花鱼；主推模式和技术6个：稻鱼共生（轮作）模式与技术、稻鳖共生（轮作）模式与技术、淡水池塘生态混养模式与技术、池塘内循环流水养殖模式与技术、大水面洁水增养殖模式与技术、池塘节能增氧技术。建立禾花鱼养殖试验示范基地2个，创建部省级渔业健康养殖示范场3个。

【渔业洁水】 年内，按照《衢州市衢江区养殖水域滩涂规划（2017—2030）》对养殖区、限制养殖区和养殖区“三区”进行严格管控。12月6日，大洲镇狮子山村完成创建生态洁水渔业基地1个，基地建设内容包括建立预水处理池2个和尾水处理池1个。全年完成增殖放流任务1128.17万尾。其中，增殖放流鲢鱼夏花566.36万尾、鳙鱼夏花561.81万尾。

【渔政执法】 年内，开展各类执法行动73次，参加检查人员345人次，检查渔船215艘次，检查水产养殖单位（户）89家次，缴获电捕工具2套，收缴、销毁地笼网8000套，现场拆解“三无船舶”2艘，拆除自制浮动管筏1艘。

田园康养

【概况】 2019年，全区高标准农田建设1800公顷，其中新增千亿斤粮食项目建设规模934公顷，项目投入资金1830万元，其中中央财政资金1464万元，地方财政资金366万元；高标准农田建设项目建设规模867公顷（含高效节水灌溉建设任务274公顷），项目投入资金2422万元，其中中央财政资金1333万元，省财政资金589万元，区财政配套资金500万元。

【盛世莲花现代园项目建设】 盛世莲花现代园项目规划面积2400公顷，建设期3年，计划总投资4.3亿元，其中中央财政资金6000万元，省财政资金6000万元，自筹及整合非农业综合开发资金3.1亿元。项目建设高标准农田1400公顷，立项扶持农业产业化发展项目18个。至年末，项目总体形象进度达95%。

【柑橘特色园项目建设】 年内，全区柑橘特色园项目规划建设总面积434公顷，项目总投资2800万元，其中省财政资金1500万元，区财政资金300万元，自筹资金1000万元，项目建设期3年。至年末，除11公顷柑橘特色园元创基地续建项目（总投资162万元、财政资金80万元、自筹资金82万元）因政策处理等原因申请中止外，其余项目主体工程全面完工。

【新田铺农村产业融合示范园】 “新田铺农村产业融合示范园”是个一二三产高度融合的田园康养综合体，致力于打造引领数字农业的未来田园。7月6日，新田铺农村产业融合示范园成功入选第二批国家农村产业融合发展示范园创建名单。

【土地治理项目工程】 年内，全区在建国家农业综合开发土地治理项目2个，其中2016年周家乡官田畈高标准农田建设项目（建设规模667公顷，总投资1680万元），2019年底项目主体工程全部完工；2018年峡川镇峡川畈高标准农田建设项目（建设规模667公顷，投资1540万元），2019年底完成项目建设进度的70%。项目总计完成建设拦河坝6座，排灌站3个，溪流护岸1.089千米，衬砌渠道38.94千米，埋设管道1.287千米，配套改造渠系建筑物908个，蓄水池2座，新（修）建田间机耕路33.913千米，下田道122处，机耕桥11座，科技示范推广47公顷，营造防护林网防护面积28公顷，林带长5.50千米。项目建成后，发挥了应有的经济效益和社会效益。总计改善灌溉面积1007公顷，改善除涝面积600公顷，年节约水量65万立方米，增加农田林网防护面积567公顷，增加机耕面积4.4公顷。优质农产品种植面积433公顷，农产品优质率95%，新增粮食生产能力75.84万千克、蔬菜生产能力7.97万千克、其他农产品34.02万千克。项目区农民收入增加总额233.44万元。项目实施后，改善了粮食生产条件，节约了粮食生产成本，从而调动了农民种橘积极性，促进了粮食生产稳定发展，维护了社会稳定，有力地支持了国民经济平稳较快发展。

【产业化发展项目】 年内，全区在建国家农业综合开发产业化发展项目3个，投资727万元，其中省以上财政资金324万元，自筹资金403万元。至年末，各项目主体工程全部完工。项目实施完成后，经济效益、社会效益和生态效益较好。新增固定资产755.16万元，新增生产三叶青等中药材5万千克，实现年销售收入1500万元，年利润562.5万元；新增浙贝母、元胡中药材干品等8.6万千克，年销售收入580万元，年利润182.95万元；新增芍药、元丹皮干品等4.68万千克，新增牡丹籽油加工能力100吨，年销售收入196.87万元，年利润70.35万元。直接带动1000户农户开展林下专用袋仿野生种植三叶青，户均种植三叶青1500袋，年增农业产值6750万元、纯收益4500万元，户增净收益4.5万元/年；辐射带动农户种植药材面积1000亩，带动农户300户，每年直接增加农民收入185万元。项目实施期间安排就业人数270多人，年度工资总额300多万元。其中，安排农村劳动力250人（固定农业班组工人50人，季节性农业工人200人），年度增收200万元。

【区域生态循环农业示范项目主体工程】 年内，全区在建农发部门项目2个，项目总投资6490.96万元（省以上财政资金3980万元）。其中，衢江区国家农业综合开发区域生态循环农业示范项目总投资3554.46万元（省以上财政资金2200万元），至年末各项目主体工程全面完工。项目建设完成沉淀调节池、污液处理区泵房、沼气池、集液池、发电机房、农业物联网技术与管理中心建设等基础设施；建成室外沼气管道工程480米，电力线路300米；完成400亩水肥一体化管网和13876平方米水肥一体化管网，生态沟渠（含配套建筑）2.41千米，3座农业废弃物收集站，3380平方米玻璃温室，10496平方米连栋大棚，1968平方米生态林果棚架；购置仪器设备10套，农机具6辆；组织技术培训3次，培训人数360多人次。通过项目实施，使用有机肥替代化肥施用、绿色防控、养分拦截等措施提高果实品质、保障农作物绿色健康，使得85%以上的果实达到了一级果的标准，平均每亩收益提高1000元以上。项目实施后，可直接带动当地就业500多人次，增加周边老百姓人均收入1万元以上。

【乌溪江西干渠灌区节水配套改造二期项目】 年内，总投资2936.5万元（省以上财政资金2400万元）的乌溪江西干渠灌区节水配套改造项目（二期）竣工通过验收。项目涉及廿里、后溪及柯城区黄家和江山市上余等4个乡镇63个行政村，设计灌溉面积4761公顷，现状灌溉面积4567公顷，有效灌溉面积2433公顷。项目主要建成渠道清淤疏浚改造长3.656千米，渠道防渗衬砌长6.699千米，配套渠系建筑物13处，重建堰坝1处，改造灌溉机埠9座，重建管理房1座。工程实施后改善灌区水田及园地的灌溉条件，并使灌区灌溉保证率提高到90%以上。工程改善灌溉面积3240公顷，其中：粮食作物3823公顷，经济园地1437公顷。单季亩均增产粮食作物131千克，经济园地全年每亩可增产120千克，年均新增粮食生产能力约354.11万千克，新增经济作物生产能力约258.72万千克。工程实施完成后每年可节水286.50万立方米。

农　村

【概况】 2019年，全区农村以乡村振兴、扶贫脱贫、农村产业发展为主线，加强千村示范万村整治，农村基础设施建设，加快脱贫攻坚步伐，拓宽农民增收渠道，实施农村饮用水提升、农村公厕改造、乡村“万盏灯光”、基础教育提升等20个惠民项目，开展以“美庭院、美水系、美村口、美广场、美廊道、美产业”为主要内容的美丽乡村“一村六美”建设行动，创建涧峰村、蛟垄村、上岗头村、楼山后村、姜家坞村等新时代美丽乡村精品村30个，其中莲花镇涧峰村获评第二届中国美丽乡村百佳范例。同时，以涧峰、五坦、西山下3个村范围为试点建设区，开展乡村版“国际未来社区”创建。1月10日，衢州“电视问政”曝光浮石街道农房风貌管控中存在的问题。面对问题和困难，衢江奋战128天（至5月19日），完成浮石街道全域美丽乡村建设，浮石街道乡村风貌得到显著提升，成功创建“首批全国乡村治理体系建设试点示范区”“省级美丽乡村示范乡镇”，成为全市乡村振兴“党建篇·改革篇”互看互学活动考察点。姜家坞村“三千万”精神（千难万难，直面问题就不难；千言万语，干了才有话语权；千辛万苦，群众满意就不苦）得到市委书记徐文光的高度肯定。10月21日，全国农村垃圾治理工作推进会在河南兰考县召开，区长朱素芳以《打造最美乡村大花园》为题作典型发言。11月14日，农业农村部举行农村人居环境整治工作培训班，区农业农村局以《做好“四篇文章”打造农村人居环境整治样板区》为题介绍衢江经验。年内，衢江区入选第一批部省共建乡村振兴示范省先行创建县（市、区）。

【健康扶贫】 年内，全区采用单一来源采购方式，新认定的低收入农户11236户18445人为对象（其中，低保户8786户12997人，低保边缘户2278户5008人，其他经济困难户172户440人），与中国人寿保险衢江支公司合作做好2019年健康扶贫项目。全区低收入农户全部纳入投保范围，每人150元保费，投入276.68万元；2019年底，赔付7119人次，赔付金额187.45万元，赔付率67.7%。通过相关部门协作，简化案件流程，开展免申请、免填单、免资料、免临柜、免调查“五免理赔”服务，智能理赔审核直付，实现受益低收入农户“一次不用跑”服务目标。

【雨露计划】 年内，全区组织乡镇（街道、办事处）利用扶贫信息数据库，筛选适龄（15~22周岁）低收入农户家庭子女名单，对他们是否在校接受中高等职业教育情况开展全面核查申报。根据乡镇申报，区教育局、区扶贫办审核并公告无异议，2019年度审核符合“雨露计划”补助对象共计454人，拨付补助资金136.2万元，6月20日完成发放。

【推进“两山（一类）”项目】 年内，全区加强项目督查，区财政局、区农业农村局开展“两山（一类）”项目季度督查，提出整改意见，加快推进项目建设；调整农民增收项目，区扶贫办研究乌溪江库区农民增收产业扶持政策，降低补助标准，扩大补助范围，资金精准扶持到农户。全年拨付低保对象基本生活保障2019年，“两山”项目资金1392万元、健康补充保险276.68万元。

农村综合改革

【概况】 2019年，全区贯彻实施区委“1136”发展战略体系，确定农业综合改革的重点改革任务2项，一般改革任务1项，涵盖农房整治、十大专项、建设美丽乡村。十大专项包括农村经营性建设用地、土地集中流转专项、宅基地和农房活权、农业龙头企业和工商资本引入、小农户和现代农业发展有机衔接、深化“三位一体”农合联改革、健全农村产权交易平台、农村绿色金改试点、农业水价综合改革、林权制度改革等，

【“三位一体”农合联改革】 7月29—30日，全省深化“三位一体”农合联改革现场会在衢江区召开，总结推广衢江“三位一体”农合联的经验。2016

年，衢江区列入全省构建“三位一体”农民合作经济组织体系首批推进县（市、区）。近三年来，按照“区级做强、区域聚合、村级延伸、产业链接”的要求，完善“1+10+X”组织体系。即成立1个区级农合联，10个片区农合联，组建生猪、草畜、粮油、果蔬等4个产业农合联，首届区级农合联会员134名，10片区乡镇农合联会员549名，4个产业农合联会员126名。按照“功能区块化、服务实体化、资源集约化、运转市场化”健全服务功能，遵循“资源集约”的思路，组建隶属于执行委员会的农合联服务中心，内设生产服务部，供销服务部、信用服务部，协调开展各项服务功能。全区基本建立以区农合联服务中心为平台，以生产经营公司、农民合作基金为引领，以生产、供销、信用三大功能为支撑的农业服务体系。初步形成一个低投入、广覆盖、可复制的“三位一体”农合联改革衢江样本。中国蓝新闻、中国网、浙江卫视、《农民日报》、《浙江日报》、《中华合作时报》均在头条或头版进行报道。

【“三权分置”改革】 年内，根据2018年颁发全区首本“三权分置”（宅基地所有权、资格权、使用权）不动产证，明确农村集体经济组织是宅基地的所有权人，对违法建设、超标建设、长期闲置的“一户多宅”地进行纠正、调整、收回和集中经营的经验。将农村宅基地使用权证纳入抵押贷款范围，加速推进现代农业适度规模经营，实现农村闲置资源盘活、农民增收渠道拓宽、农村发展空间拓展多赢。其中，明确土地流转与美丽乡村建设结合，与全域土地综合整治项目结合，与导入产业、主体培育结合，与运用市场化手段结合的原则，打造土地集中连片流转示范乡镇、示范村。通过农村土地转包、出租、互换、转让、入股等方式，积极探索农村土地再流转方式，推进农业适度规模经营，在市级指导意见的基础上，打造集中连片示范乡镇湖南镇1个和蛟垄村、白坞口村、埂头村、朝书村、破石村、湖南村、山尖岙村、姜家坞村、里屋村、江滨村等示范村10个，示范村创建超额完成2个。

【房地活权改革】 年内，各乡镇开展农房整治“再摸排”、“自查自纠”、“村级交叉督查验收”三大“回头看”行动，全年整治销号各类农房28111宗，面积162.37万平方米。出台《衢江区农民建房管控和风貌提升的实施意见》，完成“1+9”政策体系文件的编制，加强农村建房风貌管控和引导，做好拆后资源有效转化，巩固和提高工作。在21个乡镇271个行政村推行农房“线上+”审批和建房智慧监管。开展乡贤回归落户试点，以“陶源鹭乡，礼遇庭前”村庄为主品牌，选取后溪镇庭前村作为试点，编制完成《“陶源鹭乡、礼遇庭前”后溪镇庭前村实施乡村振兴战略试点规划（修改稿）》，并以前林自然村改村提升区1.64公顷为试点区域，探索集体土地（房屋）租赁，力促“乡贤回归”。贯彻全区农房确权登记工作推进会和党政双月会精神，按照《农房确权登记发证实施细则和工作实施方案》，探索农村宅基地和农房活权改革，推进农房历史遗留问题处置工作，完成农房外业测绘116775户、农房联合审查90851户、权籍调查入库81680户、首次登记公告49199户、农房不动产权证书办理50741宗，年度新增出证量全市第一，完成率全市第一。

【重点领域改革】 年内，为缓解“三农”担保难、融资难问题，出台《衢江区家庭农场小额贷款保证保险实施方案》，增加邮储银行衢江支行为家庭农场小额贷款机构，将保证保险总额从3000万元提到5000万元，邮储银行衢江支行授予2000万元的贷款额度；衢江农商银行授予3000万元的贷款额度。贷款农户享受贷款的基准利率，保险费用由财政全额补贴。推进农业水价综合改革，年内完成37.329万亩，3年内完成38.905万亩总体改革任务。编制典型灌区实施方案，在横路办事处贺邵溪灌区、高家镇螺丝形灌区、周家乡沃柑灌区、全旺镇柴公岗灌区开展示范村建设。深化林权制度改革，鼓励规模化、集约化经营，吸引工商资本上山入林，培育益年堂农林科技公司、衢赛农业科技公司、仙草居林场等现代林业经营主体。对湖南、灰坪等山区乡镇进行林权制度改革调研，总结经验做法。开展林权证和林地经营权流转证抵押贷款贴息工作，全年完成林权抵押贷款1530万元，申请贴息资金33万元。

【构建“1312”乡村治理体系】 年内，全区构建以党建统领、三治融合、十二项举措为主要核心的“1312”乡村治理体系，推进乡村治理工作。“放心衢江”云上组团平台全面推广，“云上”民情建档11.45万户。实行“乡镇点兵点将、部门跑步进村”服务制，各部门点将服务2800余次。实施“雁阵工程”，调整村不合格干部49人，率先启动村党组织书记和“两委”干部区级备案管理。开展党员失管漏管专项整治，清理乡镇挂靠党员531名，稳妥处理不合格党员6名。开展“树正气、打歪风”专项行动、“行业乱象”专项整治、乡镇“1+5+15”专项整治，破获9类案件82起，抓获犯罪嫌疑人323人，打掉恶势力犯罪集团3个、恶势力犯罪团伙8个，查封、扣押、冻结涉案资产约1500万元。建设区社会矛盾纠纷调处化解中心（社会治理综合服务中心），乡镇矛调中心及村（社）信访代办实现全覆盖。矛调中心成立以来，接待来访群众5078批13710人次，受理群众诉求3601件，其中化解处置3521件，化解率达97.78%，实现群众诉求“最多跑一地、最多跑一次”。

（马远旺）

2019年度衢江区农业农村工作荣誉录

表9

编号	荣誉名称	颁奖部门	获奖时间
1	首批全国乡村治理体系建设试点示范区	中央农村工作领导小组办公室、农业农村部、中央组织部、中央宣传部、民政部、司法部	2019.12.6
2	衢江区被确认为浙江省农业绿色发展先行县	浙江省农业农村厅	2019.6.14
3	入选全国秸秆县域全量化选用试点县	浙江省农业农村厅	2019.6.28
4	入选全国农田重金属中轻度污染植物生态治理模式示范县	浙江省财政厅、浙江省生态环境厅	2019.9.25
5	获评2018年度省级重大农业植物疫情防控优秀县	浙江省防控农林植物重大疫情指挥部、重大农业疫情防控办公室	2019.6.28
6	2019年省级美丽乡村示范县	中共浙江省委办公厅、浙江省人民政府办公厅	2020.1.21
7	新田铺农业综合体列入第二批国家农村产业融合发展示范园创建名单（衢州市唯一，全省仅4个项目列入）	国家发展改革委、农业农村部、工业和信息化部、财政部、自然资源部、商务部、文化和旅游部	2019.6.19
8	入选2019年度省级乡村振兴产业发展示范县（柑橘产业转型）	浙江省财政厅	2019.11.22
9	列入第一批部省共建乡村振兴示范省先行创建单位	浙江省农业农村厅	2019.4.18
10	2018年度重大动物疫病防控和畜产品安全监管目标管理考核优秀县区	浙江省防治动物疫病指挥部	2019.6.11
11	2016—2018年度全国农牧渔业丰收奖	农业农村部	2019.12.14

续表 9

编号	荣誉名称	颁奖部门	获奖时间
12	2018 年度全省农业工作考核优秀单位	浙江省农业农村厅	2019.1.25
13	浙江省畜牧绿色发展示范省创建唯一现场考评点	农业农村部畜牧兽医局	2019.11.4
14	非洲猪瘟防控工作表现突出集体	浙江省农业农村厅	2019.12.6
15	作为衢州市唯一县区接受中央一号文件督查组督查，全面完成任务并得中央督查组高度评价，同时在市委七届七次全会上，得到市委书记徐文光表扬	中央组织部	2019.11
16	衢江区农业农村局金仕建局长获评全国农业农村系统先进个人（全省 20 名先进个人）	农业农村部	2019.12.18
17	2018 年 26 县发展实绩考核第二档次，财政追加 3% 补助的奖励，土地指标奖励 100 亩	中央浙江省委办公厅、浙江省人民政府办公厅	2019.9.20
18	2018 年度全省动物卫生监督执法办案通报表扬单位	浙江省动物卫生监督局	2019.1.28
19	衢江区浮石现代农业园区列入 2019 年省级现代农业园区创建名单，今后 3 年，衢江区将获得省级财政建设资金每年 1000 万元补助（2019 年 1000 万元资金已经到位）	浙江省粮食安全和推进农业现代化领导小组农业“两区”办公室	2019.11.15
20	衢江区建珊家庭农场农民田间学校被评为 2019 年全国农民教育培训发展“十大宣介”全国示范农民田间学校	中央农业广播电视学校、中国农民体育协会	2019.1
21	“辣椒化肥减量增效技术集成研究与推广”获 2018 年度浙江省农业丰收奖三等奖	浙江省农业农村厅	2019.8
22	“食用菌新品种引进及栽培技术的研究与应用”获 2018 年度浙江省农业农村厅技术进步二等奖	浙江省农业农村厅	2019.8
23	2018 年度浙江省农业丰收奖奖励项目	浙江省农业农村厅	2019.8.26

（马远旺）

林业

综述

【概况】 2019年，区林业局以“三个年”活动为抓手，完成区委、区政府及上级林业部门的各项工作任务，推动衢江“大花园”建设及乡村振兴战略实施。全区林地面积11.97万公顷，占土地总面积的68.15%，森林覆盖率67.45%，林木绿化率67.74%；林地面积中，森林面积11.79万公顷，占98.5%，其中乔木林地7.53万公顷、竹林地3.04万公顷、特殊灌木林地1.15万公顷；林木蓄积量461.96万立方米，其中乔木林蓄积量449.30万立方米。重点生态公益林面积6.55万公顷，天然林面积4.61万公顷，天然林蓄积242.68万立方米，林业产业产值49.72亿元。现有古树群39个、古树4073棵，对53棵古树及1个古树群实施抢救和复壮保护工作。年内，获全国森林防火工作先进单位荣誉称号。黄坛口、莲花、双桥、太真、灰坪、岭洋等6个乡镇获评“浙江省森林城镇”，获评量居全市第一。至此，全区有10个乡镇获此殊荣。

【全省林地经营权证管理培训班在衢江举办】 12月23日，全省林地经营权证管理培训班在衢江举行，全省各地林业部门相关负责人参加培训。在开班仪式上，省林业局林业改革和产业发展处负责人就当前全省林业改革工作的情况及下步改革的内容、方向进行分析和说明。他表示，衢江区认真落实、积极创新，林业工作走在全省前列，为全省林业改革和发展提供了宝贵经验。全省各地要以乡村振兴为契机，积极探索乡村林业改革和林地赎买政策等，加快促进林地经营权证制度落地。要做好林业和金融的有效对接，加强改革队伍建设，重视基础改革，加快推进全省林业改革向前进。与会人员对衢江区深化林权制度改革，林地流转工作惠及全区21个乡镇，流转面积达12万亩，森林保险面积达98万亩，林权抵押贷款登记102宗，贷款额超1.5亿元。通过多种形式的林权流转，积极探索林下经济发展模式，把林地“死资源”变成“活资产”。以“基地+农户”“专家+项目”“品牌+市场”等方式，充分带动农户积极性，推动产业向规模化发展给予高度评价。培训会期间，与会人员先后到周家乡、湖南镇现场考察省级“一村万树”示范村及上岗头村和益年堂林下经济示范基地建设。

【“一村万树”示范村创建】 年内，将“一村万树”示范村建设作为“扩大绿地面积、提高森林质量”的重要抓手，推进树种更新改造。区林业局成立领导小组，多次召开乡镇分管领导、林技员及候选示范村主职干部参加的推进会。将此项工作纳入区对乡镇（街道）年度综合考核，并建立督考排名通报制度。至年末，全区创建“一村万树”示范村124个，其中省级示范村11个。

【森林防火获全国先进】 年内，全区11个乡镇13个重点森林消防隐患点，通过种植木荷、红叶石楠等防火树种，形成生物防火林带闭圈，新建生物防火林带15千米。推进引水灭火工程建设，至年底，全区完成安装森林消防蓄水桶2300余只，蓄水量达9100余立方米，保障重点森林消防隐患点814个，覆盖90%以上人为活动较为频繁的第一层山脊线。基本构建起引水灭火作战水源保障网，形成森林消防专业队伍半小时作业圈、1千米灭火水源取水圈、2千米扑火队员徒步作业圈，引水灭火工程领跑全省。建立17支半专业森林消防队伍，配备各类高压水泵共80台。10个乡镇配置专业森林消防车，补齐引水灭火的装备短板。建成森林消防视频指挥中心，集成指挥系统，连接全区野外千里眼探头260个，主要林区实现防火监控数字化和全域覆盖。建立长效防控机制和工作机制，确定每年11月到次年4月定为森林防火期，清明节、中元节、冬至、春节和元宵节为重点防控管理时节。每个重点时节来临前，由区政府发布林区禁火令，宣传部门集中进行森林防火法律法规宣传、区教育局将森林防火教育纳入学校安全教育常规内容。区林业部门加大违法用火打击力度，森林消防队集结巡逻并大力宣传。各乡镇、村社安排干部、网格员进山上路宣传劝导，防患于未然。全区林区实现连续五年无重大安全事故发生，连续两年“零”火灾。12月11日，衢江区获全国森林防火工作先进单位荣誉称号。

【“浙江省森林城镇”获评量居全市第一】 年内，全区秉承“绿水青山就是金山银山”发展理念，依托乡镇独特的区位优势、生态优势及历史和人文优势，推进森林城镇创建和乡村振兴战略实施。以小城镇环境综合整治为突破口，以“一村万树”行动为抓手，统筹规划、综合治理，高水平设计、高质量实施、高投入保障，实现城镇森林生态和绿地系统增量扩面提质；以丰富的森林生态景观、优质的森林环境、健康的森林产品、深厚的森林养生文化等资源为依托，“招商引资”，发展度假、疗养、保健、养老等旅游休闲业；挖掘古村、古道、古树等历史文化资源，全面提升农村居民生态文化素养与生态文明水平。12月24日，黄坛口、莲花、双桥、太真、灰坪、岭洋等6个乡镇获评“浙江省森林城镇”，获评量居全市第一。

【古树名木“老有所医”】 年内，调查统计全区现有古树4073株，古树群39个。长期以来，由于防治不到位，白蚁等危害比较严重。岭洋乡岗头村下高输自然村的“古树群”有南方红豆杉、榧树、枫香、钩栗等，百年以上“红豆杉”98株，因白蚁危害，有的已腐败枯死。经区林业局林业有害生物防疫站的保护性防治，53棵古树及1个古树群得到抢救和复壮保护。

【茶坪、上岗头分获“全国生态文化村”“浙江省生态文化基地”称号】 黄坛口乡茶坪村依托“绿色茶坪，千载仙谷”的独特环境，结合美丽乡村建设，先后投入700余万元，实施11个自然村村庄整治工程，完成8千米通村道路硬化，新建仙人谷至药王山景区竹林健身游步道，建成仙人谷农业观光园及游步道，还粉刷赤膊墙、新建生态公厕、村道绿化、建污水集中处理设施，硬化停车场，新建茶坪村中心地标景观一座，村民出行更加便捷，家家喝上放心水，生产生活环境优美，先后获省农家乐特色村、省特色旅游村、省森林村庄、省绿化示范村、省民主法治村，以及市十大魅力农家乐村、市农家乐特色村等称号。12月，茶坪村获全国生态文化村称号。周家乡上岗头村全村党员干部带头，拆除旧房屋，拓宽村庄内道路，美化村庄环境，共拆除各类建筑面积1万多平方米，盘活建设用地面积46亩。由“杂乱村”变“有序村”。先后被评为省3A级景区村庄、省级美丽宜居示范村、省级卫生村、省级“一村万树”示范村等荣誉称号。12月，上岗头村获浙江省生态文化基地称号。

【黄坛口乡列入省森林康养小镇项目】 黄坛口乡集“郊区、林区、库区、景区”四区于一体，森林覆盖率93%以上，每立方厘米负氧离子近万个，地处乌溪江湿地公园，有国家AAAA级旅游景区2处，国家AAA级旅游景区1处，以“一线、一溪、一谷”为核心区，有山水生态景区、森林康养基地、中草药种植基地、樱叶基地以及果蔬采摘农场，被誉为“养生圣地、百药圣地”，年接待游客近百万人。3月上旬，中国美术学院风景建筑设计研究总院通过现场考察景观节点、仰观梯田，提出将黄坛口打造成宜居宜业宜养、具有鲜明民俗特色黄魅力小镇的方案。年内，获2019年度浙江省级森林康养小镇称号（全省20个）。

【“仁益”覆盆子获森博会金奖】 11月1—4日，“第十二届中国义乌国际森林产品博览会”召开，浙江仁益农业开发有限公司生产的“颐心仁益”掌叶覆盆子干果获评金奖产品，现场成交2万余元，并与商家达成意向性协议金额20万元。覆盆子又名牛奶莓，是藤状灌木，原生长在海拔700~800米高山上，果实近球形、红色。掌叶覆盆子作为第三代新型水果，可鲜食，也可通过低温冷冻技术制成干品作药用，深受消费者青睐。2017年湖南镇基地种植亩产300斤，2018年达400斤。

【黄坛口少年森林警校案例获全国铜奖】 5月30日，2019年度省森林公安局警营开放日暨衢江区少年森林警察学校成立20周年纪念活动在衢江区举行。省林业局副局长、省森林公安局局长李永胜，副区长侯小龙出席。衢江区少年森林警察学校成立于1999年，由黄坛口乡中心小学与区林业局森林公安局合作创立，是衢州市唯一一所森林警察学校。少年森林警校设在黄坛口乡中心小学，由区森林公安局民警担任辅导员，参照公安机关队伍设置，整个学校学生编成一个大队，每个班级编成中队，制定特色教学计划，通过知识竞答、有奖征文、夏令营、爱鸟周、野外拉练等多种形式，开展森林资源、野生动物资源、林地资源保护、森林消防法律法规等教育教学活动。每逢周末以及节假日，师生由森林公安民警带领下，在紫薇山国家森林公园、乌溪江国家湿地公园，千里岗省级自然保护区开展教学实践，在喜闻乐见中得到熏陶和锻炼。小学生们有的向群众发放森林消防宣传单、有的耐心劝阻林区违规吸烟游客、有的为参天古树悬挂爱心保护牌、有的劝导游客拒食野生动物等。20年来，警校联建，将生态环境保护、森林防火宣传、野生动物保护等融入日常教学中，营造了浓厚的文化氛围。11月23—25日，全国第四届警察公共关系最佳案例研讨会在温州举行，区森林公安局提交的《守望和坚持——衢江区少年森林警察学校创建的心路历程》获最佳案例铜奖。

（舒佳冰）

水 利

【概况】 2019年，区水利部门围绕区委、区政府中心工作，以“防洪水、保供水”为主线，以防洪安全、水资源保障、水生态建设为重点，以改革创新为动力，以为民服务为宗旨，加强水利工程建设，全区水利改革发展事业取得显著成效。全年实施水利项目78个，完成水利投资3.1亿元，争取上级补助资金1.08亿元。完成横路街道办事处泉水塘水库、后溪镇大垅水库、全旺镇千塘垅和窑垅、莲花镇大力塘、云溪乡施家垅等6座水库除险加固工程，完成投资3428万元，水库完成清淤13.4万立方米；完成创建上山溪横路段、黄坛源段两条美丽河湖，解决38个行政村4.94万人的饮水问题。

【机构改革】 1月6日，区深化机构改革协调小组办公室印发《关于衢州市衢江区水利局机构编制框架的函》：划出渔业管理科至区农业农村局，区防汛防旱指挥部办公室成建制划转区应急管理局，区渔业管理站、区水产技术推广站等2家事业单位成建制划转区农业农村局。同时划出农田水利建设项目和渔业管理职责、水旱灾害防治相关职责、区防汛防旱指挥部有关职责、渔船检验和监督管理职责、编制水功能区划、排污品设置管理和流域水环境保护职责、水资源调查和确权登记管理职责。整合衢州市乌溪江西干渠引水工程管理处、衢江区乌引工程管理处，重新组建区乌引工程管理处，明确为区水利局下属事业单位。

【水旱灾害防御】 年内，按照“组织健全、责任落实、预案实用、预警及时、响应迅速、全民参与、救援有效、保障有力”的要求，建立防汛抗旱新机制，区、乡镇（街道、办事处）调整防汛抗旱指挥机构、充实成员。按照预案实用性和可操作性的要求，修编和完善衢江区防汛防台抗旱应急预案、江心洲防御特大洪水预案、小流域防御山洪灾害预案，沿江重要乡镇防洪应急预案及高山屋顶水库应急抢险预案。加强对全区106处水雨情遥测站点、65处河道水位视频监控系统的维护管理工作。完善、更新水雨情监测数据。依托“衢江区山洪灾害监测预警系统”分析水情、雨情，建立由区到乡、乡到村、村到组、组到户的预警信息传递机制，全年发送各类预警信息两万多条次。6月7日，衢州市、衢江区防指联合在樟潭街道缪家村江心洲举行2019年防汛抢险及地质灾害防御演练，提高抢险队伍的实战能力和群众的防灾避灾意识。完成衢江区防汛防台群测群防整体提升项目和衢江区洪水风险图二期编制项目任务。

【抗击台风“利奇马”】 8月10日，第9号超强台风“利奇马”正面袭击衢州，全区66个水情遥测站点有19个站点降雨超过100毫米，举村乡洋坑站点达461毫米。特别是洋坑站24小时降雨量达438.5毫米，遭遇百年一遇严重灾害，全区7个乡镇（办事处）均不同程度受灾，举村、大洲2个乡镇受灾最为严重，受灾人口7.94万人。损坏山塘2座，分别是横路三角塘和莲花东湖塘；损坏堤防15处12.5千米，其中举村乡洋坑1.5千米、石便1.2千米、翁源1.5千米,大洲石屏2.5千米、外焦1.1千米、上山溪(大洲、横路)2.5千米最为严重;损坏护岸21处,损坏堰坝、渠道等灌溉设施5处;损坏龙源水电站1座;农民饮用水管道工程受损15千米,其中主管道5.5千米,蓄水池15座;水利设施直接经济损失4500万元。灾情发生后,区委、区政府立即组织干部群众投入抗洪抢险工作。区委、区政府主要领导率相关部门领导第一时间分赴险情严重的举村、大洲、横路等乡镇靠前指挥,组织抢险,区有关部门立即组织干部分赴受灾乡镇,帮助抢险救灾,核实灾情,开展灾后生产自救。全区共组织转移群众1050人。区水利局及时发布水文预报预警,做好洪水调度,第一时间派出技术抢险指导组,指导乡镇切实做好强降雨的抢险救灾和水利工程安全度汛工作。各级领导的重视,干部群众的积极参与,各项准备工作充分,抗洪抢险救灾工作有序、有效进行,灾害造成的损失降到最低限度。

【农村饮用水达标提标攻坚】 2019年是全省农村饮用水达标提标三年行动攻坚年。按照农村饮用水长效运行管护,落实县级统管责任,实行标准化管理的要求,出台《衢江区农村饮用水工程运行管理办法(试行)》、《衢江区农村饮用水价格管理指导意见》及水质检测机制,全面开展达标提标攻坚行动,超额完成年度计划任务。全年计划达标提标34个村4.52万人,实际完成38个村4.94万人。完成78个日供水规模200吨以下的饮用水水源保护范围划定工作。全区基本实现城乡居民同质饮水,打造了一批示范工程、精品工程。下溪、后祝、王家山、银坑、东坪、黄坛口、五石埂等7个供水站被评为省级美丽农村供水水站,水利部简报以及新华社、《中国水利报》、《中国青年报》等媒体相继报道"衢江经验"。年内,获评省级优秀县、市级先进单位。

【河道综合整治】 年内,完成周家宋家段等农村河道综合整治6.5千米,完成投资900万元。完成樟潭堤、后溪堤、川前堤等省级河道堤防物业化堤防维修养护,提升堤防的绿化、洁化、美化,推进河道日常化保洁。完成上山溪横路段、黄坛源段两条美丽河湖的创建。上山溪横路段位于衢江经济开发区、横路办事处境内,新建堤防护岸10千米,改造堰坝7座,打造滨水公园5处,完成投资3000万元;黄坛源段位于黄坛口境内,全长10千米,完成工程在现有已建堤防基础上进行改造,重点打造"观石挽水"等五个景观节点,同时挖掘流域内的水文化,对流域内古水碓进行修复,完成投资600万元。上山溪流域(全旺段)综合治理工程30千米已开工建设。5月、7月,水利部副部长蒋旭光、陆桂华先后到衢江调研中小河流系统治理工作,考察美丽河湖,实地感受河道治理带来的可喜变化。

【"无违建河道"创建】 年内,全区扎实推进"无违建河道"创建工作。按照分级管理、分片包干、属地负责、联合防控的要求,落实主体责任,建立健全块抓条保、分级负责、综合执法、合力推进的工作机制。建立一支以乡镇为主的涉河违章快速处置、即查即拆、快速拆除队伍,加强涉河违建动态巡查和快速处置工作,从源头上防治新违建发生。区水利局委托专业资质公司运用无人机航拍技术,对全区河道管理范围内进行全面排查。在初步调查的基础上,组织各乡镇深入开展实地摸排调查,对疑似涉河违章进行实地核查予以确认,并建立档案,做到"有坐标、有照片、有措施、有整治时间"。加大水政执法力度,有效控制非法占用水域行为,年内共拆除涉水违章建筑物6326.84平方米。经过前几年对涉水违建的集中整治,新增涉水违建数量已大幅减少。

【节水型社会和水源地安全保障双达标行动】 年内,实施"县域节水型社会""县域以上集中式饮用水水源地安全保障"双达标行动。加强重要饮用水水源地保护工作,完善工作机制,开展水源地环境综合治理,加强日常监督和生态修复。成立以区长为组长、分管副区长为副组长,区级有关单位及乡镇

（街道、办事处）为成员的区级领导小组，区政府及其领导小组成员单位负责建立健全农村饮用水运行管理机制，对区农村饮用水达标提标行动负总责。落实供水单位运行管理责任，落实运行管理人员，明确管理责任，开展水源地巡查和保护，积极探索有效的运行管理模式，在衢江区沈家水务有限公司区级通关单前提下，支持鼓励引进第三方专业管护单位、统筹原有乡镇自来水公司，建立健全村级管护队等多元化管护方式。建立农村饮用水供水有偿使用、计量收费制度，一户一档，定期收取。日供水规模200吨以上的农村饮用水水源地均完成保护范围划定。成立由17个成员单位组成的节水型社会建设工作领导小组，基本形成“政府抓总、水利牵头、部门协同、社会参与、横向到边、纵向到底”的节水管理工作机制。创建节水型单位20个，节水型企业9个，节水型灌区1个。

【泉水塘水库除险加固工程】 位于横路街道办事处童何村西北面的泉水塘水库，坝址以上集雨面积1.25平方千米，最大坝高16.3米，设计洪水位110.05米，校核洪水位110.30米。是一座以灌溉为主，兼顾防洪、养殖等综合利用的小（1）型水库。泉水塘水库除险加固工程等别为Ⅳ等，主要建筑物大坝、溢洪道及输水涵管级别为4级，其他次要建筑物级别为5级；水库设计洪水标准为50年一遇，校核洪水标准为500年一遇。2018年8月，泉水塘水库除险加固工程初步设计由衢州市水利局批复实施，批复投资1300万元。2018年11月16日，浙江天泽水电建设有限公司以808.1723万元中标价中标。2019年1月4日，完成大坝混凝土防渗心墙，衬砌加固溢洪道，加固输水建筑物，背水坡框格草皮护坡等。

【大垅水库除险加固工程】 位于后溪镇江滨村的大垅水库，正常蓄水位84.70米，设计洪水位85.14米，校核洪水位85.35米。是一座以灌溉为主，结合防洪、养殖等综合利用的小（2）型水库，灌溉面积450亩。大垅水库除险加固工程等别为Ⅴ等，主要建筑物大坝、溢洪道及输水涵管级别为5级，其他次要建筑物级别为5级；水库设计洪水标准为20年一遇，校核洪水标准为200年一遇。2018年5月，大垅水库除险加固工程初步设计由衢江区水利局批复实施，批复投资503.94万元。2018年10月24日，浙江天泽水电建设有限公司以364.4318万元中标价中标。2019年11月23日，完成大坝套井回填防渗处理，衬砌加固溢洪道，新建输水涵管，背水坡框格草皮护坡，坝脚新建排水体。

【农田水利建设】 因机构改革和职责调整，小农水项目部分项目划至区农业农村局实施，2019年度区水利局主要负责实施省级财政补助山塘整治及中央财政补助农业水价综合改革项目。年底，省级财政补助山塘整治项目完成投资950万元，省级财政补助460万元，山塘整治12座；中央财政补助农业水价综合改革项目完成投资310万元，中央财政补助190万元，完成耕地面积37.329万亩农业水价综合改革，提前一年完成三年总体方案全部建设任务，累计完成全区38.905万亩农业水价综合改革的建设指标，获省级绩效考评优秀县（区）称号，获省级财政奖励389万元。

【小水电清理整改】 年内，依据国家四部委小水电清理整改工作意见及省环境保护督察反馈意见，开展小水电清理整改工作。区水利、发改、环保三部门联合出台小水电清理整顿工作方案，成立区清理整改联合工作组，委托中介机构完成小水电清理整改评估。在此基础上，区联合工作组根据中介机构评估意见，确定整改类、退出类、无保留类，报市联合工作组审核。9月，由区水利局向区政府提交小水电清理整改“一站一策”工作方案，10月获批复。11月，由区政府向省政府报送衢江区小水电清理整改“一站一策”备案报告。至年底，完成所有清理整改任务，所有小水电安装视频监控系统。全区原有小水电站78座，清理整改为75座，总装机容量111430千瓦，年发电量22737万千瓦时，年产值约1亿元。

（徐小明）

区乌引工程管理

【概况】 乌溪江引水工程（简称乌引工程）是浙江省“八五”重点农田水利建设工程。乌引工程衢江段总干渠长15.71千米，首接柯城区，下连龙游县，穿越东港街道、横路办事处、全旺镇的10个行政村。干渠进入流量38立方米/秒，输出流量28.9立方米/秒。灌区供水范围包括东港街道、樟潭街道、横路办事处、高家镇、全旺镇5个乡镇（街道），东港水厂、衢江区沈家水务有限公司。2019年，衢江区乌溪江引水工程管理处在区委、区政府的领导和衢州市乌引管理中心、衢江区水利局的指导下，围绕年初确定的目标，扎实工作，取得成效。

【供水保障】 年内，以保障农业用水、市绿色产业聚集区和衢江经济开发区工业企业用水为重点，全年累计供水260余天3100万立方米。其中，衢江区沈家水务有限公司供水1000万立方米。为灌区工业化、城镇化、农业产业化提供水资源支撑和保障。供水期间，没有发生安全责任事故和水事纠纷，没有发生企业因用水问题向区营商办投诉情况。

【工程管护】 乌引衢江灌区共有支渠11条，总长60671米，灌溉面积6251公顷。年内，投入维修资金150余万元，修建老指挥部围墙70米；维修排涵渗漏1处、机耕桥1座、节制闸2处；安装桥头护栏50米，清理垃圾堆放点1处。打造乌引绿色长廊，干渠种植银杏、丹桂、金丝楠木等苗木6000株。乌引工程东港街道办事处旺村村地段渠道土地办理第一本不动产权证书，面积138319.46平方米。

【安全检查】 年内，以安全生产检查为主线，深化安全隐患排查治理，先后组织开展三次安全检查活动，对乌引管辖的总干渠、倒虹吸、主要建筑物、机电设备和在建工程进行全面检查，梳理存在问题，落实整改措施，确保工程安全运行。防汛防台期间，加强巡查、值班，发现问题及时处理，尽量减少损失。工程汛期运行正常，除发生2处小塌方外，没有大的水毁损失。

【水费收缴】 年内，乌引工程灌区农业水费分两部分：基本田亩水费由区财政转移支付，年支付5.7万元；按方计量水费，由受益乡镇缴纳，年支付4.94万元。工业水费，每立方米0.075元。衢江区沈家水务有限公司年缴水费50万元。

【设施建设】 年内，投资130万元，完成管理处办公楼加固维修和庭院改造提升；完成老指挥部院内3亩土地复垦；参与“改革担当精神传承馆”项目建设及向乌引工程展厅提供相关资料。配合市绿色产业集聚区启动东港第二原水泵站建设，参与方案论证和政策处理等工作。投入帮扶资金30万元，帮助联系的全旺镇虹峰村建设桥梁1座。

（徐小明）

城乡建设

综　述

【概况】 2019年2月，衢江区住房和城乡建设局（简称区住建局）完成机构改革，新增建筑工程消防监督管理、村镇建设管理、农村人居环境提升（生活污水处理等）、农房管控等职能。内设办公室（挂法规与督查科牌子）、综合计划财务科、城乡建设管理科、住房保障与房地产业科、人防科（挂指挥通信科牌子）。年内，实施市委“1433”发展战略体系和衢江区委“1136”发展战略，贯彻省市区各项决策部署，围绕新一轮全国文明城市创建，推动全区住房和城乡建设事业高质量发展。全面完成市级61项考核指标（其中30项为市对区考核）、区级17项考核指标，被住建部列为全国建筑产业工人培育示范基地。省、市重点民生实事11项指标全面完成，其中农村生活污水处理设施超额完成150%。获“红色工地”先进单位等省级荣誉4项，市级荣誉6项，区级荣誉10余项。获评浙江省2019年建筑工业化工作优秀县（市、区）；城中村改造1—3期房屋征收扫尾工作表现突出，获区政府集体和个人记功嘉奖。

城市建设

【城区工业用地整体搬迁改造】 6月初，城区工业用地整体搬迁改造启动，涉及衢江新城区9.46平方千米范围内的国有建设用地和地上建筑物、附属物补偿安置和地上建筑物、附属物补偿安置，房屋地块38宗、土地面积332亩，至年末签约26户，签约率68%。

【城中村改造房屋征收】 年内，城中村改造1—3期房屋征收扫尾工作，在规定时间完成12处房屋征收的扫尾工作，确保康宁路、开元路等市政道路和其他配套项目建设的顺利实施，获区政府集体三等功。

城市管理

【樟潭路改建工程】 项目投资9000万元，改建樟潭路范围南起东迹大道，北至求知路，施工总长856米，道路宽度19.0～29.2米。改造内容包括道路路面白改黑，两侧人行道翻新及雨污分流改造，外立面提升改造，电力架空线“上改下”，通信架空线“上改下”，绿化、亮化、交通标志标线、给水

樟潭路改造前后对比　　（汪　钰　供图）

及相应的市政道路附属设施改造等，提升城市能级。

【十里运动休闲长廊】 项目西起振兴西路、东至香樟路、沿江堤带状分布，全长6.6千米。项目总投资4.8亿元，以PPP模式进行建设，列入2019年度全省重点建设项目计划。此项目为民生实事工程，项目建成充分满足人民群众对运动休闲公园的需求，有效提升城市能级，极大改善城区景观风貌。

建筑业

【概况】 2019年，区建筑产业稳健发展，初审建筑业企业各类总承包、专业承包资质18家。转入专业承包壹级资质企业1家、贰级资质企业6家；新增企业11家，企业在数量和质量上稳步提升。

【建筑工业化及住宅全装修】 根据区委、区政府的部署，积极推进建筑工业化。6月18日，浙江宝红建筑工业化制造有限责任公司、衢州学院、衢江区住建局三方合作成立“学院实践基地”“浙江宝红建筑人才培养基地”以及“区住建局技术推广培训基地”，共同合作开展技术攻关、技术推广与应用、学术交流、各类科研项目的申报工作，研究成果由三方共享。7月4日，在“产、学、研”合作基础上成立“校、地、企”三方党建联盟，以“党建互学、人才互通、项目互联”为主要内容，坚持理论共建、人才共育、科技共促、发展共商、服务共帮，激发联建党组织的活力。年内，完成装配式建筑面积55.4万平方米，完成率184.7%，其中住宅面积40.37万平方米，完成率269.1%。首次推出14-2地块项目住宅全装修1个，完成住宅全装修面积15.9万平方米。

【衢江“无欠薪”创建】 年内，大力推进建设领域“无欠薪”创建工作，会同人社部门将所有在建项目纳入“无欠薪”创建范围，落实好“分账管理”“工资银行代发”“按月足额支付工资”“实名制管理”“工资保证金”“维权信息公示”这六大机制。全年未发生因欠薪引发的群体性事件。

【“红色工地”建设】 6月4日，举行“红色工地”建设现场推进会暨中悦大厦项目临时党支部揭牌仪式，全面部署推进“红色工地”建设。以党建引领，成立由建设、施工、监理单位以及建设主管部门和当地街道社区派驻党员骨干组成的临时党支部，把建筑工地建设成为宣传党的主张、贯彻党的决定的重要窗口，把工地党组织建设成为团结一线干部职工、高质量推进工程建设的坚强战斗堡垒。

房地产

【概况】 2019年，区房管中心按照中央关于“房子是用来住的，不是用来炒的”的定位，贯彻落实政府及相关职能管理部门相继出台各类调控政策，坚持以“稳房价、稳预期、控风险”为工作重心，严格按照市局“七严一公开”要求，加强房地产市场的监督管理，维护房地产

6月4日，中悦大厦项目临时党支部揭牌成立　（陈潇君　供图）

企业和购房者的合法权益，推动衢江区房地产市场健康有序发展。

【房地产开发】 年内，全区房地产项目施工面积86.42万平方米，增长2.7%。其中新开工面积26.2万平方米，增长71%。全年累计完成房地产投资额11.72亿元，增长–39.9 %。

【商品房预售】 年内，全区共办理商品房住宅预售许可证9本，其中住宅8本、办公1本。共批准预售住宅1210套，建筑面积132536.54平方米。

【商品房销售】 年内，全区商品房成交备案1661件，成交面积18万平方米，成交均价10576.54元/平方米，与上年同期相比，成交量、成交面积同比分别下降35.74%、36.01%，成交均价同比上涨32.63%。其中商品房住宅成交1272件，成交面积15.21万平方米，成交均价11418.98元/平方米，成交量、成交面积同比分别下降29.33%、28.67%，成交均价同比上涨25.33%。全年全区二手房共成交2657件，同比下降17.28%，成交面积26.41万平方米，同比下降9.84%，成交金额15.86亿元，同比下降8.57%。其中住宅成交2097件，同比上涨2.04%，成交面积21.95万平方米，同比上涨2.80%，成交金额13.40亿元，同比上涨4.83%，成交均价6103元/平方米，同比上涨1.98%。

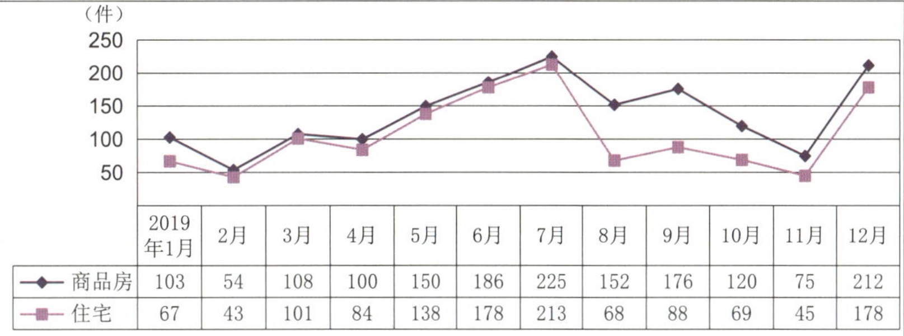

	2019年1月	2月	3月	4月	5月	6月	7月	8月	9月	10月	11月	12月
商品房	103	54	108	100	150	186	225	152	176	120	75	212
住宅	67	43	101	84	138	178	213	68	88	69	45	178

2019年1月以来衢江区商品房及住宅成交量走势对比图

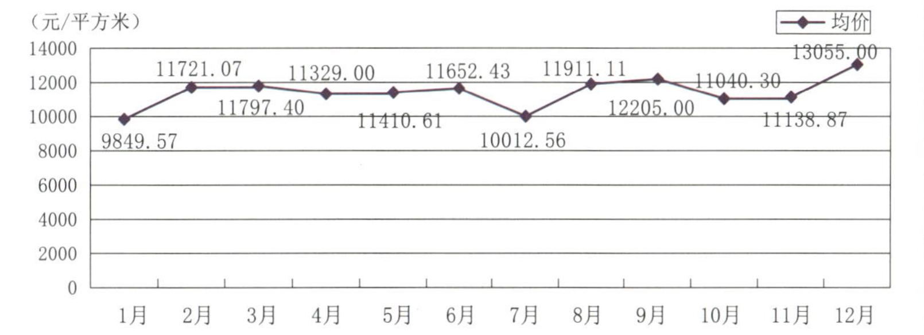

2019年衢江区商品房住宅成交均价走势图

4月29日，区住建、资规、综合执法、市场监管四部门检查在建在售房地产项目（朱元昊 供图）

【商品房存量】 截至12月末，全区城区商品房住宅库存1671套，建筑面积23.737万平方米，其中排屋别墅254套，建筑面积9.127万平方米；养老居住用房815套，建筑面积7.57万平方米。

【房地产行业整治】 4月26—30日，会同区资源规划、综合执法、市场监管等部门联合对10个在建在售房地产项目进行现场检查。重点检查商品房合同、样板房设置、广告宣传内容、建筑材料规格、现场按图施工情况等12项内容。对发现的部分安全、质量问题,联合检查组当场反馈并要求限期整改,同时形成检查报告向区政府汇报。8月23日,由区委副书记、政法委书记徐惠文主持召开全区房地产开发建设监管服务工作会议,统一各方思想认识。会议期间,各房开公司签订《房地产行业自律承诺书》,同时向各企业征求建立房地产项目开发建设监管服务工作机制的意见。9月10日,由区住建、资源和规划、市场监管、综合执法四部门联合下发《关于建立房地产项目开发建设联合监管服务工作机制的通知》(衢江住建〔2019〕113号),加强相关职能部门在房地产项目开发建设全过程的事前、事中和事后联合监管服务。建立衢江区房地产联合监督服务钉钉群和行业微信交流群,由区住建局负责日常运行和协调,发现问题,及时上报,由相关职能部门研判解决。

园林绿化

2019年,开展各项市区绿化新建工程,注重区域绿地、公园绿地、附属绿地等各类指标增长。全区绿化美化、绿化养护等工作上新台阶,受到省、市园林管理部门的充分肯定和高度评价。5月22日,衢州市园林处主任姜利平、养护科科长余小近一行到衢江调研,经走访现场、实地踏勘对衢江区园林绿化养护工作给予高度评价,6月27日,衢州市园林绿化养护管理会议及现场会在衢江区召开,由特邀专家李寿仁介绍园林绿化养护管理要点,衢江区园林绿化养护单位做典型发言介绍养护管理经验,与会人员现场观摩市民公园、信安大道,肯定衢江区园林绿化养护的长足进步。航民望江园小区被评为浙江省园林式居住区;信安大道被评为浙江省绿化美化示范路。

物　业

【概况】 2019年,衢江区房管中心围绕区委、区政府中心工作,以创建文明城市为抓手,推进物业工作开展。

【物业小区基础设施改造】 年内,安排城区22个小区基础设施改造,内容包括路面改建、绿化改建、消防橱窗改建、无障碍设施、窨井盖更换、落水管更换、楼道墙面改造、停车位改造等,总投资近800万元。至年末,增设小区机动车位412个,非机动车位4350平方米,绿化补植35000平方米,侧石铺设修理280米,路面硬化900平方米,步行砖铺设300平方米,修理楼道门40扇,更换楼道单元门21樘;安装不锈钢栏杆260米,更新路灯115盏,新增监控20个,更换防火门460樘,更换窨井盖20个,健身场地硬化及塑胶铺设560平方米;新增消防设施100万元。

【物业规范化管理】 3月27日,召开第一季度物业管理培训会;组织物业服务企业、业主、业委会学习讨论《衢州市物业管理条例(征求意见稿)》;与消防部门联合开展小区消防实地

10月1日,衢江区街头绿地实景图　　(周　倩　供图)

演练，进行现场警示教育；联合区委办、樟潭街道开展绿江南小区车辆管理意见征集工作，指导物业公司做好小区车辆管理引导，规范小区停车秩序。委托调查机构开展城区物业小区物业服务满意度调查及物业矛盾纠纷调研，掌握了解相关情况，提出工作指导意见。

【扫黑除恶专项斗争】 在3月27日召开的第一季度物业管理培训会上，开展物业行业扫黑除恶专项斗争再发动。4月2日，召集房开公司，中介机构及物业服务行业进行“扫黑除恶专项斗争应知应会”测试。在此基础上，开展走访摸排及宣传活动。至10月底，走访物业企业、中介机构、房开公司300余家次，发放各类宣传海报、横幅、宣传图册1000余份。对辖区内物业企业服务队进行检查，并签订承诺书。

（朱元昊）

城市建设投资

【概况】 2019年，衢江区城市建设投资有限公司深入开展土地营运、衢江经济开发区“低散乱”企业整治工业用地收储以及文明城市创建等中心工作，助力“活力新衢江，康养大花园”建设。

【开发区工业用地收储】 年内，基本完成衢江经济开发区第一批8宗共23.77公顷土地的收储工作，合同价为1.99亿元。开展第二批37宗，面积61.2公顷土地的测量及评估工作。

【城区综合用地收储】 年内，收储城区综合用地1.10公顷，总价为6000多万元。

【综合用地审批】 继续做好信安大道南侧综合用地开发建设的审批工作，督促已批地块开工建设。年内，共收到6宗综合用地开发建设审批申请，完成6宗地块的在建工程量现场踏勘确认工作，退回3宗地块的开竣工保证金。

【储备土地管护】 针对新增储备土地，根据地块实际分类推进整治提升工作，全年完成区府办、创建办交办事项20余件，清除垃圾、铺设草皮绿化土地百余亩；新装、替换破损公益广告500余平方米，新增墙绘400余平方米，新建停车场1个。

（吴媛媛）

公积金管理

【概况】 2019年，市住房公积金中心衢江管理部贯彻执行各项公积金政策，全面超额完成各项目标任务，实现住房公积金安全增值、运行质态优良的经济目标。全年归集住房公积金3.8亿元，增长13.77%，为年初计划3.64亿元的105.56%。提取2.9亿元，同比上升11.54%。全区发放个人住房公积金贷款1.22亿元，同比下降23.75%，发放贷款总户数405户，同比下降26.5%。年住房消费额(提取+贷款)完成年初计划任务数3.28亿元的125.61%。

【公积金事项基本实现“零跑腿”】 深化“最多跑一次”改革，办事效率提升。年内，实现80%公积金事项“零跑腿”，80%业务流程智能化审核审批，“掌上办结率”突破50%。

【全省率先实现组合贷款“一证通办”】 年内，试点开展住房公积商业组合贷款“一证通办”。通过市政务大数据平台、市公积金中心、衢江农商银行三方资源整合，实现居民婚姻、不动产、公安、民政、税务等10个部门35类信息接口联网和612条字段数据跨部门、跨行业互认共享。解决组合贷款流程多、程序烦琐等“堵点”。全省率先实现只需提供一张身份证就能完成住房公积金商业组合贷款“一证通办”。3月，衢州市住房公积金商业组合贷款“一证通办”现场会在衢江召开，推广衢江管理部的做法。

（郑　昕）

执法监察

【概况】 2019年，市综合行政执法局衢江分局（简称区综合执法局）管辖衢江区行政区划范围（不含东港街道）的21个乡镇（街道、办事处）。核定行政执法专项编制89名（其中执法中队行政执法专项编制80名），下设樟潭、浮石、廿里、高家、上方、乌溪江、莲花、杜泽、全旺、大洲10个中队。年内，围绕目标任务，厘清工作思路，排出工作节点，突出重点、攻克难点、打造亮点，有力地推进城市管理执法工作的有序开展。全年一般程序立案287件，结案264件，共罚没7176135.65元；简易程序858件，共处罚金16210元，案件涉及工商、规划、市容、绿化、燃气、建筑、市政公用等多个领域。

【文明城市创建】 年内，成立由分局党组书记、局长为组长，班子成员为副组长，各中队长、指导员、科室负责人为成员的创建文明城市工作领导小组，加强工作领导和协调。完善以“定区域、定岗位、定责任”为核心的城市网格化管理机制和“定人定岗、定格定位、定责定标”的城市市容长效管理机制，建立网格明确、标准明晰、责任细化、考核公平的城市网格化管理体系，实行动态街容管理模式，破解人员不足难题。结合文明城市创建重点路段和重点区域重新调整力量布局，明确网格员、网格长工作职责，明确网格AB岗轮换制度，明确网格员考核评比制度。组建150人参加的“全国文明城市创建长干队”，编发《长干队工作手册》，先后进行2次业务培训和军事训练，通过“现场授课+实地教学”模式，增长知识，提高文明城市创建的执法能力和水平。

【“非接触性”执法】 年内，借鉴宁波先进经验，探索实践“非接触性”执法模式。制定《衢州市综合行政执法局衢江分局“非接触性”执法试点实施方案》，明确实施目标、时限和标准，规范“非接触性”执法办案各个环节和流程等，并在樟潭、浮石、廿里3个中队先行开展，逐步在整个分局推广。在实际工作中，推行“三个一律”标准化执法：即投诉处理一律遵循规定动作；现场执法一律开启执法记录仪；争议认定一律附上全程录像。

【“基本无违建区”创建】 年内，根据上年省“基本无违建县（市、区）”考核验收组现场考核验收提出的相关问题，及时查漏补缺、整改落实，并及时申请复查。其间，全区拆除违法建筑84.29万平方米、城中村改造5.96万平方米、旧住宅区改造28.12万平方米、旧厂区改造28.42万平方米，分别占年度任务的101.56%、100%、108.15%、101.5%。7月30日，衢江区通过省级复查验收，成功创建浙江省第四批“基本无违建县（市、区）”。

【创新城市管理工作机制】 年内，着手打造“一格八网，网格合一”的联动管理新模式。“一格”是以樟潭街道四个社区为四大格，每格对应一个基层班组；“八网”指的是每格再细分8个小网格（共32个小网格），每个小网格对应一名协管员，相邻网格的协管员互为AB岗，两个人一起巡查，对自己的网格负主责，正式队员负责相邻几个网格的督查，有效推进城市治理的精细化，是更好实现基层治理创新举措。以执法服务“六进”为主要渠道，用“老娘舅工作法”切实融入“为人民服务”理念，采取法、理、礼相依的方式，多交流、善说服、慎处罚，变“你找我”为“我找你”，动用多种力量参与协助共同化解矛盾纠纷，树立“执法有礼百姓城管”的新形象。

【城管“老娘舅”为民办实事】 年内，创建“城管老娘舅工作室”并入驻辖区所有社区，围绕“党建统领+基层治理+美丽大花园建设”目标，推动党员服务基层、服务群众，实现基层党建工作和城市管理工作高度融合，切实彰显“文明执法、依法执法、智慧执法”。全年化解涉及犬类管理、油烟污染、占道经营、污水直排、噪声扰民等城市管理相关的矛盾纠纷140起；通过“六进”融入各个基层，面对面宣法普法，上万名居民群众及学生受到法律普及。

（柴璐楠）

乡（镇）村建设

【概况】 2019年，全区乡村以环境综合整治为抓手，实施饮用水提升、公厕改造、"万盏灯光"等惠民项目，开展以"美庭院、美水系、美村口、美广场、美廊道、美产业"为主要内容的美丽乡村"一村六美"建设行动，创建涧峰村、蛟垄村、上岗头村、楼山后村、姜家坞村等新时代美丽乡村精品村30个，莲花镇涧峰村获评第二届中国美丽乡村百佳范例。以涧峰、五坦、西山下3个村范围为试点建设区，开展乡村版"国际未来社区"创建。浮石街道加强农房风貌管控，成功创建首批全国乡村治理体系建设试点示范区、省级美丽乡村示范乡镇。10月21日，全国农村垃圾治理工作推进会在河南兰考县召开，区长朱素芳以《打造最美乡村大花园》为题作典型发言。11月14日，农业农村部举行农村人居环境整治工作培训班，衢江区以《做好"四篇文章"打造农村人居环境整治样板区》为题作经验交流发言。年内，衢江区入选第一批部省共建乡村振兴示范省先行创建县（市、区）名单。

【农房整治"回头看"专项行动】 年内，根据市委、市政府统一部署，全面开展农房整治"回头看"清零扫尾攻坚行动。举全区之力，强势推进，成效显著。全年整治各类农房28111宗，面积162.37万平方米。其中，整治清零非法"一户多宅"123宗面积。1.06万平方米；整治"一户多宅"2983宗，面积26.81万平方米；整治附属用房、超大庭院围墙、危旧房、生产设施用房、旱厕等其他应整治建筑25005宗，面积134.09万平方米。四类人员整治建（构）筑物2590宗。一些长期存量违规建筑得到根本整治、农村环境大为改善、风貌极大提升。

【美丽乡村建设】 年内，全区把农村人居环境作为美丽乡村建设基础性工作，做实"统筹规划、整治提升、提质扩面和成果转化"四篇文章。建立健全美丽乡村、农村卫生保洁、生活污水、公厕运维等长效管理机制，实施组团联村、"两委"联格、党员联户"三联工程"，建立"河长制""路长制"，以及厕所"所长制"等长效机制。完成周家乡上岗头村等12个美丽乡村"一村六美"精品村的项目建设，以及贺邵溪村风貌提升，外立面改造59幢、庭院改造12户，景观节点4处，3条道路白改黑。全年投入资金8000万元，创建省级美丽乡村示范乡镇4个、新时代美丽乡村达标村68个、省级特色精品村13个、区级精品村30个、美丽风景线6条。11月7日，《浙江日报》以《衢江：提振精气神、建设最美乡村大花园》为题，整版报道衢江区美丽乡村建设。12月26日，获评2019年度浙江省新时代美丽乡村示范县，获1000万元奖补资金。

【"一线十村"项目建设】 年内，结合浮石街道"一户多宅"、附属用房、生产性用房等违法建筑整治，通过整体规划、整体实施，投资1.7亿元，开展浮石街道全域"一线十村"（云徐线+10个行政村）精品区建设，重点实施基础设施建设、景观风貌提升、特色元素植入、产业规划布局等内容。共完成景观节点建设32处，外立面改造1085幢、完成农户庭院（围墙）改造362户。"一线十村"风貌的极大提升，成为衢州市乡村振兴"党建篇、改革篇"互学互看活动的考察学习点，得到市委书记徐文光的充分肯定。

【美丽风景线建设】 年内，启动衢州有礼诗画风光带（沿江公路）、花果飘香风情线（塔太线）、湖光山色风景线（廿项线）等3条美丽风景线建设，塔太线沿线景观建设全面动工、衢州有礼诗画风光带和廿项线沿线景观建设完成设计，并报相关部门批复。

【乡村"万盏灯光"项目】 年内，建设农村路灯15000盏以上，是区政府十大民生实事之一。全区以"三个三"助推乡村"万盏灯光"民生工程，投入4500余万元，在乡村安装LED路灯1.69万盏，实现全区行政村路灯全覆盖，极大改善农村人居环境，农村群众的获得感和幸福感显著提升。

【杜泽老街改造】 10月4日，历时25个月改造的杜泽老街开街，当天老街就迎来6万余人次游客，国庆假期共接待游客15

万余人次，实现旅游收入1200余万元。衢江区秉持“积极保护、有机更新”原则，突出“云水古镇、巽风杜泽”定位，瞄准“有水系、有景观、有产业、有乡愁”目标，结合历史文化村落保护利用（杜一村、杜五村为省级重点村），实施杜泽老街历史文化村落改造，修旧如旧，恢复水生态，保留一系列形态古朴的民国和明清风格大宅及建筑群。保留杜泽老街原有的杜泽灌肠、宝仙馄饨等本地特色美食，引进南孔书屋、有声国学、云集文社、村播.COM等一批新业态。

【垃圾分类体系建设】 年内，全区因地制宜推广垃圾分类模式，构建农村生活四分四定处理体系，实施农村生活垃圾分类处理工作，通过树典型、广宣传、多评比等手段，发挥“党建统领、网格治理”的作用，建立以行政村为单位，以联系领导及驻村干部为网格指导员、村主职干部为网格长、其他村“两委”干部为网格员的垃圾分类工作组，利用保洁员“全域覆盖、包干到户”的特点，将保洁员全部纳入网格，实现责任到户到人、管理到边到角，农户源头分类正确率已由不足30%提升至80%以上。建立完善“四分四定”收运体系，实现从“过程失管”到“全程可控”转变。

【终端垃圾处理设施】 年内，全区按照“群众受益全面、设施覆盖到位、处理运行常态、减量效果明显、资源循环利用”的要求，因地制宜采取“一村一建”或“多村合建”方式，科学规划布局终端设施建设，做到村村有效覆盖和“可烂垃圾”全部堆肥处理、就地消纳。至年末，共有阳光堆肥房93座，机器堆肥房32座（日处理约24.5吨），垃圾兑换超市267间，实现终端处理设施全覆盖。

【创新“四+”模式】 年内，全区创新“四+”模式，实现垃圾分类全流程智慧化管理。“一码+一卡”，垃圾源头分类可追溯：一桶“一码”，实现源头追溯更精准；“码”上评价，实时数据上传更快捷；一户一卡，促使分类准确率再提高。“四定+智控”，垃圾收集运输可视化：制定智慧工卡，“四定”提高保洁效率；布局远程“智控”，有效防范“二次”污染。“传统+智能”，垃圾分类处置精准化：科学规划，合理布局终端处理设施；智能回收，提高可回收物和有害垃圾的收集处置率。“排名+捆绑”，垃圾督查考核创新化：乡镇排名考核与补助经费相挂钩；运维公司捆绑考核与运维经费相挂钩。至年末，全区农村产生生活垃圾8.1万吨，回收利用垃圾3.1万吨，占比38.5%，其中资源化利用2.7万吨，占比87.5%，无害化处理垃圾8.1万吨，无害化处理率达100%。

【污水设施提标改造】 年内，全区按照“三分建设、七分管护”的理念，投资5.2亿元接入农户数9万余户的截污管网2520千米、污水处理设施974处，清扫井12.1万个，采用第三方专业管理“五位一体”的运维管理体系，科学引入第三方专业运维管理团队并设立运维管理中心。配备运维管理平台1套、运维管理人员42名，安装视频监控设施160处、流量计111处，配置运维车10辆、CCTV管道机器人2台、割草机7台以及其他各种车辆耗材，对农村污水实施常态化运维。至年末，全面完成自2017年以来的提质提效的项目50个，铺设截污管网341千米，建成污水处理设施128处，安装检查清扫井1.7万个，接入农户数1.08万户，完成投资6000余万元。

【休闲农业】 年内，全区以村庄景区化、美丽牧场、美丽田园建设为抓手，依托衢江农业产业特性，引进工商资本、技术、人才、品牌，拓展农业多种功能，通过“互联网+”“旅游+”“健康+”等方式，加快发展休闲农业、创意农业、体验式农业、电商农业、定制农业、养生农业等。加快建设一批集农产品生产基地、加工包装、储藏销售、休闲观光、养生养老于一体，一二三产业深度融合的农业综合体，打造上海、杭州等大都市居民度假休闲养生乐园。全区共建设美丽田园7个，美丽经济带1条，创成盛世莲花、荷鹭牧场、三易易3家最美田园景区和衢北百里农耕农事体验游、衢南百里康养长廊2条（浙江休闲农业和乡村旅游精品路线）；建成荷鹭牧场、三易易等省级美丽牧场15家。

【莲花国际未来社区】 10月30日，衢江区创建莲花乡村国际未来社区启动仪式举行。莲花古镇拥有千年历史，乡贤文化、非遗文化、邻里文化、农耕文化深厚，社区核心村之一的涧峰历史文化村落入选“全国100个特色村庄”。莲花乡村国际未来社区试点建设，围绕“花园式的环境+花园式的治理”，打造具有乡土味、乡亲味、乡愁味和乡土村、乡里乡亲、相思乡愁的衢江乡村社区样板展开，被列入SUC联合国可持续社区标准试点项目。

（马远旺）

交通运输·邮政

交通运输

2019年，区交通运输局贯彻市委“1433”战略体系和区委“1136”战略，聚焦“三年”，确立“交通先导”理念，发展交通运输业，推动市区一体化、衢丽城市群一体化和衢州“融杭联甬接沪”。全年安排交通项目26个，完成总投资13.7亿元，完成投资入库7.1亿元。衢州港衢江港区大路章作业区开港，衢州市沿江美丽公路衢江段全线通车。完成“四好农村路”投资额55400万元，提升改善低等级公路80.2千米，农村养护大中修61.2千米，改扩建通乡镇、景区公路39.5千米。总投资63亿元的杭衢丽山海协作大通道列入省道网规划方案，其中先行段霞飞跨江大通道开工在即。谋划建设多式联运中心枢纽港，助力衢州打造四省边际中心城市，获得高兴夫副省长批示。

公路工程

【概况】 2019年，全区强力推进国省道干线和农村公路建设。杭金衢高速公路拓宽及衢江互通接线工程、衢江区乡村公路振兴工程（汉举线、杜灰线）和305省道至东坪公路改造工程开工；351国道衢江段和315省道至衢江抽水蓄能电站连接线——石呈线改建工程稳步推进；沿江公路衢江段主体工程完工、行车道通车，县道云徐线、大洋线改造提升工程完工。完成G320沪瑞线衢江尖竹桥至平塘段、S305富衢线衢江界头至塔底段大中修工程，实施里程15.66千米；完成S315兰贺线下张立交桥维修加固工程。完成老塔太线、东滨线、峡泽线、上田线、廿横线等5条县道局部大中修工程，实施里程21.6千米。完成通自然村公路、断头路建设19千米，低等级公路提升改造140.9千米，路面维修78.1千米，危桥病隧改造3座，“四好农村路”示范乡镇建设1个，乡级养护站规范化创建1个，港湾式停靠站建设项目50个。谋划杭衢丽山海协作大通道（南北大通道）等重大工程项目并被列入省重点工程项目。至年末，衢江区境内现有等级公路总里程1736.72千米，其中高速公路42.19千米，一级公路108千米，二级公路51.88千米，三级公路168.9千米，四级公路658.68千米，准四级公路707.87千米。

【351国道衢江段及连接线工程】 351国道龙游横山至开化华埠段公路是浙江省列入“十三五”交通运输规划的重要工程，也是衢州市历史上一次性实施里程最长、投资最大的国道新建项目。351国道衢州段路线全长151千米，总投资1090亿元，2017年12月27日开工。351国道衢江段总长36.8千米，其中主线长22.905千米，连接线长13.769千米，途经高家、莲花、峡川、杜泽、周家5个乡镇，征地面积2410.23亩，总投资20.5亿元。2019年12月31日，351国道衢江段工农兵水库大桥38根桩基、25根立柱、4个承台、12片盖梁、4个台帽及耳背墙全部完成；305省道分离桥40根桩基，完成37根；塔太线分离桥56根桩基，完成32根。全线便道完成13千米。

【杭金衢高速公路拓宽及衢江互通连接线工程】 项目主线、连接线总长24.09千米。其中主线拓宽18.5千米（起于高家镇盈川村，止于浮石街道方家村），衢江互通连接线5.59千米（起于高家镇斋堂村，止于320国道），总投资约18.54亿元（衢江互通连接线约8亿元，含征迁费用），2019年10月开工建设。至12月31日路基完成25%，结构物完成10%，完成投资1亿元。

【衢州市沿江公路衢江段工程】 衢州市沿江公路全长215千米，总投资32亿元，2017年全线动工。衢州市沿江公路衢江段长27.1千米（沿衢江18.8千米、沿江山港8.3千米），按公路、慢行道、景观及服务配套设施等三大系统建设。公路按四级公路标准建设，路基宽6.5米、沥青路面宽6米。衢州市沿江公路衢江区段，是浙江省首条生态休闲沿江道路示范工程，被纳入浙江省万里美丽交通经济走廊精品示范项目。2019年9月5日，沿江公路高家段18.8千米公路主线全线贯通。12月31日，塔底至洪家段（11千米）工程行车道交工验收，慢行道完成9千米路基及彩色沥青面层施工，黄甲山栈桥、铜山源栈桥钢箱梁桥面铺装全部完成；洪家至盈川段（7.8千米）、富里至坝下段（行车道8.3千米、慢行道13.1千米）路基路面基本建成，文塘桥、芝溪大桥、黄甲山桥主体工程完工。

【石呈线（315省道至抽水蓄能电站连接线）改建工程】 工程起点与46省道外移工程K20+307处平交相接，沿下石埠村东侧至黄坛口乡东南跨过黄双线及黄坛源溪，经黄坛口乡政府东侧至坑口到达终点，路线全长12.188千米（柯城区范围2.54千米、衢江区范围9.648千米），总投资28705.6万元，建安工程费用为18104.4万元。2018年4月10日开工，2019年12月31日衢江段主体工程全部完工，完成衢江段形象进度90%。

【杜泽至灰坪公路工程】 工程起点为305省道与杜板线交叉口，利用现状杜板线（杜泽环镇北路）后接杜西线（杜泽至庙前段）和庙香线，之后在香坞村西侧布线至田垄后向西南延伸至竹埂底村。之后利用洞大线（竹埂底至太真段）、塔太线（太真至洞口段）、洞茶线后新建茶槽至灰坪段，其中新建后叶隧道1505米，接现状上田线。路线全长33.545千米（改造24.573千米、新建8.972千米）。新建段按四级公路标准建设，路基宽8米；老路改造段以老路利用为主，路基宽根据现场实际情况确定。建设总工期为30个月，总投资估算为4.45亿元。工程于2019年4月15日开工，年内完成后叶隧道进洞220米，占后叶隧道工程量15%；完成路基土石方、排水沟、圆管涵等分部工程占总工程量的30%；2019年完成投资额5581万元。

【举村至汉都公路工程】 该公路工程是衢江区乡村公路振兴工程，起点为举村乡大坑村与X210小湖线交接处，终点处与X307石呈线相接，路线全长15.781千米。项目建设总工期22个月，总投资估算18523.1万元，建设资金除省交通运输厅定额补助外，其余资金由区政府财政配套。2019年5月20日开工，年内投资额3186万元，

杜泽至灰坪公路工程　　（叶小斌　供图）

完成挡墙、土石方挖方等分部工程占总工程量的22%。累计完成总投资3593万元。

【G320沪瑞线衢江尖竹桥至平塘段公路养护大中修工程】 G320沪瑞线衢江尖竹桥至平塘段2019年公路养护大中修（灾毁恢复重建）工程：桩号K418+432–K425+550为7.118千米，沥青路面大中修，交安设施改造提升，总投资2500万元。4月底开工，7月中旬完工。

【S305富衢线衢江界头至塔底段2019年公路养护大中修工程】 起点为界头，终点为塔底，路线全长8.541千米，逐段路面大中修，同时结合公路生命防护技术完善临水临崖、交叉口、视线不良等路段交通安全设施，批复预算919万元。工程安保列入省中心及市纪委“不忘初心、牢记使命”主题教育示范项目。10月15日完成施工招标，11月底基本完成安保部分施工，12月底整个项目基本完工。

【S315兰贺线衢江下张立交桥善义背段公路养护大中修工程】 10月16日完成施工招标，年底完成右幅桥面施工，春运前完成老收费站设施拆除、下张立交桥面施工等主体工程。此路段养护修缮工程为:下张立交维修加固、桥头接线白改黑、桥下接线排水系统改造，老收费站收费岛、收费棚拆除及沥青路面摊铺等，批复预算950万元。

【县道云徐线改造提升应急工程】 3月，县道云徐线改造提升应急工程开工建设，5月10日全部完工。路线全长8.1千米，主线云徐线7.0千米、支线荣欣线1.1千米，沥青路面施工，道路排水设施完善等，总投资2300万元。

【县道峡泽线改造提升工程】 11月下旬进场施工，年底完成工程50%，预计2020年上半年全面完成。路线长9.88千米，实施内容为沥青路面摊铺、挡墙边沟修复、路肩硬化等，总投资1200万元。

【乡道305—东坪景区公路改造工程】 9月完成施工招标，年末完成起点至东坪停车场约8.8千米路面白改黑施工，预计2020年全面完工。路线全长14.2千米，道路拓宽、路面白改黑，同时完善全线排水及安防设施等，总投资3000万元。

【县道大杨线改造提升工程】 年内，县道大杨线改造提升工程（续建项目），总投资1300万元。5月，完成主体工程，保证绿春湖杜鹃花节车辆通行。

【谋划杭衢丽山海协作大通道】 杭衢丽山海协作大通道远期规划起自杭州淳安县安阳乡，终点为丽水遂昌县湖山乡，全长125.4千米，总投资63亿元。衢州段76.2千米、计划投资43亿元，杭州段29.5千米、计划投资10亿元，丽水段19.7千米、计划投资10亿元，于2020年上半年开工建设。

交通管理

【道路安全隐患治理】 年内，投入800多万元，完成辖区内道路安全隐患点治理32个（省级2个、市级5个、区级25个）。投入1000万元，实施完成农村公路（县乡村道）安全生命防护工程345.9千米。投入300余万元，完成S315后溪1号桥和2号桥、大杨线深凹源2号桥等3座危桥改造工程。投入1000万元，完成S305杜泽高中路口等6处交通信号灯建设。积极主动做好“12345”政府热线的投诉件答复办理工作。全年接收投诉件、网政信访件470件，都在规定期限内及时回复，满意率100%。

【助力全国文明城市创建】 组织交通志愿者800余人次，进驻美丽东城小区进楼入户宣传创文知识、问卷调查、卫生保洁和整治“十乱”，专门安排公路养护车100余辆次清运小区垃圾80余立方米。组织近2000人次，在交通路口定点开展文明劝导、交通疏导，树立“文明出行、从我做起”新风。发挥公路应急抢险突击队作用，加强养护与管理力量投入，对主城区迎宾大道、宾港北路北段、机场北路、东迹大道主车道和东滨线等5条线路开展路域环境持续治理。尤其在省测和迎国测期间，出动公路管养车辆203辆次，调用各种机械设备50台（班），清扫路面和包干区垃圾300余立方米。开展东迹大道、宾港北路、机场北路标志整治，清理非公路标牌57块，修复交通标志20块。按照创建办要求，投入资金400余万元，分别在汽车东站文苑路口、S305峡川路口、305云溪木材厂路口和宾港北路沿江公路路口设置信号灯4处。大力开展创文公益宣传，制作各类宣传册、环保袋进行发放，利用网络微信公众号和自媒体宣传20余条信息，在东迹大道、机场北路、宾港北路增设、更新公益广告牌400块。

【超限超载治理】 全年出动执法人员2800人次、执法车辆600台次、检测车辆11614次，查处超限超载车辆1168辆，责令67辆非法改装车辆恢复原状，卸货28823.22吨，扣分3284分，处罚451020元。形成"部门联动+综合治理"的治超工作格局。协调公安、路政、交警、国土、安监等部门和所有乡镇政府（街道办），形成"三统一"管理机制。对衢江区货运源头企业进行走访和检查共21次，主要对源头企业的进出货情况进行了解，对车辆超限超载运输源头情况进行督查。出台源头治理规定，明确在专项行动中，交警、路政部门路面执法查获超限超载车辆后，执法单位必须查清车辆装载源头和车辆改装源头情况，并在执法文书中载明。由区治超办抄告运管、国土、公安、安监等部门，相关部门依职能对源头企业进行处罚。建立"守点治超"与"流动治超"相结合的打击模式。构建"1+X"执法机制，实行定点、流动联合执法。投入资金600余万元，建成320国道樟潭治超点和305省道上方治超点，依托这两个治超平台，建立区、乡、村三级联动执法体系，整合交警、路政、公安和各乡镇人力物力，组建治超联合执法班组，实行3班制24小时不间断联合执法。特别是对塔太线超限超载车辆进行管控，对超限超载严重、未加盖篷布、装运货物超过栏板的车辆进行查处和劝返。对"1月20日沿江公路严重污染路面案件"从快从严查处，并召开专题会议，对污染责任企业作出顶格罚款5000元，收取污染公路赔补偿费10500元，效果与反响都很好。探索重要路段设施布点的科技治超执法新举措，投入资金800余万元，完成320国道高家段、S305云溪段、S315后溪段和S305峡川段4个监测点的系统硬件设施建设。10月1日起，开展为期9个月的道路交通安全大会战，对农村公路临水临崖或高落差路段增设路侧防撞护栏241千米，对320国道湖仁村路口、305峡十线路口、宾港北路沿江公路路口、塔太线苦狮线路口等设置交通信号灯，累计投入约2300万元。对农村公路临水临崖高落差段增设路侧防撞护栏241千米。

【抗击台风"利奇马"】 "8·10"利奇马台风袭击衢州，造成小湖线、大杨线、黄双线等多条公路路基挡墙冲空。立即启动一级应急预案，联合交警与沿线乡镇组织交通管制，防止次生灾害的发生。以"先抢通，后修复"要求，全力以赴投入防台抢险工作，当好抗台抢险的"领

区交通运输部门抗击台风"利奇马"　　（叶小斌　供图）

头雁”。共投入编织袋10万余条、挡水设施2800余平方米、砂石料约8万立方米、抗灾用油12吨、交通安全标志牌500余副、锥形桶850余个，出动防汛机动抢险队员900人次、运输设备260班次、机械设备140台（班），总物资消耗折算资金共计832万元。所有灾毁道路均实现3天抢通便道，6天实现半幅通车，区交通运输局继2012年“4·28”石呈线之后再获抗洪抢险新的速度后再次获衢江区集体三等功嘉奖。

【扫黑除恶专项斗争】 年内，加大扫黑除恶专项斗争宣传力度，在交通办公大楼LED显示屏滚动播放宣传标语，在大厅及各层显著位置设立宣传标识易拉宝16幅。在各基层站队、在建工程项目部、固定治超点设置宣传横幅、展板、公告等20余块（幅）。在东迹大道，宾港北路，机场北路三条公路两侧灯杆上更换安装道旗380块。在新农都门口、高速东出口、机场北路与滨港北路交叉口等重点路段制作宣传横幅16条，保持50米一条宣传道旗标语或横幅；在320国道、315省道、305省道及新46省道上制作宣传横幅190条，保持500米一条横幅。按照区委宣传部规定，在公交站台制作扫黑除恶公益广告36块。同时，对行业内企业、行业、领域进行全方位摸排，突出项目招投标，工程建设等的领域摸排，上报区扫黑办线索1条。

（王　蕾）

交通警察

【概况】 2019年，衢江大队围绕70周年大庆安保工作中心，以道路交通安全目标，深入推进全国文明城市创建、“利剑”系列行动、道路交通安全隐患排查治理、货车超限超载整治等重点工作，结合“不忘初心、牢记使命”主题教育活动，深入推进执法规范化建设和队伍正规化建设，累计查处各类交通违法总量12.9万起，其中现场处罚7.2万起、一般程序5498起、非现场抓拍5.6万起。共接处警16761起，受理简易程序道路交通事故6123起，一般程序道路交通事故113起，死亡50人，受伤106人，与上年同期比较，事故起数减少17起，下降13.08%，死亡人数减少7人，下降12.28%；受伤人数增加2人，上升1.92%，辖区未发生一次死亡3人以上及社会影响重大的交通事故。吊销驾驶证36本，行政拘留77人，追究刑事责任28人，未发生一起行政诉讼败诉案件和国家赔偿案件。按时办结“12345”热线、市长信箱、市局110指挥中心等部门转来群众信访、投诉、举报等612件。

【交通违法专项整治】 年内，加强与交通、住建、应急管理、教育、农业农村、市场监管、综合执法等部门联动协作及乡镇（街道、办事处）的配合，持续开展货车超载、渣土车、拖拉机、校车等系列整治行动，加强“两客一危”重点车辆源头管理，积极营造严管态势；结合创建全国文明城市，联合区住建、综合执法、市场监管等相关部门对求信安大道、百灵北路、霞飞路、东迹大道等12条商业街、主干道开展执法行动，对广场、医院、学校周围违停车辆进行大规模、全时段拖移、处罚，坚决打击“乱停车”现象；深入开展“利剑”系列行动，查处酒驾、超载以及非机动车逆向行驶、闯红灯、不按规定佩戴安全头盔等交通违法行为，累计现场查处道路交通违法行为7.2万起，同比上升61.7%，其中查处非机动车违法行为5.3万起、同比上升82.2%，货车超载665起、同比上升31.9%，酒驾467起、同比上升161.1%。

【优化交通事故防控机制】 年初，衢江区交安委调整为区道安委，区道安委办公室调整到交警大队，通过机构调整进一步优化事故防控工作机制。通过区道安委工作平台，进一步推进主体责任落实，强化事故防控长效机制建设，严格落实死亡事故领导到场、回头看、追责问责等制度，定期对重点乡镇事故防控措施落实情况进行检查。交警、交通运输等部门通过精确查处重点交通违法，各乡镇（街道、办事处）和各有关部门综合治理道路安全隐患，大力开展交通安全宣传，工作取得一定成效。年内，未发生一次致3人死亡或社会影响较大的道路交通事故，交通安全总体情况基本平稳。莲花镇“路长制”农村道路交通安全管理工作在全区推广，专职路长及兼职劝导员协助开展交通疏导、隐患排查、安全宣传、基础信息采集等交管基础工作，逐步实现警情下降、秩序转好的工作目标，打造农村道路交通管理示范样板工作有序推进。

【深化交通安全隐患治理】 年内，完善“政府统一领导、部门各司其职、社会共同参与”的道路交通事故防控体系，明确职责分工、加强部门联动协作，常态化开展道路安全隐患排查工作，实行重大隐患挂牌督办制度，加大道路安全设施建设力度，特别是加强国省道沿线以及临水临崖山库区道路隐患排查治理。联合区交通局、湖南镇对小湖南山库区道路交通安全隐患进行排查，整治隐患76处。315省道、305省道5个省市级事故隐患点及2个市十大民生项目都提前完成整治工作。8月，抽调各中队警力开展在衢北片“百名警力、百日攻坚”道路交通安全隐患大排查大整治行动，并通过区道安委办将具体隐患交办相关单位。

【交警队伍规范管理】 年内，围绕市局打造“全国治安首善之地”目标，牢固树立“抓党建引领、带队伍建设、促中心工作”思路，结合“不忘初心、牢记使命”主题教育，积极探索党建工作新模式，不断深化队伍思想政治建设和党建工作，有效提升队伍创造力、凝聚力和战斗力。全面落实党风廉政层级管理规定，通过层级体系、明确责任清单，建立民警廉政“一人一档”，确定专人入柜保存，进一步增强全警廉政规矩意识。签订全面从严治党责任书和执法责任书，全面压实从严治党和规范执法责任，确保队伍执法“双安全”。严格执行队伍层级管理记分考核办法，对上下班、接处警、高峰岗、接待群众等内容进行“日查”，列出队伍风险隐患问题清单，确保“事事有人盯，人人有人管”。

（柴　赟）

水　运

【概况】 2019年，全区在册渡口4个，实现渡运连续第45个安全年。10月31日，衢州港衢江港区大路章作业区开港，一期工程码头土建工程基本完成，2#、3#泊位两台门座式起重机安装完成，并投入试运行，衢州水运迎来复兴期。

【衢江港区大路章作业区开港】 10月31日，衢州港衢江港区大路章作业区举行开港仪式，市委书记徐文光宣布开港。省交通运输厅副厅长夏炳荣，省海港集团、宁波舟山港集团副总经理向坚刚，区委书记周向军分别致辞。区委副书记、区长朱素芳主持仪式。省港航管理中心副主任刘耿耿以及相关部门领导，衢州市委、市政府、交通主管部门，集团相关部门及所属单位，省交工集团，以及相关企业及物流公司等有关方面负责人参加开港仪式。衢江港区大路章作业区是2018年浙江省重点建设项目，也是衢江航道继龙游桥头江作业区后第二个作业区。大路章作业区项目规划面积985亩，规划建设500吨泊位24个，待泊位3个，岸线长1620米。一期建设泊位13

10月31日，衢江港区大路章作业区开港　（叶小斌　供图）

个，岸线长度702米，设计年通过能力358万吨，计划投资5.36亿元。项目于2018年10月22日开工，累计完成投资3.0亿元。一期工程13个泊位水工部分基本完成，2#、3#泊位于10月15日完成交工验收，港池疏浚全部完成，首批两台港机设备安装调试完毕。衢江港区大路章作业区开港，对优化运输结构，推动衢州物流业集约化、规模化发展起到重要作用。

【谋划四省边际多式联运中心港获副省长批示】 年内，区交通部门根据衢州“四省通衢”的区位优势，以《谋划打造四省边际多式联运中心港撬动衢州成为区域经济新增长极》为题，提出打造衢州四省边的际多式联运枢纽港，集公、铁、水、空四种运输方式于一体，集合多方式联运、城市配送、信息服务、国际物流、物流增值、产业联动、商务交易、生活配套等功能，助力衢州打造四省边际中心城市，引起省市领导及社会各界的关注，获浙江省副省长高兴夫的批示。

公　交

【城区主要公交线路】 2019年，衢江城区主要公交线路有10条，分别为：11路（斗潭公交总站—制革厂）、16路（石头坪公交枢纽中心站—新农都）、26路（市交投集团—环翠路）、36路（斗潭公交总站—信安小区）、66路（汽车东站—火车站）、76路（衢江区第一小学—新农都）、308路（衢州二中—樟潭）、309路（衢州二中—衢江区政府）、588路［沈家—东港（环线）］、993路定制公交（衢江区委党校—市交投集团）。

【城乡公交线路】 衢江区城乡公交线路有8条，分别为：18路（石头坪公交枢纽中心站—大洲、石头坪公交枢纽中心站—全旺）、520路（石头坪公交枢纽中心站—廿里）、521路（石头坪公交枢纽中心站—上棠、石头坪公交枢纽中心站—西垅、石头坪公交枢纽中心站—大川塘里坞）、533路（石头坪公交枢纽中心站—大洲、石头坪公交枢纽中心站—贺邵溪）、545路（石头坪公交枢纽中心站—黄泥岭、石头坪公交枢纽中心站—大芋头、石头坪公交枢纽中心站—里树源）、526路（廿里—衢州三中）、532路（石头坪公交枢纽中心站—全旺）、581路（石头坪公交枢纽中心站—高家）。公交客运站为汽车东站公交首末站。衢州汽车客运东站开通共有48条线路93个班次，其中跨省班线6条，跨市班线40条，跨县班线2条。

（叶小斌）

铁路建设

【概况】 2019年，区铁道中心深入实施区委“1136”发展战略，紧紧围绕区委、区政府中心工作，与各部门协同作战、全力以赴、攻坚克难，统筹推进铁路项目建设，妥善解决征收房产、补偿费用、道路通行等急难问题，确保衢宁铁路（衢江段）项目施工建设和杭衢高铁（衢江段）项目开工建设。

【保障衢宁铁路项目施工建设】 年内，衢宁铁路（衢江段）项目进入征迁扫尾，铁路路基施工基本完成，进入全线铺轨、架梁阶段，加强与有关部门协作，形成有效合力，及时解决衢宁铁路（衢江段）项目施工建设中的疑难急难问题。

妥善解决仙岩路小学师生安置问题。仙岩路小学是一所全日制民办小学，学校租用富来登家私企业房产办学。衢宁铁路建设征收富来登家私企业，300多名教师及农民工子女学生面临失业辍学。经多次协商并报区政府同意将师生安置在衢江区第四小学就业就学。同时向省发改委（重点办）反映及多次与业主单位对接争取到区四小安置教师学生所承担的教育配套经费140万元。

果断解决英伟药业补偿费用。因地下管网数量难核准，各方对补偿费用核定难，企业主提出高额补偿费用未果并多次阻止施工。区铁办果断组织各方与企业主一道现场开挖核查核准数量核定费用并全程公证，妥善解决问题。顺利推进华意路公跨铁拆建。衢宁铁路建设需对华意路（区电视台门口）公跨铁拆建，原方案是异地新建后拆，后调整为原地拆建，对周边企业、村民生产生活造成很大影响，群众反映大。区铁办迅速报请区政府组织交通、规划等相关部门认证后认同原拆原建方案，并督促施工单位解决周边企业员工、村民出行等问题，保障公跨铁正常拆建施工。

圆满完成樟潭街道原南山老火车站房屋征收。衢宁铁路建设征收衢州市风顺化工厂，该厂房租赁原南山火车站铁路房屋（产权属铁路部门）。因该拆迁户（现承租人）诉求反复，业主单位不同意，导致房屋征收补偿协议一直未能签订，严重影响工程推进。区铁办多次牵头召集市指挥部、九景衢公司、樟中铁三局、潭街道等单位协商，于8月完成房屋拆迁。

成功处理拖欠农民工工资问题。年内，区劳动监察大队和“衢州12345政府热线”多次接到投诉，反映衢宁铁路施工单位拖欠农民工工资数百万元。区铁办主动对接区劳动监察大队，多次与九景衢公司、中铁三局协商，并督促施工单位筹措资金500万元，成功处置农民工工资问题。

【杭衢高铁项目建设】 年内，杭衢高铁项目列为衢江区政府一号工程，在全线征地拆迁工作尚未正式启动的情况下，提前谋划，主动作为，率先打响杭衢高铁项目（衢江段）预备战。在项目前期基础（安置点选址建设）、包干资金测算、用地报批、先行段征地交地、房屋征收、三电及管线迁改、数字征迁平台建设、防“四抢”管控等方面取得显著成绩，各项工作位列全市前茅。在区财政十分困难的情况下优先安排先行资金2000万元，用于先行段土地征收、安置点用地和新建公墓政策处理及建设。提前谋划锦桥、莲花集镇、耿山三个房屋征收集中安置点和锦桥村新建公墓选址，启动政策处理、设计、建设。加强省驻衢江区单位沟通协调，争取各方支持。年末，完成莲花集镇、耿山、锦桥3个房屋拆迁集中安置点选址、项目立项、规划红线、平面设计、房屋建筑设计、土地政策处理；全面完成莲花镇以及锦桥村、胡山村新建公墓项目建设；完成云溪特大桥先行段（涉及云溪乡6个村、十里丰，约7千米）红线放样、土地丈量到户、审核公示等工作。云溪乡98%的土地款发放到户，清表工作基本完成，已具备土地交付条件。协助配合项目单位优化大临用地方案、协调职能部门、乡村解决项目单位大临用地选址、临建报批、土地政策处理等。完成云溪特大桥施工单位项目部、水泥搅拌站场地选址及政策处理等。开展铁路智慧征迁数字平台建设试点工作，配合华东院完成征迁模板设计和基础资料录入，取得阶段性成果。防“四抢”巡查、管控落实到位，沿线未发现一起“四抢”现象。

（曾　琦）

邮　政

【概况】 2019年，中国邮政集团公司衢州市分公司衢江综合营业部有员工20人，下辖高家邮政所、闹桥邮政代办所。年内，秉承“人民邮政为人民”的服务宗旨，坚持以服务经济发展为主线，保障寄递渠道安全，推动行业绿色发展。全年收寄邮件18.6万件，投递进口邮件138.8万件，大宗邮件签约大客户192个，村邮站58个，E邮柜11个。

【衢江支局划入衢江综合营业部】 7月19日，邮政机构设置调整，撤销衢江支局，原投递业务及相关人员划入衢江综合营业部。衢江综合营业部负责管理高家邮政所、闹桥代办所业务。

【报刊发行稳中有升】 年内，根据客户需求和市场变化，以“稳中求转”为总基调，在做好党报党刊发行同时，做强做优重点报刊、校园报刊和印广发报刊，优化产品结构，创新发展方式，提升经营质效。全年发行报刊48.9万份，报刊流转额477万元，增长11.5%。

【农村电商服务站点建设】 年内，以购物不出村、销售不出村、生活不出村、金融不出村、创业不出村为目标，加快农村综合服务平台建设，全年建设农村电商服务站点37个，代购业务5130笔，代购金额152万元。

（冯　君）

信息服务业

中国电信

【概况】 2019年，中国电信股份有限公司衢州分公司（以下简称衢州电信）聚焦区委、区政府工作重点，创新发展模式，积极主动作为，全年度主营业务收入5.21亿元。年末，固定宽带用户数35.0万户，移动互联网用户数44.9万户，IPTV用户数24.3万户。衢州电信2019年度综合考核得分在浙江电信排名第二，获2019年浙江省网络安全技能竞赛团体一等奖、浙江电信2019年度党建工作显著单位、浙江电信2019年党建翼联先进集体、浙江电信2019年资产价值提升工作先进单位等荣誉。

【助推衢江区信息化发展】 年内，衢州电信深化DICT项目战略转型，以“铁三角”团队模式积极参与衢江区智慧类项目建设，先后承建区委组织部智慧党建网格管理系统、区人脸识别系统、区会议中心智慧会议系统等项目。承接区教育局智慧教育服务项目，完成区教育局54所学校教育网联网建设项目实施。7月，与周家乡政府签订信息化战略合作协议。

2019年，衢江区多所学校开启智慧教育新模式　　（区教育局　供图）

【贯彻落实网络强国战略】 年内，持续推进智能网络建维。开展FTTH光衰整治，全年光衰达标率98.3%；开展OLT网络隐患整治，全年OLT脱网率月均低于0.15%；建成云网融合边缘池衢州节点。移动网MR覆盖率97.16%，感知优良率93.42%；高铁、高速、高校等重点区域覆盖率均排名浙江电信系统前三。全年完成HW-2019行动等25次重大项目保障任务，在8月抗击台风“利奇马”行动中，抢险队员携带通信设施徒步16千米进入湖南镇等重灾区，支撑灾后恢复工作，获得市政府集体嘉奖。6月起，开展农村网络专项整治。累计巡视线路4672千米，巡视基站、接入点及光交4248处，发现并处理隐患212处，整治损坏线路151.8千米，解决208个农村接入网络光衰偏大问题，有效提升农村地区通信质量。

【扶贫帮困】 7月3日，衢州电信团委集结团员青年到灰坪乡灰坪村开展“青春心向党 建功新时代”纪念五四运动100周年系列主题活动“翼路同行”精准扶贫爱心公益活动。走访贫困户，送上生活用品，邀请市人民医院两名医生现场为村民义诊。开展重访红途主题团日活动，到灰坪红色基地参观学习。10月14日，全国扶贫日前夕，副总经理王中赴上方镇政府参加衢江区2019年全国扶贫日主题活动，为新京村和金杨村两位帮扶对象颁发泛渠道代理点授权牌照，向当地低收入农户提供就业岗位。10月15日，安排扶贫工作人员在上方镇文化广场设点，为新京村和金杨村17户扶贫对象提供免费宽带和电视产品，为低保户开通“绿色通道”，享受优先办理、专人对接、月费折扣低至四折等优惠。

【开展红色物业联盟活动】 年内，按照“工作在单位、服务在小区、奉献双岗位”的要求，组团结对樟潭街道望江社区，开展小区服务、党员联户的“双联双服务”活动。组建由社区第一书记+党建指导员+党员志愿者等组成的红色队伍，按照“一对一”或“多对一”模式，实现基层党支部与望江社区11个小区网格单元结对“联姻”全覆盖。根据结对社区网格需要，组织党员志愿者服务队进小区，在卫生整治、文明创建、扶贫帮困、重大项目建设等活动中认领环境卫生员、安全保障员、停车管理员、治安巡逻员等义务岗位，开展力所能及的志愿服务活动。全年党员志愿者参加各类服务活动86人次。

【举办献礼新中国成立70周年广场舞赛】 6月29日，由中国电信浙江公司与浙江广播电视集团联合举办，星力海蓝（上海）文化传媒有限公司、浙江广电新媒体有限公司、浙江民生休闲频道等承办的“舞比快乐幸福中国”天翼高清·浙江IPTV2019献礼中华人民共和国70周年广场舞大赛首场海选赛在衢江东方广场举行。16支队伍参赛，有坝坝舞、水兵舞、民族舞等，经现场评委打分，决出金奖3名，银奖6名，铜奖7名。

（凌　莉）

中国移动

【概况】 2019年，中国移动通信集团浙江有限公司衢江分公司（简称衢江公司）有员工64人，下设市场部、政企部、网络部、综合部4个部门；乡镇设沈家、廿里、杜泽、十里丰4个区域营销部及4家营业厅、85家社会合作渠道。年内，以客户为中心，以市场为导向，服务地方经济和社会发展，实现通信服务收入1.7亿元，获浙江公司先进基层党组织、市国资系统先进党支部等称号。叶为敢获全市国资系统优秀共产党员称号。

【抗击台风“利奇马”受嘉奖】 8月10日，强台风“利奇马”袭击衢州，按照市公司应急预案，分公司网络部全体人员、维护中心20人、装维中心16人、施工单位18人全部进入应急状态，对各乡镇视联网点位进行组网安全加固和路由巡检。下午5点，举村乡政府请求紧急提供通信服务，便于抗台指挥及受灾施救。分公司立即调用卫星电话，安排专人经2个多小时奔波，于21点终于将卫星电话送到举村乡政府。此次抗击台风“利奇马”，分公司保障人员连续作战72小时，党员发挥先锋模范作用，身先士卒，抢险队伍发扬不怕艰辛、连续奋战的精神，众志成城、攻坚克难，全力以赴投入抢险救灾工作中，紧急修复受灾的退服基站、中断光缆，全力推进举村乡通信网络整体恢复正常，抗台通信保障工作受到市政府嘉奖。

【高考志愿填写辅导获好评】 6月16日，邀请资深高考志愿填写专家讲座，面对面为考生答疑解惑，获家长和考生好评。

（陈　婧）

中国联通

【概况】 2019年，中国联合网络通信有限公司衢州市衢江区分公司（简称衢江联通）有员工17人，下设政企部、市场部、综合部。年内，围绕党建统领、创新驱动、转型发展的总体思路，深入推进划小承包改革，全面提升整体运营效率。年末，公司主营业务收入同比增长9.13%，收入完成率102%，完成率和累计同比排名均位列全市第二。公司工会荣获“合格职工小家”称号，公司支部获市公司“我和我的祖国——微党课演讲比赛”第三名。

【助力信息化项目建设】 年内，推进医疗、环保、教育、安全、制造等行业的信息化项目合作，为各行各业提供信息化解决方案，致力于做各行业“互联网+”的助力者。建设完成的城市智慧公厕试点项目被纳入市创文宣传片，实施完成的衢江区中考标准化考场建设项目受到区教育部门好评，智慧人大、公安警务通等一批信息化项目的落地实施，推动了地方政务信息化建设。在服务企业信息化方面，与区经信局联合开展企业上云等信息化服务，助力企业转型发展，促进企业降本增效。

【推进互联网化运营创新发展】 年内，加快推进发展转型战略，积极开展便民化、快捷化的触点建设，客户经理、装维人员甚至营业员开启全员App受理模式，实现用户足不出户办理联通业务，极大地方便了用户，受理快捷化也大大提升。推动微博、微信等用户引流办理联通腾讯、阿里等系列合作产品，推出的系列大王卡、宝卡、钉钉卡深受用户喜爱。聚焦移网高质量发展，用户市场份额同比提高1个百分点；手机用户月户均数据流量达到6.5G，同比增长120%。

【加快基础通信建设】 年内，持续加快4G网络、光纤宽带等基础通信设施建设，新增65个4G基站，6个室分站点。4G网络通过PA功率优化，上行速率从3.1Mbps提升至3.7Mbps，下行速率从19.8Mbps提升至21.9Mbps，用户体验速率提升明显。持续推进光纤到户工程，积极打造更优质的通信服务。

（蒋秀英）

自然资源和规划

综　述

【概况】2019年1月，衢州市自然资源和规划局衢江分局（简称衢江分局）完成机构改革，区发展和改革局的组织编制并实施主体功能区规划职责，区水利局水资源调查和确权登记管理职责，区林业局的森林、湿地等资源调查和确权登记管理职责等划入衢江分局。衢江分局作为衢州市自然资源和规划局的派出机构。年内，在市自然资源和规划局和衢江区委、区政府的领导下，深入学习贯彻习近平新时代中国特色社会主义思想，围绕市委“1433”发展战略体系和衢江区委“1136”战略，深入践行“保生态、保民生、保发展”理念，以党建统领，统筹推进全域土地综合整治、农房整治、农村土地制度改革等各项工作开展，为“活力新衢江、康养大花园”建设提供坚实的要素保障和良好的生态环境。

国土资源

【概况】2019年，全区审批临时用地11宗，面积9.7公顷；累计供地79宗，面积289.56公顷，收取土地出让金13.97亿元；共征地115个项目，面积128.88公顷，支付征地补偿款约1.22亿元，核定社保人数1883人。

【不动产统一登记】年内，完成办件2.74万件，其中不动产信息查询5735件，不动产查封登记827件，不动产首次登记508件，不动产转移登记5937件，不动产抵押登记5673件，不动产抵押注销登记5425件，不动产变更登记160件，不动产注销登记817件，预告登记2119件，不动产补、换证180件。全面推进不动产登记“网上办”“掌上办”，7月15日全面实施二手房转移登记线上线下一体化办理，已实现行政审批事项100%可通过“网上办”“掌上办”。将住建局商品房、二手房网签备案职权纳入“一窗平台”，实现申请人通过实名认证登录浙江政务服务网，点击“一窗平台”界面即可完成网上合同签订备案。建立银行金融机构协同办理机制，与协作银行、公积金部门依托“一窗平台”实现银行贷款与抵押登记、公积金抵扣协同办理，实现不动产抵押登记、公积金抵扣“一次不用跑”。

【农村宅基地和住房确权登记】年内，完成农房外业测绘11.4万户，完成率99.8%；完成权籍调查成果入库10.35万户，完成率90.6%；完成农房确权登记6.95万户，占年度任务的106.7%。2017年至2019年共完成单一农房及房地一体确权登记8.5万户，占符合农房登记条件和历史遗留问题处置总数的94.7%，超过省级要求85%的目标。年度新增量及三年完成农房确权登记农户数均居全市第一。

【全域土地综合整治与生态修复工程】年内，完成垦造耕地492公顷；建设用地复垦10.33公顷；建设高标准农田1550.6公顷、“旱改水”70公顷、耕地质量提升72.6公顷、建设标准农田443.67公顷；完成6个列入2019年省实施计划的全域土地综合整治与生态修复工程实施方案、永久基本农田布局调整方案、村规划编制工作，计划新增永久基本农田整备区面积

573.67公顷，新建高标准农田面积115.07公顷，标准农田建设项目98.4公顷，旱地改水田面积6.13公顷，新垦造耕地面积443.33公顷，粮食生产功能区提标改造面积274.47公顷。

【富里“万亩水田”重大垦造耕地项目】 年内，根据自然资源部、浙江省自然资源厅相关要求，富里“万亩水田”项目纳入永久基本农田储备库，作为全省最大的土地整治项目之一。2018年，全面竣工完成报部备案，项目验收总面积606.53公顷，耕地质量等级为7~8等，早稻试验田平均亩产450千克，实现“荒山变良田”的华丽蜕变，443.67公顷二等标准农田补建项目通过市级竣工验收。计划用3年时间，将其中347.2公顷二等田提升为一等田。

【新田铺康养综合体项目】 年内，完成报自然资源部备案，一期农田垦造项目计划新增耕地280.6公顷，提升耕地质量18.33公顷。作为一二三产高度融合的田园康养综合体项目，被列入省“4+1”重点项目、浙江省大花园建设2018年度实施项目，并入选国家农村产业融合发展示范园创建名单。

【绿色矿业发展示范区建设】 年内，矿山整合由25家压缩至11家。根据衢江区矿产资源分布特点，形成衢北上方镇石灰岩和方解石矿开采基地，衢南建筑石料开采基地，中部砖瓦用料开采基地。应建必建绿色矿山全部通过第三方评估，全区11家矿山除2家停产整合和1家基建矿山，其余8家全部通过绿色矿山第三方评估。以废弃矿山治理为核心的上方镇全域土地综合整治工作全面启动，对上方镇废弃矿山（31个）、石灰窑（94个）等进行综合治理和连片区域土地复垦等。

【重点建设用地保障】 年内，351国道龙游横山至开化华埠段工程（衢江段）、G60沪昆高速公路金华互通至浙赣界段改扩建工程（衢江段）、衢江抽水蓄能电站等3个重点建设项目总用地430.06公顷报省级审查；1个跨省增减挂批次和2个计划批次用地8.45公顷获省、市审批；5个计划批次年末报省、市审批，合计新增建设用地51.59公顷。完成征地1930.0275亩，支付征地补偿款1.1亿元。完成市政府重点民生建设项目市污水处理厂三期项目，樟潭、大洲、上方派出所迁建项目，区政府重点招商引资项目新田铺展览馆、颐养谷、双桥麦浪项目87.87公顷的土地供应工作。

【第三次国土资源调查】 按照“区级统一组织、部门共同参与、乡镇协调推进”的原则，培训各类人员300余人次；以“互联网+”和“3S”一体化技术为支撑，以内业预判、外业核实和现场举证为工作模式，充分运用大数据、云计算和互联网等技术，导入县级第三次土地调查数据库管理系统，开展调查成果汇总和分析、标准时点统一更新等工作。这次调查，全面掌握全区农田地、建设用地、未利用地等地类分布及利用状况，为编制土地利用总体规划、土地利用及承包流转、种植经营配套设施提供翔实的数据支撑。

【耕地保护监督制度改革试点】 年初，确定莲花镇为试点基地，建立健全一体化监管体系，开展“村级耕地保护监督员”、扩大“永久基本农田保护‘田长制’”“耕地保护补偿基金”“创建优质土壤基地”4项耕地保护监督制度改革试点，提升乡镇及农户耕地保护积极性，扩大对优势耕地资源的有效利用，为富硒产业处于发展初期的乡镇提供可复制、可参考的“莲花模式”。全年共制作耕地保护宣传册1.2万册，组织开展7次专题培训，通过“平安通”App上报的2起破坏耕地案件，都已处理解决。

【地质灾害综合整治三年行动】 年内，全区共有地质灾害隐患点90处（2017年省三年地质灾害综合治理任务78处，2017—2018年新增12处），需脱险435户1431人。其中需房屋拆除搬迁的58处，涉及12个乡镇354户1033人。至年末，90处隐患点全部完成搬迁或治理，受威胁的435户1431人实现全部脱险。搬迁采取集中安置、货币安置等多种形式，零星建房安置、货币安置的135户392人全部安置到位，安置率占比为38%。双桥、杜泽、大洲等6个乡镇9处集中安置点，安置地面积约114.02亩，计划安置211户626人，约占安置总人数60%。大洲、杜泽、双桥黄蒙和社后蓬、黄坛口里树源、太真等6处，除少数户暂无意愿建房外，多数完成主体工程建设；双桥乡双桥和举村乡龙头坑等2处，安置已交付并动工建设；黄坛口黄泥岭1处，安置地仍未交付。

（李　珂）

土地开发

【概况】 2019年，区土地整理中心完成垦造耕地17140亩，其中：新立项27个项目，总面积2278亩，新增耕地2167亩（全部为水田）；完成区级验收70个项目，竣工总面积10212亩，新增耕地9461亩（全部为水田）；完成报备入库47个项目，总面积4650亩，新增耕地4281亩。完成土地复垦2899亩；完成标准农田建设2933亩；完成“旱改水”报备入库1120亩；完成耕地质量提升4053亩；完成占用耕地耕作层剥离和再利用829亩。土地整治六项考核指标位列全市第一，被区委、区政府授予大干项目先锋战队称号。

【土地整治】 年内，垦造耕地在建项目60个（其中2018年度及之前项目40个），规划面积8036亩（2019年1718亩、2018年度及之前6318亩），规划新增耕地7291亩（2019年1659亩、2018年度及之前5632亩）。土地复垦在建项目89个，复垦面积6151亩。其中：地质灾害搬迁点复垦项目8个，复垦面积为134.8亩；农村土地综合整治项目13个，复垦面积1023.4亩；宅基地复垦项目8个，复垦面积223.7亩；工矿用地复垦项目4个，复垦面积396.2亩；存量建设用地复垦项目56个，复垦面积4373亩。

【新田铺田园康养综合体项目基本竣工】 新田铺土地整治项目一期工程规划开发总面积5405亩，规划新增水田约4209亩，共分6个项目区。至年底，第一、二、三、四、五项目区工程已完成区级验收，垦造面积4217亩，新增耕地3150亩（全部为水田）。

【上方镇全域土地综合整治及生态修复工程】 上方界首区块一期综合整治274.3亩、复垦面积271.5亩基本完工。上方镇全域土地综合整治及生态修复工程综合整治7259.2亩，复垦面积4802.3亩，11月中旬动工建设。

【富西全域土地综合整治与生态修复工程】 年内，编制富西全域土地综合整治与生态修复工程——农田垦造及基础设施工程可行性研究报告（送审稿）。该项目涉及云溪乡富西、勃垅、锦桥、竹蓬头、蒋村、云溪等6个行政村，项目区土地整治总规模5673亩，垦造水田4622亩（新增水田4269亩），旱改水901亩，耕地质量提升面积150亩。高标准农田建设5478亩。项目可研概算总投资14.3亿元。

（何　欣）

规划工作

【概况】 2019年，全区完成农村集聚安置小区、党群服务中心、文化礼堂等基层公建项目实地踏勘65个，企业竣工验收26个，上方镇钙产业整合重组中对接服务15家规模企业，规划农村集聚点30个，适建村196个，限建村1004个，禁建村704个。8月，为21个乡镇统一配置25套适合衢江区建筑风格的农房通用图集，供农村建房审批户免费选择施工使用。

【国土空间规划编制】 年内，根据市区国土空间规划编制的要点和立足大花园核心景区建设的要求，全力推进“衢州有礼”诗画风光带规划编制工作，以城市双修为抓手，衔接三衢路绿化美化改造提升工程方案，结合城区工业用地、综合用地的收储等建设用地存量挖潜工作，从建筑、道路、景观、配套、市政、亮化等方面改造和地块整合开发等方面优化方案，全速推进东迹大道整治提升改造工程，提升衢江城区的整体品质。

【规划建筑设计服务乡村】 年内，配合铜山源休闲旅游度假区、杜泽老街、道隐太真、红色灰坪、隐柿东坪等项目开发，抽水蓄能电站移民安置点、黄坛口乡牛头湾村整体搬迁安置点、杭衢高铁、衢宁铁路拆迁安置点、320国道北移改迁等重大配套项目，做好规划服务工作；深化农民集聚点优化廿里斋堂新村规划方案，完成上方、峡川、双桥、高家等乡镇的集镇范围内集聚点方案；完成杜泽、高家、后溪等6个集镇范围内公办幼儿园项目选址和项目详细设计。完成公建项目施工图设计37个，建筑面积6.28万平方米。完成农村私人建房施工图设计任务，共计986套（建筑面积约29.6万平方米）、通用图集推广40户（建筑面积1.24万平方米）、100套浙西民居方案竞赛评审工作，以及2.5版本和3.0版本的农民建房通用图集编制工作。

【农村基层项目审批服务】 年内，完成21个乡镇农村集聚安置小区、党群服务中心、文化礼堂等基层公建项目实地踏勘65个，其中农转用用地报批出图37个，合计占地用地86807平方米；建设用地项目批8个，合计占地用地15653平方米，建筑面积10975平方米。完成企业竣工验收26个，面积12.12万平方米；上方镇钙产业整合重组对接服务15家规模企业，已完成4家规划竣工核验工作。

【村庄布点规划调整】 年内，依据《衢江区村庄布点规划（2015—2030）》，在集聚点、适建村、限建村和禁建村总量不变的基础上，重新审视集聚点、适建村、限建村和禁建村布局选址的合理性和可操作性，对不合理的村庄性质、集聚点位置及其规模进行优化调整。将周家乡宋家村由禁建村调整为适建村，杜泽镇黄源村由禁建村调整为限建村。调整后至规划期末，规划集聚点30个，其中中心城区规划集聚点为9个；规划农村地区聚集点21个，其中镇区8个；集镇3个和农村10个；适建村196个，限建村1004个，禁建村704个。

【村庄规划优化】 6月，对招标入围的浙江城市空间建筑规划设计院有限公司、浙江省直建筑设计院、申都设计集团有限公司的51套衢江区浙西民居方案进行评审，挑选优秀的设计方案作为农房通用图集方案。7月3日，组织开展评审，提出优化完善意见，要求设计单位按合同时间设计指定面积的建筑、结构、水电施工图。8月，经会审筛选出25套适合衢江区建筑风格通用图，统一配制到21个乡镇供建房审批户免费选择施工使用。

【测绘法宣传日活动】 8月29日全国测绘法宣传日，在衢江东方广场设立宣传点，开展以“规范使用地图，一点都不能错”为主题的测绘法宣传。同时，利用公众号向社会各界发送测绘法宣传公益短信5000余条。8月30日起，开展“测绘法”进社区宣传活动，走进阳光新屋里小区等，宣传测绘法，开展国家版图教育，现场发放宣传资料1200余份、宣传纪念品300余个。

【基础测绘】 年内，完成教育项目7个、医疗卫生项目4个、公墓项目2个的1：500地形图测绘、征地范围线放样、原始土方测绘、建筑定位放样等工作；完成全区257个村村庄亮点工程项目的地形图补测；配合各乡镇完成村庄规划涉及调整的地形图补测约1平方千米；完成衢江区城乡供水一体化工程主干管建设项目—市区至后溪约14千米地形图测绘；协助全旺镇、灰坪乡等完成约10千米农民引水工程的地形图测绘；完成城区10个生活小区污水零直排建设项目地形图补测；完成65个村的党群服务中心、农村文化礼堂1：500地形图测绘；完成10个示范型居家养老服务中心1：500地形图测绘；配合市局完成市区255平方千米范围内衢江区域《衢州市中心城区历史建筑普查》项目地形图梳理；完成定位放样650件，竣工测绘面积约33万平方米。

（李　珂）

生态环境

环境保护

【概况】 2019年2月，市生态环境局衢江分局（简称衢江分局）正式成立，为衢州市生态环境局派出机构，机构为正科级。年内，坚持以习近平生态文明思想为指导，认真贯彻落实中央、省、市生态文明建设和生态环境保护决策部署，围绕“活力新衢江·康养大花园”目标，强力推进污染防治攻坚战、中央和省环保督察整改、环境监管执法，推动区域生态环境质量持续改善。1—12月，大气环境质量优良，望江苑站点AQI优良率93.4%，$PM_{2.5}$浓度为33微克每立方米；水环境质量持续提升，全区5个市控以上监测断面（坑西、黄坛口、樟树潭、湖南镇水库大坝和铜山源水库大坝）达标率均为100%，其中黄坛口和湖南镇水库大坝水质类别为Ⅰ类，坑西、樟树潭、铜山源水库大坝水质类别为Ⅱ类，Ⅱ类以上水质断面占100%；跨行政区域交接断面（半潭断面）水质考评结果优秀。

【治水长效战】 年内，推进“污水零直排”园区建设，衢江经济开发区270块地块污水零直排创建，完成率100%，通过市级验收；开展涉水企业整治，关停1家，完成年度整治任务；开展清水保卫战，加强断面水质跟踪监测，落实水质管控措施，每月对乡镇（街道）交接断面监测结果出现异常的点位，以及沈家大排渠、樟潭街道和铜山源入库水质进行重点监控，分析超标原因，督促属地乡镇（街道）落实整改。1—12月，21个乡镇（街道、办事处）水质监测评价结果为优秀。

【治气攻坚战】 年内，完成大气攻坚战方案中17家涉气“散乱污”企业（作坊）、2家臭气异味治理项目（虹华印染、凡利薄）、2家无组织排放（美卓矿机、开山铸造）整治提升，以及2家废气治理与减排（华鑫拉链、虹华印染）；完成5台（衢州能源、圣效）天然气锅炉低氮改造，以及衢江经济开发区废气专项整治年度40家企业大气污染整治任务；开展1家企业清洁生产审核，完成3家企业清洁生产审核验收；完成上方镇、高家镇、大洲镇、廿里镇5家空气自动站的安装、联网和验收工作；按季度完成黄坛口乡黄泥岭村、湖南镇湖南村和双桥乡双桥村3个村（水气土壤监测）及152家农村生活污水处理终端的监测。

【治土持久战】 年内，完成75家固废企业“两申报一备案”，5家固废企业编制完成固废核查报告，并加密全区危废处置单位及重点危废监管企业日常巡查频次，检查企业136家，完成问题整改24个；推进污染地块安全利用行动，对15家重点行业企业（19块污染场地）用地开展土壤污染场地信息调查，对疑似污染地块开展土壤调查，完成峡川镇工业园区樟垅大田场地的调查、修复及效果评估。完成富华皮革、大洲高基电镀厂及衢江经济开发区49家关停化工企业的土壤调查，已完成初调报告编制；着力抓好农用地土壤超标点位“对账销号”，全区27个超标点位正根据相关检测数据一一对应进行销号，完成销号74%，超额完成60%的销号任务；提升固废处理能力，浙江豪龙建材公司水泥协同窑处置6万吨/年污泥项目已建成并投入试运行，衢州青峰废旧金属有限公司完成10000吨/年废旧铅蓄电池危废经营许可证办理，衢州业胜金属材料有限公司完成经营能力30000吨/年危险废物经营许可证的续证工作。

【环保督察整改】 年内，中央环保督察组环保督察反馈的3个问题："环境保护工作统筹还不够、压力传导还不到位、监管不严等问题""上方钙产业整治"以及"黄坛口饮用水源地整治"，3项整改任务均完成整改销号，整改销号台账报省、市整改工作协调小组备案。交办信访件65.75件，全部完成现场核查、销号公示、销号审核及备案。省环保督察组反馈的20个问题，上年完成整改和立行立改、长期坚持的15项任务，已全部完成整改及销号工作，销号台账已备案，其余5项整改任务按时序推进整改中。交办信访件有45件，全部完成现场核查、销号公示。

【环境监管执法】 年内，开展治水治气治土、上方百日攻坚、"雷霆斩污"、扫黑除恶等专项执法行动，同时加强日常巡查监管，坚决打击各种环境违法行为。全年对36家涉嫌环境违法的企业及个人进行立案查处并下达处罚决定书，处罚金额334.9925万元。办理行政拘留案件3件、查封扣押案件2件。受理群众环境信访与投诉交办件171件，其中涉水17件，涉气120件，涉噪声12件，涉固废11件，其他类11件，所有信访件均按规定时间办结，办结率100%。加强企业应急管理，新增企业应急预案备案78家。

【入选省级山水林田湖草生态保护修复试点】 年内，开展省级山水林田湖草生态保护修复试点申报准备工作，经与区资规、林业、水利等部门沟通，听取各相关部门意见，并委托环科院编制完成《省级山水林田湖草生态保护修复试点工作方案》，通过四个县市区的竞争性评比以及省厅的专家评审，荣获全市唯一入选的试点区域。制定《衢江区山水林田湖草生态保护修复试点实施方案》及《2019年度衢江区山水林田湖草生态保护修复试点实施方案》，谋划水生态环境质量提升、土地整治与污染修复等六个方面19个项目，其中18个项目开工建设，完成投资94533万元，投资完成率达101%。

【核发第一本"辐射安全许可证"】 年内，市生态环境局建立辐射安全许可、放射诊疗许可事项跨部门联审联办机制。联审联办机制确定事项同级办理，涉及县（市、区）卫健局办理的"放射诊疗许可"事项，由县（市、区）生态环境分局同步办理辐射安全许可。7月，市及各县（市、区）生态环境局完成浙江政务服务网申报系统对接，为"一窗受理，两证同发"实施扫清了障碍。7月10日，衢江仁济中西医结合医院在浙江政务服务网(衢江区)上在线申办报辐射安全许可证。作为改革后的首个报批项目，从网上申报到部门审查结束，审批时间从原承诺的23个工作日缩短为8个工作日。据推算，改革后可为医疗单位申请此类许可至少减少耗时60%以上。

（吴超群）

水源保护

【概况】 2019年3月22日，衢州市乌溪江饮用水源保护管理局（衢州乌溪江国家湿地公园管理局）更名为衢州市乌溪江饮用水源保护管理中心（衢州乌溪江国家湿地公园管理中心），市属副县级事业单位。年内，以打造"最优水源、最美湿地"为目标，以保护和改善水环境为核心，持续巩固饮用水水源地环境综合整治成果、提升水源与湿地保护管理能力、创新科普宣教方式、完善保护基础设施建设，稳妥有序推进乌溪江饮用水源和湿地保护管理工作，乌溪江饮用水水源保护区（衢州乌溪江国家湿地公园）生态环境质量持续向好，地表水水质常年维持在Ⅰ—Ⅱ类水平。

【黄坛口饮用水水源地环境综合整治】 年内，协同区相关部门完成中央环保督察信访件中涉及的太阳岛、水月湾、卧龙山庄三家景点餐饮、住宿设施拆除工作,共处置房间158间、拆除空调202台等。完成中央和省环境保护督察转办和交办信访件销号的基础上,完成2件主办信访件调查工作。根据区政府部署,牵头组织相关部门做好黄坛口饮用水水源地违建别墅的调查、拆除等工作。

【水源与湿地保护】 年内,启动《浙江衢州乌溪江国家湿地公园总体规划》(2009版)修编工作。编制完成《衢州市乌溪江饮用水水源地突发环境事件应急预案》,并报区人民政府审议发布。委托湖南省林业勘查研究院完成动植物资源综合科学考察项目,形成《浙江衢州乌溪江国家湿地公园动植物多样性调查与评估报告》《浙江衢州乌溪江国家湿地公园野生动植物名录》等成果。全面落实水源与湿地保护巡护"一张网",明确巡护员网格化管理范围、工作职责,进一步完善巡护队伍考核及管理办法。

【生态修复与恢复项目】 年内,位于饮用水源一级保护区的牛头湾生态修复示范地项目开工建设,完成道路建设1.2千米,苗木种植3200余株,灌木及草本32亩,完成投资约2500万元。更新一、二级保护区内标示、标牌110块,实施湖南镇华家溪晚田后段改造提升和黄坛口乡湘思源支流整治提升,新建湖南镇、举村乡巡护道路10千米。自行播种繁殖的国家一级保护树种——伯乐树实生苗全部移栽试种成活。全年开展渔业增殖放流两次,共投放鲢、鳙、鲴鱼夏花850万尾,鲢、鳙、三角鲂冬片4.6万千克。

【水源与湿地保护展馆】 年内,建成乌溪江饮用水源保护与环境综合整治成果展示馆和水源与湿地保护文化展览馆,为水源与湿地保护科普宣教提供平台。利用卧龙山庄度假村去功能化后的原有建筑,建成乌溪江饮用水源保护与环境综合整治成果展示馆,展馆面积约150平方米,分"东溪水韵世代抗争""重整河山造福人类""绿水青山美好家园""衢江铁军翼护水源"四个部分,展示馆已成为水源保护宣传基地。建成水源与湿地保护文化展览馆(衢江区第二小学),展馆面积约250平方米,以图文展示和标本等形式展示水源与湿地保护相关知识。

【水源地长效管理机制的探索】 年内,以"不忘初心、牢记使命"主题教育为契机,深入联系村走访调研。先后走访包干的湖南镇5个村及周边的2个村,召开座谈会5次,与镇、村党员干部和群众交流50余人次,开展乌溪江饮用水水源地和湿地保护管理法律、法规、规章和政策的宣传,增强公众的保护意识。聚焦群众密切关注的问题,开展水源和湿地保护与农民增收课题研究,提出长效管理的对策建议,为政府决策提供依据。

(张小林)

农村环境综合整治

【概况】 2019年,全区推进农村环境"三大革命"(农村污水整治、农村垃圾治理、农村厕所改造)工作。271个行政村实现生活垃圾集中收集有效处理,农村生活污水治理、垃圾分类基本实现全覆盖,获评全省农村公厕改造工作考核优秀区、全省"五水共治"工作优秀区,再夺"大禹鼎"。10月21日,作为全国仅有的4个代表县(市、区)之一,在全国农村生活垃圾治理工作推进现场会上作典型发言。

【垃圾分类体系建设】 年内,全区因地制宜推广垃圾分类模式,构建农村生活四分四定处理体系,实施农村生活垃圾分类处理工作,通过树典型、广宣传、多评比等手段,发挥"党建统领、网格治理"的作用,建立以行政村为单位,以联系领导及驻村干部为网格指导员、村主职干部为网格长、其他村两委干部为网格员的垃圾分类工作组,利用保洁员"全域覆盖、包干到户"的特点,将保洁员全部纳入网格,实现责任到户到人、管理到边到角,农户源头分类正确率由不足30%提升至80%以上。建立完善"四分四定"收运体系,实现从"过程失管"到"全程可控"转变。

【终端垃圾处理设施】 年内，全区按照“群众受益全面、设施覆盖到位、处理运行常态、减量效果明显、资源循环利用”的要求，因地制宜采取“一村一建”或“多村合建”方式，科学规划布局终端设施建设，做到村村有效覆盖和“可烂垃圾”全部堆肥处理、就地消纳。至年底，共有阳光堆肥房93座，机器堆肥房32座（日处理约24.5吨），垃圾兑换超市267间，实现终端处理设施全覆盖。

【创新“四+”模式】 年内，全区创新“四+”模式，实现垃圾分类全流程智慧化管理。“一码+一卡”，垃圾源头分类可追溯：一桶“一码”，实现源头追溯更精准；“码”上评价，实时数据上传更快捷；一户“一卡”，促使分类准确率再提高。“四定+智控”，垃圾收集运输可视化：制定智慧工卡，“四定”提高保洁效率；布局远程“智控”，有效防范“二次”污染。“传统+智能”，垃圾分类处置精准化：科学规划，合理布局终端处理设施；智能回收，提高可回收物和有害垃圾的收集处理率。“排名+捆绑”，垃圾督查考核创新化：乡镇排名考核与补助经费相挂钩；运维公司捆绑考核与运维经费相挂钩。至年末，全区农村产生生活垃圾8.1万吨，回收利用垃圾3.1万吨，占比38.5%，其中资源化利用2.7万吨，占比87.5%，无害化处理垃圾8.1万吨，无害化处理率达100%。

【污水设施提标改造】 年内，全区按照“三分建设、七分管护”的理念，投资5.2亿元接入农户数9万余户的截污管网2520千米、污水处理设施974处，清扫井12.1万个，采用第三方专业管理“五位一体”的运维管理体系，科学引入第三方专业运维管理团队并设立运维管理中心。配备运维管理平台1套、运维管理人员42名，安装视频监控设施160处、流量计111处，配置运维车辆10辆，CCTV管道机器人2台，割草机7台以及其他各种车辆耗材，对农村污水实施常态化运维。至年底，全面完成自2017年以来的提质提效的项目50个，铺设截污管网341千米，建成污水处理设施128处，安装检查清扫井1.7万个，接入农户数1.08万户，完成投资6000余万元。

（马远旺）

经济管理

发展和改革

【概况】 2019年，区发展和改革局围绕区委“1136”发展战略体系，面对复杂严峻的内外部环境，突出“能谋、善断、强推”新要求，全力抓好向上对接、项目攻坚、大花园建设、综合功能站建设、未来社区创建和衢江抽水蓄能电站项目等重点工作和重大项目，精准服务，发展和改革各项工作稳步推进。

【机构改革】 1月19日，区委、区政府印发《衢州市衢江区机构改革方案》（区委发〔2019〕3号）文件，将区经济和信息化局(区商务局)承担的能源管理相关职责，区民政局、区经济和信息化局(区商务局)等部门组织实施重要物资和应急储备物资的收储、轮换和日常管理职责，以及区机关事务管理局的公共机构节能管理职责划入区发改局，加挂区粮食和物资储备局牌子，不再保留区粮食局。价格监督监察职责划入区市场监督管理局。

【谋划发展】 年内，围绕“活力新衢江 康养大花园”整体目标，定期监测衢江区国民经济和社会发展总体情况，做好全年各季度经济运行分析，完善企业监测体系。加强对产业发展形势、未来预期及存在问题分析。下达2019年国民经济和社会发展计划，完成2019年国民经济和社会发展计划执行情况报告、2020年国民经济和社会发展计划指标编制。启动衢江区“十四五”编制，组织“十四五”规划思路研究。列入省重点建设项目计划12个，新增6个，新增数量列全市第一。完成《争取百亿资金、撬动百亿投资、盘活百亿空间——以“棚改”为切入点推动我区城乡融合发展路径探索》及加快四省边际多式联运中心港、衢丽大花园协作示范区建设等课题研究，其中加快衢丽大花园协作区建设课题，被衢丽花园城市群行动计划所采纳。

【重点项目攻坚】 扩大有效投资，聚焦重点项目推进，谋划一批优质项目。全年安排实施类重点项目135个，总投资492亿元，年度计划投资106.6亿元。年末，128个项目开工，项目开工率94.81%，完成年度投资92.87亿元，投资完成率87.12%。区列入省重点项目计划12个（新增6个），总投资137.1亿元，年度计划投资19.32亿元。12个项目全部开工建设，开工率为100%，完成投资31.23亿元，投资完成率161.64%。区列入市重点实施类项目40个，总投资303.24亿元，年度计划投资56.91亿元。40个项目开工，开工率为100%，完成投资89.85亿元，投资完成率157.9%。年处理6万吨工业污泥资源综合利用项目、年产700万套洗浴用品项目、衢江区2020年农村饮用水工程、塔太线美丽乡村精品线建设项目、廿里镇威龙路道路建设项目、浙江衢州兴东房地产开发有限公司、衢江区启智学校改造、康养衢江·骑游王国项目等8个项目前期转实施，衢江区妇幼保健院迁建工程等10个项目取得前期阶段性节点成果。完成4座综合供能服务站土建部分。全区共上报谋划项目324个，通过咨询委专家实评、分线副区长审核、省专家评审等环节，各选出40个项目参加全区擂台赛，评选出20个优秀项目和“十大谋划能手”，为2019年储备一批优质前期项目，增强全区项目的发展质量和发展后劲。4个省市县长工程全部开工入库，是全市唯一一个实现省市县长工程100%落地的县（市、区）。

【向上争取资金再破亿元】 年内，向上争取补助资金1.0712亿元。其中省级资金0.2218亿元，分别为衢州市第二人民医院二期工程、浙江圣效环保科技股份有限公司年产500台（套）废活性炭再生活化沸腾炉成套环保设备项目、年产15万吨管道制品项目、区法院新增刑事法庭、羁押室、干警训练中心及地下空间利用工程、2019年省粮食安全专项资金等一批项目；中央资金共计8464万元，分别为2019年衢江区新增千亿斤粮食产能规划田间工程项目、廿里镇斋堂、新村整村搬迁工程、衢州市第二人民医院二期工程、廿里镇初级中学扩建项目、横路初中扩建工程。

【“最多跑一次”改革】 年初，完成新赋码存量项目事项办理信息及竣工验收存量项目事项办理信息的数据补录工作，为90天审批效能监测提供数据依据。“最多90天”基础工作走在前列。5月8日，在全区营商环境建设暨“最多跑一次”改革推进会上交流。7月1日起，全面使用新系统，项目通过3.0平台赋码审批。至10月，受理企业投资项目备案169个，总投资97.2亿元，其中亿元以上项目22个。受理政府投资项目107个，办理审批事项188项，涵盖教育、民生、交通、社会事业、新城区建设、开发区基础设施等各领域。完成可研批复42个，初步设计批复39个。

【全面推行区域评估】 衢江经济开发区、上方、廿里、大洲、后溪、峡川等5个工业功能区全面开展投资项目审批过程中涉及的有关评估事项统一评估工作，形成整体性、区域评估成果，由区域内投资项目共享共用。通过全面推行区域评估，对衢江经济开发区及5个工业功能区新出让工业用地均按照“标准地”的形式进行出让。

【平台项目扩面增量】 年内，衢江区共有12个项目列入省重点建设项目计划，新增6个，总投资136.7亿元，年度计划投资19.3亿元，新增项目个数位列全市第一。4个项目列入2019年省重点项目和重大示范项目建设计划。2个项目列入2019年省服务业重大项目计划（2018年没有项目列入计划），总投资11.5亿元，年度计划投资2.2亿元。国家级平台积极进驻，全区共有768个项目列入国家重大建设项目库，总投资898亿元，为国家和省级各类规划、计划上有更多的衢江元素打下坚实的基础。

【规范涉批中介服务】 根据区政办发〔2019〕24号文件要求，与区财政局、区市场监管局、区营商办联合下发《衢江区涉及行政审批中介服务机构管理办法》，并在区政务网进行公示，从行业自律、平台应用、信用建设、综合监管等方面规范对涉批中介服务机构的管理。全面建立健全涉企收费目录清单制度，与区财政局公布下发第一批涉企行政事业性收费和服务性收费目录清单。

【衢江列入全省首批大花园典型示范培育单位】 2月，经省政府批准，衢江区被列入全省首批大花园典型示范培育单位（全省共10个县〈市、区〉）。此次培育周期为1年，培育合格后将转为大花园典型示范建设单位。之后，省级相关部门将加强对建设单位的工作指导，在政策、资金以及项目等方面给予倾斜支持，并纳入省政府政务督查激励事项考核，对获先进的县（市、区）进行重点激励，达成建设目标要求且考核验收合格后，将正式认定为“全省大花园建设典型示范县（市、区）”。

【新田铺列入国家级农村产业融合发展示范园创建名单】 4月，新田铺农村产业融合发展示范园在评审中脱颖而出，成功跻身全省三个衢州唯一的第二批国家级农村产业融合发展示范园创建名单。园区的成功创建，对衢江区深化推进乡村有机更新、农村产业深度融合、乡村振兴先行先试、康养城建设等将起到引领示范作用。

【完成燃煤锅炉淘汰改造】 年内，全区淘汰10蒸吨/小时以上35蒸吨/小时以下的燃煤锅炉10台，淘汰完成率100%。至此，全区全面淘汰（改造）35蒸吨/小时的燃煤锅炉，提前完成“打赢蓝天保卫战三年行动计划（2018—2020年）”。

【抽水蓄能电站项目有序推进】 年初，完成移民安置涉及的40户房屋征迁。6月末，林地审批，529亩先行用地审批材料通过自然资源部部务会。中国水利水电建设工程咨询北京有限公司中标衢江抽蓄项目监理单位。配套工程推进得力。石呈线改造工程衢江段施工顺利，柯城段完成政策处理全面进场施工，王家安置小区房屋施工进度过半。

（黄　芳）

市场监管

【概况】 2019年2月，区市场监督管理局完成机构改革，整合原区市场监管局（区工商局、区食药局）和原质监局的职责，组建成立衢江区市场监督管理局，从发改局划转价格监督检查、科技局划转知识产权保护协调、专利执法、区经信局打击侵犯知识产权和假冒伪劣商品以及反垄断等监管职能，内设22个职能科室，9个基层所。承担17家市场、7947家企业（含1396家农民专业合作社）和2.25万户个体工商户的市场监管工作。区市场监管局重新组建后，深入贯彻区委“1136”发展战略，牢固树立大市场监管工作理念，扎实推进各项工作开展，取得新成效。

【市场主体登记】 年末，全区在册内资企业371家，注册资金137.58亿元；私营企业总户数6092户，同比增长16.86%，注册资本总额387.60亿元。其中，第一产业556户，第二产业1387户，第三产业为4149户。全区在册个体工商户总户数2.39万户，同比增长18.47%；注册资本总额55.32亿元，同比增长24.84%；从业人员5.08万人，同比增长8.78%。全区在册家庭农场总户数2182户，其中，公司制企业58户，个人独资企业359户，个体工商户1897户；注册资本总额26.04万元，其中，公司制企业1.36万元，个人独资企业5.55万元，个体工商户17.83万元。全区在册农民专业合作社886家，注册资本（金）14.83亿元。年内，完成“个转企”46户，注册资本（金）1.67亿元，公司制企业达100%。知名商号12家。

【市场建设】 年内，实施4家次的农贸市场及商品交易市场提升改造，创建省放心农贸市场3家，创建二星级文明规范农贸市场1家。落实各项财政奖励补助专项资金37.7万元，其中杜泽综合农贸市场新创省放心农贸市场财政补助12.7万元；莲花农贸市场续创省放心农贸市场财政补助5万元；高家农贸市场续创省放心农贸市场财政补助5万元；上方镇农贸市场创建二星级文明规范农贸市场财政补助5万元；横路农贸市场和云溪农贸市场创建一星级文明规范农贸市场财政补助各5万元。

【商标品牌建设】 年内，全区商标注册申请2214件，核准注册1940件，累计有效注册商标6102件。全年发动企业贯彻国家知识产权标准25家。全旺镇获评浙江省商标品牌示范乡镇。银企对接，商标质押贷款6500万元。全年共查处商标侵权案件5件。

【合同管理】 年内，规范合同格式条款备案，房屋买卖、租赁及其居间、旅游、供水、供热、汽车销售、汽车保养、维修等行业合同格式条款备案7份。办理企业动产抵押登记62份，助企融资12.23亿元，其中助农融资3笔，融资额193万元。组织企业参与浙江省“守合同重信用”企业公示活动，2019年AAA级“守合同重信用”公示企业4家，其中首次公示企业1家：浙江广泽联合会计师事务所（普通合伙），继续公示企业3家:一加一农业发展（衢州）有限公司、浙江东源实业有限公司、衢盛建设有限公司；AA级“守合同重信用”公示企业5家；A级“守合同重信用”公示企业7家。

【打假治劣专项行动】 年内，先后开展食品、药品、电动车、燃气灶具、日用百货、农资、建材等领域打假治劣专项行动20余次，查处产品质量案件14件，查办食品安全案件55件、药品及医疗器械违法案件8件。查获假冒苹果手机47部、假冒“红牛”饮料5256罐、不合格水果罐头428千克、不合格电动车11辆、不合格餐具洗涤剂120千克。

【无照经营专项整治】 年内，根据“教育引导和查处取缔相结合”原则，疏堵结合、惩教并举，依法履行监管职责，以涉危、涉污等严重危害社会公共秩序和人民群众生命财产安全的重点行业领域为工作重点，全面清理整治无证无照经营行为。共清理排查无证无照经营227户，引导办照196户，依法取缔31户。立案查处无证无照案件25件，其中罚款1万元以上大案1件。

【知识产权案件查处】 年内，查处知识产权案件7件，其中，不正当竞争案件2件，侵犯注册商标专用权案件5件，没收侵权手机47部、数据线39根、充电器头20只、手机套28个、奶糖3千克、饮料219箱、豆腐2箱、包装箱25只，共计罚没款12.69万元，有效地保护了产权所有人的合法权益。

【消费者权益保护】 年内，开展“打假维权”等专项行动25次，出动执法人员190人次，受理消费者各类投诉举报929件，办理数量同比增长1.53%，挽回经济损失93.78万元，挽回资金相较去年增加43.06万元。诉转案11件，案件值3.58万元，罚款金额14.42 万元。“3·15”期间，组织开展观看“3·15”晚会及普法活动18场次，组织开展大型现场活动7次，发放各类宣传资料2011份，消费者参与活动1594人次，经营者参与817户。开展“放心消费在浙江”活动，超额完成放心消费任务：放心商店39家，放心网店8家、无理由退货承诺单位69家、放心工厂83家、放心消费示范街1条。开展消费投诉公示试点工作，发挥公众监督、信用约束及提示预警作用。

食品安全监管

【概况】 2019年，全区共有获证食品生产经营主体3614家，其中食品生产企业85家，食品小作坊194家，食品流通主体3335家。围绕“平安衢江”“文明城市”食品安全保障等工作持续开展重点地产食品风险隐患治理攻坚行动、非洲猪瘟防控专项检查、“3·15”曝光问题辣条及校园食品排查、冷库冻品排查等系列专项整治；“守初心，担使命”牵头推进整治食品安全问题联合行动重点任务，共出动执法人员5013人次，检查食品生产经营单位2277家次，排查隐患418条，约谈生产经营单位139家，下发责令改正通知书348份，跟踪348家单位落实整改。全年，食品生产流通环节共抽检食品880批次，其中不合格食品13批次，合格率为98.52%。查处各类食品违法案件34起，罚没款38.93万元。按照“传承传统、打扶结合、优化升级”的要求，指导、建设名特优食品作坊及亮化达标小微食品生产企业各5家。完成整改提升企业5家，并通过验收检查，获“2019年浙江省名特优食品作坊和亮化升级小微食品生产企业”称号。

【食品安全综合协调】 年内，夯实乡镇（街道）食安办规范化运作及动态管理，加强网格员队伍建设，落实网格员食品安全工作职责，开展食品安全业务知识培训21次，培训网格员957人次。9月，联合区公安局、区教育局、区农业农村局下发《关于在“不忘初心、牢记使命”主题教育集中开展整治食品安全问题联合行动的通知》，开展食品、保健品安全隐患排查治理行动，共排查各类食品经营单位、农批市场1261家，发现问题339个，均整改到位，查办违法案件25起。开展食品抽检及食品类投诉举报案件处理。开展食品抽检1810批次，不合格食品15批次，合格率99.17%，受理各类食品投诉举报411件。

【食品安全社会共治】 年内，全面实施食品安全科普宣传三年行动计划。依托食品安全科普宣传基地、乡镇科普宣传站点、农村文化礼堂等阵地，加强宣传。配合区委宣传部开展食品安全（保健食品）知识讲座、进养老院、进校园、进农村、进山区、进菜场等活动17次，“你点我检”活动2次。发布食用农产品放心指数9期，抽检479批次，全部合格。7月2日，组织13家食安委成员单位在沈家东方广场开展以“尚德守法 食品安全让生活更美好”为主题的食品安全现场宣传活动。根据省级食品安全区创建跟踪评价要求，10月，组织全区21个乡镇开展食品安全满意度问卷调查，发放问卷3000余份，满意度达88%。

【“三品一械”监管】 年末，全区共有药品生产企业（含辅料）4家、药品批发企业2家、药品零售企业104家（含连锁门店和单体药店）、医疗机构321家、医疗器械生产企业1家、医疗器械经营企业124家。及时组织开展“三品一械”风险隐患排查，相继开展中药饮片质量集中整治、药品生产环节“雷霆斩污”、流通领域特殊药品安全专项整治、药品经营过程药师虚挂行为专项行动、互联网药品信息、交易服务集中整治、疫苗质量和使用安全专项联合检查、医疗器械“清网”行动、无菌和植入性医疗器械专项治理、化妆品“线上净网线下清源”专项行动、高风险化妆品生产企业专项整治等10个专项治理，共出动执法人员699人次，监督检查368家次，责令整改52家次。开展保健品市场乱象整治，共出动执法人员314人次，检查市场主体214家。立案查处4起，涉案金额1.75万元，罚没21.9万元。在免费体验式医疗器械经营环节，责令停业1家、引导主动关停退出7家。开展“五进”宣传活动6场，发放宣传资料250余份。完成省十大民生实事项目“送药上山进岛”便民服务点建设，4家便民服务点挂牌运行，共提供便民服务次数为512人次，完成送药单数178次，惠及群众数86.5万人次。推进化妆品“百千万”美丽消费示范工程建设，完成创建示范街1条、示范商场2家，示范经营单位28家，超额完成任务12%。

【餐饮监管】 年末，全区共有餐饮单位2254家，食品经营许可1406家，其中大型餐饮21家、中型餐饮140家、小型及小微餐饮1050家、集体用餐配送单位1家，学校食堂42家，幼托机构食堂81家、机关企事业单位食堂55家、养老机构食堂3家、工地食堂5家、其他单位食堂2家；小餐饮登记848家。开展餐饮服务食品安全量化分级评定和公示1418户次，量化公示率100%；加强餐饮环节专项监督抽检，共完成餐饮环节食品及原料监督抽检125批次，合格率98.4%、自消毒餐用具140批次，25批次检测结果阳性，合格率82.52%；开展放心消费“示范餐饮双千双百提升工程”，创建放心餐饮示范单位25家；指导建设农村家宴放心厨房5家，杜泽镇下方村、峡川镇高岭村、大洲镇沧南村、莲花镇耿山村、高家镇凌村通过A级农村家宴厨房验收；完成重大活动餐饮食品安全保障20余次；牵头开展完成餐饮环节专项检查9次；办结行政处罚案件6起，罚没款3.3万元。

食品安全生产企业

【概况】 2019年，全区共有获证食品生产许可主体85家，涉及粮食加工品、饮料、糕点、茶叶及相关制品、肉制品、速冻食品、蛋制品、豆制品、食品添加剂、罐头、酒类、食用油、油脂及制品、调味品、蔬菜制品等18个食品类别。辖区内培育出新的较有影响力的知名企业有浙江百泽坊食品有限公司、浙江小神仙食品有限公司、浙江国丰油脂有限公司等。浙江百泽坊食品有限公司，2019年7月搬迁落户衢江区，占地面积20余亩，新厂房投资4200万元。拥有先进大米生产线2条、面粉生产线4条、面条生产线2条、生产规模可达日产优质大米300余吨；日产面条、面粉50余吨，小包装面粉20吨，是集生产、研发、储运批发、配送、营销于一体的大型综合粮食生产企业，被浙江省粮食局定为“粮食应急加工企业”。浙江小神仙食品有限公司，成立于2016年5月，占地面积47.8亩，厂房建筑面积25000平方米，专注于食用蛋类产品的研发与开发，松花蛋、咸鸭蛋、咸鸭蛋黄为公司的核心产品。公司具有经验丰富的现代管理人才、技术精湛的蛋制品研发团队、标准生产工艺流程，国际先进的流水线生产设备（蛋制品裂纹分级机、洗蛋风干机等），并配备标准化验室、无尘车间及冷库。2019年公司销售收入突破5000万元，进入衢江区产值增速前30强。浙江国丰油脂有限公司，主营食用菜籽油的生产、加工及销售。具备全套植物油生产设备，自原料菜籽投料至成品油产出，涵盖压榨、浸出、精炼、灌装四大工艺流程。配备先进齐全的检验检测设备，完整的检测程序。作为第一农产品（菜籽油）生产加工企业，年产值5000万元以上，菜籽油全年生产天数及产量在国内名列前茅，其产品销售网络以浙江省为主，辐射周边江西、福建、安徽、江苏等多个地区。

【小神仙食品扶贫基地】 年内，小神仙食品投资3000万元与衢江新农投有限公司合作建设衢江区农产品加工扶贫基地项目，新建厂房5000平方米，将增加咸鸭蛋产能1000吨、松花蛋产能2000吨。2019年获得衢江区人民政府颁发的“衢州市衢江区区长特别奖中小企业创新成长奖二等奖”。

【刘家香食品获市长特别奖】 年内，衢州刘家香食品有限公司再创佳绩，获得衢州市农业龙头企业、衢州市市长特别奖、浙江农业博览会优质奖、第12届中国义乌国际森林博览会金奖等荣誉称号。

【“三衢味”品牌获省、市奖励】 衢州衢佬大食品有限公司，是一家集生产、配送、食品研发于一体的专业食品加工企业，旗下放心早餐工程是政府为民办实事的惠民工程之一。年内，由衢佬大牵头运营“三衢味”品牌，获2019年度浙江省连锁业优秀自有品牌奖、市政府业态模式创新奖。

质量技术监督

【概况】 2019年，全区质检工作以“强职能、促发展”为主线，加大工作力度，全面推进质量强区、标准强区战略实施，各项工作取得新成效。农业社会化服务项目列入全国农村综合改革标准化试点项目，衢江区获批“浙江制造”品牌培育工作良好单位。成功中标浙江省高效生态现代农业产业链标准化试点项目，成为全市唯一参与并成功竞标的单位。

【农业社会化服务项目列入全国标准化试点】 12月19日，全国农村综合改革标准化试点工作总结会在北京召开。区委书记周向军在会上作典型发言，“农业社会化服务衢江样板”将向全国22个省推广。2016年衢江区获批全国第二批农村综合改革标准化试点区以来，积极探索建立农民专业合作、供销合作、信用合作“三位一体”的农村新型合作体系，用标准化手段，在农业生产服务、农产品质量监管、农业信息服务、精细化营销服务、创新金融服务领域构建农业社会化服务标准体系，获得显著成效。11月底，项目以103分、全省第一高分通过国家标准委办公室验收，并入选全国典型案例，获得副省长彭佳学批示肯定。此次列入第二批50个全国农村综合改革标准化试点项目，全省仅三个，衢州是唯一一个。

【全面启动省高效生态现代农业产业链项目】 年内，全面启动省高效生态现代农业产业链标准化试点项目（全市唯一参与并成功竞标的单位），梳理完成项目合作协议及三方任务划分，中国标准化研究院、浙江科技学院及浙江标准化研究院多次派专家进行现场调研指导，基本确认项目九个标准和一个标准体系，完成两项团体标准，一项浙江制造标准的制定工作。

【隐患清零行动】 年内，陆续开展“两节”期间特种设备专项行动、大型空调三类设备专项行动、燃煤锅炉淘汰、国庆安保、小微企业消防整治行动、安全生产集中整治行动等专项行动。分区域对辖区公众聚集场所电梯、游乐设施等设备开展节假日全面检查。共出动人员181人次，检查企业65家次，检查设备201台次，发现一般隐患10处，重大隐患5处，全部整改到位。通过“双随机、一公开”，安排日常检查单位58家，检查58家，发现隐患6处，全部整改落实。

【推动强区战略实施】 年内，根据市强市办政府质量工作考核评分细则的要求，牵头完成市政府对区政府质量考核工作，考核结果列全市第一。开展政府质量奖培育工作，仙鹤股份有限公司、浙江夏王纸业有限公司全力冲刺省政府质量奖，浙江日新电气有限公司申报市政府质量奖。晶鑫纸业、彭胜文具、衢江东方酒店获区政府质量奖。指导衢州佳苑牧业有限公司申报三产融合农业综合体项目标准化试点项目，湖南镇申报区基层社会治理标准化试点项目。衢州市益年堂农林科技有限公司申报的白芨种植标准化示范项目获市级立项。完成2018年度区级农业标准化试点项目7个，发放奖励资金14万元。开展规上企业采标率统计工作。2018年全区规上企业114家，70家采标，采标率为61.4%。较2017年59.6%增长4.5个百分点。根据省局统一部署，完成全区规模以上企业标准化统计监测填报审核。指导企业申报2018年工业政策奖励，根据区工业奖励政策，共帮助企业申报质量标准政府奖励资金580万元，创历史新高。

【“浙江制造”试点县建设】 4月，浙江省质量强省工作领导小组办公室印发《关于第二批“浙江制造”品牌培育试点县评价情况的通报》（浙质强办发〔2019〕5号），衢江区获批“浙江制造”品牌培育工作良好单位。衢江区成为试点县以来，通过政府主导、企业主体，大力实施标准引领、质量提升、品牌助推等系列工作，三年时间，全区共12家企业为主或参与“浙江制造”团体标准制定17个，4家企业取得11本“浙江制造”产品认证证书，在全市名列前茅。组织培育企业参加由衢州市标准化研究院组织的“品字标浙江制造”团体标准制定培训班，共有15家企业30余人参加培训。邀请市标准化研究院院长，对辖区内重点培育的5家企业进行实地走访，现场指导企业申报浙江制造团体标准。2019年发布浙江制造团体标准五项，分别是仙鹤股份有限公司和浙江琅素实业有限公司公司参与制定的《负离子壁纸》（T/ZZB 1089—2019）、以好梦来家纺有限公司为主制定的《全棉生态床品套件》（T/ZZB 1344—2019）、以浙江华鑫拉链有限为主制定的《裤装编织拉链》（T/ZZB 1418—2019）、以浙江省衢州一粒志食品有限公司为主制定的《衢州鸭头》（T/ZZB 1409—2019）和以衢州刘家香食品有限公司为主制定的《浓香菜籽油》（T/ZZB 1435—2019）。

【质量安全整治】 根据市质检局《关于开展重点工业产品质量安全专项整治的通知》精神，开展危险化学品及包装物、电动自行车、学生用品、电线电缆、农资和涂料行业等专项检查。全年出动执法人员443人次，检查各类生产经营单位340家，排查风险隐患21处，并做好闭环管理。抽查产品123批次，对7家抽检不合格生产经营单位进行后处理。

【安全风险管控及隐患预防】 根据衢州市地方标准《特种设备事故隐患分类及治理》，加强安全风险分级管控和隐患排查治理双重预防机制建设。积极推行使用单位分类评价工作，推动《衢州市特种设备安全主体责任落实及评价方法》《特种设备安全风险辨识与评估分级》《特种设备事故隐患分类及治理》《浙江省特种设备使用安全管理分类评价规范》地方标准的落地工作。结合衢江区实际，确定160家企业先期试点，启用浙江省特种设备信息服务平台；召开160家企业和基层质监员参加的特种设备安全落实主体责任部署会，对4个地方标准进行培训；对全区3395台在用特种设备按照设备固有风险、使用场所、使用年限等进行高、中、低风险分类；完成15家涉危化品、公众聚集场所等高风险特种设备使用单位的重大风险隐患排查日志、严重事故隐患报告、安全责任事故举一反三的3项制度建设。完善电梯事故应急救援机制，推动电梯事故应急救援110联动机制持续有效运作。完善以使用单位为救援主体、维护保养单位为救援主力、社会救援力量为补充的电梯应急救援体系。将衢江辖区电梯纳入全市电梯应急救援指挥平台，建立衢江区电梯应急救援分中心、设立统一电梯报警电话，衢江城区电梯救援时间缩短至20分钟内。

（詹　丽）

衢江区企业为主或参与浙江制造标准一览表

表10

序号	标准号	标准名称	企业名称
1	ZZB 043—2015	《履带式露天潜孔钻车》	浙江志高机械有限公司（参与）
2	T/ZZB 0059—2016	《人造板饰面专用原纸》	浙江夏王纸业有限公司
3	T/ZZB 0241—2017	《热升华转印原纸》	仙鹤股份有限公司
4	T/ZZB 0287—2017	《冷热水用 PP-R 管件》	浙江龙财塑业有限公司（参与）
5	T/ZZB 0345—2018	《电力线路用热浸镀锌螺栓、螺母和垫圈》	浙江海力股份有限公司
6	T/ZZB 0724—2018	《手拉葫芦》	浙江五一机械有限公司
7	T/ZZB 0761—2018	《单面光烟用接装纸原纸》	仙鹤股份有限公司
8	T/ZZB 0762—2018	《烘焙原纸》	仙鹤股份有限公司
9	T/ZZB 0763—2018	《字典纸》	仙鹤股份有限公司
10	T/ZZB 0823—2018	《美纹纸》	浙江晶鑫特种纸有限公司
11	T/ZZB 0843—2018	《环链手扳葫芦》	浙江五一机械有限公司
12	T/ZZB 0844—2018	《制冷剂用非重复充装焊接钢瓶》	浙江巨程钢瓶有限公司
13	T/ZZB 0878—2018	《塑料彩色铅笔》	浙江彭胜文教用品股份有限公司
14	T/ZZB 0704—2018	《2- 羟基 -6- 萘甲酸》	浙江圣效化学品有限公司（参与）
15	T/ZZB 0879—2018	《对羟基苯甲酸》	浙江圣效化学品有限公司（参与）
16	T/ZZB 0700—2018	《精梳匹马棉床品》	好梦来家纺有限公司（参与）
17	T/ZZB 1089—2019	《负离子壁纸》	仙鹤股份有限公司（参与）、浙江琅素实业有限公司（参与）
18	T/ZZB 1344—2019	《全棉生态床品套件》	好梦来家纺有限公司
19	T/ZZB 1409—2019	《衢州鸭头》	衢州一粒志食品有限公司
20	T/ZZB 1418—2019	《裤装编织拉链》	浙江华鑫拉链有限公司
21	T/ZZB 1435—2019	《浓香菜籽油》	衢州刘家香食品有限公司
22	T/ZZB 1156—2019	《热封型茶叶滤纸》	浙江晶鑫纸业有限公司（参与）
23	T/ZZB 1426—2019	《汽车转向系统三角支架滚针轴承套圈车件》	衢州市建沃精工机械有限公司（参与）

审计监督

【概况】 2019年，区审计局完成审计项目11个，查出主要问题金额1956万元，其中违规金额4万元、管理不规范金额1952万元。审计处理处罚金额1951万元；移送司法机关、纪检监察机关和有关部门处理事项3件；出具审计报告和专项审计调查报告14篇，被批示、采用9篇；审计提出建议28条，被采纳5条；推动被审计单位制定整改措施21项；促进被审计单位制定、完善规章制度21项；提交审计信息60篇，被批示、采用60篇。向社会公告审计结果19篇。

【机构改革】 3月，区审计局完成机构改革，区发展和改革局的重大项目稽查职责、区财政局的预算执行情况和其他财政收支情况监督检查职责，相关单位的相关经济责任审计职责以及区属国有企业监事会等职责划入区审计局。组建衢江区委审计委员会，在审计局下设区委审计办公室，承担区委审计委员会具体工作。

【财政资金审计】 年内，对7个区级部门同步开展预算执行审计，利用大数据审计平台，拓展财政资金审计范围，对重点财政专项资金的使用进行跟踪延伸。对富里万亩水田垦造、“谢高华精神”传承基地项目、上方镇全域土地综合整治等12个重点工程项目进行跟踪审计监督，跟踪审计项目总投资额60余亿元，推动解决项目建设过程中的难点、风险点问题20个，节约建设资金约9000万元。

【经济责任审计】 年内，对6个单位8名区管领导干部开展经济责任审计。完成区委组织部交办的24个单位领导干部进行离任经济事项交接。联合区国土、林业与农办等部门对举村乡领导干部进行自然资源资产离任审计，摸清自然资源资产底数。与区委组织部联合编写《领导干部履行经济责任风险防范清单》，5月，以此为题由党组书记、局长为全区21个乡（镇）长作履行经济责任专题讲座，提高领导干部防范风险能力。

【政策执行审计】 年内，开展卫生、教育系统下属10个事业单位财务管理情况专项审计，推动教卫改革，特别是医共体改革。开展企业扶持政策执行情况审计调查，推动“工业强区”战略实施。查出4大类11个问题，审计结果向区人大常委会作专题报告。做好全市扶贫资金审计县、区对接，选派4名业务骨干赴开化县开展扶贫专项审计，查出违规违纪金额680.09万元，管理不规范金额9635.2万元，移送案件线索6条。做好常山县审计局审计组在衢江区扶贫审计工作对接，对于存在的问题，列出审计整改清单，落实具体负责单位，倒排时间表，逐项逐条整改，整改相关材料连续两次获区委主要领导批示。

【干部队伍建设】 年内，开展“不忘初心、牢记使命”主题教育活动，局班子集中学习10次，党员干部集中学习15次。开展“学三老、守初心、担使命”大讨论，全局干部撰写心得体会27篇。首次组织赴长沙参加提升审计干部综合素能培训，参训干部100多人次。按照德才兼备原则选拔培养年轻干部，通过“985”“211”高校、全市公开选调、区内商调等方式招聘4名专业性人才，充实审计干部队伍。通过竞争上岗，提拔4名85后年轻干部担任中层领导。

（傅梦琦）

国有资产监管

【概况】 2019年，全区国有资产管理工作围绕区委、区政府中心工作，深化国资国企改革，完善国资改革配套政策。做强国资运营平台，拓展融资渠道，提升投融资能力。推进国有企业与事业单位车改工作。根据清查统计，全区共有国有房产面积147.18万平方米，土地面积1370.81万平方米，原始入账价值58.50亿元，林场农场等其他资产3545.79公顷。年末，全区国有及国有控股公司51家，资产总额164.38亿元，负债总额75.12亿元，净资产89.26亿元，营业收入4.73亿元，净利润8645.05万元。

【区委建立国有资产管理报告制度】 11月4日，区委根据中央和浙江省委的文件精神，印发《关于建立区政府向区人大常委会报告国有资产管理情况制度的意见》（区委发〔2019〕39号）。区政府每年向区人大常委会报告国有资产管理情况，年度报告采取综合报告和专项报告相结合的方式。综合报告全面反映全区各类国有资产基本情况，包括年末国有资产总量、结构、变动、收益、负责等基本情况；专题报告分别反映区属企业（金融企业）、地方金融企业国有资产、区级行政事业单位国有资产、全区国有自然资源等国有资产情况。综合报告和专项报告应报告加强和改进国有资产管理的措施、成效，以及存在的困难、问题等。在每届区人大常委会任期内，届末年份区政府向区人大常委会提交书面综合报告并口头报告；其他年份在提交书面报告的同时就1个专题情况进行口头报告。报告制度的建立实施，对国有资产监管提出了新的更高的要求。

【全区国资工作会议】 12月30日，全区国资工作会议召开。区委书记周向军讲话，区委副书记、区长朱素芳部署全区国资工作。区四套班子领导参加会议。会议提出要聚焦“四资”，抓归集、重转化。聚焦资源、资产、资本和资金，通过不断转化形态，让静态的资源变为动态的资金流，实现资源转化、释放资产活力、推动经济发展。要认清资源挖掘、分类、整理、控制，是“四资”转化的基础。要理清国资转换的逻辑关系，通过产权化、企业化、市场化等，有效进行资金和资本运作。要明确国资运作的指标体系，努力提高资源的归集率、资产的转化率，推动国资公司从资产管理转向资本管理、价值管理。

【开展国有资产特定问题调查及整改】 年内，完成全区政府资产特定问题调查，按照“销、补、归、办、管、划、整”七类问题，组建三大专班推进国有资产特定问题整改，实现资产流动、保值增值。加快国有企业市场化改革，启动衢江控股、建投、交投AA信用评级和融资发债工作。

【建设投资】 年内，区建投集团承担27个项目建设，其中政府性投资项目22个，企业投资类项目5个，项目总投资45.22亿元，占全区的10%，完成入库投资15亿元。建立污水处理市场化收费和公共停车收费管理体制机制。争取各类资金5.62亿元，实现银行授信13亿元。以公开拍租模式出租公租房60套、商业用房33间、房产10处。完成城乡公司400万股权回购，并增资1亿元；收购浙江宝红建筑工业化制造有限公司32%股权；与交投公司合资组建衢州市衢江区砂石资源经营管理有限公司，占股51%并实现财务并表。全年实现营业收入2240万元，实现利润791万元。

【交通投资】 年内，区交投集团承担11个项目，其中省重点项目2个，计划总投资额2.55亿元，完成投资额4.41亿元，完成比例172.9%。合并口径总资产19.36亿元，净资产7.51亿元，较年初增长973.64%；实现收入8542万元，利润总额1547万元；完成流动性贷款授信2亿元。9月27日，总投资12.61亿的浙西重大交通产业配套设施生产基地项目落户衢江；10月31日，衢州港衢江港区大路章作业区正式开港；顺利推进衢江区乡村公路振兴工程（杜灰线、举汉线）、石呈线改建工程、塔太线老线改建工程；全面开工建设综合供能服务站——黄坛口站、下山溪站、京台站。

【农业投资】 年内，区农投公司参与亿元以上政府性投资项目建设2个，完成年度计划投资约2.65亿元，开展市场化建设运营项目2个，完成投资1700余万元。围绕“一心两翼四块”的战略布局，开展以下工作:狠抓农产品开发工作，确保“衢江山农”放心农产品走出去。严格制定品牌商标管理实施细则，保质保量充实增加供应商库，发挥销售窗口桥梁作用；狠抓农旅开发工作，积极推进莲花乡村国际未来社区建设，圆满完成杜泽老街品牌植入工作，筹划市场项目，丰富公司业务布局；狠抓农业项目开发工作，树立现代农业发展新标杆。做好世界食品安全创新示范基地项目工作。启动建设富里万亩水田基础设施及地力培肥工程；狠抓资源开发，发掘资源新价值。做好上方全域综合整治项目废弃矿砂资源开发再利用工作。狠抓农业招商工作，完成13个项目通过决策咨询，总投资11.2亿元。

【健康产业投资】 年内，充分利用文旅和康养领域发展大势，搭建文教、康养、旅游等业务平台。文教平台：全力推进区职业中专迁建、第三小学新建、"改革担当精神"传承基地等项目建设及运营管理。康养平台：推进区妇保院迁建一期工程建设及二期招商运营及高家中心卫生院迁建、20家乡镇卫生院配建污水设施、杜泽中心卫生院住院楼等工程建设。旅游平台：衢北片区：打造杜泽老街，推进千里岗旅游度假区、东坪民宿、杜泽综合体项目规划、

2019年衢江区国有及国有控股公司一览表

表11

序号	企业名称	成立时间	注册资本（万元）
1	衢州市衢江控股集团有限公司（合并）	2017.9.8	50000
1.1	衢州市衢江控股集团有限公司	2017.9.8	50000
1.2	衢州市衢江区信用融资担保有限公司	2018.7.25	10000
1.3	衢州市政新小微企业服务有限公司	2017.5.22	3000
1.4	衢州网新投资管理有限公司	2017.5.22	1000
1.5	衢州市衢江区国有资产经营有限公司	2008.6.24	5000
1.6	衢州市衢江区网新光电创业投资合伙企业（有限合伙）	2018.2.9	4012
1.7	衢州市衢江区丽城投资管理合伙企业（有限合伙）	2017.11.7	5420
1.8	衢州市衢江区巨芯投资管理合伙企业（有限合伙）	2018.2.8	4030
2	衢州市衢江区健康产业投资集团有限公司（合并）	2018.1.31	50000
2.1	衢州市衢江区健康产业投资集团有限公司	2018.1.31	50000
2.2	衢州市衢江区文化旅游投资开发有限公司	2018.9.18	2000
2.3	衢州乌溪江生态开发有限公司	2015.11.26	10000
2.4	衢江区康养生态资源运营有限公司	2012.12.17	30000
2.5	衢州千里岗旅游发展有限公司	2014.11.13	500
2.6	衢州衢南旅游发展有限公司	2018.8.27	5000
2.7	衢州市衢江区沧州城镇建设投资有限公司	2011.7.18	1000
3	衢州市衢江区建设投资集团有限公司（合并）	2018.1.31	50000
3.1	衢州市衢江区建设投资集团有限公司	2018.1.31	50000
3.2	衢州市衢江区城市建设投资有限公司	2002.6.12	10000
3.3	衢州市衢江区建投城市运营管理有限公司	2003.8.20	500
3.4	衢州市衢江区砂石资源经营管理有限公司	2019.3.25	5000
3.5	衢州市衢江区能源发展有限公司	2018.7.27	10000
3.6	衢州市衢江区宏业物业管理有限公司	2017.6.30	50
3.7	衢州市衢江区城乡建设发展有限公司	2009.5.12	20000
4	衢州市衢江区交通投资集团有限公司（合并）	2007.6.15	50000
4.1	衢州市衢江区交通投资集团有限公司	2007.6.15	50000
4.2	衢州和正建设有限公司	2016.11.18	10000
4.3	衢州市衢江区中石化交通能源有限公司	2018.7.10	4650.73
4.4	衢州市衢江区交建建材销售有限公司	2019.9.18	3000
4.5	浙江海港衢州港务有限公司	2019.9.20	16700

续表11

序号	企业名称	成立时间	注册资本（万元）
4.6	衢州交通建筑工业化有限公司	2019.10.24	9000
4.7	衢江区振兴公路养护工程有限公司	2003.9.11	1000
5	衢州市衢江区农业投资集团有限公司（合并）	2018.1.30	55000
5.1	衢州市衢江区农业投资集团有限公司	2018.1.30	55000
5.2	衢州市衢江区山农资源科技有限公司	2018.7.13	10000
5.3	衢州市衢江区田园康养农业开发有限公司	2017.9.5	10000
5.4	衢州市衢江区新农投资有限公司	2007.6.28	3000
5.5	衢州市衢江区森衢种业有限公司	2018.4.16	1500
5.6	衢州衢江山农市场开发有限公司	1998.9.17	1000
5.7	衢州衢江山农农业开发有限公司	2018.12.12	500
5.8	衢州市莲农旅游发展有限公司	2010.5.11	500
5.9	衢州市衢江区粮食收储有限公司	1998.7.17	350
5.10	衢州衢江山农农产品销售有限公司	2019.1.17	200
5.11	衢州衢江农业生态资源运营有限公司	2000.4.20	30000

落地；衢南片区：推进骑游王国、六春湖景区、茶坪民宿、石屏山庄民宿等项目前期工作。

（周沭邑）

统计管理

【概况】 2019年，区统计局围绕区委、区政府中心工作，推进统计管理体制改革，充分发挥统计职能，各项工作取得新进展。完成第四次全国经济普查收尾工作、筹备第七次全国人口普查前期工作。完成2018年度《衢江统计年鉴》编辑印发、2018年度衢江区经济社会发展公报发布；每月编印《衢江区国民经济主要统计指标》大小折本及2017年以来全区GDP、工业、投资、贸易等主要经济指标整理归集报送工作。撰写政务信息100余条、《衢江统计分析》20篇、《衢江统计分析》领导专报14篇，其中《2019年1—8月主要经济指标完成情况》等7篇分析获得区委主要领导批示。年内，获区级机关综合考核二等奖、招商引资工作考核三等奖。

【健全工作机制】 年内，根据区政府《关于印发2019年衢江区经济运行监测联席会议制度的通知》精神，形成政府牵头多部门协作抓经济指标运行情况监测工作机制。制定《衢江区“四上企业”及投资项目单位统计人员业务考核办法》，加强对企业统计人员业务管理和考评，进一步提高经济运行监测水平。

【统计数据服务】 年内，完成21个乡镇（街道、办事处）及十里丰东源实业有限公司、东港街道的农业及农村全面统计报表。122家规模以上工业企业的产销总值、财务状况、能源统计报表；138家规下工业抽样企业、33个村个体工业抽样统计报表；237个（2019年，新入库纳统168个）项目投资统计报表；完成43家建筑业企业、29家房地产企业统计报表。完成58家限上贸易企业、8家大个体和73家贸易限下抽样企业的统计报表；30家规上服务业企业、6家规下服务业抽样企业的统计报表；700多家机关企事业单位劳动工资统计报表；149家单位科技统计报表；33家规上工业企业价格品、32家企业景气、11家企业采购经理指数以及5家小微企业等统计调查工作。开展城乡一体化住户、主要畜禽、粮食、低收入农户全面小康等统计调查监测工作。城乡一体化住户涉及12个乡镇所含的26个行政村260户；主要畜禽涉及13个乡镇所含的47个村；生猪大县涉及10个乡镇所含的10个村74户；低收入农户全面小康涉及13个乡镇15个村150户；粮食产量涉及11个乡镇、25村；特色小镇5个等统计调查监测工作。此外，完成涉及15个村、375户5‰人口变动和群众安全感调查；101家非公企业人才、32家民营企业发展环境、27家出口企业用工等情况一次性调查。完成企业（项目）入库入统和退库工作。2019年新入库入统"四上"单位总计67家。其中：工业15家、建筑业5家、批发业3家、零售业5家、房地产2家、服务业2家，5000万元及以上投资项目35个。"四上"单位退库39家。其中：工业9家、批发业3家、零售业2家、房地产3家、服务业7家，5000万元及以上投资项目15个。

【第四次经济普查】 年内，完成衢江区第四次经济普查数据登记。普查期间，全区普查登记法人及产业活动单位5857家。其中正常填报单位4132家，分产业为：第一产业38家，第二产业935家，第三产业3159家，其中一套表企业251家。普查登记10个普查小区的978家个体户。5月，省、市经普办先后抽查横路办事处（衢江经济开发区内）、樟潭街道、廿里镇、大洲镇、开发区5个普查小区的原始数据质量。

【统计法治建设】 年内，围绕统计法治建设的要求，持续推进公职人员、统计人员学习中央和省委关于防范和惩治统计造假系列重要文件、统计法律法规；组织对16个统计重点部门、21个乡镇（街道、办事处）主要负责人、分管领导及统计员进行统计法律法规培训。结合第四次经济普查、统计年报表布置会议，先后5次集中对统计人员进行统计法律法规宣传，宣传对象600多人次，发放宣传资料500多册；组织全局在职干部18人参加学法用法考试。聚焦源头数据造假内外防控，制定《衢江区统计局统计违法举报工作实施办法（试行）》。采用"双随机"为主的方式，对工业、投资、贸易、服务业等37家单位开展统计执法检查，发现统计违法线索6起，责令整改2起，立案查处4起，罚没款1.85万元。

【统计队伍建设】 开展"不忘初心、牢记使命"主题教育。其间，领导班子集中专题研讨学习4次；机关党支部集中学习9次；创新"讲学"方式，建立周三"心一"讲堂。领导班子通过上门走访、蹲点调研、座谈交流等形式，完成"我区低收入农户实现全年增收目标并争先进位当前面临的主要问题及工作建议""对'低散乱'整治任务企业实行分类施策的探索"两个课题调研。完成区交办的7家"低散乱"企业整治工作。加强干部学习培训，全年组织开展各类统计业务培训21次，其中常规性统计业务培训18次、专题培训3次，累计培训600多人次。5—6月，与柯城区统计局联合在成都信息工程大学（国家统计局统计干部培训基地）开设两期统计干部综合素能提升培训，先后有53名乡镇（街道、办事处）、有关部门统计人员及分管领导参加；6月，开展统计分析报告写作专题培训辅导，区、乡30多名统计人员参加；8月，召开全区固定资产投资项目统计入库暨投资统计会商会，27个乡镇、部门主要负责人、分管领导及相关人员参加项目入库业务培训。8月27日，省统计局"送服务下基层活动"到衢江区的统计设计管理处处长、能源与环境统计处处长、贸易外经处处长，应邀分别作"26县（市、区）考核指标体系实施办法"、"绿色发展评价体系"及"全域旅游产业测算方法"讲解，市农业农村局、市文旅局、各县（市、区）统计局分管领导和业务人员、区相关部门分管领导和业务人员参加本次活动。年内，2名干部通过全省统计执法证考试；选派1名干部赴市局挂职培训；公开选调事业干部2名。规范编外用工管理，经党组研究保留编外用工6人；根据《衢州市衢江区机关事业单位编外用工薪酬福利管理办法（试行）》，制定编外用工薪酬福利管理实施方案。

（应　勇）

商 贸

商贸流通

【概况】 2019年，全区实现社会消费品零售总额78.27亿元，增长8.3%。限额以上企业实现消费品零售额26.1亿元，增长5.3%，占社会消费品零售总额的33%。按类值分：粮油、食品类零售额1.32亿元，增长2.8%；石油及制品类0.90亿元，增长16.1%；汽车类零售额17.72亿元，增长1.4%；服装、鞋帽、针纺织品类4.94亿元，增长25.7%。完成限上批发业41.57亿元，同比下降8.5%，限上零售业25.28亿元，同比增长6.3%。

【非法销售汽柴油专项整治】 1月起，由区经信局牵头组织开展非法销售汽柴油专项整治，至年末，共出动检查执法人员200余人次。其中全区性集中整治6次，查封非法加油点15个，查扣非法流动加油车34辆，涉案人员90余人，暂管不合格油品100余吨。综合执法局和市运管局对非法流动加油车处罚金额20.32万元，遏制了非法经营行为，净化了市场环境。

【商贸流通企业安全生产检查】 年内，区经信局（商务局）制定年度安全生产（消防）工作方案，并聘请专家检查质量。全年出动检查150余人次，检查加油站、大中型商场超市35家，查出一般安全隐患7处，全部整改到位。

【营造良好消费环境】 年内，配合相关部门加大对假冒侵权违法行为的打击和案件查处力度，积极处置信访案件，维护消费安全。全年接收并处理市政府“12345”热线175起，主要以非法经营柴油、群体信访和预付卡消费纠纷为主。根据反馈意见，承接处置的举报、信访件均获非常满意的评价。

（周志平）

粮食购销与储备

【概况】 2019年，根据早稻播种面积大幅增加的实际情况，安排早稻订单17658吨，比上年增加1622吨，实际收购订单早稻17593吨，订单量、收购量均创近五年新高。

【完成粮食库存大清查】 年内，组织专业人员16人，开展粮食库存大清查。检查库存粮食数量、质量、轮换、账务和执行国家粮食购销政策及财政拨补情况以及安全和仓储管理情况等。6个库点，36个廒间共有政策性粮食48865.226吨。通过区级自查，市级普查，认定衢江区政策性粮食库存账实相符、账账相符，数量真实，执行国家粮食收购政策，储备粮轮换管理、政策性粮食库贷挂钩和财政补贴拨付等情况较好，粮油安全储存和粮库安全生产工作水平总体较高。

【保障灾区群众粮食供应】 8月中旬，举村乡遭受超强台风“利奇马”袭击，群众生活困难，及时启动粮油应急保障，向灾区投放1000瓶矿泉水、1000份面包、1000份方便面，4000斤大米和400斤食用油等生活必需品，保障了受灾群众和救援人员的临时用餐和基本生活需求。

【粮食产业“五优联动”列入省级试点】 3月20日，省粮食和物资储备局、省财政厅、省农业农村厅印发《关于推进我省“五优联动”试点工作的指导意见》（浙粮〔2019〕7号），衢江区作为全市唯一单位，被列入全省粮食产业“五优联动”（优粮优产、优粮优购、优粮优储、优粮优加、优粮优销）试点。

（黄 芳）

供销合作

【概况】 2019年，区供销社围绕市委“1433”战略体系和区委“1136”战略，以乡村振兴为中心，以“三位一体”农合联改革为重点，凝心聚力，守正创新，开创供销事业和农合联工作新局面。年内，全系统完成购进总额9.29亿元，同比增长9.66%；实现商品销售总额14.83亿元，同比增长8.38%；汇总利润8万元，全面完成省市下达的各项经济指标。全省深化“三位一体”农合联改革现场会在衢江区召开。“衢江区推行‘三位一体’改革”案例入围2019年度衢州市改革创新优秀实践案例。

【“三位一体”农合联改革】 7月29—30日，全省深化“三位一体”农合联改革现场会在衢江区召开，衢江作为唯一县（市、区）代表在会上作典型交流发言。与会人员实地考察区农合联服务中心、莲花片区农合联服务中心、涧峰村农合联服务社。省农业农村厅、省农科院、省供销社、省信用联社、省农信担保公司、省能源集团、人保财险浙江省分公司、阿里巴巴（中国）软件有限公司分别与省农合联签订六个为农服务合作协议。2016年，衢江区获全省构建“三位一体”农民合作经济组织体系首批推进县。近三年来，按照“区级做强、区域聚合、村级延伸、产业链接”的要求，完善“1+10+X”组织体系，成立区级农合联、片区农合联，产业农合联。遵循“资源集约”的思路，组建隶属于执行委员会的农合联服务中心，内设生产服务部、供销服务部、信用服务部，协调开展各项服务功能。全区以资产经营公司、农民合作基金为引领，以生产、供销、信用三大功能为支撑的农业服务体系，初步形成一个低投入、广覆盖、可复制的“三位一体”农合联改革衢江样本。这次会议属于省准一类会议，是近年来全区举办的规模最大、规格最高的现场会。《浙江新闻》《浙江日报》《农民日报》《中国经济时报》《中华合作时报》等媒体均给予重点报道。

【区柑橘产业农合联成立】 11月1日，衢江区柑橘产业农民合作经济组织联合会（简称“区柑橘产业农合联”）成立大会召开，区委副书记、政法委书记徐惠文出席会议，为柑橘产业农合联授牌并讲话。区柑橘产业农合联由衢江区绿丰园柑橘专业合作社、浙江蜜之源农业科技有限公司、衢江区信和柑橘专业合作社等3家单位牵头组建，单位会员40人。区柑橘产业农合联成立，健全柑橘产业社会化服务和建立农民共建共享平台，有利于种植企业之间、种植企业与供应商之间、种植企业与销售企业之间的联合与合作。

【庄稼医院服务】 年内，打造“线上+线下”服务载体，使用推广掌上“益农保”App，全面提升庄稼医院服务功能。线上具有网络诊疗、测土配方、农技培训、远程诊疗培训系统、放心农资供应、供应链金融、农产品上行等多项服务功能，线下具有庄稼医生坐诊、问诊、巡诊、服务社员、新特产品推广、农业飞防等功能。“益农保”平台已销售农药、化肥、种子、滴灌制品等各类农资物品50多种，累计销售化肥720吨、农药12吨，销售额560多万元，通过“二次返利”、合作基金直接让利会员40多万元。开展农技科普、农技讲座8次，惠及种田大户、家庭农场主、合作社社员332人次。聘请高级农艺师4名，每周二线上、线下定期坐诊，覆盖杜泽、莲花、高家等8个乡镇40个行政村，为会员解决农作物病害问题110余次。不定期组织粮油、果蔬农技员专题开展西瓜、猕猴桃、葡萄、柑橘、水稻等作物实地观摩会7次119人次。

【春耕生产服务】 4月16日，在全旺镇楼山后村举行以“服务绿色生产 提升现代农业”为主题的春耕生产服务活动，现场送“农技、农资、种子、农机”，区农合联农资公司作放心农资保供稳价承诺，农业专家提供咨询服务。同时，开展优质农资商品展示、推介、优惠供应服务，发放农业应用技术、农资商品真假辨别等宣传资料和免费农资样品。活动现场向12户农民专业合作社、家庭农场、种粮种植大户代表赠送总价值5万元的化肥。

【“警示教育月”活动】 5月“警示教育月”，组织全体干部参观市区钟楼底赵抃祠，观看电影《反贪风暴4》；排查干部廉政风险点20条，制定防控措施20条；党委书记上廉政党课，宣传廉政知识；开展廉政谈话提醒活动；组织廉政法规知识测试等。通过警示教育，进一步增强了干部勤政廉政意识，提升了廉洁自律、拒腐防变能力。

【主题教育】 年内，开展“不忘初心、牢记使命”主题教育，组织学习党的十九大、十九届四中全会精神，开展学党章学条例等，增强党员党纪法规意识。开展走访调研活动，走访联系村和联系企业33人次，共发现和解决问题10个；征求意见31条；领衔办实事3件；慰问联系村困难党员及贫困群众6人。

（徐嘉佳）

外向型经济

【概况】 2019年，全区外贸进出口总额9.8亿美元，比上年同期下降3.3%（人民币口径67.6亿元，增长0.89%）。其中，出口总额5.9亿美元，增长3%（人民币口径41.06亿元，增长7.49%）；进口总额3.8亿美元，下降11.68%（人民币口径26.58亿元，下降7.84%）。年内，实行外经贸政策“即享即兑”，包含项目有境内外国际性展会、出口信用保险、国际体系产品认证、境外商标专利认证等14个项目，全年完成申报企业40余家，项目80余个，兑现金额350余万元；兑现市本级外经转型升级专项资金补助金额1002.7万元，涉及83家企业246个项目。开展外商投资企业服务年活动，参加全省外商投资企业服务年系列活动及参加浙洽会、外资工作座谈会。对外资企业开展实地调研，组织企业参加外资企业履行社会责任培训，配合建立重点外商投资企业和外商投资出口企业联系工作机制。

【境内外展会】 3月，组织1家企业参加第29届华交会，落实2个摊位参展；4月，组织12家企业参加第125届春季广交会，落实19个摊位参展；6月，组织11家企业参加第18届消博会，落实11个摊位参展；10月，组织15家企业参加第126届秋季广交会，落实24个摊位参展；组织4家企业参加第25届义博会，落实7个摊位参展。年内，还组织50余家企业参加俄罗斯国际五金展、德国慕尼黑国际户外用品博览会、第12届浙江出口商品（大阪）交易会等，累计获得订单5000余万美元；组织15家企业参加首届中国—中东欧国家博览会，达成意向成交额1000万美元以上。

对外及对港澳台贸易

【概况】 2019年，全区有外贸实绩企业共135家，出口额在500万美元以上企业16家。龙头生产企业和地产品流通企业有浙江夏王纸业有限公司、衢州市建沃精工机械有限公司、仙鹤股份有限公司、浙江仙鹤新材料销售有限公司、浙江圣效化学品有限公司、浙江尤尼威机械有限公司、浙江森拉特暖通设备有限公司、浙江彭胜文教用品股份有限公司、衢州市衢江区美洲星进出口贸易有限公司、浙江冰尔新型制冷剂有限公司、衢州耐佳特车业有限公司、衢州市富星和宝黏胶工艺有限公司、衢州五洲特种纸有限公司、浙江镇豪服装进出口有限公司、衢州市巨程钢瓶有限公司、浙江优鼎进出口有限公司等16家，累计出口3.4亿美元，占全区出口的57.8%。出口增幅同比增长40%以上的企业有32家，实现出口7631万元。

【参加首届中国国际进口博览会】 11月5—10日，组织42家单位和企业代表80余人，参加在上海国家会展中心举行的首届中国国际进口博览会。参会企业签订多项采购合同。其中，仙鹤股份与智利木浆公司现场签订5000万美元的意向采购合同。

（张　宁）

电子商务

【概况】 2019年，全区网络零售额25.15亿元，同比增长32.1%。区农产品电子商务产业园区项目配套提升，村级电子商务服务站点实现拓展升级，形成覆盖全区乡镇的电商服务网络。电商精准助农、对口扶贫工作持续推进。

【农产品电子商务园区配套提升】 年内，围绕园区政策、农产品线上品牌打造、集聚优质农产品电商资源、培育电商示范企业及园区相关配套等方面，完善农产品电商产业园功能。3月，衢江区政府出台《关于促进农产品电子商务园区加快发展的若干意见》，审核兑现第一年园区奖励资金逾200万元。园区初步具备办公、展示、会议、培训、休闲、小微企业孵化等功能，加快园区产业集聚发展。年内，签约入驻园区企业58家。

【农村电商网络建设】 年内，借助中国邮乐农品网、阿里巴巴农村淘宝、农合联、京东小站等国内知名电商平台，深入推进电子商务进农村工作，加快电子商务村级服务站点建设，建设和改造提升阿里巴巴天猫优品服务站点22个，区级天猫优品体验店进入装修阶段。2月"年货节"天猫优品完成销售额近1000万元，夺得华东区域冠军。

【电商助农扶贫】 年内，大力发展农村电子商务，助力乡村振兴。成功申报樟潭街道平杨村、太真乡竹埂底村、莲花镇山外村自然村、高家镇湖仁村、高家镇埠头村等15个市级"精准助农"工程试点村。梦想家电子商务有限公司、淘谷居生态科技有限公司等14个市级电商精准助农试点村农产品上行公共服务机构数量均居全市第一。6月初，联合市商务局组织农产品电商企业与扶贫结对的四川平武县进行资源对接，签订500万元农产品销售协议，帮助平武农产品打开线上销路。10月末，与平武县商务局达成网红助销农产品合作意向。

（陈　思）

招商引资

【概况】 2019年，全区招商引资工作紧紧围绕区委"1136"战略体系，以"活力新衢江、康养大花园"建设为目标，聚焦高质量发展，巩固和提升招商引资、山海协作、东西部扶贫协作工作成果。新引进亿元以上项目35个，其中10亿元以上项目7个，累计入库到位资金22.55亿元，为年度21亿元目标任务的107.38%。山海协作工程产业合作到位资金约19.9亿元，完成82.9%；完成消费帮扶销售额2634万元，争取各项援建资金815万元；衢江—鄞州山海协作产业园完成政府性投资19361万元，完成率194%，招商投资115876万元，完成率145%，实现工业总产值15.89亿元，增长38.84%，亩产税收9.63万元/亩。加强东西部扶贫协作，引导浙商、衢商企业到平武县投资兴业，落地产业合作项目8个，完成指标任务450%，实际到位资金5.327亿元，完成指标任务384.2%；带动562名贫困人口增收脱贫，完成指标任务390.3%。

【构建全方位招商工作体系】 建立"点、线、面"相结合的全方位、多层次的招商工作体系。组建成立上海、杭州、深圳驻外招商联络处；发挥四大招商小组作用，整合力量成立以五大主导产业为主，其他产业为辅的"5+X"产业研究服务小组；搭建全区招商引资工作服务网，通过钉钉实现信息互通。建立招商引资项目信息研判机制，加强招商引资信息的梳理、统筹和协调，提高信息的利用率和转化率。全面梳理区现有招商引资政策、项目决策咨询程序、项目落地流程等，编制《衢江区招商引资一本通》。

【完善工业招商机制】 年内，建立工业招商"3+3"工作机制，加强驻外招商及产业招商工作。驻点招商联系领导和牵头单位要及时掌握所联系的驻外招商联络处工作情况，参与重点招商项目对接谈判，协调解决招商项目落户过程中遇到的困难和问题。联系领导原则上每月不少于1次到所联系的招商驻点指导对接工作，牵头部门要随时跟进重大项目招商，参加在驻点地举办的专题招商活动或其他有关招商事务。产业招商联系领导原则上每月对小组工作开展情况进行过问、督办，并参与重大产业招商项目对接谈判，协调解决招商项目落户过程中遇到的困难和问题。牵头单位负责抓总联系产业的研究及项目招商。

【山海协作】 年内，贯彻落实全省山海协作推进会精神以及市委、市政府"融杭联甬接沪"的部署，加强与省定结对的宁波市鄞州区协作。鄞州、衢江两区主要领导互访3次，四套班子副职及党政各部门互访交流逾20次。3月27日，鄞州、衢江两地党委主要领导在鄞州组织召开山海协作联席会议，签署2019年度山海协作合作备忘录。7月26日、8月7日，鄞州、衢江两地政府主要领导围绕消薄飞地、乡村振兴示范点、教育、卫生、乡镇（街道）等重点合作内容，先后在衢江、鄞州召开联席会议，签署系列合作协议。依托鄞州—衢江上市企业协作联盟，为衢江引荐柏庭康养综合体、摩米创新工场等2个产业项目，其中柏庭康养项目计划投资10亿元以上，作为宁波和衢州、丽水两地唯一的区县级合作项目在7月25日全省山海协作工程推进会上成功签约。抓好消薄飞地规划建设，在鄞州以土地指标换产权的形式获取20亩约3万平方米小微工业园产权，以委托运营获+前期固定收益+后期税收分成的形式建设消薄飞地，于10月18日土地摘牌，11月开工建设，助推163个经济薄弱村消薄。加强杭衢协作，与桐庐、滨江开展分管领导互访活动，主动参与杭州市山海协作工程培训班和专题对接会，与滨江、桐庐两地达成乡村振兴示范点共建协议，争取到位协作资金300万元。在桐庐举办山海协作产业投资推介会。衢江—滨江科创飞地，依托浙江赛智伯乐投资管理有限公司和衢江国企，合作运营高新区（滨江）"创新飞地"孵化器，引进项目3个，高端人才15人。

【与平武县深度协作】 年内，以产业扶贫作为主攻方向，立足衢江和平武特色优势，推动双方在绿色现代农业、高新技术产业、生态旅游开发等领域合作。落实财政帮扶资金3560万元，重点遴选产业发展、村集体创收、贫困户增收等项目。以就业为导向、以脱贫为目标，建立两地互通人才资源市场，通过劳务招聘会、发布用工信息等渠道，帮助平武贫困群众就业脱贫。加强产品营销，在消费帮扶上持续发力。区协作办、区总工会等相关部门联合下文，向社会各界发放倡议书，鼓励衢江区党政机关、企事业单位、社会组织积极参与消费扶贫。

（李　青）

财政·税务

财　政

【概况】 2019年，区财政局围绕区委“1136”发展战略体系，按照“划清边界、厘清事权、做好蛋糕、集中财力办大事”的理财思路，推进全面实施预算绩效管理、优化财政支出结构，加强财政监管，实现财政事业持续平稳健康发展。全区财政总收入28.94亿元，增长11.3%。一般公共预算收入17.52亿元，增长7.0%；税收收入14.56亿元，增长6.3%，占一般公共预算收入的83.1%。全区一般公共预算支出51.83亿元，增长26.1%。全区财政收支平衡。

【机构改革】 年初，根据《衢州市衢江区机构改革方案》（区委发〔2019〕3号）文件，区财政局农业综合开发项目划入区农业农村局，预算执行情况和其他财政收支情况监督检查职责，相关单位的相关经济责任审计职责以及区属国有企业监事会等职责划入区审计局。区财政局加挂区政府国有资产监督管理办公室牌子。

【服务经济】 年内，落实中央、省、市、区减税降费政策、财政扶持政策，全年为企业减免税收3.02亿元，兑现奖补资金2.75亿元，减免、返还企业社会保险费7500万元。全区争取2019年度地方政府债券资金10亿元，省一事一议财政奖补助推美丽乡村建设项目资金2400万元，省级乡村振兴产业发展示范建设县专项补助资金4000万元，省山水林田湖草生态保护修复试点资金四年共计8000万元。投入22.80亿元，实施政府投资项目186个。投入城区工业用地搬迁资金3亿元、新田铺田园康养综合体项目2亿元、美丽乡村建设资金1.87亿元、“一户多宅”暨全域土地整治资金2.76亿元。

【改善民生】 年内，民生支出34.99亿元，增长19.8%，占一般公共预算支出的67.5%，十大民生实事项目投入9.10亿元。教育支出9.04亿元，增长47.2%；医疗卫生支出5.99亿元，增长21.1%。统一调整全区城乡居民最低生活保障金至770元/月·人，提前两年实现最低生活保障年标准9000元以上目标。精准发力，支持打赢脱贫攻坚战，投入专项扶贫资金7541万元，推进“消薄飞地”产业园、乡村旅游等产业扶贫项目建设。完善扶贫资金动态监控系统，加强扶贫资金管理，确保贫困群众真正受益。较2016年，全区低收入农户由10.81万人减少到1.74万人，人均可支配收入由9789元增长到11667元，行政村集体经营性收入均10万元以上。

【财政改革】 3月，在全市率先启动构建集中财力办大事财政政策体系，对标中央、省委“三大攻坚战”和“富民强省十大行动计划”战略部署，提出“3+8”集中财力办大事财政政策体系，梳理政策170项，保留政策85项、强化政策31项、整合政策32项、新出台政策22项。厘清2019—2022年财政收支政策和重大项目资金安排。落实预算绩效管理三年行动计划，推进“全方位、全过程、全覆盖”的预算绩效管理体系建设。对部门整体支出、重点项目、专项资金等开展重点绩效评价。年内，向同级党委、人大、政府报告绩效抽评和重点评价结果，对结果进行通报、向社会公开，逐步建立绩效目标和评价结果与预算安排、政策调整挂钩机制。

【财政监管】 年内，建立健全涉农资金统筹整合长效机制，统筹性质相同、用途相近、功能互补、用途衔接的行业间涉农资金，对上级涉农专项转移支付资金和本级安排的涉农专项资金推行“大专项+任务清单”的管理模式，集中财力支持“三农”发展。探索建立第三方评估体系，建立以绩效为导向的财政支农政策机制，加强涉农资金监管。加强政府投资项目评审工作，全年评审项目1811个，送审金额98.53亿元，核减金额9.83亿元，核减率10.0%

【政府采购】 全面实施政府采购全省一张网，加强数字改革，实现供应商库、商品库全省共享，形成“全省买货、货卖全省”的统一政府采购网上超市市场。优化政府采购程序，变“审批制”为“备案制”，采购业务办理时间缩短三分之一，实现1个工作日办结。从2019年10月起下放公开招标限额以下单一来源项目审批权限，对于预算金额在公开招标数额标准以下，符合单一来源采购方式适用情形，拟采用单一来源采购方式的政府采购项目不再进行事前审批，不再要求履行专业人员论证以及论证意见公示程序，采购单位可实现单位终审。

【“最多跑一次”改革】 年内，开展部门间办事“最多跑一次”试点，实现部门间办事时限缩短50.0%，流程精简40.0%。会同经信部门设立“企业政策兑现专窗”，让企业“进一个门、跑一次窗、办一件事”。8月对首批55项涉企奖补政策试行“即享即兑”，补助企业60家，补助资金793万元，兑现周期最快缩短为当天。

【内控管理】 完善财政资金收支规程、内部监督检查办法等制度。制定党建引领促进清廉财政建设实施方案。梳理财政系统9大廉政风险及2大业务风险，开展风险大排查，查出69个风险点，制定107条防范化解措施。

（柴慧玲）

税　务

【概况】 2019年，区税务局在市税务局党委和衢江区委、区政府的领导下，立足新起点、展现新作为，有力有序推进改革，圆满完成各项目标任务。全年共组织税费收入38.40亿元，同比增长1.58%。其中，税收收入26.22亿元，增长8.35%；增值税入库15.52亿元，企业所得税5.30亿元，个人所得税1.11亿元，车购税0.09亿元。办理出口退税1.60亿元，增加1368.45万元，增长9.34%。组织社会保险费（含职业年金）及非税收入12.17亿元，下降11.74%。

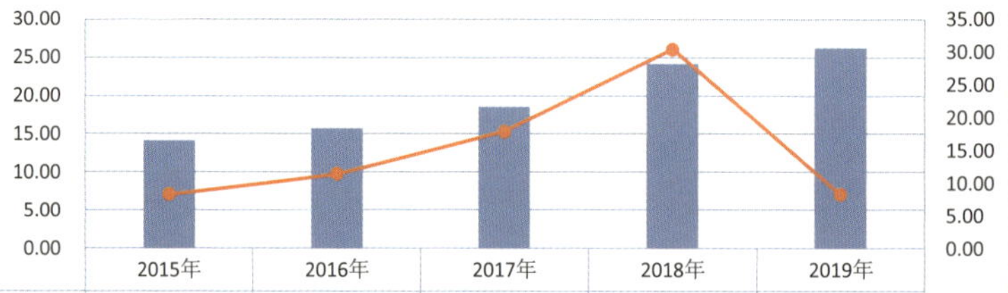

	2015年	2016年	2017年	2018年	2019年
税收（亿元）	14.12	15.74	18.56	24.20	26.22
增幅%	8.29	11.47	17.89	30.39	8.35

2015—2019年衢江区税收收入情况示意图

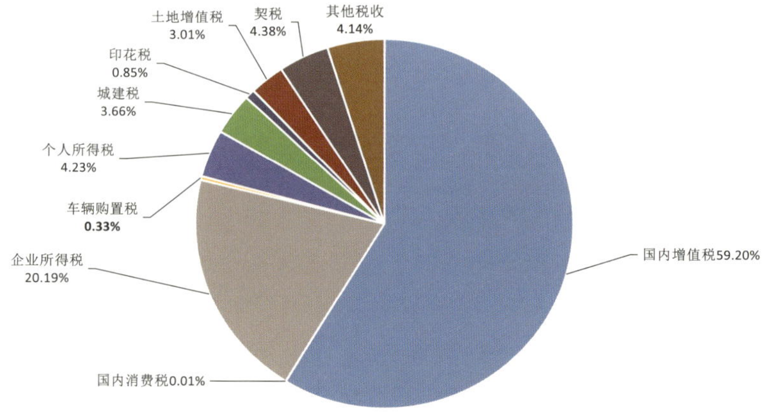

2019年衢江区税收收入分税种结构图

【税收征管】 年内，把组织收入作为中心工作，坚持依法治税，加大征收力度，做到应收尽收。开展新办出口企业下户核查。根据《全国税务机关出口退（免）税管理工作规范（2.0版）》（税总发〔2018〕48号）等文件，严把退税审核关，强化出口退（免）税风险管理工作，结合预警评估工作，采取抽样与重点模式相结合的方法，对企业的收汇情况进行核查，特别是上级下发的预警评估企业。全年共对5户企业开展该项工作，并对其中1户有问题的企业追缴退税。对受过环保处罚的企业进行实地调研，结合环保处罚决定书，初步对环保处罚进行程序性和实质性区分。对因程序性违法导致增值税即征即退中断的企业，要求纳税人提供相关材料，交由衢州市税务局备份后继续进行2019年度的即征即退备案和退税流程。对因实质性污染受到环保处罚，且存在多退增值税税款的企业下达税务事项通知书，要求纳税人补回税款。开展僵尸企业税收司法处置，与柯城区法院约定税费由交易双方各自承担，与柯城区法院执行庭沟通，及时追缴欠税。经统计，华昊实业补缴欠税140.79万元、恒通茶机补缴欠税34.82万元、昊洋食品过户补缴欠税59.10万元、晨诚纺织补缴欠税18.94万元、新宇化工补缴欠税145.09万元。与衢江区法院约定由买受人承担，确保过户环节税费后，对破产企业开展补充申报。开展对职业放贷人征税。根据《浙江省高级人民法院、国家税务总局浙江省税务局印发〈关于对职业放贷人征收税费的会议纪要〉的通知》（浙高法〔2019〕100号）文件精神，与衢江区法院开展协作，获取职业放贷人名单、身份和本金、利息收入等情况，及时对征税事宜进行核实。9月5日，首次征收涉及税款6.35万元，为全市职业放贷人征税金额最大的一笔。

【减税降费】 年内，把落实减税降费政策作为“一号工程”。通过培训辅导，发放资料，线上推送和线下走访等方式，实现政策减税降费宣传全覆盖。4月，通过统一查询平台，筛选加计抵减应享未享名单，逐户电话通知并再次告知操作流程，并对违规申请加计抵减的企业进行核实，为6家企业退还增值税留抵税额687.86万元。全年办理企业减免税收3.02亿元，办理出口退税1.60亿元，增加1368.45万元，增长9.34%。对制造业、交通运输业、建筑业等行业企业，实施阶段性降低社会保险费。全区享受社保费降费企业1942家，减免社会保险费3302.41万元。

【税费政策宣传】 年内，大力推广征纳沟通平台，丁税宝激活企业数（含个体）8103户，激活人数7447人。发送税收政策宣传短信34366条、上门辅导小微企业户数627户次、对3681户次纳税人开展10场实体培训。加强城乡居民养老保险参保缴费的宣传。3月6日，与区社保局联合下发《关于做好2019年度城乡居民基本养老保险参保缴费工作的通知》后，随即赴大洲、莲花、高家等乡镇（街道）宣传养老保险参保缴费以及对制造业、交通运输业、建筑业等行业企业实施阶段性降低社会保险费等政策，推动了基本养老保险参保缴费及减税降费政策工作的开展。

【上线不动产登记“一网通办”】 7月15日，不动产交易登记正式上线，办理二手房的纳税人可以登入政务服务网办理二手房的不动产转让。在税务税费缴纳环节纳税人只需将不动产证拍照上传，受理人员可通过系统获取资规部门的房屋信息、民政部门的婚姻信息，以及本部门的上手契税信息来计算税费，计算好税费后会短信通知纳税人在线上缴纳税款，同时，通过与民政部门的数据互通，在办理不动产交易过户及缴纳税费环节不再收结婚证，减少了上门办事的纳税人所需提供的资料，不动产登记“一网通办”的上线，实现了纳税人二手房交易跑零次。

【创新失地参保“1+39+ N”运作模式】 为解决失地保险参保集中、窗口人力不足的情况，更好地践行“最多跑一次”改革，利用税务、社保、农商行三方数据共享的条件，创新失地参保“1+39+ N”运作模式。即由税务、社保和银行人员组成的一个流动工作站，利用覆盖全区的39个农商行网点及“N”家丰收驿站（262家），集中性开展失地参保工作。哪里有征地就到哪里，失地参保工作到哪里。对于未能在流动工作站办理参保的，可在距离最近的农商行网点缴费，真正实现缴费就近跑，跑也不出镇。失地参保新模式的推出，失地参保流程由原先10天跑3趟4个部门变为“就近跑一次”，大幅降低群众办事成本。

【以党建引领税务工作】 结合“不忘初心、牢记使命”主题教育，开展赴安徽小练村参观革命展示馆、赴灰坪乡“重走红军路”、参观衢县支部旧址等革命传统教育，举办“不忘初心跟党走 牢记使命收好税”演讲比赛、“青春心向党 建功新时代”主题征文比赛，观看爱国电影《我和我的祖国》、警示教育片《反贪风暴》《以案警醒 初心不忘》等活动，引导党员干部发扬首创精神、奋斗精神以及奉献精神。在党员队伍管理中，严格按党员目标管理进行考评；强化学习培训，针对工作实际，提升52名党员干部的软实力；完善党建工作管理制度，规范党务工作流程；严肃党内政治生活，推动“三会一课”、双重组织生活、民主生活会等各项制度的严格执行，确保会议、活动取得实效。继续实施“党带群、师带徒”主题活动，由老党员与青年干部“结对子”，言传身教，引导青年干部主动向党组织靠拢，全年吸收入党积极分子2名、预备党员1名，转正党员1名。年内，还完成69人职级套转，其中4人套转为四级高级主办、28人套转为二级主办、15人套转为四级主办、22人套转为一级行政执法员。完成4名干部的职级晋升，3名晋升副处职级、1名干部晋升正科职级。

（陈 芳）

金融

综述

【概况】 2019年3月，区金融服务中心完成机构改革，原衢江区政府金融工作办公室（衢江区政府国有资产监督管理办公室、衢江区金融服务中心）更名为衢江区金融服务中心，区政府直属公益一类事业单位，机构规格相当于正科级。年内，区金融服务中心引导银行机构服务经济实体，各项工作取得实效。至年末，全区银行业金融机构存款余额270.64亿元，较年初增加51.23亿元，增长率23.35%。其中城乡居民储蓄155.39亿元，较年初增加29.49亿元，增长率23.42%，对公存款115.25亿元，较年初增加21.62亿元，增长23.09%。贷款余额237.16亿元，较年初增加39.38亿元，增长19.91%。其中，小微企业贷款余额84.84亿元，较年初增加27.76亿元，增长率48.63%；三农企业贷款余额121.57亿元，较年初增加28.49亿元，增长率30.61%；地方性政府贷款余额4.32亿元，较年初减少1.32亿元，下降率23.40%。不良贷款余额1.38亿元，较年初减少0.68亿元，下降率33.01%。全区不良率0.58%。

【衢江金融对接会召开】 11月1日，2019年衢江金融对接会举行。区委书记周向军讲话。会议邀请清华大学五道口金融学院教授、中国人民银行总行金融研究局原局长谢平，浙江省金融十大领军人物、浙江赛智伯乐基金创始合伙人兼总裁陈斌作主题演讲。区政协主席赵建新，区委副书记、政法委书记徐惠文等参加。市金融办主要负责人、29家市级金融机构、16家区级金融机构主要负责人和全区200家工业、农业、服务业企业主要负责人参加对接会。对接会上，周向军首先衷心感谢一直以来金融机构的关心和支持，使衢江经济社会总体保持平稳较快发展。同时也真心期盼各金融机构一如既往地关心衢江发展、关爱衢江企业，各企业借助金融的翅膀，干出新业绩、闯出新天地，并形成政银企心连心、手牵手的良好局面。他表示，只要有利于衢江金融健康发展的、衢江企业壮大腾飞的、衢江经济做大做强的，党委政府都将全力支持、全力以赴、全力保障。谢平教授以《金融供给侧改革》为题作主题演讲；陈斌总裁作《风险投资推动产业创新和数字经济》主题演讲。会上，与会人员还观看了衢江金融工作助力企业发展的相关宣传片。近年来，衢江区持续推进凤凰行动，仙鹤股份于2018年在A股主板上市，成为全市第6家A股上市公司。五洲特种纸上市申请材料已被证监会正式受理，另有在全国新三板挂牌企业5家，在浙江省股权交易中心挂牌企业共19家。此外，产业基金持续发力，加大与社会资本方对接力度，推进“全域旅游”和“大花园”建设。绿色金融持续创新，绿色保险、绿色信贷，为农业提供管理新手段和新机制，服务农村绿色改革。

【服务企业上市和直接融资】 年内，开展企业股改、并购重组和上市企业发债工作，组织6家重点培育企业参加市场板块政策走向培训、11家造纸业企业参加纸浆产业专题培训会。6

月19日，中国证监会正式受理衢州五洲特种纸业股份有限公司上市申请材料。仙鹤股份有限公司通过淘宝网拍平台以5099.365万元收购艾科赛仑有限公司；浙江勇辉智能科技有限公司以1000万元的价格出让51%的股权给广东好太太集团；浙江志高机械股份有限公司与7家投资机构签订股权认购协议，共募集资金8500万元。12月16日，仙鹤股份有限公司完成12.5亿元可转债发行，募集资金主要用于投资年产22万吨高档纸基新材料项目。至年末，全区共有全国中小企业股份转让系统挂牌企业5家。新增股份制改造企业2家，分别为衢州河川翻板闸门科技股份有限公司和浙江吉祥厨具股份有限公司。

【绿色金融服务】 2月，根据《衢江区国家农业社会化服务标准化试点项目实施方案》，编发《信用户、信用村（社区）、信用乡镇（街道）评定规范》（衢江区地方金融标准）。9月，试行“律师调解+司法确认”模式，快速解决金融借款合同纠纷。该模式得到副省长朱从玖的批示，并在省跑改办编发的《领跑者》中刊登，也成为全市各县（市、区）第一个上《领跑者》；12月，在全省农村金融改革现场推进会上，以《奋当“三农”金融产品创新者，全力助推乡村振兴高质量发展》为题作典型交流发言，介绍“畜禽活体抵押贷”“农村承包土地经营权抵押”“大棚抵押贷”等农村金融产品改革创新的“衢江经验”。

金融监管

【概 况】 2019年，围绕区委“1136”发展战略体系，积极贯彻落实上级各项决策部署，以推动“活力新衢江、康养大花园”建设为目标，服务实体经济，严守风险底线，深化乱象整治，坚持改革创新，为衢江区发展提供有力的金融支持。

【小额贷款公司监管】 4月，组织相关部门对区内3家小额贷款公司进行2019年度监管评级，以非现场监管指标和主监管员评分结果为依据，结合年度审计等信息进行评级考核。根据省金融办的考核结果，鑫业小额贷款有限公司、民丰小额贷款有限公司为B级，鸿基小额贷款有限公司为D级。

【非法集资风险排查整治】 7月8日，下发《关于印发2019年衢江区开展非法集资风险排查整治活动实施方案的通知》，明确工作要求，确定工作步骤。对东方广场、港汇广场、东城华庭等办公写字楼内比较集中营业场所开展地毯式摸排，对经营户按照“三到三核一告知”要求进行排查。对涉嫌从事金融、类金融业务公司，按照是否存在超范围经营、是否存在介绍不特定人群投资、资金具体流向、是否设立网址和微信公众号等四个方面进行深入检查。发放《禁止非法集资活动告知书》，查看公司营业执照，查询公司经营业务范围，根据公司具体信息填制《扫楼行动情况登记表》。对涉嫌存在违规情况的公司，参照《衢州市地方金融风险集中排查阶段工作指导意见》进行化解处置。检查小组排查东方广场122家、港汇广场71家、东城华庭24家公司，均未发现涉嫌非法集资企业。

【行业类主体监管】 年内，全区共有担保公司4家（除政府性担保公司正常运行外，其余均处于歇业状态）、基金1家（政府产业基金管理公司）、典当2家、民融中心1家（处于歇业状态）、证券机构1家、农民资金互助会2家。年初，机构改革职能调整，加强区域内担保、基金、典当及融资租赁等企业行业的监管。

（汪澜骐）

中国工商银行衢州衢江支行

【概况】 2019年，中国工商银行衢州衢江支行（简称工行衢州衢江支行）坚持党建统领，立足服务实体经济、防控金融风险，各项业务实现稳健快速发展，并实现三个“历年之最”：区域布局更加完善，网点数量5个，为历年最多；本外币各项存款42.3亿元，较年初新增16.2亿元，为历年最高；本外币各项贷款35.6亿元，较年初新增6.7亿元，为历年最高。

【服务实体经济】 年内，持之以恒做大普惠贷款、个人贷款（经营贷）类别的相关业务。全年普惠金融发展势头良好，坚持市场导向，以客户为中心，发挥自身优势，助力实体经济振兴，坚持基础与转型并重，贷款户数及金额增长率与上年同比均超50%。

【基层党组织建设】 年内，支行党总支根据市分行党委的统一部署，完成5个党支部的组建，并做好发展党员工作。全年预备党员转正2名、发展对象转为预备党员1名、吸收入党积极分子5名。支行网点负责人党员（含预备党员）比例100%，员工党员比例39%，还有很多年轻同志提交入党申请书，党组织的凝聚力和吸引力不断增强。

（欧阳燕）

农业银行衢州衢江支行

【概况】 2019年，中国农业银行衢州衢江支行（简称农行衢州衢江支行）贯彻区委“1136”发展战略体系，围绕“活力新衢江、康养大花园”建设目标，加大金融要素保障力度，各项工作取得成效。运行日均存款27.97亿元，同比增加3.9亿元，其中对公日均存款19.12亿元，同比增加2.26亿元，个人日均存款8.85亿元，同比增加1.64亿元。日均贷款余额24.13亿元，同比增加3.41亿元。

【风险防控】 年内，根据市分行系统部署，加强金融风险防控工作，取得新成效。全行不良贷款余额345万元、不良率0.13%，较年初分别下降241万元、0.14个百点，实现“双下降”。信用卡不良余额107万元，不良率1.05%，较年初下降0.13%。

【数字化转型】 年内，加快金融生态图建设，对编制清单内客户逐个对接，进行分析，充分利用建设成果，搭建营销场景，加强对学校、物业、食堂、景区、宗教、惠农通、个贷等场景营销，建设差异化的营销获客模板。持续营销衢江区各机关、事业单位党费交费，年内完成1000名党员在线交费，带动掌银月活客户。

【ETC业务】 年初，全面梳理未完成指标，明确目标，分解落实到位，通过开展进机关、增值服务、外拓营销等一系列活动，针对性地开展营销，做好年末收官工作。加快ETC业务推进，强化公私联动，加强对加油站、小区物业、洗车店、停车场等场景开展营销，通过洗车店、4S店等合作商户生成的二维码进行客推客营销，通过农村信息员加大农村市场营销，全员行动，多方式、多渠道同步进行，全面完成ETC业务。

（余佳佳）

中国银行衢州衢江支行

【概况】 2019年，中国银行股份有限公司衢州衢江支行（简称中行衢州衢江支行）按照“激发活力、敏捷反映、重点突破、强化风控”工作思路和“三比三看三提高”工作要求，在市行党委的正确领导下，积极主动地开展各项工作，在党建引领、存款提升、客户基础、普惠金融、内控合规、队伍建设等方面取得一定的成效。至年末，本外币存款余额8.89亿元，较上年新增0.478亿元，增幅5.68%。其中对公存款6.12亿元，对私存款2.77亿元。本外币贷款余额10.56亿元，较年初新增0.92亿元，增幅9.51%。2019年，实现营业收入3146万元，净利润2368万元，同比增幅52.57%。

【拓展普惠金融】 年内，利用普惠金融政策优势、审批效率高的优势，拓展一批中小企业客户。至年末，衢江支行普惠金融贷款较年初新增3425万元，新增普惠金融客户11家，积极支持衢江地区实体经济的发展。在这一批新客户中，通过强化对基本户、国际结算、代发薪、结算流量的合作，全面带动支行公司、个金各项业务的发展。

【存量客户新增授信】 年内，支行将存量项目挖掘与新项目新客户的拓展作为营销的重要抓手，做好存量客户的项目挖掘和后续营销服务，分别对仙鹤股份新增授信3000万元、宝红制造新增授信3000万元。营销衢江区重点项目和优质企业，主要对接浙江海港衢州港务有限公司项目、衢州和正建设、华统牧业等项目。通过召开政银企座谈会、对接开发区小微企业园项目，积极批量储备一批普惠金融项目。个人业务方面，对接德信双宸一手房项目，营销志诚上东府项目和宝红公司14-2地块项目按揭，储存一批个人按揭授信客户和车位分期项目。通过房产中介，积极营销一批二手房项目；外拓走访网点周边经营户，营销一批普惠金融客户群。储备中财公司园区卡项目，中冶天工衢江苑、航东花苑项目农民工代发薪业务。

【加强队伍建设】 年内，扎实开展“不忘初心、牢记使命”主题教育。学习习近平新时代中国特色社会主义思想、党章党规，进一步发挥基层党组织的战斗堡垒作用和党员的先锋模范作用。党员干部冲在前，干在先，客户经理（理财经理）、大堂经理、柜员三支人员队伍，每支队伍中的党员凝心聚力、干事创业勇担当作表率，激发员工外拓营销、厅堂营销的积极性和主动性，全行形成比学赶超的良好氛围。支行党支部被省行评为2019年度先进基层党组织。

（郑　健）

中国建设银行衢江支行

【概况】 2019年，中国建行银行衢州衢江支行（简称建行衢江支行）围绕区委“1136”发展战略体系，贯彻落实市里分行各项决策部署，以“惠普金融、住房租赁、金融科技三大战略”为动力，以转型创新为动力，以风险管理和合规经营为保障，扎实开展各项工作，取得良好成绩。年末，一般性存款余额12.82亿元，贷款余额21.37亿元。获省个人金融业务网点综合优胜奖、省2019年“开门红”旺季营销活动综合优胜支行第二名。

【调整营业网点布局】 年内，在市分行精细化管理案例推广工作的基础上，具体案例归口推动多层次联动工作机制。设营业部和客户部，向公司类客户和个人类客户提供结算、储蓄、代理、融资服务，利用服务网络及自助设备，根据客户需求，开展代收付、理财、贵金属买卖、代理保险、基金购买、网上银行等金融服务。同时，推广智慧柜员机应用，提高业务办理效率。

【惠普金融服务】 年内，依托金融科技力量，深耕“裕农通”服务平台，加强“裕农通”特色产品研发，同时，将更多更优质的农产品搬上“善融商务”电商平台，助农产品“走出去”。将普惠金融快速延伸到乡村田园，由村指定合作商户服务点布放银行卡受理终端设备或“建行裕农通”App，向借记卡持卡人提供助农取款、现金汇款和余额查询、转账汇款、代理缴费等服务，助力乡村振兴战略实施。

【融资方式多样化】 年内，企业贷款、个人信贷取得长足发展，并推出适应客户需求的信贷产品，使融资方式多样化。地方重大战略项目以传统贷款产品为主，包括流动资金类贷款、固定资产类贷款、贸易融资类贷款等。小微企业以小微企业快贷为支撑，开办基于大数据分析技术的“抵押快贷”“云税贷”“个体工商户经营贷”等一系列大数据信贷产品。农村地区顺应浙江省“美丽乡村”建设新形势，推出“文明助农贷”，将银行个人金融服务延伸，主动让利客户，落实价格减免政策，开展助业贷款和普惠金融政策。

【内部监督管理】 年内，按照省、市分行及银监局、人民银行要求，加强内部精细化管理，严防操作风险、信用风险、市场风险。通过组织合规文化学习、合规宣誓等，每位员工对照岗位合规要求进行合规自查，让合规文化渗透到日常工作中。同时，通过网格化管理，党员同志联系普通员工，及时掌握员工工作生活动态，以防案件发生。2019年支行对公贷款继续保持低不良率，个人贷款不良率持续下降。支行推行精细化管理，内部管理水平不断提高。

（余雪仙）

衢州衢江农商银行

【概况】 2019年，浙江衢州衢江农村商业银行股份有限公司共有机构网点39个，各项存款152.8亿元，比2018年末增加24.02亿元，增幅18.66%，其中储蓄存款新增17.55亿元，比2018年同期增加7.82亿元；各项贷款108.17亿元，比2018年末增加12.33亿元，增幅12.87%。涉农贷款余额83.4亿元，区域市场份额69%；小微企业贷款余额52亿元，区域市场份额66.39%。年内，获浙江农信系统考核一级（优胜）单位、浙江农信系统“业务成长十佳银行”、衢州市政府特别奖“绿色金融之星”奖、区政府特别奖“税收突出贡献奖”一等奖、衢江区服务行业部门类“最满意单位”等荣誉。员工陈林峰获评第二批省属企业“五个一”人才工程“杰出技能标兵”、“浙江省劳动模范”。

【助力乡村振兴】 3月23日，被区委、区政府授予“乡村振兴主办银行”；农商行为衢江区乡村振兴授信50亿元，紧贴需求满足乡村振兴的金融需求。5月30日，向衢州佳苑牧业有限公司发放衢州市首笔禽畜活体仓储抵押贷款400万元，即通过“奶牛活体抵押登记+奶牛保险+仓储监管”的贷款模式，唤醒养殖企业的“沉睡资本”。7月18日，在区委组织部支持下，达成“党建红 普惠金”乡村振兴服务合作，建立乡村振兴银地合作发展共同体。与辖内22个乡镇（街道、办事处）、279个行政村党组织签订合作协议，实现党建联盟全域覆盖，并建立干部联挂、支部联动、事业联创的三级协作机制，将党支部堡垒指数、村干部红黄灰三色考评、党员先锋指数、居民有礼指数等四项测评指数纳入贷款授信政策挂钩内容，推出“头雁贷”“先锋贷”“有礼贷”“诚商贷”“消薄贷”五项信贷产品。9月11日，在衢江区首届“天南地北衢江人”活动现场，举办“乡贤卡”首发仪式，发出全市首张“乡贤卡”，通过个性化、高端化的“乡贤系列”专项服务，助力乡贤干事创业。至年末，全行涉农贷款余额 83.4亿元，比2018年末增加9.54亿元，增幅12.92%。

【助力融资畅通】 1月，创新推出“惠民贷”贷款、票据池大票换小票业务。2月15日，作为《衢州市科技金融合作贷款工作方案》中8家合作贷款银行之一，发放首笔500万元基础利率的科技金融贷款，支持科技型小微企业。4月8日，依托省农信联社平台，在丰收互联上线首款小额信用贷款产品“浙里贷”。4月28日，创新开办“订单贷”贷款，并于5月20日发放衢州农信首笔“订单贷”，以中标合同、有效订单或贸易合同质押方式，为符合国家产业政策要求的中小型企业提供用于订单项下生产经营周转的贷款。7月21日，参与衢江区党建统领商户自律互查行动，与市场监督管理局、住建局合作，对衢江区振兴中路商户开展走访建档，根据商户诚信积分、垃圾分类积分，结合经营实力，进行集中分类授信，给予每户最高50万元的信用贷款。8月27日，与衢江区退役军人事务局合作，对全区现役、退役军人及家属群体授信10亿元，创新推出拥军贷、创业贷、荣耀贷等产品，支持退役军人群体干事创业。同月，推广“无还本续贷”模式，对贷款到期后仍需续贷的进行无缝衔接贷款，降低小微企业资金周转成本。9月2日，将位于民营小微企业园区的东港支行作为小微企业专营支行；全面推广不动产登记系统、不动产评估系统。年末，该行支持小微企业户数6725户，比2018年末上升711户，小微企业贷款余额52.02亿元，比2018年末增加5.79亿元，增幅12.52%。

【发展绿色金融】 3月12日，在人民银行衢州市中心支行、衢江区林业局支持下，在云溪乡姜孟村举行“绿梦森林”公益活动启动仪式。即为衢州市范围内居民关注“衢江个人碳账户”微信小程序后可建立“个人碳积分账户”，通过绿色出行、绿色支付、绿色生活类业务办理均能获得相应积分，每500个积分可兑换公益树苗一棵，以此激励居民培养“低碳环保”的绿色行为习惯。4月11日，率先衢州农信系统试点推广绿色银行服务平台，将衢州农信探索形成的“小而美”绿色金融成果投入使用，借助判定指标体系，从低到高量化客户绿色风险等级，作为支持或退出的评估标准。该平台全辖所有网点全面上线，新增贷款需经绿色平台环境和社会风险评估后再发放。9月

30日，成立衢州农信系统首家绿色专营支行——高家绿色专营支行。年末，绿色信贷余额30.33亿元，比2018年末增加8.48亿元，增幅38.81%。

【深化“最多跑一次”改革】 年内，与市政务大数据平台、市公积金中心三方资源整合，推动实现居民身份证“一证通办”，并于2月28日，在衢江区行政服务中心，成功办理全省首例“一证通办”住房公积金商业组合贷款。3月，首家“社保”主题丰收驿站入驻衢州市第二人民医院，为市民提供门诊挂号、专家预约、社保卡激活、挂失等服务。“人脸识别就医支付”付诸运用，客户可通过自助机具“刷脸”完成诊疗费用的结算。同月，与区社保局、区卫生局、区妇保院、区人民医院、区公安局合力推进新生儿全生命周期“一件事”联办，源头对接全区所有产科产房，上门代办所有新生儿社保参保、社保卡办理、缴费等业务。6月22日，联合衢州市第二人民医院率先全市推行“医后付”。患者就医时，只要在自助机具上刷该行卡开通“医后付”，即可实现不付费直接检查、化验和取药，看完病再付费，欠费最长时间可达7天。同月，首家“智慧校园”在大洲镇翔宇中专成功上线，依托浙江农信系统“金融IC+省联社间联云平台”模式，为师生提供校园卡充值、查询、挂失、解挂、家校互动等服务。11月，充分发挥ETC推广主力行、社银联通主办行作用，攻坚推广ETC、电子社保卡。年末，全行实体社保卡持卡人群区域覆盖率83.3%，电子社保卡覆盖率38.09%，位列全市第一；新增ETC占全区金融机构拓展量的91%。

【推进内部管理转型】 1月16日，云溪支行由云溪乡山背乔迁至云溪村718号。1月18日，杜泽支行古街分理处在杜泽镇巽峰路172号挂牌营业。9月，对职能部室、支行设置进行优化调整。总部层面，撤销信贷管理部、普惠金融部，改设业务管理部，下设丰收驿站管理中心；信息科技部更名为科技数据部，下设数据中心；运营管理部下增设反洗钱中心；风险合规部下设审查审批中心、清非中心；增设党群工作办公室，与董事会办公室合署办公。调整后共设11个部室，在总量未变的情况下，以中心管理模式，更突出丰收驿站、数字化转型、反洗钱、清非抓降、审查审批等专管功能。支行层面，将公司部、直销部并入营业部，营业部下设公司部、零售部；增设西区、柯山和振兴3家二级支行。围绕“增活力、强素质、提效能”的目标，启动包括中层干部、分理处主任级竞聘、员工双选在内的“双聘双选”。双聘后，聘任中层干部42人（挂职、借用4人），实际在岗38人，较上一届减少3人，平均年龄37岁，比双聘前下降2.93岁，35周岁及以下中层干部人数21人，占比50%，本科学历人员占比100%；分理处主任级岗位人员56人，平均年龄33.27岁，比双聘前下降3.73岁，35周岁及以下人员占比82.14%。

【浙江农信丰收驿站旗舰店衢江周举行】 3月22日，浙江农信丰收驿站旗舰店衢州月衢江周活动在杭启幕。省政协原副主席陈艳华，省农信联社党委书记、理事长王小龙，省供销社主任邵峰、省高院副院长徐建新、衢江区委书记周向军出席。500余位在杭衢江乡贤(企业家代表)纷纷到场、共话发展。衢江周活动包括“幸福在浙里”启动日、“美味在浙里”美食日、“乡情在浙里”乡贤日、“文脉在浙里”文化日、“共赢在浙里”银商日等内容。5天时间内，上架衢江特色农产品35种，销售金额3.3万元，为“衢江山农”农产品递出了“金名片”。

【实施增资扩股工作】 6月29日，经2018年度股东大会审议通过，并报衢州银保监分局、省农信联社批准同意，实施增资扩股工作。先后开展转增股本、同比例扩股和定向募股，至年末，共计募集股权0.648亿股，股权总额达3.43亿股，其中法人股1.36亿股，占比39.66%；自然人股2.07亿股，占比60.34%；员工股0.6亿股，占比17.50%，全部符合监管要求。完成注册资本和章程的变更备案后，该行注册资本由2.06亿元变更为3.43亿元。

【推广诉源治理模式】 年内，探索金融纠纷诉源治理模式，在辖内设立ODR工作室5个，全辖推广“律师调解+司法确认”模式。年末，通过调解方式达成协议167件，涉贷金额9535万元。其中，126笔涉贷金额7635万元风险得到释缓，正按律师调解的协议内容履行；39件未按协议履行的已向法院申请司法确认，通过法院强制执行共收回贷款本金1900万元，综合节约时间成本6个月，节省诉讼费用49万元，促成优化基层治理的“衢江经验”。年内，省高院、省银监局等10余家省市级单位和30多家金融机构先后到现场参观考察。做法获省委常委、政法委书记王昌荣点赞并要求推广，获副省长朱从玖批示肯定，并亮相《浙里改（领跑者）》第47期。

【捐资助学】 3月3日，衢江区教育大会上举行捐资助学仪式，衢江农商银行向教育系统捐资518万元。

（方　琪）

邮储银行衢州市衢江支行

【概况】 2019年，中国邮政储蓄银行股份有限公司衢州市衢江绿色专营支行（简称邮储银行衢江支行）按照踏准节拍、精准融合、谋准发展、抓准风险总体思路，开展各项工作。年末，储蓄时点余额12229万元，2019年净增4563万元，日均余额9620万元，2019年净增1236万元。零售贷款结余104000万元，2019年新增贷款15000万元，不良率及不良额均实现“双降”。

【发展绿色金融】 年内，衢江支行将绿色金融发展与区域产业转型升级相结合，通过创新产品、优化服务，打出一套绿色金融改革助推民营企业发展的“组合拳”。在推动当地特色农业发展方面，创新推出“新农贷”产品，助力区域现代化高新农业产业园建设。在支持小微企业发展方面，创新还款方式，开展减费让利。至年末，新增贷款2292万元，创下支行历年小企业贷款净增新高。同时，支行加强绿色银行建设。大力加强电子银行建设，有效提升电子银行替代率，加大厅堂分流引导力度，提升网点形象。加大绿色产品创新、推广力度。积极开展绿色宣传。支行上下从我做起、从小事做起，积极开展绿色办公，开展节水节电节纸活动，提倡节能减排理念，并以身作则，向客户、向身边人宣传，携手打造绿色社会。支行开展一些力所能及的绿色公益活动，如绿色骑行、健步走、与小学生共建绿色宣传活动等，并加强绿色金融宣传工作，主动在各级新闻媒体发声，提升邮储银行的品牌形象。

【金融精准扶贫】 年内，贯彻落实党的十九大精神和党中央打赢脱贫攻坚战的决策部署，围绕“精准扶贫、精准脱贫”基本方略，稳步推进金融扶贫工作。作为国有大行，邮储银行衢江支行主动提高政治站位，充分履行社会责任，真心实意服务实体经济。在助力单位脱贫方面，精准对接、积极帮扶。衢江支行提高对信息的敏感度并拓宽信息来源渠道，特别是针对支行周边的拆迁信息、棚改信息或者其他补偿款发放等信息的捕捉，抓住机遇、提前介入，发展储蓄存款。

【“最多跑一次”改革】 年内，践行市政府提出的“打造中国营商环境最优城市”精神，通过优化服务流程，创新优化产品，加强系统支撑等形式深化落实“最多跑一次”。为方便衢江区客户办贷，推进“最多跑一次改革”，通过争取省分行支持，开通了合同面签监控网点，配备兼职合同面签岗。通过推行贷前会商制度，开展公司账户在线开户预约，优化贷款审查审批流程实现金融服务“限时办”“简化办”；通过加大科技投入，创新推出线上产品实现金融服务“机器办”“线上办”；通过深化助农服务点打造，利用电子化智能设备和载体实现金融服务“就近办”“上门办”。

（彭玉洁）

衢州衢江上银村镇银行

【概况】 2019年，浙江衢州衢江上银村镇银行股份有限公司（简称衢州衢江上银村镇银行）秉承“立足衢江、支农支小”的经营宗旨，强化资源配置、创新还款方式、担保方式，把信贷投放的着力点放在衢江区民营小微企业和“三农”客户上，大力支持民营经济，实现信贷业务稳步发展，自身活力不断增强。年末，衢江上银村镇银行各项存款余额3.65亿元，各项贷款余额2.78亿元。其中，涉农贷款余额1.84亿元，较2018年末增加1568万元，增速9.29%；小微企业贷款余额1.28亿元，较2018年末增加1461万元，增速12.84%。年内，获中国银保监会衢州监管分局2019年度监管统计工作考核三等奖、中国人民银行衢州市中心支行2019年度衢州市金融统计竞赛考核先进集体、衢州市银行业金融机构2019年度支付结算会计营业A等行、衢江区银行业第六轮安全评估第二名。

【提升科技支持水平】 年内，完成核心业务系统全面升级，丰富核心业务系统功能，实现公信贷系统、个人信贷系统、电子银行系统（包括个人和企业网上银行、手机和微信银行）、反洗钱系统、金融统计及非现场监管数据报送系统、短信平台等外围系统的全面升级转型，进一步提升信息科技系统对业务发展的支撑作用。

【普惠小微企业金融服务】 年内，加大对民营企业的支持力度，落实支持民营经济高质量发展行动计划，积极沟通区政府及各经济开发园区，找准细分市场，不断强化资源配置，创新还款方式，改进审批时效，拓宽担保渠道，深化发展绿色金融，落实完善尽职免责制度。2019年末，国标口径小微企业贷款余额1.28亿元，较2018年末增加1461亿元，增长12.84%，高于各项贷款2.36个百分点，完成监管部门“两增两控”考核目标。

（李　琳）

人保财险衢州市衢江支公司

【概况】 2019年，中国人民财产保险股份有限公司衢州市衢江支公司（简称人保财险衢州市衢江支公司）秉承“人民保险、服务人民”的使命，贯彻落实上级公司和地方政府提出的各项工作要求，充分发挥保险作为经济“减震器”和社会“稳定器”的作用。全年实现保费收入1.17亿元，支付各类赔款9559.5万元，缴纳各类税收93.71万元，代收车船税339.13万元。

【持续打造全域服务网络】 年初，公司从市区迁至衢江区，从服务延伸、方便群众办事角度出发，在将原沈家办事处迁建为上方营业部，加上原有的廿里、杜泽营业部，实现在衢江区内机构网点“1+3”格局，形成从南到北带状分布。通过警保合作、两站两员推动，建成莲花、廿里、上方等乡镇的交通协管员、农村协保员一体化队伍。

【政保合作再升级】 年内，公司继续巩固现有政保项目，深挖项目潜力，为政府分忧，为企业保平安，为百姓谋福利。继续做好区农房险、区农村集体聚餐食品安全责任保险等险种的承保工作；持续跟进新田铺田园康养综合体项目，顺利签订衢江区新田铺田园康养综合体农民工工资支付履约保证保险和建设工程施工合同履约保证保险，以42.16万元保费为该项目提供3011万元的风险保障，不仅满足了政府工程项目履约的社会需要，也为企业解决高额担保金的资金难题，同时让保险在社会经济建设方面贡献更多力量；推进“保险+服务”模式，进一步提高安环保险的覆盖面，让更多的企业能够享受到“生产有保障，安全有指导，出险有人保”的优质服务。

【“三农”业务特色发展】 年内，公司在做好原有的生猪、水稻、油菜保险等业务的同时，主动拓展其他特色农业险种。新开办家庭农场综合保险、政策性农业机械综合保险，提高了农民抵御自然灾害、市场风险、意外伤害等多方面风险的能力，得到政府和农户的大力肯定和支持。年初，在生猪养殖行业新推出扑杀保险，为生猪养殖户在政策性保险基础上再上一道保险，全年扑杀保险收取保险费79万元，赔款支出280余万元，极大支持地方生猪产业发展。受生猪养殖业疫病和“利奇马”台风影响，年内农业保险出现较大亏损，保费收入1584万元，赔款支出2210万元。

【助力农村深化改革】 7月29—30日，全省深化“三位一体”农合联改革现场会在衢江区召开。人保财险浙江省分公司与省农合联签订共同推进农业保险服务合作协议，双方将在保险服务领域开展广泛合作，全力支持农业农村经济发展，助力乡村振兴。公司始终将金融支持“三位一体”农民合作经济组织体系建设作为服务农业供给侧结构性改革的重要着力点，探索“三位一体”创新金融信用合作模式，通过“保险+贷款”模式助推农村经济发展，破解农业龙头企业、农民专业合作社、家庭农场及家庭农户的“融资难”“担保难”问题，助力乡村振兴发展战略实施。

【大灾理赔勇担重任】 8月10日，“利奇马”台风袭击衢州，举村乡等地造成重大损失。公司迅速组建灾后理赔工作组，以最快的速度完成灾后理赔查勘核实、灾后赔付工作，减轻灾害对群众造成的损害，帮助群众尽快恢复生产生活。得到区委、区政府的认可与肯定，获衢江区政府集体嘉奖。

（包　涵）

中国人寿衢州市衢江支公司

【概况】 2019年，中国人寿保险股份有限公司衢州市衢江支公司以“完善大保障、共筑民生网”为目标，充分发挥保险保障改善民生的重要支撑作用，致力于不断满足人民群众日益丰富的保险需求。在市场竞争日趋激烈的环境下，实现业务收入大幅提升。提前102天完成年度短险预算目标。团险渠道全年实现短险保费2419.91万元，税后保费收入2371.93万元，完成年度预算目标的113.06%，同比增长22.91%，增量442.16万元。银保渠道完成渠道保费129.6万元。个险渠道年度累计标保实收保费217.78万元，同比增长211.8万元。全年共受理理赔案件8363件，赔付13676211.86元。

【拓展扶贫健康保障项目】 年内，在原有良好的服务基础上，继续对接推进精准扶贫惠民保险的工作，参保人数达1.8445万人，实现财政出资保费276.675万元。至年末，直付到位低保客户6795人，支付赔款184.10万元。

【学生平安保险微信投保】 年内，通过部分公立学校微信二维码扫描投保试点，学生平安保险微信投保及补充条款推广成功，获得教育部门及家长的一致认可。同时，一如既往做好学平险服务、定时到学校回访等工作，保费规模再创新高，全年实现保费563.82万元。

【推广男性安康保险】 4月末，联合区卫健局召开全区启动会，开展男性安康保险试点。5月末，完成22个乡镇培训工作，通过各片区负责人、乡镇分管领导、妇女主任的协助，首次推广男性安康保险试点工作取得阶段性成功，弥补了全区对于男性安康方面提供保障的空缺。全年实现计生系列保险保费380.2万元。

【农房建工险】 年内，借助区规划部门统一部署会，加强乡、村二级平台沟通，拓展协保员对农建房、赤膊墙粉刷等业务。全年实现建工险保费79.3万元。

【城乡居民补充保障项目】 年内，以“共筑民生网、完善大保障”目标为愿景，依托政府平台，通过项目运作，全员努力，全年实现签约客户代扣保费1035.6万元，参保率达到46.72%。

【三级惠民服务平台建设】 年内，深化“最多跑一次”改革，稳步推进区、乡、村三级惠民服务平台建设，整合多部门资源，依托网络服务体系，辖区各村居民均能享受家门口的“一站式”服务（集报案、调查、受理“一条龙”服务及一次性告知）；为方便客户办理业务，统一在社保窗口及各乡镇便民服务窗口设立中国人寿服务标牌，实现区、乡镇、村三级服务平台链动，有效提升队伍服务效率。对全区22个乡镇从事社保工作劳动保障员进行业务集中培训，提升保障员专业服务技能，利用互联网便利，实现微信理赔。

（方　壹）

科学技术

综 述

【概况】 2019年2月，区科学技术局完成机构改革，与区科学技术协会合署办公，下属办公室、高新产业与发展规划科、科技合作与外专科、科学普及与社会发展科等四个科室。年内，实施区委“1136”发展战略，贯彻省科技新政50条，聚焦“科创”新动能，以科技创新推动经济高质量发展。获评第十三批省科技特派工作先进单位；被省科技厅评为2016—2018年度全省科技工作成绩突出集体；获2017—2019年衢州市科技特派员工作先进集体、产业创新先锋战队等称号；区级机关单位综合考核三等奖。

【科技投入】 年内，全区科技投入1.23亿元，实施省级新产品试制计划34项，区级以上各类科技研发、科技成果应用及产业化计划项目立项55个，省级18项、市级13项、区级24项，项目涉及医疗卫生、高档特种纸、装备制造、电子、农业种养加工等主导产业，支持经费1590万元。向91家企业发放创新券276万元。审批使用创新券168.38万元，惠及企业76家。为147家企业做好研发投入、专利、新产品及各类科技型企业补助申请，涉补资金1963.55万元。新增国家高新技术企业14家、省级高新技术企业研发中心2家、省级科技型企业34家。20家企业61项新产品通过省级新产品试制计划立项。高新技术产业增加值26.38亿元，高新技术产业投资增幅10.3%。实施全市最优企业研发费后补助政策，企业研发补助1232.15万元。

【科普活动】 全年举办科技活动352场次，发放科普书刊、资料2.6万份（册），直接受教育或受服务的群众10.2万人次。其中，科普（技）讲座135场次，参加1.14万人次；专题展览36场次，参观1.28万人次；科普（技）竞赛活动15场次，参加2834人次；举办实用技术培训62场次，参加5217人次；创新创业培训43场次，参加1629人次；科技类项目投资路演和宣传推介活动4场次；科技类创新创业赛事11场次，参加168人次。

【科技特派员】 7月8日，省委办公厅、省政府办公厅联合发布表彰通报，衢江区获评“第十三批省科技特派员工作先进单位”。实施科技特派员制度以来，全区高度重视科技特派员工作，成立科技特派员领导小组和办公室，明确分管领导。区科技局主动与科技特派员派出单位、科技特派员、入驻乡镇联系沟通对接，积极为科技特派员营造良好的工作环境。为了使科技特派员尽快掌握工作方法，融合乡镇，区科技局策划“六个一”重点工作，即谋划一项重大项目、实施一项特派员专项、联系一个园区、联系一家企业、撰写一篇调研报告、建设一个示范基地。2017—2018年间，科技特派员谋划重大项目32项，其中2项入选区重点项目库，实施特派员项目54项，引进红美人、红罗莎里奥提子等新品种，推广茶树菇高效生态栽培技术示范与推广、碳酸钙在造纸工业中的应用与推广等一批新技术，建立科技示范基地260多公顷。2019年，20个乡镇（街道、办事处）派驻科技特派员（省级18人、市级9人），实施科技项目27个，推广新技术40项，引进新品种71个，建立科技示范基地142公顷，举办科技培训班49期，参训农民1199人，发放资料3742份。

科技管理

【概况】 2019年，区政府设立科技分管副区长，21个乡镇（街道、办事处）设立科技分管副乡镇长（副主任）；20个乡镇（街道、办事处）派驻科技特派员，开展实施科技项目、推广新技术，引进新品种，以及科技培训活动等。科技活动周期间，区科技局组织开展科技科普知识宣传咨询、普法宣传、治水护水宣传、康养知识宣传咨询和义诊服务、知识产权宣传进企业、科普讲座、博士生乡村振兴科技服务团、科技工作者日等形式科技活动18次，集中宣传活动1场，科技讲座6场，参与活动单位14家，现场展示宣传图板16块，公众参与活动2300人次，发放各类科技宣传资料（图册）3200余份（册），解答群众咨询130余人次，为群众免费义诊220余人次。

【科技活动】 3月11日，联合区委组织部、区人社局等单位开展衢江区第二届优秀科技工作者评选工作，评出优秀科技工作者10名（工业6名、农业2名、医卫2名）。3月13日，出台《关于深化“三服务”工作的通知》，提出“服务企业、服务群众、服务基层”推动高质量发展。4月3日，联合区财政局、区税务局发出通知，调整区高新技术企业认定管理工作领导小组组成人员。4月4日，联合区人社局等部门开展2018年度自然科学优秀论文评选活动，评出优秀论文17篇，其中一等奖1篇，二等奖3篇，三等奖13篇。5月中旬至6月上旬，联合区科协举办第三个“全国科技工作者日”系列活动，活动主题“礼赞共和国 追梦新时代——科技助力推动高质量发展”。8月27日，出台《关于印发衢江区科技计划项目管理实施办法的通知》和《关于组织申报2019年度科技计划项目的通知》。10月24日，出台关于印发《衢江区科技特派员项目和资金管理办法（试行）的通知》。12月10日，出台关于公布《2019年衢江区科技计划项目立项的通知》。

“8·10”强台风过后，区科技局（科协）在举村乡开展灾后防疫知识宣讲

（叶深渊 供图）

【科技信息网络】 年内，衢江科技网、浙江网上技术市场衢江分市场、政务公开、政务服务、衢江科技微信公众号等科技信息网络服务平台，发布各类政务信息328条。其中，政务公开网站衢江区科技局分栏发布207条、“衢江科技”微信公众号发布103条。区级科技项目申报系统经系统开发建设，与浙江科技大脑系统进行配对打通接入，实现省、市、区三级科技项目在线办理、统一入口、一网通办，并与浙江政务服务网的数据交互和数据共享。

【“最多跑一次”改革】 年内，完善行政权力事项及公共服务事项的网上办理、掌上办理、窗口办理、承诺期限、一证通办、材料电子化率等流程，3项行政权力事项和公共服务事项实现“最多跑一次”全覆盖、100%进中心、跑零次比率100%、五星级事项100%、网上办事实现率100%、掌上办事实现率100%、材料电子化率100%，承诺时限压缩比超过60%，其中“区科技计划项目评审”从优化前的180个工作日优化到60个工作日，“创新券推广应用服务”从无期限优化到60个工作日。

【外专项目获省级立项】 年内，外专工作划入区科技局，申报省级国外引智项目2项，其中衢州东方特钢有限公司引进比利时专家指导研发的《陶瓷合金钢开发》项目被省外专局立项，获1.34万元专家费用补助。

科技创新

【概况】 2019年，全区高新技术企业76家，其中国家级52家、市级24家；科技型中小企业182家，其中省级174家、市级8家；市级创新型企业12家；省级农业科技企业24家；企业研究院9家，省级7家，市重点企业研究院2家；高新（工程）技术研发中心44家，其中省级11家、市级33家；省级区域科技创新服务中心1家；省农业科技企业研发中心7家；引进大院名校共建创新载体5家，其中省级2家、市级3家。至年末，区科技类民办非企业3家（衢州柴云良中医药肝病研究所、衢江区柳丰物流技术研究所、衢州竹炭新材料研发中心）。

【科技进步争先进位】 根据省科技厅科技进步统计检测评价表明，衢江区2018年度科技进步综合排名全省第43位，较上年度上升10位，其中企业R&D经费投入占主营业务收入比重增幅列全省第3位，研究与试验发展经费支出增幅、研究与试验发展经费支出占GDP比重增幅、企业R&D经费投入增幅三项均居全省第4位。全社会R&D经费投入占GDP比重达1.86%，列全市各县（市、区）第一位。

【产业创新服务综合体纳入省级创建名单】 年内，衢江高性能纸及纤维复合新材料产业创新服务综合体获“第三批省产业创新服务综合体创建和培养”名单。综合体将采用“政府引导、企业支撑、市场化运作”的建设模式，建设国家级纸浆储备中心、实验与检测中心、节能减耗技术研发与转化中心、中水回用技术研发与转化中心、啄木鸟专业服务队等7个载体作为“一站式”服务的核心。依托仙鹤股份有限公司建设的综合体集中服务平台，包括产业信息展示中心、实验中心、检测与检验中心、科技大市场及办公、培训场地及周边配套设施等一站式服务窗口，弥补衢江工业经济短板，推动块状经济高质量发展。加快建成产业特色突出、布局集中连片、创新体系完备的高性能纸及纤维复合新材料产业创新发展示范区。

【获推创建国家农业科技园区】 年内，全区以科技为支撑，建立农业科技园区建设工作领导小组和工作专班、编制建设规划。园区按核心区、示范区和辐射区布局创建。核心区建设“放心农业双示范园”，包括新田铺农村产业融合发展示范园和全旺农业高新技术示范园，面积1000公顷；示范区建设“三个特色小镇”，包括莲花未来农业小镇、廿里现代农业小镇和湖南绿色药都小镇，面积16000公顷；辐射区为衢州市其他地区和浙江省及相邻的闽、赣、皖等省份。12月5日，经省科技厅审核和省人民政府审定，由衢江区创建的浙江衢州国家农业科技园区作为全省唯一的申报指标被推荐到科技部。

【省“万人计划”实现零的突破】 年内，向省科技厅遴选推荐省“万人计划”科技创新创业领军人才候选人4人，其中科技创业领军人才3人、科技创新领军人才1人。仙鹤股份有限公司董事长兼总经理王敏良获科技创业领军人才荣誉称号，实现省“万人计划”零的突破。

科技服务与交流

【概况】 2019年，组织企业参加科技成果推介会、科博会、高交会、科企对接会、军民两用技术博览会、省网上技术市场活动周等活动15场次，参加企业75家次，促成签订技术合同46项，技术交易金额2.475亿元。衢江科技大市场引进长期合作科技中介机构13家，开展知识产权保护培训、专利贯标培训、知识产权金融质押对接交流、高新技术企业申报培训、技术经纪人培训等各类科技服务活动16次。

【科技合作】 年内，拓展校地、校企科技合作取得效果。先后16次组织院校专家科技人员67人次，与23家企业对接指导。组织大型技术咨询活动2次，举办科技讲座2次、科技培训2场。4月3日，衢江区与浙江工业大学共建“浙江工业大学衢江区技术转移中心”。同日，与中国计量大学、浙江理工大学等院校专家洽谈校地合作、校企合作。

【网上技术市场】 年内，中国浙江网上技术市场衢江区分市场企业会员617家，发布技术难题和技术需求信息36项，投入研发资金2850万元。组织20家企业参加5场省科技成果竞拍活动，8家企业拍得9项科技成果，总成交金额371万元，科技成果竞拍成交数创历年新高。征集8家企业的10项技术难题需求参加中国创新挑战赛，其中6项入选全省100项正式参赛难题库，1项入选现场赛。报送数及入选数列全市各县（市、区）第一。好梦来家纺有限公司的“在床垫中加入睡眠质量监测功能，为用户带来更加智能和人性化的体验”难题需求项目入选现场赛。11月6日，第四届中国创新挑战赛（浙江）暨2019年浙江省技术需求“张榜招贤”大赛数字信息行业现场赛上，好梦来家纺有限公司与衢州学院王海伦团队现场签订合作协议。

【山海协作】 5月15日，与鄞州区科技局签署科技合作协议。5月16日，区科技局赴滨江区洽谈科技合作、科技飞地、数字经济。6月3日，与杭州滨江区科技局签订科技合作协议，在科技合作与交流、“创新飞地”研发平台共建、创新创业平台建设、科技服务平台建设、产业推介会、科技人才交流、科技干部交流等7个方面开展合作。6月21日，与到衢江考察调研的桐庐县科技局领导洽谈山海协作、科技合作。

（徐秀忠）

气象工作

【概况】 2019年，市气象局衢江分局与市气象服务中心合署办公，一个机构、两块牌子。下属事业单位衢江区气象防灾减灾中心，业务工作由市气象服务中心承担。8月，舒耿豪兼任衢江分局副局长（主持工作）。年内，以服务社会、服务经济、服务发展为宗旨，以气象现代化建设为抓手，围绕“气象减灾就是增效、防灾就是维稳”的思路，稳步推进气象灾害防御建设，圆满完成各项工作任务。

【气象服务】 年内，气候起伏较大，极端天气频发。年初，遭遇罕见的连阴雨。3月20日，普降中到大雨，局地大暴雨。4月9日，出现12级大风，破历史纪录。梅汛期出现6轮强降水过程。8月10日，遭受第9号超强台风“利奇马”的正面袭击。面对极端异常天气，提前发布风险预警，为防灾救灾赢得时间。对电力、交通、春运、高考、体育赛事等开展专题气象服务。世界名校赛艇挑战赛期间，定制气象服务专题2期。完成柑橘、水稻、茶叶等多种农作物精细化农业气候区划和农业气象灾害风险区划制作，联合农业部门，成立衢江区气象为农服务专家联盟队伍，依托衢州市农业气象业务服务平台，提升气象为农服务的精准化水平，每周制作和发布“天气与农事”“现代农业园区专题”等农气服务材料，预报预警信息覆盖莲花现代农业园区内的全部种植大户。制定《衢江区中药材气象服务方案》，填补气候对特种作物中药材影响评估的空白。

【防雷监管】 会同经信、住建、交通运输、资源规划、应急管理、生态环境等部门联合开展自备油罐企业安全检查；对莲花永强加油站和汽车东站加油站进行综合验收；开展全区易燃易爆场所防雷安全监管巡查。

【设施建设】 联合区政法委，将基层气象防灾减灾融入综治工作平台，通过综治平台传播气象预警信息。年内，完成4个乡村负氧离子监测站、1套农田小气候综合观测站以及2个气象预警终端项目的建设。

【气象灾害防御职责纳入乡镇“三定”方案】 年初，机构改革将气象灾害防御职责纳入乡镇“三定”方案，优化气象工作体系，进一步强化政府在气象灾害防御工作中的主导作用，提高了全区气象灾害防御能力。11月1日，召开衢江区气象机构成立以来首个气象防灾减灾工作会议，总结气象防灾减灾工作，部署下一阶段气象防灾减灾重点工作，开展气象防灾减灾标准化村创建和气象防灾减灾知识培训。对乡镇气象协理员和信息员开展专业培训，提高履职尽责能力。

（罗志伟）

教 育

综 述

2019年，全区实施城区教育“三百工程”，新改扩建学校6所，新增校舍10万平方米，区第一初中、第二小学建成投入使用，创建省标准化学校31所，义务教育、职业教育、学前教育协同发展，成功列为国家义务教育基本均衡区。全区共有持证幼儿园77所，在园幼儿11890人；小学22所，在校生20641人；普高3所，民办中学1所，在校学生数4956人；中职1所，在校学生数2045人。全区在编教师专技人员2661人，其中正高级职称教师2人，副高级职称教师513人，中级职称教师1219人，初级职称教师846人。其中全国模范教师1人、省教坛新秀1人、市教坛新秀7人，市名师9人，市红烛奖7人、市劳动模范2人。全年省、市在衢江举办各类教育教学活动12次，浙江省德育优秀科研成果推广交流会暨德育支教活动在区实验小学举行、衢州市小学语文“打造读写教室”实验学校第一次研讨会在区一小举行、衢州市小学语文“读写一体课”研讨活动在区四小举行、马道围棋公益棋手培养基地授牌挂牌仪式在峡川学校举行、衢州市小学数学教师素养大赛暨教研组长基本功比赛在区四小举行、衢州市义务教育精品课程研讨会在衢江区实验小学召开、衢州市初中语文影视资源运用案例评比活动在衢江区东港初中举行、衢州市“互联网+义务教育”教学研讨会在区二小举行、衢州市2019年“书法进校园”活动在衢江二小举行、衢州市小数会年终工作会在区一小召开、北师大教材年终培训（复习与评价专题）暨衢州市小学数学教学研究分会2019年年会活动在区一小举行、浙江省第十一届中小学生校园足球联赛（衢州赛区）在区二小举行。

重大教育改革

【概 况】 2月28日，区委、区政府印发《关于大力推进教育质量提升工作的实施意见》，旗帜鲜明地把教育作为“一号工程”，形成“1+X”教育政策体系。全区树牢“抓教育就是抓发展、谋教育就是谋未来”教育优先意识和“三个三”教育发展理念，即“三个优先”保要素：经济社会发展规划优先安排教育发展、财政资金优先保障教育投入、公共资源优先满足教育发展。“三个倾斜”强管理：领导力量向教育倾斜，领导精力向教育倾斜，有限资源向教育倾斜。“三个只要”造氛围：只要教育问题，都全力以赴；只要教育困难，都全力协调；只要教育需要，全力保障。加快构建政府履职尽职、学校自主办学、社会有序参与、各方合力推进的教育事业发展新格局。

【全区教育大会】 3月3日，区委、区政府召开历年来规模最大、规格最高的全区教育大会，副市长王良春，市教育局局长毛胜田，衢江区四套班子领导、各机关部门负责人、乡镇（街道）党政“一把手”和分管领导、教师等近5000人参会。会上表彰先进，树立一批师德师风、教研水平、管理能力特别突出的先进典型。大会通过“现场+视频”的方式，延伸到全区乡镇、覆盖到全区学校、传递到全区教师，大会的报道微信点击量两天内达到10万+，留言4000多条，社会强烈反响、群众纷纷点赞，进一步浓厚了全社会尊师重教的氛围。

【建立挂联学校"第一书记"制度】 3月26日，区委组织部下发《关于在教育系统派驻第一书记的通知》（区委组发〔2019〕18号），建立部门局长挂联学校"第一书记"制度，联系部门每年必须为挂联学校办一件实事，乡镇必须全力保障教育重点工程建设，帮助学校改造硬件、提升软件，解决学校急难事，推动教育改革创新、教师队伍提升、学校品牌打造，形成尊师、重教、助教的浓厚氛围。激发社会各界关注教育、支持教育、参与教育，组织党代表、人大代表、政协委员定期视察调研，督促目标落地、落实、落细。

【建立教育发展专项基金】 年初，区四套班子、区级各部门以"三服务"活动为契机，宣传"在衢江、为衢江、改变衢江"的理念，激发各类主体的社会责任感，凝聚合力支持教育发展。社会各界自发建立衢江区教育发展专项基金，捐资助学款筹得3032万元。该基金实行专项管理、专项运转、专项监督，重点用于品学兼优学生奖励、贫困学生帮扶、教育质量改进等方面。

【调整教育布局】 5月，启动农村薄弱初中学校撤并工作，探索学区化、集团化办学，打造"一核三区"，即城区教育核心园区，衢东（横路、高家）、衢南（廿里）、衢北（杜泽、莲花）"三个教育学区"，辐射引领全区教育发展。引进杭州育才集团，完成东港小学、廿里初中、横路初中新建，廿里小学扩建，启动区职业中专迁建，进一步夯实城乡优质教育资源平台。完成区实验幼儿园、临江幼儿园、浮石幼儿园等新建，实施乡镇幼儿园提升工程，启动全旺镇等7所公办幼儿园建设，计划财政投入1000万~1200万元，到2020年实现每个乡镇有1所公办幼儿园的目标，补齐学前教育短板。

【教育人才引进】 年内，制定《衢江区加快优秀教育人才引进实施办法》，在全市、全省甚至全国范围内公开选拔校（园）长、副校长等重要岗位。出台《衢江区中小学幼儿园储备员额教师管理办法（试行）》（衢江教〔2019〕51号），实现"加人加钱不加编"。在衢州6个县市区里率先面向社会公开招聘教师35人。赴安徽师大、华中师大、天津师大、西北师大及省内重点高校、师范院校招聘高层次优秀毕业生66人，其中研究生学历17人，"211""985"高校6人，招聘质量、招聘人数创历史新高。

【提高教师津补贴】 农村特岗教师津贴由原300~600元提高到500~1400元；小学、幼儿园班主任补贴由原280元提高到600元；初中、高中班主任补贴提高到1000元。农村外地单身青年教师每人每年发放5000元租房补贴。举办3期教育大讲坛，邀请部晏中、徐建平、马骉、刘大春等国内知名教育专家到场讲座，参训覆盖全区各中小学和幼儿园教师。

校园安保

【概况】 2019年，全区中小学、幼儿园安全形势持续稳定向好，未发生一起安全责任事故和师生群体事件，为教育改革发展提供强有力的安全保障。

【安全教育】 积极与有关部门协调，开展学校安全教育活动。加强防诈骗、防盗抢、防校园欺凌等知识的辅导，提高师生防范能力。广泛开展防溺水宣传教育，提高学生安全防范和自救能力。开展"学生安全千万家"家访活动，《致全国中小学生家长的一封信》实现发放、签字、回收、留存率4个100%。

【交通安全保障】 年内，进一步完善接送车安全工作方案、安全管理制度、交通安全事故应急预案等。全区共有校车137辆（其中专用校车52辆，非专用校车85辆），开通校车接送学校23所，接送线路243条，受益学生6679名，学生上下学交通安全。

【食品安全管理】 深入推进"食品安全放心工程"建设。学校食品安全管理工作机制及监督组织建设率达100%；义务教育阶段大宗食品统一配送或定点采购比率100%；食堂AB等级覆盖率91.3%；食品安全知识知晓率100%；公办学校参加食品安全责任保险比例100%。

【净化校园环境】 年内，全区投入231万元，改造提升13所学校的监控设备，配备“智慧式用电安全管理系统”208套。全区专项培训校园保安179名，完善“护学岗”“高峰勤务”机制。以全国文明城市创建为契机，4次集中开展校园周边环境整治，校园周边流动摊贩、治安环境、三无食品等安全突出问题得到明显改善。做好学生防溺水工作，主动对接当地政府设置安全警示标牌，加强对危险水域的安全监管。根据浙江省委教育工作领导小组《关于规范中小学进校园活动的实施意见》和区政府《衢江区进校园活动准入和备案审核制度》，开展进校园活动排查，全区查出各类进校园活动30余项，按照要求落实整治措施。建立部门审批机制，各级党政机关、群团组织每年上半年和下半年开展梳理进校园活动，于7月和12月报区教育局审核认定，按照有关程序公布认定的进校园活动清单。学校每学期在“清单”中选择不超过5项进校园活动进行组织开展。全区各中小学、幼儿园派出专人负责各类进校园活动的整治工作，通过组建整治工作联络群，实行各类进校园活动的周报制度。建立意向从属机制，因地制宜。充分尊重学校自主权，学校可根据自身的师资力量、教育设施、生源状况、学校特色和学生兴趣等，自主选择有利于学校发展、有利于素质教育开展的活动进校园，报区教育局备案审核。

学前教育

【概 况】 2019年，全区以“普及”和“规范”为目标，本着“边发展、边规范”的总体工作思路，逐步形成“政府主导、属地管理、部门指导”的学前教育体制。通过第一轮三年行动计划的实行，多元投入、公办和民办共同发展的学前教育格局逐渐形成，学前教育的普及率、办学条件和办学质量明显提高。全区共有持证幼儿园77所，在园幼儿11890人。其中公办幼儿园13所，占比为16.67%；等级幼儿园75所，含省一级幼儿园1所，省二级幼儿园27所，省三级幼儿园47所，等级园覆盖率为97%；教师持证率94.27%；学前三年入园率97.32%。

【经费保障】 年内，全区投入2.3亿元用于公办幼儿园建设。9月，新增公办学位4400余个，全区实现乡镇公办幼儿园全覆盖。出台《衢江区学前教育发展专项资金管理办法》，建立幼儿园生均公用经费补助机制，采取以奖代补的形式，对上等级的普惠性幼儿园给予一定金额的扶持，2019学年全区共发放奖补资金734万元，并落实租金减免、缓交社保等政策。

【幼师队伍建设】 年内，新进幼儿教师15人，缓解幼儿教师紧缺局面。同时，面向全省公开招聘公办幼儿园园长，提高园长队伍整体素质。出台《衢江区中小学幼儿园储备员额教师管理办法（试行）》，招聘储备员额教师50人，以“底薪+保障”的方式补充幼儿教师队伍。

义务教育

【概 况】 2019年，全区有小学22所，546个班级，在校生20641人，入学率100%。全区原有初中16所（含九年一贯制3所），班级243个，在校生10359人。年内，开展初中学校布局调整，撤并7所小规模薄弱初中学校，引进衢江杭州育才中学。调整后，全区共有初中10所，班级241个，在校生10544人，入学率100%。

【德育培养】 年内，区教育局通过有礼育人、管理育人、课程育人、文化育人、活动育人、实践育人、协同育人，让学生更有礼，让教师更有能，让活动更有味，让成果更有料。1月4日，召开衢江区中小学“立德树人、静心育人”德育工作现场会，全区中小学把立德树人内化到学校建设和管理各领域、各方面、各环节，将德育与“衢州有礼”品德的打造和全国文明城市创建相融合。3月13—14日，举行第二届班主任工作论坛；推进班主任队伍专业化发展，进一步强化德育队伍建设。10月12日，区委宣传部召开全区德育工作会议，相关部门和乡镇街道分管领导及中小学校长、分管副校长参加。10月17日，区委常委、宣传部长带队调研中小学德育工作，相关部门和乡镇参加。11月15日，区委办、区府办建立衢江区德育工作联席会议制，全区形成德育工作合力。

【初中学校布局调整】 5月14日，区政府根据衢江区“十三五”教育事业发展规划及《衢江区教育中长期布点规划（2017—2035）》，印发《衢江区教育中长期布点规划（2018—2035）》，启动全区初中学校布局调整。撤后溪镇初中、湖南镇初中并入廿里初中；撤大洲镇初中、全旺镇初中并入东港初中；撤上方镇初中、峡川学校初中部、周家学校初中部并入杜泽初中，7所初中学校撤并，整合教育资源，促进义务教育均衡发展，满足人民群众对优质教育资源的迫切需求，适应衢江区城镇化水平迅速发展需要。

【课后校内托管】 年内，根据省教育厅、发改委、财政厅、人力社保厅关于进一步规范小学放学后校内托管服务的实施意见，全区22所小学有21所（湖南小学寄宿制除外），按照“学生自愿、校内实施”的原则，开展小学生课后校内托管服务工作。小学生课后托管服务，解决了家长接送，学生作业完成等后顾之忧，社会反响良好。

【新生入学网上报名】 年内，全区加强无纸化报名平台建设，2月完成平台采购招标，3月与杭州容博教育科技有限公司签订采购合同，4月平台建设基本完成，5月中下旬分别进行小学、初中网上报名，6—7月报名材料审核，8月录取完成。至此，全区所有义务教育学校新生入学全部实行网上报名、网上审核、网上录取，网上报名小学3683人，录取3554人；初中3359人，录取3294人。

【学生近视防控】 年内，在全区18所学校（城区10所、6个乡镇8所）开展学生视力筛查，幼儿园、小学、初中、高中四个学段共4840名学生，查出近视2937人（符合近视标准2927人，角膜塑形镜佩戴者10人），幼儿园6岁儿童近视率为7.10%，小学生近视率为42.78%，初中生近视率为86.26%，高中生（含职高）近视率为90.01%，其中，普通高中生近视率为91.93%，职业高中生近视率为84.00%。全省中小学生近视率为59.10%，衢江区检测中小学生近视率为57.58%，低于全省平均近视率59.10%的1.52个百分点。为此，区教育部门实施儿童青少年“亮眼工程”，出台儿童青少年近视防控工作实施方案。全区各学校召开家长培训会，宣传、指导家长落实家庭防控措施。区教育局联合卫健部门对全区学校教室灯光照明进行检测，按照《中小学教室采光和照明卫生标准〈GB 7793—2010〉》的要求，共改造灯光教室850个。根据《学校课桌椅功能尺寸〈GB/T 3976—2014〉》国家标准，对学校课桌椅进行全面普查，结合学生发育实际，配置可调节课桌椅，全区更换可调节课桌椅10352套。全区各学校开齐开足体育课，保证每天25~30分钟的大课间活动时间，每天开展2~3次的眼保健操活动，同时减少学生作业量，增加学生的课外活动时间，鼓励学生多参加户外活动，增加学生放松眼睛的时间。

【学校结对帮扶】 年内，全区14所中小学建立“互联网+义务教育”结对帮扶学校，5所城区学校与农村学校结成学习共同体，3所农村小学与省内发达地区的宁波市3所小学结成学习共同体，莲花初中与市内华茂初中结成学习共同体。9月18日，衢江区“互联网+义务教育”工作推进培训会在区二小召开；10月17日衢州市“互联网+义务教育”结对帮扶学校教学教研工作推进会在区二小举行，参与结对帮扶的14所学校管理共进、教学共研、资源共享、信息互通、师生互动、差异互补，至年末，全部超额完成结对帮扶任务。

【教育教学获奖】 区第一小学《摆手歌舞土家人》获第三届全国葫芦丝巴乌展演获组合组金奖；廿里小学获省课外阅读先进集体；衢江二小获2019年度浙江省健康促进学校银奖；衢江二小《"蓝精灵小银行"财商体验教育》获衢州市中小学"五五一二"品牌德育孵化项目；第一初中、衢江二小获市婺剧进校园展演获金奖；衢江二小校少先队大队部鼓号队获衢州市"传承红色基因.争做新时代好少年"少先队鼓乐检阅赛金奖；莲花小学获衢州市第四届义务教育阶段精品课程称号；衢江区第四小学"静心书社"荣获衢州市中小学十佳精品社团；云溪小学获2019年衢州市校园足球联赛女子乙组一等奖、男子甲组二等奖、男子乙组一等奖、男子丙组二等奖；杜泽小学被评为2019年衢州市未成年人思想道德建设工作先进乡村学校少年宫；廿里小学获春泥计划十周年突出贡献单位；第一初中、廿里小学、高家小学、云溪小学、横路小学、杜泽小学被评选为第二批"市文明校园"。

普通高中

【概况】 2019年，全区共有普通高中4所，112个班级，在校学生4956人，教职工501人，高中毕业率和巩固率100%。衢州第三中学、杜泽中学、大洲中学三所为公办普通高中，信安中学为所民办中学。衢州市第三中学为省一级特色示范高中、杜泽中学省二级普通特色示范高中。全区普通高中教育质量提升，高考报名2030人，录取1955人。衢州三中高考一段上线人数比上年增长逾10%，一段纯文化上线人数大幅增加；杜泽中学高考保持上升态势；大洲中学上文化类二段线和体艺类一段人数是上年的2倍；三段线上线率100%。童肸潜同学以598分上文化类一段线。

【教育科研】 年内，全区各高中学校教育科研活动陆续展开，衢州三中举办首届科技节，邀请北京师范大学物理系教授、博士生导师刘大禾教授作《物理学趣谈——物理学与日常生活》讲座；杜泽中学确立"知源、启智、创意"课程体系，形成"三维九类、三层百门"课程群，构建多样化的课程体系、多元化的育人模式；同时，邀请衢州学院外国语学院在学校设立"高中英语教学质量提升研究"项目，"月芽儿心理健康名师工作室"在学校设立工作站，学院定期派专家到校指导。大洲中学召开"班级管理疑难问题"研讨会，重点就手机管理、早恋教育、培优补差、班级凝聚力等进行交流和探讨等，提高教师整体素质。衢州市教师文化专业知识考试，12个学科获团体优胜奖，其中语文、数学、政治、通用技术、美术等5个学科全市第一，26位教师获个人优胜奖，衢州三中连续三年获全市所有高中学校第一。区委书记、区长慰问并祝贺。衢州三中教师程雪祥获浙江省"春蚕奖"、吴群倩获全国教科成果一等奖。

【校园文化】 年内，衢州三中相继举行以"青春向阳 三中有礼"为主题的迎春文艺晚会、高三年级十八岁成人礼仪式，开展"青春心向党，建功新时代"主题教育活动、组织领航班学生到富阳中学参加夏令营活动、举办喜迎新中国成立70周年活动，召开第39届田径运动会、创建全国文明城市誓师大会以及以"不忘初心，筑梦前行"为主题元旦文艺晚会等，杜泽中学成立铜山溪文学社、摄影社团、心灵驿站等社团组织，活动定期开展，内容丰富。大洲中学以礼赞十八，开启奋斗新篇章为主题，举行2019届高三成人礼暨高考百日誓师大会，校长寄语、师生代表发言、家长发言、行冠礼、跨越成人门等，大会在激越豪迈的歌曲《骄傲》中结束。

职业教育和成人教育

【概况】 2019年，全区有全日制中等职业学校（简称"区职业中专"）1所、乡镇（街道、办事处）成人文化技术学校21所，社区学校5所。衢江区职业中专是国家级重点职业学校，浙江省改革发展示范校，省一级中等职业学校。50个班级，在校学生2045人，教职工142人，年内，根据区委、区政府“政、企、校、会”一体，“产、学、研、用”融合的职业教育产教融合新模式，实施专业对接产业、课程对接岗位、课堂对接车间、师资对接师傅、校长对接厂长“五个对接”，打造职业教育“衢江样本”。落实立德树人根本任务，推进职业教育改革，实现学校创新发展、高质量发展。全校163人参加高考，全部上线，其中本科22人，另有3人通过国际合作被韩国本科院校提前录取。通过3+2或五年一贯制，升学183人。

【区职业中专易地迁建开工】 2月28日，衢江区职业中专易地迁建项目开工。项目位于衢江经济开发区，东邻上山溪、南邻320国道、西邻芳桂北路、北邻春苑东路。项目总用地146.8亩，总建筑面积为106301平方米，主要整体迁建职业中专至开发区，建设入口广场区、行政教研区、实训区、体育运动区、后勤生活区等五部分。项目总投资3.92亿元，建设工期为2019—2020年，2019年计划投资1亿元。

【市长调研】 4月2日，市长汤飞帆在副市长王良春及市直有关部门负责人陪同下到区职业中专调研。在听取区长朱素芳办学情况介绍，参观考察机械实训中心、中医康复保健专业实训室、陶艺大师工作室后，对衢江区委、区政府高度重视职业教育，投入近4亿元迁建学校表示肯定，认为这是为民办实事的大好事，要求一定要保质保量建设好。在机械实训中心数控车前，汤飞帆仔细观察并向师生询问实习情况，得知学校牵头成立职教集团2018年荣获浙江省首批示范性职教集团情况时，要求做好产教融合这篇文章，培养更多高技能人才，办好人民满意的职业教育。在学校陶艺大师工作室，汤飞帆一边与大师徐瑞宏交谈，一边观看徐瑞宏徒弟拉坯制作，对学校成为省现代学徒制试点学校表示充分肯定，希望做好引进大师培养人才工作，进一步弘扬优秀传统文化。

【承办会议】 1月5日，由区职业中专承办的中国竹产业协会竹炭分会筹备会暨衢州市竹炭产学研联合体推进会在衢江召开。浙江省竹产业协会秘书长翁甫金，国家木质资源综合利用工程技术研究中心副主任、浙江农林大学博士生导师张文标教授，区职业中专代表等出席会议，区职业中专教科室主任刘小康作《薪火相传，传承特色——木材加工（竹炭工艺）专业项目建设典型案例》汇报，介绍衢江区竹炭生产、科研、贸易及区职业中专设立竹炭加工与工艺专业等情况，与会人员从中受到启发。6月29日，衢江区举行第八届职工职业技能大赛。大赛由衢江区人民政府主办，区人力社保局、区委人才办、区总工会、衢江经济开发区管委会、区教育局、区公安局、区应急管理局、区职业中专承办，衢江区农家乐协会、衢州市汽车行业协会、衢州圣效大酒店等单位协办。

【成人礼仪式】 3月12日，区职业中专举行2019年成人礼仪式暨高考冲刺誓师大会，年满18周岁的学生以及家长、教师代表等500多人参加活动。团区委书记占石川到会并致辞。师生表演《少年中国说》等文艺节目，学生家长代表、教师代表分别发言，学校领导为成人学生代表赠送《中华人民共和国宪法》文本。

【扫黑除恶专项斗争】 4月1日，区职业中专召开扫黑除恶专项斗争教职工部署会，传达区教育局扫黑除恶专项斗争会议精神，研究部署工作。会后，举办专题培训，对扫黑除恶专项斗争起止的时间，三年的工作重点，“黑恶”的概念，具备的特征及具体表现，扫黑除恶的基本原则，打击的13类重点等进行集中培训。学校还组织师生进行扫黑除恶专项斗争应知应会题知识考试。

【企业文化宣传周活动】 5月6日，区职业中专举办的“企业文化宣传周”正式启动，本地20余家1000余幅摄影作品参展，该校学生创作的作品一并展出，全校2000余名师生前往观看。活动内容还包括职业教育政策咨询和招生咨询、学生创意创新作品展示（陶艺、机械、电子电工、电子商务）、学生创业实践成果义卖三部分，通过展板、视频音乐、现场展示、发放资料等多种形式，内容丰富多彩。

【德育项目被立项为省品牌建设项目】 1月2日，区职业中专的《基于校企合作的“竹育”德育品牌项目的构建与实施》被立项为省中职德育品牌建设项目，《创新创业服务中心》被立项为省中职创新创业教育实验室项目。《基于校企合作的“竹育”德育品牌项目的构建与实施》以“竹”为载体，通过深化产教融合，竹知识的普及，竹文化的弘扬，竹课程的开发应用，竹基地的建设，开展与竹有关的德育主题实践活动，以立德树人为根本，以提高中职学生核心素养为目标，培养中职学生坚定的理想信念，高尚的道德情操，优秀的文明素养，自觉的法制意识等优良品德。以立德树人，激发了学生学习热情，

【市“电子商务”赛获团体第一】 4月7日举行的衢州市中等职业学校职业能力大赛（学生技术技能类），区职业中专学生郑宇恒、夏延培、郑屹、巫文慧组成的代表队获“电子商务技能”赛团体第一名。此次比赛来自全市8所骨干职校的学生组成的代表队参赛，在移动网店装修、全网运营维护和网络客户服务三个部分的比赛中，衢江代表队通力协作，不畏强手，获得全场最高分。

【徐慧萍获省中职学校“最美教师”称号】 5月9日，浙江省中职学校“最美教师”表彰会隆重举行，授予区职业中专徐慧萍等20位教师为“最美老师”称号。徐慧萍，区职业中专教务处副主任兼班主任、国家二级心理咨询师、市心理健康教研大组成员。3年来坚持每周为患者开展心理咨询和心理调适各1次，以特有的爱“暖育”一届又一届学生，担任班主任的班级48位学生参加高考100%上线，16人上本科线，有8位学生分别被中国计量大学、宁波大学、浙江师范大学等省内重点大学录取。

【东西部教育帮扶】 6月7日，四川绵阳平武县职业高中的20多位学生，从3000多里外的老家来到衢江职业中专，与老师们一起包粽子、包饺子，分享端午节快乐时光。2018年，区职业中专与平武县职业高中结对帮扶，平武县职业高中首批30名学生来衢江区职业中专学习并完成阶段性学业。同时，区职业中专还选派多名优秀教师前往平武县职业高中开设讲座、培训师资等，从此结下友谊。

【成人教育】 年内，依托衢江职业中专成立衢江区社区学院，乡镇街道建立社区学校（成人文化技术学校），以新农村建设实用型人才培养为重点，以各类农民素质培训为抓手，多形式、多途径开展各类成人教育工作。全年，全区各成人技术学校和社区学校共开展教育培训51818人次，培训人次占全区常住劳动力人口的20.7%。整合万名农民素质培训工程专项资金150万元、职业技能培训补贴160万元、养老服务产业资金50万元，共开展家政类技能培训3520余人次，促使就业人员人均月工资从培训前的3500元左右提高到5000~7000元，全年带动农村妇女增收2亿元以上。

民办教育

【概况】 2019年，全区共有民办学校3所，其中义务教育阶段民办学校有2所（衢江杭州育才中学和衢州新世纪外国语学校），高中段民办学校有1所（信安中学）。全区共有已审批文化课程类校外培训机构12家。

【引进优质高端民办学校】 年内，全区引进两所优质高端民办学校。新建衢江杭州育才中学，设定总办学规模36个班，在校学生1440人（按每班40人计算），上半年，完成7年级4个班的教师招聘和新生招收工作，招聘教师14名，招收学生180名。9月12日，区委、区政府和温州知临教育集团签订合作办学协议，引进优质民办高中，新建衢州市乐成寄宿中学，完成

前审批工作，于2020年9月1日开学。

【衢州市新世纪外国语学校】 衢州新世纪外国语学校是一所寄宿制初中民办学校，创办于2000年秋季，原址在上方镇立模村，校名为衢江区上方新世纪实验中学。2014年秋季搬迁至原云溪初中校址，更名为衢州新世纪外国语学校。2019年有教学班11个班，465名学生，教职工36人。

【衢州市信安中学（筹）】 信安中学是一所民办公助全日制完全中学，以衢州三中为依托，经衢州市教育局批准的，2015年9月信安中学创办并首招4个班176名学生。2019年有教学班14个，学生611人，教职工61人。

【校外培训机构】 年内，全区共有文化课程类校外培训机构12家（当年教育部门新审批7家），其中5家确定为全国文明城市创建测评点位。7月18日，由区政府办公室办牵头，组织区教育局、区市场监管局、区公安局、区住建局、区消防大队和区综合执法局等部门联合开展对全区中小学文化类校外培训机构专项检查，检查办学资质、安全管理、师资校验、教学规范等方面情况，进一步规范校外培训机构管理。

特殊教育

【概况】 2019年，全区共有持证残疾少年儿童（3～18周岁）335人，其中学前段持证残疾儿童人数46人，入学40人，入学率86.96%；义务教育段196人，实际入学192人（启智学校49人、本区随班就读118人、送教上门34人），入学率97.96%。高中段持证残疾少年93人，实际入学人数70人，入学率75.27%。

【衢江区启智学校】 启智学校有5个班，49名学生，21名教职员工。9月，被评为衢州市残疾人工作先进集体。12月，被授予衢州市"五好"学校关工委。年内，衢江区特教中心从衢江区启智学校选聘5位教师兼职承担中心日常工作。

【关爱活动】 全国第29个助残日期间，区启智学校联合衢州市众合帮公益服务中心、衢州市中医院开展"融合教育 温暖同行"公益活动。5月29日，区财政局、农业银行衢江支行有关负责人一行人到区启智学校，开展"同在蓝天下·关爱心连心"活动。6月21日，区启智学校与临安特殊教育学校开展校际交流，研讨管理教学。浙江省温和名班主任工作室一行到启智学校开展"跨界融合 助力特教（乡村）教师专业成长"专题研修活动。11月26日，浙江省俞林亚名师网络工作室、杭州市新锐教师培训班老师到启智学校开展送教活动。

（徐　理）

卫生健康

综　述

【概况】 2019年1月，区卫生健康局完成机构改革，整合原区卫生计生局大部分职能，区民政局老龄办职能和区安监局职业安全健康职能，组建成立衢江区卫生健康局。1月21日，区卫生健康局正式挂牌成立。组建成立的区卫生健康局以建设“健康衢江”为主线，统筹推进医疗卫生体制改革、完善医疗卫生服务体系，提升卫生健康服务水平、促进人口长期均衡发展。至年末，全区共有医疗卫生机构318家，其中区级医疗卫生单位5家、医共体分院21家（市二医院医共体分院15家、区中医院医共体分院6家），村卫生室207家，社区卫生服务站14家，民营医院3家，社会医疗机构7家，个体诊所（门诊部）63家。实际开放床位1336张，每千常住人口床位数3.26张；执业（执业助理）医师906人，每千常住人口执业（助理）医生2.21人，增长0.48%(194)人；注册护士712人，每千常住人口注册护士1.74人，增长0.5%(204)人。全区卫生健康系统在岗职工1534人，其中高级职称174人，中级职称332人。年内，全区医疗单位门急诊诊疗服务134.19万人次，增长5.1%；出院人次4.27万人，增长15%。本地户籍出生人口3793人，人口出生率9.2‰，人口自然增长率3.40‰。居民平均期望寿命79.77岁，其中男性77.47岁，女性82.61岁；无孕产妇死亡，婴儿死亡率4.27‰，5岁以下儿童死亡率5.23‰。衢江区医共体“编组共建、分级联动”模式，得到上级主管部门的充分肯定，在全国医共体建设培训班上，被省卫生健康委医政处作为浙江经验介绍。年内，区医共体建设受到省卫生健康委表彰。抗击“8·10”超强台风“利奇马”，获区政府集体嘉奖。李岩林、宋静、赵瑞芳获2014—2015年中国居民慢性阻塞性肺疾病监测先进个人，诸威萍获2019年浙江省防治艾滋病性病优秀志愿者。

8月11日，区疾控中心工作人员在举村乡开展“利奇马”台风灾后卫生应急处置工作（吴　昉　供图）

【医共体建设】 年内，根据浙江省委、省政府关于开展县域医疗服务共同体建设工作的重要部署，由衢州市第二人民医院、衢江区中医院牵头组建成立2家医共体。2月26日，召开衢江区卫生健康大会暨医共体建设动员大会，全面启动医共体建设。区四套班子领导、区咨询委主任、区法院院长、区检察院检察长及其他副县级以上领导均参加会议，乡镇党政主要领导以及卫生健康系统代表共600余人参加。省中医药管理局局长徐伟伟作“挖掘中医中药宝库、推动社会经济发展”专题讲座，区委副书记、区长朱素芳讲话，市卫生健康委副主任潘新花等到会指导。会上，分管副区长曾三山对衢江区医共体建设和卫生健康事业发展三年行动工作任务进行部署。会议播放了题为“健康衢江共建共享”的卫生健康事业专题片。3月26日，市二医院医共体总院及15家分院、区中医院医共体总院及6家分院集中授牌挂牌。完成医共体机构资源整合，药品耗材统一采购，两家医共体总院内部分别成立“两办十二中心”和“一办八中心”，医共体内部实行扁平化管理、常态化工作。建立临检、影像、心电、病理、消毒供应“五大”共享中心，承担分院送检9.2万份，实现基层检查、区级诊断、区内互认。结合衢江南北狭长，跨度100多千米，总院位置居中的实际，建立“编组共建、分级联动”运行模式，在杜泽、廿里、上方和乌溪江建立4个区域中心，通过区域中心大带小、强带弱，方便偏远山区库区群众就近就医。在此基础上，加强医共体人才队伍建设。面向全省公开选聘21家医共体分院院长，共有170余人报名。7家分院院长实行年薪制，年薪25万~35万元，14家分院实行奖励制。医共体总院出资设立分院院长激励资金池，连续4年，每年150万元，共计600万元，用于分院院长考核奖励。制定符合卫健行业特点，管用、简单、好操作的人才激励奖励政策，10月29日，出台《衢江区卫生健康系统人才队伍建设“梧桐树”计划》，对农村分院的外地、未婚医务人员每年补贴房租5000元，对山区库区分院按类别每月发放400~1400元岗位补贴。区医管办出台《衢江区县域医共体人事管理办法（试行）》，由医共体统一岗位设置、

2月26日，衢江区卫生健康大会暨医共体建设动员大会会场 （吴 昉 供图）

3月26日，衢州市第二人民医院医共体授牌挂牌仪式 （吴 昉 供图）

3月26日，衢江区中医院医共体授牌挂牌仪式　　　　（吴　昉　供图）

统一人员招聘、统一岗位竞聘、统一人员使用、统一培训进修，促进医共体内部医务人员合理轮岗、有序流动、盘活使用。区财政出资设立人才培养资金池，连续5年，每年500万元，共计2500万元，用于卫生健康系统人才引进、培养专项补助。

【疾病预防控制】 年内，开展春秋季查灭螺工作，查螺面积206.92万平方米。全区纳入管理严重精神障碍患者1753名，在册管理率99.72%，规范管理率99.72%。完成慢性阻塞性肺疾病监测项目、健康素养监测项目、土源性线虫病监测项目、戊肝监测项目等多个国家级、省级监测项目。全省率先制定以“四统四分，三挂一突”为核心内容的医共体下基本公共卫生服务项目运行、监管、考核、奖惩机制。公共卫生工作融入医共体建设，推进公共卫生业务指导单位专业人员下沉基层，提供服务与指导，做实基本公共卫生服务项目、家庭医生签约服务，深化医防融合，主要做法在全省医共体公共卫生工作会上作交流发言。及时有效处置一例输入性登革热疫情。7月23日，横路贺邵溪村确诊一例输入性登革热病例，疾控中心工作人员第一时间赶往现场，开展流调、采样、消杀、环境整治、健康宣教等疫情处置相关工作。至8月17日，通过25天的努力，确保最长潜伏期内无新发病例报告，避免登革热疫情的暴发。8月10日，台风“利奇马”重创举村乡，疾控中心工作人员火速奔赴现场开展救灾防病工作，深入石便、西坑、洋坑等村开展防疫消杀、防病指导、健康宣教等工作，同时完善灾后传染病应急监测机制、流程和工作程序，开展灾后传染病监测和规范处置工作，确保大灾之后无大疫。区卫生健康局被区政府获集体嘉奖一次。

【卫生监督执法】 年内，加强医疗机构依法执业、学校卫生、饮用水卫生、公共场所监管，查处各类违法案件235起，处理投诉举报34起。利用“互联网+”，打造“智慧卫监”，实现医疗废物全过程跟踪管理。对21家口腔医疗机构和2家集中消毒餐饮具实施动态监管，通过新手段办案18起。开展医疗乱象专项整治行动，对辖区内65家医疗机构进行依法执业检查，立案查处36家。

【智慧医疗服务】 年内，全力推进医疗健康信息化建设，被列为全省首批医共体信息化建设示范区。智慧健康服务平台通过国家医疗健康信息互联互通四甲认证（金丽衢地区首个）、健康证数据共享、就医刷脸支付、电子健康卡全程就医、云胶片、上门问诊实时医保结算、“医后付”等七项便民服务全市首推，其中健康证数据共享、卫生许可证“一证通办”模式，被列为2019年全省卫生健康监督试点项目。通过让数据多跑路、群众少跑腿，优化完善健康服务流程，有效提高群众健康服务满意度和获得感。涉医办证工作。与公安、人力社保、医疗保障、农商银行等部门紧密协作，推进“出生一件事”便利化改革，实现新生儿“六事”联办“零跑腿”。在市二医院及区妇保院出生的衢江籍新生儿，真正实现出生医学证明、居民户口簿、社会保障卡、儿童保健册发放、生育险报销及预防接种证办理六件事一站式办理服务。从3月12日开始办结402件，办事群众幸福感和满意度大幅提升。联合残联部门，残疾证办理实现在医院当天评定，当天审核，当天办证，共有382名残疾人享受到立等可取残疾证的服务。配合民政部门，实现婚姻登记、生育登记、婚迁户口等事项联办，从过去跑3个部门、3次窗口，提供3项材料、填报3张表格，至少2个工作日才能拿到证件，实现当事人只要带上有效身份证、户口本原件及三张二寸近期免冠照片，一次办结、30分钟完成。

【医政管理】 年内，市二医院继续深化浙医二院合作，帮扶科室8个，引进新技术、新项目2项，专家诊疗服务门诊4633人次，手术120台，病房查房375人，带教培训1272人。依托“浙江省民进医卫专家工作基地”，浙江省妇幼保健院专家到区妇保院开展技术帮扶、业务提带、学术讲座、示范性手术等。21家医共体分院完成标准化建设，杜泽分院“优质服务基层行”达到国家推荐标准，10家分院达到国家基本标准。投入780余万元，完成全旺、杜泽、灰坪分院改造提升工程并投入使用。总投资3.1亿元的市二医院二期工程主体结顶。总投资3490万元的杜泽分院住院楼工程，于10月开工建设。区妇保院迁建一期工程完成项目立项和设计招标。

【人口家庭发展】 年内，全区户籍出生人口3793人，其中一孩1836人，二孩、多孩1957人。推广实施生育登记服务手机App和网上办理，全年办理生育登记3111例。年度出生人口性别比105.64。全年累计确认奖特扶对象9749人，发放奖特扶资金1304万元。举办首期青春健康教育师资培训班，全区卫生健康系统及教育系统44名对象参加。在大洲、东港、莲花等8所中学开展青春健康讲座，直接受益学生2000余人。区第二小学被评为省级青春健康教育示范基地。实施女性安康保险工作，继续为全区557名计生特殊家庭购买268元/人的意外伤害保险，共计14.92万元。应群众需求，投保年龄由原来的60周岁拓展至65周岁，新增男性安康保险项目。开展生育关怀、慰问失独家庭、健康讲座等形式多样的“5·29”系列会员活动，倡导群众树立健康生活理念，营造良好的计生氛围，全年慰问计生困难家庭对象234人，共计27.9万元。发放宣传品2500份，直接受益人群达6000余人，受到群众一致好评。全区百岁老人的长寿保健金从300元/月提高到1000元/月，新增90~99岁老人每月100元的长寿保健金。

【领导关怀】 8月19日，第二个“中国医师节”。区委书记周向军，区委副书记、区长朱素芳，区人大常委会主任耿建新，区政协主席赵建新，区委副书记、政法委书记徐惠文等四套班子领导分别带队走访基层医疗机构、慰问医务人员，向全区广大医师致以节日祝贺和诚挚的问候，对为保障人民群众健康做出贡献的医务工作者表示衷心的感谢。

（吴　昉）

衢州市第二人民医院（衢江区人民医院）

【概况】 衢州市第二人民医院是一家集医疗、急救、教学、科研、保健于一体的全民所有制二级甲等综合性医院，是衢州市医保、工伤、生育保险和交通事故抢救定点医疗机构，也是浙大二院在省内的首家分院——浙大二院衢州分院，医院“一院两址”运行，拥有本部和分部两大院区。实际开放床位600张；职工850余人，中高级职称300余人，高级职称100余人；学科建设齐全、特色明显，拥有临床、医技科室30余个，其中浙江省县级龙头学科两个，衢州市级重点学科3个，衢江区级重点学科16个，医院特色专科5个；建有沪杭医疗专家工作站17个，上海、杭州等地知名专家定期到院坐诊、查房、手术等；配有德国西门子核磁共振、大型高压氧舱、荷兰飞利浦CT机、DSA、全市第一家数字化手术室等先进设备；建有浙大二院—衢州分院远程会诊平台和双向转诊平台、浙大二院衢州眼科中心和浙大二院衢州国际体检保健中心，拥有浙大二院优秀的管理、技术型常驻专家及周末专家到院坐诊、查房、手术等。2019年，衢州市第二人民医院（衢江区人民医院）紧紧围绕卫生健康工作中心任务，积极推进医院综合改革，整合区乡医疗资源，提高整体服务水平，进一步增强群众就医获得感。年内，医院获省CT影像质量控制十佳单位、省磁共振影像质量控制十佳单位、省超声医学质量控制与管理优秀奖。员工齐丹丹获浙江省第二届“净护天使”大赛优胜奖、金丽衢第一届“净护天使”大赛金丽衢三等奖、金丽衢第一届“净护天使”大赛衢州市二等奖。郑炜、江淳获衢江区第二届优秀科技工作者荣誉称号。

【医共体建设】 3月26日，由衢州市第二人民医院牵头组建的医共体正式挂牌成立。医共体成员单位有杜泽、廿里、上方、乌溪江、浮石、莲花、峡川、周家、太真、双桥、后溪、云溪、灰坪、岭洋、举村等15家分院。医共体的成立，通过推进医疗资源纵向整合、服务体系重构、运行机制重组、服务模式重塑，医疗服务能力提高。5月，根据15家分院的地理位置、功能定位和综合实力等情况，探索实践“编组共建、分级联动”的医共体公共卫生服务发展新模式。将位于北面的杜泽、太真、双桥、周家、峡川分院编组为一个共建单元，将位于南面的廿里分院和后溪分院编组为另一共建单元。业务能力强、辐射范围广的杜泽分院和廿里分院分别为两个共建单元的领衔分院，形成医共体“一体两翼”建设模式。其余未组建共建单元的8家分院按照衢州市第二人民医院医共体相关制度常规运营管理。“分级联动”，即总院负责医共体内15家分院的政策制定和重大事项的决策，对分院进行指导、考核与监管等；杜泽分院和廿里分院负责各自单元内的分院日常综合事务的协调和工作目标的考核；15家分院分别负责辖区内村卫生室的业务指导和管理。“编组共建、分级联动”，整合共建单元内医疗卫生健康资源，节约运行成本。“编组共建、分级联动”医共体衢江模式，得到省卫健委领导的充分肯定。

【衢州市眼科医院挂牌成立】 9月，经衢州市政府批准同意在衢州二院眼科中心基础上成立衢州市眼科医院，12月29日正式揭牌开诊，这是一家由政府举办，属于衢州百姓的非营利性衢州市眼科专科医院。衢州市眼科医院的成立，标志着衢州市眼科水平迈上新台阶。自此，衢州百姓在家门口就可享受到省内同质化的眼科优质医疗服务，满足当地眼疾患者日益增长的医疗服务需求。

【医学科研项目】 医院秉持创新发展理念，重视科研、继续教育工作，通过沪杭专家工作站专家和浙二常驻专家实地带教，各类继续教育项目、学习班的举办，营造浓厚学习氛围，提高医院的科研和继续教育水平。全年获区级以上项目16项（省级5项、市级9项、区级2项）省级5项，分别为：省公益技术应用研究项目《血清miR-196a水平与胰腺炎严重程度及临床预后的相关性》；省康恩贝医院管理软科学研究项目《医共体下护理同质化管理适宜模式的研

12月29日，衢州市眼科医院揭牌成立仪式　　　（宣燕燕　供图）

究》；省级继教项目《甲状腺肿瘤的规范化诊治》及省级继教备案项目《老年肱骨近端骨折治疗的新进展》《眼科激光治疗新进展》。市级项目9项（继教7项、科技计划2项），分别为：《基层医院肛肠疾病微创治疗新进展》《实验室生物安全与医院感染防控培训班》《基层医院急诊创伤快速反应护理团队模式建立培训班》《医共体体系下慢性呼吸系统疾病诊治管理学习班》《肝硬化及其并发症的诊治新进展》《情绪释放疗法(EFT)在医共体基层医院诊疗活动中的应用》《医共体建设中急救药品规范化管理知识培训》《外周血Exosomes中miRNA表达谱分析对肝癌早期诊断的临床应用价值研究》《掌背侧入路锁定解剖钢板治疗C3型粉碎性桡骨远端骨折》。区级2项（科普、科技计划各1项）：《综合防控儿童青少年近视》《快速协同诊疗模式在基层医院老年髋部骨折诊治中的构建及应用研究》。

【二期工程建设】 医院二期主体工程是2019年区政府十大民生实事项目，在省、市、区各级党委、政府和卫生健康部门的关心支持下，医院全力协助施工单位做好工程质量、安全的管理，工程进展顺利。7月31日，二期工程主体结构提前1个月封顶。12月17日，完成主体部分工程验收。其他配套工程中，发热门诊楼、医技楼、住院楼外架拆除完成，医技楼石材幕墙、铝板幕墙安装完成，住院楼、医技楼、发热门诊楼、空调排烟风管、消防管道等安装完成，发热门诊楼内墙粉刷、外墙粉刷及真石漆施工完成，智能化工程招标完成，净化工程招标完成，医用气体设备招标完成。全年完成投资额8780万元，超额完成预定目标，预计2020年末投入使用。

【床位及编制核定】 年内，医院申报获批核定床位600张。区编委会批复，核定事业编制和报备员额总数为1214名，在原有683名基础上增加531名。床位和人员编制的核定，满足了医院发展需求。

【清廉医院建设】 年内，衢州二院医共体清廉医院建设再上新台阶。6月，全省卫健系统纪检监察工作座谈会在衢州召开，驻省卫健委纪检组组长杨援宁到院考察，充分肯定清廉医院建设；7月，在衢州市社会共建清廉衢州推进会上，党委书记、院长余晓峰作清廉医院建设交流发言；11月，全省推进清廉医院建设培训会上，衢州二院作为全省卫健系统6家交流发言单位之一，介绍清廉医院经验做法。

（宣燕燕）

衢江区中医院（杨继洲针灸医院）

【概况】 2019年，衢江区中医院（杨继洲针灸医院）在提升中医药核心竞争力的基础上，继续发展针灸的特色，强化中医药人才培养体系，形成一支中医文化建强、诊疗服务到位、基层百姓满意中医药骨干队伍，为区域内百姓提供特色中医药服务，推进医院综合医疗和中医文化建设，提升杨继洲针灸的知名度和影响力。全年医院门诊7.83万人次，增长4.12%；住院床日1.91万日，增长41.48%；业务总收入3601.16万元，增长16.58%，其中医疗业务收入2504.75万元，同比增长50.37%；中草药收入433.02万元，同比增长34.38%。抗生素的使用率12.75%，输液比率6.89%，中医处方率49.83%。

【医共体建设】 3月26日，由区中医院牵头会同樟潭、大洲、高家、横路、全旺、黄坛口六家乡镇（中心）卫生院共同组成衢江区中医院医共体，在岗职工350余人。年内，坚持“区级强、区域强”的发展理念，合理规划医共体各分院区域医疗同质化发展，在各分院设有中医特色专科门诊、高血压、糖尿病全专门诊以及全科、妇产科等常规门诊。以“一家人、一盘棋、一本账”的建设思路，合理调配医共体内人才结构和组织架构，为所属片区的基层百姓提供全周期、全方位的“简、便、廉、验”的中医诊疗服务。全年中医院医共体共下派专家16人，坐诊562人次，诊疗1800余人次。

【组建党建文化宣传中心】 7

月，医院党总支落实区委基层党组织“全领域建强、全区域提升”示范创建要求，组建党建文化宣传中心，以“针心艾你 医路同行”为主题，以“中医廉洁誓词”“一院一品党建品牌”“中药文化显党性”“党建双培养机制”等主要内容，以党建文化带动医疗业务工作、中医药文化建设、精神文明建设的同步发展，成为市级党建示范点。7月30日，衢州市党建示范点创建工作现场会在党建文化宣传中心召开。年内，中心累计接待省、市、区级32个单位部门2300余人次的参观指导。

【**科普医师宣讲团**】 3月29日，根据中国针灸学会通知，组建成立中国针灸学会科普志愿者医师宣讲团第13团。宣讲团成立以来，进社区、进学校、进文化礼堂，推广针灸，弘扬针灸医学，服务于基层。至年底，科举办健康讲座90余次，参与2000余人次，讲课内容包含了中医保健、针灸宣传、中医小儿推拿、体质辨识、中医养生。同时，结合中医、针灸义诊活动回馈老百姓，发放宣传资料1000余份，科普推送发文30余次，总阅读量15000余次。

（祝佳丽）

衢江区妇幼保健院

【**概况**】 衢江区妇幼保健院（衢江区妇幼保健计划生育服务中心）是全区以孕产妇、新生儿抢救中心，集医疗、教学、科研、预防、保健、计划生育于一体的二级乙等专科医院。在职职工146人，专业技术人员120人，占全院职工总数的82.2%。全院总占地面积2990.6平方米，其中本部2755平方米，分部235.6平方米。医院本部位于衢州市柯城区通荷路210号。设急门诊、妇产科、儿科、医技科室及行政后勤等相关科室，核定床位60张，实际开放床位85张。开设3个病区，包括2个妇产科病区和1个新生儿病区。医院分部位于衢江区浮石路106号，开展婚检、国免和妇产科门诊等工作。全年门诊服务125443人次，同比增长4%，住院服务5990人次，同比增长8.6%，总收入5042.3万元，同比增长17.6%。

【**妇幼保健**】 全年孕产妇总数2347人，死亡0。孕产妇系管率96.58%，高危管理率99.94%，住院分娩率100%；免费婚前医学检查率97.85%；产前筛查825人，筛出高风险对象36人，均已督促进一步就诊管理。新生儿疾病筛查补助1729人，补助金额236274元。完成待孕妇女及早孕妇女免费叶酸增补1200人，服用率95%，依从率94%，知晓率96.47%。艾滋病、梅毒、乙肝诊断项目：全区共检测孕妇HIV1443人，检测产妇HIV1411人，检测率100 %。孕期梅毒检测人数1443人，产时检测1411人，检测率100%，孕期乙肝检测数1443人，产时检测1411人，检测率100 %，接种率100%。7岁以下儿童23231人，保健管理人数22563人，保健覆盖率97.12%。3岁以下儿童9712人，系统管理数9337人，系管率96.14%。5岁以下儿童数16742人，身高（长）体重检查人数16268人，检查率96.32%。筛查出营养性疾病1994人，管理人数1994人，管理率100%。完成活产数1416人，新生儿疾病筛查数1414人，筛查率99.86%。完成听力筛查1414例，筛查率99.86%，确诊听力异常儿童已纳入治疗管理。共开展全区妇幼保健和计划生育工作季度督导4期，电子档案专项督导1期，各乡镇督导率100%。共开展培训8期，培训330余人次。开展避孕药具管理专项督导1期，全面提升免费避孕药具管理质量。

【**民进医卫专家义诊**】 依托“民进浙江省委会医卫专家工作基地”，浙江省妇幼保健院、浙江省儿童医院民进专家加大帮扶力度，保持每周六2~5名专家到院，开展技术帮扶、学术讲座、示范性手术、坐诊等活动。全年到院专家100余人次，义诊2400余人次，业务培训讲座40余次，手术60余例。

【**先心病筛查诊治**】 年内，发挥“浙江省先心病筛查定点单位”的职能，开展“单一指标法”新生儿先心筛查1020余例，筛查阳性30例，阳性率2.9%。帮助2名患儿获得爱佑慈善基金会救助，提升先心病早诊早治率。7月，院长蓝建芳受世卫组织公共卫生教育和培训合作中心邀请，赴英国、瑞士参加妇幼保健管理海外学习项目，“单一指标法”先心筛查和妇幼保健三级网络建设受到国外医卫专家高度认可。

【卫健惠民实事】 医疗健康服务项目，包括3岁以下婴幼儿和妇女专项疾病免费筛查等是2019年区政府十大民办实事项目之一。年内，区妇保院为城乡妇女专项疾病免费筛查1.5万人、0~3岁婴幼儿疾病免费筛查1万人。两项工作均超额完成，其中0~3岁婴幼儿疾病免费筛查完成筛查10046人次，筛出先心26人，肾脏疾病11人，DDST（儿童神经心理发育筛查试验）筛查可疑人数43人，体格发育异常（消瘦、肥胖等）86人；宫颈癌筛查16180人，乳腺癌筛查16180人，确诊宫颈癌7人，乳腺癌2人。对筛查异常对象均进行追踪随访、督促治疗，进一步提升全区妇女儿童健康系管率。

【新生儿证件一站式办理】 落实衢江区个人生命全周期“一件事”具体要求，与全区多部门联动，优化服务流程。3月末，推行“新生儿证件一站式办理”服务，开启新生儿出生医学证明床边办理、出生户口登记、医保参保和社会保障卡、儿童预防接种证、儿童保健册、生育基金险6项联办服务，一改往日跑遍多部门的烦琐程序，为新生儿家属提供便利。

【关爱母婴健康行动】 1月22日，当代中医药发展研究中心关爱母婴健康工作委员会衢州站启动，开展盆底功能评估、盆底功能康复治疗、中药熏蒸、督脉熏蒸、小儿推拿、音乐床、能量舱等新业务，为妇女儿童提供安全、有效、温馨的健康服务，促进保健关卡前移。全年盆底评估1164人，盆底康复治疗418人，中药熏蒸205人次，督脉熏蒸1300人次，推拿3744人次。

【区第一批创新服务驿站成立】 12月4日，通过对接浙江省树理医学学会，成立衢江区第一批创新服务驿站，加大引才引智力度，加强人才平台建设。深化与专家交流合作，加快科研成果转化，培养更多优质医护人才。

【区妇幼保健院迁建项目启动】 年内，开启新院迁建项目，项目总投资2.98亿元，选址衢江信安东路以南、芳桂北路以东、振兴东路以北，面积约68亩，其中一期建设48亩，建筑总面积约55000平方米。按照“一次规划，两期实施”的原则，打造一所有特色的二级甲等（三级乙等）妇幼保健院。

（刘轩梦爽）

文化·旅游·体育

综　述

2019年2月，区文化和广电旅游体育局完成机构改革，将原区文化和广电新闻出版局、区旅游委员会、区体育局合并，更名为衢江区文化和广电旅游体育局（简称区文广旅体局），为正科级政府工作部门。年内，坚持以习近平新时代中国特色社会主义思想为指导，深入贯彻实施区委“1136”战略，坚持求真务实，创新发展，实现文化旅游体育事业齐头并进、健康发展，获衢江区特别贡献奖。牵头举办中国户外极限运动公开赛总决赛、世界名校赛艇挑战赛、四智会、杜泽老街开街等大型活动取得圆满成功。区文广旅体局作为市委市政府“十条军规”工作较好典型事项的单位通报表扬3次，副市长批示1次。

群众文化

【概况】 年内，开展各种文化惠民活动，先后举办衢江区第十届“三月三”畲族文化节、举村乡立夏祭、“弘美德 承家风”衢江区未成年人家风少年说、“稻田里的飨宴·花田春宴”第二届森林康养稻田美食节、“衢韵争芳”衢江区第六届民营文艺表演团体会演、衢江区第四届民间艺人才艺大赛等大型活动，丰富群众精神文化生活。开展文化下乡和百场文化进礼堂活动，送书3.4万册，送戏198场，送电影3500场。利用山海协作机制，深挖衢江特色，打造对外文化交流“有礼”品牌，赴秀洲、南湖、临安、淳安、富阳、鄞州、桐庐、滨江等地开展跨区域文化走亲活动8场，接待南湖、桐庐等兄弟县区到衢江区文化走亲4场。

【公共文化服务】 年内，完成峡川、双桥、后溪等乡镇综合文化站整改提升工程，至此全区所有乡镇（街道、办事处）实现综合文化站独立设置，完成省级标准认定。在龙潭嘉苑、航民望江苑、衢州花园建设南孔书屋，打造15分钟阅读生活圈。拓展图书流通点建设，完成衢江区文明实践中心、区财政局机关图书流通点、区交易中心机关图书流通点、改革担当精神传承馆等图书流通点建设。在上方、峡川、杜泽建设南孔书屋，在衢州地区率先将南孔书屋向乡镇布局延伸。在高家、大洲、湖南、廿里等4个乡镇挂牌文化馆分馆。

【弘扬传统文化】 年内，以打造乡村振兴先行先试区和全域土地整治为契机，深入推进村庄景区化建设，培育乡村旅游品牌，发展“文化+旅游”新产业。开发非遗文化旅游，做大杨炯出巡、衢北重阳节等传统民俗活动，在杜泽老街建设非遗展示馆，定期开展非遗文化授课表演，谋划非遗文化研学游线路。组织开展“弘扬美德.承家风”少年说大赛等。

【森林康养稻田美食节】 3月31日，由区文广旅体局、黄坛口乡政府主办的“稻田里的飨宴·花田春宴”第二届森林康养稻田美食节在黄坛口乡黄坛口村的一亩耘心花田拉开序幕。此次活动围绕“食情花意”，为宾客营造出田上佳宴的美好情景与意境，用衢江区的生态好食材，设计出令宾客回味无穷的道道创意佳肴。

【"三月三"畲族文化节】 4月7日，由区文广旅体局、举村乡政府承办的衢江区打造民族乡村振兴示范带暨第十届"三月三"畲族文化节在举村乡西坑村开场。活动设"梦忆畲乡""千年畲礼""西坑畲情"和"野趣畲风"四大板块，全面展示举村乡畲族文化、西坑村省AAA景区村旅游风光、当地传统民俗风情等，打造"畲族文化+旅游风情"鲜明特色的旅游文化。

【"弘美德 承家风"少年说大赛决赛】 4月19日，由区文广旅体局主办，区图书馆、衢州得道图书有限公司承办的"雏燕争春""弘美德 承家风"衢江区未成年人家风少年说大赛决赛开赛，15组选手参赛。经评委现场打分，评出金奖2名、银奖4名、铜奖9名、最佳网络人气奖1名。区青少年活动中心、区实验小学、区第一小学、杜泽镇白水小学、大洲中学获优秀组织奖；评出金奖2名，银奖4名，铜奖9名。

【民间艺人才艺大赛决赛】 10月25日，由区文广旅体局主办，区文化馆承办的"民星争辉"衢江区第四届民间艺人才艺大赛决赛在廿里镇廿里村文化礼堂举行，11支队伍100余位选手参赛。最终评选出金奖2个、银奖4个、铜奖5个，最佳组织奖2个。

文化艺术

【概况】 年内，全区举办2019"好听衢州"礼乐·草原中国新丝韵葫芦丝艺术团专场音乐会、"美丽东城 好听衢江"新民乐专场音乐会、"七十华诞普天庆 丝情乐韵汇衢江"2019衢江区葫芦丝文化周等特色文化艺术活动，吸引艺术爱好者数万人次前来观看，营造了浓厚的文化艺术氛围。

【葫芦丝艺术专场音乐会】 6月9日晚，2019"美丽东城·好听衢江"中国新丝韵葫芦丝艺术团专场音乐会在衢江杨继洲广场举行。这场音乐会由区委宣传部、区文广旅体局主办，区文化馆、新丝韵葫芦丝艺术团和区葫芦丝联谊会承办。国家一级演奏员、葫芦丝演奏家李春华到场演奏。

【新民乐专场音乐会】 7月12日晚，由区委宣传部、区文广旅体局主办，区文化馆、区音乐舞蹈协会承办的"美丽东城·好听衢江"新民乐专场音乐会在樟潭街道沈家村文化礼堂上演，竹笛演奏家、国家一级演奏员蒋国基，浙江省青年二胡演奏家石森森先后登台，衢州国乐堂、原声乐队、区好韵来艺术团相继登场表演。民乐、民歌、"民星"轮番演出，"衢韵争芳"。

【2019第三届"丝韵浙江"葫芦丝巴乌全国展演】 7月26—28日，由浙江省民族管弦乐学会指导，浙江省民族管弦乐学会葫芦丝巴乌专业委员会、区委宣传部、区文广旅体局主办，衢江区文化馆、区葫芦丝联谊会、衢州三中承办的"70华诞普天庆 丝情乐韵汇衢江"2019第三届"丝韵浙江"葫芦丝巴乌全国展演在衢州三中举行。全国21个省、市葫芦丝爱好者近600人参加演出。

【新中国成立70华诞系列文艺活动】 8月17日，由区委、区政府主办的"献礼祖国·逐梦衢江"2019衢江区喜迎新中国成立70华诞全民大欢唱主题活动大赛在区会议中心举行，区级各单位31支队伍参赛，评选出金奖5个，银奖10个，铜奖14个，特别参与奖2个。9月25日，由区文广旅体局主办，区婺剧（戏剧）促进会、区文化馆承办的"衢韵争芳"衢江区喜迎新中国成立70周年第六届民营文艺表演团体会演在高家镇安仁村文化礼堂举行，14支民营文艺表演团体参赛，评选出金奖2个、银奖4个、铜奖8个。10月4日，区委、区政府举行首届民俗文化艺术节暨杜泽老街开街仪式。恰逢国庆假期，杜泽老街开街盛况空前，共接待游客13万多人次，旅游收入约1200万元；相关微信文章点击量累计超20万次，刷爆朋友圈，一跃成为网红打卡地。央视《朝闻天下》与《新闻直播间》滚动播出"国庆假期·出游逛老街觅乡愁享假日时光",学习强国、中新网、中国蓝新闻、浙江旅游等媒体和平台报道杜泽老街开街盛况。

文化遗产保护

【概况】 年内,贯彻"保护为主、抢救第一、合理利用、加强管理"的方针,加强文化遗产保护工作。完成张氏宗祠、下金大桥等单位的修缮,吴氏宗祠等单位消防整改提升。开展第七批省级文保单位"四有档案"编制工作。完成衢江区文化遗产系列丛书(Ⅲ)《衢江古陶瓷》《衢江老腔调》初稿。对孟姜村土墩墓群进行抢救性考古发掘。邀请中国社会科学院考古研究所对庙山尖土墩墓出土文物进行实验室考古。成立衢江区非遗专家工作站。公布第二批衢江区非物质文化遗产代表性传承人29人,第一批衢江区非遗传承基地15个。建立衢江区非物质文化遗产保护专项资金管理办法(试行),对市、区两级非遗项目实行以奖代补。樟樿街道仙岩洞摩崖被国务院公布为第八批全国重点文物保护单位。

【非遗专家工作站】 7月3日,举行衢江区非遗专家工作站成立揭牌仪式。聘请中国民俗学会名誉会长、中国社科院荣誉学部委员、文化部国家非遗工作专家委员会原副主任刘魁立,华东师范大学终身教授、原文化部国家非遗工作专家委员会委员陈勤建为工作站顾问,浙江省民俗文化促进会会长连晓鸣,浙江省非遗保护专家、浙江师范大学教授陈华文;浙江省非遗保护专家。中国美院教授王其全三人为工作站专家,聘期三年。工作站实行专题调查与理论研究相结合,集中培训与个别指导相结合的工作方式,分项目、分类别进行针对性保护。非遗专家工作站旨在通过非遗专家的指导、帮助,制订全区非遗保护规划,落实保护措施;打造特色文化品牌;大力培养非遗保护工作人才,促进非遗保护、传承和传播。同时加强非遗保护理论研究,提升项目申报和保护质量;总结非遗保护经验,巩固与宣传非遗保护成果;充分挖掘和利用非遗资源,促进非遗保护"见人见物见生活",实现非遗活态传承。

7月3日,衢江区非遗专家工作站揭牌　　(童　超　供图)

【仙岩洞摩崖列为全国重点文物保护单位】 10月16日,仙岩洞摩崖题记(石窟寺及石刻)被国务院公布为第八批全国重点文物保护单位。仙岩洞摩崖题位于樟潭街道金仙岩村红星自然村南的岩洞内。仙岩洞洞门朝东,洞口宽25米、深22.3米、高5米,洞内面积约390平方米,红砂岩洞穴,地平面为葫芦形,岩洞外为仙岩寺旧址。洞壁上留有50余块摩崖题刻,现存39块题刻留有文字,岩洞上方的"仙岩洞天"四字,《民国衢县志》记载:"据传为明太祖朱元璋所书"。洞壁上39块题刻,其中29块题刻有宋、明、清等纪年,大部分是宋代,以南宋绍兴年间最多;题刻的字体风格迥异,体势各别,楷、行、草、隶、篆书等俱全;题记内容丰富,有许多是当朝官员和著名文人的笔迹,其中有北宋朝廷官兵镇压方腊农民起义时所留下的题记。仙岩洞摩崖题记分布密集、数量众多，字体齐全，题刻延续的时间长，且大部分有确切纪年，在省内乃至全国也不多，不仅是书法艺术的宝库，而且为研究中国古代特别是宋代的历史、政治、经济、交通提供珍贵的实物资料，有着重要的历史价值和艺术价值。仙岩洞摩崖题记于1982年文物普查时发现。1989年12月12日，公布为省级文物保护单位。2019年10月16日，仙岩洞摩崖题记被国务院公布为第八批全国重点文物保护单位，这是继云溪乡吴氏宗祠之后，全区第二处被列为全国重点文物保护单位。

【庙山尖土墩墓入选浙江重要考古发现】 1月6日，位于云溪乡棠陵邵村的庙山尖土墩墓，经浙江考古学会常务理事会评定，被入选2018年度浙江重要考古十大发现。庙山尖土墩墓为熟土堆筑的浅坑木室墓，浅坑由鹅卵石铺砌，墓室为两面坡的人字形木结构，分为前后两室，外铺木炭，墓葬规模巨大，是迄今浙江省已发现的西周时期规模最大、等级最高的土墩墓。根据随葬品造型纹饰特征和规格推断，墓主为越国时期上层贵族。人字形木结构墓室为绍兴印山越王陵的人字形墓室结构找到渊源。大量随葬的青铜构件具有明显的本土特色，为当地商周时期历史、经济、社会、文化的研究提供极具价值的宝贵资料。5月18日，CCTV-10《探索·发现》"2019考古进行时（第二季）"播放《衢州土墩墓瑰宝探奇》，用38分钟时间介绍庙山尖土墩墓随葬品的实验室考古过程。

文化市场管理

【概况】 2019年，全区文化市场管理以创建文明城市为中心，以深化扫黄打非、净化社会文化环境为目标，以查处文化市场违法违规案件为抓手，整顿和规范文化市场秩序。

【"扫黑除恶"专项斗争】 制定并印发《扫黑除恶专项斗争实施方案》《衢江区文化和广电旅游体育局扫黑除恶专项斗争宣传方案》《衢江区文化和广电旅游体育局涉黑涉恶线索"深排细核"集中专项行动方案》等文件，明确工作方向和目标；与网吧老板、娱乐场所业主、景区负责人签订"扫黑除恶"责任书，压实主体责任。全局干部职工实行包片包干、责任到人。成立区文体旅局扫黑除恶专项行动办公室，安排4名青年干部专门负责日常工作，开展台账整理；在图书馆、文化馆、文化站、文化礼堂、网吧、电影院、娱乐场所、景区、旅游饭店等文化场所开展宣传等。同时，在送戏、送电影下乡时，增加播放扫黑除恶内容。

【文化市场安全监管】 加强文化市场安全监管。对全区文化企业进行全面摸排，掌握实际情况，采用"双随机、一公开"抽查机制，规范文化市场执法行为，提高事中事后监管透明度。全区所有网吧运行智能监控系统，同步接入文广局监控平台和公安天网工程监控中心，实现城乡网吧高清晰、远程全监控、360度全覆盖。

【文化市场执法检查】 立足常态，确保巡查内容全覆盖。开展出版物市场专项整治。加强出版物市场的巡查监管频次和执法力度，完成好各项专项整治行动，严厉打击侵犯知识产权的违法违规行为。开展出版物市场专项检查、中小学开学前后校园周边教辅市场专项检查等主要时间节点的检查整治，加强印刷企业监管，排查五项制度建立情况，排查非法印刷，坚决杜绝非法经营；加强歌舞娱乐市场监管，重点加强歌舞娱乐场所曲库内容管理，开展违禁歌曲排查，确保查无遗漏；加强对网吧违规接纳未成年人、未落实实名登记、未安装清网卫士等违规行为进行查处；开展网络文化相关内容专项行动。对衢江目前在册所有网络文化有限公司进行排查，主要排查线上网络游戏是否存在宣扬赌博、未实名注册等问题；开展文保单位违法行为行政执法。加强对省保、国保文物保护单位违法行为巡查，尤其是在建设控制地带、保护范围内施工情况进行违法处罚。年内，出动检查人员1580人次，检查1185家次，办结行政审批事项共计

33件，办结率100%；行政处罚1件，警告1家。

旅　游

【概况】 2019年，全区接待国内外游客1077.59万人次，增长10.55%；实现旅游总收入65.67亿元，增长15.07%。

【田园康养嘉年华活动】 5月19—24日，举办以“向往的田园、潮涌的乡村”为主题的2019中国旅游日衢江区田园康养嘉年华活动。内容包括“盛世莲花、休闲田园”“花果周家、丰收田园”“百花新村、康养田园”三大主题活动，以及荷鹭牧场亲子游园、杜泽美食节、楼山后乡村游等系列活动，同时，举办衢江专场农旅推介会，设置农特产品展销、时令水果采摘、非遗小吃集市、各类文艺演出、互动体验活动等，邀请国内外旅行商代表、民宿界代表、农业界代表等参加，展现衢江乡村之美、生态之美、人文之美。

【东坪柿子文化节】 10月19日，“美好隐于柿”2019衢江东坪柿子文化节暨秋日乡村旅游季活动在峡川镇东坪村开幕，开幕式上还举行2019衢江东坪柿子文化节暨秋日乡村旅游季开柿仪式、“东坪隐柿汇艺术家成长营”成立仪式、东坪百年柿树认领仪式，以及“有礼农家乐”文明经营户颁奖仪式。这次活动分“隐柿之美”“美好柿界”“柿光造集”三个版块进行。开幕式后，一场养生锅物留下东坪舌尖醇韵。这是继2018年度第一期宴东坪“柿光香如故”后，东坪推出的第二期特色村宴—温暖锅物，以独具特色的村宴活动展现乡村振兴带来的美好生活。现场还有“柿光造集”美好市集，众多极具匠心与创意的各类文创产品聚集于此，以文创力量助力打响东坪旅游品牌知名度。

【杜泽老街改造项目顺利完工】 杜泽老街历史悠久，文化底蕴深厚，是衢北的文化中心和商贸中心。老街改造启动以来，特别是2019年以来，组建老街改造专班，倒排时间、倒逼进度，啃下设计方案调整、政策处理攻坚、经营业态招商等硬骨头，高质量完成改造项目。10月4日，在国庆假期举办老街开街仪式，国庆期间杜泽老街共接待游客13万多人次，旅游收入约1200万元；相关微信文章点击量累计超20万次，杜泽老街刷爆朋友圈，一跃成为网红打卡地。杜泽老街改造和开街，干出了衢江速度、展示了衢江形象，被区委、区政府作为三季度执行市委、市政府“十条军规”典型事项。

【铜山源休闲度假旅游区】 铜山源休闲度假旅游区正式开工，该项目规划面积22.6平方千米，总投资额52亿元。现已完成项目的规划评审、立项与签约，项目引爆点水云间度假酒店进入装修阶段，睿银总部大楼、土之谷生态园土地流转、铜山源水库地热资源勘探等稳步推进。该项目是衢北旅游的最大项目、龙头项目、示范项目，致力于打造最美乡村森林湖泊度假旅游区。

【绿心莲乡亲子教育体验乐园项目】 绿心莲乡亲子教育体验乐园项目，包括粮居·晴耕雨读，芝溪西岸、云十线南侧地块绿心莲乡·研学营地，西山下村地块盛世莲农等三个片区。年内，粮居·晴耕雨读开工建设；研学营地，完成1.33公顷建设用地土地利用总体规划年度调节申报、勘查定界，已植入星溪花海短期业态；盛世莲农13.33公顷土地完成流转，0.53公顷建设用地完成2019年土地利用总体规划年度调节的申报，进行勘查定界，对现有苗木、五色莲塘进行管护，并种植0.67公顷“红美人”橘苗。

【优化旅游环境】 年内，全区“厕所革命”，完成新改建旅游厕所17座；完成旅游厕所百度地图定位150座，完成率位列全市第一。健全交通网络体系，沿江美丽公路、46省道等重要通景、景观公路建成通车，351国道、石呈线杜泽至灰坪公路、举村至汉都公路等开工建设，塔太线、上田线、石安线等完成提升改造，大大提高了旅游交通的畅达性和景观性。完善智慧旅游系统。启动大数据中心建设，已经完成硬件安装，正在进行调试，即将投入使用。启动智慧旅游导览系统（旅游公共服务平台）的策划和设计，将全区景区、酒店、民宿、乡村旅游村（点）等旅游要素进行梳理，按版块合理布局。完成手绘旅游地图设计，实现VR全景预览、语音讲解、导航导览等功能。此外，全面完善停车场、游步道、景观小品、休憩平台、免费Wi-Fi等配套基础设施建设，国家AAA级以上旅游景区全部公布旅游环境承载量。

【"万村景区化"工程】 年内，莲花镇五坦村、湖南镇湖南村、横路办事处贺邵溪村、高家镇湖仁村、浮石街道姜家坞村等5个村被评为浙江省AAA级景区村庄。杜泽镇、峡川镇被评为浙江省AAAA级景区镇。累计创成AAA级景区村庄18个。

体　育

综　述

【概况】 2019年，全区体育工作以建设体育强区为目标，以促进竞技体育和群众体育协调发展为主线，以提高全体群众健康素质和输送更多高水平体育后备人才为宗旨，实现体育事业发展新跨越，群众体育、竞技体育协同发展。区十里运动休闲长廊项目开园，群众体育场地设施进一步改善。年内，举行各类体育活动50余项，3万余人参加。

【十里运动休闲长廊开园】 1月8日，衢江区十里运动休闲长廊项目正式开园。衢江籍健美操世界冠军胡邦达和众多市民所组成了荧光跑队伍沿跑道环跑一圈。十里运动休闲长廊项目是衢江区重点项目，也是首个以PPP模式运作的城市基础设施类项目，更是"衢州有礼"诗画风光带衢江段的重要节点，信安东湖的核心景区。项目西起振兴西路、东至香樟路，总长约6.6千米，总投资4.79亿元。东段为城市地标性建筑——城市阳台，中段以表现古埠文化为主题，西段则充分利用桥下空间和现状地形，以布置运动健身设施和休憩游乐场地为主，另外滨水游步道、骑行绿道和跑步道三条慢行系统贯穿整条景观带。该项目集运动、休闲、康养、观光于一体，元素丰富、功能完善、设施齐全，是"活力新衢江、康养大花园"的窗口平台，也有望成为游客的网红打卡地、企业的应用新场景、城市的绿色新名片。

【黄雅琼任衢州城市形象大使】 5月28日，衢州城市形象大使聘任仪式暨"文明有礼、冠军同行"志愿服务活动在水亭门历史文化街区广场举行，市委、市政府聘请黄雅琼任衢州城市形象大使。黄雅琼，峡川镇人，国家羽毛球队混双主力运动员，获得世界羽毛球锦标赛混双冠军、苏迪曼杯团体冠军、马来西亚羽毛球公开赛混双冠军、全英羽毛球公开赛混双冠军、印尼羽毛球大师赛混双冠军，是国家备战东京奥林匹克运动会的重点运动员。

群众体育

【概况】 年内，体育设施逐步完善，活动日益丰富。全区推广工间操，对各乡镇（街道、办事处）、区级各部门进行专业培训；各体育协会赛事活动相继举办，惠及广大人民群众。衢州市"舞动中国，舞出中国梦"大型排舞万人同跳，庆祝新中国成立70周年活动暨2019年度衢州市排舞广场舞展示活动，荣获最佳表演奖。浙江省幼儿体育大会、衢州市幼儿大众舞操比赛，下张幼儿园幼儿基本体操乙组荣获省、市一等奖。区体育协会相继举办各类赛事活动，区棋类协会承办2019浙江省少儿象棋公开赛，区幼儿体育协会举办衢江区幼儿体育大会。区太极拳协会举办杨氏八十五式太极拳培训班。群众体育蓬勃开展，全民健康生活质量提高。

【绿春湖登山挑战赛】 10月20日，由衢州市体育局、衢州市文旅局、衢江区人民政府主办，衢江区文化和旅游体育局、衢州市登山协会承办的2019衢州绿春湖登山挑战赛在绿春湖风景区举行。全市500多名登山爱好者参赛。比赛线路依山盘旋，总长11千米。比赛不设奖项，前二十名完赛的选手均可获得荣誉证书，按规定完赛的选手均有机会参与抽奖领取纪念品。

【全民健身·骑遍衢州（衢江站）活动】 10月13日，由衢州市体育局、衢州市体育总会、衢州市创建办和团市委主办，衢江区文化和广电旅游体育局、衢江区五水共治办公室等承办的2019全民健身·骑遍衢州（衢江站）暨衢江区护水衢江千里行活动上午8时40分启动，从浮石街道办事处出发，途径清平路、迎宾大道、宾港北路等衢江区风景优美路段，全程23.6千米，200多名骑行爱好者参加。

【区干部职工运动会】 11月2日，衢江区干部职工运动会在区第二小学举行。区委书记周向军宣布运动会开幕，区委副书记、区长朱素芳致辞。此次运动会设拔河、8字跳绳、同频共振、迎面接力、一圈到底、龙行天下六大项目，有91家单位102支代表队1224名运动员参加，是衢江体育史上首个千人运动会。

【双桥乡农民运动会】 12月7日，双桥乡第三十三届农民运动会暨第十届残疾人运动会在双桥乡中心小学举行。区领导王继明出席开幕式。运动会以“彩韵双桥·趣味农运”为主题，比赛设拔河、垃圾分类、拎粉干、象棋、智力拼图等项目，全乡200多名选手参赛。

竞技体育

【概况】 2019年，全区共举办各类竞技体育活动30余项，2万余人参加，推动了全区群众体育蓬勃开展。

【省第五届青少年跆拳道比赛】 5月16日，浙江省第五届青少年学生阳光运动会跆拳道比赛在区第二小学举行，全省39支代表队445名运动员同场竞技。区领导王继明参加开幕式。此次比赛是衢江区承办的规模最大的竞技体育赛事，比赛分为品势比赛和竞技比赛，全程赛期3天。比赛在品势与竞技赛事中分别角逐出前8名，并评选出团体奖项及“体育道德风尚奖”“优秀教练员奖”53个奖。

【2019年世界名校赛艇挑战赛】 9月11日，2019年世界名校体育系列赛—赛艇挑战赛在衢江举行，此次赛事有美国加州大学、法国巴黎商学院、英国伦敦大学、北京大学、浙江大学、西安交通大学等9个国家16所高校赛艇队伍参加。比赛项目分设男子、女子各1000米，采用8人艇单桨（舵手）赛制。

【第四届全国智力运动会象棋比赛】 11月9—18日，第四届全国智力运动会象棋比赛在衢江举行。此届智运会共设围棋、象棋、国际象棋、桥牌、国际跳棋和五子棋6个大项57个小项，共有41支队伍425名棋手参赛，包括30名特级大师（男子22人，女子8人）、73名国家大师（男子46人、女子27人）。年龄最大的为72岁的山西选手张致忠，年龄最小的为12岁的陕西选手王含月。开赛当日，国家体育总局副局长李建明等相关领导在象棋赛区考察和指导工作。

9月11日，美国加州大学的选手们在奋力划行　　（童　超　供图）

11月9日至18日，第四届全国智力运动会"国金集团杯"象棋比赛在衢江区举行
（衢江传媒集团 供图）

【中国户外极限运动公开赛总决赛】 11月30日至12月1日，由中国极限运动协会、浙江省体育局、衢州市人民政府主办；衢州市体育局、衢江区人民政府承办的2019中国户外极限运动公开赛总决赛在衢江区举行。6月20日举行总决赛启动仪式，市委副书记、市长汤飞帆到场致辞。11月30日举行开幕式，衢州市委书记徐文光宣布比赛开幕。赛事以"全新挑战、极限荣耀"为主题，共有来自国内外2000余名运动员分别参加超级有氧三项赛、RPNCC野攀红点赛和健康跑等竞赛项目。最终，有氧超级精英男子组（77千米）男子组冠、亚、季军分别为杨春政、覃桂和彭剑辉；有氧超级精英女子组（72千米）女子组冠、亚、季军分别为唐景燕、梁艳和张雪情。国际顶级野攀选手，曾获得世界青年冠军，欧洲冠军，西班牙攀岩者爱德华·马林·加西亚(Eduard Marin Garcia) 多次挑战RPNCC野攀红点赛5.15线路，最终未能成功。这次总决赛，是衢江建区以来首次独立承办的规格最高、规模最大、媒体最多、影响最广的综合性体育赛事。在11月30日的开幕式上，中国极限运动协会授予衢江区"中国户外极限运动之都"称号。

（刘 业）

传 媒

综 述

【概况】 2018年12月29日，衢江传媒集团挂牌成立，由衢江区广播电视台和衢江区新闻中心、衢江区委报道组等媒体资源整合组建，集团旗下拥有广播、电视、报纸、网站、微信公众号、抖音号、视频号以及有线电视网络等媒体平台。2019年，以习近平新时代中国特色社会主义思想为指导，贯彻落实区委关于推进衢江传媒集团改革发展的意见，全面整合资源，推进媒体融合，进一步提高新闻宣传能力和服务水平。区广播电视台获2019年度全省广播电视新闻融合传播协作先进集体电视二等奖、广播一等奖、电视对农节目服务工程建设考核优秀奖。《新衢风》栏目获2019年度广播电视对农节目政府奖(电视对农栏目)三等奖，《衢江区首届“微孝之星”颁奖活动》获2019年度广播电视对农节目政府奖（电视对农活动）三等奖。

【推进媒体融合】 7月10日，总投资537.2776万元的衢江区融媒体中心开工建设，同步启动App和网站的整合建设。11月8日，区融媒体中心正式启用，“e览衢江”App同步上线使用，每天图文稿件和视频都能在App上浏览，衢江新闻综合频道、广播FM90.6、《今日衢江》电子报都能在App上直接收听收看。还开通官方微博、抖音账号，每天都正常更新。实现报纸、广播、电视、两微一端等多个传播平台的资源整合，衢江区融媒体多元立体传播矩阵，省市区三级媒体联动，“一次采集、多次生成、多元传播”的融媒化运作形成，全区媒体融合发展进入新阶段。

【助力中心工作】 年内，围绕区委、区政府中心工作和重大决策部署，参与各项有关重大宣传活动，发挥广播、电视等各大平台的宣传优势。参与或策划“银耀衢江·五大助力活动启动仪式”“少年家风说活动”“文耀衢州礼誉天下　康养衢江专场文艺晚会”“四省边际文博会”“青春心向党·建功新时代”衢江区纪念五四运动100周年暨新中国成立70周年主题党团队日活动、“2019全民健身·骑遍衢州暨衢江区护水千里行活动”“初心诵读—老干部进乡村振兴讲堂主题活动”“好听衢江红歌嘹亮”“中国旅游日田园康养嘉年华”“新思韵葫芦丝音乐会”“‘我为衢江添光彩·衢江因我更精彩’演讲比赛”等一些重大活动，全程录制和现场直播。同时，举办创文纳凉晚会，吸引观（听）众和读者参与，树立媒体权威，扩大社会影响、引领社会风尚。

【“管家婆”材料管理软件培训】 3月，组织各乡镇中心站长、公司材料管理员、各乡镇中心站材料管理员参加网络公司举办“管家婆”材料管理软件的培训，学习软件基本操作、材料录入、同价调拨等，增长知识，提高业务水平。

广播电视·报刊

【概况】 2019年，全区广播电视工作坚持以习近平新时代中国特色社会主义思想为指导，服从服务于区委、区政府中心工作和重大决策部署，突出主题报道工作，进一步发挥和提升主流媒体的作用。年内，向中央电视台发稿22条、浙江卫视发稿94条、浙江之声发稿102条、省级新媒体平台发稿83条，“学习强国”全国总平台发稿5条、浙江平台发稿52条。《新衢风》栏目选送的3条对农节目被“全省通用性电视对农节目”录用。“衢江广电”微信公众号共发布282期，总点击量888979次，平均每期点击量3152次。总关注人数13800人。每周推出衢江发布7期，推送信息900多条。

至年末，全区有数字电视用户6.3万户，副终端3.26万个，互动电视4185户，宽带5826户，高清包8451个。2019年，投入180万元完成樟潭、莲花、杜泽、上方中心站18个乡镇机房建设，完成上方、莲花、廿里营业厅标准化建设并投入使用。

【主题宣传】 年内，推出主题报道20多个，在《衢江新闻》中开设《最多跑一次改革》《大干项目 干大项目》《创建全国文明城市》《打造最优营商环境》《最美衢江人》《美丽乡村建设》《法治衢江》《不忘初心、牢记使命》等专栏。聚焦衢江在外创业的人士开辟了新栏目《天南地北衢江人》。报纸《今日衢江》开设“干字当头、拼出精彩”“聚焦浮石街道专项整治”“推进教育改革专项行动、打赢教育翻身仗”“全域环境大整治、打造东区大花园”“担当作为好干部”“一座最有礼的城市——创建全国文明城　打造东区大花园”“党建治理大花园”“乡村振兴、乡贤助力”“不忘初心、牢记使命”等专栏。全年广播新闻栏目《衢江新闻》播出365期，播发稿件2357条；广播栏目《农民之友》播出144期，播发稿件864条；电视《衢江新闻》栏目播出节目246期，播发稿件1686条；《两区新闻》共播133期新闻稿件；采编播出《校园风景线》24期，播发稿件50余条；《康养衢江》42期，播发稿件60条；《科普之窗》48期，播发稿件50条；《健康衢江》48期，播发稿件52条；《新衢风》144期，播发稿件720条；《清廉衢江》24期，播发稿件72条；党建栏目《衢江先锋》24期，播发稿件72条；文化专题栏目《衢江时间》24期，播发稿件24条；《微孝行动》栏目24期，播发稿件24条。

【开设《南孔小书虫》专栏】 4月1日，自办教育类节目《南孔小书虫》在衢江人民广播电台（FM90.6）首播。节目设置《自然图书馆》《南孔小主播》《有礼小主播》《名师点评》4个板块。《自然图书馆》主要讲述国内外经典故事、成语故事、自然科学、十万个为什么、马小跳系列、米小圈系列、给孩子的故宫系列等孩子喜欢的书籍，用有趣的播读方式让孩子上学路上轻松学习。《南孔小主播》主要是听众通过手机录制语音信息至微信公众号平台，内容有：儿童讲故事、念古诗、三字经、声律启蒙、推荐好书等通过手机录制让参与低门槛惠及更多孩子，而且让家长和孩子一次也不用跑就可以与主播微信直接沟通，及时纠正孩子的语音缺陷，提高孩子的语言表现力。《有礼小主播》结合衢州有礼这张城市名片，让孩子寻找国学中有关‘礼’的诗句开展传家风诵家训的宣传。《名师点评》根据参与小主播吟诵的古诗词、古文、推荐书目等结合学校课本教学进一步的释义说明，使听众更容易理解，让衢江名师的声音在衢城响起。

【东西部结对帮扶报道】 7月15日—8月18日，集团安排2位记者到衢江区对口支援的平武县融媒体中心挂职，与平武融媒体中心记者组成采访组，历时1个月，深入平武县6个乡镇采访报道东西部协作衢江区支援平武县项目落地实施情况，制作完成《衢江牵手涪江情系列报道》7篇，陆续在衢江电视台、平武电视台和衢江发布平台刊播。完成8分钟的工作专题片《无问西东逐梦前行——衢江平武东西部扶贫协作工作纪实》。

【《今日衢江》改版】 年内，以提升办报实力为目标，更新数字报网址和系统软件，进一步优化版面设置，注重新闻质量，提升舆论引导力，办出党报风格和地方特色。《今日衢江》重视栏目的设置和经营，策划版面栏目，调整版面设置，一版要闻报道、二版综合新闻、三版生活与文艺、四版专题与广告。一版在做好会议新闻和领导活动报道的同时，尽量多编排些重点工作、全区性工作以及“三贴近”的、鲜活的新闻稿件上头版，增强报纸的可读性。二版突出经济新闻报道。及时、深入报道工业经济转型升级、加快发展的成功典型和先进经验，动态报道各乡镇、部门特色工作。三版、四版根据群众生活的需要和期盼，提升三版的生活性和文学性，增加资讯服务容量，设置平安法治、乌溪江（文学）、教育健康、社会、天南地北衢江人等专栏版面，倡导正面、积极、健康的生活方式，弘扬时代新风正气。

（吴春霞）

乡镇·街道·办事处

上方镇

【概况】 2019年，上方镇辖14个行政村、216个自然村、295个村民小组、9235户2.9万人。年内，坚持以习近平新时代中国特色社会主义思想为指导，深入贯彻区委“1136”发展战略，以“打造乡村振兴样板地、示范镇”总目标，全体干部群众奋力进取、迎难而上，各项工作稳步推进，经济社会保持良好发展态势。全镇地区生产总值突破10亿元大关，完成地方财政收入2678.13万元，实现农民人均可支配收入24230元；完成固定资产投资2.4亿元。区委第二巡察组反馈的6个方面34个问题，实行“销号制”管理，立行立改，整改落实到位。获区综合争先考核一等奖、全区“树正打歪”先锋战队；获评全省社区戒毒、社区康复示范点；金扬村获全区党建治理大花园精品村；“衢江区东南景天主题康养园项目”获区项目谋划擂台赛优秀项目。

【工业转型持续发力】 年内，围绕中央环保督办督察反馈意见和区委第二巡察组巡察反馈，以壮士断腕的决心开展企业整治、整改落实。重组提升的15个钙产业项目通过环保、安全“三同时”验收，全部投产。其中规上企业1家，国家高新企业2家。浙江五湖新材料科技有限公司年产6万吨超细重质碳酸钙技改项目通过项目决策，顺天钙业有限公司年产10万吨氢氧化钙整治提升技改项目、天稳钙业有限公司年产10万吨氢氧化钙整治提升技改项目、山塘岭石灰岩采矿等一批项目相继开工。

【土地综合整治】 年内，投资12亿余元，实施全域土地综合整治及生态修复工程，对域内现存矿山，废弃矿山矿地、未利用坡地进行生态修复。工程红线面积约6828.31亩，涉及11个行政村17个。累计完成土地流转协议签订1281户，下发政策处理资金4680万余元，每个区块均具备开工点，其中界首区块已施工完成。中央环保督办的钙企业整治，关停115家钙企业，其中57家土地作上方工业功能区用地，58家列为上方建设用地复垦项目，复垦区总面积300亩，完工280余亩。

上方镇全域土地综合整治　　（孙云峰　供图）

石灰窑复绿工作全面收官，完成75家100座石灰窑拆除复绿工作。

【"树正打歪"专项行动】 3月19日，上方镇专题会暨"深化基层治理 亮剑歪风邪气"百日攻坚大会战部署会在镇文化礼堂隆重召开，区委、区政府领导，公检法以及26个部门主要负责人，上方镇村全体党员干部、村民代表、企业代表等共1200余人参加会议，全面开展"树正打歪"专项行动。结合扫黑除恶专项斗争，深入开展组团联村、两委联格、党员联户工作，从网格基本单元发力，切实提升基层抵制黑恶势力蔓延渗透的能力，以"集中+日常""共性+个性"的方式，联村进格入户，帮助排查涉黑涉恶、"黄赌毒"等问题线索。百日攻坚大会战期间，破获5起盗窃案，采取刑事强制措施1人；破获贩毒案件1起，刑事拘留1人。与此同时，1件国家级信访积案完成化解，5件市级信访积案化解4件，为营造风清气正的社会环境奠定坚实的基础。

【民生工程】 投资100万余元，新设测速设施，对46处安全隐患点进行整改，配备14名交通劝导员，安排9条线路15个班次校车统一接送学生。完成龙祥村农村饮用水提升工程，铺设自来水管道23.68千米，解决了1500余名群众饮水安全问题；完成新京村等12个行政村的"村庄点亮工程"，安装路灯1200余盏；"四好"农村公路、龙祥村改村提升、美丽公厕、污水零直排、林区道路、防洪堤修复等一大批惠民项目落地实施。

【脱贫攻坚】 年内，补助资金30万元，完成40户低收入农户危旧房改造；雨露计划补助34名在读大中专学生，下发补助资金10.2万元；31名孤寡老人进入敬老院集中赡养；发放各类救助资金80万余元，惠及困难群众近1000人次；城乡居民医疗保险参保率99%以上、养老保险参保率99%以上。新京、严村、金扬、金坑、玳堰、鹿角堰、上龙、依呑新8个扶贫重点村立项投资入股"鄞衢山海协作飞地消薄产业园项目"，村集体经营性收入壮大。7月9日，成立的上方镇白茶专业合作社，金扬白茶基地规模1800余亩，产业效益1200万余元，形成"上方依"特色品牌，并与浙江大学签订《金扬白茶深加工技术创新和产品品牌建设》协议，开发白茶含片和茶树花沐浴露等衍生产品。

【文化建设】 年内，成功举办第六届上方春晚，市、区电视台同步现场直播，浙江卫视转播；成功举办第三届全民健身运动会，全民健身活动得到推广；"南孔书屋"建成使用，新建文化礼堂1家、改建提升2家，累计建成12家村文化礼堂；新建集镇LED大屏1块、安装应急广播154个，公共文化设施得到进一步提升；《上方酒药》等3个专题视频在"学习强国"上播出、上龙村干部胡学元山中寻找走失村民事迹被《浙江法制报》报道。11月，衢江区电视台摄制的红枫林风景视频在央视新闻频道播出，金牛村狮子山150余亩枫叶林成为游人打卡胜地。

【便民服务】 年内，212个事项"无差别受理"，涵盖社保、卫健、民政、资规、财政、残联、公安等多部门条线；公安事项进乡镇，服务中心可办理包括身份证补换领在内的74项公安事项。全年受理群众办事15192件，审批办结率100%。村级代办事项1525件，实现群众足不出户全程代办。

【全市纪检监察信访举报"最多访一次"工作现场研讨活动在上方镇举行】 5月16日，全市纪检监察信访举报"最多访一次"工作现场研讨活动在上方镇举行，省、市纪委领导、各县（市、区）纪委监委主要领导、乡镇（街道）纪（工）委书记150余人参加，参观"最多访一次"工作展览及金坑村廉政教育基地、"清廉衢江"村级工作站。

【"阳光禁毒"获全省社区戒毒康复示范点命名】 上方镇阳光禁毒服务中心，占地面积80余平方米，设有尿检室、心理咨询室、多功能服务室、再就业基地、青少年毒品预防教育基地暨“雨露计划”工作室等，是集宣传、检测、关爱等于一体的综合性禁毒服务中心。年内，被省禁毒委员会命名为全省社区戒毒社区康复示范点。

（徐继龙）

峡川镇

【概况】 2019年，峡川镇辖11个行政村，人口12376人。年内，坚持以习近平新时代中国特色社会主义思想为指导，深入贯彻区委“1136”发展战略，以“古韵峡川 农旅小镇”为发展目标，事不避难、勇于担当，扎实工作，经济社会保持良好发展态势。实现财政总收入4062.61万元，增长32.78%，一般公共预算收入2315万元，增长57.56%；农民人均纯收入19597元，增长9.8%；完成固定资产投资1.6亿元。获全区乡镇（街道）综合争先考核三等奖（排名第十）、招商引资工作考核三等奖。

【农房风貌管控】 年内，以农房风貌管控为“牛鼻子”，通过明晰职责、上下联动、强化督促，做到“存量”应拆尽拆、一拆到底，“增量”严管严控、责任倒查。全面完成非法一户多宅、严重有碍观瞻附属房、旱厕、D级危旧房等农房整治清零工作，共拆除生产性用房522宗，附属用房37宗，非法一户多宅2宗，旱厕87宗，拆除面积51123平方米。

【土地确权】 农村土地确权颁证和不动产确权登记工作实现“质速并举”，在前期深入调查摸底基础上，坚持公正、公开、公平的原则，充分保障农民的知情权、参与权、监督权和决策权，两项工作均稳妥推进。土地确权共4425宗，完成率100%。不动产确权登记3049宗，前期资料收集工作和外业测量工作已结束，第一轮公示959宗，通过审核790宗，12月底前全部完成。

【招商引资】 年内，引进馨香食品有限公司，年产2.5万吨豆制品及1.5万吨高蛋白食品；7月，上海盒马网络科技有限公司正式授牌衢州山顶农业开发有限公司，峡川镇“山顶”农业加工基地成为浙江省首个盒马合作基地。山海协作项目流转土地170余亩，连片招商开发。峡川镇农旅产业呈现高端化、规模化、品牌化三大趋势。

【美丽乡村建设】 年内，加快推进农田水利、道路修复、网络通信、文化服务等基础设施建设，逐步完善城镇配套服务功能。投入19.5万元在集镇范围新增5处监控点位，投入80余万元对全镇各自然村的交通、环卫设施进行更新和完善，并对其他重点区域投放垃圾箱100对。完善集镇管理体制，定期组织人员对集镇及村公共活动区域的垃圾、墙面小广告、路面障碍及杂草杂物等进行全面清除，聘请集镇巡查人员6名每天开展不间断巡逻，并在每周三联合综合执法、安监等部门开展全方位整治，杜绝集镇脏、乱、差问题，实现集镇“洁、绿、美”。全面启动“污水零直排区”建设，年底一次性通过市级验收。集镇新建污水管网3.5千米，雨水管网1.2千米，为顺利通过省级“污水零直排区”创建验收打下坚实基础。

【便民服务】 打造全方位营商服务平台，投入20余万元完成镇便民服务大厅改造及村级便民服务中心建设；落实“码上查、马上办”政务服务新模式，“一窗受理”云平台办件量1800件。以“坐不住等不及”的紧迫感，进一步下沉力量开展“三联工程”，打通服务群众最后一千米。新的乡镇综合文化服务站建成运行，南孔书屋项目投入使用，建成大桥村、高岭村文化礼堂，以及峡川镇居家养老服务中心。

【创建全国文明城市】 为巩固省级卫生乡镇、小城镇建设省级样板镇成果，按照创建全国文明城市标准，细化措施、突出重点、精准发力，组织7000多人次参与文明宣传倡导、车辆规范停放、文明交通劝导等志愿服务，引导群众养成文明出行的行为习惯，带动群众文明程度的全面提升。同时，通过“古韵峡川”微信公众平台建立“红黑榜”，以“红脸出汗”倒逼村民遵守秩序，规范经营。连续组织3场创文主题纳凉晚会，积极营造文明创建浓厚氛围，全面提升创文工作知晓度、参与率、满意率。在全市创文大督查通报中峡川镇多次位列乡镇第一名。

【文化旅游】 年内，支持配合衢江区教育布局调整，在限期内顺利完成峡川镇初中并入杜泽初中工作。以群众需求为导向，按省二级幼儿园标准新建峡川镇中心幼儿园，9月1日正式投入使用。以创建省AAAA级旅游景区为目标，加强基础设施建设，镇综合文化服务站、南孔书屋及大桥村、高岭村文化礼堂相继建成并投入使用。完成景观节点改造、峡东线通景公路提升、特色民宿提质等基础设施建设，提升景区功能和旅游接待能力。东坪国家AAA级旅游景区游客量5.6万人次，旅游业相关收入1500万余元。12月18日，在衢开展“三服务”的省委常委、统战部长熊建平一行到峡川镇，深入姚氏宗祠、乡贤馆、紫竹书院等地，对峡川镇利用现有资源优势，发挥乡贤作用，推动乡村振兴的做法给予充分的肯定。

（郑　超）

杜泽镇

【概况】 2019年，杜泽镇辖24个行政村、9600余户、3.1万余人。年内，坚持以习近平新时代中国特色社会主义思想为指导，深入实施区委“1136”发展战略，以打造“四宜”美丽新杜泽为目标，真抓实干、狠抓落实、克难攻坚，奋发进取，各项工作迈上新台阶。完成规上工业总产值7325万元；地方财政收入1267万元，增长17.8%；农村常住居民人均可支配收入21272元，增长10.2%。多项工作获得上级肯定，获全区综合考核三等奖，区统战工作一等奖，区“垃圾革命”（农村生活垃圾分类处理）工作考核第一名、区招商引资工作二等奖，区委、区政府正面典型通报2次，承办市级现场会3次，荣登央视新闻5次，获全省小城镇环境综合整治行动突出贡献集体，被评为省AAAA级景区镇。

【推进项目建设】 年内，围绕集镇建设、乡村产业、文化旅游，推进振兴乡村，引进项目4个，镇自主谋划衢北旅游商业综合体等项目4个。开展项目征地攻坚行动，完成一海优质精品生猪生态养殖基地项目土地流转413亩、杜泽至灰坪公路（杜泽段）土地及房屋征收等政策处理，集镇综合体30亩征地、建设用地复垦项目268亩，以及完成光伏续建项目土地流转170亩。按照全区教育布局调整方案，平稳完成上方、峡川、周家等周边乡镇初中与杜泽初中合并工作，完成医共体建设改革，投资3490万元的医技楼加快建设。农民饮用水提升工程建设和集镇自来水加压泵站项目建设圆满完成，总投资110万元的省民生实事项目杜泽镇生活垃圾资源化处理站建成并投入使用。

【农房管控】 年内，拆除一户多宅、附属用房、生产设施用房以及旱厕等各类建筑2290宗，面积12万平方米。开展一米菜园、美丽庭院、景观小品建设，启动一米菜园示范村建设8个，精品村1个，完成“一米菜园”示范户创建149户，面积1万余平方米，被评为2019年度衢江区“一米菜园”星级户30户。桥王、西庄、下方、明果等4个村列入“改村提升”项目。桥王、西庄2个村，总规划面积176.92亩，需拆除房屋240余宗，已拆除230宗。下方村、明果村规划设计基本完成。桥王村在区第一期“支书论建”活动中被评为党建治理大花园创建精品村。

【杜泽老街改造】 年内，以小城镇整治为发动机，以老街为核心，撬动一大批集镇项目建设：完成28000平方米的石板铺设，30000平方米具有唐风韵味的集镇立面改造；投资约4000万元对现存39条古街巷进行“修旧如旧”。投资2个多亿打造景观节点；修复晚清时期徽派建筑96幢，杜本仁堂前后厅、杜氏宗祠、寿字厅、杜一村老农会5处古建筑。

【农业产业转型】 年内，推进柑橘等传统产业转型升级，改造低产橘园80亩，发展新品种橘园120亩，新建大棚设施栽培橘园20亩，申报市级精品橘园1

杜泽老街改造换新风貌　　（杜颖洁　供图）

个、省级放心菜园1个，农业生产逐步由粗放型向集约型转变。全年开展20次农产品质量安全巡查，472批次果蔬检测，检测合格率100%。完成两山一类财政补贴项目面积测绘和资金申报工作，涉及茶叶、柑橘、中草药共600亩。完成全镇8000亩水田土壤酸化治理工作；圆满完成坎头村、下方村、下余村、荷花塘沿村标准农田提升项目2019年度实施目标；完成全镇10000亩水田和沟渠福寿螺统一防治工作。

【文化事业】 年内，建成一个中心讲堂——老街讲堂，成为新文化地标建筑。完成潜灵、章家、荷花塘沿等村文化礼堂建设。引进南孔书屋、有声国学、云集问社等文创产业，打造古枫农庄、净叶雅苑等特色民宿，实现文化的可视性和体验性，进一步丰富全镇旅游文化内涵，提升古镇文化张力。5月23日，举办杜泽美食节。8月19日，央视新闻直播杜泽老街“夜生活”，向全国展现千年古街魅力，一个小时观看人数达51.5万人。10月4日，杜泽老街盛大开街，接待游客6万余人次。国庆假期，举办乡村音乐会、食神擂台赛，接待游客15万余人次，实现旅游收入近1200万元。

【民生保障】 年内，21名集中五保供养对象得到保障，依托宝山敬老院成功创建省级残疾人阳光庇护中心，安置残疾人就业15人，完成临时救助161户347人20.69万元，医疗救助93人52.4567万元；完成公益性安康保险收缴7513人。完成新增计划生育家庭奖励扶助对象175人和特别扶助对象6人。有序推进移民、扶贫项目，共争取移民资金355万元、扶贫资金342万元。完成24个村路灯点亮工程，安装路灯1260盏。完成305省道沿线景观提升改造工程。启动“四好农村路”建设13条，完工12条。

【基层治理】 年内，以“1+5+15”专项整治为主线，开展“树正气打歪风”专项行动，全方位、多形式开展扫黑除恶斗争宣传，营造浓厚氛围，累计发放宣传折页2.5万份，张贴海报600余张，悬挂横幅300余条，摆放易拉宝60余套，喷绘广告50余处，举办12场“树正气、打歪风”专题文艺巡演。及时办理答复来信来访429件（含网络件300件）和处理“12345”政府服务热线310件。实行重点信访问题领导包案制，严格落实信访代办制、首办责任制，建设信访超市，加强信访积案化解，化解信访积案4件，实现全国“两会”期间“零上访”工作目标。

【主题教育】 年内，深入开展“不忘初心、牢记使命”主题教育活动，把主题教育作为最大政治任务，以检视问题为重点，以“9+1”专项整治为突破口，制定主题教育实施方案，精心谋划落实学习教育、调查研究、检视问题、整改落实各环节，开展集中学习11次，解决问题40余个。加强对年轻党员的培养，对11个多年未发展党员的村支部书记进行约谈，年内共发展党员29名，并全面完成“红岭”支部挂靠党员组织关系清理。加强党风廉政建设，开展日常谈话168人次，任前谈话29人次，提醒谈话3人次，批评教育45人次。严肃纪委，对严重违反纪律，给予党纪处分，开除党籍2名，留党察看2名，撤销党内职务1名，党内严重警告2名，党内警告3名。

（姚　菲）

莲花镇

【概况】 2019年，莲花镇辖23个行政村，户籍12824户37017人。年内，莲花镇始终坚持以习近平新时代中国特色社会主义思想为指导，深入实施区委“1136”发展战略，围绕“空港新城，莲花新区”工作目标，团结奋进，扎实工作，取得新成效。实现财政总收入19326万元，其中地方财政收入1225万元，增长36.77%；农民人均收入24285元，增长10.2%，增幅位列全区第4；固定资产投资10369万元，增长141.7%。杭衢高铁、351国道项目建设有序推进，华统牧业土地流转、房屋征迁等工作顺利，莲花乡村国际未来社区试点建设正式启动。全省“三位一体”改革现场会、全市乡镇（街道）模块化运行改革现场会、全市镇（街）“污水零直排区”建设现场会等5次会议在莲花召开，接待中央组织部、中央农办等调研组40余批次，承接四方来客近万人次。获全省“五水共治”（河长制）工作考核优秀乡镇；全区路长制在莲花试点。乡镇模块化运行改革被央媒报道。涧峰村入选浙江省“美丽乡村美育村（社区）试点单位”，成为全区首个试点乡村。

【重点项目建设】 年内，新建、续建重大重点项目4个，保持在建项目投资规模超3亿元以上，其中华统牧业一期工程固定资产投资3631万元，完成华统牧业土地流转300多亩；完成杭衢高铁、351国道、绿心莲香亲子教育体验乐园等重大重点项目土地征迁600余亩。杭衢高铁项目仅用1个月时间完成土地征迁。351国道35栋房屋征迁全部签约并拆除，在涉及的3个乡镇中任务最重，完成速度最快；291亩存量建设用地复垦仅用一个月全线完工。毫不动摇推进招商引资“一号工程”，实现新落地项目3个，分别是虎纹蛙养殖场、高产型科技牧场、绿心莲乡亲子教育体验乐园，协议总投资2.16亿元。

涧峰村——全国100个特色村之一　　　　（吴　斌　供图）

【乡村风貌提升】 强力实施“一户多宅”农房整治工作，党员干部带头清零，拆除各类建筑2300多宗，17.4万平方米，干成多年无法干成的事。拆后推广“一米菜园”新模式，新建“一米菜园”27600平方米，共打造示范村8个、精品村3个，示范户480户、星级户150户。深入推进农村环境“三大革命”，开展村庄环境卫生集中整治行动，对陈年垃圾、建筑垃圾进行全面清理，农村生活垃圾无害化处理率达100%；持续做好“清千塘、美百河”、剿灭劣V类水体等工作，共清理河道8千米，清运河岸垃圾20余吨，荣获全省“五水共治”（河长制）工作考核优秀乡镇。全力推进农村公厕建设，新建公厕20个，改建公厕7个，覆盖率达100%。全力推进月山、五坦、西山下3个村“改村提升”项目，拆除226宗，面积2.8万余平方米，西山下村总投资170万元引水入村项目开工建设。投入100万余元，积极推动美丽庭院创建，清莲村80余户美丽庭院改造提升完成。借力芝溪公园观光带，完成五坦村休闲灯光体育场建设。围绕古村文化，着力打造古韵涧峰，重点推进廉政文化广场建设。

【集镇环境综合整治】 以管、改、建全力推进“污水零直排区”建设，开展雨污分流改造、污水处理厂整治提升、六小行业整治等工程，完成53家六小行业整治，集镇农户雨污分流改造以及错接漏接整治172处，整治提升污水处理站1处，居民截污纳管率达100%，成功举办全市镇（街）“污水零直排区”建设现场会。统筹推进湿地保护与恢复项目，完善河湖湿地生态系统结构和功能。相继投入3300万元，规划建设月牙儿湿地公园，完成观光栈道1.8千米铺设，种植苗木灌木600余株，湿地公园生态环境及周边景观明显改善。在“两堂一廊”基础上，以“一村一品”“一堂一色”为目标，建成4家文化礼堂（提升1家）。614平方米的莲花村文化礼堂及耿山蔡氏祠堂，古色古香，各具特色。

【莲花乡村国际未来社区启动】 10月28日，莲花乡村国际未来社区被列入SUC联合国可持续社区标准试点。10月30日，衢江区创建莲花乡村国际未来社区启动仪式举行。莲花乡村国际未来社区以涧峰、五坦、西山下三村范围为核心，所涉范围约16.8平方千米。涧峰村是中国美丽乡村百佳范例村，也是浙江省“美丽乡村美育村（社区）试点单位”，是全区首个试点乡村。

【作风建设】 年内，深入开展“不忘初心、牢记使命”主题教育，坚持用习近平新时代中国特色社会主义思想武装头脑、指导实践、推动工作，“四个意识”更加牢固，“四个自信”更加坚定，“两个维护”更加自觉。认真履行党要管党、全面从严治党主体责任，切实加强党的建设、党风廉政建设和作风建设。完善镇村两级监管体系，对所有资金使用、项目建设严抓严管。贯彻中央八项规定精神和省、市、区委具体规定，持之以恒抓作风建设，坚决整治形式主义、官僚主义突出问题，严肃查处侵害群众利益的不正之风，同时建立抓落实工作体系，加强自身效能建设，激励干部新担当新作为。主题教育中，完善管理制度8项，解决各类疑难杂症36个。

（吴　斌）

10月28日，莲花乡村国际未来社区被列入SUC联合国可持续社区标准试点

（吴　斌　供图）

高家镇

【概况】 2019年，高家镇辖24个行政村、130个自然村、1个居民委员会，13807户、37893人。年内，坚持以习近平新时代中国特色社会主义思想为指导，深入贯彻区委“1136”发展战略，按照产业兴旺、生态宜居、乡风文明、治理有效、生活富裕的总要求，全面推进乡村振兴战略实施，工作成效显著。实现财政总收入493万元，同比增长19.55%；完成全社会固定资产投资0.9亿元，规上工业总产值1.55亿元，农村人均可支配收入22774元，同比增长9.9%，争取上级各类补助资金1.69亿元。全年，获荣誉表彰、记功嘉奖及“十条军规”通报表扬25项；先后承接全市乡村振兴“党建篇·改革篇”互看互学现场会，全市乡镇（街道）模块化运行改革现场会，“侨联衢江·侨商论剑”暨乡村振兴侨同行活动等三次省、市现场会，数量位列全区同类乡镇前列。

【推进重点项目建设】 年内，率先完成G60杭金衢高速拓宽项目主线土地征迁任务；按期完成沿江公路二期（洪家至盈川段）7.8千米建设，并同步做好一期、二期沿线的环境美化提升工程；谋划的环镇西路项目，按农村公路标准建设完成并扩建半幅，提升至县道标准；中央徐村“一村六美”项目建设，获评区精品村一等奖；镇中心幼儿园项目结顶，将于2020年9月开学招生。

【招商引资】 年内，洽谈引进亿元以上招商项目5个。其中，旅游服务业项目1个，计划投资规模5亿元；工业项目3个，计划投资规模3亿元；物联网项目1个，投资额度30亿~50亿元，均在落地过程中。同时。注重培育本地龙头企业，以“店小二”的姿态为镇内企业办好事、办实事。2018年荷鹭牧场开业以来，通过镇全方位服务，一直保持着良好的发展态势，已累计接待游客超25万人，营业收入超4600万元，带动了区域旅游经济的发展。

【美丽乡村建设】 年内，强势推进“一户多宅”整治，累计拆除各类一户多宅建筑1400宗，保留生产性用房617宗，整治面积16.7万平方米，实现党员干部“四类人员”全面清零。完善违章建筑长效管控措施，强力改善乡村风貌。推广中央徐、盈川、陈宅等“改村提升”精品村经验做法，合理规划村庄、有效利用拆后资源，突出文化彰显特色，带动各村利用拆后土地打造“一村一品”“一户一景”，优美乡村风貌。郑家垅头村通过“改村提升”项目累计拆除农房320余宗，拆除围墙3000余米，盘活建设用地110余亩，投资1500万元新建村级服务中心、文化礼堂、居家养老中心，以及健身广场、停车场等公共设施，成为“一江两岸风光带”中的精品村。

2019年“改村提升”的郑家垅头村 （高家镇 供图）

【生态环保】 年内，全力推进全域土地综合整治。枫树底村、松旺村、郑家垅头村流转土地500余亩，斋堂村旱改水项目建设150亩，安仁村、洪家村新建高标准农田1000亩；做好存量建设用地复垦工作，立项面积310.86亩，提前实现应复尽复，盘活闲置土地资源；健全“河长制”，合力推动镇域河道保洁工作；实施农村“点亮工程”，安装太阳能路灯1322盏；一体化推进“垃圾革命”“厕所革命”“污水革命”，全面实行第三方垃圾清运模式，24个村配齐村内垃圾桶，引导村户自觉垃圾分类。完善厕所长效保洁措施，全镇范围内34座美丽公厕引入第三方保洁，专人专管、定时清扫。完成高家村、洪家村、黄甲楼村、郑家垅头村等4个集镇村污水零直排项目，做好各村污水处理设施日常运维管理，全镇农村环境质量持续改善。

【集镇综合整治】 围绕创建全国文明城市工作，以“文明城市有一个，必须有高家贡献；文明城市少一个，一定不是高家原因”的使命感、责任感倒逼集镇整治落地落实。硬件上，做好集镇主、次干道及大桥路、西虎线沿线环境整治，全面完成集镇的污水零直排改造，增划120个机动车停车位，150个非机动车停车位，新建丝绸路停车场一座，实施高家老街拓宽改造提升680米。并通过对集镇主干道路装饰中国结、布置公益广告、更换破损花箱花圃等提升集镇的整洁度和美观性；软件上，采用划片管理和网格化相结合的方式全面覆盖治理难点，由镇干部、乡风文明劝导员、网格员、志愿者共同营造整洁、文明的集镇环境。同时，新建非机动车管理劳务外包、机动车违停抓拍、联合巡查执法，商户不文明行为大屏曝光等长效管理、不反弹的措施。通过近一年的整治，实现从创文初期“黄榜”到名列前茅的转变，集镇能级全面提升。

【基层治理】 年内，依托综合信息指挥室“雪亮工程+大数据分析”，搭建纵向贯通、横向联通、高度智能的综合指挥平台，提高网格处置效率，“雪亮村居”成为衢江区基层治理样板；定期组织镇属部门开展联合执法，做好重点区域专项整治、矛盾纠纷排查，铁路护路等工作，成功打赢新中国成立70周年安保维稳攻坚战；狠抓安全生产，全年开展联合检查12次，专项检查3次，检查重点行业、场所200余家次，整改隐患133处，全镇未发生安全生产事故；探索矛盾纠纷多元化解机制，在24个村全面铺开信访代办制度，将信访矛盾化解在萌芽状态、化解在基层。实施积案“清零”行动，推动积案化解8件，维护社会大局稳定。

【全市模块化运行改革现场会在高家召开】 9月29日，全市乡镇（街道）模块化运行改革现场会在高家镇召开。自机构改革以来，高家镇坚持党建统领，发挥模块化运行优势，打通堵点，畅通竖线，实现人员、力量、资源统筹叠加的基层治理新格局，保障沿江公路、G60高速征迁等重点工作的顺利开展。高家镇模块化运行改革，得到市、区领导的充分肯定。会议期间，与会人员现场考察郑家垅头村。

【举行“杨炯出巡”祭祀仪式】 7月3日（农历六月初一），“杨

9月29日，全市乡镇（街道）模块化运行改革现场会在高家镇召开，与会人员在郑家垅头村考察　（高家镇　供图）

7月3日，盈川村“杨炯出巡”祭祀仪式　（高家镇　供图）

炯出巡”大型祭祀仪式在高家镇盈川村举行。杨炯是“初唐四杰”之一，如意元年(692年)出任盈川县令。相传杨炯在盈川县令任上，地方上久旱成灾，杨炯为求得雨而纵身跳入盈川潭，以身殉职，终于求得大雨。武则天敕封杨炯为城隍神。此后，地方上每年六月初一举行“杨炯出巡”仪式。历代相传，成为一种迎神赛会型的传统民俗。弘扬传统文化，推动文旅产业融合，助力乡村振兴，“杨炯出巡”是浙江省乃至全国为数不多的城隍祭祀活动之一，2007年列为浙江省第二批非物质文化遗产。

（叶凯丽）

全旺镇

【概况】 2019年，全旺镇辖15个行政村，7316户、23011人。年内，坚持以习近平新时代中国特色社会主义思想为指导，深入贯彻区委“1136”发展战略，统筹推进基层党建、基层治理、乡村振兴、农民建房风貌管控等各项工作，经济社会保持平稳较快的良好态势。全年完成固定资产投资2.2亿元；城镇居民人均可支配收入2.6万元，同比增长9%；财政总收入1.31亿元，同比增长16%；在全区综合争先考核中荣获二等奖。

【农房整治】 年内，抓住农房整治这一“牛鼻子”，推动乡村振兴。完成农房整治2055宗，面积70977.5平方米。在此基础上，从点、线、面、体进行“四维”布局，做好农房整治风貌提升“后半篇文章”。利用拆后地块，打造楼山后村古戏台文化广场、红岩和尚下山“一米菜园”、岩头村“巾帼菜园”，并落实岩头村古村落保护项目。全旺镇拆后可利用面积81541平方米，已利用36693平方米，利用率45%，其中用于停车场、道路、绿化节点等公共设施14677平方米，利用率18%，农民建房12231平方米，利用率15%，一米菜园9784平方米，利用率12%。

【脱贫攻坚】 全镇认定低收入农户610户818人，其中低保户540户713人；低保边缘户40户75人。对比年初718户1090人，已有108户，272人实现脱贫。全年新增低保户37户65人，注销低保户38户51人。注销低保边缘户39户96人。新增五保户7人，注销五保户2人。帮助部分有劳动能力的低收入农户，到集镇管理、交通劝导、五水共治巡查队等公益性岗位工作，通过劳动增加收入。“村企结对，消薄壮村”。巨化集团有限公司党委组团式与全旺镇开展“村企结对”消薄工作，在结对省定集体经济薄弱村楼山后村的基础上，依托集团优势，主动扩面，下属5个支部分别结对其他5个薄弱村，建立“1+5”结对帮扶模式。年内，巨化集团有限公司党委帮扶结对已到位资金600万元，带动350多万元社会资金参与结对帮扶工作，各个帮扶项目推进有序，形成良好的辐射和示范效应。楼山后、贺辂亭、虹桥、官塘、官山底、幸福源等6个结对帮扶村总收入达180.94万元，经营性收入均超过10万元。

【基础设施建设】 年内，启动全旺镇公办幼儿园建设工程，建设省级二级标准幼儿园；全旺镇中心小学完成搬迁；在原全旺镇卫生院基础上对医疗环境进行全面提升，推动衢江中医院医共体全旺分院建设。实施“点亮工程”，13个村安装太阳能路灯585盏；投资700余万元，重新铺设全旺到黄毛畈双形4.3千米长5米路面宽度四级公路；投资40余万元，对尖峰山危桥建设改造；投资180万余元，完成楼山后自来水工程建设，惠及490户1700余人。建成黄毛畈村、虹桥村文化礼堂。红岩村文化礼堂被评为浙江省五星级文化礼堂，全旺村、幸福源村获评区三星级文化礼堂。推进美丽公厕项目建设，新建公厕加改建公厕20余座。

【“枫桥经验”创新实践】 创建“五早”机制（早发现、早报告、早介入、早控制、早解决），探索“村调解主任+网格员”模式，让矛盾纠纷化解变“你跑”为“我跑”，实现矛盾纠纷就地化解。全年受理各类矛盾纠纷116起，调解成功116起，成功率为100%，实现辖区“小事不出村、大事不出镇、矛盾不上交”的目标。镇司法所被评为全省15个“枫桥式”司法所之一。

【主题教育】 年内，深入开展“不忘初心、牢记使命”主题教育，贯彻守初心、担使命，找差距、抓落实的总要求，突出抓好“学习教育、调查研究、检视问题、整改落实”四个环节，既抓规定动作落实，又创新自选动作，实现理论学习有收获、思想政治受洗礼、干事创业敢担当、为民服务解难题、清正廉洁作表率的目标。

【谷雨祭牛】 4月20日，“谷雨祭牛”节在尹家双盈头自然村举行，游客、观众近1000人参加此次活动。“谷雨祭牛”是区级非遗项目，游客各自在稻田里选中牛王，并在其边上插上柳条，投票最多的牛即为“盛世牛王”。活动结束后，村民和宾客共享全旺午餐，吃谷雨饭、尝谷雨蛋，期盼丰收年。全旺种植稻谷历史悠久，全镇种植面积超2万亩。“谷雨祭牛”唤起人们对耕牛的怀念，对农耕的记忆，打造“全旺谷雨”农文旅融合品牌，助力乡村振兴。

（劳杭俊　毛森良）

大洲镇

【概况】 2019年，大洲镇辖10个行政村，154个自然村，160个村民小组，总人口1.7万余人。年内，坚持以习近平新时代中国特色社会主义思想为指导，深入实施区委“1136”发展战略，提振精气神、全力争上游，经济社会保持良好发展态势。全镇生产总值4.01亿元，增长3.77%；固定资产投资7045万元，增长477.9%；农民人均可支配收入23578元，增长9.7%。新增市级民主法治村1个、市级卫生村7个、AA级旅游村庄2个、A级旅游村庄2个。获区综合考核二等奖、衢州市农村饮用水达标提标行动先进集体、区宗教工作突出贡献单位等荣誉称号。“映山红”老干部工作室被评为浙江省离退休老干部先进集体。土地综合治理、一米菜园、乡村振兴讲堂等工作得到各级领导认可推广。

【土地综合整治成效显著】 年内，将全域土地综合整治作为实现“资源变资产、绿水青山变金山银山”的重要抓手，分村分类摸清家底、因地制宜科学谋划。系统考虑村庄建设类型、产业发展方向。按照宜留则留、宜建则建、宜整则整的原则，梳理出农用地整理、存量建设用地复垦、生态地保护三张清单，有序推进。2013年至2019年间，立项土地开发项目37个，总面积4577亩，完成并通过区级验收25个，新增耕地面积2469亩。立项复垦项目6个，新增耕地249亩。2018—2019年，全镇实施改村提升项目2个，盘活建设用地100亩，复垦60亩。

【“映山红”文明指数创新基层治理模式】 年内，以户为单位，面向全镇农村家庭实行“映山红”文明指数积分管理。设置基本分100分，包含遵纪守法、家庭环境洁净、家庭氛围和谐等基本内容。将无偿献血、参加“乡村振兴讲堂”活动列为加分项；将损坏村集体财务、私搭乱建等列入扣分项；对存在越级上访、故意阻拦重点项目实施的家庭等实行一票否决。文明指数与惠农政策、村临时用工、困难家庭申请，以及享受农商银行、移动、电信合作的优惠政策等相挂钩。通过量化考核与物质激励，带动百姓、凝聚民心。

【“百园绽放”大赛亮点纷呈】 9月，启动“百园绽放”大赛，激发基层党建新活力。组织10个行政村，每村选取10个闲置块地，组建以党员及联系户为主体的比赛队伍，按照“一村一主题、一园一风光”的要求，因地制宜，因地施策，融入文化、党建等元素，打造百个园地示范点，在做好基层党建“三个三”工程的同时，加快推动建设用地复垦、“一米菜园”建设。投入20余万元，在无害化资源化处理站建设垃圾分类现场宣讲点，发动党员干部志愿者先学先讲，架起党员干部与群众之间的桥梁。

【城镇建设提档升级】 污水零直排项目，涉及集镇5条主街，东岳村、沧州村、沧南村三个集镇村改造。3月末，完成集镇范围污水及雨水的规划及施工图方案并通过治水办审查。4月初，开展集镇各个片区的污水雨水市政管线、接户管道、路面修复等相关工程，10月工程完工，通过治水办验收。东岳村改村提升工程，牵涉全村213户、400余人，规划红线内需拆除房屋20000余平方米，腾退集镇建设用地30余亩。旧村农户安置及农房老区块建设，安置地块政策处理及征地工作进展顺利。

【“映山红”老干部工作室获全省先进】 年内，组建“映山红”老干部工作室，设主任1人，固定成员4人，志愿者若干人。主任、固定成员由镇党委选聘，志愿者成员则由镇村关心镇域发展的老干部、老党员组成，并建立映山红老干部志愿者动态人才库。老干部工作室所需经费按相关制度由镇财政支出，所需物品等由综合办统一采购。老干部工作室每周对外开放三次，每半个月集中议事一次，安排专人负责联络，传递镇里重大决策征求意见稿、矛盾纠纷难点等信息。设置大洲红顾问、红讲师、红管家、红娘舅四个角色，红顾问为经济发展，重大工程、重点工作任务献计献策；红讲师宣传党的政策、弘扬时代精神；红管家不定期巡查集镇卫生秩序、工程建设进度、河道卫生情况；红娘舅帮助协调解决各类矛盾纠纷。老干部工作室各项活动的开展，发挥老干部群众基础好、基层经验丰富等优势。“映山红”老干部工作室发挥老干部余热，为党建治理增添正能量，获2019年度浙江省离退休老干部先进集体荣誉称号。

【石屏山庄重焕活力】 7月，石屏村收购原石屏山庄，并与区康投公司（区级国企，项目控股方）、民营文化公司（民宿运营团队）签订高端民宿合作协议，为民宿投资1400万元。2020年开始，石屏村以山庄整体出租的形式每年收取租金12万元；以后续3年（2020—2022年）结对帮扶资金等入股的形式获得股份分红，增加村集体经营性收入，整个项目每年可为村集体增加收入百万元。

【承办中国户外极限运动公开赛】 11月30日 至12月1日，由衢州市体育局、衢江区政府承办的2019中国户外极限运动公开赛总决赛在衢江区举行。大洲镇作为骑行、跑步、登山赛道的所在地，镇党委、镇政府专门召开赛事保障部署会。活动期间，科学部署安保力量，全体镇村干部在重点卡口进行保障，竞赛活动顺利开展，被区委、区政府作为2019年四季度“十条军规”典型事项通报表扬。

（陈　义　徐芳芸）

“映山红”老干部工作室成员在讨论构建生态环境长效管理机制（陈　义　供图）

廿里镇

【概况】 2019年，廿里镇辖21个行政村，13632户、3.55万人。年内，坚持以习近平新时代中国特色社会主义思想为指导，深入贯彻区委“1136”发展战略，奋力拼搏、迎难而上，推动“活力廿里”各项工作落细落实，经济社会呈现高质量发展的良好势头。完成固定资产投资3.19亿元，其中工业投入1.06亿元，实现规模以上工业总产值13.17亿元，同比增速31.4%，增速位居全区乡镇前列。实现财政总收入8880万元，增长18.4%；一般公共预算收入4696万元，增长13%；实现农民人均可支配收入25996元，增长10.3%。获区招商引资工作二等奖、区乡镇人大工作一等奖及先进代表小组、第四次全国经济普查省级成绩突出集体等荣誉称号。

【模块化运行改革试点】 年初，廿里镇被确定为全市乡镇机构模块化运行改革试点单位，从实际出发，试行“分工定责、机构定职、岗位定人、运行定制、布局定位”的“五定”模块化运行模式。依托大执法模块，建立联勤站和骑行队，构建“1+4+X”联动机制，整合派出所、交警、市场监管、综合执法等力量，推行每周执法主题制，“变五顶帽子为一顶帽子”，实现“一支队伍管执法”，执法效率提高300%。镇机构模块化运行，变“单线”作战为“集团”作战，机构瘦身，行政效率提高，为全市乡镇机构改革提供廿里经验，获市委书记徐文光批示，得到市委、省编办及区委组织部的肯定。全市机构改革试点乡镇现场会和全区乡镇机构改革工作现场会分别在廿里召开，《浙江日报》头版头条和“学习强国”学习平台分别作报道。《人民网》《央广网》等媒体也报道相关改革经验。

【招商引资与项目建设】 年内，有在建项目6个、预开工项目5个、决策审批项目7个、洽谈招商项目2个。新培育冰尔制冷，推动威航机械、鼎润涂料、广胜“农光互补”产业研发中心、腾信实业、欣盛环保等项目建设，产业结构进一步优化，发展动力持续增强。园区配套设施不断完善，完成道路路面修复、路灯维护、绿化管理，实施净化、绿化、亮化、美化工程，提升园区吸引力。

【基层治理】 年内，“信访超市”采用“1+4+X”工作模式，实行“一站式服务”“一揽子调处”，强化受理、处理、跟踪等环节，从源头上解决矛盾。自8月开门接访至12月，共接待咨询服务200余起，受理信访案件31起，解决率达80%以上。同时以做实网格底线、深耕社会治理为基础，进一步规范和抓实组团联村、网格划分、网格支部、一长三员、党员联户、考核考评等方面工作，力量下沉，将村级组织力量与网格力量双向打通，建精建强基层治理队伍。力求办好格内事情、讲好格里故事，挖掘“格中事迹”汇编成《格里廿里》故事集，有效传递正能量。

【全域环境大整治】 开展农房整治“回头看”，全面推进农房整治“清零”工作。年内，累计拆除违章建筑1890宗，面积16.98万平方米。对连片拆后空间进行小区式整体规划设计，积极开展美丽庭院、一米菜园建设，扮靓美丽乡村，实现点上出彩、线上成景。上宇“一米菜园”成为全区精品工程。结合不动产权登记和农民建房审批，纵深推进，倒逼整治，持续推进农房体系构建和风貌提升，改村提升项目有序推进。里珠村是“后进村”，经过自治、法治、德治“三治融合”，成为全区乡村振兴创建精品村。

【农业结构调整】 年内，完成省级水稻绿色高产高效千亩示范片创建，为农民增收提供技术保障；发放耕地地力保护补贴177万余元，完成粮食规模种植大户补贴2830亩、政策性农业保险3000亩、早稻粮食订单3180亩，为农业发展提供经济保障；启动万亩水田土地二次流转7844亩，并顺利移交区农投公司；通过引进现代农业项目，大力建设美丽生态牧场，建成省级2家、区级4家，进一步擦亮廿里生态农业品牌；培育家庭农场、农民合作社等55家新型经营主体，锡盛家庭农场、春晓家庭农场经营步上正轨；建立农业主体农产品安全快速检测室3家。

【“最多跑一次”改革】 年内，依托“互联网+政务服务”，在全市率先引进村级可视化远程申办系统，实现9个部门40个民生高频事项可直接在村里通过视频进行远程申办，打通政务服务最后一千米，被评为全市营商环境建设“有礼之星”。成功承办“最多跑一次”改革向乡镇（街道）基层便民服务平台延伸现场会，被确定为全市人社系统“最多跑一次”向基层延伸示范点。作为房地信息系统全市首个试点乡镇，完成系统推广、土地信息摸排，农民建房线上申请等工作，建房审批效率明显提高，年内报批151户。廿里镇“最多跑一次”工作领跑全市。11月，全区房地信息系统现场培训会在廿里镇召开。

【美丽城镇建设】 作为浙江省169个美丽城镇建设样板镇创建乡镇之一，坚持在“更美”上下功夫，探索更多可操作、可复制的廿里经验。通过“四色管理”理清底数、“三级推进”谋定策略、“两线发力”整合资源、“一个目标”明确宗旨的“4321”工作体系，高质量助推美丽城镇创建工作。对标美丽城镇建设“五美”“十个一”标准，逐项分析72个共性指标、22个个性指标以及满意度测评标准，按照完成进度、推进难度、实施跨度划分为红黄蓝绿四色。年内，建立“1-1-3”项目库，谋划推进各类项目50个，其中谋划类10个、前期类10个、实施类30个，计划总投资46.3亿元。针对30个实施类项目，倒排时间，落实专人专班，有序推进项目建设。其中12个成为区级以上重点项目，年内投入4.88亿元。

【民生事业】 6月16日，吾村大桥开工建设。大桥起始于鱼头塘村西侧，沿西北方向经山下新村、跨江山港、穿过里屋童家至吕山线平交相接。路线全长700米，其中大桥长299米。建成后将串联起廿里小城镇核心和江山港沿岸二十里风光带、富里万亩水田世界食品安全示范区，解决4000余名群众出行难问题；7月28日，总投资3400万余元的威龙路（廿项线至园区大道）雨污管网及市政配套工程项目开工建设，将解决2000余名师生出门难问题；8月24日，江北四村农民饮用水项目开工，有效解决6000余名群众用水难的问题。中兴街、廿里敬老院项目已完成前期准备工作，开工在即。

【文明城镇创建】 年内，举办“创文明城 做有礼廿里人”等系列活动，深入宣传引导有礼行为，潜移默化教育一批、影响一批、带动一批群众参与创文工作，有效提升居民文明素养，做活“有礼廿里”品牌；建立“有礼红黑榜”发布机制，开展评选活动，评定“有礼窗口”4个、“有礼村庄”4个、“有礼学子”7名、“有礼志愿者”6名。组织开展志愿服务活动300余次，实现文明城镇创建全覆盖。

（李亚菲）

后溪镇

【概况】 2019年，后溪镇辖15个行政村，户籍2.7万人，常住2.6万人。年内，坚持以习近平新时代中国特色社会主义思想为指导，深入贯彻实施区委“1136”发展战略，以党建统揽全局，借助专项整治契机，抢抓机遇，加快发展，圆满完成各项目标任务。实现财政总收入1.19亿元，同比增长111.46%，一般公共预算收入7911.66万元、增长25.97%；农村常住居民人均可支配收入22601元，增长9.86%；完成固定资产投资1.26亿元。获区综合考核三等奖。

【推进项目建设】 年内，开工建设S315线以北7个村表后管与加压泵站工程，S315线以南6个村表前管工程。扎实推进改村提升、诗画风光带、廿项线、前林小区等项目建设。完成省、市、区长项目——衢州华统现代化生态养殖场建设项目。预计总投资3亿元，项目用地约14.67公顷，新建现代化猪舍并购置现代化生猪养殖设备等，基地达到常年存栏经产母猪1万头，年出栏优质仔猪20万头的生产规模。投资1亿元用于银湖山庄项目续建。谋划后溪老街、江滨农业科创园等项目招商项目储备。借平台引企业“退散进集”、逐步靠拢，形成集聚效应，解决企业发展空间与平台短板。

【农房管控】 下大力气狠抓农房管控，累计整治农房2879宗、面积98146.93平方米（拆除2829宗89765.34平方米、保留生产用房50宗8381.59平方米），拆除宗数为全区之最。盘活农村建设用地135.5亩，立项复垦325.5亩，拆出新空间、提升新风貌、展现新动力、实现新发展。年内，该项工作多次排名全区第一。运用“红黄灰”三色机制动态管控实现长效管理，防止拆后反弹复建。

【生态环保】 年内，秉持“绿水青山就是金山银山”的理念，推进镇村环境整治工作。完成污水零直排项目，实施面积574.5亩，受益户数608户，受省市区领导点赞；关停毛成矿山，修复生态资源；完成“低散乱”企业整治前期摸排工作。投资2700万元统筹谋划“一带八村”项目，以点带片、以线带面，将“盆景”变为“风景”，逐步形成乡村振兴精品区域。

【民生事业】 完善养老、医疗、住房、残疾基本保障及社会救助服务体系，提升社会保障服务能力，抓好低保户、低保边缘户核查审批工作。结合“三资”清理工作，盘活存量，挖掘增量，多措并举强势推进“消薄”工作，15个行政村经营性收入均在10万元以上。成立衢州市第二人民医院医共体后溪分院，出斥资10万元改善硬件设施，提升农村基层医疗卫生服务能力。整治关停辖区内4家无证幼儿园，投资近400万元对公办幼儿园进行改造提升；拨付45万元用于中心小学软硬件提升；助力区初中教育布局调整，确保后溪初中并入廿里初中工作顺利进行。新建和改建赤山口村、张村村、大川村文化礼堂3座，丰富群众精神文化生活。成立15家村社退役军人服务站，对辖区内的退伍军人及时进行帮扶解困，维护退役军人合法权益。深化基层武装工作，输送新兵。实施村庄亮化工程，完成路灯亮化1148盏。

【便民服务】 “视联网”工程建设实现全覆盖。加强村级代办员队伍建设，强化业务培训，设置3个综合受理窗口及后台办公区，增添服务设备，简化办事流程，提高办事效率。探索实践“浙里办App+生育登记服务”措施，基本实现“一次都不用跑”目标。全年收件4020件，办结4020件，办结率100%，实现“零投诉”。

【基层治理】 年内，组织开展全镇性安全生产隐患大排查大整治及专项工作9次，对17家企业及重点领域进行安全生产检查，整改隐患70处，整改率100%。组织应急救援演练10次，参演121人次。全年受理信访件881件，办结881件，办结率100%；10件市、区两级信访积案化解5件，化解率达50%。通过整合区专项整治组、司法、派出所等工作力量，集中开展纪检信访清理专项攻坚行动，全力“去存量、遏增量”。围绕政治站位、依法严惩、综合治理、深挖彻查、组织建设、组织领导六个方面的要求，形成扫黑除恶强大合力，发放宣传物料2万余份，排查、上报涉黑涉恶线索7条，清理“三类人员”4名，对上级转办扫黑除恶和涉纪信访件及时有效答复，完成率达89%。

【队伍建设】 深入开展“不忘初心、牢记使命”主题教育。结合主题教育，开展“听老兵故事、送老兵勋章”青年学习会和乡村振兴红色宣讲等活动。以乡村振兴、营商环境、队伍建设等为调研方向，制定课题清单，进村入企走访调研。全年走访联系村57人次、走访联系企业8人次，领衔办实事11件，借助整改落实解决问题17个，上报统筹解决问题8个。镇机构改革，创造性地提出“一机三箱‘X’驱动”的后溪模块设置，制作“跑车模型”思维导图，打破常规排序，将班子成员按实际工作情况纳入模块化运行机制，明确职责分工、加强沟通协作，提升班子的向心力、凝聚力、执行力、战斗力、续航力；开展“能力提升年”活动，探索实施积分制“月月清”考核办法，印发机关干部管理、村干部及村级事务管理等一系列制度，实现以规矩管人、以制度管事。

（陈珂儿）

湖南镇

【概况】 2019年，湖南镇辖9个行政村，147个自然村，172个村民小组、3604户、10954人。年内，坚持以习近平新时代中国特色社会主义思想为指导，贯彻落实区委、区政府各项决策部署，以党建统领全局，牢固树立新发展理念，加快转方式、强功能、优环境、补短板、促协同、惠民生，各项工作迈上新的台阶。实现财政总收入415.08万元，增长5.6%；农民人均可支配收入19979元，增长9.7%；固定资产投资27484万元。获省级城乡社区治理工作突出贡献集体、省级“扫黄打非”进基层示范点、市级党建治理大花园先锋战队等称号。区综合争先考核第四名。全镇森林覆盖率逐年提高，绿视率90%，获评省级AAA级景区镇。湖南村获评2019年浙江省AAA级景区村庄和衢州市美丽乡村特色精品村。

【“富农壮村”行动】 因地制宜实施富民壮村项目，助农增收。6月，创新“公司+集体+网格+农户”的模式，引导村集体及当地能人成立镇级农业发展有限公司，每村配套10万元项目资金，全镇28个网格整合为19个农产品收购点，每个收购点由低收入农户负责日常运作和管理。每个收购点由网格员对所收购的农产品进行首次分拣，并以“户”为单位，贴上农户姓名标签；再由衢州市锄禾农产品销售有限公司进行二次把关，剔除存在质量问题的农产品，保留质量合格农产品上的农户标签，统一包装销售，实现产品质量溯源到户。此外，配备农产品安全检测设备，由收购公司工作人员采用“抽样检测”的方式对所收购的农产品进行质量把关。同时，组建湖南镇农产品宣传推介队伍，通过农产品进食堂、进酒店、进广场等方式，并借力浙江（衢江）农产品电商创新发展示范区等线上平台强化宣传力度，打响湖南绿色放心农产品特色品牌。年内，收购农产品45万元，涉及农户595户，户均增收756元。

【开设“三味”讲堂】 6月，以衢州市启动“乡村振兴讲堂”为契机，与实施“富农壮村”农产品收购项目同步，开设“三味”讲堂，将教学融入收购过程，编土教材，用土讲师，讲土方言，让课程有“土”味。围绕高山农产品种植和特色小吃制作等技能教学，成立包含农技专家和本土讲师的30多人师资库，制作简单易懂的教材，尤其针对当地特色农产品小黄姜，编印农户易接受的“生姜生产技术提升关键”“姜瘟病虫害防治”“生姜储藏技术”等“土教材”20余份。以“讲土话”、拉家常的方式授课，让农户真正学到知识。讲堂已开设“土”课180多场，到田间地头上课，在农产收购点教学，让培训有“鲜”味。坚持“需求在哪把学办到哪”，在19个农产品收购点开设教学点，配套10万元/村的项目资金，明确1名村干部、1名网格员、1名“土”讲师具体负责教学点的日常教学和农产收购。同时，在公众号搭建需求“点单”平台，村民可通过线上“点单”，将课程“点”至田间地头，一线教学、现场实训，让培训有“鲜”味，进一步激发村民种植热情。打造区域品牌，推动整体提升，让百姓尝到“甜”味。小黄姜是湖南镇家家户户都种植的特色农产品，曾端上G20杭州峰会餐桌。开设“衢姜”特色讲堂，聘请产供销一体化师资，开发系列化教程，打响“G20生姜”品牌，实现专业化生产和市场化营销，小黄姜整体品质、产品附加值提升，仅蛟垄村的小黄姜产量提升至3500千克/亩，原来每千克6元的收购价涨到10元。

【首届姜文化节】 11月2日，衢江区首届姜文化节在湖南镇蛟垄村举办，内容包括祭姜、评姜王、挖姜、售姜、品姜、摄姜、论姜等。活动从祭姜仪式拉开序幕，通过“评姜、挖姜”展示标准化成果。30多位种姜高手参加“姜王”大赛，经过角逐最终评选出姜王、银、铜奖各1名，入围奖3名，重达3千克的姜王以3000元的价格被游客拍走。自挖小黄姜以16元/千克的价格销售，现场出售小黄姜1400多千克，销售额2.2万余元。设生姜宴30桌，免费品尝，一些游客“品姜”后纷纷与姜农添加微信，建立直销渠道。蛟垄村分别与杭州安厨公司签订“产业特色村+新零售示范村”战略合作协议、衢州悦海楼餐饮有限公司签订鲜姜供销协议，实现产品线上线下销售。随后还开展为期24天的生姜摄影大赛和“衢南姜味道 浓浓乡愁情”征文评选活动，200多名摄影爱好

11月2日，衢江区首届姜文化节"姜王"评选大赛现场 （毛毅萍 供图）

者和市作家协会成员参加此次活动。

【"跑小二"代办制】 深入推进"最多跑一次"改革，提高全科网格服务水平，实现群众办事"小事不出格、大事不出团"。4月22日，出台《关于建立湖南镇网格"跑小二"代办制度的通知》，全镇施行网格"跑小二"代办制度，着手打造一支素质过硬、办事高效、管理规范的村级网格"跑小二"队伍。"跑小二"由各村根据网格数量设置代办员若干名，实行AB岗，A岗代办员由专职网格员担任，B岗代办员由兼职网格员或联户党员担任。"跑小二"的主要职责是为群众提供代办民政、人力社保、卫生健康、农业、林业、残联、国土、住建、市场监管、水、电等行政服务事项，让群众少跑腿或不跑腿。至年末，全镇"跑小二"为群众代办事项994件。

【美丽乡村建设】 年内，以"绿色发展、和谐统一"为理念，打造"一村一特色""一步一景观"，从"盆景"到"风景"渐成"全景"，完成里坞、蛟垄2个美丽乡村精品村建设。8月，对里坞村进行科学合理规划，确定"空间优化布局美、生态宜居环境美、乡土特色风貌美、业新民富生活美、人文和谐风尚美"创建思路，做好供水、排污、绿化等规划。项目实施过程中，通过对干部职责细化分解、量化管理，发挥党员的示范引领作用，做到干群一盘棋、一条心、一股劲、一起干，实施完成21幢房屋外立面改造，道路白改黑0.8千米，三角亭、游步道等节点打造，绿化面积8亩以及路灯亮化等基础设施建设，打造"生态优、环境美、生活美"的魅力里坞。

【山海协作乡村振兴示范点建设】 4月，衢江、鄞州两地在打造山海协作升级版的基础上，以蛟垄村为示范点，全面启动山海协作乡村振兴示范点建设。湖南镇借势借力，融合整合，全力推进示范点建设。在村庄建设方面，统筹山海协作扶持资金以及其他资金，对蛟垄村上侣自然村进行公共服务、基础设施和生态环境整体改造提升。年内，强电线路规整已完成80%，计划于2020年完成村庄水、电、路、网等基础设施配套建设。同时约投资1200万元，对蛟垄村里、外蛟垄自然村进行房屋外立面改造、道路白改黑、景观节点建设等具体工程，美化乡村环境，打造"舒适美丽、主客共享"的乡村旅居。在产业发展方面，主动对接鄞州宁波南部商务区，以鄞州—衢江上市企业协作联盟企业与蛟垄村经济合作社结对为契机，以输出G20生姜、精品猕猴桃、仿野生铁皮石斛等特色放心农产品的形式需求结对帮扶。确定蛟垄村43户低收入农户为企业一对一帮扶对象，实现低收入农户收入从人均6000元/年提高至1.6万元/年。

（郭 莎）

浮石街道

【概况】 2019年，浮石街道辖10个行政村、1个社区104个村民小组、5244户、13817人。年内，坚持以习近平新时代中国特色社会主义思想为指导，深入贯彻区委"1136"发展战略，以"活力新衢江、康养大花园”目标，凝心聚力，攻坚克难，干出浮石新面貌、干出浮石新环境。完成一般财政预算收入1059.37万元，增长181.8%；农民人均可支配收入22667元，增长10.3%。全社会固定资产投资7000万元，增长136.9 %。获评全省美丽乡村示范乡镇；姜家坞村获评3A级景区；承办全省“侨连衢江、侨商论剑”互看互学等现场会；区综合考评获特殊贡献奖。

【全域大整治】 1月11日，全面启动浮石大整治，坚持做到“一根红线穿到底、一把尺子量到底、一鼓作气干到底”，迎难而上、克难攻坚，11天云徐线沿线70宗3.5万平方米全线拆除清零，涉及“四类人员”178户78宗全部拆；14天完成1109户100%签约；40天完成全域1109户17.6万平方米违建拆除，全面打赢浮石大整治工作中的“拆”违行动。浮石街道的突出表现，获市、区领导的充分肯定。在5月17日召开的全市“三改一拆”“四边三化”工作推进会上作典型发言。年内，获评区特殊贡献奖。

【美丽乡村建设】 年内，完成征地102.42亩，借地140亩，农房整治3124宗，拆除面积19.46万平方米。1月24日，启动总投资2亿元“一线十村”乡村振兴精品区项目建设，“云徐线”、姜家坞村从“脏乱差”变身“白富美”，实现华丽转身。5月15日，全市开展乡村振兴“党建

2019年，浮石街道示范型居家养老服务中心建成并投入使用（陈宇航　供图）

篇·改革篇”互看互学现场会活动，与会人员赴浮石街道实地考察，姜家坞村“党建治理大花园”，得到市委书记徐文光的充分肯定。至11月末，“一线十村”项目全部完成，共实施各类新农村建设项目78个，其中沿线美丽庭院提升576户、景观节点（含休闲公园）45个、停车场20个、外立面改造1270户（58.2万平方米）、道路提升改造98946平方米、村庄周边水塘景观修复21座、新安装农村路灯966盏、文保点修缮2个。“一线十村”项目，汇点成线，网线成面，全域范围村容村貌焕然一新。打造“云徐线—新田铺—姜家坞村、迎宾大道—宾港北路—沿江公路、信安湖”等三条水陆精品风光带。沿江公路提档升级，夜景与新城区融为一体。姜家坞村被评为AAA级景区村庄，浮东村、窑里村、方家村等被评为AA级景区村庄。

【康养项目】 新田铺田园康养综合体项目于2018年落户浮石街道，项目涉及元桥、姜家坞、方家、塔石塘、浮石等5个村，已完成土地流转、政策处理等工作。年内，继续做好项目推进的保障工作，完成综合体土地流转10770亩，农田垦造进入验收阶段。完成颐养谷（一期）41.88亩土地征收，并开工建设。7月，新田铺农村产业融合示范园成功入选第二批国家农村产业融合发展示范园创建名单，对带动农村一产业融合发展，促进农业增效、农民增收、农村繁荣起到示范引领作用。

【治水治污】 浮石等4个行政村新建自来水加压泵站，直接受益7000余人。生活污水处理，排污接户率90%以上。提升浮石村中转站及方家村堆肥房，发放农户7000余组垃圾桶，

落实垃圾分类。75名河（湖、塘、库）长担负街道水域"管、治、保"职责。

【民生保障】 全年新增计生奖扶28人、特扶1人；城乡居民医疗保险参保率达99.47%；累计发放低保金244.75万元，残疾人两项补贴60.9万余元；依托瑞康医院创建1家星级残疾人之家，新建姜家坞村居家养老中心示范点。浮石街道姜家坞村居家养老服务中心作为年内首家建设完成且由第三方养老服务机构运行的示范点，得到省、市政府的高度重视，省市领导多次到姜家坞村居家养老服务中心调研，并对该中心的建设给予肯定。

【矛盾调解】 年内，共化解各类矛盾纠纷926起，95%矛盾纠纷在格、在村化解；梳理上报涉黑涉恶线索3条；按期办结上级转交办信访件442件、政府热线515件，办结率100%。建立信访超市，成为信访矛盾纠纷化解的"终点站"。

【文明城市创建】 作为衢江区创文主阵地、主战场，浮石街道梳理创文点位，按照1名班子成员，带5名干部和多名保洁员的"1+5+N"模式，压实责任。年内，投资1000万余元，完成创文3个项目建设，新增创文公益广告580处，组织1万余人次参与创文工作，清理乱堆乱放3500余处、乱张贴牛皮癣7600余处。开展最美婆媳、最美家庭评选活动，评选出"最美婆媳"50对、"最美家庭"100户，"最美"起到引领作用。在省测入户调查中，春江花园、衢州花园、杭长时代三个小区未失1分。

（戴如祥）

樟潭街道

【概　况】 2019年，樟潭街道辖18个行政村、67个自然村，4个社区、11万余人（户籍3万余人）。年内，坚持以习近平新时代中国特色社会主义思想为指导，认真贯彻实施区委"1136"发展战略，提振精气神、全力争上游，经济社会保持平稳较快的良好发展态势。服务业营业收入9.89亿元，规上工业总产值0.3亿元，增长26.8%，规下工业产值2.83亿元，增长262.5%。财政总收入1.9亿元，降低2.17%，一般公共预算收入8693.18万元，增长13.81%；固定资产投资3400万余元，城镇人均可支配收入29444元，增长8.2%。

【推进重点项目建设】 年内，街道涉及市、区重大建设项目21个。完成530亩城中村四期政策处理及土地丈量工作；仅用一个月时间，完成沈家苑、信安西路230亩土地政策处理工作，确保信安西路的全线贯通；完成十里运动休闲长廊项目游船码头地块征用及土地政策处理；推进上下上溪流域综合治理工程，完成街道范围内土地征迁和政策处理工作；稳步推进市污水处理厂三期工程，仅用一周时间完成土地丈量工作；仅用半个多月就完成童家山搬迁农户的签约工作，为城区发展腾出空间，为村中百姓谋得福利，实现双赢。借助"1+5+15"专项整治强大声势，开展"深化基层治理、护航项目建设"百日攻坚专项行动，将4大重点项目、10个信访积案以及消防安全隐患整治工作作为重点攻坚任务，上下联动，合力攻坚。以"铁拳一号"行动为契机，联合相关部门对振兴中路三巷11处分电箱进行施工，对无理阻挠施工的4户商户实行"拔钉清障"行动。积极谋划"铁拳二号"行动，完成市区一体、衢江中悦大厦等7个重点项目"拔钉清障"，各项重点项目有序推进。

【农房管控】 加大农房管控力度，对违建苗头严防死守。落实常态化严打严控，联合区综合执法局等部门集中力量拆除一批群众反响强烈、社会影响恶劣的违法建筑。至11月初，开展集中拆违行动14次，拆除违建20宗，拆除旱厕201座。开展"治危拆违"专项行动，按照"边排查、边鉴定、边治理"原则，对鉴定为C\D级危房，统一挂牌警示，并为危房户主开设原拆原建绿色通道，街道国土员专门负责危房户主的审批、搬离腾空工作。开展"1+5+15百日攻坚"专项行动，完成历时6年之久的城中村改造扫尾一期剩余农户的房屋征收协议签订工作。做好拆后土地利用工作，将荒地变成停车场和绿地公园，完成荒改绿400多亩，新建停车场12000多平方米，为城区贡献车位1500多个，城市绿化指数显著增长。以亮化一个乌溪桥文化礼堂景观点为核心，辐射周边，建设村级美丽庭院及村级景观带，通过连景成片，打造出美丽的乌溪桥样板村，并向各村推广。大安村按照“乌溪桥”模式，启动“一村六美”项目建设；周村村的综合楼项目及周边配套设施建设已如期完工。

【环境整治】 年内，投资6000多万元，完善社区和各村基础设施。新建停车场6700多平方米；新建围墙4.2千米；粉刷破损楼道通道5万余平方米；新增绿化270亩；增设50多个小区，218个楼道信线路建设；新增监控设备270多个；新建车位600多个；铺设顶棚7000多平方米；增加分类垃圾桶3000多个；与一清公司合作，健全各村垃圾日常清理机制。街道干部每周一集中进行环境保洁和文明劝导巡逻，乱丢垃圾、闯红灯等不文明行为明显减少；定期对东迹大道、樟潭路、宾港北路等十多条道路进行集中整治，清理生活垃圾和废弃杂物600多吨，铲除牛皮癣5200平方米。发放创建文明城市宣传手册8000余册，新设立公益广告580处，张贴标语1000余张，实现文明城市创建宣传全覆盖。集中开展水体治理大攻坚、大整治，对照问题清单倒排时间整改落实，清除河道垃圾20多吨、污泥100多吨，打通600多米的河道；清除池塘淤泥12吨，面积合计1200平方米；加强治水“回头看”工作，全面完成所有小微水体验收工作。落实河长巡河制，为20名河长配备电子信息化系统，初步实现河长日记电子化管理，全年乡级河长巡河193次、村级河长巡河604次，巡河率分别为100%，处理治水举报事件12起，排查整治排污口37处。围绕“自查自纠、集中整治、巩固提升”，开展一系列整治行动，全力破解“四边三化”难题。实行“问题清单”+“任务清单”管理模式，由各班子成员包片，街、村干部包户，定期督查考评通报。集中对铁路沿线、东迹大道、320国道、宾港中路、上山溪、下山溪路段两侧区域范围内进行排查，组织80余人次对整治沿线进行整治清扫，清理垃圾200多吨。市级交办问题清单7处、区级交办15处，全部整改落实；整治占道经营7家，拆除广告牌及流动小广告12块，清理乱堆放垃圾2.5千米，垃圾集中点15处，拆除乱搭建3000余平方米。

【美丽乡村建设】 年内，以大安村为样板，建成5处村级花园；完善村级水系7处，实现“美水系”全覆盖。打造美丽庭院景观点11处、新增村道绿化面积2000多平方米。谋划沈家商贸综合体，卢家、樟树潭集体留用地开发两个村级“独角兽”项目。沈家综合体项目预投入资金2亿元；卢家、樟树潭集体留用地开发成上东府房地产项目，前期完成固定资产投资9000多万元，项目建成后，大幅度提升村集体收入。拆除旱厕201座，完成农村公厕改造26座，新建A级美丽公厕2座、AA级美丽公厕11座、AAA级美丽公厕1座，通过网格完善农村公厕长效管理机制。实施村级小三改项目7个，完善村级基础设施建设，全面实现进村道路硬化。辖区内所有行政村到城市中心车程最多10分钟，实现10分钟城市生活圈全覆盖。新增车位300多个，健身设施30多处，改造村级公园、小广场5处，实现城市发展红利覆盖到村，深入到户。

【民生保障】 年内，及时足额发放优抚金、低保金、残疾人基本生活保障金和高龄津贴，确保弱势群体应保尽保。至11月末，共核查低保261户、468人，月均发放低保金18.9034万元，核查优抚对象，采集转业、退役士兵信息，完成65~79周岁老年人综合保险2315人。社会保障全面铺开，办理医疗保险816件、意外补充保险285件、灵活就业社保补贴357件；为困难群众提供公益性岗位24个。

【基层治理】 年内，以“四个平台”建设为载体，持续推行“网格化管理，组团式服务”，完善网格化管理“一张网”体系。配强综合指挥平台，建立联席会议制度、综合信息指挥机制、“绿黄红三色预警、环节流转实时告知”机制，确保平台高效运行。根据“一长三员”工作要求，配备网格长49名、专职网格员62名，兼职网格员152名，网格指导员46名，完善街道全科网格建设。将扫黑除恶与平安综治工作结合起来，打通网格员、天眼、“四个平台”三大体系，网格员可通过日常巡查将黑恶线索直接上报，天眼系统可以随时查看线索。

【主题教育】 年内，把“不忘初心、牢记使命”主题教育作为政治任务，牢牢把握“守初心、担使命，找差距、抓落实”12字总要求和“四个贯穿始终”工作要求，既注重按照上级要求把“规定动作”做到位，又注重结合街道实际扎实推进。按照区委的部署要求，成立“不忘初心、牢记使命”主题教育领导小组，下设主题教育办，由组织委员担任主任。制定下发工作实施方案，专门抽选5名干部集中办公，开展工作。在此基础上，组建工作指导小组，以片为单位，分别指导村、社等党支部开展具体工作。全程参与指导所联系支部各环节的工作，确保认识到位、流程到位、措施到位。期间，组织街道、村（社）干部向改革先锋谢高华、深藏功名六十年的抗战老兵胡兆富、毕生积蓄献给党的老党员贵良海对标学习，并开展“学三老、守初心、担使命”大学习大讨论活动，交流心得体会。制定班子集中学习研讨方案，围绕党的政治建设、全面从严治党、理想信念、宗旨性质、担当作为、政治纪律和政治规矩、党性修养、廉洁自律等8个方面，分专题组织学习、交流研讨，每名班子成员明确一个专题，结合工作学习作中心发言，其余班子成员围绕专题互动发言。将主题教育与乡村振兴讲堂相结合，从普通党员中挖掘一批身边典型，将26名党员先进事迹汇编成《樟潭街道党员小故事》，用一个个身边“小故事”唤醒党员初心。每周集中学习时间，以支部为单位，开展“我的初心故事分享会”，由本支部优秀党员讲述自己的初心故事，向更多的人传承初心和使命。

樟潭街道沈家文化礼堂　　（翁小勇　供图）

【文化阵地建设】 年内，新建3个村党群服务中心，其中周村、乌溪桥2个村9月末完工并投入使用；大安村11月开工建设。至年末，街道有中心讲堂2个（霓虹社区、沈家村），讲堂6个，教学点14个，实现村（社）全覆盖。按照“八有”标准，对各村、社区党群服务中心（文化礼堂）的软硬件设施进行完善提升。

【模块化运行改革】 年内，按照基层治理“主”字型运行架构和模块化运行机制要求，街道全力做好“谋篇、布局、抓人、促事”四项工作，构建“一核两翼双轴”五大模块运行架构，建立模块运行机制、流程图及模块内部工作流程图，把“作战图”转化为“施工图”，逐步解决基层治理中条块分割、权责不一、碎片运作等问题。通过设置专班，填补模块化运行的空白，解决需跨模块跨层级处理的问题。通过实战运行，推动街道力量从分散到统合、工作从割裂的“条线”向统筹的“块面”转变、从“单兵”作战向“集团”作战转变，历史遗留的城中村改造房屋征收以及租房消防安全整治等疑难问题，及时得到有效解决。

【扫黑除恶专项斗争】 年初，召开樟潭街道村社组织建设暨扫黑除恶专项斗争工作推进大会，参会1000余人，街道村社党员干部全部参加，一贯到底。在此基础上，召开专题会议5次，开展扫黑除恶专项斗争工作知识培训7次，布置具体工作15项，由班子按片区包干认领，与22个村、社区签订承诺书。各村、社区按照网格、党员联户划分到户；入户走访4000多户，发放扫黑宣传手册5000多册；在各村、小区内悬挂扫黑横幅300多幅，安装扫黑宣传地插200多个，张贴宣传资料1000多张。经抽查群众知晓率达90%以上。开展黑恶势力线索摸排工作，各村、社区网格员在日常网格走访工作中新增加黑恶势力线索排查，对街道内的专业市场、酒店、沿街商铺、金融典当等行业重点盯防。同时，打通由网格员日常排查上报、天眼、四个平台信息渠道，实现突发事件及时发现、上报和处置。

【社区服务】 年内，提升社区办公环境，新建社区办公场所2处。公开招聘社区工作人员32名，充实社区工作力量。完善服务群众工作机制，发挥社区、业委会力量，提高物业管理水平。在创文期间，霓虹社区银凤小区作为无物业的示范点，有礼广场、夕阳红志愿服务队事迹、党员刘炎林谱曲的《社会主义核心价值观》、杨珠良创作的三句半《衢州有礼》等，市区电视台、《衢州日报》、《今日衢江》媒体多次报道。

（陈　灵）

东港街道

【概况】 2019年，东港街道辖8个行政村、2个社区（凤凰社区、新港社区），常住人口（户籍人口）7834人（社区413人）。年内，坚持以习近平新时代中国特色社会主义思想为指导，认真贯彻区委“1136”发展战略，以党建治理大花园目标，提振精气神、全力争上游，经济社会保持平稳较快的良好发展态势。实现财政总收入3236.29万元，增长6.3%，一般公共财政预算收入729.99万元，增长24.35%；农民人均可支配收入21888元，增长10%。

【成立新港社区】 东港街道成立于2005年2月2日，下辖8个行政村（原下张乡划出的闸桥、潘家垅、姜庄、诸家、后垅张等5个行政村；原横路乡划出的横路后、旺村、野鸭垅等3个行政村）。随着城市的发展，大量居民入住，2017年9月成立凤凰社区。2019年11月，成立新港社区。至此，东港街道辖8个行政村、2个社区。

【模块化运行改革】 年初，根据衢州市乡镇机构改革“四个+”指导意见和基层治理“主”字型运行架构要求，构建“模块+专班”的运行架构，设置大党建（协调）、大治理（执法）、大经济（服务）“三大模块”，并根据“三大模块”职能，设置“七办两中心”具体落实相关业务，整合资源，统筹力量，激发活力。同时，开展中层干部竞争上岗，选拔任用8名中层干部，整合优化人力资源配置。

【主题教育】 年内，根据区委的统一部署，扎实开展“不忘初心、牢记使命”主题教育。期间，开展调研、学习及网格员学习会等一系列活动。围绕民生、聚焦难点，开展“走听办”行动。由联村班子直接指导，各村党支部书记一个月内完成全村农户走访工作。各村支部书记共走访农户2059户，收集农户诉求293个，现场解决82个。至12月末，解决问题269个，问题解决率达92%。开设“周一夜学”和“无会日晨学”两个课堂。在坚持自主学习的基础上，建立周集中学习制度，街道机关支部和各村（社）支部分别于每周一晚上和每周二早上集中学习。主题教育活动以来，开展专题学习会、集中夜学、“晨学”60余场次。开好网格成员学习会和乡贤大会。网格成员学习会由网格长及各专兼职网格员参加，交流网格工作，提高服务水平。各村围绕“三个三”基层党建工程、发展村集体经济、美丽乡村建设等重点工作，召开乡贤座谈会

10余场。引导乡贤助力乡村振兴。

【文明城市创建】 年内，持续强化“人人为创文 创文为人人”浓厚宣传倡导氛围，从细节入手，通过落实到人、定期活动、学校互动、强化培训等举措，进一步提升创文水平，顺利通过国卫复审、创文省测和国测。街道获衢州市城市文明工作突出贡献集体，凤凰社区获2018年“综合全能”奖和优秀志愿者服务站荣誉，在创文年中评比荣获全市街道排名第一名，社区排名第一名的双第一，在全年评比排名全市第四。另外，凤凰社区在其他方面也积极作为，志愿服务站获得市级优秀志愿服务站，获得2月、4月、6月、9月份家长学校、未成年人活动中心全优社区，获得2019年未成年人思想道德建设工作先进社区等荣誉称号。

【农房整治】 街道农房整治，党建统领，提出“干部示范、党员带头、村民代表跟进”的思路，遵循“公示一批、拆除一批”的步调，将最难的工作做到推进平稳有序。年内，拆除716宗，面积26465平方米，实现“四类人员”、非法“一户多宅”、附属房100%清零。

【便民服务】 年内，深化“最多跑一次”改革，下放24项权利事项清单，受理并办结事项218项。以浙江政务服务网为依托，建立“一窗受理”云平台，简化办事流程，提高办事效率，全年受理退役军人、“4050”、医疗救助、大病补助、丧葬费申报、失地农民新参保、新生儿新农合保险、残疾人救助等事项1500余项（人次），并及时送达区相关部门办理。

（姚　莹）

横路办事处

【概况】 2019年，横路办事处辖7个行政村，56个自然村，160个村民小组、6475户、14652人。年内，坚持以习近平新时代中国特色社会主义思想为指导，深入贯彻区委“1136”发展战略，以党建统领全局，强功能、优环境、补短板、惠民生，经济社会保持良好发展态势。实现地方财政收入637.09万元；完成固定资产投资2000万元；农村居民人均可支配收入26800元，增长10%。贺邵溪村获评省美丽乡村特色精品村。全市创文擂台赛3次夺得红榜。

【重点项目】 投资8000万元的初中学校改扩建项目一期于8月份完成；宾港南路至S315连接线完成土方工程和路基建设；总投资1.4842亿元的衢州华统现代化东方生猪养殖建设项目涉及流转土地63户191亩，完成土地流转及土方作业；上山溪流域综合治理项目横路村段完工，获评2019年省级“美丽河湖”；下山溪流域综合治理贺邵溪村贺邵溪自然村段约1千米建设于10月完工；配合开发区东扩，完成横路村土地征收423.54亩并交付；完成万洋众创城项目用地清表，协助开发区完成10万立方米土方外运，确保项目无障碍施工。

【改革担当精神传承馆一期竣工】 3月，总投资1.5亿元、占地74.85亩的改革担当精神传承馆项目一期开工。8月，项目一期竣工。改革担当精神传承馆以“传承红色精神+发展绿色产业”为发展目标，以乡村振兴版的未来社区为规划定位，结合自身特色，实现产居融合，并落实在田园乡村的背景上，实现乡村特色的打造。

【产业发展】 辖区共有企业24家，其中规上企业2家，形成以五一机械为代表的机械制造业、大成钙业为代表的化工生产等两大特色支柱产业。农业转型发展，现有果蔬、苗木、养殖等示范性家庭农场12家，余氏家庭农场为浙江省示范性农民专业合作社、市级柑橘示范园，拥有“香泉红”柑橘品牌。丰盛养殖场为省级美丽牧场、康乐养殖场为市级美丽牧场。

【农房管控】 年内，从严管控农房风貌，建立巡查机制，设立举报电话，以“一户多宅”整治为抓手，完成农房整治1608宗，总面积9.31万平方米，拆后利用率达60%以上，其中“一米菜园”，面积达17000平方米。对

2019年新审批11户建房落实“四到场”和日常巡查责任，建房管控到位。

【美丽乡村】 完成投资1600万元的贺邵溪村村庄风貌提升项目，外立面施工62幢，结合农房整治对有碍观瞻房屋进行拆除，完成老街施工和45户庭园整治，以及1200米“上改下”管线整治线路规整，2300米道路白改黑等工作。贺邵溪村被评为省美丽乡村特色精品村，入选2020年度省级美丽宜居示范村创建名单，成功创建省级AAA级景区村庄。完成毛家村、下山溪村的“一村万树”工程，种植苗木2万株。完成贺邵溪村、下山溪村的农村饮用水安全提升工程，2个村983户3046人喝上放心水。实施雪亮村居项目，为群众织密安全网。

【基层治理】 年内，开展办事处模块化运行改革，建立综治工作、市场监管、综合执法、便民服务“四个平台”。以此为抓手，深化“网格化管理、组团式服务”，7个行政村划分为31个网格，配备专职网格员31人，兼职网格员108名，事件上报3277件。受理各类矛盾纠纷120件，全部成功调解，调解率为100%，基层治理工作排名全区前列。通过“四个平台”受理信息事件9886条，其中化解矛盾90起，便民服务1493件。

【便民服务】 深化“最多跑一次”改革，推行村级代办制，让群众少跑腿，全年受理业务1579件，其中代办745件，代办率47.19%。

【脱贫攻坚】 全区第一个完成总收入10万元以上、经营性收入5万元以上、经营性收入10万元以上三个100%的消除薄弱村工作任务。创办的省级残疾人庇护照料机构，吸收残疾人就业21人。

【文化事业】 年内，完成贺邵溪村乡村振兴中心讲堂，其他6个村的一般讲堂建设。横路饭粿3次参加非遗小吃展示。

【文明城市创建】 投入资金120余万元，重点改善集镇基础设施和农贸市场建设，提升集镇能级；举办各类创建培训13次，参训1320余人次；发放各类宣传资料8600余份；开展大型文明劝导志愿活动5次，参与580余人次。全市创文擂台赛3次夺得红榜。

【主题教育】 年内，把“不忘初心、牢记使命”主题教育作为最大的政治任务，坚持四项重点措施一体推进，用“三个摆进去”的方法，加强党员干部思想、作风、能力建设，紧压实责任，解决群众反映强烈的问题。主题教育3多个月，党员干部走访群众1000多人次，联系企业120多人次，解决各类问题32个，征求意见建议24条，破解领衔办实事难题11件。聚焦垄断农村资源、侵吞集体资产、村“两委”干部政治素质等问题，整治侵占村集体资产26起，追回资金37.72万元，责令辞职村干部3名。

（胡佳晨　梁　超）

模块化改革群众办事“方便快捷、优质高效”　（梁　超　供图）

灰坪乡

【概况】 2019年，灰坪乡辖5个行政村，44个自然村、1481户、4356人。年内，坚持以习近平新时代中国特色社会主义思想为指导，深入贯彻区委“1136”

发展战略，各项重点工作有序推进，经济社会保持平稳较快的良好发展态势。实现社会固定资产投资4600万元；乡财政总收入2382万元，增长17.25%；农民人均可支配收入16700元，增长39.3%。省级森林康养乡镇、国级卫生乡镇成功创建；中国户外极限运动攀岩赛事成功举办，并获评优秀赛事组织单位；"农房整治"宣传工作总分列全市103个乡镇第三、居全区21个乡镇第一。

【推进项目建设】 年内，完成灰太线征地政策处理签约率100%；极限运动配套工程征地签约率100%，极限运动赛事保障用地政策处理签约率100%，沙坑小区建设政策处理签约率100%，上坪田村庄整治项目从"不可能"变成"可能"。龙山村完成居家养老、农民饮用水提升，沙坑村完成中药草基地建设，灰坪村杜灰线大门已成型，上坪田村完成红色教育基地提升，白塔新村完成上仙线、下茅铺、两头洞的提升工程，完成乡卫生院提升工程，全乡"点亮"工程全覆盖，乡容村貌焕然一新。

【乡模块运行"本土化"】 年内，乡镇机构模块化运行改革，根据山区乡实际，整合"六大模块"，搭建大党建（大协调）、大治理（大执法）和大经济（大服务）的"山"字形架构，实现"上下打通、模块融合"，群众办事更方便，问题解决更高效。全乡推行"一天工作法"（杜绝耽搁一天、高效工作一天、睡前回放一天、归纳总结一天、自我提升一天），提高政府的办事效率。问题整改常态化，对照"十问"找问题，对标先进找差距，在服务群众中找短板，形成干部有朝气、做事有底气、全乡有正气的干事氛围。

【农房整治】 年内，将农房整治"回头看"清零专项行动作为中心工作，按照"三个清"要求，指导各行政村自查、交叉检查。各村组建以网格"一长三员"为主要成员的常态督导小队，常态化巡查，将新增违建遏制在萌芽状态。同时，乡农房整治宣传小组通过新蓝网、衢州经视、衢江广电、云上灰坪等省市区媒体多角度多方面宣传，形成农房整治，人人有责、人人参与的良好氛围。全乡拆除"一户多宅"264宗。农房整治拆后利用，把"一米菜园"建设作为提升农村风貌的主要抓手，在白塔新村、沙坑村试点实施。白塔新村结合2019中国户外极限运动公开赛总决赛筹备工作，融合攀岩元素实施"一米菜园"建设；沙坑村获得省卫健委结对帮扶，种植中草药。

【生态环保】 年内，新建、改建农村公厕各4座，验收使用2座旅游公厕；配发垃圾清运车5辆，垃圾箱600个；组织垃圾分类培训会6次，村级培训会20余次，发放宣传册1000余份、围裙500余条、雨伞200余把。成立垃圾分类宣讲员、巾帼志愿队，全乡村民参与环境卫生整治的自觉性、主动性显著提升。持续推进农村生活污水集中处理设施运维管护工作，以政府购买服务形式，委托第三方运维公司对全乡生活污水处理设施进行运维管护，将运维成效与运维经费相挂钩，确保生活污水达标排放。成功创建省级森林康养乡镇、国级卫生乡镇。

【脱贫攻坚】 年内，完善扶贫保障机制，大力推进人均年收入9000元以下低收入农户脱贫工作。落实低保救助、残疾救助、大病医疗救助等民政救助工作，开展低保核查工作，实现应保尽保。通过对接省级部门及专家，在沙坑村试点推广中草药种植基地30多亩，申请结对帮扶资金60万元，谋划实施种植基地产业配套工程。通过与省卫健委、杭州市农业农村局、省中医药研究院、省老促会等部门单位联系，获得结对帮扶资源。全乡五村申报鄞衢山海协作飞地消薄产业园项目或购买店铺等形式，壮大村集体经济。通过对接，省老促会、省卫健委、省预防医学会、武警衢州支队、区红十字会的医疗团队相继到灰坪，开展送医下乡活动，为山区老区百姓义诊。

【文化事业】 年内，下茅铺攀岩文化公园落地，第二届村晚圆满举办，乡村振兴讲堂在各村有序开展，满足群众精神文化生活需要。灰坪被列入衢江区开展“不忘初心、牢记使命”主题教育学习线路之一，乡整合资金90万元，完成上坪田红色教育基地提升工程。对接省老促会、省财政厅，谋划出预估总投资800万元的上坪田村美丽乡村建设提升项目。主题教育期间，共接待前来坪田红色教育基地参观学习、接受教育的各机关单位65批次3000余人。

【平安建设】 年内，召开党政班子会议10余次，研究部署安全生产、森林消防、交通安全、防汛抗旱等重点工作；组织各行政村主职干部和各乡属模块成员学习上级党委、政府关于安全生产工作的重要指示及相关政策、法律法规；制定相关考核细则，将企业安全生产、食品安全、消防安全、交通安全等纳入机关干部年终考核中。同时，在全乡范围内开展“幸盔有你，安全同行”交通安全宣传活动，为300余名电瓶车、摩托车驾驶员无偿赠送安全头盔，给群众平安出行提供保障。在下龚自然村地质灾害隐患点处置过程中，乡、村干部第一时间应对、第一时间上报、第一时间转移群众，坚持每日巡察，确保在地质灾害评估期间内，无群众回流现象发生。

【基层治理】 年内，整合四个平台，融合网格代办、矛盾纠纷化解工作内容，创新建立派单式工作机制，乡大治理办公室根据村民反馈问题大小及涉及业务性质派单，全力化解，有效推进项目工程建设，推动党建统领+基层治理纵深发展，派单式机制，得到区委政法委的肯定。加强反恐反邪宣传教育，通过发放宣传手册、张贴宣传海报、悬挂横幅标语等方式加大宣传力度，加深村民对邪教危害性、反邪教知识的认知度。实现全乡无人参与邪教。

【助力中国户外极限运动公开赛总决赛】 11月30日至12月1日，由市体育局、衢江政府承办的2019中国户外极限运动公开赛总决赛在衢江区举行。其中，攀岩赛事在灰坪乡两头洞进行。赛事筹备期间，完成总投资1300多万元的总决赛配套项目；对年久失修的上仙线灰坪路段进行全面改造提升，实现上仙线道路沿岸钢结构仿木栏杆全覆盖。周边环境的改善，游客增多，赛事期间吸引国内外游客2000余人次。

（徐　莉　郑　楠）

太真乡

【概况】 2019年，太真乡辖6个行政村、2355户、6318人（常住2300余人）。年内，坚持以习近平新时代中国特色社会主义思想为指导，深入实施区委“1136”发展战略，各项工作持续推进，经济社会保持平稳较快的良好发展态势。实现地区生产总值3000万元；财政总收入2805.17万元，增长97.12%，其中一般公共预算收入1275.01万元；农业生产总值2900万元，城乡居民人均收入18068元，增长9.9%。

【民生事业】 年内，全乡160户204名低保对象、33户75名低保边缘户、12户12名特困户均做到应保尽保；完成养老新参保186人，医疗新参保151人；建立退役军人服务保障体系，乡、村两级共成立退役军人服务站7个，并完成服务站办公室、退役军人之家、“八一光荣榜”等配套设施建设，推进退役军人和其他优抚对象信息采集工作，全乡退役军人均建立“一人一档”，提高优抚对象服务保障水平，实现优抚工作创新发展。

【推进重点项目】 杜泽至灰坪公路工程是区重点项目，该工程总投资4.2824亿元，全长33.95千米，涉及太真乡竹埂底、塘坞口村征地232亩，以及中药材搬迁、水池迁建、房屋拆迁等，面对征迁任务重、时间紧、矛盾多等难题，乡、村党员干部奋战在征迁工作第一线，齐心协力，推动一个个难题得以解决，一份份协议顺利签订，5月全部完成红线内征迁工作，确保项目按时顺利开工。

【“四好农村路”】 聚焦“四好农村路”建设，突出通村、通景区公路改扩建和安全设施完善，结合区重点项目杜泽至灰坪公路的实施，紧抓上槽矿山关停契机，积极向上对接，谋划争取杭新景高速太真互通口至仰天山道路修复工程，项目8月开工实施，12月末完工；原本群众苦不堪言的8千米破损道路全面完成修复并实现“白改黑”，重点解决景区旅游、群众出行难问题。

【农房整治】 年内，在“一户多宅”整治的基础上，开展农房整治“回头看”专项行动，通过分解任务、摸底排查、宣传发动、上门动员等举措，确保政策落地、责任落地、整治落地。全年完成整治建（构）筑物431宗，其中非法“一户多宅”3宗，合法“一户多宅”17宗，附属用房169宗，超大围墙1宗，危旧房25宗，生产性用房23宗，旱厕（棚）193宗，涉及面积9233.21平方米。对整治后的土地，通过建设“一米菜园”、“一米药园”、“一米果园”以及停车场等形式，进行合理规划利用。全年利用面积8265.33平方米，占整治面积的90.6%。遵循“依法依规、房地一体、统筹推进、自愿办理”的原则，把农村宅基地及住房确权登记发证作为深化农村土地产权改革、促进农民增收致富、实施乡村振兴战略的重大基础性工作，全力开展“集中调查、集中申请、集中发证”，全乡完成确权1458户。

【文明城市创建】 年内，对照全国文明城市创建标准，以提升硬件水平和整治脏、乱、差为突破口，大力整治集镇及周边竹埂底、下槽坞村等沿线村庄村容村貌。开展治理占道经营，整顿乱堆乱放，违规广告，清理垃圾死角等环境整治行动。组织1200余人次，在集镇安排志愿者定期劝导和乡干部集中行动，巡查上报交通违法行为100起、违法停车76起，整治乱堆放及占道经营100余起，清理各类垃圾10余吨；广泛刊播展示公益广告，传播社会主义核心价值观，建立大型公益广告宣传墙11个，主要道路和重点场所设置“讲文明树新风”公益广告130余个，并在集镇重点位置配备LED大屏，以生动视频形式全天候宣传，提升群众知晓率与参与度。

【成功打造省级森林城镇】 年内，切实做到组织领导、建设资金、宣传发动、规划编制和全民参与等“五个落实”，坚持公共绿地、附属绿地、生态防护绿地、森林村庄、庭院绿化美化等齐头并进，大力开展植树造林，在竹埂底、王家山、银坑、下槽坞等四个行政村新建“一村万树”示范基地面积5万平方米，全乡新植红枫、银杏、红豆杉、浙江楠等珍贵彩色树种2.6万株。建立并完善长效管理机制，切实做到建设与管护并举、发展与保护并重，各项指标均达到或超过规定要求，顺利通过省级森林城镇创建。

【“最多跑一次”改革】 年内，紧扣“一窗受理、集成服务”，将原计生、民政、养老、医疗等窗口合成两个综合受理窗口，前台综合受理，后台分类审批。从最初的74项至86项再到123项最后到231项。新增加公安一窗通业务88项，受理办件959件。按照机构改革要求，便民服务中心重新挂牌，升级为政务服务中心。同时，增设残疾人无障碍通道、恒温饮水机、茶水台、绿植等，优化办事环境。组建网格代办员队伍，又经过层层筛选组建优秀的红色代办小队。通过“钉格通”、便民服务热线、微信等便民服务渠道，为百姓提供多方位全天候服务。

【扫黑除恶专项斗争】 年内，依托网格化管理，多措并举，组织开展“一长三员”、党员干部等共同参与的扫黑除恶专项斗争宣传，印发宣传折页4000余份，设立户外固定宣传牌80余块，张贴通告海报200余张，摆放易拉宝36套，安装举报箱7个，安装大型公益广告宣传牌2块。与杜泽至灰坪公路项目征迁、上槽安置小区建设、重大项目推进等中心工作相结合，开展线索摸排，增强扫黑除恶专项斗争的针对性和有效性。

【基层治理】 年内，夯实信访基层基础，创新信访工作机制，变被动保稳定为主动抓稳定，强化维稳防控体系，狠抓矛盾纠纷化解、积案老案消化，完善信访工作应急处置预案，实行信访工作包案制度，强化责任、落实分工，做好日常信访矛盾的排查化解工作。全年受理各类信访件45件，其中“12345”热线反馈32件，均按照程序办理。

【平安建设】 年内，全乡列入地质灾害避让搬迁安置18户57人，其中集中安置17户53人。按照“统一规划、统一设计、基础代建”的原则，上槽地质灾害安置小区于年初正式开工建设，并对在地块抽签后按时动工并完工的，每户给予一定资金补助，全部完成入住。落实矿山车辆超限超载常态化治理，配合路政、交警等部门在集镇路口设置检查点，实行24小时联合执法，采取定点检查与流动巡查相结合的方式，组织乡干部、交通安全劝导员定期巡查矿山及塔太线沿线重点路段车辆超载超限情况，发现隐患及时整改，超限超载不法行为得到有效遏制，10月，在区委、区政府的关心支持下，上槽第二采石场全面关停并停止运输，群众关注多年的最后一座矿山停止开采，道路交通环境向好发展。

【民宿产业】 年内，找准定位，精准施策，推进民宿产业一村一品。王家山村首创衢江区集体股份制民宿，设置16间普通房和11间特色主题房，床位56个，年接待游客1500余人，经营性收入16万余元，并带动近10户农户参与民宿经营。借力衢州市摄影家协会、衢州市美术家协会创作基地落户竹埂底村，打造艺术版的竹埂底乡村旅游和民宿，吸引11户农户发展民宿，总床位达66个。

【结对帮扶】 年内，对接中化蓝天集团有限公司，帮扶银坑村，利用40万元扶贫资金种植黄精等中草药材30亩，并将村集体闲置房屋改造“蓝天十二居”民宿，直接带动5户低收入农户脱贫。中化蓝天集团向银坑村采购约4300斤优质红壳笋干，帮助农民摆脱农产品滞销困扰。对接区扶贫办，在下槽坞村建设茶叶基地，消薄及振兴太真茶叶产业。

【发展旅游业】 年内，紧贴“道隐太真”的旅游总体规划，以农业产业为基础，以民宿发展为依托，深度挖掘境内太真洞、夫妻银杏树、姐妹瀑布、盘龙石柱、中共衢遂寿第一区委旧址纪念碑等旅游资源，以上槽第二采石场关停为契机，借力杭新景高速在太真设互通口、塔太线修复通车及杜泽至灰坪公路重点项目的实施，打造塔太线太真段沿线美丽景观带，重点对沿线下槽坞和竹埂底村农房外立面、农户庭院及景观节点进行改造，提升绿化美化格调和品位。主动融入5A级衢北旅游景区总体布局，完成太真全域旅游项目策划。谋划旅游项目3个，2个被列入省评选名单，其中太真研学教育基地项目经省级专家评审后入围2019年项目谋划擂台赛。

（周志彬）

双桥乡

【概况】 2019年，双桥乡辖6个行政村、32个自然村，1369户、4051人。其中常住958户，常住人口2626人。年内，坚持以习近平新时代中国特色社会主义思想为指导，深入贯彻区委“1136”发展战略，各项工作有序推进，经济社会保持平稳较快的良好发展态势。实现财政总收入7533.64万元，增长122.9%，一般公共预算收入2392.76万元，增长194.4%；农民人均可支配收入17163元，增长10%；固定资产投入3600万元。完成招商项目3个，总投资1.28亿元。获评浙江省森林城镇。创建浙江省A级景区村庄1个、市级民主法治村1个、区级高质量就业村1个、区“五水共治”宣教示范点1个。

【乡模块化改革】 年内，乡镇机构模块化运行改革，构建红、绿、蓝“三色”模块，以红色代表“大党建+大协调”，绿色代表“大生态+大服务”，蓝色代表“大治理+大执法”，加上铜山源休闲度假旅游区项目专项工作组，实现以小支部撑起大党建，以小项目服务大生态，以小网格助推大治理。通过精简岗位明晰职责分工、实行基层党建工作例会“1+6”机制、村支部书记“周一坐班”制度等上下打通机制，缩减管理层级，实现“扁平化”管理，“一竿子到底”，提高工作效率。

【推进重点项目】 铜山源休闲度假旅游区项目于2018年落户双桥，共7大板块49个子项目，项目周期为10年。乡党委发挥大党建“红色引擎”作用，坚持“党委带领、支部带路、党员带头”，成立项目工作专班临时党委，推行“一个重点项目、一名乡班子牵头、一个专班服务、一套方案实施、一竿子到底”的“五个一”工作机制，全力解决项目推进中的困难和问题。年内结合“三服务”，完成子项目睿银总部智慧旅游中心区域内18亩土地征用、清表，规划红线范围内涉及10户农户房屋的征迁拆除等工作；解决原“黄金海岸”项目历史遗留问题，拆除原南亚风情园内2000平方米违章建筑，完成黄金海岸项目地块苗木迁移和380亩土地清表。年底，子项目水云间·黄龙度假酒店已签约委托杭州黄龙饭店实施品牌管理，进入装修阶段，酒店配套的湿地公园进入园林绿化施工阶段；睿银总部智慧旅游中心项目于10月25日完成土地摘牌，正式开工建设。

【铜山源休闲度假旅游区开工】 11月20日，铜山源休闲度假旅游区开工仪式暨衢江区全域旅游创建推进会在双桥乡召开，市、区及有关部门领导，衢江区各乡镇（街道、办事处）主要负责人、项目公司代表等350人参加会议。区委书记周向军致辞，区委副书记、区长朱素芳主持。铜山源休闲度假旅游区项目是列入省市县长工程的重点项目，2018年落户双桥乡。该项目以铜山源水库为核心，规划面积22.6平方千米，总投资额52亿元。项目分两期实施：第一期重点实施“双桥·水云间”“梦湖康养园”“土之谷创意农园”等17个子项目；第二期重点实施“飞环酒店”“望湖康养园”“逸养山庄”等12个子项目。铜山源休闲度假旅游区项目，是衢北全域旅游示范区的最大项目、龙头项目、示范项目。

【地质灾害避让搬迁安置小区建设】 双桥乡共有地质灾害点8处，其中6处列入避让搬迁范围，累计搬迁农户151户。双桥村安置小区实际用地面积28亩，建筑面积17220平方米，规划建设安置房57户，安置农户57户，其中高田村43户，河口村杨梅湾地质灾害点4户，双桥村10户（安置小区征迁），9月完成宅基地分配，交付农户建房。社后蓬村安置小区实际用地12亩，建筑面积8255平方米，安置农户28户，其中安置地质灾害搬迁户14户，农户均已入住，同步开展市政、道路等配套工程。溪滩村安置小区占地30亩，建筑面积13467平方米，采用工业化代建，装配式建筑。根据农户意愿，采取安置点统一建房、养老公寓房、公寓房多种途径梯次安置，安置地质灾害搬迁农户54户，其中40户选择安置点建房、14户选择养老公寓房安置。年末，完成主体工程，进行内部墙体建设和装修。

【社后蓬精品村项目】 年内，社后蓬村融合自然资源和人文历史，融入全域旅游发展大格局，与铜山源休闲度假旅游区项目错位发展，谋划仙人步道、砂石戏水等沿溪景观打造、五福临桥建设、美丽庭院改造、外立面改造、景观绿化提升、村庄道路整治及电力、通信线路改造等8个美丽乡村建设项目。开工建设，新党群服务中心（便民服务中心）。6月21日，社后蓬村在衢江区第一期“支书论建”活动中被评为区党建治理大花园创建精品村。

【民生保障】 年内，全乡共有71户109个低保对象，18户46个低保边缘对象，做到应保尽保，低保家庭子女均得到免费入学；五保老人12人，做到集中供养。完成全乡医疗保险和社会养老保险参保任务，全乡共2900人参保，完成6个村共200户失地保险办理工作。

【文化事业】 年内，投入30万元升级双桥乡综合文化站，9月完成改造提升。文化站采用一站多点模式，总建筑面积达667.34平方米，室外活动场地达1249.6平方米，内设综合展厅、图书阅览室、多功能活动厅、文艺排练室、信息资源共享服务室、未成年人活动室等“三厅三室”功能区，配备电脑12台、投影1台等硬件设施，新增藏书2100余册。年内举办文化活动、培训等30余次。双桥粉干记忆馆作为文化站分站点，聘请非遗文化传承人6名，恢复传承已停滞45年的古法制粉技艺，是全乡的乡愁主阵地、产业带动点、文化宣传窗，累计接待来访游客、调研团队200余人次。9月，结合综合文化站改造提升工程新建乡新时代文明实践所，展示"传习双桥、彩韵双桥、团结双桥、奉献双桥、秀美双桥、幸福双桥、红色双桥"7大板块内容，打造全乡思想文化宣传和精神文明建设的重要阵地，并同步融合双桥村文化礼堂、社后蓬村文化礼堂打造了双桥村新时代文明实践站和社后蓬村新时代文明实践站。秉承"奉献、友爱、互助、进步"的志愿服务精神，全年组织"银耀志愿""薪火志愿"等11支志愿服务队伍，开展环境卫生整治、文明劝导、政策宣讲等志愿服务活动34次。投入100万元在东港小学双桥校区内建设幼儿园教学点，同步对小学教学楼外立面、教师宿舍、食堂、厕所等进行改造提升，大幅改善学校教学环境，提升基础硬件设施。教学点于9月1日投入使用。新建双桥乡幼儿园教学点1处、乡级新时代文明实践所1处、村级新时代文明实践站2处、乡村振兴联合讲堂3处。

【打造生态洗衣房】 年内，开展"洗衣革命"，投入20余万元，率先在全区建成生态洗衣房。3个生态洗衣房位于双桥乡集镇，共设置22个洗衣池，将洗衣污水纳入污水处理系统，补足"五水共治"截污纳管短板，推动厨余垃圾集中再利用，促使老百姓主动摒弃乱倒污水的不良习惯，"洗出"获得感。生态洗衣房建设，改善了集镇人居环境，也改变了农村传统洗涤模式。

（冯舒悦）

周家乡

【概况】 2019年，周家乡辖11个行政村、102个村民小组、5661户、15994人。年内，坚持以习近平新时代中国特色社会主义思想为指导，深入贯彻区委"1136"发展战略，以乡村振兴为目标，扎实推进各项工作有序开展，经济社会保持平稳较快的良好发展态势。实现财政总收入177.87万元，一般公共预算收入1830.49万元，增长25.25%。被评为省级美丽乡村示范乡镇、省级文化礼堂示范乡镇、机构改革区级试点乡镇等，板桥村被评为市级民主法治村，农民饮用水提升项目成为市级试点，上岗头村获省级生态文化基地、市级"示范型农村社区"、市基层组织建设和基层治理先锋战队等荣誉称号。

【"1221"三年行动纲领】 年内，制定实施"1221"三年行动纲领，即"一个目标"：党建统领，建设周家花果园；"两条产业带"：新塔太线产业带和351国道产业带；"两条示范带"：老塔太线美丽乡村示范带和苦狮线、杜板线美丽乡村示范带；"一条观光带"：邵源溪农旅融合的乡村休闲观光带。打造双溪水芹菜、茭白基地；周家宋家农耕园、板桥枇杷园；助推诚后、板桥、三源、川坑等村产业发展。发挥上岗头3A景区村示范作用，推进双溪、相对等村改村提升项目，以点串线，打造沿线双溪、周家、宋家、板桥美丽乡村示范带；创建苦狮线、杜板线美丽乡村示范带，积极争取项目，打造苦狮线、杜板线四好农村路美丽乡村示范带；以美丽河湖创建为契机，创建邵源溪农旅融合的乡村休闲观光带。

【农房整治】 对标大花园建设目标和乡村振兴战略，把农房整治作为"牛鼻子"，坚持党建统领，按照部署到位、宣传到位、排查到位、整治到位等"四到位"的要求，开展"三改一拆"、"一户多宅"劳动竞赛，划定各村每周必须完成5宗数整治任务的底线和红线，设立金牛奖、蜗牛奖，以铁的决心、铁的手腕、铁的责任，举全乡之力推进农房整治工作。年内，拆除农房927宗，整治面积66760.4平方米。拆后做好资源利用"后半篇文章"，完成上岗头、宋家2个村的"一米菜园"精品示范村建设。

【农业转型发展】 年内，以传统农业为基础，突出特色产业为亮点，致力做强周家枇杷产业，实施“旅游+农业、休闲+农业”发展战略，促进产业融合发展。5月19日，举办首届“枇杷节”。其间，在上岗头、周家、板桥以及淘果园家庭农场设点，并开展助农直播活动，发挥碧岭丹地、淘果园等家庭农场引领示范作用，扩大水果、蔬菜等优质农产品的知名度和美誉度，带动新型农业发展。淘果园先后被评为省级示范性家庭农场，市休闲观光农业示范点，“五园创建”省级示范基地等。碧岭丹地种植的葡萄柚受邀参加第12届亚洲果蔬博览会，获衢州市精品柑橘一等奖。

【结对帮扶】 年内，实行物业帮扶，破解限建“瓶颈”。乡村两级与富阳帮扶组经过实地踏勘、商讨，提出物业帮扶新思路。经对小区、新农都、小微产业园等物业的考察及对接，新农都被纳入区消薄商铺团购项目，整合资金200余万元，购买新农都物业1处，壮大村集体经济收入。另外，坚持产业并行，优化升级“低产田”，引进葛根种植项目，流转土地70亩，建成黄西山葛根基地，带动周边农户参与葛根种植，双溪村低收入农户20户36人受益，人均年增收1.2万元。

【新老塔太线改造】 年初，将公路新老塔太线改造提升纳入乡重点项目之一。加快实施周家段4.5千米道路“白改黑”工程，10月末完工，公路由“破败不堪”水泥路改变成“整洁、平坦、舒适”的柏油路。同时，全力推进沿线村人居环境改善，双溪村美丽庭院建设，拆除房屋76宗，整治大围墙17宗，盘活建设用地41.4亩，为村庄建设和发展腾出巨大的空间，村庄整体形象得到很大提升。

【“网红”上岗头】 上岗头村下辖4个自然村，2096人，曾经是个典型的“空心村”“破烂村”，集体经济薄弱，断头路多、交通不便、污水横流。2017年以来，“党员上岗、干部带头”，以“千村示范、万村整治”为契机，实施“改村提升”项目，整合项目资金2000余万元，通过“拆、建、整、引”，统筹实施“改村提升”“一村六美”等项目，实现村容村貌的“蜕变”。经过引进优之柑家庭农场、服装厂增加农民收益，村集体经济收入80多万元。上岗头村实现新村“五变”，从“杂乱村”变成“有序村”；从“破烂村”变成“宜居村”；从“拥堵村”变“舒畅村”；从“贫困村”变“富裕村”；从“落后村”变“文明村”，成为浙江“绿水青山就是金山银山”理念在基层农村的成功实践。经省内外新闻媒体报道后，上岗头村瞬间成为“网红村”。年内，接待考察组、调研组及游客300余批，1.2万余人次，并多次作为省政协在线协商的分会场。5月17日，全市“党建篇.改革篇”乡村振兴互看互学活动，与会的市、县（区）领导前来上岗头实地考察，给予高度评价。

【主题教育】 年内，扎实开展“不忘初心、牢记使命”主题教育。按照“守初心、担使命，找差距、抓落实”的总体要求，充分运用组团联村“百团大战”“支部书记例会”等载体，传达政策，压实责任。发扬“党员上岗、干部带头”优良作风，抢抓项目进度。利用周一夜学时间，邀请区级有关部门负责人、专家讲座10余次，提升乡村

上岗头村新貌　　（叶轶凡　提供）

干部业务能力。开展乡机构模块化改革，按照模块调整干部职责，细化干部管理和考核制度，减少推诿扯皮、拖沓敷衍等现象。加强后备干部培养和教育，推行“竞聘上岗”机制，选拔优秀年轻干部担任中层领导职务

（张宇琪）

云溪乡

【概况】 2019年，云溪乡辖17个行政村、195个村民小组、10926户、26759人。年内，坚持以习近平新时代中国特色社会主义思想为指导，深入实施区委“1136”发展战略，以乡村振兴为目标，大力推进人文云溪建设，克难攻坚，实干争先，工作取得新成效。实现财政总收入1.2亿元，增长18.3%；一般公共预算收入2371.94万元，减少1.7%，农民人均可支配收入20295元，增长10.26%；全社会固定资产投资0.51亿元。

【农房管控】 年内，以“六必拆”为重点，开展农房整治清零工作。以农房整治点评会为抓手，每周开展农房整治PK赛，根据每周工作结果，通报农房整治一等奖、二等奖、三等奖和拖拉机奖单位，分别奖励优胜单位3万元、2万元和1万元补助，拖拉机奖单位表态发言，做到有奖有罚，奖罚分明，解决违法建筑拆除不彻底、环境“脏乱差”等问题。重点对云十线、塔太线、云徐线道路两侧及集镇开展大排查、大整治。至9月末，全乡拆除“一户多宅”、附属用房等建筑2219宗，占地面积30135平方米。实行“乡里统筹、各村负责、土管规划协助”方式，做好农房确权工作，完成不动产联审签约。以“共建、共创、共享”为理念，着眼于云溪沿江公路、花果飘香风情线-塔太线，把拆后利用与小城镇环境综合整治、“四边三化”、精品村建设、衢州有礼诗画风光带建设等重点工作有机结合，形成创建合力，实现项目共建、基础共创、成果共享。以“一米菜园”为引领，开展村中拆后平地、裸露空地绿化美化工作。全年完成“一米菜园”15000余平方米，示范户达450户、星级户248户，实现“盆景”向“风景”转变。勃垅、富西、锦桥、竹蓬头等6个村庄人居环境较差，通过“造景、复绿、铺路”，对街巷、院落、道路空间美化改造，打造景观节点40余处。

【集镇整治】 年内，统一规划设计建造沿街风景线，规划新建集镇主干路网，连接新老集镇，形成二横三纵框架，拓展新老集镇发展空间。全面安装监控抓拍设施，联合区综合执法、市场监管等部门彻底解决“车乱停”“道乱占”“摊乱摆”等问题，全面提升集镇社会秩序。快速推进“上改下”整治工作，彻底消灭“空中蜘蛛网”现象。列出整治项目清单，对抛荒地进行改造利用，修建云溪集镇停车场；对集镇主次干道沿街建筑外立面、人行道铺装等进行整治提升。结合农房管控，对集镇拆后空地实行统一规划设计、建造沿街风景线，投资2800余万元，对车塘村落基础设施进行改造，道路拓宽及白改黑，店招立面改造50余处。根据车塘明清古建筑风格，新增墙体彩绘“人文云溪”800余平方米，形成与集镇风格相融合、历史相承接的人文景观。开展青砖瓦窑整治工作。4月9日，4家13座青砖瓦窑签订关停拆除协议，5月17日，按期拆除青砖瓦窑并通过验收，为云溪百姓创造良好的居住环境。

【推进重点项目】 开展“1+5+15”专项行动，推进重点项目建设。3月18日，区委、区政府在云溪乡召开“提振精气神，全力争上游”专项行动部署会，全力推动杭衢高铁、杭金衢高速拓宽、全域土地整治，云十线沿线绿道等一批重点项目建设。部署会后，全乡上下合心合力合拍，快干实干加油干，成立重点项目攻坚专班，以主要领导亲自挂帅，分管领导主动领战，驻村干部及村主职干部为专班成员的工作专班，做到明确工作目标、明确工作责任人、明确时间节点，倒排计划、挂图作战。乡杭衢高铁工作专班仅用2天时间，完成先行段6个村的放样工作；2周时间，生态公墓建成。

【招商引资】 年内，新引进凤凰尾农业生态园项目、葡萄柚标准化生产基地项目、浙西梅

园休闲旅游项目，流转土地约1100亩，打造现代农业种植基地，推动农业向规模化生产、集约化经营模式转变。依托古越文化、石窟之谜、吴氏宗祠、孟姜花海等特色文化，举办“衢州有礼 人文云溪”文化旅游嘉年华活动，开展招商活动，引进项目2个，协议总投资9000万元。上报招商引资项目5个，计划总投资约3.9亿元。

【民生事业】 年内，铺设自来水管道5万多米，打通剩余棠陵邵、富西等3个村的自来水管网工程，全乡20000余名村民喝上“放心水”。实施“点亮工程”，17个村主干道安装路灯1170盏，以实实在在的行动回应群众的关切。围绕“文化礼堂，精神家园”的定位，新建文化礼堂1家，提升4家，发挥文化礼堂接地气、聚人气、扬正气的作用，丰富群众文化生活，提升全民素养。

【深化“最多跑一次”改革】 年内，以“小事不出村、大事不出乡、服务不缺位”为理念，推行生命周期事项“一件事”联办改革，高标准配备综合受理员3名，打通社保、民政、计生、资规办事流程，实现办事群众“进一个门、取一个号、办所有事”。全面落实“视联网”工作模式，在17个行政村安装视联网工程，打通最后一千米瓶颈。

【基层治理】 年内，调处各类矛盾209件，调处成功率达98.6%。开展治旧控新积案化解工作，化解积案7件；办结“12345”政府服务热线135件，办结率100%。国庆安保期间，开展矛盾纠纷大排查、大整治，对重点人员建立“一人一档”，确保信息掌控到位，灵通信息。

【文明城市创建】 年内，全乡党员干部发扬“今天再晚也是早，明天再早也是晚”的工作精神，积极投身文明城市创建活动。开展“创文破冰八大专项”整治行动，对农贸市场、集镇主街、背街小巷、窗口单位和重点行政村开展专项整治，通过5辆流动宣传车、10余篇微信公众号文章、17节乡村振兴讲堂等方式进行创文宣传，公共场所设计制作与集镇景观相融合，与云溪人文历史相承接的创文公益宣传广告、标语。成立志愿者服务队17支，每天按时在集镇进行集中大整治、大劝导。全乡参与创建1200余人次，共整治点位85处，清理垃圾200余车，清理沿街建筑立面乱张贴1200处，庭院改造15栋，开展联合执法25次，处置沿路沿线“僵尸车”10余辆，整治违停车辆42辆，拆除各类标牌130块，处置流动摊贩800余次、占道经营65起。开展文明户、好家风家训等评选活动，评出各类“星级文明户”103户。9月12日，云溪乡以零失分、高标准通过创文省测，得到区委、区政府高度认可。10月15日，召开创文现场会，区相关领导和各乡镇负责人、分管领导到此观摩交流。

（杨传东）

黄坛口乡

【概况】 2019年，黄坛口乡辖7个行政村、139个自然村、3291户、9307人，其中中共党员430人。年内，坚持以习近平新时代中国特色社会主义思想为指导，深入贯彻区委“1136”发展战略，以“活力新衢江 康养大花园”为目标，统筹推进“水电摇篮 康养福地”各项工作落地落实，经济社会保持平稳较快的良好发展态势。实现财政总收入1.25亿元。获区政府集体奖励记三等功。牛头湾自然村搬迁工作组及搬迁群众获第七届“最美衢州人”年度人物奉献奖；牛头湾搬迁工作团队获“活力新衢州、美丽大花园”建设攻坚克难先锋战队称号。黄坛口乡被省政府命名为浙江省森林康养旅游风情小镇、浙江省森林城镇；茶坪村获全国生态文化村、国家森林乡村、浙江省森林氧吧称号；黄坦源获浙江省2019年美丽河湖等称号。

【推进重点项目】 1月8日，投资73亿元的衢江抽水蓄能电站项目正式开工建设。乡村干部会同区抽蓄专班发扬“牛头湾精神”，在各个重要节点抢先跑出“衢江速度”。3月22日，40户101人移民拆迁首日签约，完成率100%，得到市委常委、组织部部长林晓峰批示肯定。10月12日，4200余亩土地征用工作启动，乡村两级干部继续克难攻坚、抢跑速度，年内基本完成勘界和丈量工作。抽蓄安置小区、抽蓄公墓、抽蓄进场道路衢江段等配套工程稳步推进。投资2.83亿元的衢州市石呈线改建工程衢江段基本完工；牛头湾搬迁安置小区顺利建成落地；里树源、黄泥岭两处地质灾害点搬迁完成。

【水源整治】 乡境内有国家紫微山森林公园，更是全市饮用水源保护区所在地。年内，在黄坛口饮用水水源地环境综合整治中，乡村干部会同区水源整治专班仅用20天，完成牛头湾自然村65户154人的整村搬迁签约和18家农家乐整治工作，创造了“牛头湾精神”，得到省、市、区主要领导多次批示肯定。开展水源地环境整治专项行动，完成水源保护区5处综合体违规别墅拆除工作，累计拆除各类构筑物近7000平方米。9月，牛头湾自然村生态修复工程，生态遗址公园正式实施，道路砌坎、土地平整顺利推进，种植各类树种700余株，完成总投资1000万元。

【康养产业】 年内，以“活力新衢江 康养大花园”为目标，结合生态资源优势，借力衢江抽水蓄能电站项目，围绕“一山一水一田一园一药”，大力发展康养产业，培育中草药基地、药膳食谱等，带动农家乐转型升级。结合乡村振兴讲堂，大力培育药养产业，打造特色“药养”讲堂。投资1.2亿元的水月湾森林康养营地、投资3500万元的畲珍中草药基地和投资1.5亿元的回乡居项目均已通过决策咨询。

【农房整治】 年内，全面开展农房整治“清零”行动，拆除各类构筑物1636宗，45000平方米，拆除宗数、拆除速度位居全区前列。拆后第一时间邀请设计单位实地踏勘，打造景观节点20余处，布局公厕30余座，拓宽道路10余条。黄坛口村、下呈村开展“一村万树”行动，植树2万余株，打造景观节点5处，总面积10亩，沿线新增绿化带5千米，黄坛口最美骑行线路初具雏形；汉都村、下呈村省级美丽宜居示范村创建项目通过验收，汉都村获评浙江省A级景区村庄；投资1000余万元的黄坛源美丽河湖项目完成实施，成功获评浙江省2019年度美丽河湖；拟投资2000余万元的药王线、石呈线提升项目正在规划设计中。

【乡模块化改革】 按照区机构改革方案，针对以往存在的人员编制不足、身份壁垒不通、运行效率不高、重点项目推进不快和村民办事不便等问题，以“模块化实战运行”改革为关键点，以“部门集合、数据集中、管理集成、服务集效”工作目标，从“一个窗口全受理、一个平台全管理、一支队伍全联动、一个体系全贯通”的“四个一”着手，构建“六大功能”模块，形成黄坛口乡“1369+N”模块化运行体系，打造出“组团联村”升级版。模块化实战运行顺畅、效率高、重点项目推进快、群众获得感强，受到市委书记徐文光点赞推广。9月，衢州市乡镇模块化改革现场会走进黄坛口，衢州日报头版报道黄坛口乡的经验。

【便民服务】 年内，从山区乡实际出发，以“模块化实战运行”为契机，一手抓“模块+改革”试点，一手抓“模块+网格”代办，乡政务服务中心办事硬件、公安业务办理、网格代办全面升级。试运行的“村级可视化远程申办”系统，实现9个部门40个民生高频事项直接在村里进行可视化远程申办；公安业务从到大洲派出所办理的1.0版升级至政务服务中心直接办理的3.0版，无需百姓出乡、无需公安驻乡，群众就可成功办理流动人口、出入境、户政等90项业务。9月11日，省公安厅人员调研黄坛口“公安事项进乡镇”情况，对公安业务3.0极速版乡村延伸表示肯定。全域推行“网小二24小时上门服务”制度，将网格员代办事项和个人信息发放给每户村民，让代办员替群众跑起来，真正实现山区群众最多跑一次，跑也不出乡。

【基层治理】 年内，组织开展隐患排查30余次，检查各类生产经营单位和重点场所46家次，发现隐患10处，全部整改到位。受理各种纠纷67起，调解成功64起，调解成功率95.5%，调处率100%；化解省级信访积案1件。办理上级信访部门交办案件18起，网上信访件102件，结案率达100%。受理12345网上投诉189件，全部完成报结。

【文化旅游】 新建下呈村、坑口村文化礼堂。成功举办黄坛口乡首届“村晚”，视频直播点击率突破2万人次。借力全球免费游衢州活动，突出“旅游+森林康养”融合发展，成功举办第二届衢江区森林康养稻田美食节：稻田里的飨宴·花田春宴、第三届亲水节等活动，吸引大批游客前来游览，人民网等主流媒体相继报道。年内，全乡接待游客超100万人次。农家乐接待游客超80万人次，经营总收入4000余万元。

（缪佳琪）

岭洋乡

【概况】 2019年，岭洋乡辖11个行政村、2539户、5660人。年内，坚持以习近平新时代中国特色社会主义思想为指导，深入实施区委“1136”发展战略，以乡村振兴为目标，以发展茶产业为重点，助推美丽经济转化，经济社会保持平稳较快的发展态势。实现村集体经济收入262.81万元，财政总收入5923.4万元，增长22.9%，一般公共预算收入1828.8万元，增长75.4%，农民人均可支配收入1.75万元，增长12.9%。获国家卫生乡镇、省级森林城镇，浙江省公益林建设成绩突出集体等荣誉称号。赖家村获评第三批国家级历史文化古村落。

【农业转型发展】 岭洋乡茶叶种植面积6000余亩，占衢江区茶叶种植面积的20%。年内，以“茶香岭洋”建设为重点的思路，助力乡村振兴。4月2日，举办岭洋乡首届开茶节，开展手工炒茶、倒茶、茶道表演、采茶比赛等，扩大茶文化的影响力。同时，岭洋乡精品茶园项目开工建设。4月12日，“浙江诗人”一行15人走进岭洋采风，用文字歌颂茶香岭洋。建成赖家村精品民宿山舍药香、郤山行，抱珠龙村七彩抱朴等6家并投入使用，20亩G20紫山药试种成功，种植400亩精品茶园，300亩中草药，3000亩油茶基地，一批农业绿色发展项目建设有序推进。

【农房整治】 年内，把农房整治作为建设乡村大花园的“牛鼻子”，全体乡村干部“劲往一处使、智往一处谋、拧成一股绳”强大合力，全力推进农房整治“回头看”，实现四类人员清零、党员群众清零、一户多宅清零、简易厕所清零。开展“一米菜园”建设，实现拆后土地利用率100%，腾出建设空间2万平方米，整合闲置资源，扩大土地利用面积，盘活闲置房屋改建广场美丽公厕，建设停车场2处，停车位50个。

【美丽乡村】 年内，40户农户获评区级星级美丽庭院，新建2个“一米菜园”示范村，修缮徐以新墓地，建成徐以新陈列馆，完成集镇道路白改黑工程等16个项目，正在实施推进的有茶文化广场及停车场建设、茶文化码头公园建设、茶乡大道建设等8个项目。

【存量建设用地验收】 结合“山多地少”实际，各行政村按

岭洋乡精品茶园　（何柏演　提供）

照“适垦尽垦、宜水尽水”原则，水田优先、旱地次之、其余林地梯度的规定要求，最大限度盘活利用好存量建设用地资源。同时，将存量建设用地资源转化利用任务分解为“100余名农村党员责任”，倒排“时间表”，细化“作战图”，建立“每天研判分析，每周小结通报”制度，60天时间，完成304个地块360余亩土地复垦工作，率先完成区里验收，此项工作获得区委书记周向军、区委副书记徐惠文等批示肯定。

【三联工程到点到位】 年内，利用“三个三”基层党建工程，表彰先进、倒逼后进，进一步规范和抓实组团联村、两委联格、党员联户“三联”制度。岭洋乡地域广阔，从乡政府出发到偏远的大日坂村、岗头村、白岩村等，来回需要三个多小时，驻村干部始终坚持“周二无会日”组团联村工作，风雨兼程，从不延误，充分发挥桥梁纽带、帮办服务等方面的作用。发挥党组织书记、党员在农房整治、防汛救灾等的“领头雁”作用和先锋模范，不断深化部门、乡镇在古村落保护、“一米菜园”等工作的“点将服务”功效，选树网格员、党员在网格代办、项目攻坚的先进典型。

【生态环保】 年内，持续深化“厕所革命”，实现农村公厕向美丽公厕转型，出台“六有四无”长效保洁机制，持续深化全乡18座星级公厕长效管理机制，配备日常保洁员、日常巡查员，负责做好公厕日常保洁工作和督察巡查工作，建立日常巡查问题反馈制度和巡查保洁不力惩罚制度，相关信息被《衢州日报》头版刊发。

【红色教育基地】 按照“红色、党史、先烈、教育”的总体思路，对徐以新墓及无名烈士墓的硬件设施进行修缮维护及挖掘革命素材。组织开展党员、村“两委”红色教育培训，配备多名红色讲解员、印制红色事迹画册等。年内，各地前来参观徐以新爱国主义教育基地的活动共有130余场次、5000余人次，学习革命事迹，接受优良革命传统教育。

(郑星星)

举村乡

【概 况】 2019年，举村乡辖7个行政村，39个自然村，51个村民小组、1493户、总人口3008人。年内，坚持以习近平新时代中国特色社会主义思想为指导，贯彻落实区委、区政府决策部署，各项工作扎实有序推进，取得新成效。实现财政总收入6204.25万元，增长58.3%，农村人均可支配收入19793元，增长12.5%。全社会固定资产投资2000万元。引进工业企业1家，项目落地衢江经济开发区，协议投资0.5亿元；引进服务业1家，协议投资2亿元。获“国家卫生乡镇”荣誉称号。抗击“8·10”超强台风精神获省委主要领导批示肯定、市委“十条军规”正面典型事项通报和市政府记集体三等功嘉奖，翁源村支部书记曾小峰、洋坑村网格员廖法美获得抗洪救灾个人三等功。

【农业经济】 年内，全乡农作物播种面积395公顷，其中谷物53.9公顷，豆类89.3公顷，番薯31.3公顷，油料20.8公顷，中草药88.6公顷，蔬菜103.7公顷，花艺园艺7.4公顷。新增林下三叶青种植400亩，围绕中草药种植逐步培育林下产业发展，培育洋坑村“千年谷”香榧基地、石便村大蔡岗中草药三叶青基地、西坑村三叶青仿野生种植生育苗示范基地、白芨种植基地。重点围绕“千年谷”香榧品牌以及弘阳猕猴桃，加快推进产业升级，打响品牌效应，促进农民增收致富。新增家庭农场2家，衢江区至诚家庭农场猕猴桃通过“绿色食品A级”产品论证。全面提升G20杭州峰会特供产品紫山药、“猪不理”高山生态米、畲乡野茶的经济价值、生态价值和文化价值。利用传统媒体和“互联网+”新兴手段加强品牌市场营销。结合“涵养林”、“一村万树”、精品村建设工作，完成种植苗木2.6万株，提升景观带品位。

【民生事业】 年内，完成基础设施、民生建设等21个项目施工建设，总投资1800万元。固定资产投资申报项目1个，投资

1200万元，占全年任务的12%。全年参加农村社会养老保险2411人，医疗保险3014人，享受最低生活保障97户136人，发放低保金、慈善救助、医疗救助等救助款63.24万元，发放优抚金及义务兵家庭优待金。全乡出生人口30人，其中男婴15人、女婴15人。开展残疾人扶助工作，申报助残补助51人21.16万元。排查调处各类矛盾纠纷35起，其中疑难纠纷6起，调处率100%。

抗击"8·10"超强台风，乡村两级干部紧急疏散群众　　（胡小冰　供图）

【"8·10"超强台风处置】 8月10日，超强台风"利奇马"袭击举村，洋坑、翁源、西坑等村受灾严重。全乡倒塌受损房屋85幢、塌方滑坡98处、损毁道路40千米、冲毁桥梁21座，直接经济损失超过1.7亿元，未造成任何人员伤亡。乡村党员干部第一时间投入抗台抢险，安全转移受灾群众137人，安置农户34户94人，及时发放大米95袋、食用油75桶、矿泉水27箱等生活用品。经过全乡人民的共同奋战，成功打赢"8·10"抗台救灾战役。灾后迅速重建工作，在各级各有关部门支持下，年内完成农民饮用水管网修复3万米，西坑村、龙头坑村、石便村等部分林区道路水毁得到修复，洋坑村、石便村等5个村农田防洪堤水毁修复，举埠溪主干河道防堤、翁源村、石便村、洋坑中心村沿河堤防基本完成项目施工；西坑农用桥项目基本完成项目施工；洋坑村等5个行政村农民饮用水工程已进场施工。救灾期间，翁源村支部书记曾小峰、洋坑村网格员廖法美获得抗洪救灾个人三等功，举村乡政府荣获市政府颁发的集体三等功，抗台精神还获得省委主要领导的批示肯定及市委执行十条军规正面典型事项通报。

【地质灾害除险安置】 投资300万元，完成石便村、龙头坑村地质灾害安置点砌坎、土地平整和道路建设，建成后可以安置农户34户。年内，龙头坑村安置点5户农户房屋结顶，石便村5户13人可进入安置点建造房屋，后续安置点污水处理项目将开工建设。将原隐患区上报宅基地整理项目，实现土地资源合理利用和村集体收入增收双赢。

【千年农夫小镇项目】 千年农夫小镇项目由中国美术学院建筑艺术学院院长、普利兹克建筑奖获得者王澍主持设计，是衢江南部山区乡村振兴核心项目。年内，石便三角丘自然村完成14幢房子15户农户签约腾空，一期项目2栋样板房改造工程完工，二期计划完成11栋农房改造，其中6栋农房基本完成外立面改造。受"8·10"洪灾影响，项目损毁严重，2栋样板房冲毁，经过后续抢险，千年农夫小镇项目正在按时间节点有序推进。

【文化设施】 年内，建成标准化成人学校，占地面积850平方米，配有电脑室1间、阅览室1间、教师办公室2个，图书资料2000多册，配备专兼教师8名，其中专职教师3名，高级职称2人，中级职称6人。拥有石便家庭农场、龙头坑中草药种植等固定培训基地。举办中草药种植、月嫂、保姆培训、花卉苗木栽培技术、高山无公害蔬菜种植技术、消防安全以及月嫂、保姆等各类培训班10期以上。

【畲族文化节】 4月7日，举办“畲乡新风 大美举村”暨衢江区第十届“三月三”畲族文化节。抬花轿绕场，摆上长桌宴，端上乌米饭，跳起竹竿舞，展现畲乡新风韵、乡村新面貌、农民新生活，现场观看超2000人，在线观看直播超10万人次。10月7日，举办石便村畲族冬至美食节，400多名游子齐聚文化礼堂，重温乡愁、体验民俗、亲近非遗，回味儿时香甜的舌尖记忆。长桌上摆放着豆腐娘、黄米粿、麻糍、畲家红曲酒等，展示“千年畲乡十大碗”特色美食，弘扬畲族文化魅力，以此带动当地旅游和农产品销售。

【精品民宿集聚群】 年内，投资300万元，完成西坑精品民宿一期项目建设，秉持“1+3+N”民族村发展新模式，加快推进西坑、洋坑联合打造的“专业公司+村集体+农户”的高端民宿项目建成、运营，包括国家AAA级旅游景区和“洋西李千年畲寨”精品民宿，逐步完善相关配套设施，并取得了一定成效。提升原有民宿专业化水平，加快培育以“月明仓屋”为代表的精品民宿，根据各村不同的特色进行定位，形成价格分层、风格各异、体验不同的精品民宿集聚群。月明仓屋被评为浙江省银宿级民宿。

【民族乡村振兴示范村建设】 西坑村是全区7个少数民族村之一。年内，按照乡全域旅游总体策划方案和西坑村民宿项目规划方案，对西坑村6幢农房进行外立面改造，完成西坑景区入口节点改造提升，在保持原有建筑的基础上融入畲族元素，邀请专业人员对西坑墙绘进行重新构图；提升沿线标识标牌、制作畲族旗帜、彩带等，浓厚畲族民族乡氛围。完成民宿一期工程建设，总投资255万元，召开股东大会，与衢州畲韵西坑民宿管理运营公司达成运营协议，按照全年住宿总营业额的35%作为股东投资收益，并对二期民宿完成外立面改造，内部改造方案正在优化中；同步完成西坑游客接待中心建设，风格与民宿交相呼应；运用“海外衢江人·侨家大院”网络平台，做好“暖侨心”工作，推进“千年畲乡·农夫小镇”项目，在举村乡翁源村建立缪宏工作室。与区相关部门对接，完成西坑口至西坑村通景公路水毁修复3.5千米，共投资380万元；西坑水口段道路拓宽硬化200米，共投资60万元；西坑红岩瀑布景区游步道水毁修复420米，共投资60万元，进一步完善交通基础设施；对民宿中心道路及网络电线进行改造提升。结合乡域发展规划，完成《举村乡旅游项目招商引资工作手册》的编制。利用抖音短视频、网络直播等新颖方式，扩大西坑、洋坑、翁源村的对外招商。

（俞斯依）

4月7日，举村“三月三”畲族文化节 （余晓展 供图）

省、市驻衢江单位

浙江华电乌溪江水力发电有限公司

【概况】 2019年，浙江华电乌溪江水力发电有限公司（简称乌溪江公司）围绕“提质增效、改革创新”的总体思路和企业绩效目标，内抓管理，外拓市场，积极应对电力改革和项目发展的新机遇、新挑战。至年末，安全生产累计日7160天，保持安全生产长周期记录，在集团公司、浙江同类型水电企业中位居前列。公司继续保持全国文明单位；获评集团公司五星级发电企业、集团公司“2019年度本质安全型五星级企业”；获集团公司第三届职工创新创效优秀成果二等奖1项、浙江省电力科技进步三等奖1项；取得软件著作权2项；二次专业组被推荐全国信得过班组。职工李培尧获“中央企业劳动模范”称号。

【节水增发】 年内，梅汛期雨强集中，流域共出现7次较大范围的暴雨过程，湖南镇水库6—7月的来水16.7亿立方米，为五十年代有记录资料以来第二多年份。其中7月发电利用小时536小时，较多年平均多342个小时，发电量1.99亿千瓦时，居历史单月电量之首。

【项目发展】 年内，完成衢江风电项目测风方案编制。编制新农都三期3MWp分布式光伏发电项目建议书。积极开展混合抽水蓄能课题研究，挖掘新的经济增长点。完成了《老水电企业在电力市场环境新形势下的经营策略研究》的调研及报告，并获得省电力行协重点课题资金支持。

【讲好“乌电”故事】 年内，公司发挥“爱国主义教育基地”“衢州市直机关主题党日活动基地”“衢江区关心下一代教育基地”的作用，敞开大门向社会公众展示企业活力，全年湖、黄两站迎来20余批次1200多人参观，成为主题党日网红“打卡地”。

（诸葛玲）

中国冶金地质总局浙江地质勘查院

【概况】 2019年，中国冶金地质总局浙江地质勘查院（简称浙江地勘院）以总局“1311”战略为指导，贯彻总局四届二次职代会精神，围绕转型市场开发为中心，强化风险防控，深入推进各项重点工作落实落地。本土市场开拓，业务转型（综合地质调查、土壤环境等）初见成效，“三供一业”分离移交持续推进，风险管理不断加强，内部管理更加完善，养老保险属地落实。

【养老保险属地参保全面落实】 8月，浙江地勘院职工养老保险属地参保经浙江省机关事业养老保险中心审核通过，正式加入浙江省机关事业养老保险行列。在职参保人员向省税务部门缴纳职工养老保险。自9月起，浙江省机关事业养老保险中心向浙江地勘院退休人员发放养老待遇。

【重点行业企业用地调查】 年内，中标承揽衢州、金华两市的重点行业企业用地初步调查项目，涵盖衢州市下辖的4县2区及金华市疑似污染工业企业用地初步调查。该类型项目为浙江地质勘查院转型发展开辟了新的领域，对于后期转型市场开拓具有重要战略意义。

【场地环境调查监测】 年内，承揽衢州市富华皮革有限公司场地环境调查、浙江永合新材料科技有限公司环境监测等项目，此类项目的实施开辟了浙江地质勘查院疑似污染工业企业场地调查新领域，为浙江地质勘查院转型发展环境调查奠定基础。

【土地质量地质调查】 年内，中标承揽的丽水市庆元县土地质量地质调查项目为浙江省711土地质量行动计划项目，由丽水市庆元县自然资源和规划局牵头实施，2019年完成该项目野外工作，进入数据处理、系列图件绘制、建档立卡、数据库建设等成果编制阶段。

【农用地土壤污染超标点位调查】 2019年内，承揽龙游、常山、江山等县（市）农用地土壤污染超标点位调查。该类型项目中标实施进一步巩固地方政府合作和后续市场开发。在中国冶金地质总局一局指导下，对接南京地调中心“皖江城市群综合地质调查”三个专题项目（新安江—衢江上游两山理论实践示范区自然资源综合地质调查；新安江—衢江中游重大工程规划区综合地质调查；新安江——衢江中下游城镇规划区综合地质调查）已顺利中标落地。年末，项目完成货币工作量约400万元。

【本地地质市场逐步打开】 年内，浙江地质勘查院立足衢州，服务衢州，地方认可度显著提升，业务渠道拓宽。中标2019年衢州市地质灾害应急服务技术支撑项目，成为衢州市地质灾害应急服务技术支撑单位；编制《衢州市衢江区矿产资源总体规划（2016—2020年）调整方案》；中标龙游县特定区压覆矿调查和压覆矿评估工程服务项目；承接《衢州市杜泽镇铜山源水库地热资源地质踏勘报告》《上方镇玳堰石煤矿区煤山底废弃矿山地质环境治理超设计范围开采鉴定及储量估算报告》《衢州龙游士元220千伏输变电工程、龙游环西综合供能服务站工程项目等五个项目压覆矿产资源调查》；承接诸暨市璜山镇七弯矿区铅锌矿普查项目、江山市塘源口乡塘岭萤石矿详查项目、绍兴西裘—富盛地区铜金矿大比例尺矿产预测及验证项目、开化县马金镇石柱金矿普查项目等。

【“三供一业”分离移交持续推进】 年内，在与衢江区政府国有资产监督管理办公室、国网衢州供电公司柯城供电营业部、衢州水业集团有限公司签订《中国冶金地质总局浙江地质勘查院职工家属区物业（供电/供水）设施分离移交协议书》及《关于中国冶金地质总局浙江地质勘查院职工家属区“三供一业”分离移交维修改造方案的补充说明》的基础上，和接收单位一同就维修改造工作制定了详细工作方案，预计2020年完成“三供一业”分离移交工作。

（程年旺）

铜山源水库管理中心

【概 况】 2019年3月，衢州市铜山源水库管理局更名为衢州市铜山源水库管理中心（简称铜水中心），内设办公室（防汛办）、财务与资产管理科、工程管理科、水政安全科、灌区管理科5个科室。年内，以防汛抗旱为本职，以项目建设为抓手，以转型升级为重点，不断完善供水服务，大力加强水利基础建设，稳步推进全域旅游开发。全年水库累计向灌区供水5278.26万立方米。

【防汛抗旱】 年内，库区降雨2081.4毫米，产生入库径流2.6亿立方米。其中，汛期降雨1215.0毫米，产生入库径流1.1亿立方米。水库于7月4日15时开始泄洪，至7月23日14时结束，共下泄水量5024.8万立方米。抗旱期间，水库于7月29

日首次向灌区抗旱供水，至10月28日结束，累计供水5278.26万立方米。

【龙门桥渡槽拆除】 4月3日，铜山源水库灌区龙门桥渡槽成功爆破拆除。龙门桥渡槽位于龙游县横山镇龙门桥村，1976年4月开建，1978年4月建成，渡槽全长567米，由槽身、少筋双曲拱支承结构和浆砌石重力墩构成。龙门桥渡槽已通水运行40多年，存在多处结构老化、损伤等病害现象，已无法达到相关现行规定，给渡槽的安全运行带来很大影响，管理部门决定对龙门桥渡槽进行拆除重建。9月30日，市水利局组织召开铜山源水库灌区龙门桥渡槽修建工程通水验收会议。龙门桥渡槽顺利通过验收，恢复通水灌溉。

【铜山源休闲度假区开工】 11月20日，铜山源休闲度假旅游区举行开工仪式。该项目列入省、市、县长工程的重点项目，由睿银控股集团投资建设。项目以铜山源水库为核心、规划面积22.6平方千米，总投资52亿元。启动区规划1平方千米，总投资超过20亿元，计划通过五年左右，建设水云间、土之谷、智慧中心、梦湖居、亲子园、温泉酒店、花溪镇等七大板块，共17个子项目。项目分两期实施：第一期重点实施“水云间”、“梦湖康养园”“土之谷创意农园”等17个子项目；第二期重点实施“飞环酒店”“望湖康养园”“逸养山庄”等12个子项目。

（盛翰信）

人 物

改革先锋

谢高华（1931.11.9—2019.10.23），横路乡贺邵溪村人。1952年2月参加工作，1953年5月加入中国共产党。历任衢县樟潭供销社横路分社营业员，衢县杜泽团区委、镇委干事、团区委副书记、区委组织员、区委书记，衢县县委组织部副部长、衢县杜泽人民公社党委书记、衢县龙游镇委、区委书记，衢县县委副书记、书记、县铜山源水库灌区渠道建设总指挥（兼）、人武部第一政委、义乌县委书记、人武部第一政委，金华地委农工部部长，衢州市委常委、副市长、市乌溪江引水工程总指挥（兼），衢州市人大常委会副主任、党组副书记，衢州市计生协会名誉会长等职，第八届全国人大代表。2018年12月18日，在庆祝改革开放40周年大会上，谢高华作为“义乌小商品市场的催生培育者”，被党中央、国务院授予改革先锋称号，颁授改革先锋奖章。2019年9月，获中共中央、国务院、中央军委颁发“庆祝中华人民共和国成立70周年”纪念章。同月，获中宣部、中组部等部门颁发的“最美奋斗者”荣誉。

2018年12月18日，庆祝改革开放40周年大会在北京人民大会堂举行，谢高华被党中央、国务院授予“改革先锋”称号

谢高华为改革燃灯前行，是我国改革开放宏大进程中的试水者、探路者、引领者，是领导干部的优秀代表，是共产党人的杰出楷模。在他身上，有着改革者的担当、思想者的远见、实干家的执着，有着成功不必在我、福祉留于百姓的高尚胸怀，赢得了人民群众的广泛赞誉。2017年12月，省委书记车俊对谢高华的事迹作出批示：要大力选树一批像谢高华敢于担当，积极作为的干部。

谢高华始终坚守“党指向哪里，我们就打到哪里”的政治品格，坚定不移听党话、跟党走。文化大革命期间，谢高华反复研读《资本论》《毛泽东选集》等书籍，在人生遭遇重大挫折时，仍孜孜不倦进行理论学习，强化党性修养，练就过硬内功，做到了真学真懂真信真用。20世纪80年代，谢高华在“大衢县”工作时，接到一纸调令，前往相对落后、条件较差的“小义乌”工作，他丝毫没有推诿，当场表态：服从省委决定。

谢高华始终保持“就想为老百姓办点事，让老百姓有饭吃”的朴素情怀。他谋划推动的以铜山源水库和“乌引”工程为骨干的自流灌溉网，勾勒了1800千米新水乡“画卷”，被誉为“江南红旗渠”，保证了一方百姓的生产生活用水，更让千年前“是岁江南旱，衢州人食人”的三衢大地绿意葱茏、生机盎然。为增加农民收入，谢高华在保证粮食生产的同时，号召农民开垦黄土丘陵，种柑橘、种茶叶、养猪，让大家有肉吃、有钱花。他让义乌小商品市场走出中国、走向世界，却总是谦虚地说：“是时代造就了义乌，是义乌人民造就了今天的义乌。”你把人民放在心上，人民就会把你记在心里。政声人去后，民间闲谈时。现在，义乌的老百姓广泛流传着这么一句话“谢天谢地谢高华”。

谢高华始终坚持“出了问题我负责，宁可不要乌纱帽”的担当精神。在金衢两地担任领导干部期间，谢高华作出的很多决定，现在回过头看都承担着很大风险，但他并未因此退缩回避。在衢县担任县委书记时，拍板决定放开柑橘销售，老百姓收入增加了，但当年上交柑橘任务没有完成，因此被《人民日报》点名批评，他也毫无怨言，百折不回。开放义乌小商品市场时，面对质疑，他振臂一呼，叫大家放心干、放手干，出了问题“我来兜着”。从衢县的“柑橘事件”到义乌的“税收风波”，谢高华大大小小、或明或暗的“帽子”没少戴。

谢高华始终充满“只想着对老百姓有益就好，要打破条条框框”的创新精神。他尊重科学、崇尚真理，勇于突破僵化守旧的计划、脱离实际的政策，遵循价值规律，坚持市场法则。1982年，他领改革风气之先，果断决定开放第一代小商品市场，拨浪鼓咚咚响、“鸡毛换糖”冲上天，如今的义乌已成为“买全球、卖全球”的世界超市。根据橘农增产不增收的现状，他严肃批评“订生产计划，不敢讲提高社员的物质利益，抓生产不敢讲降低成本，搞分配不敢讲社员收入”的僵化思想，大胆提出“哪里价格高，就往哪里卖”，有想法才有办法，有行动才有答案。

谢高华始终坚守“有生之年，退休也要退在工地上”的实干作风。他扑下身子到一线，找到矛盾靠调研，解决问题在现场，多听多看，多向群众学习，充分听取基层意见建议，形成了一系列政策主张，蹚出了发展的新路子。在建设“乌引”工程时，他身先士卒，与建设者们一起吃在田头、住在工棚，白天和干部群众在泥地里干活，晚上经常开会到凌晨。退休后，谢高华依然发挥余热，积极投身计生、慈善等事业。

吾老七 （1933—2019），后溪镇上棠村人，是改革开放大潮中顺势而为、勇于立潮头的知名人物，被誉为“衢州步鑫生”，多次荣获省、市级优秀企业家、劳动模范和“改革功勋”等荣誉称号。

1977年，吾老七任衢县国营北门农场党委委员。当时，农场经营不善，靠财政补助度日。他从衢县政府争取拨款7万元，计划办乳品厂，做麦乳精。1978年4月，吾老七与一位同事搭乘运化肥的货车去温州一家乳制品厂学习，途径丽水时，坐在化肥上的他们被雨淋透。到达厂门口，又被门卫拦下。最后托人帮忙，才如愿进厂参观考察，并拿到乳制品厂的设计图纸。次年，开工生产，盈利8万元，此后连续盈利，最多年份40多万元。

1987年，乳制品厂开始走下坡路，企业不得不再次转型。吾老七开始关注保健品市场，突破重重阻力，邀请高校教授开发宫宝口服液，又向银行争取贷款。1988年，“宫宝”产品投入生产，并高度重视广告宣传，产品畅销全国。至90年代，每年上缴利税2000多万元，居全市企业之首。1996年退休时，“浙江宫宝”已成为国内知名品牌，年销售上亿元。此后，吾老七又进行二次创业，先后创办吾老七保健品有限公司、吾老七化妆品有限公司。吾老七善待员工。宫宝鼎盛之时，他并没考虑建气派办公楼，而是先改善员工待遇，建起位于城北恬静苑社区的宫宝宿舍。平时对员工，包括临时工、门卫、清洁工，都客气相待，与他们相处融洽。吾老七一直居住在宫宝宿舍，即使退休后，也保持极佳的人缘，与老同事走动频繁。

体育人物

黄雅琼 女，1994年2月28日出生，峡川镇人，中国羽毛球队混合双打运动员。2016年，获得德国羽毛球黄金大奖赛女双冠军、澳大利亚羽毛球超级赛混双冠军等。2017年，获得全英羽毛球首要超级赛混双冠军、印度羽毛球超级赛混双冠军等。2018年，获得世界羽毛球锦标赛混双冠军、印尼羽毛球大师赛混双冠军、亚运会羽毛球混双冠军、日本羽毛球公开赛混双冠军、丹麦羽毛球公开赛混双冠军。2019年，获得世界羽毛球锦标赛混双冠军、苏迪曼杯团体冠军、马来西亚羽毛球公开赛混双冠军、全英羽毛球公开赛混双冠军、印尼羽毛球大师赛混双冠军。2019年5月28日，黄雅琼被聘任为衢州城市形象大使。

杨　杰 男，1989年7月出生，莲花镇人，幼时因罹患脑瘫，导致下肢瘫痪，2010年第一次与水结缘，从事赛艇运动近10年来，搏击浪花，摘金夺银，曾获第七届世界残疾人韩国赛艇邀请赛冠军、2011年赛艇世界锦标赛AS级男子单人双桨比赛第七名、第八届全国残疾人运动会赛艇项目AS1000米单人双桨冠军、AS500米单人双桨亚军。2019年6月，全国第十届残疾人运动会暨第七届特殊奥林匹克运动会赛艇比赛中，获得PR1男子2000米单人双桨、PR1男子1000米单人双桨两块金牌。

浙江省劳动模范

王燕飞
　　衢州市第二人民医院副主任护师
陈林峰
　　衢江农商银行分理处主任

浙江省模范集体

仙鹤股份有限公司

浙江工匠

程益民
　　浙江鑫丰特种纸业股份有限公司

衢州市劳动模范

余竹云
　　浙江中环农业开发有限公司董事长
骆志荣
　　浙江夏王纸业有限公司技术总监
周龙清
　　浙江海力控股有限公司生产技术副总经理
童淑芳
　　衢江区第一初级中学教师
舒明祥
　　衢江区职业中专党总支书记、校长
饶胜男
　　衢江区淘果园家庭农场负责人
汪增富
　　衢江区周家乡上岗头村党支部书记
吕秀娟
　　浙江衢州星月神电动车有限公司财务总监
姜水土
　　衢江区抽水蓄能电站项目建设指挥部专职副总指
徐丽芬
　　衢州市国丰油脂有限公司行政部经理
张园清
　　衢州娃哈哈启力饮料有限公司财务科长工会主席

衢州市模范集体

衢州市第二人民医院
衢江区抽水蓄能电站指挥部办公室（衢江区抽水蓄能电站项目工作专班）

衢江工匠

周小军
　　仙鹤股份有限公司
朱亚璋
　　浙江神霸矿山机械有限公司
江伟俊
　　衢江供电营业部
赵传步
　　衢州市达德电子有限公司
徐匡荣
　　浙江夏王纸业有限公司
毛耀民
　　浙江四联机械有限公司
余　稳
　　浙江尤尼威机械有限公司

邓　兵
浙江五一机械有限公司
吴志勇
浙江美安普矿山机械股份有限公司

衢江区优秀职工

汪海丰
衢州海燕雕塑艺术有限公司
姜　晶
浙江海力股份有限公司
胡根才
衢州一粒志食品有限公司
童云宏
衢州南孔中药有限公司
陈　龙
仙鹤股份有限公司
李建云
衢州市衢江东方大酒店
沈志峰
浙江志高机械股份有限公司
章　春
衢州娃哈哈启力饮料有限公司
胡小平
浙江圣效化学品有限公司
李银仙
浙江鑫丰特种纸业股份有限公司

百岁老人

2019年末，全区有百岁老人22位，最长者为黄坛口乡黄坛口村王明福，生于1913年11月。

2019 年全区百岁老人统计表

表 12

姓名	姓别	出生年月	年龄	住址
王明福	男	1913.11	106	黄坛口乡黄坛口村
杜爱琴	女	1914.6	105	杜泽镇杜五村
黄金娣	女	1915.10	104	横路办事处毛家村前湾
黄老三妹	女	1917.11	102	峡川镇峡口村
叶林凤	女	1918.5	101	大洲镇五石埂村
杨才英	女	1918.8	101	廿里镇鱼头塘村
嵇秀英	女	1918.8	101	高家镇划船塘村
徐水耀	男	1918.9	101	云溪乡勃龙村
杜银花	女	1918.9	101	杜泽镇杜二村
邵金娣	女	1918.10	101	樟潭街道方杨村
王金香	女	1918.11	101	太真乡上槽村
徐洪发	男	1918.12	101	上方镇玳堰村
徐卸妹	女	1919.1	100	云溪乡富西村
徐杏春	女	1919.1	100	樟潭街道前程村
余雨高	男	1919.1	100	湖南镇山尖岙村
叶水花	女	1919.2	100	上方镇金杨村
王小娜	女	1919.2	100	高家镇安仁村
余文英	女	1919.6	100	后溪镇张村村西塘
李樟妹	女	1919.9	100	高家镇林家村
陈耀妹	女	1919.9	100	杜泽镇潜灵村
林乾禄	男	1919.10	100	上方镇金杨村
徐雪英	女	1919.12	100	岭洋乡抱珠龙村

2019年衢江区国民经济和社会发展统计公报

2019年，衢江区深入贯彻落实市委“1433”发展战略体系、区委“1136”发展战略，在区委、区政府的正确领导下，坚持稳中求进工作总基调，稳步推进经济高质量发展，全区经济持续健康发展，发展活力不断增强，社会和谐稳定。

一、综　合

初步核算，全年全区生产总值（GDP）198.47亿元，按可比价计算，比上年增长8.3%。其中：第一产业增加值20.54亿元，增长0.8%；第二产业增加值74.62亿元，增长10%；第三产业增加值103.31亿元，增长8.9%。三次产业结构由上年的10.6∶38.6∶50.8调整为10.3∶37.6∶52.1。全区人均生产总值按户籍人口计算为48122元，合6976美元，比上年增长8.4%。

据衢州市统计局公布的统计数据显示：市区居民消费价格与上年同期相比，一季度上涨2.1%，上半年上涨2.5%，前三季度上涨2.8%，全年平均上涨3%。八大类商品“七涨一跌”，涨幅最大的是食品烟酒上涨7.4%，其他从高到低依次是居住上涨3.1%、其他用品及服务上涨2.6%、教育文化和娱乐上涨1.7%、医疗保健上涨1.3%、生活用品及服务上涨0.7%、衣着上涨0.6%、交通和通信下跌2.3%。工业生产者出厂价格比上年下跌3.3%，其中：重工业产品出厂价格下跌3.6%，轻工业产品出厂价格下跌2.6%。工业生产者购进价格上涨0.9%。

全区新增城镇就业人数13655人，有2769名城镇下岗失业人员实现再就业，年末城镇登记失业率为1.8%，比上年末下降0.26个百分点。

全年实现财政总收入28.94亿元，比上年增长11.3%，其中：一般公共预算收入17.52亿元，增长7%。一般公共预算收入中，税收收入14.56亿元，增长6.3%，其中：增值税7.65亿元，增长11.2%；企业所得税2.07亿元，增长44.6%。

年末全区工商注册企业6769户，本期登记1010户，注册资本（金）470.26亿元，本期登记48.55亿元。其中：私营企业6318户，本期登记925户，注册资本达365.05亿元，本期登记36.88亿元，从业人员5.56万人，本期登记0.45万人；个体工商户24718户，本期登记4040户，资金数额56.39亿元，本期登记11.45亿元，从业人员5.08万人，本期登记0.79万人。

二、农业和农村建设

全年实现农、林、牧、渔业总产值30.85亿元，按可比价计算，比上年增长0.5%。其中：农业产值19.22亿元，增长2.3%；林业产值2.94亿元，增长2.4%；牧业产值6.36亿元，下降8.3%；渔业产值2.06亿元，增长1.9%；农林牧渔服务业0.27亿元，增长13.4%。全年实现农林牧渔业增加值20.72亿元，按可比价计算，比上年增长0.9%。

全年农作物播种面积46618公顷，其中：粮食播种面积20278公顷，油料播种面积5308公顷，蔬菜种植面积11847公顷，中草药材种植面积1620公顷，果用瓜种植面积2887公顷。全年粮食总产量12.75万吨，比上年增长0.5%；油料产量1.17万吨，下降2.15%；蔬菜产量41.4万吨，增长0.2%。水果总产量25.18万吨，下降2%，其中：柑橘总产量13.03万吨，下降3.5%；果用瓜产量9.23万吨，下降1.5%。

全区林地面积保有量178.56万亩，立木蓄积438.47万立方米，森林面积176.84公顷，森林覆盖率67.45%；完成造林更新面积47公顷，森林抚育面积1233公顷，零星植树46万株，生态公益林面积98.21万亩。

年末生猪存栏9.23万头，比上年下降40.91%，全年出栏24.89万头，下降14.61%；家禽存栏250.64万只，增长0.45%，出栏239.12万只，下降6.5%。肉类产量2.38万吨，下降6.7%，其中猪肉产量1.98万吨，下降7%；禽肉产量为0.34万吨，下降8.9%；禽蛋产量为0.46万吨，增加11.8%。

全区水产养殖面积1675公顷，水产品总产量1.43万吨，比上年增长0.33%。

全年开展农村生活污水治理村270个，受益农户8.4万户，全区271个行政村均实现生活垃圾集中收集有效处理，农村生活污水治理、垃圾分类基本实现全覆盖；农家乐特色村58个，经营户305户，从业人员2208人，床位9517个。

三、工业和建筑业

全年实现工业增加值63.66亿元，按可比价格计算，比上年增长11.7%。

全区年末规模以上工业企业123家，其中：产值超亿元企业31家。规模以上工业企业全年实现产值180.54亿元，同比增长11.1%。其中：轻工业99.54亿元，增长3.6%；重工业81.01亿元，增长21.9%。高档特种纸和机械装备制造业两大主导产业产值105.59亿元，同比增长3.1%，占规模以上工业总产值的58.5%，其中：高档特种纸产业产值64.87亿元，下降1.5%；机械装备制造产业产值40.72亿元，增长11.4%。

规模以上工业企业全年实现增加值43.89亿元，按可比价计算，同比增长14.7%。高新技术产业增加值26.07亿元，增长12.2%，占规上工业增加值的59.4%；装备制造业产业增加值9.03亿元，增长8.9%，占规上工业增加值的20.6%；战略性新兴产业增加值9.94亿元，增长4.8%，占规上工业增加值的22.6%。

规模以上工业企业全年实现主营业务收入195.19亿元，同比增长12.7%，实现利税总额23.03亿元，同比增长39.7%，其中：利润总额16.63亿元，同比增长39.2%。

全年建筑业实现增加值10.98亿元，按可比价计算，比上年下降0.5%。资质以上的建筑业企业49家，实现省内建筑业产值47.03亿元，比上年增长13.8%。

四、固定资产投资和房地产业

全年固定资产投资比上年增长12%，其中项目民间投资增长10.1%，交通投资增长25.5%，生态环境和公共设施投资增长59.2%，高新技术产业投资增长10.3%。

全年完成房地产投资11.72亿元，下降39.9%；商品房销售面积15.74万平方米，下降9.2%，实现商品房销售额18.05亿元，增长11.4%。

五、国内贸易

全年实现社会消费品零售总额78.27亿元，比上年增长8.3%。

全区限额以上贸易企业（包括限上大个体）69家，实现消费品零售额26.05亿元，同比增长5.3%，占社会消费品零售总额的33.3%。按类值分：粮油、食品类零售额1.32亿元，增长2.8%；石油及制品类0.9亿元，增长16.1%；汽车类零售额17.72亿元，增长1.4%；服装、鞋帽、针纺织品类4.94亿元，增长25.7%。

六、对外经济

全年外贸进出口总额（不含一达通）9.82亿美元，比上年同期下降3.3%，人民币口径67.65亿元，增长0.9%。其中：出口（不含一达通）5.96亿美元，增长3%，人民币口径41.06亿元，增长7.5%；进口3.87亿美元，下降11.7%，人民币口径26.59亿元，下降7.8%。

七、交通和旅游

全年完成交通运输仓储及邮政业增加值7.05亿元，按可比价计算，比上年增长1.9%。

年末民用汽车拥有量7.66万辆，其中：载客汽车6.75万辆，载货汽车0.85万辆；私人汽车7.05万辆，摩托车拥有量2.69万辆。

年末境内公路总里程1736.72千米，等级公路1736.72千米，其中高速公路42.19千米。

全年接待游客1077.59万人次，比上年增长10.6%，实现旅游总收入65.67亿元，增长15.1%。景点资金投入1.33亿元，增长14.7%；拥有省级风景名胜区1个，省级生态旅游区3个，景区景点7个，星级饭店2家，星级饭店客房总数342间。

八、金融业

全年完成金融业增加值9.02亿元，按可比价计算，比上年增长12.8%。年末金融机构人民币存款余额270.64亿元，比上年增长23.4%，其中：城乡居民储蓄存款余额155.39亿元，增长23.4%；金融机构人民币贷款余额为237.16亿元，增长19.9%。

九、教育和科学技术

全区拥有学校120所，在校学生50214人，专任教师3457人，其中：职业中专1所，在校学生2045人，专任教师129人；普通高中4所，在校学生4959人，专任教师474人；普通初中10所，在校学生10544人，专任教师799人；小学25所，在校学生20606人，专任教师1294人；幼儿园80所，在园幼儿12060人，专任教师761人。小学学龄儿童净入学率为100%。

全区共发放科技创新券273万元，惠及企业91家，兑现创新券45.07万元；2019年兑现2018年度工业政策补助1963.55万元，其中研发经费补助1232.15万元；22家企业申报国家高新技术企业，其中21家企业通过评审并公示，14家企业通过新认定国家高新技术企业。2家企业被认定为省级高新技术企业研发中心，34家企业被认定为省级科技型企业；4家企业通过市级工程技术研发中心认定，全区64个新产品通过省级新产品试制计划立项。全年专利申请数为937件，专利授权数573件，其中发明专利授权数25件。

十、文化、卫生和体育

全区公共图书馆1个，图书总藏量309千册。广播节目综合人口覆盖率100%，广播全年播送时间6060小时，电视节目综合人口覆盖率100%，电视全年播放时间5920小时。有线电视用户9.94万户，有线电视入户率达93.45%。

年末共有医院、卫生院29个，床位1323张，卫生技术人员1230人，其中执业（助理）医师906人。产妇住院分娩比例100%，婴儿死亡率3.57‰。

全区共有体育场馆8个，群众健身活动场所529个，青少年传统项目运动会场地面积1万平方米；全年体育建设投资额2710万元。在全国及全省各类体育比赛中，获得奖牌数金牌2枚，银牌2枚，铜牌2枚。全民健身活动深入人心，参加体育锻炼的人员不断增加。

十一、人口、人民生活和社会保障

年末总户数164340户，总人口数为412212人，平均每户人口数2.51人。总人口数比2018年412662人减少450人，增长率-1.09‰。其中男性为210780人，女性为201432人。性别结构：男性为51.13%，女性为48.87%，性别比例为104.64（女：100），比2018年的性别比例低0.01。总人口中乡村人口为321430人，占总人口数的77.98%；城镇人口90782人，占总人口数的22.02%。全年出生人口3607人，死亡人口2725人，人口自然增长率为2.14‰。

据城乡一体化住户调查数据显示，全体居民人均可支配收入28353元，比上年增长9.9%，人均消费支出16640元，比上年增长10.2%。城镇居民人均可支配收入40018元，增长8.7%，从四大块组成看：工资性收入21933元，增长8.9%；经营性净收入12425元，增长3.1%；财产净收入4406元，增长25.9%；转移净收入1254元，增长12.6%。城镇居民人均生活消费支出21891元，比上年增长9.4%；人均住房建筑面积75.3平方米。农村居民人均可支配收入21888元，比上年增长10%，从四大块组成看：工资性收入13045元，增长10.1%；经营性净收入5152元，增长8.9%；财产性净收入564元，增长16.8%；转移净收入3127元，增长10.3%。农村居民人均生活消费支出13729元，比上年增长10.2%，人均住房建筑面积89.8平方米。

年末城乡居民基本养老保

险和医疗保险参保人数分别为19.26万人和28.64万人，参保率分别达到95.21%和99.67%，城乡医疗保险政策范围内报销比例63.3%，报结医药费5.5亿元；基础养老金提高到155元/月，城镇职工基本养老保险参保人数5.73万人，城镇职工基本医疗保险参保人数6.82万人，失业保险参保人数3.79万人。

全区各类社会服务机构41个，拥有床位3700张；城镇居民最低生活保障家庭数81户，人数115人，低保资金支出79.73万元；农村居民最低生活保障家庭数8440户，人数12497人，低保资金支出6036.22万元；城乡最低生活保障标准提高到770元/月。

十二、环境保护和安全生产

全区地表水环境功能区达标率为100%，城市集中式饮用水水源地水质达标率为100%，跨行政区域河流交接断面水质达标率为100%，空气质量指数达标率为93.4%，$PM_{2.5}$浓度平均值为每立方米33微克。

全年规模以上工业企业等价能源消费量为68.8万吨标准煤，同比增长2%；规上工业增加值发展速度（可比价格）为14.7%，万元工业增加值能耗降低率11.1%。

衢江区共发生各类事故13起、死亡10人，同比下降38.1%、41.2%。其中工矿商贸企业事故2起、死亡1人。未发生生产安全较大事故。

十三、城市建设

年末城市建成区面积7.07平方千米，其中：居住用地2.82平方千米，公共管理与公共服务用地0.79平方千米，商业服务业设施用地0.67平方千米，工业用地0.78平方千米，物流仓储用地0.2平方千米，道路与交通设施用地1.13平方千米，公用设施用地0.31平方千米，绿地与广场用地0.37平方千米；城市基础设施更加完善，年末实有城市道路面积173.89万平方米，其中当年新建、扩建面积5.39万平方米；城镇污水处理率96.5%，生活垃圾无害化处理率100%。

注：

1.本公报所列各项数据为年度初步统计数据。

2.全区生产总值和各产业增加值绝对数按现行价格计算，增长速度按可比价格计算。

3.规模以上工业统计指标范围为年主营业务收入2000万元以上工业企业；固定资产投资统计指标范围为500万元以上项目。

（舒　芸）

2019年衢江区经济社会主要指标

表13

指标名称	计量单位	2019年	2018年
综合经济			
（一）地区生产总值（当年价格）	万元	1984744	1803358
第一产业增加值	万元	205391	191373
第二产业增加值	万元	746236	696584
其中：工业增加值	万元	636587	589359
建筑业增加值	万元	109785	107351
第三产业增加值	万元	1033118	915400
人均地区生产总值（户籍）	元	43695	40013
地区生产总值增长率	%	8.3	7.6
（二）财政			
一般公共预算收入	万元	175233	163839
其中：税收收入	万元	145636	137001

续表 13

指标名称	计量单位	2019 年	2018 年
其中：企业所得税	万元	20706	14322
个人所得税	万元	4438	3951
一般公共预算支出	万元	518253	410861
其中：一般公共服务支出	万元	93076	63984
科学技术支出	万元	12312	9637
教育支出	万元	90396	57529
文化旅游体育与传媒支出	万元	12297	6611
卫生健康支出	万元	59909	50354
节能环保支出	万元	6865	3493
城乡社区支出	万元	21358	18069
交通运输支出	万元	29645	18892
社会保障和就业支出	万元	60844	56120
住房保障支出	万元	15882	12000
农林水支出	万元	58976	66666
（三）金融			
年末金融机构存款余额（本外币）	万元	2706426	2154032
其中：城乡居民储蓄年末余额	万元	1553937	1241846
年末金融机构贷款余额（本外币）	万元	2371616	1909669

2019 年规模以上工业企业单位数和总产值

表 14　　单位：个、万元

指 标 名 称	2019 年		2018 年	
	单位数	产值	单位数	产值
总计	121	1822418	114	1615385
其中：国有企业	1	27073	1	26994
私营企业	111	1182105	94	840703
有限责任公司	3	38751	8	91123
股份有限公司	1	223577	6	338107
外商投资企业公司	4	347496	5	339048
港、澳、台商投资公司	2	30489	1	6404
其中：轻工业	45	1010646	42	956728
重工业	76	811772	72	658657
其中：大中型企业	7	742134	8	708334
其中：小微型企业	114	1080284	106	907051

2019 年规模以上工业企业主要经济指标

表 15

指 标 名 称	计量单位	2019 年	2018 年
企业单位数	个	121	114
其中：亏损企业	个	19	22
工业总产值	万元	1822418	1615385
年末资产总计	万元	2448528	2005309
流动资产	万元	1483358	1158433
固定资产	万元	561317	500396
年末负债合计	万元	1370778	500396
流动负债	万元	1028995	989650
年末所有者权益合计	万元	1077749	947244
营业收入	万元	1955588	1720991
营业成本	万元	1599225	1441239
营业税金及附加	万元	10737	10207
利润总额	万元	169482	120224
亏损企业亏损额	万元	6218	4465
利税总额	万元	234041	172754
本年应交增值税	万元	53822	42324
工资总额	万元	102779	86694
职工平均人数	人	13894	13799

注：2011 年起规模工业统计范围由原年主营业务收入 500 万元及以上工业企业调整为年主营业务收入 2000 万元及以上工业企业

农业生产主要指标与上年对比

表 16

指标名称	单位	2019 年	2018 年	2019 年比 2018 年 ±%
一、粮食播种面积	公顷	20278	20355	–0.4
粮食总产量	吨	127498	131625	-3.1
二、油菜籽播种面积	公顷	4727	4777	-1.0
油菜籽产量	吨	10270	10595	-3.1
三、蔬菜面积	公顷	11847	11912	–0.5
蔬菜产量	吨	413980	413346	0.2
四、茶叶产量	吨	1372	1353	1.4
五、水果产量	吨	251771	256811	–2.0
其中：柑橘产量	吨	130268	134926	–3.5
六、生猪全年饲养量	万头	34.12	44.77	–23.8
七、淡水产品产量	吨	14327	14280	0.3
八、农林牧渔业总产值（现价）	万元	308456	285111	8.2

（区统计局）

区委区政府文件选辑

中共衢州市衢江区委　衢州市衢江区人民政府
衢州市衢江区机构改革方案

区委发〔2019〕3号

根据《中共中央关于深化党和国家机构改革的决定》《深化党和国家机构改革方案》《关于地方机构改革有关问题的指导意见》和《中共浙江省委关于深化机构改革的实施意见》《浙江省机构改革方案》《中共浙江省委关于市县机构改革的总体意见》及《衢州市机构改革方案》，结合实际，制定衢州市衢江区机构改革方案。

一、机构改革的总体部署

深化机构改革，要以习近平新时代中国特色社会主义思想为指导，全面贯彻党的十九大和十九届二中、三中全会精神，贯彻落实习近平总书记关于深化党和国家机构改革的重要论述，牢固树立政治意识、大局意识、核心意识、看齐意识，坚持加强党的全面领导、坚持以人民为中心的发展思想、坚持社会主义市场经济改革方向、坚持优化协同高效、坚持以法治方式推进改革、坚持在中央统一领导下充分发挥地方积极性。

深化机构改革，要认真贯彻落实习近平总书记对浙江工作的重要指示精神，深入践行“干在实处永无止境，走在前列要谋新篇，勇立潮头方显担当”的新期望，按照省委、市委要求，从机构职能上把加强党的领导落实到各领域各方面各环节，主要机构设置同中央保持基本对应、与省市机构改革有效衔接；以“最多跑一次”改革为牵引，加快政府职能转变，使市场在资源配置中起决定性作用、更好发挥政府作用，强化社会管理和公共服务职能，切实解决人民群众最关心最直接最现实的利益问题；统筹区和乡镇（街道）各层级、党政群各领域改革，优化机构设置和职能配置，提高效率效能；充分发挥法治规范和保障改革作用，在改革中完善和强化法治，坚决维护国家法制统一、政令统一、市场统一；结合衢江区实际，因地制宜，积极探索机构设置和职能配置，构建系统完备、科学规范、运行高效的机构职能体系，再创体制机制新优势，为推进“八八战略”再深化、改革开放再出发、加快衢江大花园建设提供强有力的体制机制保障。

深化机构改革，要在党中央集中统一领导和省委、市委具体部署下，由区委负总责，不折不扣落实好各项改革任务。

二、调整优化党政机构和职能

（一）对应省市机构改革，调整优化相应机构和职能

1.建立健全和优化区委对重要工作的领导体制机制

（1）组建区监察委员会。将区监察局的职责，以及区人民检察院查处贪污贿赂、失职渎职及预防职务犯罪等反腐败相关职责整合，组建区监察委员会，同区纪律检查委员会合署办公，履行纪检、监察两项职责，实行一套工作机构、两个机关名称。

不再保留区监察局。

（2）组建区委审计委员会，作为区委议事协调机构。区委审计委员会办公室设在区审计局。

（3）将区委全面深化改革领导小组改为区委全面深化改革委员会，作为区委议事协调机构。区委全面深化改革委员会办公室设在区委办公室。

（4）将区委建设“法治区”工作领导小组改为区委全面依法治区委员会，作为区委议事协调机构。区委全面依法治区委员会办公室设在区司法局。

（5）将区委网络安全和信息化领导小组改为区委网络安全和信息化委员会，作为区委议事协调机构。区委网络安全和信息化委员会办公室设在区委宣传部。

（6）将区委财经工作领导小组改为区委财经委员会，作为区委议事协调机构。区委财经委员会办公室设在区委办公室。

（7）组建区委国家安全委员会，作为区委议事协调机构。区委国家安全委员会办公室设在区委办公室。

（8）将区委外事工作领导小组改为区委外事工作委员会，作为区委议事协调机构。区委外事工作委员会办公室设在区委办公室。

（9）组建区委教育工作领导小组，作为区委议事协调机构。区委教育工作领导小组秘书组设在区教育局。

2.加强区委职能部门的统一归口协调管理职能

（1）区委组织部统一管理区委机构编制委员会办公室。调整优化区委机构编制委员会领导体制。区委机构编制委员会办公室作为区委机构编制委员会的办事机构，承担区委机构编制委员会日常工作，作为区委工作机关，归口区委组织部管理。

（2）区委组织部统一管理公务员工作。将区人力资源和社会保障局的公务员录用调配、考核奖惩、培训、工资福利等职责划入区委组织部，对外加挂区公务员局牌子。

（3）区委组织部统一管理老干部工作。将区委老干部局的职责划入区委组织部，加挂区委老干部局牌子。

（4）区委宣传部统一管理新闻出版和电影工作。将区文化广电新闻出版局的新闻出版和电影管理职责划入区委宣传部，对外加挂区新闻出版局、区政府新闻办公室牌子。

（5）区委统战部统一管理民族宗教、侨务工作。将区民族宗教事务局的职责划入区委统战部，对外加挂区民族宗教事务局、区政府侨务办公室牌子。

将区委统战部（区政府侨务办公室）的指导、开展对华人华侨及社团的联谊和服务工作职责划归区侨联行使。

3.新组建和优化职责的机构

（1）组建区农业农村局。将区农业和农村工作办公室、区农业局的职责，以及区发展和改革局的农业投资项目、区财政局的农业综合开发项目、市国土资源局衢江分局的农田整治项目、区水利局的农田水利建设项目和渔业管理职责等整合，组建区农业农村局，作为区政府工作部门。区委区政府农业和农村工作领导小组办公室设在区农业农村局。区农业农村局承担区扶贫开发领导小组办公室工作。

不再保留区农业和农村工作办公室、区农业局。

（2）组建区文化和广电旅游体育局。将区文化广电新闻出版局的文化、广播电视管理职责，相关单位的旅游管理职责，以及相关单位的体育管理职责整合，组建区文化和广电旅游体育局，作为区政府工作部门。

不再保留区文化广电新闻出版局。

（3）组建区卫生健康局。将区卫生和计划生育局、区深化医药卫生体制改革领导小组办公室的职责，以及区民政局承担的区老龄工作委员会办公室职责，区安全生产监督管理局的职业安全健康监督管理职责等整合，组建区卫生健康局，作为区政府工作部门。

保留区老龄工作委员会，日常工作由区卫生健康局承担。

不再保留区卫生和计划生育局、区深化医药卫生体制改革领导小组办公室。

（4）组建区退役军人事务局。将区民政局的退役军人优抚安置职责，区人力资源和社会保障局的军官转业安置职责等整合，组建区退役军人事务局，作为区政府工作部门，按中央有关改革部署实施。

（5）组建区应急管理局。将区安全生产监督管理局的职责，区政府办公室的应急管理职责，市公安局衢江分局的消防管理职责，区民政局的救灾减灾职责，市国土资源局衢江分局的地质灾害防治相关职责，区水利局的水旱灾害防治相关职责，区林业局的森林防火相关职责，区科学技术局的震灾应急救援职责，以及区防汛抗旱指挥部、区森林消防指挥部、区减灾委员会等有关职责整合，组建区应急管理局，作为区政府工作部门，按中央有关改革部署实施。

不再保留区安全生产监督管理局。

（6）组建区医疗保障局。将区人力资源和社会保障局的城镇职工和城乡居民基本医疗保险、生育保险职责，区卫生和计划生育局的药械集中采购和监督管理有关职责，区民政局的医疗救助职责，区发展和改革局（区物价局）的药品和医疗服务价格管理职责等整合，组建区医疗保障局，作为区政府工作部门。

（7）重新组建区科学技术局。将区科学技术局的职责，区人力资源和社会保障局的引进国外智力和外国专家管理职责整合，重新组建区科学技术局，作为区政府工作部门。

（8）重新组建区司法局。将区司法局、区政府法制办公室的职责整合，重新组建区司法局，作为区政府工作部门，保留区行政复议局牌子。

不再保留区政府法制办公室。

（9）重新组建区市场监督管理局。将区市场监督管理局（区工商行政管理局、区食品药品监督管理局）的职责，市质量技术监督局衢江分局的职责，区发展和改革局（区物价局）的价格监督检查职责，区科学技术局的知识产权保护协调和专利行政执法职责，区经济和信息化局（区商务局）的打击侵犯知识产权和假冒伪劣商品以及反垄断等相关职责整合，重新组建区市场监督管理局，作为区政府工作部门。

保留区食品安全委员会，具体工作由区市场监督管理局承担。

不再保留区工商行政管理局、区食品药品监督管理局、区物价局牌子。

（10）优化区林业局职责。将市国土资源局衢江分局、区住房和城乡建设局、市环境保护局衢江分局等部门的自然保护区、风景名胜区、自然遗产、地质公园等管理职责划入区林业局。区林业局由自然资源部门统一领导和管理。

（11）优化区审计局职责。将区发展和改革局的重大项目稽察职责，区财政局的预算执行情况和其他财政收支情况监督检查职责，相关单位的相关经济责任审计职责以及区属国有企业监事会等职责划入区审计局。

4.其他不再设立的机构

（1）不再设立区社会治安综合治理委员会及其办公室、区委维护稳定工作领导小组及其办公室，有关职责交由区委政法委员会承担。

（2）将区委防范和处理邪教问题领导小组及其办公室职责交由区委政法委员会、市公安局衢江分局承担。

（二）与省市机关机构基本对应的其他机构和因地制宜设置的机构

1.与省市机关机构基本对应的其他机构

区委办公室、区委巡察工作领导小组办公室、区委区政府信访局作为区委工作机关；区政府办公室、区发展和改革局、区经济和信息化局、区教育局、区民政局、区财政局、区人力资源和社会保障局、区住房和城乡建设局、区交通运输局、区统计局作为区政府工作部门。其中：

（1）优化区委办公室职责。将区委机要局（区密码管理局）、区委保密委员会办公室（区国家保密局）的职责，区政府办公室（区政府外事办公室）的外事职责，以及区档案局（区档案馆）的行政职能划入区委办公室，保留区委政策研究室、区委党史研究室、区委机要局（区密码管理局）、区委保密委员会办公室（区国家保密局）、区档案局牌子，对外加挂区政府外事办公室牌子。

区档案馆继续作为区委直属事业单位设置。

（2）组建区委区政府信访局。在区委办公室（区委区政府信访局）的信访管理职责基础上，组建区委区政府信访局，作为区委工作机关，对外保留区统一政务咨询投诉举报平台管理办公室牌子。

（3）区委台湾工作办公室（区政府台湾事务办公室）与区委办公室合署办公。

（4）组建区统计局。在区发展和改革局（区统计局）的统计管理职责基础上，组建区统计局，作为区政府工作部门。

（5）优化区政府办公室职责。将区政府直属承担行政职能的事业单位区金融工作办公室的职责，区经济和信息化局（区商务局）的电子政务发展、政务和社会公共服务信息资源开发利用职责划入区政府办公室，加挂区政府金融工作办公室、区大数据发展管理局牌子。

不再保留区政府直属承担行政职能的事业单位区金融工作办公室。

（6）优化区发展和改革局职责。将区经济和信息化局（区商务局）承担的能源管理相关职责，区民政局、区经济和信息化局（区商务局）等部门组织实施重要物资和应急储备物资的收储、轮换和日常管理职责，以及区机关事务管理局的公共机构节能管理职责划入区发展和改革局，加挂区粮食和物资储备局牌子。

区机关事务管理局更名为区机关事务保障中心，继续作为区政府直属事业单位。

不再保留区粮食局。

（7）优化区民政局职责。将区政府直属承担行政职能的事业单位区水库移民管理办公室的职责划入区民政局。

不再保留区政府直属承担行政职能的事业单位区水库移民管理办公室。

（8）优化区交通运输局职责。将区水利局的渔船检验和监督管理职责划入区交通运输局。

（9）区经济和信息化局加挂区商务局牌子。

（10）区财政局加挂区政府国有资产监督管理办公室牌子。

（11）区住房和城乡建设局加挂区人民防空办公室（区民防局）牌子。

2.因地制宜设置的机构

区委直属机关工作委员会作为区委工作机关；区水利局作为区政府工作部门。其中：

（1）区委组织部加挂区委新经济与新社会组织工作委员会牌子。

（2）区直属机关工作委员会更名为区委直属机关工作委员会。

（三）优化市级部门派出机构设置

1.市生态环境局在衢江区设立生态环境分局，作为市生态环境局的派出机构。将区发展和改革局的应对气候变化和减排职责，以及区水利局的编制水功能区划、排污口设置管理和流域水环境保护职责，区农业局的监督指导农业面源污染治理职责等划入市生态环境局衢江分局。

2.市公安局在衢江区设立公安分局，作为市公安局的派出机构。

3.市自然资源和规划局在衢江区设立自然资源和规划分局，作为市自然资源和规划局的派出机构。将区发展和改革局的组织编制并实施主体功能区规划职责，以及区水利局的水资源调查和确权登记管理职责，区林业局的森林、湿地等资源调查和确权登记管理职责等划入市自然资源和规划局衢江分局。

4.市综合行政执法局在衢江区设立综合行政执法分局，作为市综合行政执法局的派出机构。

机构改革后，共设置党政机构35个。党委机构10个，其中，纪检监察机关1个，工作机关9个。政府机构25个，其中办公室和工作部门22个；市级部门派出机构4个，其中公安分局、自然资源和规划分局、综合行政执法分局计入机构限额，生态环境分局不计机构限额。（详见附件）

三、统筹推进其他各项改革

（一）深化区人大、政协机构改革和群团组织改革

1.深化区人大机构改革

加强人大对预算决算、国有资产管理等的监督职能，健全人大组织制度和工作制度，完善人大专门委员会设置，更好发挥其职能作用。

2.深化区政协机构改革

推进人民政协履职能力建设，加强人民政协民主监督，优化政协专门委员会设置，更好发挥其作为专门协商机构的作用，推动协商民主广泛、多层、制度化发展。

3.深化群团组织改革

认真落实省委和市委关于群团组织改革的决策部署，健全党委统一领导群团工作的制度，紧紧围绕保持和增强政治性、先进性、群众性这条主线，自觉服从服务省委和市委工作大局，着力解决机关化、行政化、贵族化、娱乐化等问题，把群团组织建设得更加充满活力、更加坚强有力。

群团组织设立的党组，接受批准其成立的党委统一领导，定期汇报工作，确保党的方针政策和决策部署得到贯彻落实。进一步抓好各群团改革方案落实，改革机关设置、优化管理模式、创新运行机制，探索群团组织机关综合性设置。坚持眼睛向下、面向基层，将力量配备、服务资源向基层倾斜，更好适应基层和群众需要。

群团组织改革与机构改革相结合，促进党政机构同群团组织功能有机衔接，支持和鼓励群团组织承接适合其承担的公共服务职能，增强群团组织团结教育、维护权益、服务群众功能，充分发挥党和政府联系人民群众的桥梁纽带作用。

（二）深化区委区政府直属事业单位改革和承担行政职能的事业单位改革

按照精干高效原则设置党委政府直属事业单位。承担行政职能事业单位改革，纳入区党政机构改革，统筹推进、同步实施。将完全、主要和部分承担行政职能的事业单位全部纳入改革范围，全面清理事业单位承担的行政职能，将行政职能划归行政机构；按照能转职能的不转机构、确需转机构的实行综合设置的原则，区分情况推进改革，理顺政事关系，实现政事分开。党委和政府直属的承担行政职能的事业单位，原则上并入相关党政机构。确需单设为行政机构的，要整合相同相近的行政职能，在精简的基础上综合设置，计入机构限额。改革后保留设置的事业单位，名称不再称“委、办、局”。除行政执法机构按照中央部署推进改革外，不再保留或新设承担行政职能的事业单位。

结合党政机构调整，撤并整合职责相近、设置重复分散、规模过小的事业单位，同步划转涉改部门所属相关事业单位，并按一定比例精简编制。面向社会提供公益服务的事业单位，理顺同主管部门的关系，逐步推进管办分离，强化公益属性，破除逐利机制；主要为机关提供支持保障的事业单位，优化职责和人员结构，同机关统筹管理。

（三）深化“最多跑一次”改革，推进审批服务便民化

聚焦发展所需、基层所盼、民心所向，突出重点领域和关键环节，推动“最多跑一次”改革向纵深发展，更大力度深化简政放权、放管结合、优化服务改革，深入推进审批服务便民化，最大限度激发市场活力和社会创造力。

进一步深化“一窗受理、集成服务”，以实施“无差别全科受理”为目标，全面实现“一窗通办、就近能办、异地可办”。区乡一体全面推动由“一窗受理”向“无差别全科受理”提升，群众和企业到政府办事“进一个门、取一个号、跑一个窗、办一件事”，实现政务服务“最多跑一次”100%全覆盖；推进各类政务服务事项向行政服务中心全进驻，加强便民服务网点建设，加快“无差别全科受理”窗口向乡镇（街道）、村（社区）代办点延伸。推进“最多跑一次”改革向公共服务领域延伸，提升医疗卫生、教育和水电气等公共服务水平，在解决人民群众反映最强烈、最渴望解决、最难办的事情上取得更大突破。

进一步深化“互联网+政务服务”，全面实现“一网通办”。全面实施国家政务信息系统整合和公共服务数据共享应用示范工程试点项目建设，以一体融合“大平台”、共享共用“大数据”、协同联动“大系统”和全面触达“大服务”为“四横”，业务规则和技术标准体系、安全和运营体系、绩效考核体系为“三纵”，推动技术、业务、数据和服务“四融合”，形成规范统一、数据驱动、共享共建、协同创新的“数字政务服务”建设模式，加快实现“网上办、掌上办、一证办”，持续推进政府数字化转型。

进一步简化投资审批和商事登记流程，全面优化营商环境。制定发布企业投资项目开工前审批“最多跑一次”负面清单，提升放大“多评合一”“多审合一”“测验合一”成果，着力打好标准地、承诺制、中介提速、代办制、区域评价、流程优化等改革组合拳，实现一般企业投资项目开工前审批“最多90天”；联动推进证照分离、多证合一、证照联办，减少涉企证照事项，压缩企业开办时间，实现常态化企业开办4个工作日内完成。

进一步创新完善事中事后监管。按照“事前舍得放，事中事后主动服务敢于管”的要求，加强和创新事中事后监管及重点领域执法。深入推进“互联网+监管”，强化非现场检查，综合运用“双随机、一公开”、智慧监管、审慎监管、信用监管等举措，着力构建事前管标准、事中管检查、事后管处罚、信用管终身的监管体系，全面推动执法监管“一次到位”，实现服务零距离、监管不扰民。

（四）深化综合行政执法改革

按照减少层次、整合队伍、提高效率的原则，深化行政执法体制改革，统筹配置行政处罚职责和执法资源，完善“部门专业执法+综合行政执法+联合执法”的行政执法体系，进一步加强和创新执法监管。制定深化综合行政执法改革的实施方案。

大力推进科学执法。全面梳理和精简行政处罚、行政强制事项，实行清单化管理，建立动态调整机制，规范执法职责。改进执法方式，更多应用新科技手段，提高执法效能。应用全省统一的行政执法监管系统，实现监管信息共享、平台工具共用、部门执法协同、违法失信共管，提升监管执法水平。

大幅减少多头执法。结合部门职责和机构整合，做好部门所属执法队伍和执法职责的整合，实现一个部门原则上设置一支执法队伍。认真落实中央专项部署，整合组建市场监管、生态环境保护、文化市场、交通运输、农业等5个领域执法队伍。5个领域内现已纳入综合行政执法的具体执法事项，由部门专业执法更加有效的，应回归相应领域的执法队伍承担。进一步加大整合力度，将商务执法等整合划入市场监管执法队伍。加大跨部门跨领域综合行政执法力度，优化执法事项，切实解决执法扰民、执法真空等问题；各级各部门上下联动、相互配合，协同落实综合行政执法改革。

着力解决多层重复执法。按照减少执法层级、下沉执法力量、推动执法重心下移的要求，强化行政执法职责，一般实行局队合一体制，避免重复执法。健全完善区乡行政执法统筹指挥机制，更大范围融合基层执法力量，在乡镇（街道）逐步实现一支队伍管执法。

加强执法队伍建设。强化执法队伍编制管理，锁定执法人员编制底数，暂保持现状不变，待中央统一明确政策后逐步规范。严控总量规模，统筹资源配置，探索建立体现行政执法特点的编制及人员管理办法。综合行政执法改革涉及的机构编制事项按有关规定办理。加强人员招录、使用和考核管理，全面清理规范临时人员和聘用人员，严禁使用辅助人员执法。建立健全行政执法可追溯、可问责机制和执法人员不作为、乱作为退出机制，完善执法程序，严格执法责任，加强执法监督，做到严格规范公正文明执法。

（五）深化乡镇（街道）机构改革

根据《中共浙江省委办公厅浙江省人民政府办公厅关于加强乡镇（街道）“四个平台”建设完善基层治理体系的指导

意见》《中共浙江省委办公厅浙江省人民政府办公厅关于深化街道体制改革完善城市基层治理体系的意见》《中共浙江省委办公厅浙江省人民政府办公厅关于深化经济发达镇管理体制改革加快服务型乡镇政府建设的实施意见》，围绕“基层治理四平台”建设，进一步优化乡镇（街道）机构设置和职能配置，构建区乡协同、功能集成、执行有力、简约高效的新型基层管理体制。

区乡统筹，理顺区级部门与乡镇（街道）关系。合理配置行政资源，切实把条的管理和块的治理协同起来。区级部门要依法履职，强化专业性管理。乡镇（街道）工作重心要转移到加强党的建设和公共服务、公共管理、公共安全上来。推进审批服务便民化。

分类管理，建立差异化乡镇（街道）体制。根据不同乡镇（街道）的地理区位、人口规模、产业特点和经济社会发展水平，统筹确定每个乡镇（街道）的功能定位，实行分类管理。一般乡镇（街道）设置9个综合性办公室和中心，机构名称要相对规范，规模较小的适当精简，经济较发达、人口规模大、基层治理任务重的可适当增设1—2个。结合乡镇（街道）实际，优化部门派驻机构布局。

重心下移，强化乡镇（街道）党（工）委统筹功能。加强乡镇（街道）党（工）委对辖区各项工作的统一领导，整合管理执法服务资源力量，推动治理重心下移、人员下沉、保障下倾。部门派驻机构纳入乡镇（街道）日常管理，全面落实乡镇（街道）党（工）委对部门派驻人员任免调整、考核评级、经济待遇等刚性措施。部门派驻机构可与驻地乡镇（街道）内设机构联合办公，鼓励符合条件的派驻人员、乡镇（街道）干部交叉任职。

（六）强化机构编制管理刚性约束

强化区委对机构编制工作的统一领导，统筹使用各类编制资源，加大部门间编制统筹调配力度，严格执行机构编制管理法律法规和党内法规，严格机构编制管理权限和程序，严禁越权审批。

坚持总量控制和限额管理。严格执行中央和省规定的机构限额。加强和规范机构编制管理。严禁超编进人、超限额设置机构、超职数配备领导干部。严格管理编外聘用人员。清理不规范设置的机构和配备的职数，全面清理限额外设置的行政机构，规范管理合署办公机构，精简整合规范开发区管委会等各类派出机构，根除挂牌机构实体化、“事业局”。清理规范议事协调机构，职能相近的予以整合，临时性、阶段性的任务完成后及时撤销，严控新设议事协调机构。议事协调机构一般不单设办事机构，具体工作由有关部门承担。部门承担联席会议日常工作的内设机构不加挂牌子、不刻制印章。

认真做好部门“三定”工作。重新制定或修订区委工作机关、区政府工作部门“三定”规定，坚持优化协同高效，科学配置机构职能编制，强化部门内部职责和业务整合，推进组织架构重建和流程再造，切实把加强党的全面领导和职能转变要求落实到位，规范履职行为，确保权责一致。严格执行部门领导职数有关规定，区级部门领导职数一般不超过3名，任务重、规模大的部门可适当增加。

坚决查处各类机构编制违纪违法行为。及时公开机构编制有关信息，接受各方监督。坚决整治部门通过项目资金分配、考核督查、评比表彰等方式干预下级机构设置、职能配置和编制配备的行为。完善机构编制实名制管理，健全机构编制管理同组织人事、财政预算管理共享的信息平台，强化机构编制同纪检监察机关和组织人事、巡察、审计等部门的协作联动，形成监督检查合力。

四、组织实施

（一）加强组织领导。

各级各部门要充分认识做好机构改革工作的重要性，提升政治站位，增强“四个意识”，坚决维护习近平总书记的核心地位，坚决维护党中央权威和集中统一领导，切实把思想和行动统一到党中央关于地方机构改革的决策部署上来。在省委、市委具体部署下，区委加强统筹，区深化机构改革协调小组负责做好全区机构改革的组织实施工作，具体工作由协调小组办公室承担。各级党委主要负责同志要当好第一责任人，牵头挂帅，靠前指挥，抓好机构改革组织实施工作。

（二）细化工作进度。

机构改革工作部署、组织实施要上下协同、有机衔接、紧凑有序，统筹安排时间表、路线图，严格按照上级规定的时间进度要求压茬推进。区机构改革方案报省委、省政府批准后实施，乡镇（街道）机构改革方案经区委、区政府批准后同步实施，2019年3月底前基本完成。

（三）稳妥有序推进。

全面贯彻先立后破、不立不破原则，有序做好人员转隶、新机构挂牌、集中办公等工作。特别是涉及安全生产、应急救援、维护社会稳定等工作的新老机构要确保工作有序衔接。各部门要紧紧抓住职能转变这个关键，在改职责上出实招硬招，在职能整合、业务融合上真正发生化学反应，做到脱胎换骨。要高度重视思想政治工作，教育引导广大党员干部特别是领导干部坚持党性原则和全局观念，自觉服从改革大局，确保思想不乱、工作不断、队伍不散、干劲不减，保证机构改革和日常工作两不误。要加强改革正面宣传，做好舆论引导和政策解读工作，为改革顺利开展营造良好氛围和环境。

（四）严明纪律规矩。

严格执行机构改革政治纪律、组织纪律、机构编制纪律、干部人事纪律、财经纪律、保密纪律，严防国有资产流失，不讲条件、不打折扣、不搞变通、不开口子，确保机构、职责、队伍按照改革要求及时调整到位。要将机构改革实施情况纳入区委区政府督察任务和巡察范围，强化监督和执纪问责，保障改革顺利推进。各级各部门推进机构改革情况和遇到的重大问题要及时向区委报告请示。

（2019年1月19日）

中共衢州市衢江区委 衢州市衢江区人民政府关于高水平促进低收入农户全面小康的实施意见

区委发〔2019〕29号

为全面贯彻落实党的十九大精神，根据省委、省政府《低收入农户高水平全面小康计划（2018—2022年）》和市委、市政府《关于高水平促进低收入农户全面小康的实施意见》等文件精神，按照市委“1433”发展战略和区委“1136”发展战略部署要求，推动我区低收入农户高水平共享全面小康，现提出如下实施意见。

一、总体要求

（一）指导思想

贯彻落实党的十九大精神，以习近平新时代中国特色社会主义思想为指导，围绕“活力新衢江、康养大花园”的建设目标，按照“扶贫工作没有完成时”的要求，认真践行以人民为中心的发展思想和精准扶贫方略，坚持富民强村并举、产业就业并举、帮扶自主并举、政府社会并举，不断增强低收入农户自我发展能力，逐步提升低收入农户社会保障和社会救助水平，守住全体人民进小康、不能有人掉队的底线，高水平促进低收入农户全面小康。

（二）基本原则

1.坚持党政领导。始终坚持党建统领、政府主导、部门协同的扶贫工作大格局，充分发挥政治优势和制度优势，完善工作机制，形成工作合力，确保各项责任落到实处。

2.坚持农民主体。突出低收入农户的主体地位，坚持扶贫与扶志、扶智相结合，创造条件帮助有劳动能力的低收入家庭成员培养技能、开发智力。增强低收入农户自我发展能力，帮助其依靠劳动实现稳定增收，共享全面小康社会的发展成果。

3.坚持社会共建。坚持专

业扶贫、行业扶贫、社会扶贫“三位一体”的大扶贫格局，动员社会各方面力量积极参与减缓相对贫困工作，优化完善结对帮扶、融衢接杭、山海协作机制，合力推进低收入农户高水平全面小康、全面打赢低收入农户增收攻坚战。

4.坚持精准帮扶。做到扶持对象精准、项目安排精准、资金使用精准、措施到户精准、因村派人精准、脱贫成效精准，坚持因人因地施策、因致贫原因施策、因贫困类型施策，做到对症下药、精准滴灌、靶向治疗。

（三）实施时间和对象

实施时间为2018年至2022年，对象为全区建档立卡的低收入农户。低收入农户的认定，以家庭人均可支配收入为主要依据，按照上年最低生活保障标准的1.5倍确定收入标准线，由各乡镇（街道、办事处）组织核定申报，区政府认定，并每年进行动态调整。同时对低收入农户相对集中、村级集体经济比较薄弱的行政村（以下简称“重点帮扶村”）进行重点扶持。

（四）目标任务

1.低收入农户收入较快增长。收入年增幅保持在10%以上，并高于全区农村居民收入增长水平。到2022年，低收入农户最低收入达到年人均9000元以上，有劳动力的低收入农户年人均收入达到18000元。

2.社会保障水平显著提高。国家有关脱贫攻坚的社会保险、社会救助、社会福利等社会保障政策覆盖到所有低收入农户，做到应保尽保、应补尽补，确保不出现绝对贫困现象。

3.低收入农户生活质量明显改善。农村基本民生、公共事业、公益设施、公共安全等基本公共服务供给水平显著提高，住房、教育、医疗、社会保障等指标达到全面小康标准。

4.村级集体经济稳步增长。到2022年，重点帮扶村集体经济年收入达到15万元以上。

二、工作举措

（一）增强低收入农户发展能力

1.持续加大产业扶持。

一是扶持特色效益农业。围绕创业增收，大力扶持低收入农户发展农、林、牧、渔特色产业，培育一批能促进低收入农户长期稳定增收的优势产业。顺应一二三产业融合发展的新趋势，将特色农业项目优先列入特色农业提质增效范围，加大扶持力度，建设一批特色种养殖基地和良种繁育基地。支持农业龙头企业、农民专业合作社、家庭农场、民贸民品企业等新型经营主体带动低收入农户发展产业，鼓励低收入农户加入农民专业合作社，对低收入农户达到10%的农民专业合作社，可优先享受扶贫和有关涉农补助政策。扶持一批重点帮扶村、少数民族经济薄弱村和低收入农户发展“一村万树”、木本油料基地和推广“一亩山万元钱”高效模式。鼓励在各类电商平台开设店铺，销售特色农产品，推进“一村一品”网络宣传销售。加强科技助农，组织开展科技下乡活动，支持农业科技企业领办农村科技服务超市，带动合作社、低收入农户发展乡村特色产业。（责任部门：区农业农村局、区财政局、区林业局、区供销社、区经信局、区民宗局、区科技局。排在首位的部门为牵头部门，其余为配合部门，下同。）

二是推进乡村旅游扶贫。大力扶持一批条件资源禀赋较好、基础设施完善、带头人能力强、村民愿望强烈的重点帮扶村，打造休闲旅游示范村和乡村精品民宿。加强重点帮扶村乡旅人才培训，分类培育乡村旅游带头人、经营业主、讲解员和服务人才。深化“千户连万户、结对共致富”行动，积极推广“户带户、户连户、公司+农户”发展模式，带动低收入农户发展种植、养殖、加工、销售农产品，促进消费扶贫。组织旅游企业开展重点帮扶村结对帮扶活动。全区乡村休闲旅游人次、经营收入年均增幅达到20%以上。（责任部门：区文化和广电旅游体育局、区农业农村局、区林业局）

三是推进光伏小康工程。加强“光伏小康工程”项目运维管理，每年固定收益按时到账，并根据收益分配实施意见做好分配和使用，确保收益资金用于低收入农户、重点扶贫村。（责任部门：区农业农村局、区发改局、衢江供电营业部、区新农公司）

2.持续加大就业扶持。

一是提升职业技能。加大

低收入农户劳动力技能培训力度，全面开展免费培训，特别是加强厨师、月嫂家政、村级护理员、农村建筑工匠等职业技能培训，每年培训低收入农户劳动力500人次。实施扶贫致富带头人培训计划，到2022年，全区培育扶贫致富带头人30个，每个致富带头人稳定带动10户以上低收入农户创业就业。（责任部门：区人力社保局、区农业农村局、区卫生健康局、区教育局、区民政局、区经信局、区住建局、区科协）

二是加强就业帮扶。村、社区及相关部门的各类公益性岗位要优先提供给有劳动能力的低收入农户，出台鼓励企业帮扶低收入农户劳动力就业的扶持政策，推动企业与有劳动能力的低收入对象加强就业意愿、就业技能、就业岗位的精准对接。加大农村低收入残疾人家庭就业援助力度，人口1万以上的乡镇（街道、办事处）建立1家残疾人辅助性就业或庇护性照料机构。确保有劳动能力、有就业意愿的低收入农户家庭至少有1人实现相对稳定就业。（责任部门：区人力社保局、区农业农村局、区林业局、区经信局、区财政局、区税务局、区残联）

三是发展来料加工。加大来料加工扶持力度，对吸收低收入农户家庭成员参加来料加工的，按低收入农户从事来料加工实际收入的一定比例对低收入农户和经纪人给予补助。通过场租补贴、贷款支持等方式，发挥村级来料加工厂房作用，鼓励符合条件的农村闲置用房转化为来料加工厂房，扶持企业和经纪人在重点帮扶村建设来料加工车间，吸纳低收入农户就近就业。全区来料加工从业人员稳定保持在4.5万人，年来料加工费收入超过6亿元。（责任部门：区妇联、区农业农村局、区财政局）

3.拓宽财产性收入渠道。

深入推进以农村“三权”确权为基础的农村产权制度改革，以完善农民建房服务管理体系、提升农村特色风貌为契机，引导和鼓励低收入农户依法依规流转土地经营权、山林经营权、房屋使用权，不断增加财产性收入。深化重点帮扶村集体资产股份合作制改革，切实保障低收入农户对集体资产股份占有、收益、抵押、担保、继承等权益。探索将财政扶贫资金、相关涉农资金和社会帮扶资金等投入设施农业、养殖、光伏、水电、乡村旅游等项目开发经营，形成的资产收益用于低收入农户和扶贫重点村（收益分配方案另行制定），优先保障丧失劳动能力的低收入农户获得稳定收益。（责任部门：区农业农村局、区林业局、区财政局、区发改局、区残联）

（二）提高低收入农户保障水平

1.加强社会保障。

一是完善农村低保制度。全面落实《浙江省最低生活保障办法》，完善最低生活保障对象认定办法，为完全丧失劳动能力和部分丧失劳动能力且无法依靠产业就业帮扶脱贫的低收入农户提供兜底保障。对符合最低生活保障条件的农村困难对象做到应保尽保。稳步提高农村最低生活保障标准，到2022年农村最低生活保障标准达到每人每年9000元以上。（责任部门：区民政局、区财政局）

二是健全养老保险保障方式。完善城乡居民基本养老保险制度，对低保户和其他符合条件的低收入农户由地方政府代缴当地最低档次缴费标准的城乡居民养老保险费。鼓励各地通过互助养老、设立孝善基金等途径，创新家庭养老方式。建立完善低收入家庭“三留守”关爱服务体系，落实家庭赡养、监护照料法定义务，探索建立信息台账和定期探访制度。（责任部门：区人力社保局、区财政局、区民政局）

2.加强医疗保障。

一是落实医疗补助政策。落实低收入农户基本医疗保险个人缴费财政补贴政策。将低收入农户纳入城乡居民基本医疗保险、大病保险保障范围。发生重特大疾病，经各类医疗保障后医疗费用仍有困难且影响家庭基本生活的低收入农户享受医疗救助。普通农户发生重特大疾病导致贫困的，经认定可纳入低收入农户范围并享受医疗救助。（责任部门：区医疗保障局、区财政局、区卫生健康局、区农业农村局、区民政局）

二是深化扶贫健康保险。

建立健全扶贫健康保险制度，扶持低收入农户和鼓励普通农户参加大病医疗补充商业保险，通过市场手段解决其合规医疗费用以外的就医支出，建立解决因病致贫、因病返贫的长效机制。（责任部门：区农业农村局、区财政局、区卫生健康局、区医疗保障局、区民政局）

三是提高医疗保障能力。将低收入农户作为家庭医生签约服务的重点人群，全面实施乡村责任医生与低收入农户签约并提供服务，对符合条件的低收入农户，其个人所需承担的签约服务费按照医疗救助政策给予救助。低收入农户在区域定点医疗机构住院实行先诊疗后结算制度，在定点医院设立综合服务窗口，实现各项医疗保障政策“一站式”信息交换和即时结算。（责任部门：区卫生健康局、区财政局、区医疗保障局、区农业农村局）

3.强化教育保障。

共享使用扶贫信息系统建档立卡的低收入农户数据，确保低收入农户子女全面享受教育扶贫措施。实施对低收入农户子女的爱心营养餐、国家助学金等相关教育扶贫措施。完善对低收入农户子女不同教育阶段的奖补或减免政策，对符合条件的低收入农户子女的学前教育和高中段教育有关费用按规定给予减免；符合条件的低收入农户子女按规定享受“雨露计划”等助学补助。帮助低收入家庭残疾儿童多种形式接受义务教育，对不能到校就读的义务教育年龄段儿童少年提供规范的送教服务，加快推进非义务教育阶段特殊教育。确保不发生一起因贫失学、因学返贫现象。（责任部门：区教育局、区财政局、区农业农村局、区残联、区人力社保局）

4.加强困难救助。

一是改善住房条件。深入实施农村危旧房改造工程，逐步提高危旧房改造补助标准，配套建设一定比例的公共租赁住房、公益房，确保低收入农户住房安全。2019年起，实行低收入农户危旧房即时救助保障，建立台账并实施精准管理，改造一户、销档一户。鼓励通过农房修缮、改建、置换或租赁等多种方式，兜底解决特别困难低收入农户基本住房安全问题。结合农民集聚工作，继续抓好扶贫异地搬迁，在省级补助标准上，有效整合农村全域土地整治、宅基地复垦、水库移民、地质灾害隐患点搬迁、水源地保护和生态补偿等涉农政策补助资金，提高低收入农户补助标准，并用好省里安排的低收入农户异地搬迁人均80平方米的住房建设用地指标，优先保障搬迁安置小区建设的用地需要，全区每年扶贫异地搬迁做到愿搬尽搬。（责任部门：区住建局、区资源规划局、区发改局、区财政局、区农业农村局、区民政局、区水利局）

二是提高残疾人救助水平。将符合条件的农村低收入残疾人家庭纳入农村低保和低保边缘户救助范围，享受救助措施，资产收益扶贫项目优先安排给农村低收入残疾人家庭。完善并落实困难残疾人生活补贴、重度残疾人护理补贴、残疾人基本康复服务补贴和残疾人社会保险补贴制度，提高农村低收入残疾人家庭保障水平。加强残疾预防，大力实施残疾人精准康复服务行动和康复体育进家庭工程，加快残疾人康复、托养、庇护照料服务体系建设。（责任部门：区残联、区民政局、区财政局、区卫生健康局）

三是及时开展灾害救助。对因遭受自然灾害造成基本生活受到严重影响的农户，及时提供生活救助。对因特殊原因造成基本生活暂时困难的低收入农户，给予非定期、非定量生活救助，切实帮助解决困难。（责任部门：区应急管理局、区财政局、区人力社保局）

（三）形成帮扶合力

1.认真抓好扶贫结对帮扶工作。继续实行省、市、区三级与重点帮扶村的结对帮扶制度，区本级帮扶单位要帮助结对村理清发展思路，谋划发展项目，五年内协调落实项目资金不少于100万元，同时每年筹措帮扶资金不少于10万元。选派优秀中青年干部、后备干部到帮扶地驻村帮扶，落实驻村干部生活补助政策，驻村帮扶干部的工作经历视同基层工作经历。（责任部门：区级各结对帮扶单位）

2.全力打造山海协作扶贫升级版。贯彻落实省委、省政府深入实施山海协作工程促进区域协调发展的指导意见，深入践行融衢接杭连甬战略，深化协作扶贫，增强造血功能，在乡村振兴、结对帮扶、民生事业合作项目等方面加大工作力度，打造山海协作扶贫升级版。［责任部门：区协作办（招商局）、区农业农村局、区发改局、区财政局、区科技局（科协）、区经信局、区交通运输局］

3.广泛动员社会力量参与帮扶。发挥工会、共青团、妇联、科协、残联等群众组织作用，利用各民主党派、工商联、无党派人士在人才和智力扶贫上的优势，有针对性地组织开展社会帮扶活动。发挥各级各类慈善机构、公益基金扶贫帮困功能导向作用，将低收入农户作为重要帮助对象，落实对低收入农户定向定项捐助的企业和个人有关税费减免和优惠政策。积极开展"助残阳光行动""关爱农民工子女行动"等专项志愿服务，实施希望工程大学生助学圆梦行动、"爱心伴我成长'1+1'结对帮扶贫困家庭学生"活动，为低收入农户家庭子女提供有效帮扶。以组织开展好"10·17"全国扶贫日活动为抓手，建立扶贫志愿者服务制度。［责任部门：区委统战部、区农业农村局、区民政局、区总工会、区工商联、团区委、区妇联、区残联、区科技局（科协）］

（四）加快重点帮扶村发展

1.促进村级集体经济发展。深入实施消除集体经济薄弱村行动，不断提升重点帮扶村村集体经济发展水平、促进重点帮扶村产业增收并彻底消除集体经济薄弱村。加强集体"三资"管理，通过盘活资产、开发资源等途径发展壮大村集体经济。深入推进土地指标换收益助"消薄"，积极用好"飞地经济""抱团发展"等方式，结合全域土地综合整治，为集体经济发展筹集资本、留足空间，有效增强"造血"能力。积极探索土地股份合作经营，以行政村或村民小组为试点单位，推进土地股份合作社发展。通过租赁联营、委托经营、专业承包等形式开发的集体资产经营项目，原则上都要通过产权平台交易，避免集体资产流失。深化衢杭、衢甬村企结对帮扶。积极开展"百个部门百家企业百名乡贤结百村助消薄"专项行动。对年经营性收入10万元以下的重点帮扶村，逐村制定脱困计划，建立台账，实行销号管理。（责任部门：区委组织部、区农业农村局、区财政局、区发改局、区资源规划局、区工商联）

2.加强基础设施建设。公共资源配置优先向农村困难地区、革命老区、少数民族地区和重点帮扶村倾斜，创新推动"交通+生态旅游""交通+特色产业""交通+电商快递"扶贫模式。高水平推进"四好农村路"建设，提升农村物流发展水平，健全区乡村基础设施和配送网络体系。加强国道、省道和农村公路管理养护，持续推进"村村通"建设，确保重点帮扶村客运班车真正通、安全通、长久通。2020年前具备建路条件的200人以上较大自然村通达等级公路。加强电力电网、通信、广播电视等基础设施建设。加快实施农民饮用水达标提标专项行动，确保百姓饮水安全。因地制宜加强农田水利、供水、节水工程建设与改造。推进少数民族特色村寨建设。统筹推进网络覆盖、农村电商、网络扶智、信息服务、网络公益5大工程向纵深发展，创新"互联网+"扶贫模式。（责任部门：区发改局、区财政局、区交通运输局、区住建局、区水利局、区农业农村局、区民宗局、区经信局、区大数据发展中心、衢江供电营业部）

三、保障措施

（一）加强组织领导

进一步完善党委领导、政府主抓、扶贫开发工作领导小组牵头协调、各相关部门共同参与的扶贫工作领导体制，落实党政一把手负总责的责任机制和区级抓落实、乡镇村组织实施的工作机制。完善区领导联系制度，落实扶贫开发工作领导小组年度例会制度，明确成员单位职责分工，形成工作合力。按照精准扶贫要求，全面抓好扶贫开发工作有关政策的落实。切实加强扶贫干部队伍建设，保持基层扶贫力量的相对稳定，乡镇要明确干部负责扶贫工作，强化责任落实，乡镇年度扶贫目标任务没有完成的，主要负责人和分管负责人一般不调离。［责任部门：区委办、区府办、区委组织部、区委编办、区人力社保局、区农业农

村局，各乡镇（街道、办事处）]

（二）加强宣传引导

采取多种形式，积极宣传“10·17”扶贫日活动，营造社会浓厚氛围。区级媒体开辟专题专栏，全面深入宣传中央和省、市、区委对扶贫工作的部署要求，全面深入宣传群众自力更生脱贫致富的典型事例，全面深入宣传机关企事业单位、社会组织和热心人士扶贫济困的先进事迹。开展脱贫致富先进个人和扶贫济困先进企业、扶贫济困先进人物评选活动。积极向国家、省、市各级媒体推介全区扶贫开发典型事例。[责任单位：区委宣传部、衢江传媒集团、区农业农村局，各乡镇（街道、办事处）]

（三）完善工作机制

健全财政扶贫投入增长长效机制，不断加大对低收入农户和重点帮扶村的扶持力度。建立健全低收入农户精准认定和动态管理机制，加快实现扶贫数据库和低保对象数据库的无缝衔接，乡镇建立低收入农户档案，做到一户一档、一年一核、“销号”管理，对有条件退出低收入农户范围的给予一年的观察期，确保其稳定增收致富。同时，构建起一套稳定持久的利益联结机制，保障低收入农户的利益，实现精准脱贫。建立健全扶贫项目库制度，实行乡村项目逐级申报。完善扶贫统计监测制度，动态调整对象样本，认真做好低收入农户增收统计监测和第三方绩效评价，强化绩效评价结果运用，全面评估扶贫成效，为全区扶贫工作决策提供有力的参考依据。健全精准扶贫信息化服务体系，切实抓好扶贫领域政务公开。（责任部门：区农业农村局、区委宣传部、区财政局、区民政局、区统计局）

（四）强化监督考核

加强对扶贫开发责任落实、政策制定、工作推进、项目管理和资金使用的监督管理，区扶贫开发工作领导小组每年组织扶贫开发督查，各成员单位按照职能开展监督工作，纪检监察机关和财政、审计等部门通力协作，提升监督合力。强化绩效评价，完善扶贫资金项目公告公示制度，公开项目安排、资金分配等信息，发挥上级监督、内部监督、社会监督作用，确保资金运行安全。进一步完善考核评估工作，将扶贫开发工作列入区年度综合考核内容，将低收入农户高水平全面小康工作纳入乡村振兴战略实绩考核。加强对乡镇（街道、办事处）党委书记的工作考核，注重发挥考核的正向激励作用。各乡镇（街道、办事处）、相关单位要将扶贫工作列入年度工作目标进行考核。扎实开展扶贫领域腐败和作风问题专项治理，进一步加大监督执纪问责工作力度，严肃查处违纪违法行为。（责任部门：区纪委监委、区委组织部、区大督考专班、区农业农村局、区财政局、区审计局）

（2019年7月14日）

中共衢州市衢江区委　衢州市衢江区人民政府
关于推进工业绿色发展加快工业强区建设的补充意见

区委发〔2019〕8号

各乡镇（街道、办事处），区级各单位：

为全面贯彻落实习近平总书记关于民营经济发展的重要指示精神和省、市相关部署要求，切实破解当前我区实体经济发展面临的困难和问题，推动实体经济在全面深化改革中转型升级，现结合我区实际，在《关于推进工业绿色发展加快工业强区建设的若干意见》（区委发〔2017〕26号）基础上，特提出以下补充意见：

一、加强政策宣传落实

建立统一的涉企政策发布平台，加强涉及实体经济相关政策的宣传解读。各相关部门单位全面梳理本系统促进实体经济发展政策，统一编制《扶持实体企业发展政策汇编》和《政策兑现流程指南》。同时优化政策兑现流程，加快政策兑现力度，每年7月份前兑现前一年相关涉企政策，研究分项目、分阶段兑现可行性，推动各项政策落地、落细、落实。（责任单位：区经信局、区发改局、区财政局、衢江经济开发区、区级相关单位）

二、推动企业数字化转型

对区内大数据交易所（平台）和工业互联网App，工业服务平台获得国家级、省级信息化类相关荣誉的，分别给予50万元、30万元的补助。同时，该类企业获得省级以上信息化类荣誉后，可以按申报期前后两个年度内软硬件投资额的50%给予补助，最高不超过200万元。对数字化改造列入市级试点企业的，以按申报期前后两个年度内软硬件投资额的30%给予补助，最高不超过100万元。对综合效益排序A、B类的区内企业数字化改造融资的，给予融资贴息补贴。区内工业企业重大工厂物联网项目获得上级竞争性分配资金补助的，区里再根据其争取到的竞争性分配资金的50%给予补贴。（责任单位：区经信局）

三、支持企业进出口贸易

鼓励企业出口上台阶，针对工商注册地在我区，首次自营出口超过100万美元、1000万美元（含）的生产企业或本地产品流通企业，除享受出口补贴外，再一次性分别奖励10万元、50万元人民币。建立健全“两反一保”工作机制，支持企业参加国外反倾销等应对工作。应诉企业在应诉后一个月内向区商务部门报送相关材料，经确认后，对当年应诉企业按其应诉费的50%给予补助，每家企业同一宗案件补助最高不超过20万元；区内多家企业应诉同一宗案件共同补助最高不超过50万元。（责任单位：区经信局）

四、支持出口信用保险

对向出口信用保险公司及其机构投保出口信用险的企业，按其实际支付出口信用保险费的50%予以补助，最高不超过30万元。对年度出口海关数据在300万美元（含）以下的小微企业，采用简易联合投保模式，其保险费由政府资金统一列支。（责任单位：区经信局）

五、推动实体企业入园发展

鼓励推动小微企业园建设，争取到2020年全区累计建成小微园3个以上，新建（改扩建）标准厂房20万平方米以上。对经认定的入驻小微企业园内标准厂房的制造业中小微企业，可给予入驻企业租费“三免两减半”的补助。（责任单位：区经信局、区财政局、衢江经济开发区、廿里镇、上方镇）

六、探索用地用房供应新机制

对“亩均论英雄”评价A类、B类企业租用标准厂房的，给予租用企业每年每平方米不高于80元补助，补助期限3年，单家企业补助额度不超过30万元。鼓励民营企业建设标准（多层）厂房，土地出让合同约定的标准厂房项目，可以分幢、分层转让。鼓励企业节约用地，在保持工业用地性质不变的前提下，尽量提高容积率，增加的建筑面积或改为物流、信息产业等生产性服务用地的不再增收土地价款和市政基础设施配套费。（责任单位：区经信局、区资源规划局、衢江经济开发区）

七、降低企业要素成本

降低企业用电成本，支持电费“一月一结”，对在本区结算电费，上年度亩均税收在2万元以上或综合评价为A、B类且无失信行为的工业企业，自发文之日起，可申请按“一月一结”方式予以结算电费。降低企业用气成本，对企业用天然气超过基础定额气量的部分，给予50%加价代购费用补贴，单家企业全年补助不超过30万元。降低企业用水成本，对使用源水的规模以上综合效益排序A类企业，给予水价不低于10%的优惠。降低实体企业投资成本，对列入省、市、区重点项目的，由保险保单代替银行保函或履约保证金。降低企业技改成本，对我区企业技改扩建，制作的环境影响评价报告费用，给予50%补贴，单个项目不超过10万元。降低企业股改成本对完成股改企业（不上市挂牌），可按照中介合同费用及企业付款凭证给予全额补助，最高不超过100万元。（责任单位：区发改局、区经信局、区生

态环境局、区金融办、衢江供电营业部）

八、拓宽融资渠道

建立企业白名单制度，推动实施实体企业债券融资支持计划。加快资本金1亿元的政策性融资担保公司实体化运作。降低企业融资担保费用，加大对小微企业融资增信支持，政策性融资担保机构年综合担保费率由原则上不高于1.5%调整为原则上不高于1%，优惠部分区财政予以补贴。建立健全银企对接制度，每年组织召开政银企对接会不少于4次。建立完善对金融机构的考核机制，将考核结果与政府性资金存放额度挂钩。（责任单位：区金融办、区财政局、区级金融机构）

九、努力解决企业用工难问题

鼓励实体企业自主或联合中高职院校开展职业技能培训，对取得高级技师、技师，符合条件的当地财政分别给予每人每年6000元、4000元的人才津贴。完善产教融合制度保障，对区内中高职学校应届毕业生留本区企业工作满1年以上的并交纳社保费的，按普通毕业生每人1500元，取得中级技能证书的每人3000元的标准对学校给予奖励。实体企业自主招聘或人力资源机构帮助企业新引进用工的，按首次在衢江缴纳社保费满六个月的900元/人、满一年的1800元/人的标准给予企业或人力资源机构补助，第二年补助减半，补助期限为两年。（责任单位：区人力社保局、区委人才办、区教育局、区财政局）

十、引导高校毕业生到民营企业就业

毕业2年以内的高校毕业生到本区民营企业就业的，签订1年及以上劳动合同、依法缴纳社会保险费的，在劳动合同期限内按专科本科、硕士研究生、博士研究生学历分别给予个人每年5000元、1万元、2万元的就业补助，补助期限不超过3年。民营企业新招用毕业2年以内的高校毕业生，签订1年及以上劳动合同、依法缴纳社会保险费的，按企业为其实际缴纳的社会保险部分（包括基本养老保险、基本医疗保险、失业保险）给予社保补贴，补助期限1年。（责任单位：区人力社保局、区财政局）

十一、大力扶持地方实体企业发展。

政府采购和政府投资项目建设中所需的产品、技术、工艺等本区能够提供的，在同等条件下要优先考虑本区企业的产品、技术及工艺。（责任单位：区财政局、区监管办、区审计局、区级相关部门和乡镇）

十二、大力弘扬优秀企业家精神

开展企业家培育提升工程，及时表彰对衢江经济发展贡献突出的企业（人物），并在全市主要新闻媒体开设专题、专栏深入报道宣传，在全社会大力弘扬优秀企业家精神，营造支持实体经济发展的良好氛围。政府每年组织开展不少于100人（次）的企业管理和技术人才素质提升培训，进一步提升企业管理水平。（责任单位：区委宣传部、区委人才办、区经信局、区工商联、区人力社保局）

本意见自发布之日起施行，具体政策自2018年1月1日起按年度执行。企业在补助期间存在严重失信行为或重大违法违规问题的，应取消补助资格。本意见坚持单一项目“从优、从高、不重复”原则，国家、省、市出台政策优于本政策的按照上级政策执行，区内其他已出台政策规定与本意见不一致的，以本意见为准。

（2019年2月2日）

中共衢州市衢江区委
关于开展“不忘初心、牢记使命”主题教育的实施意见

区委发〔2019〕36号

各乡镇（街道、办事处）党（工）委，区级各单位党组织：

不忘初心、牢记使命，是加强党的建设的永恒课题，是全体党员干部的终身课题。根据习近平总书记在“不忘初心、牢记使命”主题教育工作会议上的重要讲话和指示批示精神，按照中央、省委和市委的统一部署要求，区委决定，以县处级领导干部为重点，结合我区实际，在全区党员中开展“不忘初心、牢记使命”主题教育。现提出如下实施意见。

一、全面把握总体要求

主题教育总体安排3个月时间，从2019年9月开始，到11月底基本结束。参加单位主要包括区级机关及其直属单位和企事业单位，乡镇（街道、办事处）和村（社区），非公有制经济组织、社会组织和其他基层组织。

开展“不忘初心、牢记使命”主题教育，要全面把握守初心、担使命，找差距、抓落实的总要求，教育引导广大党员干部牢记全心全意为人民服务的根本宗旨，牢记党肩负的实现中华民族伟大复兴的历史使命，坚持抓思想认识到位、抓检视问题到位、抓整改落实到位、抓组织领导到位，以彻底的自我革命精神解决违背初心和使命的各种问题，努力实现理论学习有收获、思想政治受洗礼、干事创业敢担当、为民服务解难题、清正廉洁作表率的目标。

主题教育要紧紧围绕学习贯彻习近平新时代中国特色社会主义思想这条主线，以县处级领导干部为重点，示范带动广大党员干部开展主题教育，原原本本学原文读原著悟原理，以理论滋养初心、以理论引领使命，增强“四个意识”、坚定“四个自信”、做到“两个维护”。要突出问题导向，狠抓问题整改，既着力解决党员干部自身存在的问题特别是思想根子问题，又着力解决群众最关心最直接最现实的利益问题，以主题教育的整改成效取信于民。

各级党组织和党员干部要坚决扛起浙江“三个地”的政治责任，始终牢记习近平同志主政浙江期间对衢州的“八个嘱托”，深刻领悟习近平新时代中国特色社会主义思想在浙江的萌发和实践历程，深刻领悟习近平总书记对衢州的深厚感情和殷殷嘱托，引导广大党员干部始终保持担当斗争精神，进一步巩固提升全区上下干部群众凝心聚力心无旁骛抓发展的生动局面，保持和放大业已形成的来之不易的大好局面，聚焦聚力市委“1433”和区委“1136”发展战略体系，提振精气神，全力争上游，勇当贯彻“八八战略”、践行“八个嘱托”的排头兵，高质量推进“活力新衢江、康养大花园”建设。

二、突出抓好领导班子和领导干部主题教育

全区县处级领导干部和区管干部要按照省委、市委关于开展第二批主题教育相关要求，聚焦主题主线，开展学习教育、调查研究、检视问题、整改落实。学习教育要在学懂弄通做实习近平新时代中国特色社会主义思想上下功夫。调查研究、检视问题、整改落实要聚焦贯彻落实习近平新时代中国特色社会主义思想、习近平总书记重要指示批示精神和党中央决策部署，边学边查，立查立改。要统筹安排、合理摆布，把学和做结合起来，把查和改贯通起来，确保四项重点措施有机融合、一体推进。

1.把学习教育贯穿始终。认认真真学原著悟原理，推动学习贯彻习近平新时代中国特色社会主义思想往深里走、往

心里走、往实里走。一是原原本本学。深入学习《习近平关于"不忘初心、牢记使命"重要论述选编》，认真学习党章、《习近平新时代中国特色社会主义思想学习纲要》以及党史和新中国史，深入学习习近平总书记在"不忘初心、牢记使命"主题教育工作会议、中央政治局第十五次集体学习、中央和国家机关党的建设工作会议和在内蒙古考察并指导开展主题教育时的重要讲话，学习习近平总书记对浙江的重要指示批示精神，牢记对衢州的"八个嘱托"，做到学思用贯通、知行信统一。二是领导带头学。单位主要领导要带着班子成员学，带着党员干部学，先学一步、学深一点。深入组织开展"千名干部联讲、万名党员联学"行动，党员领导干部要在深入学习研讨和调查研究的基础上讲专题党课，重点要做到"四个讲清楚"，即讲清楚学习习近平新时代中国特色社会主义思想的认识体会，讲清楚"守初心、担使命"的感悟，讲清楚自身存在的差距和不足，讲清楚指导实践、推动改进工作的思路举措。县处级领导干部和部门、乡镇（街道、办事处）主要领导要发挥示范表率作用，带头进乡村振兴讲堂上党课。三是集中研讨学。采取党委（党组）理论学习中心组学习、举办专题读书班等形式，围绕党的政治建设、全面从严治党、理想信念、宗旨性质、担当作为、政治纪律和政治规矩、党性修养、廉洁自律等8个方面，列出专题、组织学习、交流研讨。集中学习研讨可以连续安排，也可按专题分段安排，总的学习时间不少于5天。区委举办"不忘初心、牢记使命"专题读书班，分批对区管领导干部进行集中轮训。四是对照典型学。广泛开展"学三老、守初心、担使命"大学习大讨论活动，深入对标学习以改革先锋谢高华、深藏功名六十年的抗战老兵胡兆富、毕生积蓄献给党的老党员贵海良，以及省委表彰的担当作为好干部、市委表彰的先锋战队先锋战士、"千名好支书"和"万名好党员"等为代表的身边典型，找准与先进典型在初心使命上的短板差距。围绕不忘初心、改革创新、攻坚克难、担当为民、党建引领等五条"初心之行"主题教育学习路线，深入一线现场学，形成坚守初心、担当使命、推动发展的不竭动力。

2.把调查研究贯穿始终。着眼贯彻落实党中央决策部署和习近平总书记重要指示批示精神，立足解决本地本单位存在的突出问题和群众反映强烈的热点难点问题，深入开展"调研解难题、深化三服务"活动。一是带着课题调研。把调查研究与贯彻落实中央、省委、市委、区委各项决策部署，与做好稳增长、促改革、调结构、惠民生、防风险、保稳定等工作结合起来，与推动区委"1136"发展战略体系结合起来，围绕重大改革突破、重大项目引领、重大专项攻坚等三大战略任务，紧扣群众和企业急难愁盼问题，结合分管领域、职责任务，各级领导干部选择至少1个课题开展调研。二是融入日常调研。深化"三联"工程，按照"组团联村、两委联格、党员联户"的要求，认真落实"周二无会日"制度，用好"一村一码"民情收集平台。党员领导干部要深入一线开展调研破难活动，做到集中服务、集中检查、集中议事、集中调处、集中攻坚，实打实地解决一批农房管控与风貌提升、信访积案矛盾化解、后进村整转、村级集体经济发展等具体问题，有效解决一批扫黑除恶、扶贫、民生等与群众特别关切的问题，提升基层群众的幸福感获得感。深化"组团联企"服务，以"网格化、一体化、常态化"方式深入开展为企服务，围绕特种纸和机械装备制造两大主导产业、新材料和水产业两大潜力产业、军民融合产业，聚焦"低散乱"企业专项整治行动，持续推进产业数字化和数字化产业。紧扣联系企业生产、经营、融资、人才等方面的困难确定调研选题，深入服务民营企业高质量发展，切实把调研破难成果转化为助企发展成效。三是突出实效调研。坚持结果导向，对基层推进工作中碰到的难题、企业在生产经营中遇到的困难、人民群众反映强烈的问题，要落细落实、分析症结，提出对策建议，列出破难清单，分层分类解决，及时梳理反馈，构建抓落实的有效举措，实打实帮助解决实际困难和问题。调查研究结束后，要汇总调研情况、交流调研成果、列出破难清单、建立长效机制，构建起调研解难的回路闭环。四是开展专项调研。把开展主题教育与加强领导班子政治建设结合起来，认真落实《关于深入开展政治把关和政治素质考察激励干部敢于担当敢于斗争的实施办法》，通过日常了解、调研谈话、核实甄别、分析研判、凡提四必、以事察人等考察手段，围绕“五项正向指标”、“十条负面清单”和“十条军规”进行深查细照，调研了解党员干部对重大问题的立场、关键时刻的表现以及对人民群众的感情、对待名利的态度、为人处世的方式，精准评价干部政治素质，发掘出一批政治过硬、敢于担当、素质优秀的好干部。

3.把检视问题贯穿始终。按照习近平总书记关于“四个对照”、“四个找一找”的要求，查摆自身不足，查找工作短板，深刻检视剖析。一是对照标准找问题。通过自己找、群众提、集体议、上级点等方式，采取谈心谈话、召开座谈会、设立意见箱、新媒体留言等形式，广泛听取基层党员群众、工作服务对象的意见建议。要紧密联系中央、省委、市委决策部署在衢江落地见效，紧密联系区委“1136”发展战略体系重重落地，紧密联系本地本单位工作职责和重点任务，紧密联系自身思想、工作、生活情况，对照“八个嘱托”“提振精气神、全力争上游”，对照“十条军规”“十条宣言”“三个绝不能”，对照巡视巡察、干部考察、工作考核反馈问题，检视反思问题，把问题讲清楚、把根源剖明白、把整改措施讲具体，做到见人见事见思想。二是深入剖析找差距。对检视中发现的短板问题，要从思想、政治、作风、能力、廉政方面特别是从主观上、思想上进行深入剖析，找出根源差距。领导班子要联系本地本部门本单位发生的重大事件、典型案件和信访积案，召开班子会议集体讨论，共查问题，剖析原因。检视剖析要一条一条列出具体问题，巡回指导组和上级党组织要对检视剖析材料从严审核把关。要把检视短板问题、推动真查实改作为激励广大干部新时代新担当新作为的重要举措，检视出的短板问题要列出责任清单和整改清单，明确整改举措和时限，逐条逐项抓好整改落实。三是专题民主生活会找短板。要高质量召开专题民主生活会，各级领导干部要针对检视反思的问题，联系整改落实情况，把自己摆进去、把思想摆进去、把工作摆进去，以刀刃向内、自我革命的决心和勇气，认真开展批评和自我批评，做到人人有压力、人人有触动、人人有反省、人人有改进。党委（组）主要负责同志要示范带头，巡回指导组要严格把关，对自我批评不严肃不深刻、相互批评缺乏战斗性、成员之间搞无原则纷争的，坚决予以叫停和纠正。

4.把整改落实贯穿始终。坚持从百姓最不满意的地方改起，从群众和企业最需要的地方改起，一开始就改起来，立查立改、应改尽改。一是专项整治强力改。深入推进“9+1”专项整治，不折不扣抓好省委9个专项整治，动真碰硬推进机关事业单位编外用工专项整治，同时还要抓好领导干部利用名贵特产谋取私利问题整治。采取专班制攻坚、项目化实施、清单式推进，以钉钉子精神逐条推进整治任务落实。要注重发挥正风肃纪威慑作用，对消极对待、敷衍应付，搞形式、走过场的，要严肃追究责任。二是列出清单全面改。要借势借力扩大专项整治成果，聚焦巡视、巡察中发现反馈整改不到位的问题，中央扫黑除恶、环保督察等专项督导中发现的突出问题，聚焦信访积案、历史遗留、扶贫民生等基层群众反映强烈的突出问题，围绕对照党章党规查找、“调研解难题、深化三服务”中发现、谈心谈话中听取的问题，特别是要围绕完成全年目标任务、对标先进标杆存在的问题，列出整改落实清单，采取挂帅领战、挂图作战、挂牌督战等方式集中攻坚解决。三是注重方法务实改。要将破与立、整与治结合起来，将当下改和长久立结合起来，既解决班子问题，又解决个人问题；既解决新问题、又回应老问题；既注重重点上突破、专项治理，又注重以点带面、点面结合，推动整治任务落细落小落具体，做到整治问题与推动工作两手抓、两不误、两促进，务求整治实效。

三、抓实基层党支部学习教育和检视整改

基层（包括部门、乡镇、街道、办事处机关）党员参加主题教育，要以党支部为单位，结合“两学一做”常态化制度化，依托“三会一课”、主题党日等进行。

1.抓好学习教育。通过组织集中学、名师引领学、示范带头学，推动基层党支部、党员干部开展学习讨论，交流心得体会，强化学习效果。一是严格组织生活。组织党员以个人自学为主，原原本本通读《习近平关于“不忘初心、牢记使命”论述摘编》，召开党员大会、支委会、党小组会，采取书记领学、支部研学、班前班后学等方式，丰富学习形式。二是丰富学习载体。按照“主题教育主阵地、乡村振兴主平台、基层治理主载体”的定位，全面推进乡村振兴讲堂建设，分片区、分时段开展“百个村社联动、千名干部联讲、万名党员联学”大轮训活动，充分运用“支书论建”、组团联村“百团大战”、“党员初心故事会”等载体，对党支部书记进行1次轮训。深化“以案促改”，用好“以案警省、初心不忘”警示教育专题片，用身边案例教育身边人。三是讲好专题党课。邀请“担当作为好干部”“兴村名师”、“千名好支书、万名好党员”现身说案，用心谈“心”，以身边事带动身边人。党支部书记要充分发挥“头雁”效应，带头讲1次专题党课，或者向所在支部党员报告1次个人学习体会。

2.从严检视整改。对照党章规定的党员条件和义务权利，对照《中国共产党廉洁自律准则》《关于新形势下党内政治生活的若干准则》《中国共产党纪律处分条例》，对照群众提出的意见建议，对照市委“六个查”要求等，开展基层组织建设固本强基“百日攻坚”行动，统筹推进农村、社区、机关、国企、“两新”等各行业各领域党组织全面建强，全面过硬。大力推进基层党组织软弱落后、后进村整转、村干部管理宽松软、党员失联失管不合格等基层党建突出问题的整治，深化开展“全领域建强、全区域提升”示范区创建，全面建强党的基层组织。开展“红色细胞”提能行动，对照市委“十个讲清楚”，重点开展党的意识和党员意识、担当作风、宗旨意识、纪律规矩、作用发挥等五个方面问题的自查自纠工作，应改尽改。切实增强“四个意识”，坚定“四个自信”，做到“两个维护”，不折不扣执行中央和省、市、区委决策部署；切实增强担当本领，办好群众关注的“关键小事”，让群众感受到实实在在的变化；切实发挥党员先锋模范作用，带头参与文明城市创建，至少参加1次志愿服务，为身边群众办1件实事好事，以实际行动践行初心和使命。对检视出的问题，党支部和普通党员都要列出清单、公开公示、限期整改到位。

3.用活本地资源。聚焦提升实效性，根据不同支部特点、不同领域党员的实际，开展针对性学习教育，切实增强吸引力感召力。一是传承好精神。大力宣传谢高华的改革精神、铜山源水库的奋斗精神和举村乡的抗台精神，以榜样为标杆找差距、知不足，以榜样为鞭策强决心、聚动力，以榜样为参照明方向、循路径。同步宣传我区“党建治理大花园”先锋战队、先锋战士，积极选树宣传一批优秀基层党员代表。二是利用好基地。依托“谢高华精神”传承基地、中共衢遂寿中心县委第二区委旧址、徐以新爱国主义教育基地、“一颗初心”党员教育基地和“两全”党建示范带等本土教育基地，开展党的优良作风和革命传统教育，重温入党誓词，接受心灵的净化和洗礼，牢记共产党员的初心和使命，继承和发扬艰苦奋斗的革命精神、担当有为的实干品德。三是建设好讲堂。用好乡村振兴讲堂、乡村振兴学院、乡村振兴融媒体智慧平台，用活“固定讲堂+流动课堂+线上学堂”，通过微信公众号、微视频、微课堂、远教平台等新媒体平台组织学习教育，增强主题教育的吸引力和实效性。建立各类钉钉群微信群，广泛发动党员干部开展各种主题各种类型的大讨论，形成“自转+公转”“自上而下+自下而上”的学习讨论机制，切实把总书记的重要讲话精神和中央、省委、市委、区委的决策部署传递下去，把基层的落实情况反映上来。

4.结合当前工作。始终紧扣市委区委重要部署、重点工作，不断增强主题教育服务大局的契合度，为助推中心工作提供强大动力。一是推动“八个聚焦”重重落地。以主题教育为契机，聚焦聚力推动市委提出的全面融入长三角一体化国家战略、建设四省边际中心城市、完善和落实“5459”大产业创新体系、“党建治理大花园”建设、打造一支忠诚干净担当的高素质干部队伍、打好防范化解重大风险攻坚战持久战、深化“最多跑一次”改革、全国文明城市创建等八项任务在衢江重重落地。二是推动区委“1136”发展战略体系重重落地。围绕区委“1136”发展战略体系，把主题教育成果转化为发展成果、治理成果。重点围绕工业强区建设、卫生教育改革、树正气打歪风、重大项目建设、全国文明城市创建、干部队伍建设、土地整治等7个方面，大力推动各项工作全面创新、全面创强、全面创优，奋力实现“活力新衢江、康养大花园”的战略目标。三是推动“两个担当”重重落地。本次主题教育正值新中国70周年大庆以及第四季各项任务盘点收官时节，要把主题教育与做好稳维安保、推动年终任务“冲刺”等工作统筹起来，与大力推进“两个担当”良性互动融合起来，进一步激发党员干部干事创业的热情和活力，实现主题教育与发展改革稳定各项工作同频共振、相互促进。

主题教育结束前，党支部要以“不忘初心、牢记使命”为主题召开专题组织生活会，开展“守初心、担使命，九问一评”党性体检活动。

四、强化分级分类指导

这次主题教育涉及的单位和人员范围广、类型多、数量大，情况复杂。要坚持从实际出发，针对不同层级、不同领域、不同特点，科学统筹、合理安排，保证学习教育全覆盖，确保主题教育效果好。

1.分层级突出教育重点。要根据不同层级党组织的职责使命，科学确定开展主题教育的重点任务。区级部门重点要围绕做好稳增长、促改革、调结构、惠民生、防风险、保稳定等工作，着眼推动解决本地改革发展稳定突出问题、党的建设面临紧迫问题、群众和企业急难愁盼问题等开展主题教育；乡镇（街道、办事处）重点要围绕落实抓乡促村责任，贯彻落实中央和省市区委的部署，推进落实重点工作、重大项目“最后一千米”，解决党建治理大花园建设中存在的痛点堵点盲点；村（社区）重点要围绕推进乡村大花园建设、农房整治和风貌提升、信访矛盾积案化解、后进村整转、集体经济发展等群众关心关注的小事找差距、抓落实。

2.分领域解决突出问题。要根据不同领域党组织的特点，统筹优化开展主题教育的内容。机关事业单位重在解决党的领导虚化弱化，党的基本制度落实不到位等“灯下黑”问题；学校、医院重在解决党委领导下的校长、院长负责制，推进党的基层组织建设、教师医护队伍建设、意识形态工作、学生社团工作中存在的党的领导虚化弱化问题；国有企业重在解决贯彻落实中央和省市区委部署，推动自身转型升级、加强党的建设方面存在的短板问题；非公有制经济组织和社会组织重在解决党的基层组织覆盖质量不高、党组织运转不规范、组织发动职工群众功能不强、实质作用发挥不到位问题。

3.分对象强化学习效果。要根据党员的职业背景、文化程度、知识结构等不同实际，结合学习需求，量身定制学习“套餐”。各级领导干部要熟读精读规定书目，带头参加集中研讨，带头上党课，带头检视整改抓落实；机关企事业单位党员要严格落实学习教育要求，通读规定书目、参加集中研讨、开好组织生活会；农村基层党员要利用“周二无会日”、网格党支部（小组）活动、支部主题党日等，依托乡村振兴讲堂等开展集中学习，流动党员要通过网络学习、返乡“补课”等形式，多渠道抓好学习教育；离退休党员，特别是年老体弱、行动不便的党员，要采取上门送学、送资料等形式，灵活有效组织学习。

五、切实加强组织领导

坚持以走在前列的政治自觉高标准开展主题教育，加强组织领导，周密部署安排，精心组织实施。

1.压实领导责任。各级党委（组）要把开展主题教育作为当前最重要的政治任务，履行主体责任，抓好组织领导，推动落地落实。区委是抓好主题教育的关键层级，既要抓自身，又要抓基层，还要承担落实上下联动的整改任务，要集中精力、统筹安排，充分发挥承上启下的作用。行业系统主管部门要加强对本行业本系统的指导，上下联动、条块结合，防止出现“块块管不了、条条管不到”的脱节现象。各级党委（组）要成立主题教育领导小组及其办公室，认真抓好组织实施。

2.强化督导指导。区委向乡镇（街道、办事处）和区属单位、行业系统主管部门向下属单位和分支机构派出巡回指导组。巡回指导组要坚持原则，采取巡回指导、随机抽查、调研访谈等方式从严从实加强督促指导，及时发现和解决问题，推动中央精神和省、市、区委要求落地见效。指导工作要注意听取群众评价，坚持过程评估与结果评估相结合，开展定量定性评估，以群众口碑检验主题教育成效。乡镇（街道、办事处）要发挥组团联村干部作用，加强对所辖基层党组织的指导。

3.力戒形式主义、官僚主义。坚持以务实的作风开展主题教育，学习教育不对读书笔记、心得体会等提出硬性要求；调查研究要加强统筹，防止扎堆调研，增加基层负担；检视问题不能大而化之、隔靴搔痒，不能避重就轻、避实就虚，不以工作业务问题代替思想政治问题；整改落实要防止搞纸上整改、虚假整改、数字整改，防止以简单问责代替整改责任落实，不能在整改中产生新的问题。对主题教育中可能出现的各种问题，要提前预判、有效防范，坚决防止各类“低级红”“高级黑”。对搞形式、走过场的，要严肃批评，通报曝光，促其改正。

4.注重宣传引导。要加强正面宣传和舆论引导，充分运用主流媒体和新兴媒体，深入宣传习近平总书记关于主题教育的重要讲话和重要指示批示精神，深入宣传中央和省委、市委、区委部署要求，及时反映主题教育进展情况和实际成效。注重总结推广主题教育中形成的好典型好做法好经验，注重总结宣传秉持理想信念、保持崇高境界、坚守初心使命、敢于担当作为的先进典型，开展守初心担使命“好书记、好党员”选树宣传。及时发现和表扬一批群众身边的党员先进事迹，用身边事教育身边人。

（2019年9月21日）

中共衢州市衢江区委关于成立区委“不忘初心、牢记使命”主题教育领导小组的通知

区委发〔2019〕35号

各乡镇（街道、办事处）党（工）委，区级各单位党组织：

根据中央和省、市委关于深入开展“不忘初心、牢记使命”主题教育的工作部署，区委决定，在深入开展“不忘初心、牢记使命”主题教育期间，成立区委“不忘初心、牢记使命”主题教育领导小组。现将领导小组组成人员名单通知如下：

组长：

周向军（区委书记）

常务副组长：

徐爱平（区委常委、组织部部长）

副组长：

王光辉（区委常委、纪委书记、区监委主任）

吴德生（区委常委、宣传部部长）

成员：

梁　斌（区委办主任、台办主任）

徐洪富（区人大常委会党组成员、办公室主任、机关党组书记）

程佳华（区政府党组成员，区府办主任、党组书记）

黄良诚（区政协党组成员、秘书长、机关党组书记）

徐小仙（区纪委副书记、区监委副主任、区委巡察办主任）

郑益红（区委组织部常务副部长）

柳忠林（区委组织部副部长、区委两新工委书记，浮石街道党工委委员<区派农村工作指导员>）

甘小华（区委宣传部常务副部长）

张建忠（区委政法委常务副书记）

吴韶光（区委直属机关工委书记）

章建明（区委党校常务副校长）

方凌明（区档案馆馆长）

余水林（区发改局局长、党组书记）

刘　俊（区教育局局长、党委书记）

傅红庆（区财政局局长、党组书记）

吴水标（区委组织部副部长〈兼〉，区人力社保局局长、党组书记）

刘　峰（区卫健局局长、党委书记）

王利民（区机关事务保障中心主任、党组书记）

领导小组下设办公室，徐爱平同志任办公室主任，郑益红同志任办公室常务副主任，刘伟锋、徐小仙、柳忠林、甘小华、王利民同志任办公室副主任。

（2019年9月5日）

2019年中共衢江区委规范性文件选目

表17

文号	标题	日期
区委发〔2019〕1号	关于大力推进教育质量提升工作的实施意见	2月28日
区委发〔2019〕3号	关于印发《衢州市衢江区机构改革方案》的通知	1月17日
区委发〔2019〕4号	关于印发《衢州市衢江区乡镇（街道）机构改革方案》的通知	1月17日
区委发〔2019〕6号	关于成立衢江区浮石街道专项整治提升工作临时党委的决定	1月18日
区委发〔2019〕8号	关于印发《关于推进工业绿色发展加快工业强区建设的补充意见》的通知	2月2日
区委发〔2019〕23号	关于印发《中共衢江区委贯彻〈（2018—2022）浙江省干部教育培训规划〉的实施意见》的通知	5月26日
区委发〔2019〕29号	关于高水平促进低收入农户全面小康的实施意见	7月24日
区委发〔2019〕34号	关于扶持推进衢江传媒集团改革发展的意见	8月26日
区委发〔2019〕35号	关于成立区委“不忘初心、牢记使命”主题教育领导小组的通知	9月5日
区委发〔2019〕36号	印发《中共衢州市衢江区委关于开展“不忘初心、牢记使命”主题教育的实施意见》的通知	9月21日
区委发〔2019〕37号	中共衢州市衢江区委关于加快推进文化衢江建设的实施意见	6月17日
区委发〔2019〕39号	关于建立区人民政府向区人大常委会报告国有资产管理情况制度的意见	11月4日
区委发〔2019〕42号	关于新时代加强和改进人民政协工作的实施意见	12月26日
区委发〔2019〕43号	关于全面推进预算绩效管理的实施意见	12月31日
区委发〔2019〕44号	关于高水平推进新时代人大工作和建设的实施意见	12月31日

2019年中共衢江区委办公室规范性文件选目

表18

文号	标题	日期
区委办发〔2019〕1号	关于建立区“服务企业、服务群众、服务基层”活动协调督查办公室及有关运行机制的通知	3月11日
区委办发〔2019〕2号	关于在区委巡察工作中进一步落实区领导全面从严治党主体责任制度的通知	1月3日
区委办发〔2019〕3号	关于深入推进“1+1”结对帮扶低收入农户工作的通知	1月3日
区委办发〔2019〕5号	关于印发《衢江区浮石街道专项整治提升工作方案》的通知	1月16日
区委办发〔2019〕11号	关于印发《中共衢江区委衢江区人民政府政协衢江区委员会20 19年度协商工作计划》的通知	2月1日
区委办发〔2019〕12号	关于深化农村文化礼堂建设的实施意见	2月2日
区委办发〔2019〕17号	印发《关于加强新时代人民政协党的建设工作的实施意见》的通知	2月18日
区委办发〔2019〕22号	关于印发《中共衢州市衢江区委宣传部2019年宣传思想文化工作要点》的通知	3月4日
区委办发〔2019〕27号	关于建立“五员”制度深化“三服务”活动的通知	3月11日
区委办发〔2019〕38号	关于印发《衢江区2019年“项目攻坚年”活动实施方案》的通知	4月16日
区委办发〔2019〕43号	关于印发衢江区2019年“干部能力提升年”活动实施方案的通知	4月18日
区委办发〔2019〕49号	关于印发衢州市衢江区创建浙江省教育基本现代化区实施方案的通知	5月26日
区委办发〔2019〕50号	关于整治形式主义减轻基层负担的实施意见	5月26日
区委办发〔2019〕51号	印发《关于进一步加强和改进离退休干部工作的实施意见》	5月26日
区委办发〔2019〕56号	关于印发加强城市社区建设工作若干意见的通知	6月17日
区委办发〔2019〕57号	关于印发《衢江区构建集中财力办大事财政政策体系实施方案》的通知	6月17日
区委办发〔2019〕60号	关于印发衢江区《衢州有礼.园丁计划“八大提升行动”实施方案》的通知	7月11日
区委办发〔2019〕61号	关于印发《2019年衢江区创建全国文明城市“十大提升行动”实施方案》的通知	7月11日
区委办发〔2019〕63号	关于印发《衢江区建设区级社会治理综合服务中心（信访超市）实施方案》的通知	7月14日
区委办发〔2019〕64号	关于印发《衢江区“组团联企”服务活动方案》的通知	6月24日
区委办发〔2019〕66号	关于印发《衢江区乡村振兴大花园建设三年行动计划（2019—2021年）》的通知	7月14日
区委办发〔2019〕68号	关于印发《衢江区创建浙江省美丽乡村示范县实施方案》的通知	7月14日
区委办发〔2019〕69号	关于印发衢江区2019—2021年三年重大项目计划的通知	7月24日
区委办发〔2019〕71号	关于印发《衢江区政协“请你来协商”平台建设实施意见》的通知	7月26日
区委办发〔2019〕72号	关于印发《衢州市衢江区公务员职务与职级并行制度实施方案》的通知	8月5日
区委办发〔2019〕73号	关于印发《衢江区“党建统领+基层治理”高质量发展三年行动方案（2019—2021年）》的通知	8月12日
区委办发〔2019〕74号	关于印发衢江区部门间“最多跑一次”改革实施方案的通知	8月12日
区委办发〔2019〕75号	关于印发《全面深化乡镇（街道）模块化运行工作实施方案》的通知	8月5日
区委办发〔2019〕77号	关于印发《衢江区网格工作考核管理办法（试行）》的通知	10月27日
区委办发〔2019〕78号	关于印发《衢江区推进媒体整合发展的工作方案》的通知	9月3日
区委办发〔2019〕79号	关于推进大侨务工作的实施意见	9月7日

续表18

文号	标题	日期
区委办发〔2019〕83号	关于印发2019年衢江区深化“最多跑一次”改革，打造“中国营商环境最优区”实施意见的通知	9月16日
区委办发〔2019〕87号	关于印发《衢江区扩大有效投资五大“百日攻坚”行动实施方案》的通知	10月8日
区委办发〔2019〕89号	关于印发《整治形式主义官僚主义为基层减负三十条》的通知	10月10日
区委办发〔2019〕90号	关于印发《2019年衢江区创建全国文明城市“八大攻坚行动”实施方案》的通知	10月12日
区委办发〔2019〕93号	关于印发衢江区工业招商“3+3”工作机制的通知	10月19日
区委办发〔2019〕94号	关于印发《衢江区2019年度落实全面从严治党主体责任检查考核细则》的通知	10月25日
区委办发〔2019〕95号	关于印发衢江区鼓励规模农业主体发展扶持意见（试行）的通知	10月28日
区委办发〔2019〕96号	关于印发衢江区农民增收产业发展扶持意见（试行）的通知	10月28日
区委办发〔2019〕97号	关于印发衢江区坚持农业农村优先发展深化实施乡村振兴战略三年行动计划（2019—2021年）（试行）的通知	10月28日
区委办发〔2019〕98号	关于印发衢江区2019年度招商引资工作考核办法的通知	11月4日
区委办发〔2019〕100号	关于做好新一轮扶贫结对帮扶工作的通知	11月24日
区委办发〔2019〕101号	关于印发《进一步加强检察机关法律监督工作实施方案》的通知	11月28日
区委办发〔2019〕102号	关于印发《衢江区禁毒专项整治行动实施方案》的通知	8月1日
区委办发〔2019〕104号	关于印发《衢江区创建全国社区治理与服务创新实验区实施方案》的通知	12月9日
区委办发〔2019〕109号	关于印发《衢江区新时代文明实践中心工的实施方案》的通知	12月31日

2019年衢江区人民政府规范性文件选目

表19

文号	标题	日期
衢江区政发〔2019〕3号	关于印发衢江区农村宅基地及住房确权登记遗留问题分类处置办法的通知	1月19日
衢江区政发〔2019〕5号	关于发布森林禁火的通告	1月23日
衢江区政发〔2019〕21号	关于衢州市衢江区人民政府工作规则的通知	4月3日
衢江区政发〔2019〕22号	关于发布森林禁火的通告	4月3日
衢江区政发〔2019〕28号	关于鼓励现有企业做大做强意见	4月14日
衢江区政发〔2019〕33号	关于印发《衢州市衢江区教育中长期布点规划（2018—2035）》的通知	5月14日
衢江区政发〔2019〕64号	关于印发衢江区生态文明建设规划的通知	8月9日
衢江区政发〔2019〕67号	关于印发衢江区乌溪江库区群众异地搬迁工作实施细则的通知	9月1日
衢江区政发〔2019〕81号	关于建立健全涉农资金统筹整合长效机制的实施意见	10月5日
衢江区政发〔2019〕85号	关于进一步加强行政规范性文件管理的通知	10月26日
衢江区政发〔2019〕107号	关于加快工业数字经济发展的若干政策意见	12月18日

2019 年衢江区人民政府办公室规范性文件选目

表 20

文号	标题	日期
衢江区政办发〔2019〕2 号	关于印发衢州市衢江区农村集体土地使用费管理办法的通知	1 月 17 日
衢江区政办发〔2019〕3 号	关于印发 2019 年衢江区禁止燃放烟花爆竹工作方案的通知	1 月 25 日
衢江区政办发〔2019〕5 号	关于印发衢江区区长特别奖评选办法的通知	2 月 1 日
衢江区政办发〔2019〕10 号	关于印发 2019 年区政府民生实事计划的通知	3 月 11 日
衢江区政办发〔2019〕13 号	关于印发衢江区工业企业月结电费帮扶周转金管理办法（试行）的通知	3 月 16 日
衢江区政办发〔2019〕18 号	关于促进农产品电子商务园区加快发展的若干意见	3 月 27 日
衢江区政办发〔2019〕20 号	关于印发衢江区实施省知识产权示范区工作方案的通知	3 月 29 日
衢江区政办发〔2019〕21 号	关于印发衢州市衢江区 2019 年钱塘江干流水域禁渔监督管理实施方案的通知	3 月 29 日
衢江区政办发〔2019〕23 号	关于印发衢江区创建“无证明之城”实施方案的通知	4 月 7 日
衢江区政办发〔2019〕24 号	关于印发衢州市衢江区加快行政审批中介服务市场化改革实施方案	4 月 7 日
衢江区政办发〔2019〕25 号	关于印发全面实施乡村振兴战略加快衢江区柑橘产业转型发展行动计划的通知	4 月 7 日
衢江区政办发〔2019〕26 号	关于印发《衢江区工业转型提升三年行动方案》的通知	4 月 7 日
衢江区政办发〔2019〕27 号	关于印发衢江区农村饮用水达标提标行动计划（2018—2020）的通知	4 月 7 日
衢江区政办发〔2019〕28 号	关于做好衢江区未成年人保护工作的实施意见	4 月 4 日
衢江区政办发〔2019〕29 号	关于印发衢江区服务企业专项行动实施方案的通知	4 月 14 日
衢江区政办发〔2019〕35 号	关于衢江经济开发区工业低效用地处置的实施意见	5 月 19 日
衢江区政办发〔2019〕36 号	关于印发《衢江经济开发区工业用地收储暂行办法》的通知	5 月 19 日
衢江区政办发〔2019〕37 号	关于印发《2019 年衢江经开发区“清零”行动实施方案》的通知	5 月 19 日
衢江区政办发〔2019〕38 号	关于印发衢江区 2019 年地质灾害防治方案的通知	5 月 23 日
衢江区政办发〔2019〕39 号	关于印发衢江区初中学校布局调整工作实施方案的通知	5 月 26 日
衢江区政办发〔2019〕41 号	关于印发衢江区公安窗口服务进乡镇工作实施方案的通知	6 月 16 日
衢江区政办发〔2019〕42 号	关于印发衢江区农村集体土地“一户多宅”分类处置涉及生产设施用房处置补充规定（试行）的通知	6 月 23 日
衢江区政办发〔2019〕43 号	关于印发衢江区农村宅基地及住房确权登记发证工作实施方案的通知	6 月 25 日
衢江区政办发〔2019〕45 号	关于印发《衢江区工业数字化转型三年行动计划（2019—2021 年）》的通知	7 月 23 日
衢江区政办发〔2019〕47 号	关于印发衢江区 2019 年有效投资月度考核办法的通知	8 月 9 日
衢江区政办发〔2019〕48 号	关于印发《衢州市衢江区辐射事故应急预案》的通知	8 月 9 日
衢江区政办发〔2019〕51 号	关于印发《衢江区高性能纸及纤维复合新材料产业创新服务综合体创建工作方案》的通知	8 月 11 日
衢江区政办发〔2019〕52 号	关于印发《衢江区全面推行应用浙江省行政执法监管平台工作实施方案》的通知	9 月 1 日

续表20

文号	标题	日期
衢江区政办发〔2019〕54号	关于加快小微园高质量发展的实施意见	8月29日
衢江区政办发〔2019〕55号	鼓励现有小微企业入园的指导意见	8月29日
衢江区政办发〔2019〕58号	关于印发衢江区环保和安全生产领域“互联网＋监管”执法攻坚月行动方案的通知	9月17日
衢江区政办发〔2019〕59号	关于印发衢江区农业社会化服务标准体系的通知	9月27日
衢江区政办发〔2019〕60号	关于印发2019年衢江区食品安全工作要点的通知	10月26日
衢江区政办发〔2019〕61号	关于印发衢江区乡村振兴精品村创建实施方案（试行）的通知	10月26日
衢江区政办发〔2019〕62号	关于印发衢江区盘活闲置玻璃温室发展高效农业实施（试行）的通知	11月2日
衢江区政办发〔2019〕63号	关于印发《衢江区深化收费公路制度改革大力推广ETC发行应用工作攻坚方案》的通知	11月10日
衢江区政办发〔2019〕64号	关于印发衢江区2019年度“大干项目、干大项目”赋分考核办法的通知	11月12日
衢江区政办发〔2019〕66号	关于印发衢江区农村饮用水工程运行管理办法（试行）的通知	12月8日
衢江区政办发〔2019〕68号	关于印发《衢州市乌溪江饮用水水地突发环境事件应急预案》的通知	12月18日
衢江区政办发〔2019〕69号	关于印发加强专职社区工作者队伍建设意见的通知	12月31日
衢江区政办发〔2019〕71号	关于印发举村乡“8·10”洪灾安置工作实施意见的通知	12月31日

乡镇（街道、办事处）、区级机关单位综合考核

乡镇（街道、办事处）：

一等奖：

廿里镇、上方镇、樟潭街道

特别贡献奖：浮石街道、举村乡

二等奖：

湖南镇、莲花镇、黄坛口乡、全旺镇、大洲镇

三等奖：

峡川镇、杜泽镇、高家镇、云溪乡、周家乡、岭洋乡、后溪镇

鼓励奖：

双桥乡、太真乡、横路办事处、灰坪乡

区机关单位：

一等奖：

衢江经济开发区、区农业农村局、区发改局、区财政局、区委组织部、区交通运输局、区委统战部

特别贡献奖：

区资源规划局、区公安局、区教育局、区文广旅体局、区信访局

二等奖：

区人力社保局、区委宣传部、区委政法委、区经信局、区住建局、区卫生健康局、区统计局、区

水利局、区市场监管局、区审计局、区协作办（招商局）、区林业局

三等奖：

市水源管理中心、区生态环境局、区应急管理局、区司法局、区科技局（科协）、区营商办、区检察院、区民政局、团区委、区综合执法局、衢江传媒集团、区供销社、区退役军人事务局、区机关事务保障中心、区工商联、区委党校、区委直属机关工委、区人武部

鼓励奖：

区委编办、区咨询委办、区监管办、区铁办、区土地整理中心、区总工会、区残联、区医疗保障局、区城投公司、区妇联、区农商银行、区消防大队、区税务局、区交警大队、区砂管办

“一票否决”单位：

区法院

（区委发〔2020〕10号

招商引资获奖单位

乡镇（街道、办事处）

一等奖：

黄坛口乡

二等奖：

廿里镇、杜泽镇

三等奖：

樟潭街道、峡川镇、大洲镇

区级机关单位

一等奖：

衢江经济开发区、区协作办（招商局）、区农业农村局、区财政局

二等奖：

区委组织部、区发改局、市水源保护中心

三等奖：

区委统战部、区交通运输局、区人力社保局、区经信局、区统计局

（区委发〔2020〕5号）

区政府特别奖励

税收突出贡献奖

一等奖

浙江衢州衢江农村商业银行股份有限公司

浙江中财管道衍生产品有限公司

衢州东港环保热电有限公司

衢州建沃精工机械有限公司

衢州仙鹤股份有限公司

二等奖

美卓矿机（衢州）有限公司

浙江仙鹤新材料销售有限公司

衢州市林珊电子商务有限公司

浙江涌洲建设有限公司

衢州耀辉建设有限公司

招商引资贡献奖

浙江衢江抽水蓄能有限公司

浙江麦浪文化旅游发展有限公司

浙江新田铺农旅开发有限公司

浙江衢州万洋众创开发有限公司

民间投资规模奖

一等奖

衢州华统牧业有限公司

产业引领示范奖

现代农业

衢州市帮农丰农资有限公司

衢州市蜜之源农业科技有限公司

数字经济

浙江日新电气有限公司

美丽经济

衢州工道瓷业有限公司

衢州市衢江东方大酒店有限公司

衢州市长青健身器材有限公司

工业企业登高奖

浙江宝红建筑工业化制造有限责任公司

亩产效益奖

一等奖

衢州五洲特种纸业股份有限公司

浙江衢州市南核特种劳动防护用品科技有限公司

二等奖

浙江夏王纸业有限公司

浙江大成钙业有限公司

衢州市业胜金属材料有限公司

出口贡献奖

浙江冰尔新型制冷剂有限公司

浙江尤尼威机械有限公司

衢州市衢江区美洲星进出口贸易有限公司

乡贤回归奖

全能管业科技（衢州）有限公司

优秀企业家奖

俞仲达　浙江中财管道衍生产品有限公司

谢　存　浙江志高机械股份有限公司

张晓军　美卓矿机（衢州）有限公司

郑雨富　浙江巨程钢瓶有限公司

郭小忠　浙江圣效化学品有限公司

杨文波　浙江日新电气有限公司

黄陈奎　衢州永创铝业有限公司

社会事业奖

教育

衢江杭州育才中学

衢州市乐成寄宿中学

医疗

张　缙

衢江区疾病预防控制中心

体育

黄雅琼

政府质量奖

组织奖

浙江晶鑫特种纸业有限公司

衢州市衢江东方大酒店有限公司

浙江彭胜文教用品股份有限公司

个人奖

苏光耀　浙江五一机械有限公司董事长

林建华　浙江巨程钢瓶有限公司总工程师

2019年重要报道衢江题录

中央媒体报道

表21

日期	媒体名称	标题
1月23日	中国经济时报	浙江衢江 抽水蓄能电站开工
3月26日	农民日报	余耀飞："柑橘老兵"的转型经
3月29日	央视二套	春耕走一线 浙江衢江：万亩水生基地蔬菜生产忙 差异化种植效益高
4月23日	《经济》杂志	衢州市衢江区创建党建新模式：党建串起产业链 推动全产业高质量发展
4月29日	中国经济时报	浙江衢江：给项目推进不力行政村颁发"蜗牛奖"
5月29日	中国经济时报	营造心齐气顺的人文生态和风清气正的政治生态浙江衢江：对恶意中伤清白干部者从严查处
6月5日	农民日报	决胜垃圾分类的鲜活实践——浙江省衢州市衢江区农村生活垃圾治理调查
6月18日	《小康》杂志	针灸圣地正起航！衢江大健康产业产值将突破20亿
8月15日	央视新闻频道	浙江衢州"红马甲"车队搭起抢修之路
8月21日	人民日报	乡村振兴，需激发内生动力
9月11日	中国经济时报	衢江深化"三位一体"农合联改革
10月7日	央视《朝闻天下》	国庆假期·出游·浙江衢州 逛老街 觅乡愁 享假日时光
10月7日	央视《新闻直播间》	浙江衢州 逛老街 觅乡愁 享假日时光
10月16日	中国经济时报	10天衢江开发区项目落地审批再破纪录
10月30日	中国经济时报	浙江衢江美丽乡村建设闯出新路径

省级媒体报道

表22

日期	媒体名称	标题
1月9日	浙江日报	衢江抽水蓄能电站开建
1月21日	浙江卫视《浙江新闻联播》	新春走基层 衢江：整村搬迁 只为守护一江春水
1月26日	浙江日报	记者陪搬迁村民走进衢江牛头湾搬迁安置小区项目现场 新春看新房 老乡喜洋洋

续表22

日期	媒体名称	标题
2月17日	浙江日报	20多位群众自发为消防队员和交警打伞——你忘我救援，我为你挡雨
2月26日	浙江日报	衢江人才政策落地大提速 申请人才津贴15天到手
4月2日	浙江日报	衢江双桥乡推动企业项目早投运 腾出办公室 免费给企业
4月8日	浙江日报	衢江植保有“空军”，省力又省心来了，无人机春耕队！
4月12日	浙江日报	乡镇点兵点将 部门跑步进村 衢江精准服务基层
4月15日	浙江日报（专版）	追梦新农 共建美好——“三位一体”农合联改革的衢江实践
5月15日	浙江日报	乡村振兴先振心全力打造乡村振兴衢江模式
6月1日	人民法院报	衢州衢江区委区政府全力支持法院解决执行难
6月6日	人民公安报	衢州衢江：“阙里格警”成为靓丽“枫”景
7月17日	浙江日报	衢江打造高素质教育管理队伍 新校长，“海选”的
8月12日	浙江卫视 《浙江新闻联播》	衢江村干部：守护群众是我的职责
8月14日	浙江卫视 《浙江新闻联播》	众志成城 重建家园：衢江——电力抢修中的特殊车队
8月27日	浙江卫视 《浙江新闻联播》	“三服务”解难题：衢江——打开农产品销售渠道 助力农户增收
8月30日	浙江日报	谈拆旧建新经验 论经营发展之道 衢江“支书论建”交流兴村经
9月10日	浙江卫视 《浙江新闻联播》	衢江青年教师：为了孩子们的笑脸我们愿意坚守山区
9月14日	浙江日报（头版）	衢江创新“派单”平台精准服务群众 基层点兵点将 部门跑步办事
10月22日	浙江日报	企业奖补24小时到账
10月30日	浙江卫视 《浙江新闻联播》	“不忘初心、牢记使命”主题教育丨衢江：万盏路灯进乡村 照亮村民回家路
11月20日	浙江卫视 《浙江新闻联播》	衢江：“街道吹哨，部门报到” “模块化”治理让乡镇发展“活”起来
12月19日	浙江卫视 《浙江新闻联播》	衢江：三张清单 管好医保“救命钱”

（毛　建）

索 引

> ## 说 明
>
> 一、本年鉴索引由主题索引和表格索引两部分组成，全书除“特辑”“专记”“大事记”“附录”外，所有内容均可通过索引进行检索。
>
> 二、类目、分目标题用黑体字标示。
>
> 三、主题索引中文标目按汉语拼音顺序排列，同音字按笔画数从少到多排列。第一字相同，按第二字音序排列，依次类推。
>
> 标目后的阿拉伯数字表示内容所在页码。数字后的英文字母a、b、c分别表示从左到右第一、二、三栏。
>
> 标目后有多个页码的，则表示相关信息在这些页码中均出现。
>
> 四、表格索引按序号排列，仅标注所在页码，不标注分栏。

主 题 索 引

A

B

C

D

E

F

G

H

R

T

W

Y

Z

表格索引